Auf
TRAUMSTRASSEN
um die
GANZE WELT

Auf
TRAUMSTRASSEN
um die
GANZE WELT

München –> Kapstadt –>
New York –> Peking –> Berlin

BRUCKMANN

Im Gadmental (oben)
Die Champs-Élysées in Paris bei Nacht (unten)
Ein Hochgenuss: Mit dem Motorrad durch Teneriffa (rechts)

Afrika 140

Langhalsige Eleganz: Giraffen
im Etosha National Park
(links)
Zarter Morgennebel hüllt die
Sandpiste bei Hoima ein.
(oben)
Da muss keiner laufen: Ein
voll beladenes Dalla-Dalla-
Taxi. (unten)

Es kostet einige Anstrengung, den Morro do Pai Inácio, das Wahrzeichen der Chapada Diamantina, zu besteigen – doch es lohnt sich. (oben) Weideland, Korn- und Futtersilos sowie kleine Farmhäuser sieht man während einer Fahrt durch Iowa. (unten) Malerische Landschaft im Zion Nationalpark (rechts)

Ozeanien 240

Asien 280

Vom Flugzeugfenster aus erscheint der Mount Cook in Neuseeland fast zum Greifen nah. (links)
Sonnenuntergang auf der Chinesischen Mauer (oben)
Dank seiner Gipfelpyramide gehört der Diran zu den schönsten Bergriesen im Karakorum. (unten)

Rund um die Welt

Im Jahr 1871 fuhr der US-Amerikaner George Francis Train mit dem Zug von New York nach San Francisco, von dort mit dem Schiff nach Yokohama und weiter nach Singapur. Mr. Train war ein gewiefter Geschäftsmann, aber auch ein Freigeist und eine schillernde Persönlichkeit – »a character«, wie man im Englischen sagt. In Asien erfuhr er von der Pariser Kommune, die ihn so begeisterte, dass er sich kurzerhand nach Paris aufmachte, um mit seinem bemerkenswerten Elan die Kommunarden zu unterstützen. Der revolutionäre Ausflug brachte ihm letztendlich 13 Tage bei Wasser und Brot ein, die er in Lyon absitzen musste. Nachdem Train aus dem Gefängnis entlassen worden war, schipperte er von Liverpool wieder zurück nach New York. Daheim angekommen, verkündete er, in insgesamt nur achtzig

Reisetagen den Globus umrundet zu haben, das zweimonatige französische Zwischenspiel nicht mitgerechnet. Überprüft hat das damals niemand, doch die Geschichte machte die Runde und inspirierte auch den französischen Schriftsteller Jules Verne zu einem Bestseller. Seine »Reise um die Erde in 80 Tagen« schürt seit bald 150 Jahren das Fernweh von Generationen von Lesern.

Moderne Zeiten. In achtzig Tagen um die Welt – möglich war dies im Jahr 1871 nur, weil zum einen der Suezkanal 1869 eröffnet worden war, zum anderen die Eisenbahn ihren Siegeszug angetreten hatte. Damit kommt auch wieder Mr. Train ins Spiel, Nomen est Omen, der in seiner Heimat maßgeblich am Bau der Zuglinien quer durch die USA beteiligt war. Quasi ein Insider der internationalen Transportbranche, fiel es ihm natürlich leicht, in Lyon kurzerhand einen Zug zu mieten und damit an die Kanalküste zu dampfen.

Clärenore Stinnes umrundete 1927 bis 1929 als erster Mensch in einem Personenwagen die Welt. Hier ein Gruppenportrait vor dem Adler Standard 6. (oben)
... der jedoch im Sand gerne mal stecken blieb. (unten)
»Wie aus einem Stück gegossen stieg der Fujisan aus der grünen Tiefebene hervor [...]« Clärenore Stinnes. (rechts)

Auf solche Ressourcen können die wenigsten zurückgreifen, und manchen steht der Sinn sowieso nach ganz anderen Abenteuern. Statt auf Plüsch im Salonwagen umrundete Clärenore Stinnes zusammen mit ihrem Kameramann Carl-Axel Söderström auf dem harten Fahrersitzes eines Adler Standard 6 als erster Mensch in einem seriengefertigten Auto die Erde. Zwei Jahre, von 1927 bis 1929, dauerte die Reise von Frankfurt am Main immer gen Osten nach Sibirien und China, über Hawaii und Südamerika wieder zurück nach Deutschland. 46 758 Kilometer zählte der Tachometer bei der Ankunft in Berlin, die zurückgelegte Strecke übertraf damit den Umfang der Erde, der am Äquator rund 40 000 Kilometer misst.

Bis heute ist eine Reise rund um den Globus, quer durch alle Kontinente, die Königsdisziplin für Weltenbummler. Und auf der Liste der Wünsche, die man sich nach einem Lottogewinn erfüllen würde, nimmt die Weltreise unverändert einen Spitzenplatz ein. In Zeiten von Round-the-World-Flugtickets lässt sich dieser Traum im Vergleich zu vergangenen Epochen fantastisch einfach umsetzen. Sie bieten die wunderbare Möglichkeit, sich die eigenen Sehnsuchtsziele wie Rosinen aus dem Kuchen zu picken und zu einer unvergesslichen Grand (Luft-)Tour des 21. Jahrhunderts zusammenzustellen. Statt wie einst auf dem Kamel durch die Wüste, zu Fuß über Berge oder mit dem Windjammer über gefährliche Ozeane zu ziehen, hüpft man damit auf ausgeklügelten Strecken von Ort zu Ort, von Land zu Land, von Kontinent zu Kontinent.

Das menschliche Maß. Auch wenn diese Form des Globetrotting viel für sich hat, so bleibt doch die Lust, den ganzen Kuchen zu schmecken. Auf eigenen Wegen mit dem Auto über Land rund um die Welt, die Faszination an einem solchen Abenteuer ist seit Fräulein Stinnes' großer Tour ungebrochen. Der Reiz liegt darin, dass man die Erde in ihrer ganzen großartigen Vielfalt und doch als zusam-

Der Seljalandfoss Wasserfall in Island (oben)
Reisen heißt, nach einer langen Fahrt entspannt den Sonnenuntergang zu betrachten. (unten)
Auch in den Bergen lässt sich das Ende eines Tages genießen. (links)

Tanzaufforderung auf einem ausgebrannten Auto in Australien (oben)

Gebetsfahnen flattern in Tibet fast überall, hier am 5045 Meter hohen Karo-la-Pass. (unten)

Ungewöhnliche Felsformation im Red Canyon in Utah (rechts oben)

Mit dem SUV ist dieser Frühlingsbach in Utah leicht zu überqueren. (rechts unten)

menhängendes Ganzes erlebt, weil man sie sich in einer Geschwindigkeit erobert, die dem menschlichen Maß entspricht. Landschaften werden nicht überflogen, und sie fliegen auch nicht einfach vorbei. Sie werden Kilometer um Kilometer im doppelten Sinne des Wortes erfahren. Vergleichsweise langsam unterwegs, registriert man, wie sich entlang der Route das Bild ständig ändert. Aus Tiefländern schwingen sich Gebirge auf, die sich wie mächtige Riegel in den Weg stellen. Braune Steppen gehen in immergrüne Urwälder über, verstreute Ortschaften verdichten sich zu zerfransten Siedlungsgürteln rund um Millionenmetropolen, in denen die ganze Welt zu Hause ist. Das kleinteilige Europa zeigt sich als Patchworkdecke aus dicht besiedelten Regionen, die seit Jahrtausenden miteinander verwoben sind. Noch dichter gewebt ist der bunte Flickenteppich der Kulturen in Afrika, das sich mit seinen

Wüsten, Savannen und Hochländern landschaftlich jedoch großzügiger gibt. Weite
wird greifbar auf endlosen Asphaltbän-
dern durch Alaska und in der roten Hitze
des australischen Outback, aber auch die
quirlige Enge in Shanghai fasziniert.

Ewiger Wandel. Für dieses Buch haben
46 Reisejournalisten besonders schöne
Lieblingstouren so zusammengestellt, dass
sich daraus eine einzigartige Route durch
alle Kontinente ergibt. Dabei bewahrheitete
sich wieder einmal, dass der Wandel eine
der wenigen festen Konstanten im Lauf
der Welt bildet. Länder, in denen man
noch vor wenigen Jahren unproblematisch
reisen konnte, werden von Krieg und
Unruhen erschüttert, andere wiederum
haben sich stabilisiert oder nach einer Zeit
der Abschottung wieder Individualreisenden geöffnet. Nach dem aktuellen Stand
der Dinge ist die beschriebene Variante
praktikabel und so sicher, wie eine Welt-

reise mit dem Auto nun einmal sein kann.
Schließlich sind außerhalb des gemütlichen Europas badewannengroße Schlaglöcher und exotische Fahrstile meist noch
die geringsten Plagen, mit denen man sich
herumschlagen muss.
Doch unersetzliche Verbindungen können
plötzlich gewaltsam unterbrochen werden,
wie nach dem Erdbeben 2015 der Araniko
Highway von Kathmandu nach China.
Gebiete können unpassierbar werden und
Grenzen sich von heute auf morgen
schließen. Erzwungener Stillstand ist ein
Indikator für Probleme, von der vorüber-
gehenden Schwierigkeit bis zur ausge-
machten Katastrophe. Im Umkehrschluss
bedeutet dies, dass es um die Welt umso
besser bestellt ist, je leichter man sie am
Boden bereisen kann. In diesem Sinne
wünscht man sich ein ganzes Netz an
Routen, die in zahllosen Varianten eine
Fahrt ohne Stillstand rund um den Globus erlauben.

Golden leuchtet der Potala-
Palast von Lhasa in der Morgensonne, eingerahmt von
den über 5000 Meter hohen
Bergen, die das Lhasa-Tal
umgeben.

EUROPA

Von Sylt nach Hamburg

 230 Kilometer

Steile Kliffs und lange Strände, das Schimmern des Watts und der Salzgeruch des Windes – nicht nur die herben Reize der Nordseeküste begeistern die Besucher, sondern auch das Alte Land mit seinen Obstbäumen oder die stille Schönheit der Natur rund um das Zwischenahner Meer. Und in Hamburg, der stolzen Handelsstadt der Hanse, kommen Kulturfreunde auf ihre Kosten.

Zu Recht ist Sylt als Tummelplatz der Schönen und Reichen bekannt, und so sind Nobelkarossen auf der Nordseeinsel keine Seltenheit. (oben)
Strandkörbe bieten nicht nur vor der steifen Meeresbrise, sondern auch vor zu viel Sonne Schutz. (unten)

Das »nördliche Happy End Deutschlands« wird Sylt oft genannt. Hier erlebt man: starke Natur, starker Wind, heimelige Dörfer, Reetdächer – ein Ort, um zu sich selbst zu finden.
Die Insel, die faktisch keine Insel mehr ist, seit die Eisenbahnschienen des Hindenburgdamms sie übers Wattenmeer mit der nordfriesischen Küste verbinden, ist auch mit einer preisgünstigen Autofähre von der dänischen Insel Rømø aus zu erreichen, die eine Straßenverbindung zum Festland hat. Der Hindenburgdamm wurde 1927 feierlich und unter großer nationaler Begeisterung eröffnet. Heute befördern die Autoreisezüge alljährlich weit über eine halbe Million Pkws nach Westerland, andere Gäste schweben per Flugzeug ein, die Prominenz vorzugsweise im Privatjet. Auf Sylt sichtet man neben Jaguaren, Ferraris und anderen Nobelschlitten zahllose Radler – trainierte Sylt-Fans radeln gegen den Wind! –, Golfer auf den drei Inselgolfplätzen und auf der sonnenblinkenden See die Surfer in voller Aktion. Für Könner auf dem Brett ist die Brandung vor der Westküste eine Herausforderung.

Meer und Watt. Auf der Grünen Küstenstraße (B5) reist man südwärts auf Hamburg zu. Der Blick fällt auf Deiche und Weideland, auf die eingedeichten Kooge,

dem Meer abgewonnenes Land, aber nur selten auf das Meer selbst. Abstecher zur Küste sollte man sich daher auf jeden Fall gönnen, zu den Nordseebädern und den Naturschutzgebieten, zum Beispiel im Hauke-Haien-Koog, und auch zu den nordfriesischen Marscheninseln oder den Halligen. Einige von ihnen sind über Dämme erreichbar, wie die Hamburger Hallig, die ein Rest der in der großen Sturmflut von 1634 verwüsteten Insel Strand ist.
Unbedingt sollte man mit einem Fischkutter hinausfahren oder mindestens einmal für einige Stunden durchs Watt wandern! Dabei gilt aus Gründen der Sicherheit, dass man sich niemals ohne ortskundige Begleitung ins Watt begeben sollte. Seit 2009 gehört der deutsche Wattenmeerbereich zum UNESCO-Weltnaturerbe.

Von Husum nach Hamburg. Zu entspannenden Fahrpausen und kleinen Stadtrundgängen statt sturem Von-Ampel-zu-Ampel-Durchfahren locken Städte wie Husum und Friedrichstadt. Museumsfreunde kommen in Husum auf ihre Kosten: Nicht nur Theodor Storms Wohnhaus, auch das Schloss der Gottorfer Herzöge, das Nordfriesische Museum im Nissenhaus und das ins Husumer Zentrum umgesetzte Ostenfelder Bauernhaus laden zur Besichtigung ein.

Schon eine Autoviertelstunde weiter kann man in Friedrichstadt sein, mit einem kleinen Ost-Abstecher von der B5. Zu erleben ist eine Stadtidylle aus Wasserstraßen und Grachten, unvermeidlich »Venedig des Nordens« genannt. Friedrichstadt ist mit seinen Giebelhäusern, schattigen Laubbäumen und stillen Wassern verträumt kleinstädtisch, mit nicht einmal 3000 Einwohnern. Seit 1895 dient am Zusammenfluss von Eider und Treene der Nord-Ostsee-Kanal als Handelsschifffahrtsweg, den die B5 auf ihrem weiteren Weg nach Hamburg überquert. »Kiel-Canal« heißt die 99 Kilometer lange Wasserstraße im internationalen Sprachgebrauch und ist weltweit eine der meistbefahrenen.

Hamburg, du Schöne ... Auf der Grünen Küstenstraße B5 wird man über Brunsbüttel und auf der B431 weiter über Glückstadt, Elmshorn und Wedel nach Hamburg geführt. Das ist ein Umweg, aber eine um vieles attraktivere Einfahrt in die Stadt als über die Autobahn A23 von Itzehoe, denn über Wedel kommt man nach Blankenese und auf die Elbchaussee. Da ist man zwar noch weit von Hamburgs Mitte entfernt, aber schon dort, wo die Stadt am schönsten ist. Unter dem Blankeneser Süllberg

und seiner baumgrünen Terrasse mit Elbblick erstreckt sich mit vielen Treppen und Treppchen das Fischerdorf, das sich zu einem Hamburg-Vorort vom Feinsten gemausert hat. Die Aussicht auf den ruhigen breiten Elbstrom und die ein- und auslaufenden Schiffe könnte besser nicht sein. Wer die touristischen Attraktionen der Stadt von der Hafenrundfahrt bis zu Hagenbecks Tierpark, vom frühmorgendlichen Fischmarkt in St. Pauli bis zu den nächtlichen Varietés an der Reeperbahn ausgekostet, vielleicht sogar den alten Elbtunnel bei den Landungsbrücken in Augenschein genommen hat und auf den Turm des »Michel« gestiegen ist, hat noch viel vor: Neben berühmten Architekturdenkmälern wie dem Chilehaus und der pittoresken Speicherstadt im Freihafen, ist modernste, sehenswerte Architektur über die ganze Stadt ausgestreut. Aktuell im Bau befindet sich die Elbphilharmonie, die 2017 fertiggestellt werden soll. Inzwischen ist Hamburg die deutsche Großstadt mit den meisten Innenstadtpassagen, optimal fürs wetterunabhängige Bummeln und Einkaufen. Für die Weiterfahrt nach Köln bietet sich die A1 an, da man hier an Städten wie Bremen, Münster und Wuppertal vorbeikommt, die einen Halt wert sind.

Eine der feinsten Hoteladressen der Hansestadt ist das »Vier Jahreszeiten«. (oben) Nostalgische Laternen beleuchten nachts den Jungfernstieg, Hamburgs 1665 auf dem Reesendamm angelegte Promenade. Im Hintergrund stehen die Türme von St. Nikolai und Rathaus. (unten) Das alte Frachtschiff »Cap San Diego« liegt im Museumshafen Övelgönne vor Anker. (links)

Gut zu wissen

Hinweise: Bei Besichtigungen in Hamburg sollte man wegen mangelnder Parkplätze besser auf das eigene Auto verzichten. www.sh-tourismus.de; www.hamburg-tourism.de

Von Köln nach Heidelberg

 261 Kilometer

Die betörende Loreley und das versunkene Rheingold der Nibelungen, romantische Burgruinen und fruchtbare Rebhänge, fröhliche Weinfeste und der stimmungsvolle Kölner Karneval: Um welchen anderen Strom ranken sich so viele Legenden, an welchem anderen Fluss reihen sich so viele Sehenswürdigkeiten aneinander und wo versteht man es, so ausgelassen zu feiern wie am Rhein?

Kultur auf engstem Raum: Hinter der markanten Fassade des Museum Ludwig ragen die gotischen Türme des Kölner Doms auf. (oben) Blick vom Hirschkopf auf die berühmte Rheinschleife bei Boppard. (unten)

Das gibt es nur in Köln: Den Dom umrunden und gleich unter goldglänzenden Fassaden in das Museum Ludwig eintreten. Oder über das Pflaster der antikrömischen Hafenstraße gehen – und das alles versammelt auf einem Uferhang des Rheins. Kunstsinnige gab es hier seit eh und je. Die römischen Stadtgründer hinterließen Mosaiken, Skulpturen und mehr. Im 19. Jahrhundert finanzierten die Preußen die Vollendung des gotischen Domtorsos. Die Kölner Sponsoren Wallraf und Richartz schenkten Köln ein Museum mit mittelalterlicher Kunst und im 20. Jahrhundert der Aachener Schokoladenfabrikant Peter Ludwig die größte seiner Stiftungen. In der Rheinmetropole sollte man sich Zeit lassen für die Kunst – und die Traditionslokale. Die Kölsch-Kneipen gehören zum gastfreundlichen Köln wie die Kunst und der Karneval.

Bundeshauptstadt a. D. Bevor man die kleinere, aber kaum jüngere Schwesterstadt Bonn besichtigt, führt ein Abstecher nach Brühl zum Barockschloss Augustusburg. Über Balthasar Neumanns Treppenhaus kamen jahrzehntelang Besucher aus aller Welt zum Bundespräsidenten. Bonn ist zwar nicht mehr Regierungssitz, aber ein historisches Schaugelände fern aller weltstädtischen Hektik. Jahrhundertelang war Beethovens Geburtsstadt die Residenz der

Erzbischof-Kurfürsten von Köln und hat nun zu ihren Schlössern die Bauten am Rhein hinzugewonnen, in denen Nachkriegsgeschichte gestaltet wurde.

Rot funkelt es im Glas. Weiter geht die Fahrt auf der linken Seite des Rheins. Am rechten Ufer erhebt sich das Siebengebirge mit dem Drachenfels. In Remagen befindet sich das Friedensmuseum in einem Pfeiler jener Brücke, über die sich US-Truppen im Frühjahr 1945 den ersten Rheinübergang erkämpften. Von Remagen bietet sich ein Abstecher ins Ahrtal an. Im »Tal der roten Traube« werden entlang der Ahr-Rotweinstraße in Bad Neuenahr und vielen kleinen Orten erlesene Weine ausgeschenkt.

Der romantische Rhein. Zurück auf der B9 führt der Weg nach Koblenz, an dessen Deutschem Eck Rhein und Mosel unterhalb der Festung Ehrenbreitstein zusammenströmen. Seit 1897 steht auf der Landspitze ein Denkmal für Kaiser Wilhelm I. Zwischen Koblenz und Bingen bieten sich an beiden Ufern herrliche Ausblicke, Burg- und Altstadtkleinode, Winzerhöfe und Restaurants. Wir fahren auf der rechten Seite des Rheins, und schon bald ist die Burg Lahneck oberhalb von Lahnstein zu sehen. Danach begeistern die Aussicht auf die Rheinschleife bei Boppard, in Braubach die Marksburg und bei St. Goarshausen der sagenumwobene Loreley-Felsen. Sehenswert sind auch die Ruine der Burg Rheinfels über St. Goar sowie Bacharach mit seinen Fachwerkhäusern.

Zwischen Riesling und Germania. Von Lorch mit seiner Kirche St. Martin aus dem 13. Jahrhundert führt der Weg rheinaufwärts ins Rieslingparadies – vorbei an der einstigen Zollburg der Mainzer Bischöfe, dem Binger Mäuseturm. In Ingelheim sind noch Reste der Kaiserpfalz Karls des Großen erhalten. Eine Hauptrolle spielen hier die Rheingauweine, und die Attraktionen sind meist mit dem Weinbau verbunden: die Adelssitze und die von Weinkneipen gesäumte Drosselgasse in Rüdesheim, der Holzfasskeller in Schloss Johannisberg bei Geisenheim oder das Kloster Eberbach mit seinen historischen Weinpressen.

Zwischen Hessen und Pfalz. Durch die Weinhändlerstadt Eltville geht die Reise weiter in die hessische Landeshauptstadt Wiesbaden. Im 19. Jahrhundert traf sich in Wiesbaden die internationale High Society zur Kur und versuchte ihr Glück beim Roulette. Auf der anderen Seite des Rheins liegt mit Mainz die Landeshauptstadt von Rheinland-Pfalz – und zugleich die Stadt der »Määnzer Fassenacht« und Johannes

Gutenbergs, des Erfinders des Buchdrucks. Weinfans zieht es ins Kupferberg-Museum mit dem deutschen Weinpavillon der Pariser Weltausstellung von 1900.

Klangvolle Namen. Rheinhessen heißt die Weinlandschaft südlich von Mainz. Ein Rebenmeer breitet sich westlich des Rheins aus, mit Weinnamen wie Nackenheim, Nierstein und Oppenheim, wo die Kirche St. Katharinen und das Deutsche Weinbaumuseum stehen.
In Worms sammeln sich Szenen deutscher Geschichte: Am Kaiserportal des Wormser Doms stritten sich dem Nibelungenlied zufolge die Königinnen Kriemhild und Brunhild. Im selben Dom weigerte sich Luther, seine Lehre zu widerrufen. Der Judenfriedhof vor der Stadtmauer am »Heiligen Sand« bezeugt die tausendjährige Geschichte der Juden in Deutschland.

Es lebe die Nostalgie. Zwischen Worms und dem Neckar führt der Weg an Ludwigshafen und Mannheim vorbei nach Heidelberg. Dort findet zwischen Altstadtgassen und Schlossruine jeder seinen persönlichen Lieblingswinkel. Zu den Berühmtheiten der Universitätsstadt gehören das Porträt des Hofnarren Perkeo und das 221 726 Liter fassende Weinfass. Für die Weiterfahrt nach Freiburg empfiehlt sich die A5.

Die Schiffe der »Weißen Flotte« passieren zahlreiche Kulturdenkmäler, so auch das Reiterstandbild Kaiser Wilhelms I. in Koblenz. (oben)
Nach St. Goar kann man mit der Autofähre von St. Goarshausen aus übersetzen. (unten)
Die Alte Brücke aus dem 18. Jahrhundert überspannt den Neckar in Heidelberg. (links)

Gut zu wissen

Hinweise: Entlang des Rheins bieten Schiffstouren einen hautnahen Blick auf viele Sehenswürdigkeiten. In Köln führen sie auch in den interessanten Rheinauhafen.
www.koelntourismus.de;
www.loreleylinie.de; www.wiesbaden.de

Von Freiburg zum Bodensee

 468 Kilometer

Ob man durch die engen Altstadtgassen von Freiburg bummelt, im Schwarzwald seine Wanderschuhe schnürt, in Tübingen die Stätten unvergessener Geistesgrößen besucht, die außergewöhnliche Pracht schwäbischer Barockkirchen bestaunt oder die jahrtausendealte Kulturlandschaft rund um den Bodensee erkundet: Im Südwesten findet jeder sein ganz persönliches Traumziel.

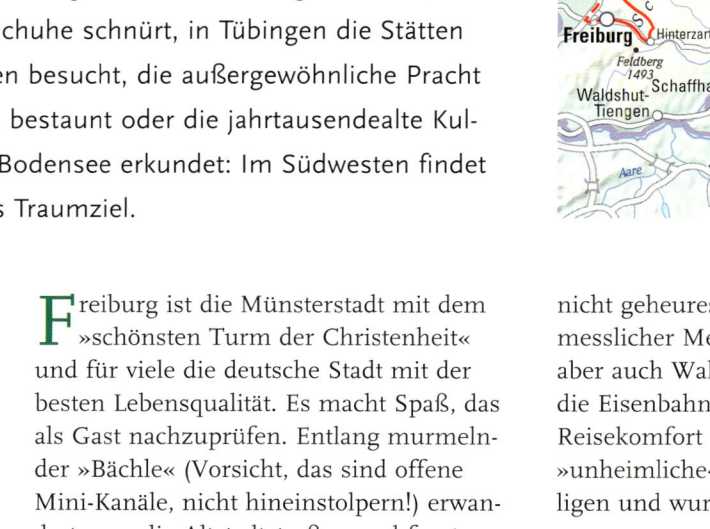

An der Neckarfront in Tübingen rudern Boote und Stocherkähne vorbei. (oben) Zu einem badischen Viertele trifft man sich in Freiburg in einer der gemütlichen Kneipen am Münsterplatz; im Hintergrund das Historische Kaufhaus. (unten)

Freiburg ist die Münsterstadt mit dem »schönsten Turm der Christenheit« und für viele die deutsche Stadt mit der besten Lebensqualität. Es macht Spaß, das als Gast nachzuprüfen. Entlang murmelnder »Bächle« (Vorsicht, das sind offene Mini-Kanäle, nicht hineinstolpern!) erwandert man die Altstadtstraßen und freut sich an den Handwerkerzeichen im Rheinkieselmosaik des Pflasters, am Farbenrausch der Blumenstände und genießt das Flanierambiente zwischen Stadttürmen, Kirchenportalen, Museen und Wirtshäusern. Eines heißt »Zum Roten Bären« und ist mit seiner 800-jährigen Schankerlaubnis vielleicht das älteste Deutschlands.

Am Dreiländereck. Irgendwann ersteigt man die 328 Stufen zur zwölfeckigen Turmgalerie des Münsters. Oben bietet sich ein fulminanter Rundblick über Freiburg und das große Landschaftsglück, das sich Badener, Baseler und Elsässer nachbarlich teilen. Rasch könnte man in Basel, vor dem Isenheimer Altar Grünewalds in Colmar oder auch in Straßburg sein. Und in Blicknähe ist der Kaiserstuhl auszumachen. Dort strahlt die Sonne länger als irgendwo sonst in Deutschland, und neben Ruländer-Reben gedeihen Orchideen und Mammutbäume.
Noch in Wilhelm Hauffs Märchen vom »Kalten Herz« ist der Schwarzwald ein nicht geheures Land, in dem zwar in unermesslicher Menge die Tannen wachsen, aber auch Waldgeister umgehen. Erst als die Eisenbahn und Straßenbauer für Reisekomfort sorgten, verkehrte sich der »unheimliche« Schwarzwald in den heimeligen und wurde zum beliebten Reiseziel.

Im Schwarzwald. Unsere Route führt über die Schwarzwald-Panoramastraße und die Schwarzwald-Hochstraße. In das wildromantische Höllental fährt seit 1887 eine Bahn – eine 27-Kilometer-Strecke durch Kurven und Tunnel. Noch dreimal so alt wie das Zahnradbähnle, vor allem aber hoch komfortabel ist am Zielpunkt Hinterzarten das Parkhotel »Adler«, in dem bereits Marie Antoinette logierte. Wer nicht schon als Gourmet ins Badische kommt, findet zwischen Markgräflerland und Kaiserstuhl, zwischen Glottertal und Ortenau in Sterne-Restaurants beste Gelegenheiten, zum Feinschmecker zu werden. Ohne Stern, doch vorzüglich speist man aber auch oft in einfachen badischen Gasthöfen oder »Beizen«. Unterwegs gibt es lauter Schwarzwald-typische Gründe für Fahrtpausen: die grandiose Klamm der Ravennaschlucht bei Hinterzarten, das Augustinerkloster St. Märgen, die Barockkirche von St. Peter, das Tal der Elz und die Schwarzwaldmühlen von Elzach sowie das Tal der Wilden Gutach. Dort wollte schon Ernest Hemingway angeln, bekam aber keinen Angelschein. Und direkt an der Schwarzwald-Hochstraße halten Tretbootfahrer in gut 1000 Meter Höhe nach den Nixen des Mummelsees Ausschau.

Straße mit Tradition. Von der Schwarzwald-Hochstraße öffnen sich unterwegs wunderschöne Ausblicke: nach Westen zur Rheinebene und zu den Vogesen, nach Osten zur Schwäbischen Alb und im Süden bei guter Sicht sogar auf die Alpen. Nach einem kleinen Abstecher ins Bühlertal und zur Bühlerhöhe mit den Gertelbach-Wasserfällen erreicht man Baden-Baden. In der Kurstadt im Oostal wartet an jeder zweiten Ecke ihrer grünen Alleen eine Prominenz-Erinnerung, von Balzac und seiner polnisch-russischen Geliebten Madame Hanska bis zu Dostojewski und seinen exzessiven Abstürzen im Kasino.

Dichter und Denker. In Calw steht am Marktplatz das Geburtshaus des »Steppenwolf-Dichters« Hermann Hesse. Entlang der Schwäbischen Dichterstraße führt die Route weiter nach Tübingen mit seiner über 500 Jahre alten Universität, dem pittoresken Marktplatz und dem Schloss Hohentübingen. Zahlreiche Namens-

schilder an Häusern erinnern hier an Geistesgrößen von Johannes Kepler bis Ernst Bloch. Im berühmten »Hölderlinturm« ist ein Museum dem Dichter gewidmet, der hier von 1807 bis zu seinem Tod 1843 lebte.

Im »Musterländle«. In einen der schönsten Laubwälder, den Schönbuch, führt von Tübingen aus ein Abstecher nach Norden. Vielleicht nur bis zum Zisterzienserkloster Bebenhausen, vielleicht noch eine knappe Autostunde weiter nach Stuttgart? Ist die baden-württembergische Landeshauptstadt eine vergnügte Stadt? Nein, dazu sei man zu solide, befand der unvergessene Thaddäus Troll und stellte richtig: Eine stillvergnügte Stadt sei es. Um das zu bestätigen, muss man die »schaffigen« Bereiche um Königstraße, Hauptbahnhof, Ladenreihen und Banken hinter sich lassen und die Talränder hinauf zum Killesberg, zum Naturschutzgebiet um Schloss Solitude und in die nahen Weinberge finden. Die stillvergnügten »Viertelesschlotzer« wissen gute Plätze. Einen hervorragenden Platz gibt es auch für die Kunst: Mit dem Neubau der Staatsgalerie über dem Schloßgarten, einem postmodernen Geniestreich von James Stirling, haben

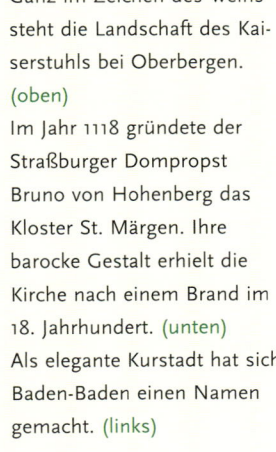

Ganz im Zeichen des Weins steht die Landschaft des Kaiserstuhls bei Oberbergen. (oben)
Im Jahr 1118 gründete der Straßburger Dompropst Bruno von Hohenberg das Kloster St. Märgen. Ihre barocke Gestalt erhielt die Kirche nach einem Brand im 18. Jahrhundert. (unten)
Als elegante Kurstadt hat sich Baden-Baden einen Namen gemacht. (links)

die Meisterwerke der Stuttgarter Kunstsammlung Anfang der 1980er-Jahre einen der attraktivsten Museumsbauten Deutschlands bezogen.

Zwischen Kunst und Natur. Von Tübingen fährt man an der einstigen Freien Reichsstadt Reutlingen vorbei hinauf in die Schwäbische Alb. Eine Region, in der Silberdistel, Schwarzdorn und Wacholder wachsen, Schäfer mit ihren Herden umherziehen sowie Burgen und Höhlen zu sehen sind. In Lichtenstein locken das schöne Schloss, ein Museum über den Märchendichter Wilhelm Hauff und in der Nähe die Tropfsteine und hohen Hallen der Nebel- und der Olgahöhle.

Nach Lichtenstein führt eine reizvolle, kurvenreiche Nebenstraße durch das Tal der Großen Lauter auf Zwiefalten zu. Dort eröffnet die Abteikirche der Benediktiner die Reihe der prachtvollen Barockbauten, die seit dem 18. Jahrhundert Oberschwaben schmücken. Um Künstler wie Johann Michael Fischer, Johann Michael Feuchtmayer und Johann Schmuzer sowie die Baumeisterfamilien Thumb und Beer rissen sich einst die Äbte der reichen Stifte. Oberschwäbische Barockstraße hat man die Strecke bis zum Bodensee getauft, mit

einer Südroute bis in den schweizerischen Thurgau. Vorbei am mittelalterlichen Riedlingen gelangt man nach Bad Buchau und zum idyllischen verlandenden Federsee. Aus dem Federseetorf wurden Zeugnisse steinzeitlicher Jäger geborgen, die im Federseemuseum in Bad Buchau bewahrt werden. Das südlicher gelegene Ravensburg war einst Zentrum der Großen Ravensburger Handelsgesellschaft. Reist man nach dem Rundgang durch die aufwändig restaurierte Altstadt nicht direkt nach Kressbronn und Wasserburg, sondern zunächst Richtung Wangen und erst bei Amtszell südlich, kann man eine schöne Wanderung im Argen-Flusstal unternehmen. Mit Stromschnellen, Bachstelzen, Wasseramseln und rund 30 Orchideenarten gehört es zu den reizvollsten Winkeln der Region.

Am »Schwäbischen Meer«. Aus den Eiszeiten geboren, ist der Bodensee ein Kind des Vaters Rhein, der mit riesigem Gletscher von den Graubündner Alpen herab das Bett des Sees von Bregenz her nach Westen aushobelte. Die fast 500 Quadratkilometer große Wasserfläche speichert so viel Wärme, dass es nur etwa alle hundert Jahre einmal zur »Seegfrörne« kommt.

Hoch über dem Elzachtal thront das pittoreske Schloss Lichtenstein, ein Symbol der Burgenromantik des 19. Jahrhunderts. (oben)

Der Deutsche Orden ließ im 18. Jahrhundert die barocke Schlossanlage errichten, in der heute unter anderem auch die Mainau-Hauptverwaltung untergebracht ist. (Mitte und unten)

Vor der Kulisse des Säntis-Massivs liegt die Halbinsel Wasserburg mit der Pfarrkirche St. Georg aus dem 15. Jahrhundert. (rechts)

Der Frühling mit zeitigen Blüten, der Sommer mit Früchten aus den reichen Obstgärten, der Herbst mit der Weinlese – das sind die besten Jahreszeiten des Bodensees. Die »weiche, blaudunstige, feucht malerische Luft voll Opal und Perlmutt«, wie Hermann Hesse sagte, gehört zu den Bodensee-Spezialitäten wie die kräftigen Winde und das Glück der Segler. Lindau ist Bayerns – darum der Löwe als Wappentier an der Hafenausfahrt! – reizvollste Inselstadt. Zum Freistaat gehört auch das Halbinselchen Wasserburg. Auf die Promenaden zwischen Blumen und Wirtshausschildern scheint die Wohlstandssonne so verlässlich wie auf das benachbarte baden-württembergische Gebiet. Fernab vom Durchgangsverkehr, im Schatten der patinierten Zwiebeltürme der Pfarrkirche wetteifern Häuser und Segel um das glänzendste Schwanenweiß.

Schlösser, Burgen und Zeppeline. Wie in Wasserburg steht in Langenargen ein Schloss der Grafen von Montfort, die einst in Tettnang ihre Residenz hatten. In Langenargen ist es von pittoresk maurischem Stil, ein Wiederaufbau König Wilhelms I. von Württemberg um das Jahr 1860. Was dem Nachbarort Friedrichshafen an Schönheit vielleicht mangelt, trotz seiner opulent langen Uferpromenade, macht die Zeppelin-Story wett. Seit 1996 kann sie unpathetisch, kühl, in sogleich hoch gelobter Ausstellungsarchitektur im Zeppelin-Museum Friedrichshafen besichtigt werden. Das malerische Städtchen Meersburg wurzelt mit der gleichnamigen Burg aus dem 7. Jahrhundert in fernen Merowingerzeiten. Die alten Mauern der Meersburg mit dem trutzigen Dagobertsturm sind voll von Geschichten, und einige handeln von der Dichterin Annette von Droste-Hülshoff (1797–1848), die hier und im nahen »Fürstenhäusle« ihre letzte und wohl auch beste Lebenszeit verbrachte. Vom einstigen Reichtum der Fürstbischöfe zeugt das Neue Schloss aus dem 18. Jahrhundert mit dem prachtvollen Treppenhaus von Balthasar Neumann.

Kulturgesättigt ist die Region um den Überlinger See, die lang gestreckte nordwestliche Ausbuchtung des Bodensees. Die festlichste Architektur, die je am Bodensee geschaffen wurde, zeigt die Wallfahrtskirche Birnau aus dem 18. Jahrhundert. Überlingen, reich geworden im Italienhandel, erinnert in seiner malerischen Altstadt mit dem alljährlichen »Schwertletanz« an die Belagerung der Schweden im Dreißigjährigen Krieg. Zwischen Überlingens Parkgrün und der Uferpromenade kann man mit Heilfasten- und Kneippkuren etwas für seine Gesundheit tun. Schlösser, Wanderwege und Weindörfer am See und im hügeligen, waldgrünen Hinterland, dem Linzgau, steigern das Genusserlebnis Bodensee. Zeit sollte man sich nehmen für das Renaissanceschloss Heiligenberg und für Schloss Salem, einst ein Zisterzienserkloster, heute eines der bekanntesten Elite-Internate im deutschsprachigen Raum. In unmittelbarer Nähe turnen zahlreiche nordafrikanische Berberaffen durchs Gelände – der Elsässer Baron Gilbert de Turckheim hat der vom Aussterben bedrohten Tierart am Mendlishauser Affenberg ein neues Zuhause gegeben. Einen Blick in die ferne Vergangenheit gewähren die rekonstruierten stein- und bronzezeitlichen Siedlungen des Pfahlbaumuseums bei Unteruhldingen. Die 500 Meter südlich gelegenen Original-Pfahlbauten gehören zum UNESCO-Welterbe.

Genug ist nicht genug. Über das stille Weindorf Bodman und entlang der Halbinsel Bodanrück kommt man zur urzeitlichen Marienschlucht oder nach Radolfzell und an der Südspitze des Bodanrücks nach Konstanz. Die schön zwischen Ober- und Untersee gelegene größte Stadt am Bodensee bietet sich für einen Bummel an und ist ein idealer Ausgangspunkt für einen Ausflug zum Gemüsegarten der Region, der Klosterinsel Reichenau. Oder ist die Versuchung unwiderstehlich weiterzureisen, etwa nach Zürich, das nur eine knappe Autostunde entfernt ist?

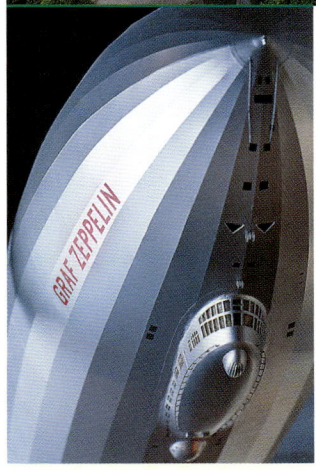

Das Alte Schloss in Meersburg (oben)
Ein Höhepunkt der Luftfahrtgeschichte: 1900 startete der erste Zeppelin in Friedrichshafen. (unten)

Gut zu wissen

Hinweise: Im Pfahlbaumuseum führen ein Steinzeitparcours und das ARCHAEOLAB interaktiv in die Geschichte ein. www.pfahlbauten.de; www.freiburg.de; www.schwarzwald-tourismus.info; www.oberschwaebische-barockstrasse.de

Zwischen Bodensee und Watzmann

 384 Kilometer

Wo einst Holzknechte und Bauern, Jäger und Wilderer, Salzherren und Mönche zu Hause waren, führt heute die Deutsche Alpenstraße von einem Highlight zum anderen. Unvergesslich bleiben malerische Winkel wie der Königssee, traditionsreiche Klöster wie Ettal oder Benediktbeuern, die prunkvollen Schlösser Ludwigs II. und beliebte Ferienorte wie Mittenwald und Garmisch-Partenkirchen.

Die schöne Halbinsel am Bayerischen Bodensee: Lindau. (oben)

Satte Wiesen und sanfte Hügel: am »Paradies« bei Oberstaufen. (unten)

Als der bayerische König Maximilian II. im Sommer 1858 mit Pferd und Kutsche vom Bodensee zum Königssee reiste, konnte er nicht ahnen, dass er damit die Streckenführung für eine der beliebtesten deutschen Touristikstraßen, die Alpenstraße, vorgegeben hatte. Fünf Wochen war der reiselustige Landesvater damals unterwegs; heute spult man die Strecke schneller herunter. Doch um alle Attraktionen genießen zu können, sollte man sich mindestens eine Woche Zeit nehmen.

Glanzpunkte im Süden. Durch die schöne Gebirgswelt der Allgäuer Alpen, vorbei an Wiesen und Wäldern führt die deutsche Alpenstraße nach Füssen und zu den Schlössern Hohenschwangau und Neuschwanstein. Nicht weit entfernt steht im Graswangtal Schloss Linderhof. Ludwig II. erfüllte sich mit dem Bau seiner Schlösser einen prunkvollen Traum idyllischer Abgeschiedenheit. Am berühmtesten ist sicherlich Neuschwanstein, das er voller Bewunderung für Richard Wagner und dessen Werk als idealisierte Ritterburg erbauen ließ. Fremdenverkehrsoffiziell führt die Deutsche Alpenstraße allerdings nicht zu den Schlössern, sondern im weiten Nordbogen nach Steingaden und zur Rokokoperle Wieskirche – eine UNESCO-Welterbestätte – und weiter über den Passionsspielort Oberammergau nach Gar-

misch-Partenkirchen. Die Gäste des Fremdenverkehrsortes mit Bergbahnen, Spielbank und etlichen Sportstadien zieht es auf die umliegenden Berggipfel und in wildromantische Schluchten wie die Höllental- und die Partnachklamm. Die Ammergauer Berge umgeben das Hochtal mit der Benediktinerabtei Ettal aus dem 14. Jahrhundert. Als nächstes lohnt ein Abstecher nach Mittenwald, das zwischen den schroffen Wänden des Karwendels und dem Wettersteingebirge liegt. Im Mittelalter führte hier ein wichtiger Handelsweg von Augsburg nach Venedig. Die weltberühmte italienische Geigenbaukunst kam im 17. Jahrhundert nach Mittenwald und ist bis heute eine lebendige Handwerkstradition, die das Geigenbaumuseum stolz dokumentiert.

Zwischen Inn und Isar. Von der Hauptroute der Alpenstraße aus kann man nun über den Walchensee und den Kochelsee einen Abstecher zu einem der ältesten Klöster Bayerns machen: nach Benediktbeuern. Eine alternative Route führt über den Sylvenstein-Stausee und Tegernsee. Nach einem Abstecher in das schöne Bad Tölz geht es zurück auf der Alpenstraße in engen Kurven am Schliersee vorbei zum Wendelstein. Oben reicht der Blick bei guter Sicht über München hinaus bis zum Bayerischen Wald und ins Gebirge bis zu den Dreitausendern der Hohen Tauern.

Inseln im »Bayerischen Meer«. Auf der Herreninsel ließ Ludwig II. 1878 nach dem Vorbild von Versailles Schloss Herrenchiemsee errichten. Dass der »Märchenkönig« nur ganze neun Nächte auf dem Schloss verbrachte, stört die Besucher ebenso wenig wie die Tatsache, dass das Gebäude aus Geldmangel nie fertig gestellt wurde. Wer die Spiegelgalerie sieht oder das Prunkschlafzimmer, mag kaum glauben, dass das Schloss ursprünglich noch größer und prächtiger hätte werden sollte. Auch auf der kleineren Fraueninsel, deren Südteil fast komplett von einem uralten Benediktinerinnenkloster eingenommen wird, geht es erst wieder beschaulich zu, wenn das letzte Ausflugsschiff abgelegt hat. Südwestlich vom Chiemsee ragen die hellen Felszacken der Kampenwand über dem Priental auf. Von Hohenaschau aus kann man mit einer Seilbahn hinauffahren, sie ist ein idealer Ausgangspunkt für Bergtouren mit wundervollen Ausblicken. Wenn Föhn herrscht, der warme Fallwind über dem Alpenvorland, ist die Luft glasklar und beschert eine grandiose Fernsicht. Bei der Weiterfahrt über den Wintersportort Reit im Winkl und Inzell nach Berchtesgaden begleiten bewaldete Hänge und stille Seen die Alpenstraße durch die malerische Landschaft der Chiemgauer Berge, die hier bis auf 1800 Meter ansteigen.

Nach Berchtesgaden und zum Königssee. Berchtesgadens Türmesilhouette prangt stolz vor den gewaltigen Felswänden des Watzmann-Massivs, und stattliche Bürgerhäuser säumen den historischen Markt. Der Ort hat Einiges zu bieten, vom Salzbergwerk über das Bergknappenfest zu Pfingsten bis zum Almabtrieb im Herbst. Nur wenige Kilometer entfernt spiegeln sich im Königssee die Watzmann-Wände und das barocke Kirchlein St. Bartholomä. Eine Fahrt über das klare Wasser mit Blick auf das Gebirgspanorama sollte man sich nicht entgehen lassen! Ausflüge von Berchtesgaden in die Bergwelt? Mit der Seilbahn geht es auf den Jenner (1874 Meter), ein Spezialbus verkehrt auf der steilen Kehlsteinstraße zum Kehlsteinhaus, wo am Parkplatz die Dokumentation Obersalzberg die NS-Geschichte des Obersalzbergs beleuchtet. Auf der mautpflichtigen Höhenringstraße geht es zum Rossfeld – mit weiten Ausblicken in die Salzburger Alpen.

Auf nach München! Anschließend bietet sich ein Besuch der bayerischen Landeshauptstadt an. Sie sollten Ihr Auto unbedingt an einer Vorortstation stehen lassen und mit der U- oder S-Bahn zum Marienplatz fahren. Nur ein Katzensprung ist es von hier aus zur Frauenkirche mit den markanten Haubentürmen oder zu den Köstlichkeiten des Viktualienmarkts. Dann eine Runde um die Residenz der Wittelsbacher Kurfürsten und Könige – in den Hofgarten mit der modernen Staatskanzlei und die barocke Theatinerkirche. Auch die Pinakotheken und das Lenbachhaus warten noch, München ist schließlich eine Weltstadt der Museen. Bayern hat mehr Museen als jedes andere deutsche Bundesland – und zeigt mit der »Pinakothek der Moderne« samt dem benachbarten »Museum Brandhorst« großes Interesse am Zeitgenössischen.

Kloster Ettal, 1330 von Kaiser Ludwig dem Bayern gegründet, erhielt im 18. Jahrhundert seine heutige Gestalt. Das Münster ist eines der Hauptwerke des bayerischen Rokoko. (oben)
Ein Ferienort mit Weltruf: Garmisch-Partenkirchen. (unten)
Mit dem Schiff zu erreichen: die barocke Wallfahrtskirche St. Bartholomä am Ufer des Königssees mit den gewaltigen Felsabstürzen des Watzmanns. (links)

Gut zu wissen

Hinweise: Die deutsche Alpenstraße ist im Allgemeinen gut ausgebaut, eng wird es auf den steilen Serpentinenstraßen am Sudelfeld und zum Oberjoch. Auch ist Vorsicht auf der einspurigen Mautstrecke zwischen Vorderriss und Wallgau geboten.
www.deutsche-alpenstrasse.de

Von München nach Würzburg

 284 Kilometer

Vom Alpenrand bis zum mainfränkischen Würzburg führt diese reizvolle Kulturreiseroute durch mittelalterliche Städte zu fürstlichen Residenzen und berühmten Wallfahrtskirchen. Wem dabei die Kehle trocken wird, der darf sich auf die abendliche Einkehr freuen: Entlang der Romantischen Straße wird seit alters bayerisches Bier gebraut und fränkischer Wein gekeltert.

München von seiner schönsten Seite: Blick über den Marienplatz auf das Rathaus und die backsteinrote Frauenkirche. (oben)

Mit einem farbenfrohen Umzug wird traditionell das Münchner Oktoberfest eröffnet, das alljährlich Gäste aus aller Welt in die Isar-Metropole lockt. (unten)

Sie wollen von München aus nun auf romantischen Wegen weiter durch Deutschland reisen? Dann fahren Sie nach Westen und stoßen bei Landsberg auf die Romantische Straße, die von Füssen nach Würzburg verläuft. Falls Sie nicht vom Bodensee aus Richtung Watzmann bereits durch das Allgäu und an den Schlössern König Ludwigs II. vorbeigefahren sind, folgen Sie der Straße am besten zunächst Richtung Süden, um in Füssen die romantische Reise zu beginnen. Römische Legionäre und Händler gelangten hier auf der Via Claudia Augusta aus den Alpen ins Germanenland. Heute ist das freundliche Städtchen am Rand der Berge ein Kneipp-, Moor- und Mineralheilbad und nicht zuletzt wegen der umliegenden Seen ein beliebter Ferienort.

Am Forggensee, gegenüber von Schloss Neuschwanstein, entstand eine Art Ludwig-II.-Festspielhaus, ein Theater, in dem nur ein Stück aufgeführt wurde: die Lebensgeschichte des »Märchenkönigs« als Musical. Die Hoffnung der Veranstalter, dass sein Besuch für viele Touristen der schönste Abschluss einer Reise auf der Romantischen Straße sein würde, bewahrheitete sich nicht – inzwischen finden dort auch andere Aufführungen statt. Wieskirche, Wildsteig, Rottenbuch, Wessobrunn und Hohenfurch heißen einige der Kleinode katholischer Rokokoarchitektur, die an

der Romantischen Straße oder in ihrem nahen Umkreis glänzen. Die Stuckkünstler der Wessobrunner Schule, die Kirchenmaler und Vergolder schmückten auch in Peiting, in Schongau und Schwangau Pfarr- und Wallfahrtskirchen. Statt schwerer Feierlichkeit und strenger Andacht verkünden diese Kirchenräume die strahlend helle Botschaft der Freude.

»Pfaffenwinkel« wird das Gebiet zwischen Isar und Lech auch genannt, in dem diese Ortschaften liegen, nach den Äbten und Mönchen, die sich hier in anmutiger Voralpenlandschaft die allerbesten Areale für fromme Meditation in Klöstern, Kirchen und Stiften aussuchten. Als ihre goldene Zeit der Gegenreformation sich dem Ende zuneigte und die Auflösung und Enteignung der Klöster bevorstand, notierte ein Reiseschriftsteller namens Anton Pezzl: »Von der Beschaffenheit dieses Pfaffenwinkels können Sie daraus urteilen, wenn ich Ihnen sage, dass man vierzehn Tage darin herumreisen und alle Tage auf einer andern Prälatur oder Abtey speisen und schlafen kann. Hier thronen mächtige Äbte und Äbtissinnen, die jährlich ihre 50 000 bis 80 000 Gulden Einkünfte haben und bei einer Flasche Burgunder über die Schriftsteller lachen, die sie an ihr Gelübde der Armut erinnern wollen. Diese Kapuzen-Monarchen üben in ihrem Erdkreis eine Allgewalt aus und geben sich eine Autorität, die manchen Lama in Tibet beschwert.«

Eine Überraschung für Kunstfreunde wartet außerhalb der Stadtmauer der alten Salzhandelsstadt Landsberg, am westlichen Ufer des Lech: das skurrile Herkomerhaus mit dem so genannten Mutterturm. Der in Großbritannien geadelte Maler Sir Hubert Herkomer (1849–1914), Landsbergs berühmtester Sohn, hat das mittelalterlich anmutende Gebäude und zahlreiche Werke, überwiegend Porträts, hinterlassen, die heute hier zu besichtigen sind. Er tat sich außerdem als Pionier des Automobilsports hervor, indem er in den Jahren 1905 bis 1907 die ersten deutschen Autorallyes organisierte.

Entdeckungen in Augsburg. Seit die bayerischen Kurfürsten, später die Könige München zu ihrer prächtigen Residenz ausbauten, stiehlt die Isarstadt der viel älteren Stadt am Lech immer wieder die Schau. Aber auch in Augsburg gibt es viel zu entdecken: Römerspuren und Renaissancebrunnen, das Schaezler-Palais mit seinem lichter- und spiegelfunkelnden Rokokosaal und die schlichten Räume um die Lutherstiege bei der St.-Anna-Kirche, in denen der an Leib und Leben bedrohte

Reformator sich im Oktober 1518 aufhielt. Aus der Zeit, als Augsburg die Stadt der Reichstage, der Bankiers und der Silberschmiede war, blieb die platzbreite Maximilianstraße erhalten, aber auch die Fuggerei, eine der ersten Sozialsiedlungen der Welt und wohl die einzige, die nach so vielen Jahrhunderten noch immer ihre ursprüngliche Funktion erfüllt.

Wer wusste, dass Augsburg noch eine Synagoge besitzt, so groß und von so hervorragender Jugendstilarchitektur wie keine andere in Deutschland? Die Brandstifter Hitlers legten kein Feuer, weil sie die Nachbargebäude sonst mit abgefackelt hätten. Goldarabesken auf dunklem Grund und ein Gold-Türkis-Mosaik über dem Altar schmücken den Raum, das kleine Museum zeigt kostbares Ritualgerät. Schwere Gitter sichern das Grundstück vor möglichen Übergriffen. Genussreich durchwandert man Alt-Augsburg im Lechviertel mit kleinen Bühnen, Boutiquen, Cafés und Gaststätten. Entlang des so genannten Handwerkerwegs bietet sich dutzendfach Gelegenheit, Silberschmieden und Vergoldern, Drechslern und Kürschnern bei der Arbeit über die Schulter zu schauen. Im Geburtshaus Bertolt Brechts wurde eine Gedenkstätte mit Lebensdoku-

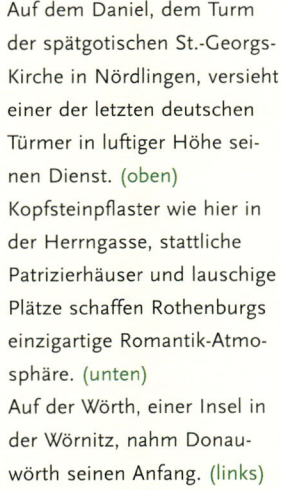

Auf dem Daniel, dem Turm der spätgotischen St.-Georgs-Kirche in Nördlingen, versieht einer der letzten deutschen Türmer in luftiger Höhe seinen Dienst. (oben)
Kopfsteinpflaster wie hier in der Herrngasse, stattliche Patrizierhäuser und lauschige Plätze schaffen Rothenburgs einzigartige Romantik-Atmosphäre. (unten)
Auf der Wörth, einer Insel in der Wörnitz, nahm Donauwörth seinen Anfang. (links)

menten des jungen Schriftstellers eingerichtet. Auf einem ausgeschilderten »Lite-
rarischen Spaziergang« mit 17 Stationen
kann man sich auf die Spuren des »Baal«-
Dichters begeben.

Schwäbische Kleinode. Weiter durch
Schwaben, von Schloss zu Burg, von Burg
zu Schloss! Viele der Bauwerke sind noch
in fürstlichem Privatbesitz. Die Harburg –
ein Superlativ deutscher Burgenherrlich-
keit – ist im Besitz der fürstlichen Familie
von Oettingen-Wallerstein. Nachdem der
Wagen die Kurve zu ihrem Tor nimmt
und Bergfried, Wehrgänge, Festsaal und
die Kunstkammer in Harburg besichtigt
wurden, hat man vielleicht noch Lust,
einen Rundgang, eine Turmbesteigung
und einen Museumsbesuch in Nördlingen
zu unternehmen. Vom Daniel, dem
90 Meter hohen Turm der St.-Georgs-
Kirche, erkennt man nicht nur bestens
die kreisrunde Struktur der Stadt, sondern
auch das fast ebenso kreisförmige Nördlin-
ger Ries, ein fruchtbares, bis zu 100 Meter
tiefes Becken. Im hochmodernen und
hoch informativen Rieskratermuseum
erfährt man, was es damit auf sich hat
und wie man nach vielerlei Theorien erst
1960 erkannte, dass das Ries durch den

Einschlag eines gewaltigen Meteoriten entstanden war. Zeitpunkt: vor rund 15 Millionen Jahren, geschätzter Durchmesser des
kosmischen Fremdkörpers: etwa ein Kilometer.
Von Nördlingen aus geht es weiter nach
Wallerstein. Dort öffnet uns der Schloss-
führer, nachdem wir Porzellane und
Gemälde gebührend bewundert haben,
den Salon mit den Familienfotos der Familie von Oettingen-Wallerstein, der auch
dieses geschichtsträchtige Gebäude
gehörte.

Lebendige Vergangenheit. Schöne, aber
doch ungleiche Schwestern sind Dinkels-
bühl und Rothenburg ob der Tauber. Din-
kelsbühls Charme ist noch viel ländlicher,
das Ortsbild ursprünglicher. Dabei fehlt es
den beiden Städten nicht an Gemeinsamkeiten. So hat jede eine dramatische Ret-
tungslegende: In Rothenburg ist es die
vom 3 1/4-Liter »Meistertrunk«. Den Drei-
Maß-Humpen Wein soll ein Altbürger-
meister namens Nusch in einem Zug (!)
geleert und so die Stadt im Dreißigjährigen Krieg vor der Verwüstung durch Tillys
Truppen gerettet haben. Die Rothenburger
haben ihr allsommerliches »Meistertrunk«-
Festspiel, die Dinkelsbühler erinnern mit

In der Wenggasse in Rothenburg zieht der spitze Fachwerk-
giebel der Gerlachschmiede
die Blicke auf sich. (oben)
Hauptattraktion des Weinorts
Weikersheim ist das Renaissanceschloss. (Mitte)
Creglingen ist weltbekannt
wegen des Marienaltars
(1505–1510) von Tilman Riemenschneider in der goti-
schen Herrgottskirche.
(unten)
Abendliche Ruhe breitet sich
über Würzburgs Turmkulisse
aus: (von links nach rechts)
Marienkapelle, Grafeneckart
und Dom. (rechts)

ihrer »Kinderzeche-Festwoche« an die Errettung ihrer Stadt vor der schwedischen Soldateska: Den einziehenden Schweden war die Turmwärterstochter mit einer Schar Kinder entgegengegangen und hatte damit das erreicht, was am unwahrscheinlichsten erschienen war: Der schwedische Obrist verzichtete auf Brandschatzung und Plünderung.

Das Verlangen nach sichtbarem Zeugnis des Überirdischen hat in den Orten der Romantischen Straße immer aufs Neue – vor allem aber vor der lutherischen Reformation – Künstlern zu Aufträgen verholfen. Eines der großartigsten Beispiele solcher bildhungrigen Frömmigkeit ist der Heilig-Blut-Altar im hohen Westchor der Jakobskirche zu Rothenburg. Wenige Jahre vor der Reformation, 1501, schloss der Rat der Stadt Rothenburg einen Vertrag mit Tilman Riemenschneider. In vier Jahren gestaltete er den riesigen Schrein um die als Blut Christi verehrte Reliquie mit Figuren und Reliefs aus.

Die Rothenburger Altstadt soll heute aber in erster Linie ein lebendiger Organismus bleiben, sehr romantisch, doch ohne das Erbe früherer Jahrhunderte zur »guten alten Zeit« zu verklären. Unter der Patina der Vergangenheit kann man darum auch den Schmerz und die Klage wahrnehmen, beispielsweise in Rothenburgs Mittelalterlichem Kriminalmuseum. Es macht mit der grausamen Rechtspraxis aus der Zeit vor der europäischen Aufklärung bekannt, mit Foltergerät und härtesten Leibesstrafen. Angesichts des Topplerschlösschens im grünen Taubergrund mag man auch daran denken, dass Heinrich Toppler, im späten Mittelalter einer der erfolgreichsten Bürgermeister der Stadt, elend in den Rathausverliesen umkam, weil er sich in den Augen seiner Mitbürger des Verrats schuldig gemacht hatte.

Im Taubertal unterwegs. Eben noch auf historischen Pfaden in Rothenburg unterwegs, ist man wenige Autominuten später auf der Bundesstraße 27 in Richtung Tauberbischofsheim unterwegs, und schon

umfängt die Hochebene zwischen Main- und Taubertal mit ihrer Wald- und Felderstille das Asphaltband. Schlösserglanz, Kleinstadtidyllen – durchs Taubertal zu fahren, weckt Erinnerungen an die Postkutschenzeit. Schneller als damals kommt man voran, aber der beste Reise-Rat heißt hier: sich Zeit lassen!

Die Straße führt von Rothenburg nach Creglingen und schließlich über Schloss Weikersheim, Bad Mergentheim und Tauberbischofsheims hübsch herausgeputzte Altstadt nach Würzburg. Die Kunst hat in dieser Landschaft über Jahrhunderte hin geblüht. Wer auf Meisterwerke aus ist, lässt sich zu verschiedenen Abstechern verführen. Kann man an Creglingens Herrgottskirche vorbeifahren, ohne eine Pause vor dem so zart und doch kraftvoll aus Lindenholz geschnitzten Altar Tilman Riemenschneiders? Viele halten ihn für sein schönstes Werk. Als ein Symbol göttlicher Kraft schwebt die Gestalt der Maria über den staunenden, die Mutter Gottes anbetenden Aposteln himmelwärts. In Röttingen dann lockt eine Seitenstraße nach Aub, wo eine Kreuzigungsgruppe von Tilman Riemenschneider seit Jahrhunderten die Menschen anrührt. Vom Deutschordensschloss in Bad Mergentheim reist man außerdem ins sieben Kilometer entfernte Dörfchen Stuppach, um die berühmte Stuppacher Madonna des Mathias Nithardt (genannt Grünewald) zu bewundern.

Die Alte Mainbrücke unter der Festung Marienberg in Würzburg kann ein guter Endpunkt der Fahrt auf der Romantischen Straße sein. Von hier blicken Sie zu den Türmen der Bischofsstadt, zur Festung über den Weinbergen und hinüber zur üppigen Kuppel des Käppele. Manch einer verspürt gleich die Lust auf einen Spaziergang den Steig hinauf zur Festung Marienberg, manch anderer bevorzugt es in die Würzburger Weinkeller einzukehren, bevor es dann beispielsweise über die B19 und die A7 zunächst Richtung Schweinfurt und dann über die A71 weiter zur Wartburg geht.

Nach dem Besuch der Festung Marienberg geht es über die Alte Mainbrücke in die Innenstadt Würzburgs. (oben) Würzburg ist eine traditionsreiche Winzerstadt. Die Weine der Würzburger Lagen, die zu den besten Frankens zählen, kann man beim herbstlichen Winzerfest auf der Talavera oder in einem der jahrhundertealten Weinkeller verkosten. (unten)

Gut zu wissen

Hinweise: Um den Radwanderweg »Liebliches Taubertal« zu fahren. leiht man sich am besten ein Rad. Andere Rad-Genussstrecken im Umkreis der Romantischen Straße gibt es bei Donauwörth und rund um den Forggensee.
www.romantischestrasse.de

Von der Wartburg
nach Meißen

 392 Kilometer

Die Lutherstädte Eisenach und Erfurt, die Heimat der »deutschen
Klassik« Weimar oder die Barockperle Dresden: Kaum eine Region
Deutschlands ist so reich an Kulturdenkmälern wie Thüringen und
Sachsen. Einen zusätzlichen Reiz verleihen dieser Route zauberhafte
Naturlandschaften wie der sagenumwobene Thüringer Wald oder das
bizarre Elbsandsteingebirge.

In der grünen Wiesenland-
schaft Thüringens finden
Schäfer noch genügend
Weideflächen für ihre Tiere.
(oben)
Der vordere Burghof der
Wartburg ist von sorgfältig
restaurierten Fachwerkhäusern umgeben. (unten)

Thüringen ist das »grüne Herz«
Deutschlands: Ein Drittel der Fläche
ist mit Wald bedeckt, über rund 2000
Quadratkilometer erstreckt sich der Naturpark Thüringer Wald. An seinem Nord-
westzipfel liegt Eisenach unterhalb der
Wartburg. Lassen Sie sich verlocken zu
einer kleinen Wanderung durch die Höfe
und Säle der bald tausendjährigen Burganlage. Anfang des 13. Jahrhunderts trafen
sich hier der Überlieferung zufolge Minne-
dichter zu dem Sängerwettstreit, der
Richard Wagner zum »Tannhäuser« inspirierte. Noch kann man den fast unverändert bewahrten Raum besuchen, in dem
Martin Luther 1521/22 inkognito als Junker
Jörg Zuflucht fand und das Neue Testa-
ment ins Deutsche übersetzte. Und 1817
wurde die Wartburg mit der politischen
Demonstration der Studenten beim »Wart-
burgfest« auch zum Symbol eines künfti-
gen gesamtdeutschen Staates. 1867 traf
König Ludwig II. von Bayern mit seinem
Bruder Otto auf der Wartburg ein, um ihre
Architektur als Vorbild für das Schloss
Neuschwanstein zu studieren. Auch Eisen-
ach selbst steckt noch voller historischer
Erinnerungen, etwa an Luther, der schon
als Lateinschüler hier wohnte, an die heilige Elisabeth oder an Johann Sebastian
Bach, der hier geboren wurde. 1869 grün-
deten August Bebel und Karl Liebknecht in
Eisenach die Sozialdemokratische Partei.

Auf Goethes Spuren. Durch Thüringen zu
reisen, gerät allemal zur »Bildungsreise«.
An jedem zweiten Ort war Goethe auch
schon, wenn nicht als Wanderer und Poet,
dann als Freund des Weimarer Herzogs
Carl August oder in Dienstgeschäften als
herzoglicher Minister. So könnte man eine
eigene »Traumreise« im Thüringischen
auf den Spuren Goethes und seiner
Freunde unternehmen, die damals von
Weimar aus dem geistigen Leben ganz
Deutschlands eine neue Richtung und
Dynamik gaben und mit enormer Produk-
tivität das schufen, was später als »Weimarer Klassik« bezeichnet wurde.
Weil so viele Gebäude, Interieurs und
Parks aus jener Zeit fast authentisch erhalten sind, lohnt es, die Fahrt auf der B7 von
Eisenach nach Weimar in Gotha und vor
allem in Erfurt zu unterbrechen. Thüringens Hauptstadt, an deren Universität
Luther studierte und später lehrte, beeindruckt mit dem monumentalen Ensemble
von Dom und Severikirche und der mittelalterlichen Krämerbrücke, eine der wenigen bebauten Brücken nördlich der Alpen.
Für Weimar sollte man einen oder besser
zwei Tage einplanen. Überall im Stadtkern, von der Ilm bis zum Theaterplatz,
trifft man auf Sehenswertes, wie etwa Goethes Haus am Frauenplan, Schillers Wohnhaus oder das herzogliche Schloss. In Weimar ist alles nah beieinander und zu Fuß

erreichbar, auch der Landschaftspark im Tal der Ilm, in dem Goethe das halb verfallene Börnersche Gartenhaus erwarb.

An die schreckliche Gegenwirklichkeit zu den Ideen der Weimarer Größen erinnert die Gedenkstätte Buchenwald etwa sechs Kilometer nordwestlich der Stadt. Zwischen 1937 und 1945 wurden in dem NS-Konzentrationslager rund 56 000 Menschen ermordet. Im sowjetischen Speziallager Nr. 2 Buchenwald starben über 7000 Menschen.

Romantische Schlösser. Durch Bad Berka, das seinen Badebetrieb Großherzog Carl August und Goethe verdankt, erreicht man auf der B85 mit einem kleinen Abstecher östlich Schloss Großkochberg mit seinem romantischen Landschaftspark. Wieder ein Goethe-Ort: Schloss Großkochberg gehörte der Familie von Stein, Goethe besuchte hier oft seine Freundin Charlotte von Stein. Wenige Kilometer weiter ist am Nordrand des Thüringer Waldes in Rudolstadt ein prächtiges Barockschloss zu besichtigen, die Heidecksburg mit ihren Kunst-, Porzellan- und Waffensammlungen, die sich die Fürsten von Schwarzburg um 1740 als Residenz erbauen ließen.

Dunkle Höhlen, **stille Teiche.** Im Naturpark Östliches Schiefergebirge hat die Natur eindrucksvolle Denkmäler geschaffen, so bei Saalfeld die »Feengrotten«, wunderschöne Tropfsteinhöhlen in einem ehemaligen Bergwerk. Über die B281 erreicht man auf Nebenstraßen die Plothener Teichplatte südlich von Neustadt. Rund 2000 (!) Teiche wurden im Mittelalter als Fischgewässer angelegt, etwa die Hälfte ist noch erhalten – ein Vogelparadies, in dem man Schwarzstörche und Fischadler entdeckt. Wer einen Umweg nach Gräfenwart südwestlich von Schleiz in Kauf nimmt, kann die 1,5 Meter hohe »Steinrose« bewundern, einen Magma-Block von vierhundert Millionen Jahren (Richtung Saalburg, über die Talsperrenbrücke, dann links bei der Straße).

Traditionelles Handwerk. In Plauen, das auf der B282 von Schleiz anzusteuern ist, befindet man sich bereits auf sächsischem Boden. Geld brachten Tuchmacher und später Tüllspitzenfabrikanten in die Stadt, wovon das prachtvolle gotische Rathaus mit seinem Renaissancegiebel zeugt. Das Vogtlandmuseum in historischen Patrizierhäusern zeigt unter anderem die Kunstfertigkeit der Spitzenklöpplerinnen.

Die Gothaer Herzöge verstanden es zu repräsentieren: im Schloß Friedenstein in Gotha. (oben)
Im 15. Jahrhundert errichteten die Bürger der wohlhabenden Tuchmacherstadt Plauen ein neues Rathaus. (unten)
Die Wartburg, Thüringens Wahrzeichen, erhebt sich auf einem 180 Meter langen und 44 Meter breiten Felsplateau. (links)

Silber, Spielzeug und Musik. Eine friedlich grüne Hügel- und Tälerlandschaft mit Dörfern und kleinen Städten – so erstreckt sich das Erzgebirge zwischen der Nordgrenze der Tschechischen Republik und dem sächsischen Industriegebiet um Zwickau. Kinderarbeit in der Spielzeug-Heimindustrie war hier bis ins 20. Jahrhundert üblich, der Bergbau gab der Landschaft ihren Namen. Golden glänzen die renovierten Postmeilensteine mit den königlichen Initialen Augusts des Starken, »AR«.

Falkenstein mit seinem Museum über die alte Pechherstellung und die einstige Silberstadt Schneeberg, in der noch immer Bergparaden im historischen Kostüm stattfinden, liegen an der B169. Landschaftlich schöner ist die südliche Route der B283 durchs Tal der Weißen Elster über Klingenthal, die Stadt der Harmonika-Bauer und der Akkordeonwettbewerbe. Bei dem kleinen Ort mit dem poetischen Namen Morgenröthe-Rautenkranz biegt man rechts ab auf die schmalere Straße, die über Wildenthal und Oberwiesenthal immer nahe an der tschechischen Grenze nach Annaberg-Buchholz führt.
»Leipzig die beste, Chemnitz die feste, Freiberg die größte, Annaberg die liebste«,

lautet ein alter sächsischer Spruch. Die Bergstadt, die einst mit 400 Silberzechen prosperierte und Zentrum des Obererzgebirges blieb, hat eine spätgotische Hallenkirche und buntes Leben rund um den Marktplatz. Als die Silbervorkommen versiegten, baute in Annaberg Barbara Uthmann als eine der ersten deutschen Unternehmerinnen um 1560 eine Klöppelspitzenproduktion auf.

Wie aus einem Holzscheit ein Nussknacker wird und wie man Drehpyramiden baut, zeigt das Spielzeugmuseum in Seiffen. Lichterengel und Lichterbergmänner gehen aus dem Städtchen in die weite Welt. Das Museum gleich neben der Weihnachtsherrlichkeit dokumentiert auch den Kampf gegen die Kinderarbeit und die Lohndrückerei, unter der die Heimarbeiter genauso wie die schlesischen Weber zu leiden hatten.

Im Nationalpark Sächsische Schweiz. Die bizarre Erosionslandschaft Elbsandsteins erschließt sich gut von Bad Schandau aus. Mit den Schiffen der »Weißen Flotte« kann man von dort direkt nach Dresden fahren, mit einer hundertjährigen, heute mit Solarenergie betriebenen Straßenbahn ins Kirnitzschtal. Beeindruckend sind der

Deutschlands Dichterfürsten sind in Weimar noch immer präsent: Denkmal vor dem Deutschen Nationaltheater (oben)

Siebzig Stufen, die Graden, führen hinauf zum Dom und zur St.-Severi-Kirche in Erfurt. (Mitte)

Der weltberühmte Zwinger (unten)

Ein Theater, das seinesgleichen sucht: die Semperoper. (rechts)

Wasserfall Lichtenhain und die Klamm des Oberen Kirnitzschtals, deren Steilwände von mächtigen Quadersandsteinen geformt werden.

Zu einer Rundfahrt durch die Sächsische Schweiz zweigt man von der Straße im Kirnitzschtal links nach Sebnitz ab. Dort werden noch immer Kunstblumen gefertigt, einst ein Gewerbe mit bis zu 15 000 Beschäftigten. Ein Museum mit Schauwerkstatt widmet sich der traditionsreichen Produktion, daneben beleuchtet das Afrikahaus Geschichte und Gegenwart des afrikanischen Kontinents.

Mit einem Abstecher in die Oberlausitz erreicht man Burg Stolpen auf der vulkanischen Basaltgruppe »Stolpener Orgelpfeifen«. Die Burg mit Wasserkunst und Folterkammer war fast 50 Jahre lang Privatgefängnis der Gräfin Anna Constanze Cosel (1680–1765), deren Selbstbewusstsein ihrem Geliebten August dem Starken zu groß und unkalkulierbar geworden war. Von Stolpen geht die Fahrt weiter gen Süden auf die Elbe zu, der Ausschilderung »Bastei« folgend. Die fast 200 Meter hohen Felstürme über dem Flussbogen der Elbe wirken wegen der Steilabstürze gewaltig hoch. Kanzeln, Brücken und eine Burg wurden in die pittoreske Felswildnis gebaut. Das Naturtheater Rathen liegt im Naturschutzgebiet Bastei, etwas weiter östlich das Felsenlabyrinth der Schrammsteine. In ganz Mitteleuropa ist keine ähnlich fantastisch anmutende Erosionslandschaft zu finden.

Zwei Elbschönheiten. Von der Ebene nördlich der Basteifelsen fährt man wieder zur Elbe hinab, auf Pirna zu. Bis ins 16. Jahrhundert war Pirna privilegierter Umschlagplatz für den Handel mit Böhmen. Die Altstadt um den prächtigen Marktplatz, das Rathaus mit Renaissancedekor, das hohe Giebeldach der Hallenkirche St. Marien, barocke Turmhauben und die mittelalterlichen Steilgiebel der Bürgerhäuser fügen sich zu einem schönen Gesamtbild zusammen. Elbabwärts geht es in Richtung Dresden, das Lustschloss Pillnitz als Juwel aus

Sachsens prächtigster Epoche mit seinem wunderschönen Park liegt am Weg.

Das »Florenz des Nordens«. Die rechtselbische Uferstraße ist die schönste Anfahrt auf Dresden, durch Loschwitz, wo das »Blaue Wunder«, die Loschwitz-Blasewitzer Brücke, den Fluss überspannt. 1485 wurde Dresden Residenz der albertinischen Wettiner, Hauptstadt der Mark Meißen, später des Kurfürstentums, Königreichs und Freistaats Sachsen. Im Februar 1945 ging ein großer Teil der Stadt im Bombenhagel unter, dem mehr als 20 000 Menschen zum Opfer fielen. Heute erstrahlt Dresdens wieder im alten Glanz, seit 2005 ist auch die barocke Frauenkirche wieder ganz aufgebaut.

Tomahawk und Zwiebelmuster. Von Pirna bis Seußlitz zieht sich die Sächsische Weinstraße, deren Tropfen einen guten Ruf genießen. Auf dem Staatsweingut Schloss Wackerbarth kann man die Wein- und Sektkellerei besuchen und auch im Schlösschen Hoflößnitz Weine verkosten. Beide gehören zur Stadt Radebeul, in der einst der Schriftsteller Karl May lebte. Das Karl-May-Museum in der »Villa Old Shatterhand« und im Gartenhaus »Villa Bärenfett« zeigt eine ethnografische Sammlung über die Indianer Nordamerikas und auch die Originale von »Bärentöter«, »Silberbüchse« und »Henrystutzen«, die in den Karl-May-Romanen eine Rolle spielen. Meißen, das mit seinem frühgotischen Dom und der Albrechtsburg der Wettiner über der Elbe thront, ist der Endpunkt der Fahrt durch Thüringen und Sachsen. Weltberühmt wurde Meißen durch Johann Friedrich Böttger (1682–1719), der das »weiße Gold« für Europa entdeckte und China das Porzellanmonopol nahm. Die Meißener Porzellanmanufaktur mit Museum und Schauwerkstatt findet man im Triebischtal, ein Gedenkzimmer für Böttger in der Albrechtsburg. Danach führt der Weg entweder über die Messestadt Leipzig oder auf der B97 durch das Lausitzer Seenland nach Cottbus.

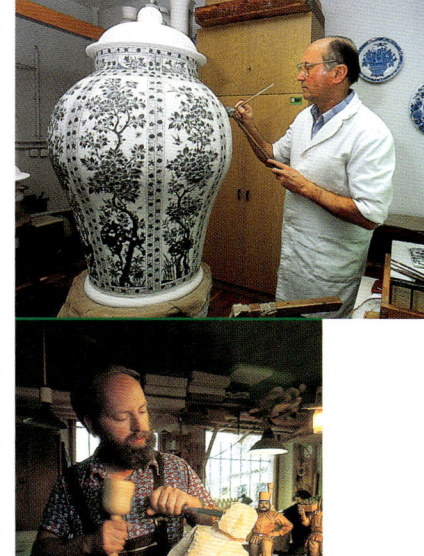

Unter dem Markenzeichen der »Blauen Schwerter« wird in der sächsischen Stadt bis heute Porzellan in minutiöser Handarbeit gefertigt. (oben) Aus Seiffen, dem Zentrum der erzgebirgischen Spielzeugherstellung, werden Nussknacker in alle Welt geliefert. (unten)

Gut zu wissen

Hinweise: In Dresden lässt man das Auto am besten außerhalb des Stadtzentrums stehen und steigt auf das gut ausgebaute öffentliche Nahverkehrssystem um. **www**.dresden.de, www.weimar.de, www.nationalpark-saechsische-schweiz.de

Von Cottbus nach Rügen

 518 Kilometer

Viele Besucher kommen aus dem Staunen nicht heraus, wenn sie ins Brandenburgische reisen: Ein Seenland tut sich auf, vom Spreewald bis zur Schlösserlandschaft um Potsdam und hinein ins Mecklenburgische. Spannend wie keine andere europäische Metropole ist Berlin. Rostock und Stralsund gewinnen ihre Schönheit zurück. Den maritimen Schlussakkord setzt die Trauminsel Rügen.

Auch einen voll besetzten Touristenkahn manövrieren die Fährleute im Spreewald ohne Probleme. (oben) Das Cottbuser Staatstheater, von Bernhard Sehring erbaut, ist ein Kleinod des Jugendstils. (unten)

Schloss Branitz bei Cottbus bildet eine schöne Ouvertüre zu dieser Reise in Richtung Ostsee – wegen des Landschaftsparks, den Hermann Fürst von Pückler-Muskau (1785–1871) schuf. Der extravagante Schlossherr war einer der kreativsten Gartenkünstler seiner Zeit, ein Genussmensch und Weltmann, der Europa und den Orient bereiste. Cottbus ist zudem das »Tor zum Spreewald« sowie das wirtschaftliche und kulturelle Zentrum der Niederlausitz.

Von Fließen, Kaupen und Kähnen. Das Wasserlabyrinth des Spreewalds ist von Cottbus kaum eine Autostunde entfernt und beginnt gleich hinter dem Schlosspark von Lübbenau. Der Tourismus hat im Spreewald Tradition, von April bis Oktober gehört er den Wanderern, Radlern und den Kahnfährleuten. Zum einmaligen Erlebnis wird die Landschaft des Oberspreewalds jedoch in ihrer Alltagsstille. Der rund 50 mal 15 Kilometer große Streifen eines eiszeitlichen Urstromtals – Auwälder, Wiesen- und auch Ackerland – wird von »Fließen« durchzogen. Diese natürlichen Kanäle verbinden Inseln, Siedlungen und Einzelhöfe, die auf »Kaupen«, künstlichen Erdhügeln, liegen. Das UNESCO-»Biosphärenreservat Spreewald« schützt rund 18 000 Tier- und Pflanzenarten, darunter auch Kraniche und seltene

Schwarzstörche. Zum Spreewald gehört auch die Kultur der Sorben, von denen rund 60 000 in der Lausitz leben.

Berlin im Zeitraffer. Berlin wird von Lübbenau und Lübben über die A13 sehr schnell, über die B96 geruhsamer erreicht, am Rand des Flämings entlang, der seinen Namen von den Flamen hat. Sie kamen im 12. Jahrhundert hierher, durch Sturmfluten aus ihrer Nordseeheimat vertrieben. Durch Zuwanderung und Zuzug ist Berlin seit je gewachsen, in die mittelalterliche Doppel- und Hansestadt Cölln-Berlin kamen im Lauf der Jahrhunderte Hugenotten, jüdische Gelehrte, schlesische Fuhrleute, russische Großfürsten und heute die ganze Welt. Rund dreieinhalb Millionen Einwohner zählt Deutschlands Hauptstadt, rund sechs Millionen Menschen leben in der Metropolregion. Einige Tage sollte man sich Zeit nehmen, um sich auf die Faszination Berlins und all seiner Kontraste einzulassen. Ein Pflichtbesuch im neuen Regierungsviertel gehört zu einem Aufenthalt in der Stadt. In der schönen Jahreszeit sind frühe Morgenstunden an den Grunewaldseen zauberhaft, ebenso die langen hellen Abende am Ku'damm und in seinen baumgrünen Seitenstraßen. Was der Zweite Weltkrieg vom opulenten Wohnprunk der wilhelminischen Gründerzeit übrig ließ, hat nach der Restaurierung schon wieder Patina angesetzt. Den aktuellen Kontrast zu den einst von Bismarck geförderten Kurfürstendamm-Immobilien stellen die Architekten der Internationalen Bauausstellung seit den Achtzigerjahren vor, zum Beispiel am Tegeler Hafen im Norden der Stadt. Hier entstand ein wahres Musterareal der Moderne. Um einen weiteren Kontrast zu erleben, fährt man zurück in die historische Stadtmitte und schlendert durch die altberlinischen Kulissen des Nikolaiviertels, ein Quartier mit Butzenscheibensentimentalität und Zille-Souvenirs.

Hinauf in die siebenstöckige Aussichtskugel des Fernsehturms, 200 Meter über dem Alexanderplatz! Den Turm konzipierte Hermann Henselmann, der auch leitender Architekt der Karl-Marx-Allee war. Berlin erleben heißt immer auch deutscher Geschichte begegnen. Unter den Linden, vom Berliner Dom zum Brandenburger Tor, das war Preußens »Goldene Meile«, im klassizistischen Kern von Friedrich dem Großen geschaffen. Der »Alte Fritz« und seine Nachfolger verwandelten die einstmals kurfürstlichen Jagdgründe vor den Stadttoren in den Tiergarten, der bis heute Berlins größtes Parkgelände ist. Kaiser Wilhelm II. ließ mit der Siegesallee

den Denkmalbestand kräftig aufstocken. Einen Nachglanz von Preußens Gloria strahlt noch immer die »Goldelse« aus, wie die Berliner die Statue der Viktoria auf der Siegessäule am Großen Stern getauft haben. Den heftigsten Kontrast zum Parkgrün des 200 Hektar großen Tiergartens erlebt man am Potsdamer Platz, wo Großinvestoren mit ihren Geschäftstürmen ein Stück Metropolis in die Stadtlandschaft setzten. So viele Museen, Bühnen, Kneipen zwischen Oranienburger Tor und Kreuzberg. So viele Personen und Ereignisse, deren Erinnerung diese Stadt heraufbeschwört: an Dichter wie Kleist und Bettina von Arnim, von Fontane bis zu Döblin, Benn, Brecht und Grass, an Architekten und Künstler wie Schinkel, Liebermann, Heinrich Zille, Käthe Kollwitz, an Wissenschaftler von Robert Koch bis Albert Einstein. Nicht alle haben eine Gedenkstätte oder ein Denkmal, aber manche Wohnung ist zu besichtigen wie etwa die hellen Räume Bertolt Brechts an der Chausseestraße. Und auch die Gedenkplätze für die Opfer der NS-Diktatur, Orte der Erinnerung an unbeschreibliche Grausamkeit, kann man aufsuchen: das Haus der »Wannseekonferenz«, in dem 1942 der Holocaust beschlossen wurde, die Gedenk-

Aus römischer Zeit stammt das Markttor von Milet, das im Berliner Pergamonmuseum gezeigt wird. (oben) Die Kaiser-Wilhelm-Gedächtniskirche ist eines der Wahrzeichen der Spree-Metropole. Der wie ein hohler Zahn aufragende Kirchturm wurde zum Symbol von Krieg und Zerstörung. (unten) Der Park von Sanssouci ist ein anmutiges Ensemble von prachtvollen Bauten und Gärten. Eine Freitreppe führt zum Schloss. (links)

stätte Deutscher Widerstand im Bendler-Block mit dem Ehrenmal für die Widerstandskämpfer vom Juli 1944 und die Ausstellung »Topographie des Terrors« in den Kellerräumen des ehemaligen Gestapo-Gefängnisses an der Prinz-Albrecht-Straße.

Potsdam – Preußens Salon. Auf der Avus, der Automobil-Verkehrs- und Übungsstraße, fährt man hinaus aus der Stadt. Ziel sind nicht der Wannsee, nicht die Schloss- und Gartenlandschaft der Pfaueninsel oder der Park um Schloss Klein-Glienicke. Die Fahrt geht zur einstigen Sommerresidenz der Preußenkönige und zu Brandenburgs Hauptstadt, Potsdam. Unter dem Vater Friedrichs des Großen, Friedrich Wilhelm, ja schon unter dem Großen Kurfürsten war Potsdam Residenz, vor allem aber ein Exerzierplatz und eine Soldatenstadt. Auch Friedrich II. ließ in Potsdam seine Armee drillen. Und er schuf sich sein Sanssouci: kein Versailles-Imitat, sondern über den verglasten Terrassen des königlichen Weinbergs ein Sommerschlösschen, ein »Weinbergslusthaus«, wie er selbst es nannte. Hinter den zwölf hohen Fenstertüren atmet die Gartenresidenz mit ihrer Ausstattung im »Friderizianischen Rokoko«, mit der zedernholzgetäfelten Bibliothek und der

Bildergalerie noch den Geist des Bauherrn, der unter der Schlossterrasse begraben liegt. Von seinem Geschmack und seinem Schönheitssinn zeugt auch der Park, belebt durch Wasserspiele, geschmückt mit Skulpturen und dem Chinesischen Teehaus. In Potsdam selbst bummelt man durch die Brandenburger Straße, entlang an restaurierten Häusern des 18. Jahrhunderts, und die Gassen des Holländischen Viertels, das Friedrich Wilhelm I. von Maurern und Zimmerleuten aus Holland erbauen ließ. Für eine Stadtbesichtigung braucht man mindestens einen halben Tag: Der Schinkel-Bau der Nikolaikirche, das Filmmuseum im einstigen Marstall, das mit einem Minarett dekorierte Wasserwerk von 1840, das prunkvolle Brandenburger Tor, die Russische Kolonie Alexandrowka sind nur einige der Sehenswürdigkeiten. Dann hat man noch nicht den Neuen Garten am Heiligen See erwandert und nicht Schloss Cecilienhof (1913–1917) gesehen, das 1945 von den Regierungschefs der alliierten Siegermächte des Zweiten Weltkriegs symbolträchtig für die Potsdamer Konferenz ausgewählt wurde (heute eine Gedenkstätte).

Schinkels und Fontanes Heimat. Die havelländische Landschaft ist flach, mit der

Bei der jährlichen Hanse-Sail in Rostock (oben)
Backstein, Giebelhäuser, Meer, Wind und Wellen, Segelboote und Häfen erwarten den Besucher Rostocks; Blick vom Gehlsdorfer Ufer auf den Stadthafen und St. Martin. (Mitte)
Die prächtige Fassade des Rathauses am Alten Markt in Stralsund (unten)
Ahrenshoop an der Ostsee machte sich um die Jahrhundertwende als Künstlerkolonie einen Namen. (rechts)

Stille ihrer Felder und Alleen von verhaltenem Reiz. Über Nauen, Friesack und Buckwitz (auf der B273, der B5 und der B167) geht die Reise nach Neuruppin am Ruppiner See genussreicher als auf der Autobahn (A10 und A24). Der Architekt Karl Friedrich Schinkel (1781–1841) und der Romancier Theodor Fontane (1819–1898) stammen von hier. An der Einfahrt in die Stadt von Süden sitzt als Denkmalsbronze Fontane. Nach der Einäscherung beim Stadtbrand von 1787 wurde Neuruppin in frühklassizistischem Stil wiederaufgebaut und hat sich in seinem Kern so auch erhalten.

Ein Bilderbuch für Verliebte. Über hundert Jahre alt ist Kurt Tucholskys »Rheinsberg. Ein Bilderbuch für Verliebte«, das von einem Ausflug aus der Großstadt Berlin erzählt. Aber auch ohne Tucholsky gelesen zu haben, sind Schloss, Park und See in Rheinsberg, einst Wohnsitz Kronprinz Friedrichs, als harmonische Dreiheit zu erleben. Eine Ausstellung im Schloss ist Tucholsky gewidmet. Immer schöner wird die Landschaft. Rheinsberger Seenkette heißt sie, dann Strelitzer Seenplatte, dann Mecklenburgische Seenplatte. Hunderte Seen verstecken sich in den Wäldern, Hügel voller Laubwaldgrün säumen schmale Straßen. Über Zechlinerhütte und Mirow geht es auf die mecklenburgische Müritz zu. Sie ist der zweitgrößte deutsche See (oder der größte, wenn man den Drei-Länder-Bodensee nicht als deutsches Gewässer zählt). Der Müritz-Nationalpark bewahrt Urtümlichkeit. Kleine Buchten und lang gezogene Sandstrände bieten romantische Ankerplätze. Wanderer und Radler, Camper und Angler, Bootsbesitzer und Badende fühlen sich weitab von allen großen Städten wohl. Über die B198 oder B192 kommt man zur B103 und auf ihr an die Ostsee. Ein Halt in Güstrow, 40 Kilometer vor Rostock, lohnt wegen der Altstadtviertel, des Renaissanceschlosses und der Kirchen, vor allem aber der Skulpturen Ernst Barlachs. Sein »Schwebender« im Dom und der »Lesende Klosterschüler« in der Barlach-Gedenkstätte in der Gertrudenkapelle gehören zu den Meisterwerken deutscher Plastik des 20. Jahrhunderts.

Ostseehäfen, Ostseebäder. Frischer Wind mit Salzgeschmack signalisiert sofort Meeresnähe. In Rostock wie in Stralsund sind historische Stadtkerne zu entdecken. Auf ihre wunderschönen Giebelfronten können die Rostocker wahrlich stolz sein. Zwischen Rathaus und Kröpeliner Tor prangen sie nicht nur gotisch und barock, sondern auch modern, mit farbigen, glasierten Ziegeln. Wunderbar weiß und fein rieselt der Sand der Ostseestrände durch die Finger. Von Warnemünde über die freundlichen Badeorte Graal-Müritz, Ahrenshoop bis Prerow, Zingst und Pramort, auf der lang gestreckten Halbinsel Darß – überall ist Ferienland. Dünen, Deiche und viele Kilometer Waldstreifen begleiten die Strände. Der Nationalpark Vorpommersche Boddenlandschaft schützt die Biotope des Darß mit seinen Kranich-Rastplätzen. Bei Barth hat man den Darß wieder verlassen und fährt im Hinterland der Vorpommerschen Boddenküste nach Stralsund. Die alte Hansestadt hat einen fantastischen Bestand an malerischer Architektur und gehört zusammen mit Wismar zum UNESCO-Welterbe.

Rügen ist keine kompakte Insel, sondern eine Verschwisterung von Land und Meer, auf der Karte anzusehen wie eine fantastische Landblume mit groß entfalteten Blättern. Halbinseln und Bodden (flache Meeresbuchten). Weite Felder, Großsteingräber und alte Dorfkirchen prägen seine Landschaft. Im Süden um Binz, Sellin und Göhren erstrecken sich breite Sandstrände, im Nationalpark Jasmund im Nordosten wachsen Buchenwälder bis hin zu den bekannten Kreidefelsen von Stubbenkammer, die Caspar David Friedrich (1774–1840) einst malte.
Wieder zurück auf dem Festland, geht die Fahrt von Stralsund aus über die A20 und A7 bis Flensburg. Von dort ist es nur noch ein Katzensprung über die dänische Grenze.

An der Ostküste Rügens ragt nördlich von Sassnitz die bizarre Kreideformation der Wissower Klinken auf, entstanden in Hunderten von Jahren. (oben)
Da ist die Freude groß: Dieser Dorsch ist ein echter Prachtfang. (unten)

Gut zu wissen

Hinweise: Mit dem Berlin City Pass hat man für 2, 3 oder 6 Tage freien Eintritt in Museen und fährt kostenlos mit dem öffentlichen Verkehrsmitteln.
www.turbopass.de, www.puecklermuseum.de, www.sorben.sachsen.de, www.rostock.de, www.stralsund.de

Von Tønder nach Hirtshals

 416 Kilometer

Die endlose Weite des Wattenmeers spüren und zeitlos an den ausgedehnten Stränden der Jammerbucht dösen, Städte wie Ålborg und Århus erkunden und auf den Spuren der Wikinger wandeln – es ist der Reiz der Abwechslung, der Dänemark so interessant macht. Und wer einmal in Jütland war, der kommt bestimmt wieder, auf eine der vielen dänischen Inseln in der Ostsee.

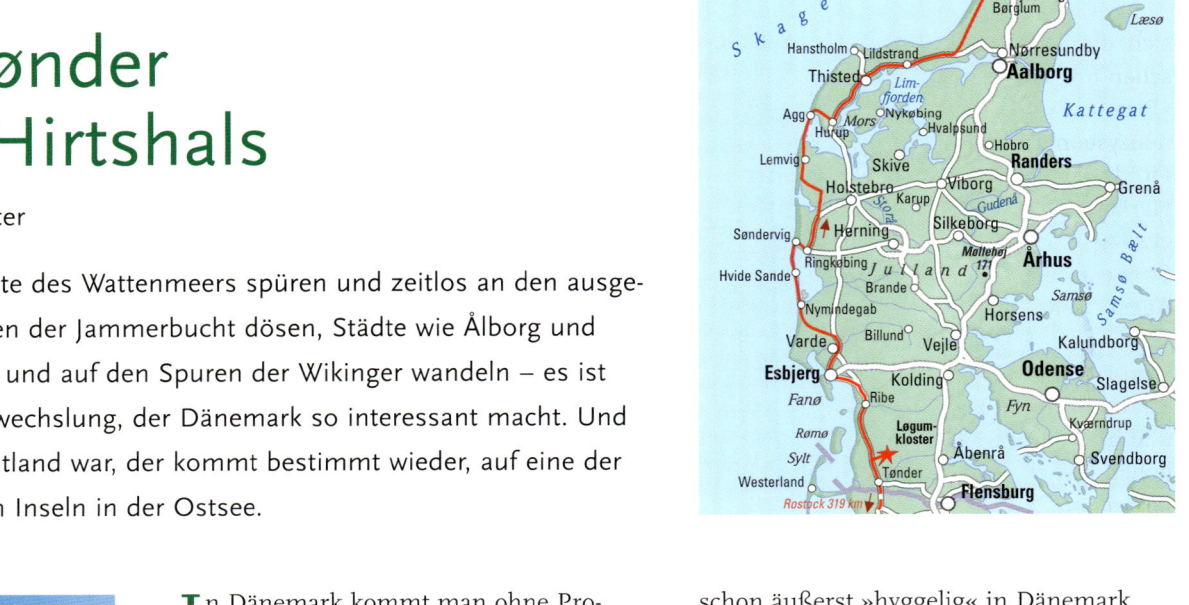

Überwältigender Blick in die weite Landschaft vom Leuchtturm von Blåvandshuk im westlichsten Teil Jütlands. (oben)
Tønder ist viel zu schön, um es links liegen zu lassen. (unten)

In Dänemark kommt man ohne Probleme mit der deutschen Sprache zurecht. Wer aber seinem dänischen Gastgeber eine Freude machen will, sollte mal mit einem freundlichen Lächeln im Gesicht einen Satz formulieren wie: »Es ist so wunderschön hyggelig bei euch.« Wer Dänemark »hyggelig« findet, der hat den dänischen »way of life« verstanden: eine Mischung aus Ruhe, schöner Landschaft und netter häuslicher Atmosphäre. Gemütlichkeit pur eben.

Dänische Gemütlichkeit. Statt auf der A7, führt der Weg über die Bundesstraße 5 im Westen nach Dänemark. Gleich hinter der Grenze bekommt man in Tønder einen ersten Eindruck von dänischer Gemütlichkeit. Und Møgeltønder gleich nebenan macht dieses Bild perfekt: Die 1680 angelegte Dorfstraße mit strohgedeckten Ziegelhäuschen und dem alten Pflaster gilt als die schönste im ganzen Land. Auf dem Weg nach Ribe lohnt ein kleiner Umweg über die Hauptstraße 25 nach Løgumkloster. Die reich geschmückte Kirche ist das Überbleibsel eines Zisterzienserklosters aus dem 12. Jahrhundert. Bereits eine halbe Stunde später scharen sich rund um den mächtigen Turm der Domkirche von Ribe Fachwerkhäuser. Bei einem Bummel durch die engen, mittelalterlichen Gassen wird schnell klar, dass es auch früher

schon äußerst »hyggelig« in Dänemark gewesen sein muss.
Überall in Jütland schmeckt man den salzigen Duft der nahen See, und so sollte man auf der Fahrt nach Esbjerg unbedingt einen Abstecher zum Wattenmeer machen. Grauschwarzer Schlamm, so weit das Auge reicht, ein idealer Lebensraum für unendlich viele kleine und große Tiere. Barfuß durch das Watt stapfen und dem abfließenden Wasser in den vom Meer gebauten Sielen und Kanälen folgen – da vergisst man die Zeit. Aber wenn das Wasser langsam wieder seinen Lauf ändert, dann kommt die Flut – nix wie weg!

Fernweh und Surf-Spaß. Esbjergs mächtige Fischfangflotte macht seinen Hafen zum größten des Landes. Dahinter beginnt Dänemarks Badekultur: Nordsee aus dem Bilderbuch mit feinem Sand und Dünen. Auf knapp 40 Kilometern führt die Landstraße 181 zwischen Nymindegab und Søndervig am Wasser entlang, links das Meer und rechts der Ringkøbing Fjord. Dort sorgt der Dünengürtel Holmsland Klit für geradezu idealen Surf-Spaß, weil er einen natürlichen Schutz vor allzu heftigen Meeresbrisen bildet.
Richtung Norden geht es auf der Hauptstraße 28 über Ringkøbing, das mit seinen kopfsteingepflasterten Straßen zum Bummeln einlädt, nach Lemvig. Hier lohnt es

sich, das Auto gegen ein Fahrrad einzutauschen und auf dem zwölf Kilometer langen »Planetenweg« am Limfjord unser Sonnensystem abzufahren. Zur Nordseite des Fjords gelangt man über die Straße 181 zur Harboor-Landzunge, setzt mit der Fähre in etwa zehn Minuten über und folgt der Straße auf dem schmalen Damm über Agger nach Hurup.

Jammerbucht als Freudental. Hinter Lild Strand führt ein Feldweg Richtung Meer, und bald blickt man von einem 50 Meter hohen Hügel hinaus auf die See, auf die Jammerbucht, die Touristenhochburg Dänemarks. Aber selbst an den Stränden zwischen Blokhus und Løkken, wo sich Zeltplatz an Zeltplatz reihen, findet man immer ein »hyggeliges« Plätzchen am Strand. Die Jammerbucht reicht hinauf bis nach Skagen, der nördlichen Landspitze, die den Skagerrak vom Kattegat trennt. Im Sommer ist die Jammerbucht ein Freudental – es sei denn, 14 Tage nordeuropäisches Schietwetter drückt auf die Stimmung, dann kann die Jammerbucht schon mal zum Jammertal werden. Aber da gibt es ja noch die netten Ausflugsziele im Hinterland, wie das gewaltige Børglum

Kloster. Es ist eine der ältesten historischen Stätten Dänemarks.´
Auch Hjørring, etwa 20 Kilometer von Løkken entfernt, hat Kunst- und Kulturliebhabern Monumentales zu bieten: Künstler aus der umliegenden Region Vendsyssel haben im Auftrag der Stadt insgesamt 140 Skulpturen geschaffen und sie überall im Ort verteilt. Selbst vor Industrieanlagen machten Steinmetze und Bildhauer nicht halt. Jene stehen damit in gewisser Konkurrenz zu den drei mittelalterlichen Kirchen, die das Stadtbild prägen und offiziell als Aushängeschild gelten.

Zur großen Überfahrt. Am Ende der Europastraße 39 liegt Hirtshals. Museumsliebhaber sollten dort unbedingt einen Abstecher in das interessante Nordseemuseum unternehmen, das einen umfassenden Einblick in das maritime Leben zwischen den beiden Meeren liefert. Hirtshals ist darüber hinaus eigentlich eine einzige große Hafenanlage für den Fährverkehr, sei es nach Seyðisfjörður auf Island oder zu verschiedenen Zielen in Norwegen. Nur einige Stunden dauert die Überfahrt nach Larvik, wo die Fahrt weiter durch Norwegens Südwesten führt.

Fein gemacht für den Feiertag: Mädchen von der Insel Fanø in Festtagstracht. (oben) Fährmänner haben viel zu erzählen. So lässt sich beim Plausch auf der Fähre über den Rondersfjord einiges in Erfahrung bringen. (unten) Heute wissen, wer morgen zu Besuch kommt: Blick von Ribes Dom über das weite Land. (links)

Gut zu wissen

Hinweise: Das Wattenmeer ist eine der weltweit wichtigsten Brut- und Raststätten für Zugvögel. Ein besonderes Schauspiel ist im Frühjahr und Herbst die »Schwarze Sonne« – Hunderttausende Stare, die den Himmel verdunkeln.
www.visitdenmark.de

Von Larvik nach Trondheim

 2020 Kilometer

Eine vergnügliche Überfahrt von Dänemark und später Faulenzen an der Sonnenküste Sørlands, Hochseeangeln vor Haugesund und dann hinein in die Wunderwelt der Fjorde – diese Tour durch den Südwesten Norwegens wird zu einem unvergesslichen Erlebnis. Öffnet man Herz und Verstand für die vielen Eindrücke, bietet der Südwesten Norwegens ein Fest für alle Sinne.

Der Blick auf das Rathaus in Oslo, das man als kleinen Abstecher abseits der Strecke besuchen kann (oben) und norwegische Impressionen auf einem Markt in Bergen (unten) verströmen eine fröhlich maritime Atmosphäre.

Norwegen, der »Weg nach Norden«, beginnt von Hirtshals aus auf dem Wasser. Das Auto steckt im Bauch der Fähre, und nach einer Überfahrt von wenigen Stunden durch den Skagerrak landet man in Larvik. Es ist die schönste Art, in Norwegen anzukommen. Mehr als 55 000 Küstenkilometer mit Fjorden und Inseln, nur 13 Einwohner pro Quadratkilometer – das ist Norwegen.

An der Küste südwärts. Vom Fährhafen führt die E18 nach Süden in Richtung Kristiansand. Wer zuvor Larvik entdecken möchte, stimmt sich im Seefahrtsmuseum ein oder besichtigt den barocken Herregården (Herrenhof). Um Dörfern wie Åsgårdstrand, Stavern oder Ula mit seinem herrlichen Strand einen Besuch abzustatten und ein Bad zu nehmen, muss man die Hauptstraße verlassen und die Umgebung auf kleinen Nebenstrecken erkunden. Sandefjord galt um die Jahrhundertwende als die führende Walfangstadt der Welt; davon kann man sich im Walfangmuseum ein Bild machen. In Sandefjord spielt der Walfang heute allerdings keine Rolle mehr.

Liebliche tiefe Buchten. Obwohl es auf der Karte wie ein Katzensprung aussieht, liegen knapp 190 Kilometer zwischen Larvik und Kristiansand. Christian IV. ließ den Ort Mitte des 17. Jahrhunderts als Festung im

Schachbrettmuster errichten. Mehrere Brände haben der Stadt seither arg zugesetzt, dennoch sind viele der kleinen schnuckeligen Holzhäuser gut erhalten. Wichtigster Wirtschaftsfaktor ist der Tourismus: Massen von Urlaubern, die mit der Fähre von Dänemark übersetzen, beginnen ihren Norwegen-Urlaub an der Sonnenküste von Sørland. Nicht wenige nehmen direkt Kurs Richtung Westen auf der E39. Ihr Tatendrang wird aber schon nach den ersten Kilometern gebremst: Wo die Straße nah an der Küste entlangführt, ist es reichlich kurvig, es geht rauf und runter. Wer bisher dachte, Norwegen sei rau, kühl und fast unnahbar, wird sich fragen, wo er eigentlich ist: felsige Inseln, tiefe Buchten mit weißen Fischerhäusern und kleine Stränden. Ist er nun in der Ägäis oder doch im hohen Norden Europas?

Raues Fjordland. Spätestens wenn der erste Fjord die Landschaft teilt, wird der Reisende in die Realität zurückversetzt. Dennoch geht der Traum weiter: Auch wenn der Listfjord relativ klein ist, bietet er einen gewaltigen ersten Eindruck. An seinem westlichen Ende liegt Flekkefjord, das unter Seglern für die schöne Einfahrt bekannt ist. Statt auf der E39 durch das Landesinnere sollte man sich für die so genannte »Nordseestraße« 44 direkt an der Küste entscheiden. Fischereihäfen wechseln sich ab mit Badebuchten, und an der rauen Küste der Region Jæren hat in früheren Zeiten so mancher Segler Schiffbruch erlitten. Eng und verwinkelt sind die Gassen von Egersund, denn die Stadt liegt eingebettet zwischen Felsen. Die schlichte Holzkirche aus dem 17. Jahrhundert ist durchaus sehenswert.

Die Kanzel wartet. Sie gehört zu den absoluten Highlights der Tour und ist das Naturereignis im südlichen Westen: der Preikestolen, auf Deutsch: die »Kanzel«. Ungefähr zwei Stunden dauert der Fußmarsch von der Prekestolhytta hinauf zur quadratischen, flachen Plattform. Von dort geht es nur noch hinab: 597 Meter, die Schwindelfreiheit testen – so steil kann also senkrecht sein. Es ist schon ein berauschender Ausblick auf den Lysefjord und die gegenüberliegenden Bergrücken.

Denkmalschutz und Postmoderne. Stavanger zeigt mit postmodernen Glas- und Betonfassaden, dass auch Menschen Großes schaffen können. Mit dem Nordseeöl sprudeln die Petrodollars, und die protzigen Verwaltungsgebäude der Ölindustrie sollen Unabhängigkeit symbolisieren. Aber Stavanger hat auch ein anderes Gesicht. In der Altstadt stehen rund 160 Häuser unter Denkmalschutz, und der bedeutende Dom wurde bereits im 12. Jahrhundert als dreischiffige Pfeilerbasilika im romanischen Stil gebaut, als im restlichen Norwegen noch Stabkirchen »in« waren.

Von Insel zu Insel. Die Fähre von Mekjarvik nördlich von Stavanger landet in Skudeneshavn, das mit seinen Häusern im Empirestil architektonisch eines der interessantesten Städtchen des Landes ist. Um nach Bergen zu kommen, muss man ein

Die Holmenkollen-Schanze liegt etwa 11 Kilometer von Oslos Stadtmitte entfernt. (oben)
Die Flaniermeile eines »großen, sympathischen Dorfes«: Oslos Einkaufsstraße, die Karl Johansgate, zwischen Hauptbahnhof und Königlichem Schloss. (unten)
Taut der Schnee auf den Bergen, brodeln im ganzen Land die Wasserfälle, wie der Stigfoss. (links)

wenig Insel-Hopping betreiben. Drei Eilande behüten wie Schutzschilde den Hardangerfjord vor der Unbill der Nordsee: Vom Fährhafen Buavåg geht es hinüber nach Bømlo, weiter nach Stord und schließlich nach Huftarøy. Das Leben zwischen Meer und Fjord verlangt den Menschen hier einiges ab, die meisten leben vom Fischfang, aber zunehmend auch vom Tourismus. Das manchmal etwas umständliche Inselhüpfen ist der schnellste Weg, um von Süden nach Norden zu gelangen; die Alternative wäre der weite (aber durchaus reizvolle) Umweg um den langen Hardangerfjord.

Blühende Handelsstadt. Dann kommt Bergen, lebendiger Beweis dafür, dass florierender Handel noch nie geschadet hat. Heute lebt Bergen vor allem von seiner einzigartigen Lage zwischen sieben Fjellhöhen, von der schmucken Altstadt und den Sehenswürdigkeiten rund um den Hafen, wie zum Beispiel Bergens Bryggen, den hochgiebeligen ehemals deutschen Kaufmannshäusern aus der blühenden Hansezeit im 15. und 16. Jahrhundert, als deutsche Kaufleute die Wirtschaft Bergens bestimmten und an der »Deutschen Brücke«, der heutigen Brygge, Quartier bezogen hatten. Vom Fløien, per Seilbahn zu erreichen, bietet sich ein fantastischer

Blick auf Bergen, vorausgesetzt es regnet nicht. Allerdings ist Bergen mit 2000 Millilitern pro Jahr die regenreichste Stadt Europas.

Obstgarten im Regen. »Dieser Regen kommt uns gerade recht«, sagen Bergens Nachbarn am Hardangerfjord, »da kann unser Obst bestens wachsen.« Der Obstanbau, vor allem von Äpfeln und Kirschen, ist hier ein wichtiger Wirtschaftszweig. 120 Kilometer lang ist der Hardangerfjord vom Ryvarden-Leuchtturm südlich von Bømlo bis hinauf nach Odda im Sørfjord, und er zählt zu den reizvollsten Landschaften Norwegens. Der Golfstrom macht es möglich, dass die Luft im Frühling und Sommer auf märchenhafte Temperaturen klettert. Besonders im Frühling bietet sich dem Besucher in Eidfjord ein unglaubliches Bild: Obstbäume blühen dort in üppigster Pracht.

Ein Naturereignis ganz anderer Art befindet sich nur wenige Kilometer von Eidfjord entfernt, der Vøringfoss. 183 Meter stürzt das Wasser durch eine enge Schlucht in die Tiefe, und am eindrucksvollsten präsentiert sich der Wasserfall, wenn man in etwa einer Stunde vom Fosslihotel zum Fuß des Wasserfalls wandert. Der Vøringfoss ist Teil der grandiosen Hardanger-

Anziehungspunkt im südwestlichen Norwegen ist der 597 Meter hohe Preikestolen, hier der Blick über den Lysefjord. Wer dem Predigtstuhl einen Besuch abstattet, sollte unbedingt schwindelfrei sein. (oben)
Im Sommer drängen sich Ausflugsschiffe in dem romantischen Meeresarm. (unten)
Ålesund: Der Blick vom Stadtberg Aksla auf die Jugendstilstadt ist unverwechselbar. (rechts)

vidda, mit mehr als 8000 Quadratkilometern und einer Höhe zwischen 1200 und 1600 Metern die größte Hochebene in Skandinavien. Knapp die Hälfte davon wurde zum Nationalpark erklärt. Oberhalb der Baumgrenze bei etwa 900 Metern ist die Vegetation zwar öde und trist, aber die vielen einsamen Seen, die Stille und endlose Weite machen die Hardangervidda mit ihren Rentierherden zu einem unvergesslichen Erlebnis.

Im ewigen Eis. Über den Vikafjell geht es weiter nach Vik, wo die Hopperstad Stabkirche und die romanische Steinkirche von Hove nahe beieinander stehen. Doch was vermag Menschenhand im Vergleich zur meisterlichen Schöpfung der Natur? Wild, erhaben, unbändig – das sind nur einige Adjektive, mit denen sich der Sognefjord, 180 Kilometer lang, bis zu fünf Kilometer breit und an manchen Stellen 1200 Meter tief, beschreiben lässt. Hinter Balestrand windet sich die Straße am 2038 Meter hohen Jostedalgletscher vorbei. Wer noch nie das ewige Eis aus der Nähe gesehen hat, sollte in Olden nach Briksdal fahren. Hier starten Gletscherwanderungen auf den Briksdalsbreen, eine Gletscherzunge des gewaltigen Jostedalsbreen. Und Zahlen sprechen für sich: Mit mehr als 100 Kilometern Länge, mit einer Gesamtfläche von 1000 Quadratkilometern und einer Eisdicke von über 500 Metern ist er der größte Festlandgletscher in Europa. Und während man den Sommer in eiskalter Umgebung so richtig genießt, sollte man sich den Spaß gönnen und hinter Hjelle (kleiner Ort mit hübschem Hotel) statt der Straße 15 den »Gamle Strynefjellvei«, die alte serpentinenreiche Bergstraße, nach Grotli nehmen. Die Belohnung ist ein traumhafter Ausblick auf den 1848 Meter hohen Skala. Eine rasante Skiabfahrt im Sommerzentrum Stryn muss man erleben. Die erforderliche Ausrüstung kann man sich leihen. Grotli, am Ende der Passstraße, besteht eigentlich nur aus dem vornehmen »Grotli-Hotel« und ist beliebter Ausgangspunkt für die vielen Naturschauspiele ringsum, zum Beispiel den Geirangerfjord.

Norwegen von oben. Es ist das Postkartenmotiv schlechthin: schneebedeckte Gipfel, weite grüne Berghänge, mächtige schroffe Felsen und unten auf dem Wasser der Luxusdampfer – der Geirangerfjord. Bevor man das Dorf Geiranger am östlichen Ende des Fjords ansteuert, lohnt ein Blick auf die Landschaft aus der Vogelperspektive, am besten vom Gipfel des Dalsnibba, der nur über eine Straße mit 12,5-prozentiger Steigung zu erreichen ist. Dort liegt einem dieses Bilderbuch-Norwegen zu Füßen. Von allen Seiten stürzen Wasserfälle in den Fjord, die man im Sommer von einem Motorboot aus bewundern kann. Nach der Überfahrt über den Storfjord ruft der Trollstigen. Seine elf atemberaubenden Serpentinen führen von 850 bis auf 36 Meter Höhe hinab; die Aussicht in das breite Istertal ist überwältigend. So kommt der spätere Aufenthalt in Ålesund gerade recht, um diese Eindrücke bei einer Tasse Kaffee im netten Ambiente der Innenstadt zu verarbeiten. 1904 brannte die Stadt mit dem größten Fischereihafen Norwegens fast völlig nieder, heute erstrahlen weite Teile der »Stadt auf den drei Inseln« im Jugendstil.

Städte mit Geschichte. Die letzte Etappe führt wieder über kleinere Eilande an Fjorden und am Meer entlang. Einen interessanten städtebaulichen Gegensatz kann man in Kristiansund erleben. Die Stadt erlitt im Zweiten Weltkrieg schwere Zerstörungen. Aber eigentlich könnte man auch auf der E39 bleiben, um in die Stadt zu gelangen, die unbestritten das schönste Bauwerk Skandinaviens zu bieten hat: Trondheim. Norwegens Heiligtum, der Nidarosdom, wurde zwischen 1130 und 1300 gebaut und vereinigt somit gotische und romanische Baukunst. Ausgehend vom Dom lässt sich der Stadtkern rund um die Munkegate mit ihren weißen Holzhäusern bestens erkunden.

Die Stabkirche von Urnes (oben) steht auf der UNESCO-Liste geschützter Kulturgüter.
Das Wahrzeichen Bergens, die Bryggen, stammt noch aus der Hansezeit. Die 16 lang gestreckten, schmalen Höfe dienten deutschen Kaufleuten als Quartier und Lager. (unten)

Gut zu wissen

Hinweise: Die Fähren von Hirtshals nach Larvik – und zurück – legen zweimal täglich ab. Besonders zur Hauptreisezeit ist eine Buchung vorab empfehlenswert. Man muss spätestens eine Stunde vor Abfahrt am Terminal eintreffen.
www.directferries.de

Von Trondheim zum Nordkap

 1295 Kilometer

Der Norden Norwegens ist wie eine andere Welt, die in Trondheim beginnt. Endlos scheinen die weiten Hochebenen, die Fjells, im Landesinnern, wildromantisch ist die Insel-Tour entlang der Helgeland-Schärenküste, unwirklich ragen die Lofoten-Felsen aus dem Meer. Und dann das Nordkap. Das Ende Norwegens, Europas – ein wenig auch das Ende der Welt.

Der Nidarosdom in Trondheim mit seiner reich verzierten Fassade gehört zu den schönsten und größten Kirchen Skandinaviens. (oben) Die Innenstadt von Trondheim, hier die älteste Brücke der Stadt, erkundet man am besten zu Fuß. (unten)

Was Katmandu im fernen Nepal, das ist Trondheim im mittleren Norwegen: dort Gipfelstürmer, die das Dach der Welt erklimmen, hier Durchreisende auf dem Weg zum Ende der Welt. Meist legten sie die 500 Kilometer von Oslo auf direktem Weg zurück, um nun mit der Nordlandtour den Urlaubstörn ihres Lebens anzutreten. Das Nordkap ist dafür gerade recht.

Nahe dem Polarkreis. In Trondheim kaufen manche noch einmal Proviant ein, als gäbe es bald nichts mehr. Andere genießen einfach nur die Stadt, haben den Nidarosdom ausführlich bewundert und sind mit dem Motorboot zur Festung Munkholmen getuckert. Schon im Mittelalter war die Insel ein wichtiger strategischer Ort, die gut erhaltene Festungsmauer und die Wälle stammen aber aus dem 17. Jahrhundert. Die E6 ist die einzige Straße Richtung Norden und führt am inneren Trondheimsfjord entlang nach Hell. Nur 200 Meter von der Straße entfernt locken die sehr gut erhaltenen Felszeichnungen, Sonnen- und Fruchtbarkeitsmotive, aus der älteren Steinzeit um 3000 bis 4000 Jahre v. Chr. Schon damals wussten die Menschen offensichtlich den Landstrich Innherad landwirtschaftlich zu nutzen, weil er nämlich im Schatten der Berge und Hochebenen der Fosna-Halbin-

sel liegt, die Wind und Wetter abhält und dafür ihrerseits eine der wildesten und rauesten Küsten Norwegens aufweist. Bei Steinkjer mündet der Snåsavatnet in den Trondheimsfjord. Der 50 Kilometer lange See und der angrenzende Blåfjella-Skjækerfjella-Nationalpark gelten als Angler-Mekka. In den zigtausend Seen und Bächen tummeln sich Lachs, Saibling und Aal. Hinter Snåsa am oberen Ende des Snåsavatnet muss man sich bei Grong entscheiden: Entweder auf der E6 bleiben und den direkten Weg über Mo i Rana bis Fauske wählen oder auf einer der verrücktesten Routen dieser Welt hinein in eine der schönsten und wildesten Landschaften Norwegens. Aber das ist leichter gesagt als getan, denn für die Küstenstraße mit ihren mehr als 10 000 Inseln und Schären zwischen Brønnøysund und Fauske braucht man sehr viel Zeit.

Die Strecke zwischen Skogmo und Holm bietet einen ersten Eindruck von dem, was in den nächsten Tagen bevorsteht. Es könnte länger dauern, denn so manches Mal wird man sich beim Warten auf eine der vielen Fähren in Geduld üben müssen. Vermutlich nicht in Holm, wo die erste Fähre (20 Minuten) über den Bindalsfjord nach Vennesund übersetzt, dafür aber bereits südlich von Brønnøysund, am Torghatten. Heute liegt der 260 Meter hohe Berg im Trockenen, aber früher stand ihm das Wasser sozusagen bis zum Hals, besser: bis zu seinem Loch. Denn er ist bekannt als der »Berg mit dem Loch«, einer 160 Meter langen und 35 Meter hohen Öffnung quer durch den Fels, entstanden durch Frost und Brandung. Wer gut zu Fuß ist, hat nach knapp zwanzig Minuten den Durchblick. Apropos Wandern: Vega, eine der größeren Inseln, bietet auf einem Abstecher per pedes Flora und Fauna einer wildromantischen Insel. Ein kleines Heimatmuseum rundet den Kurzbesuch ab. Von Horn geht es mit der Fähre nach Anndalsvågen, dann weiter auf der Straße 17 über Forvik und mit einer einstündigen Schiffstour nach Tjøtta zum größten Schafzuchtbetrieb in Norwegen. Ein Kulturpfad erläutert die Geschichte des Ortes, und etwas außerhalb sollte man sich unbedingt die Grabhügel und sternenförmigen Hofanlagen aus der Wikingerzeit anschauen.

Spuren der Gletscher. Auf dieser »Seereise mit dem Auto« sieht man das Meer zur Linken, den Fjord mit steilen Bergen zur Rechten, Inselchen, die wie dunkle

Zuckerhüte aus den Wellen ragen, und auf der anderen Seite den Svartisen-Gletscher. Faszinierend sind auch die »Sieben Schwestern«, von denen die höchste 1066 Meter misst, zwischen Alstahaug und Sandnessjøen. Gletscher formten die Bergkuppen, als das Wasser abfloss und dabei gewaltige Mulden zwischen den Bergen hinterließ. Hinter Sandnessjøen führt die 1100 Meter lange Brücke Helgelandsbrøn über den Leirfjord und etwas ins Landesinnere, bevor es bei Levang wieder auf eine Fähre geht, um über Ranafjord nach Nesna zu kommen (25 Minuten). Norweger kennen den Ort wegen seiner Nesnalobben, der warmen Filzpantoffeln. Mit neuen Lobben im Gepäck geht es rauf zum Sjonfjell, 350 Meter über dem Meer. Der Blick geht hinunter auf den Sjonafjord und hinaus auf das Meer, zu den 450 Inseln von Træna. Die tägliche Schnellfähre von Stokkvågen nach Træna passiert das Vogelparadies der Lovunden, wo in den Felsen mehr als 250 000 Papageitaucher leben. Auf Træna sind nur sehr wenige Inseln besiedelt, Husøy und Sanna gehören dazu. Der 331 Meter hohe Træns-

Ein Campingmobil eignet sich am besten für die Fahrt zum Nordkap, hier auf dem Kvænangsfjell. (oben)
Der Saltstraumen ist ein nur zweieinhalb Kilometer kurzer Sund östlich von Bodø, aber der stärkste Gezeitenstrom der Welt. (unten)
Die Fjorde Norwegens entstanden nach der letzten Eiszeit. Hier der Sørfjord. (links)

tåven, der das Wahrzeichen der Inselgruppe ist, ragt fast senkrecht in den Himmel.

Über die Gezeitenströme. Das Überqueren des Polarkreises geschieht ganz unspektakulär auf der Fähre im Melfjord zwischen Kilboghavn und Jektvik (1 Stunde). Blokkind heißt der Bergkoloss zwischen Wasser und Festland, und es dauert nicht lange bis zur nächsten Überfahrt von Ågskaret nach Forøy (10 Minuten), dem Tor zum Svartisen-Gletscher. Wer allerdings eine geführte Tour auf die Engabreen-Gletscherzunge erleben möchte, muss zuerst wieder über das Wasser, denn zwischen Absicht und Tat liegt der Holandsfjord. Wer weiterfährt, den umgibt plötzlich tiefe Nacht, da zwischen Kilvik und Glomfjord der Gletscher mehrere Kilometer lang untertunnelt ist. An manchen Stellen schießt das Schmelzwasser ins Tal und schließlich in den Glomfjord.

Vor dem gleichnamigen Ort zweigt eine Straße zum See Fykanvatnet ab. Hier sind 23 in Felsen geritzte Elche und Wale, alle 4000 bis 5000 Jahre alt, bemerkenswert. Wieder zurück auf der Hauptstraße, führt der Weg nun direkt in die Welt der Gezeitenströme, wie den Kjellingstraumen und den noch schöneren Saltstraumen. Er ist drei Kilometer lang, 31 Meter tief, aber nur 150 breit – durch ihn muss das Wasser, wenn es, von den Gezeiten getrieben, vom Saltfjord in den Skjerstadfjord und wieder zurück fließt. Der Saltstraumen wird von einer 700 Meter langen Brücke überquert, die nach Bodø führt. Obwohl sie nicht direkt auf der Route nach Fauske liegt, sollte man die Stadt dennoch kurz besichtigen und das Panorama vom 115 Meter hohen Berg Rønvikfjell aus genießen. Ein letzter Blick über den Vestfjord auf die Lofoten, ins Landesinnere zum Svartisen-Gletscher, in die nahe Inselwelt der Helligvær – und die »schönste Seereise der Welt« im Auto neigt sich dem Ende zu. Ein kleiner Ausflug lohnt sich noch. Kjerringøy liegt etwa 40 Kilometer nördlich von Bodø und war bis Ende des 19. Jahrhunderts der wichtigste Handelsplatz im nördlichen Norwegen. Heute sind die 15 noch erhaltenen Handelsgebäude ein eindrucksvolles Freilichtmuseum. Um nach Fauske zu kommen, muss man wieder zurück, denn ein paar Kilometer hinter Kjerringøy, in Tårnvik, hört die Straße auf. Da gibt's auch keine Fähre mehr ...

Ausläufer des Svartisen-Gletschers, des »Schwarzeis«-Gletschers, sind bis an die Fjorde vorgedrungen. (oben)
Zauberhafte Lichteffekte bei Trondheim (Mitte)
Wasserfälle erhöhen den Sauerstoffgehalt des Wassers. Das mögen Fische – und Angler. (unten)
Eingerahmt von Felswänden und stillen Meeresarmen liegt die Fischersiedlung Reine, der Hauptort der Insel Moskenesøy auf den Lofoten. (rechts)

Flüsse voller Lachse. Wer die direkte Strecke auf der E6 gewählt hat, erlebt, wie hinter Grong das Land einsamer wird. Die Straße führt durch dichte Wälder. Im Osten ragen die Bergrücken des Børgefjell-Nationalparks bis zu 1700 Meter auf. Ab 600 Metern Höhe wird die Vegetation öde und trist. Dies ist die Heimat der Samen, die über Jahrhunderte in dieser Gegend Rentiere züchteten; heute leben nur wenige Familien davon. Die Strecke führt am Fluss Namsen und wenig später an der Vefsna entlang. Beide sind sehr reich mit Lachsen gesegnet. Bei den Namen Fiskumfossen und Laksfossen bekommen Angler feuchte Augen: Normale Lachse bringen knapp fünf Kilogramm auf die Waage, aber an guten Tagen beißen auch Prachtexemplare mit bis zu 25 Kilogramm. Nicht-Angler haben ihre Freude an den rauschenden Wassermassen, und im Lachsaquarium am Fiskumfossen kann man die Tiere dabei beobachten, wie sie Lachstreppen benutzen, um den Wasserfall zu überwinden.

In unterirdischen Gewölben. Die Landschaft wird hinter Mosjøen wieder spannender, denn von der Passhöhe des 550 Meter hohen Vesterfjell öffnet sich der Blick auf drei Gletscher, den Okstindan im Osten, den Lukttindan im Südwesten und den Svartisen im Norden, der auch später, wenn sich die Straße am Ranafjord entlang schlängelt, ständiger Begleiter bleibt; ein herrliches Revier für Bergwanderungen. Ausgangspunkt könnte das Städtchen Mo i Rana sein. Die meisten seiner rund 7000 Einwohner arbeiten im Stahlwerk Fundia. Hier finden sich die schönsten Höhlen Norwegens, darunter die 1500 Meter lange Kalksteinhöhle Grønligrotte mit Wasserfall, Säulen und kirchenähnlichen Gewölben. Die Gänge unter der Erde stammen von der letzten Eiszeit vor rund 9000 Jahren. Die Höhlen dürfen nur mit Führer betreten werden und gehören zum Nationalpark Saltfjell-Svartisen, der über die gesamte Breite des Landes zwischen den Fjorden im Westen bis zur schwedischen Grenze im Osten reicht. Dieses ideale Wandergebiet ist einsam und verlassen, nur die Straße E 6 durchschneidet den Park – und der Polarkreis. Im Polarkreis-Center ist das Polarkreis-Monument ein beliebtes Fotomotiv, und eine Videovorführung gibt umfassenden Einblick in Kultur und Wirtschaftsleben des nördlichen Norwegens. Während einer Wanderung ins Junkerdalen erlebt man eine faszinierende Landschaft.

Unberührte Wildnis. Für alle, die auf der E6 Fauske erreicht haben, beginnt nun der landschaftlich schönste Teil der Tour zum Nordkap. Jene, die die Küstenstraße 17 gewählt haben, könnten ein wenig enttäuscht sein. Zwar sind die anstehenden 230 Kilometer bis nach Narvik ebenfalls voll landschaftlicher Schönheit, aber sie können mit den Erinnerungen an die Seereise der vergangenen Tage nur schwerlich konkurrieren. Deshalb: für zwei Tage raus aus dem Auto und auf Schusters Rappen rein in die Natur, in den Rago-Nationalpark. Ausgangspunkt für Trekking-Touren in seiner unberührten Natur ist Lakshola, ein paar Häuser, die über einen Feldweg gut zu erreichen sind. Die Wanderungen sind teils anstrengend, aber herrliche Ausblicke über das Storskog-Tal mit dem Trolldalsfluss, der am Væringfossen über 200 Meter in die Tiefe stürzt, sind die Mühe wert.

Uralte Felszeichnungen. Am Sørfoldafjord entlang geht die Fahrt auf der E6 hinauf zum Kråkmofjell, mit 390 Metern der höchste Punkt auf der Strecke zwischen Fauske und Narvik. Das Sagvassdal ist ein beliebtes Angelrevier. Saiblinge und Forellen tummeln sich in den sieben Seen des Tales, von denen nur die ersten drei einen Namen haben, die anderen sind Nummernseen. Zahlen spielen auch in Tømmerneset eine wichtige Rolle. Sind die Felszeichnungen, die nach einem kurzen Fußweg zum Fluss Sagelva zu bewundern sind, nun 5000 oder gar 8000 Jahre alt? Die Forscher streiten, wie die beiden Ren-

Seit vielen Jahrhunderten wird der gesäuberte Dorsch auf giebelartigen Gestellen zum Stockfisch getrocknet. (oben) Die Wikinger waren perfekte Schiffbauer. Warum soll man tausend Jahre später nicht solch ein Boot nutzen? (unten)

Da schmeckt der Kaffee gleich doppelt so gut. Der Blick über Hammerfest ist gratis. (oben) Einen tollen Anblick bietet auch das Dorf Reine mit seinen traditionellen roten Häusern. (Mitte) Täglich kommen viele Besucher zum Nordkap an der nördlichen Küste der Insel. (unten)

tiere an einer so steilen Wand so perfekt in den Fels geritzt werden konnten, und zwischen ihren Analysen bleiben etwa 3000 Jahre auf der Strecke. Künstlerisch gehören die beiden Figuren zu den schönsten Arbeiten unserer ganz frühen Vorfahren, die in dieser Gegend offensichtlich sehr aktiv waren, wie die Leiknesfelder eindrucksvoll beweisen. Sie liegen zwischen Ulvsvåg und Bognes. Mehr als 50 Figuren, hauptsächlich Tiere wie Elche, Bären, aber auch ein Wal, sind hier naturgetreu dargestellt. Sie entstanden etwa 2000 v. Chr. und sind damit etwas jünger als die Sagelva-Rentiere. Trotz all der archäologischen Aha-Erlebnisse in diesem Teil des Nordlandes sollte man die landschaftlichen Reize nicht verpassen: zunächst die Abfahrt auf die Straße 81 bei Ulvsvåg und dann die wunderschöne Natur auf der Halbinsel Hamarøy. Der Abstecher lohnt sich allein schon wegen des 613 Meter hohen Berges Hamarøyskaftet, aber auch die anderen Berge und Felsen, wie das 691 Meter hohe Tilthorn, sind aufgrund ihrer außergewöhnlichen Formen einzigartig. Ob Oppeid nun wirklich das schönste Dorf von Nordland ist, sollte jeder selbst erkunden, auf jeden Fall bietet sich ein schönes Panorama auf die umliegenden Berge bis hinüber zu den Lofoten.

»Der schöne Obelisk«. Nach der Fährüberfahrt auf der E6 geht es am Ofotfjord entlang nach Narvik. Ein Blick zurück lohnt sich, denn was den Schweizern ihr Matterhorn, das ist den Nordländern der Stetind. 1381 Meter ragen seine schroffen Felswände in den Himmel, und erst 1985 wurde die Nordwand des »schönen Obelisken« von Bergsteigern bezwungen. In Narvik transportieren riesige »Pötte« jährlich bis zu dreißig Millionen Tonnen Eisenerz in alle Welt. Dem Hafen sollte man einen Besuch abstatten. Außerdem lohnt es sich, mit der Bergbahn zum Fagernesfjellet hinaufzufahren, wo man von Mai bis Juli die Mitternachtssonne erlebt.

Berge und Fjorde. Rund 1000 Kilometer liegen zwischen Trondheim und Narvik, und das Nordkap ist immer noch gut 700 Kilometer entfernt, wenn man auf der E6 bleibt und sich nicht zu kleineren Abstechern auf Nebenstraßen verleiten lässt. Denn obwohl die Landschaft eher karg, wild und dünn besiedelt ist, ist die Provinz verkehrstechnisch gut erschlossen. In höheren Regionen gehen die Wälder schnell in Tundra über, und die wenigen landwirtschaftlichen Betriebe findet man in Fjord-Nähe, wo der warme Golfstrom im Sommer immer noch für angenehme Temperaturen sorgt. Bei Setermoen im Bardutal kann mit dem Eggenhof eine der ersten Hütten besichtigt werden, die von Einwanderern um das Jahr 1800 gebaut wurden. Bei Elverum lohnt es sich, die Hauptstraße zu verlassen und auf der Straße 87 zum Målselvfossen zu fahren, der zwar nur 15 Meter tief fällt, dafür aber 600 Meter lang ist. In Heia erreicht man wieder die E6, um kurz danach die Molkerei von Storsteinnes zu besuchen: dieser Abstecher ist ein Muss für Käsefreunde, denn in der riesigen Molkerei wird der norwegische »Nationalkäse« Ekte Geitost produziert.

Üppige Vegetation und Gletscher. Biegt man bei Nordkjosbotn links ab, erreicht man auf der E8 Tromsø. Die Vegetation ist üppig, und Sommertemperaturen von 25 Grad und mehr (dank Golfstrom) sind im »Paris des Nordens« keine Seltenheit. Diese wunderbare Stadt – und nicht nur die Eismeerkathedrale – will entdeckt werden, und dazu sollte man sich Zeit lassen. Um auf die E 6 zurückzukommen, bietet sich die Fährüberfahrt über den Ullsfjord an. Dann ist man mittendrin in den von Schnee und Gletschern bedeckten 2000 Meter hohen Lyngsalpen, einem traumhaften Revier für Wanderer und Bergsteiger, und dem Lyngsfjord, der sich tief in das Land eingeschnitten hat. Allein die Überfahrt von Lyngseidet nach Olderdalen ist ein wahrer Augenschmaus. Wer immer noch nicht genügend Panoramen und

Landschaften gesehen hat, sollte das Fischerdorf Skjervøy besuchen. Der Ort selbst ist unspektakulär, dafür ist das Gebirgsmassiv, das sich dahinter auftürmt, unbeschreiblich. Am Kvænangsfjell vorbei, wo im Sommer Samen mit ihren Zelten campieren, geht es weiter zum Øksfjordjøkulen, Norwegens fünftgrößtem Gletscher und dem einzigen, der direkt ins Meer kalbt.

Am Ende Europas. Die 12 000-Einwohner-Stadt Alta ist der letzte Stützpunkt auf dem Weg zum Nordkap. Hier lebten schon vor 10 000 Jahren Menschen, wie die Felszeichnungen von Hjemmeluft sowie Ausgrabungen beweisen. Öde und trist wirkt die Hochebene Sennalandet, und bei Skaidi muss man sich nun ernsthaft fragen, ob ein Besuch von Hammerfest, der nördlichsten Stadt der Welt, lohnt oder nicht. Jetzt sollte man der Verlockung folgen, nun endlich das Nordkap sehen zu können. Vorbei am einsamen Porsangerfjord geht es nach Honningsvåg, dessen Attraktionen die Hafenanlagen und das Nordkapmuseum sind, auf die Insel Magerøya. Keiner verweilt länger als

nötig, denn mit der Fahrt durch die wilde Insel-Landschaft mit ihren Fjorden, Schluchten und Hochebenen rückt das Nordkap (307 Meter über dem Meer) in greifbare Nähe. Und wenn man dann über das unwirtliche Nordmeer die nicht untergehende Sonne erblickt, vergisst man, dass das wirkliche nördliche Ende Europas rund 70 Kilometer weiter östlich auf dem Nordkyn-Gebirge liegt.

Ein Wunder der Natur. Auf der Fahrt zum Nordkap lässt man ein Highlight links liegen, für das man mehr Zeit als nur einen kurzen Abstecher braucht: Sachlich formuliert sind die Lofoten eine Inselkette vulkanischer Herkunft, die sich bei Narvik knapp 200 Kilometer in südwestlicher Richtung ins Meer erstreckt, vom Festland durch den Vestfjord getrennt. Man könnte es auch so formulieren: Der Lofoten-Archipel ist ein Naturereignis, ein schöpferisches Wunder mit kantigen Bergriesen, malerischen Dörfer an Fjorden und Buchten mit ihren meist sandigen Stränden und der Mitternachtssonne, die sechs wunderbare Wochen im Sommer warm und schmeichelnd scheint.

Man muss nicht lange suchen, um in Norwegen einen Ort der Stille und Muße zu finden. Unberührte Landschaften gibt es reichlich, wie hier am Balsfjord. (oben) Touristischer Anziehungspunkt in Tromsø ist die Eismeerkathedrale mit einem 140 Quadratmeter großen Glasgemälde. (unten) Hammerfest ist die nördlichste Stadt der Welt. (links)

Gut zu wissen

Hinweise: Wanderungen in norwegischen Nationalparks oder auf Fjells sollte man nur mit guter Kondition, bester Ausrüstung und neuesten Karten unternehmen. **www.visitnorway.de**

Vom Nordkap nach Helsinki

 1990 Kilometer

»Land der Tausend Seen« – welch eine Untertreibung! Bezogen auf die Gesamtfläche ist Finnland mit etwa 190 000 Binnengewässern das seenreichste Land der Erde. Wie das (Trink-)Wasser der Seen und Flüsse ist auch die gesamte Natur rein und unverbraucht. Und bei nur etwa 15 Einwohnern pro Quadratkilometer finden Individualisten garantiert ein Fleckchen nur für sich.

Impressionen rund um das Nordkap mit seiner fast magischen Anziehungskraft (oben) Hier endet Europa: am Nordkap. (unten)

Vom Nordkap sind es rund 265 Kilometer durch die Tundra-Ebenen der norwegischen Finnmark bis Karasjok, der Hauptstadt der Samen mit dem Sameting, dem Parlament. Dort leben nur rund 2600 Menschen, aber mindestens doppelt so viele Rentiere. 20 Kilometer südöstlich überquert man den Inarijoki und erreicht auf finnischer Seite das Dorf Karigasniemi. Hier führen die Hauptstraße 92 und weiter die E75 in Richtung Süden durch Finnisch-Lappland – »Lappi«. In der einsamen Region leben nur durchschnittlich zwei Menschen pro Quadratkilometer. Die Region ist sanfter als das schwedische Lappland, der höchste Berg ist der Haltitunturi mit über 1300 Metern, ansonsten ist Lappi reich an Fichten-, Kiefern-, Birkenwäldern und moosbedeckter Tundra.

Auf Goldsuche. In Inari zeigt das Freilichtmuseum Saamelaismuseo eine eindrucksvolle Ausstellung zur Samen-Kultur. Hier starten zudem Führungen auf dem Gold-Wanderweg in den fast 3000 Quadratkilometer großen Lemmenjoki-Nationalpark. Das größte Naturereignis ist das mächtige Tal des Lemmenjoki-Flusses, wo die Felsen bis zu 600 Meter ansteigen. Hier haben auch die echten Goldwäscher reichlich Zulauf.
Am Labyrinth des Inari-Sees mit seinen 3000 Inseln vorbei führt der Weg nach

Tankavaara. Auch dort kann man sich als Goldwäscher versuchen – oder ins Goldmuseum gehen. Die Wildnis des Urwalds im Urho-Kekkonen-Nationalpark erstreckt sich hier über 2500 Quadratkilometer bis zur russischen Grenze. Der Ausblick vom 438 Meter hohen Berg Kaunispää ist besonders zur Zeit der Mitternachtssonne ein unvergessliches Erlebnis.
Sodankylä ist neben dem jährlichen Filmfestival im Juni auch wegen seiner Holzkirche aus dem 17. Jahrhundert bekannt. Weiter im Süden beginnen in Kemijärvi Wanderungen in die unberührte Berglandschaft des gut erschlossenen Pyhä-Luosto-Nationalparks. In den bis zu 200 Meter tiefen Schluchten kann man sich entspannen, der Park ist für Wanderer und Skilangläufer gut erschlossen.

Eisbrecher und Gletschermühlen Auf der E75 erreicht man Rovaniemi, das der Architekt Alvar Aalto in Form eines Rentiergeweihes aufbaute. Kurz danach beeindruckt Muurola mit dem imposanten Wasserkraftwerk und dreißig Gletschermühlen. In Kemi am Bottnischen Meerbusen nimmt der Eisbrecher »Sampo« in Winter Gäste mit auf »knackige« Fahrt. Die Hafen- und Universitätsstadt Oulu am Bottnischen Meerbusen profitierte einst vom Teer des südlich gelegenen Kajaani, der über die Ostsee verschifft wurde. Die

Universität ist heute bedeutendes Zentrum für Forschung und Hochtechnologie. Nach Kajaani fährt man auf der Hauptstraße 22 entlang des malerischen Oulujärvi-Sees durch die Wildmark, das »grüne Herz Finnlands«. Der Teer aus der »Stadt des Schwarzen Goldes« war früher in aller Welt begehrt, wie das Kajaani-Museum zeigt. Weiter führt der Weg weiter nach Süden auf der E63 an der kleinen Siedlung Lapinlahti vorbei. Hier ist im Wohnhaus des Malers Emil Halonen eine Ausstellung untergebracht.

Felsmalereien und eine Holzkirche.
Kuopio ist mit 80 000 Einwohnern die größte Stadt im Saimaa-Seengebiet. Hier reicht vom 150 Meter hohen Berg Puijo der weite Blick über das Land und Europas größtes Seengebiet, das sich auf über 1300 Quadratkilometer erstreckt.

Hinter Kuopio wählt man die Straße 5 gen Süden und verlässt diese hinter Varkaus Richtung Osten. Auf der Straße 464 führt die traumhafte Strecke mitten hinein in das Seengebiet nach Savonlinna mit der mittelalterlichen Burg Olavinlinna. Nicht weit entfernt beeindruckt in Kerimäki die größte Holzkirche der Welt.

Zurück Richtung Westen gelangt man bei Juva wieder auf die Straße 5 und folgt dieser bis Mikkeli. In der Stadt an einem Ausläufer des Saimaa-Sees leben knapp 55 000 Menschen. Reizvoll ist hier der Vergnügungspark in Visulahti mit finnischen Bauwerken im Miniformat. Dass hier schon vor 5000 Jahren Menschen lebten, beweisen Felsmalereien in Ristiina.

Seen und unendlicher Wald.
Im Süden der endlosen finnischen Seenwelt lohnt in Jaala der Besuch des Fabrik- und Holzmuseums Verla. In Elimäki liegt der größte Baumpark des Landes.

In Porvoo hat man die Küste am Finnischen Meerbusen erreicht. Die nach Turku älteste Stadt des Landes erhielt im 14. Jahrhundert das Stadtrecht und war bereits im 13. Jahrhundert ein bedeutendes Handelszentrum. Bei einem Bummel durch die engen Gassen entdeckt man viele Holzhäuser und die mittelalterliche Kirche.

An der Küste entlang erreicht man Finnlands Hauptstadt Helsinki. Wer an einem Sommerwochenende ankommt, wird zuerst der reizvollen, modernen Architektur begegnen. Menschen sind dann selten in dieser hellen, leuchtenden Stadt, denn sie sind in einer Hütte im Grünen, irgendwo am See. Wer aber eine quirlige Metropole erleben will, sollte Helsinki an einem Wochentag besuchen.

Zentrum von Kuopio ist der Marktplatz mit dem Rathaus, das Ende des 19. Jahrhunderts gebaut wurde. (oben)
Typisch finnisches Treibgut: Finnlands Seen werden als Lagerstätten und Verkehrswege für die Holzwirtschaft genutzt. (unten)
Freizeitkapitäne fahren vor: Helsinkis Sporthafen liegt mitten im Zentrum. (links)

Gut zu wissen

Hinweise: In Kuopio legen auch Kreuzfahrtschiffe ab, die wegen ihres »Finnischen Abends« bekannt sind: eine Art Bordparty mit »Fischhahn«: Brot mit eingebackenem Fleisch und Fisch.
www.visitfinland.com/de

Von Helsinki bis Oslo

 1810 Kilometer

Um Größe und Gewicht der vier skandinavischen Großstädte zu untermauern, spricht man gern in Proportionen: Jeder vierte Däne lebt in Kopenhagen, jeder sechste Norweger wohnt in Oslo, in Schweden und Finnland sieht es ähnlich aus. Die Menschen sind stolz auf ihre Städte, die im Sommer südländisches Flair verbreiten. Von wegen nordisch unterkühlt – das ist allenfalls der Aquavit.

Ein Finnland-Urlaub beginnt meist im Fährhafen von Helsinki. (oben)
Auf dem Marktplatz bieten Händler täglich Obst und Gemüse an. (unten)

Helsinki ist gar nicht so einfach zu fassen, denn Finnlands Hauptstadt ist mit ihren gut 600 000 Einwohnern eng mit ihren Vororten verwachsen. In der »Kulturhauptstadt Europas« des Jahres 2000 weiß man trotzdem sehr gut, wer man ist und was man zu bieten hat. Das Museum für Gegenwartskunst, Kiasma, ist geprägt von sehr gewagter Architektur, im Innern besticht es durch die geniale Ausnutzung des natürlichen Lichtes, wovon es im Sommer verschwenderisch viel gibt. Neben Ausstellungen und Theateraufführungen wird hier auch musiziert, und nicht selten hört man die Werke von Jean Sibelius. Auf dem Weg in die Altstadt steht das Sibelius-Denkmal. Die Extravaganz der Stahl-Skulptur passt ins Stadtbild, denn überall trifft man auf architektonische Farbtupfer.

In der Finlandia-Halle, die der berühmte finnische Architekt Alvar Aalto mit weißem Carrara-Marmor verkleidete, wurde 1975 die KSZE-Schlussakte unterzeichnet. Auch ein anderes Bauwerk könnte von historischen Daten erzählen, nur liegen die in der »finnischen Burg« Suomenlinna schon ein paar Jährchen zurück. Zwanzig Minuten dauert die Überfahrt zu der Insel, wo die dicken Mauern Mitte des 18. Jahrhunderts errichtet wurden, um den Russen die Zufahrt zur Ostsee zu erschweren. Heute

gehört die Festung mit den historischen Museen zum UNESCO-Welterbe.

Segler und Schären. Die Hauptstraße 51 führt hinaus aufs Land nach Tammisaari, wo laut Statistik das mildeste Klima Finnlands herrscht und auch der südlichste Ort des Landes, das Seglerparadies Hanko, nicht mehr weit ist. Für einen Abstecher in den herrlichen Schärengürtel fährt man kurz vor Turku von der E18 Richtung Süden auf der Straße 180 über eine 300 Meter lange Hängebrücke und mit einigen Fähren nach Parainen (Pargas). Dort locken die Abgeschiedenheit des Schärenmeer-Nationalparks mit seinen Zehntausenden Inseln und Klippen und schönen Sandstränden. Parainen selbst ist berühmt für seine Kalksteinbrüche und die alte Feldsteinkirche, die mit seltenen Kalkmalereien geschmückt ist.

Finnlands älteste Stadt. In Turku mündet der Aurajoki in die Ostsee. Finnlands älteste Stadt wurde im 13. Jahrhundert gegründet und hat traditionell einen hohen schwedischsprachigen Bevölkerungsanteil. Hier sind die Straßenschilder zweisprachig und es gibt sowohl eine finnische als auch eine schwedische Universität. Viele Touristen bleiben einige Stunden in der rund 175 000 Einwohner zählenden Stadt, besuchen das Sibelius-Museum, den Dom von

1300 – Finnlands Nationalheiligtum – und die Burg aus dem 13. Jahrhundert. Mit der Fähre geht es anschließend weiter durch das Schärenmeer nach Stockholm.

Die »Pfahl-Insel«. Die »Pfahl-Insel« ist Schwedens Hauptstadt, denn das bedeutet »Stockholm«: eine Stadt, erbaut auf Inseln und Halbinseln in der Mündung des Mälarsees. Diese einzige Zufahrt zum wirtschaftlich wichtigen Mälargebiet (Eisenerze) bescherte dem Ort schon im Mittelalter Wachstum. Maßgeblichen Anteil daran hatten auch die Kaufleute der Hanse, deren Vertreter sogar zeitweilig im Magistrat der Stadt saßen.

Weltoffen und modern, so sagen die einen, sauber bis zur Langeweile, so das Urteil anderer Schweden über ihre Hauptstadt. Einig sind sich alle, dass Freizeitangebot und Aktionsradius kaum zu überbieten sind. Um das zu erfahren, braucht man nur etwas Schwedisch, zum Beispiel »Gamla Stan«, »Södermalm«, »Stureplan« und »Mälaren«. Gamla Stan, die Altstadt, beherbergt alles Sehenswerte; Södermalm ist der Stadtteil mit den trendigsten Pubs und Bars; am Stureplan gibt es die besten Restaurants und Nachtclubs, und auf dem

Mälarsee holt man sich badend und Boot fahrend eine rote Nase. Wenn es im Winter kräftig kalt ist und absolute Windstille herrscht, verwandelt sich Stockholms Haussee in blankes Eis, auf dem der Schlittschuh (fast) von allein läuft. Die Sonne steht tief und taucht die alten Häuserfassaden in ein seltsam milchiges Licht; ein verträumtes Bild, das am schönsten vom 106 Meter hohen Turm des Stadshuset auf der Königsinsel zu erleben ist.

Kopfsteinpflaster und Theater. Ein Spaziergang auf dem Kopfsteinpflaster der engen Altstadtgassen führt zurück ins Mittelalter. In der kalten Jahreszeit scheint die Stadt mit gut 900 000 Einwohnern in Winterschlaf zu verfallen. Aber in Södermalm und am Stureplan bricht am Abend das Eis, und im Sommer hält die Szene nächtelang die Stellung. Musik- und Theaterbühnen, Museen und Kunsthandwerker – garantiert kommt man mit den Leuten ins Gespräch, so dass zu den vier Wörtern der ersten Stockholmer Lektion noch ein paar hinzukommen dürften. »Tunnelbana« vielleicht. So heißt die U-Bahn, oder besser: die längste Galerie der Welt. Viele der in Felsen gesprengten Stationen wurden von Künstlern gestaltet. Sie strahlen in prächti-

Das königliche Flaggschiff »Vasa« sank 1628 auf seiner Jungfernfahrt und wurde im Stockholmer Vasa-Museum in mühevoller Kleinarbeit zusammengebaut. (oben) Kaufmannshäuser: Stortorget in der Gamla Stan (unten) Blick auf Stockholms Altstadt, die »Gamla Stan«, mit der Tyska kyrkan und der Riddarholmskyrkan (links)

gen Farben, bieten interessante Lichtspiele und Skulpturen aus Fels.

Eine Strecke voller Geschichte. Direkt von der »Pfahl-Insel« führt die E4 als Hauptverkehrsstrecke zwischen Stockholm und dem Süden Schwedens über Norrköping und Jönköping Richtung Malmö. Wer die Regionen Småland und Östergötland erkunden will, sollte schon vor Jönköping in Linköping auf Seitenstraßen über die Provinzhauptstadt Växjö Richtung Süden fahren. In Växjö kann man das Småland-Museum besuchen, das eine schöne Sammlung ausländischer, aber vor allem schwedischer Glasbläser-Kunst ausstellt. Von dort erreicht man an der Küste im Süden die E22 und fährt über Kristianstad nach Lund, einst dänisches Hoheitsgebiet. Davon zeugt auch die älteste romanische Kirche Schwedens, der Dom, um das Jahr 1020 vom Dänenkönig Knut dem Heiligen erbaut. Von hier ist es nur ein Katzensprung nach Malmö. Von der Hafenstadt und Hauptstadt der Provinz Skåne führt die beeindruckende Öresundbrücke hinüber zu Dänemarks Hauptstadt Kopenhagen.

Die Ruhe selbst. Kopenhagen, die Einheimischen sagen København, heißt zu Deutsch »Hafen der Kaufleute«. Es wurde im Zweiten Weltkrieg nicht zerstört. Der Hafen konnte sich beständig weiterentwickeln und ist zum Aushängeschild der dänischen Hauptstadt geworden. Schon bei der Gründung der Stadt im 12. Jahrhundert erkannte Bischof Absalon die wichtige strategische und wirtschaftliche Lage der Siedlung am Øresund. Seit die Storebælt-Brücke zwischen Fyn und der Kopenhagen-Insel Sjælland im Jahr 1998 eingeweiht wurde, gehört Kopenhagen praktisch zum europäischen Festland. Kopenhagen ist, so sagen zumindest die Kopenhagener, die Ruhe selbst. Die Dänen vermeiden möglichst stressige Situationen, und gegebenenfalls hilft einem das sprichwörtliche »grünblaue« Kopenhagen wieder auf die Beine. Im Halbkreis liegen Parks und Seen rund um die Stadt – diese grüne Lunge und das maritime Ambiente Kopenhagens sind die Luft zum Atmen, die hier irgendwie freundlicher schmeckt als andernorts. Ein liebenswertes Land eben, und die Anhänger der Monarchie führen diese Tatsache auch auf die volksnahe Königin Margarethe II. zurück. Sie repräsentiert seit 1972 das älteste Königreich der Welt, zu dem zur Zeit König Christians IV. im 17. Jahrhundert noch Norwegen

Oslo: Im Frognerpark stehen insgesamt 650 Skulpturen von Gustav Viegeland. (oben)
Lohnenswert: Smögen (unten)
Nyhavn ist der älteste Hafenbereich Kopenhagens. (rechts)

und halb Schweden gehörte. Er war es auch, der als Baumeister Oslo und Kristiansand gründete und der Siedlung Kopenhagen mit dem Schloss Rosenborg, dem Runden Turm und der Börse mit ihrem Drachenturm Glanz verlieh.

Junge Hafenstadt. Mit der Fähre geht es von Helsingør zurück nach Helsingborg in Schweden und von dort weiter auf der E6 Richtung Norden. In Varberg ist die Festung Varbergs aus dem 13. Jahrhundert ein gutes Ausflugsziel für alle, die in Halland an der »schwedischen Riviera« zwischen Helsingborg und dem rund 70 Kilometer entfernten Göteborg Urlaub machen.
Göteborg ist der größte Hafen Schwedens und wurde erst Anfang des 17. Jahrhunderts gegründet – deshalb hat es wenige alte Bauwerke. Der Slottskogen, der Schlossgarten, bietet eine herrliche Flora und Fauna und vom Aussichtsturm einen faszinierenden Rundblick.
Nördlich von Göteborg liegt die Schärenregion von Bohuslän, eine beliebte Ferienregion – vor allem für Segelsportler – mit vielen romantischen Orten. Dazu gehören zum Beispiel Smögen auf der Halbinsel westlich des Åbyfjords, wo die frischesten und besten Garnelen weit und breit serviert werden, oder Fjällbacka, dessen Wahrzeichen, die roten Hafenschuppen, schon 200 Jahre zählen. Neben dem Tourismus ist der Fischfang auch heute noch die wichtigste Erwerbsquelle der Menschen.

Uralte Felszeichnungen. Jenseits der Grenze zu Norwegen liegt am Übergang des Skagerraks in den sanften Oslo-Fjord Frederikstad mit seiner aus Schutzwällen und Bastionen bestehenden Altstadt. Die sehenswerte Festung ist Resultat der ständigen kriegerischen Auseinandersetzungen zwischen Norwegern und Schweden im 16. und 17. Jahrhundert. Dass diese Küstenregion schon vor 3000 Jahren ein beliebtes Siedlungsgebiet war, beweisen Felszeichnungen am Oldtidsveien, der Straße 110 zwischen Fredrikstad und Skje-

berg. Nach Oslo ist es nun nur mehr eine gute Stunde auf der E6 Richtung Norden.

Oslo-Stadt, das ist die Karl Johansgate, die Flaniermeile zwischen Schloss und Hafen. Kennt man sie, kennt man Oslos Kern. Dem Wetter trotzende Passagen sind entstanden, wie die Aker Brygge, gelungenes Beispiel für die Wandlung einer Werft in eine moderne Shoppingmall. Am Wochenende haben Taxen Konjunktur: Wer ausgeht, trinkt schon mal ein Bier mehr in einem der Pubs, in denen Jazz- und Folkmusik live gespielt wird. Oder man räumt gerade, zur Zeit der Mittsommernacht morgens um vier, das Straßencafé. Unbedingt sehenswert ist zudem das für seine Architektur mit Preisen ausgezeichnete Neue Opernhaus, das 2008 direkt am Hafen erbaut wurde und in seiner Gestalt an einen treibenden Eisberg erinnert. Dazu passt die weiße Skulptur »She lies« von Monica Bonvicini, die wie eine Eismasse im Hafenbecken vor der Oper liegt.

Schanze mit Ausblick. Oslos Natur liegt in Kunst und Architektur – aber Oslo-Stadt ist selbst auch reine Natur: Wald, Seen, Berge, denn der geografische Mittelpunkt Oslos liegt irgendwo weit draußen, mitten im Wald, in Oslos Marka, dem grünen Gürtel, dem einzigartigen Naturpark rund um die City mit ihren 660 000 Einwohnern. Hier ragt auch Oslos Wahrzeichen gen Himmel, der Holmenkollen. Keine andere Skisprungschanze der Welt liegt so exponiert und imponiert so sehr durch den fantastischen Blick über Stadt und Land. Norwegen ist eine Ski-Nation, die Wörter Ski und Slalom stammen aus dem Norwegischen, und so ist ab November halb Oslo beim Langlaufen in der Marka. Im Sommer wird gewandert. Auch der 1863 nahe Oslo geborene Maler und Grafiker Edvard Munch liebte diese Gegend. Seine bedeutendsten Werke sind in der Nationalgalerie zu sehen. Danach lockt eine Pause im altehrwürdigen Grand-Café.
So gestärkt, macht man sich auf der E18 auf nach Larvik, zur Fähre nach Hirtshals.

Der Svinesund bildet die Grenze zwischen Norwegen und Schweden. (oben)
Die Åland-Inseln sind (fast) noch ein Geheimtipp. (unten)

Gut zu wissen

Hinweise: In allen Städten lohnt es sich, mit öffentlichen Verkehrsmitteln bzw. Leihfahrrädern auf Entdeckungstour zu gehen. www.visithelsinki.fi/de, www.visitstockholm.com/en/de, www.visitcopenhagen.de, www.visitoslo.com/de

Inselrundfahrt durch Island

 1310 Kilometer

Zwanzig Millionen Jahre ist es her, da tat sich die Erde auf und Island erblickte das Licht der Welt. Damit ist die Insel geologisch das jüngste Land der Erde. Und es versetzt in Staunen: Unbändige Naturgewalten sorgen dafür, dass seine Entstehungsgeschichte noch lange nicht zu Ende ist. Und dass jeder Besucher ein neues, bisher unbekanntes Bild von Mutter Erde mit nach Hause nimmt.

Gletscher, Vulkane und Geysire machen die Tour rund um die Insel zu einem Abenteuer-Trip. (oben)
So eine satte Urwüchsigkeit ist an den Westfjorden zu finden – wer Island mit Muße und Gespür erkundet, entdeckt leicht solche landschaftlichen Höhepunkte. (unten)

Wer bei der Wahl seines Fortbewegungsmittels anpassungsfähig ist, kann Island hautnah erleben. Er beginnt den Weg mit dem eigenen Wagen, den er für Hochland-Touren gegen einen geländegängigen Allrad-Offroader eintauscht. Mit einem Schneemobil knattert er über Gletscher, erlebt die Natur auf dem Rücken eines Islandpferdes, kämpft sich im Schlauchboot durch Stromschnellen und tuckert im Fischerboot zur Walbeobachtung. Nicht vergessen: Island per Fahrrad. Je flexibler man sich durch Island bewegt, desto abwechslungsreicher wird die Reise.

Am Wasserfall. Einmal pro Woche legt in Seyðisfjörður morgens die Fähre aus dem dänischen Hirtshals nach knapp zwei Tagen Überfahrt an. Nur eine knappe halbe Stunde dauert es noch bis Egilsstaðir und zur Ringstraße 1, die die Insel auf einer Länge von 1348 Kilometern umrundet. Von dort geht es Richtung Nordwesten zum größten Wasserfall Europas, dem Dettifoss. 44 Meter rauscht sein Wasser die Klippe hinunter. Der Canyon liegt im Nationalpark Jökulsárgljúfur, den man über die 864 von der Ringstraße aus erreicht – eine karge, wilde Gegend. Irgendwo mittendrin scheute der Sage nach Odins Pferd Sleipnir, versetzte der Landschaft einen mächtigen Tritt und formte so eine mehrere Kilometer lange und 600 Meter breite huf-eisenförmige Schlucht. In einer lieblichen Oase voller Leben brüten seltene Vögel, und wachsen – für Island ungewöhnlich – viele Bäume.

Planetenlandschaft. Auch Island kennt Anglerlatein: Ein Hobby-Fischer aus Norwegen soll im See Myvatn eine 15-pfündige Forelle mit bloßen Händen gefangen haben. Er habe darauf gewartet, dass sie nach den Mücken springt, und zugegriffen. Zwei Dinge daran sind wahr: Es gibt 15-Pfünder in dem See, und es gibt Mücken. Weiß Gott, denn »Myvatn« heißt übersetzt »Mückensee«, und ohne ganzkörperbedeckende Kleidung läuft in der Gegend bei Reykjahlíð gar nichts. Aber die Lava-Landschaft mit den bizarren Felsformationen rund um den Myvatn gehört zum Schönsten, was Island zu bieten hat. Wenn man bei trübem Wetter und tief hängenden Wolken am Fuß des Krafla-Vulkans nordöstlich von Reykjahlíð steht, rauchende und fauchende Vulkanspalten vor Augen, beißenden Schwefel in der Nase, kantigen Stein unter den Füßen, fühlt man sich in einer anderen Welt. Eine Steinwüste südlich des Myvatn erhielt den Namen »Missetäter-Wüste«, denn manch Gauner tauchte hier in der Hoffnung unter, um niemanden zu treffen. Allerdings waren die Ganoven genug gestraft, an diesem Ort leben zu müssen.

Der Rücken der Islandpferde. Das Zentrum des Nordens liegt am Ende des Fjordes Eyafjördhur und heißt Akureyri. Mit rund 15 000 Einwohnern ist die Stadt die mit Abstand größte nördlich von Reykjavík. Nur 100 Kilometer trennen sie vom Polarkreis, dennoch ist Akureyri der wärmste Ort der Insel.

Weidende Islandpferde sind ein ständiger Reisebegleiter, und am 37 Kilometer langen Fjord Skagafjördhur sieht man sie rechts und links der Ringstraße 1 grasen. Die Tiere genießen besonderen Schutz: Es dürfen keine Pferde importiert werden, und ein Islandpferd, das im Ausland an einem Reitturnier teilgenommen hat, darf nicht wieder in seine Heimat zurück. Auf diese Weise konnten sich die Tiere in den vergangenen Jahrhunderten prächtig und reinrassig entwickeln. Mehrtägige Reittouren sind ein touristisches Highlight der Insel. Aber auch weniger Sattelfeste schließen mit den Islandpferden schnell Freundschaft, denn erstens haben sie eine angenehme Schulterhöhe, und zweitens sind sie auch im unwegsamen Gelände absolut trittsicher und vorsichtig. Überall auf Island bieten Höfe Trecks an, und man darf im Cowboyfeeling den Duft der kleinen nahen isländischen Welt schnuppern.

Herrscher der Westfjorde. An der Straßenkreuzung Brú bietet sich der Ausflug auf der Straße 68 bzw. 61 in die faszinierende Welt der Westfjorde an, oder man bleibt auf dem direkten Weg nach Reykjavík. Der Abstecher sollte wohl überlegt sein, denn allein die rund 330 Kilometer lange Tour bis nach Ísafjördhur dauert – mit einigen Genussstopps – locker einen Tag. Das liegt an den sieben Seitenarmen des 55 Kilometer langen und an seiner Mündung 18 Kilometer breiten Fjords Ísafjardhardjúp, die alle umfahren werden müssen. Viel zu bieten hat der Hauptort der Westfjorde, Ísafjördhur, nicht, aber ein sehenswertes Fischereimuseum, das die harten Lebensbedingungen hautnah verdeutlicht. Die Westfjorde sind Landschaft satt, ein Erlebnis der rauen, urwüchsigen Art. Rund 10 000 selbstbewusste Westfjorder leben in dieser in Europa einzigartigen Natur. Allerdings spielen in dieser Wildnis nicht die Menschen, sondern Papageitaucher und Lummen die Hauptrolle. Hier brüten noch die seltenen Vogelarten Tordalk und Eissturmvogel zu Abertausenden an der atemberaubenden Steilküste und auf dem 440 Meter hohen Vogelfelsen Látrabjarg – die Klippe ist zugleich der westlichste Punkt Europas.

Wenn am Gullfoss (oben) die Sonne scheint, entsteht in der aufbrausenden Gischt ein Regenbogen, der dem »goldenen Wasserfall« seinen Namen gab. (unten)
Ein Schauspiel, wie man es nur auf Island erleben kann: Diese heiße Quelle sprudelt bei Hveravellir. (links)

Reise zum Mittelpunkt der Erde. Bevor es nun weiter in Richtung Reykjavík geht, sollte man den Spuren Jules Vernes folgen. Auf der Straße 60 erreicht man Búðardalur, wo kurz danach die Straße 54 nach Stykkishólmur auf der Halbinsel Snæfellsnes führt. Stykkishólmur, mit 1300 Einwohnern der größte Ort der Insel, ist der Ausgangspunkt für eine Bootstour in die Schärenwelt Breidhdalfjördhur zwischen den Westfjorden und der Halbinsel Snæfellsnes. Das ist wahrlich kein geruhsames Unternehmen, denn während der gesamten Tour, vorbei an unzähligen Inseln und mit Stopps in romantischen Buchten, zwitschert und schnattert es unaufhörlich. Vogelliebhaber muss man hier wegzerren, denn die gesamte Westküste Islands ist ein einziger Vogelpark. Anschließend erreicht man den Snæfellsjökull, unter dessen weißer Haube ein erloschener Vulkan schlummert. Wilde Lavafelder zeugen vom Innenleben des Gletschers. Der 1446 Meter hohe Snæfellsjökull ist mit elf Quadratkilometern Fläche einer der kleinsten Gletscher des Landes, dafür aber auch der faszinierendste. Das fand auch der Schriftsteller Jules Vernes, und so spielt der Berg, der noch Anfang des Jahrhunderts fast doppelt so groß war, eine wichtige Rolle in dem Welterfolg »Reise zum Mittelpunkt der Erde«. In geführten Tagestouren kann man dem weißen Koloss auf den Grund gehen, faszinierende Einblicke bietet aber auch eine Rundfahrt auf der Straße 574.
Auf der Straße 54 geht es in Richtung Ringstraße 1 und zur Hauptstadt Reykjavík – unterwegs wird man sich ab und zu umdrehen und beim Anblick des Gletschers Snæfellsjökull zu der Gewissheit gelangen, dass man zwar nicht am Mittelpunkt der Erde war, aber doch irgendwie ganz nah dran.

In der Rauchbucht. In Reykjavík beginnen Islands Wege. Hierher verschlug es den Norweger Ingolfur Arnason 874, und das Erste, was er sah, war der Dampf heißer Quellen, den er für Rauch hielt – so schlug

Bis zu 200 Grad heißen schwefeligen Wasserdampf stoßen die sogenannten Solfataren aus. Hier ein besonders schönes Exemplar im Gebiet von Námaskardh. (oben)
Auf einer Trekkingtour oder mit Pferden unterwegs am Godafoss: Stets bietet die Landschaft überwältigende neue Eindrücke, die man nicht vergisst. (unten)
Alle fünf Minuten ein Ausbruch: der Geysir Strokkur im Thermalfeld von Haukadalur. (rechts)

die Geburtsstunde der Hauptstadt der Vulkan- und Geysir-Insel. Heute ist Reykjavík rauchfreie Zone: Alle Häuser werden durch Erdwärme – geothermische Energie – geheizt, und davon hat Island nun wirklich mehr als genug.

Der »goldene« Umweg. Um von Reykjavík aus zur meistbesuchten Sehenswürdigkeit der Insel zu gelangen, muss man von der Ringstraße 1 aus einen kleinen Umweg fahren, den »Golden Circle« über die Straße 36. Pingvellir hat in zweifacher Hinsicht Bedeutung: politisch, weil hier 930 der erste Althing, die isländische Volksversammlung, einberufen wurde, und geologisch, weil die tiefen Gräben und Risse ringsum das Spannungsfeld der Insel an den Reibungspunkten der eurasischen und amerikanischen Kontinentalplatte deutlich machen. Der Bruch führt mitten durch die Insel, und die Isländer wissen selbst nicht, ob sie zu Europa oder zu Amerika gehören. Ganz Island ist noch immer Spielball gewaltiger geologischer Kräfte. Im Thermalfeld Haukadalur blubbert's und sprudelt's, und mittendrin kocht es über: Der Geysir Strokkur speit pünktlich alle fünf Minuten eine kochend heiße Wasserfontäne 15 Meter hoch in die Luft. Das dritte Spektakel des »Goldenen Kreises« rauscht schon von Weitem. Der Gullfoss gehört zu den schönsten Wasserfällen Islands. Auf einer Länge von zweieinhalb Kilometern stürzen die Fluten eines Gletscherflusses über mehrere Kaskaden gut 30 Meter in die Tiefe. Bei dem Ort Sellfoss schließt sich der »Goldene Kreis« wieder, von hier führt die Ringstraße 1 weiter in Richtung Osten.

Isländische Einsamkeit. Gut 200 000 der rund 330 000 Isländer leben in und um Reykjavík, der Rest in Siedlungen und Städtchen entlang der Küste. Vík ist solch eine Siedlung. Sie machte in den USA von sich reden, gehört doch ihr feiner Sandstrand zu einem der zehn schönsten weltweit. Auf dem Weg dorthin kommt man am 1651 Meter hohen Eyjafjallajökull vorbei – das Vulkanmassiv wird vom sechstgrößten Gletscher Islands bedeckt. Zuletzt war der Vulkan im Frühjahr 2010 aktiv und spie dabei so viel Asche in den Himmel, dass der Flugverkehr über Nord- und Mitteleuropa tagelang weitgehend eingestellt werden musste. In den Spalten des rund 1500 Meter hohen Vulkans Hekla weiter im Landesinneren rumorte es in jüngster Vergangenheit in den Jahren 1991 und 2000, seit 2011 steigt die Magma wieder verstärkt nach oben. Die Isländer haben gelernt, mit der Angst zu leben – genau genommen haben sie gar keine, wie

im Herbst 1996: Mit typisch nordischer Gelassenheit registrierten sie, dass der Vatnajökull, mit 8300 Quadratkilometern Europas größter Gletscher von den Ausmaßen Korsikas, seine Vulkangeister zum Leben erweckte. Die Wärme schmolz das Eis, Eisklötze so groß wie Häuser donnerten zu Tal, ließen Gletscherströme anschwellen, ganze Siedlungen und Straßen wurden überflutet. Trotzdem versetzte diese Katastrophe den Rest der Welt weit mehr in Aufruhr als die Menschen im nur wenige Kilometer entfernten Höfn. Bis zu 1000 Meter dick ist das ewige Eis des Vatnajökull, und bei einer Gletschertour werden einem die riesigen Dimensionen dieser unwirtlichen Welt so richtig bewusst.

Eine grüne Oase. Von Breidhdalsvík aus fährt man auf der Ringstraße weiter, oder man besucht über die 96 die Ostfjorde. Die Menschen in Orten mit so unaussprechlichen Namen wie Stödhvarfjördhur und Fáskrúdhsfjördhur leben vom Fischfang. Zurück in Seydhisfjördhur geht es wieder hinauf auf die Fähre nach Hirtshals. Von dort führt die Reise weiter durch ganz Dänemark über Hamburg, Bremen und Brüssel zum Eurotunnel, der unter dem Ärmelkanal Calais mit Folkestone in England verbindet.

Island-Pferde sind gutmütig und trittsicher. Die Insellage und damit die Abgeschiedenheit kommt der Reinrassigkeit der Vierbeiner zugute. (oben) Beim Schafabtrieb helfen viele Isländer mit. (unten) Wer ausreichend Erfahrung und Kondition besitzt, kann Island zu Fuß oder mit dem Rad erleben. Allerdings muss man damit rechnen, durch plötzliche Wetterumschwünge den Launen der Natur ausgesetzt zu sein. (links)

Gut zu wissen

Hinweise: Warme, regenfeste Kleidung ist in Island auch im Hochsommer Pflicht – auch Schwimmkleidung ist angesichts der heißen Quellen zu jeder Zeit angesagt. www.iceland.com

Unterwegs im südwestlichen England

 995 Kilometer

Jenes Stück der britischen Hauptinsel, dessen südwestlicher Zipfel sich weit in den Atlantik schiebt, bezaubert durch sein häufig wechselndes Erscheinungsbild. Auch haben hier viele Namen einen vertrauten Klang: Portsmouth und Plymouth stehen für die ruhmreiche Seefahrerzeit, Dartmoor und Exmoor für die typisch englische Landschaft, und Stonehenge ist der Inbegriff des prähistorischen Heiligtums.

Die »Victory«, das Flaggschiff Lord Nelsons (oben) Viereinhalb Millionen Bücher birgt die Bodleian Library in Oxford. (unten)

Ab Calais dauert es nur rund 90 Minuten, bis man mit dem Eurotunnel Shuttle durch den Eurotunnel unter dem Ärmelkanal England erreicht und in Folkestone auf die M20 einbiegt. Südlich von London führt der Weg von Kent durch die fruchtbaren Landschaften der Grafschaften Surrey und Hampshire. Auf der Autobahn A3 gelangt man durch die Downs, den parallel zur Küste verlaufenden Höhenzug, gen Süden nach Portsmouth, wo Charles Dickens 1812 geboren wurde. Im Hafen liegt Lord Nelsons berühmtes Flaggschiff »Victory«. Einarmig, einäugig und zuversichtlich stach der legendäre Kriegsheld in See, um den Franzosen in der Schlacht von Trafalgar den Schock ihres Lebens zu versetzen – und sein eigenes zu verlieren. Heute verlassen den Hafen keine Kanonenboote, sondern friedliche Autofähren mit Kurs auf die beschauliche Isle of Wight. Die 140 000 Insulaner rühmen ihre Heimat gern als »England im Miniformat«, legen aber gleichzeitig großen Wert auf die Feststellung, dass sie nicht auf dem Mainland, dem englischen Festland, wohnen. Im Norden der Insel ließ sich Königin Viktoria ihren Sommersitz Osborne House bauen, wo sie sich gern aufhielt. Heute gerät die Isle of Wight im Sommer mit ihrer Segelregatta in die Schlagzeilen der Sportnachrichten.

Autogeschichten. Mit der Fähre gelangt man von der Isle of Wight nach Lymington, dem Ausgangspunkt für Touren durch den New Forest. Dieser Name zeugt von typisch britischem Understatement. Kann man einen Wald, der knapp tausend Jahre alt ist, tatsächlich als »neu« bezeichnen? Es kommt wohl auf die Perspektive an – was den einen uralt vorkommt, zählen die geschichtsverliebten Engländer noch zur jüngeren Historie. In dem einstigen königlichen Jagdrevier sollte man sich übrigens nicht wundern, wenn aus einem Eibenwäldchen eines der vielen frei herumlaufenden Pferden vor das Auto springt – am besten bleibt man gelassen. Im nahen Beaulieu (»Bjuli« gesprochen) war Lord Montagu einer der ersten Adeligen, der sein Herrenhaus für zahlende Besucher öffnete, und zudem ein passionierter Autoliebhaber. Deshalb glänzen dort im National Motor Museum frisch gewienerte Oldtimer wie ein Golden Arrow von 1919. Über die A36 erreicht man Salisbury, in dessen Altstadt man den Kopf tief in den Nacken legen muss: Der Kirchturm der gotischen St. Mary's Cathedral ist mit 123 Metern der höchste in ganz England.

Steinkreise und Riesen. Jede Menge »good vibrations« verspricht das nahegelegene Stonehenge, die prähistorische Kultstätte von Weltrang. Englands populärstes Wallfahrtsziel lockt jährlich eine Million Besucher an. Vor allem zur Sommersonnenwende versammeln sich hier New-Age-Jünger und Schaulustige aus aller Herren Länder. Unweit von hier liegt Woodhenge, das hölzerne Pendant zu Stonehenge. In Richtung Westen geht es anschließend nach Shaftesbury. Aberwitzig steil klettert Shaftesburys berühmte Kopfsteinstraße den Hügel, den Gold Hill, hinauf. Hier findet sich all das, was man sich unter englischer Idylle vorstellt. Sherborne, aus goldgelbem Sandstein gebaut und etwas weiter westlich gelegen, ist ein hübsches, stilles Provinzstädtchen mit einer imposanten Abteikirche, einem alten und einem neuen Schloss sowie ein paar hübschen Antiquitätenläden. In den nahegelegenen Hügeln bei Cerne Abbas schwingt der Cerne Giant, ein 60 Meter großer nackter Mann mit machtvoll aufgerichtetem Geschlecht, drohend seine Keule. Der Abstecher dorthin ist von ganz eigenem Reiz und der Riese von der A352 aus auch gut zu orten. Seine mit Kreide in die Wiese gezeichneten Umrisse, vermutlich aus dem 2. Jahrhundert, heben sich eindrucksvoll vom Grün der Downs ab. Wesentlich älter als die Kalkzeichnung des Riesen sind die Fossilien, die noch immer

am Strand von Lyme Regis gefunden werden, wohin die Fahrt nun führt. Zu Beginn des 19. Jahrhunderts legte man hier Skelettversteinerungen eines fast zweihundert Millionen Jahre alten Ichthyosaurus frei. In Lyme Regis siedelte Jane Austen 1818 ihren Roman »Persuasion« an. Und an der Hafenmole Cobb fiel Meryl Streep als »Geliebte des französischen Leutnants« ihrem Filmpartner Jeremy Irons in die Arme.

Urenglisch: das Moor. Nach so vielen Kilometern im Auto lockt ein Nachmittag im Liegestuhl auf der Promenade in Sidmouth. In dem hübschen Badeort mit den bunt bemalten Regency-Häusern geht es eleganter und feiner zu als an der sehr umtriebigen »englischen Riviera« südlich von Devons Hauptstadt Exeter. Exeter besitzt nicht nur eine Universität und eine bemerkenswerte Kathedrale mit einem fantastischen Fächergewölbe, sondern auch nette Läden und Kunstgalerien sowie ein sehenswertes Maritime Museum. Hier atmet selbst die Unterwelt Geschichte: Auch das alte unterirdische Kanalnetz steht zur Besichtigung frei. Wer sich von Exeter aus Richtung Süden bewegt, sollte unbedingt den Weg durch den Dartmoor

Ein Tor im Meer: »Durdle Door« östlich von Weymouth. (oben)
Vor der Abbey Church in Bath (unten)
Seit mehr als 900 Jahren ist Windsor Castle, eines der größten Schlösser der Welt, das Zuhause der königlichen Familie. (links)

National Park wählen. Rätselhafte Umrisse im Nebel, knorrige Eichen, Ruinen, mächtige Steine auf kahlen Buckeln, jämmerlich blökende Schafe, entlaufene Schwerverbrecher und ein höchst heimtückisches Moor – die klassischen Vorstellungen vom Dartmoor sind Sir Arthur Conan Doyles (1859–1930) Roman »Der Hund von Baskerville« zu verdanken. Das Dartmoor hat in der Tat seine eigene, düster-melancholische Anziehungskraft. Auch stimmt es, dass sich das Wetter schlagartig ändern kann und man am besten immer mit Kompass und Karte unterwegs sein sollte. In dieser menschenleeren urenglischen Landschaft lässt es sich wunderbar wandern, es liegen hier unzählige prähistorische Steinmonumente, und wenn sich im Frühling die ginsterbewachsenen Hänge mit gelben Blüten überziehen, ist es einfach traumhaft schön.

Wohl- und andere Gerüche. In Plymouth, dem nächsten Ziel, sonnen sich die nostalgischen Engländer noch mehr als anderswo im Glanz ihrer Seefahrervergangenheit. Stolz kolportieren sie, wie Sir Francis Drake (1540–1596) auf der Hafenpromenade Hoe seelenruhig seine Bowlingpartie zu Ende spielte, als der Horizont schon mit den Segeln der spanischen Armada gespickt war. Im Museum Plymouth wird den Besuchern die englische Geschichte multimedial nahegebracht, ja buchstäblich unter die Nase gerieben – mit künstlichen Duftnoten, welche die Ausdünstungen einer Epoche simulieren, in der es weder Abwasserkanäle noch Deodorants gab. Sehr zimperlich darf man da nicht sein ...

Besser ist die Luft in Cornwall, dem wunderschönen und wilden Westen Südenglands. Die Strecke führt zu romantischen kleinen Ansiedlungen, vorbei an lieblich geschwungenen Buchten und Flussmündungen, die fast fjordartig ins Land geschnitten sind und geschützte Naturhäfen bilden. Hohe Hecken säumen die Landstraßen, und im Sommer pustet der Wind jede Menge Blütenstaub durchs geöffnete Autofenster. Eine frische Brise weht auch in den Fischerorten, die sich an der Küstenstraße reihen: Polperro, Fowey, Falmouth, Lizard Point und Land's End. In Fowey und Falmouth muss man auf Fähren umsteigen, um seinen Weg fortzusetzen. Unterwegs laden die verschwiegenen Gärten von Heligan oder Trebah zu weiteren – äußerst wohlriechenden – Stopps ein: ein besonderes Fest für das Auge.

Die Felsformationen »Bedruthan Steps« nördlich von Newquay (oben)
Fast kreisrund hat sich die Bucht Lulworth Cove an der Küste südlich von Dorchester ausgeformt. (Mitte)
Rätselhaftes aus grauer Vorzeit: Stonehenge. (unten)
Wirkungsvoll in Szene setzt sich der Hafen von St. Ives. (rechts)

Cornische Eigenarten. Cornwall ist geschichtsträchtiges Terrain: Viele Ortsnamen beginnen mit den Vorsilben Pol-, Tre-, Penoder Bos- und verweisen damit auf das reiche keltische Erbe dieser Region. Auch an jahrtausendealten Steinkreisen und Dolmen herrscht kein Mangel. Historische Zeugnisse viel jüngeren Datums sind die Fördertürme und Schornsteine, die vor allem in Cornwalls äußerstem Südwestzipfel auftauchen. Es sind Relikte aus der Zeit der industriellen Revolution, als hier Kupfer und Zinn abgebaut wurden. Und noch etwas florierte in Cornwall besonders gut: der Schmuggel. Die tiefen Buchten und Klippen boten ideale Verstecke für heiße Ware. Überall an der 600 Kilometer langen cornischen Küste liegen verborgene Höhlen, und man bekommt immer wieder stolz gezeigt, an welchen Stränden die illegale Beute an Land gebracht wurde. In Polperro hat man sogar ein Schmuggelmuseum eingerichtet. Auf dem Weg nach Land's End taucht plötzlich bei Penzance die Burganlage von St. Michael's Mount aus dem Meer auf. Bei Ebbe kann man sie zu Fuß erreichen, ansonsten setzen Boote zu der kleinen Gezeiteninsel über.

Künstler und Könige. Die cornische Atlantikküste wirkt rauer als die sanfte Südküste. Ihr kultureller Höhepunkt ist der Fischer- und Künstlerort St. Ives mit seinen steingrauen Herrenhäusern und der Tate Gallery St. Ives. Die luftige Kunstgalerie liegt direkt am Strand, das Kliff im Rücken und das Gesicht zum Meer – ein perfekter Ausstellungsort für Bilder cornischer Künstler. Elf Kilometer lange Sandstrände, unterbrochen von bizarr geformten Felsen, haben das Gebiet um Newquay zu einer Tourismushochburg werden lassen. Die Umgebung ist herrlich, der Badeort selbst dagegen eher überlaufen als schön. Ähnliches gilt für Tintagel, wo es vor dem Rummel um den Keltenkönig Artus kein Entrinnen gibt – dem Mythos nach kam er ja in der Burg von Tintagel zur Welt. Die Ruine aus dem 12. Jahrhundert thront sehenswert auf einem Felsvorsprung. Weiter nördlich klebt

das hübsche Fischerdorf Clovelly wie eine Bienenwabe in den Klippen und ist nur zu Fuß zu erreichen. Seinen größten Charme entfaltet es am Abend, wenn ihm die meisten Touristen den Rücken gekehrt haben und in den schmalen Gassen wieder Ruhe einkehrt. Idyllisch, freundlich und heiter präsentiert sich der Exmoor National Park. Klare Bäche plätschern in verschwiegenen Tälern, und auf den Wiesen der Hochebenen grasen Rehe, wilde Ziegen und Ponys. Die bewaldeten Küstenstreifen sind von spektakulärer Schönheit.
Auf der A39 rollen wir Richtung Osten nach Glastonbury. Schon von weitem ragt der riesige Hügel Glastonbury Tor aus der Ebene von Somerset. Ihn krönt der St. Michael's Tower aus dem 15. Jahrhundert. Angeblich liegt hier irgendwo der heilige Gral, den König Artus hütete, vergraben. Jetzt ist es nur noch ein Katzensprung bis nach Wells, der kleinsten Stadt Englands, deren wunderbare Kathedrale mitten auf einer grünen Wiese steht. Weiter geht es nach Bath. Ein königliches Zipperlein machte den georgianischen Kurort im 18. Jahrhundert zur ersten Sommerfrische Englands. Königin Anne begab sich nach Bath, um sich zu kurieren, und bald nach dem Besuch der Monarchin strömten Adel und High-Society zu den heißen Thermalquellen, die schon die alten Römer zu schätzen wussten. Bath, für viele die schönste Stadt des Landes, gehört zum UNESCO-Welterbe.

In den höheren Kreisen. Und dann endlich: Oxford und seine Universität, wo die Traditionen so fest wie Kletten sitzen. Im Tal der Themse gibt der breite Fluss den Ton an. Berühmt sind die Ruderregatten von Henley. Die Zuschauer verfolgen das Treiben auf der Themse inzwischen fast ebenso elegant gekleidet wie die Pferderennen im nahen Ascot – und auch ebenso auffällig behütet. Aber was wäre in England auch ein wirklich wichtiges gesellschaftliches Ereignis ohne den richtigen Kopfputz? Der Themse folgend, erreicht man das nächste Etappenziel: London.

St. Mary's ist die größte Insel des Scilly-Archipels vor der Südwestspitze Cornwalls.
(oben)
An cornischen Küsten: Hummerfischer in Padstow.
(unten)

Gut zu wissen

Hinweise: Das Isle of Wight Festival im alljährlich im Juni gehört zu den bekanntesten Musik-Festivals in Europa.
www.isleofwightfestival.com,
www.visitisleofwight.co.uk, www.visitplymouth.co.uk, www.visitbath.co.uk,
www.oxfordcity.co.uk

Von London nach Edinburgh

 905 Kilometer

Die Hauptstadt des Empire zu verlassen, um sich in Schottlands Kapitale zu begeben, galt einst als bedeutsames Unterfangen. Könige reisten zwischen den Zentren ihrer Macht hin und her, und auch als Handelsweg war die Strecke jahrhundertelang sehr wichtig. Wer die Reise heute unternimmt, erlebt mittelalterliche Städte mit berühmten Architekturdenkmälern und eine besonders schöne Nordsee.

Von den verglasten Fußgängerbrücken, die hoch oben die beiden Türme der Tower Bridge verbinden, bietet sich ein grandioser Blick über London. (oben)
Castle Howard birgt wertvolle Kunstsammlungen. (unten)

Für London sollte man sich einige Tage Zeit nehmen, bevor man die Fahrt Richtung Schottland antritt – zu vieles gibt es zu sehen und zu erleben. Nicht zuletzt ist die Metropole mit ihren zahllosen Einkaufsmöglichkeiten von Harrod's bis zu den Camden Markets ein wahres Shopping-Paradies. Doch auch mit Kultur – und zwar aus aller Welt und stets auf der Höhe der Zeit – kann die Hauptstadt des Vereinigten Königreichs im Überfluss aufwarten: vom National History Museum über das Victoria and Albert Museum und der National Portrait Gallery bis zur Tate Gallery und zur Tate Modern ... Die Liste würde Seiten füllen. Hinzu kommen eine Musik- und Modeszene, wie es sie in nur wenigen Weltstädten gibt.

Einen grandiosen Überblick über London hat man aus luftiger Höhe vom gigantischen Riesenrad London Eye. Weit fällt der Blick über die City mit den Türmen der Finanzzentren, die Themse entlang zur Millennium Bridge und zu einem der berühmtesten Wahrzeichen der Stadt, der Tower Bridge. Dort ist der Tower of London quasi ein Must-See für jeden, der die Metropole zum ersten Mal besucht. Wer königlichen Glanz liebt, besichtigt die Historic Royal Palaces, neben dem Tower beispielsweise den Buckingham Palace. Im Palace of Westminster tagt dagegen das britische Parlament mit Ober- und Unter-

haus. Den Westminsterschlag von der Glocke Big Ben im Uhrturm des Palasts kennt man auf der ganzen Welt.

Das Bild der Stadt lässt sich bei einer Bootsfahrt auf der Themse bewundern – ihren Herzschlag erlebt man jedoch ganz preiswert auf Busfahrten mit den berühmten roten Doppeldeckern. Und zu einer Rast nach all den Besichtigungstouren laden die weitläufigen Parks ein. In Riesenanlagen wie dem Hyde Park, in Kensington Gardens oder im Regent's Park kann man die Hektik der Metropole hinter sich lassen. Einen blütenfrohen Pflanzenschatz hüten zudem die Kew Royal Botanic Gardens: auf 120 Hektar drängen sich hier mehr als 30 000 Pflanzenarten.

Ehrwürdige Stadt der Talare. Mit dem Wissen, dass man in London nie alles sehen kann und deshalb unbedingt noch einmal kommen muss, macht man sich schließlich auf gen Norden. Wer es etwas eiliger hat, nimmt die M1 bis nach Leeds und wechselt dort, im Gebiet der Midlands, auf die A1. Mehr von der Umgebung sieht man allerdings auf der schöneren Bummeltour: Von London aus fährt man zunächst im allgemeinen Verkehrsstrom nach Norden stadtauswärts. Der gewählte Weg ist dabei erst einmal zweitrangig, denn man landet sowieso früher oder später am Autobahnring, von wo aus das erste Ziel angestrebt wird, nämlich Cambridge. Es dürfte schwer sein, jemanden zu finden, der bei dem Namen Cambridge nicht sofort an die Universität denkt. Und tatsächlich gibt es an den Ufern des Flüsschens Cam seit über sieben Jahrhunderten eine spezifische Lebensgemeinschaft zwischen »town and gown«, zwischen der Stadt und den Talarträgern. Neben Oxford ist Cambridge weltweit eine der elitärsten Adressen für höhere Bildung; so elitär, dass die Nobelpreisträger unter den Absolventen hier schon gar nicht mehr gezählt werden. Noch bis 1947 galt es als unangebracht, akademische Grade an Frauen zu verleihen. Das hat sich inzwischen freilich geändert, wie schon die ersten Eindrücke zeigen: Massen von Radfahrern beiderlei Geschlechts sind zwischen den Colleges in der City unterwegs. Einen Campus sucht man in Cambridge vergeblich; ihr Wissen erwerben die rund 25 000 Studierenden in Einzeleinrichtungen.

Den besten Überblick verschaffen sich Neuankömmlinge von den Backs aus, dem sehr gepflegten mittleren Flussabschnitt des Cam. Ringsum stehen hier nicht weniger als sechs Colleges, die mit ihren unterschiedlichen Baustilen

zugleich verschiedene Phasen der Stadtgeschichte repräsentieren. Der Höhepunkt unter diesen steinernen Denkmälern ist King's College Chapel, ein Meisterwerk der Gotik von 1516. 22 Meter hoch und fast 100 Meter lang, gilt es als größtes von einem Fächergewölbe gekröntes Kirchenschiff. Bei allen staunenden Blicken nach oben sollte man aber nicht vergessen, auch einmal hinter den Hochaltar zu sehen. Dort hängt nämlich das Gemälde »Die Anbetung der Magi«, ein veritabler Rubens.

Der Spaziergang führt nun am unmittelbar nebenan liegenden Senate House vorbei, wo traditionell die Graduierungszeremonien abgehalten werden, und weiter zum Trinity College mit seinem legendenumwobenen Innenhof Great Court: Der Überlieferung zufolge badete hier der Dichter Lord Byron (1788–1824) nackt mit seinem Braunbären im Springbrunnen, und Isaac Newton (1643–1727) fiel hier angeblich ein Apfel auf den Kopf, was ihn zur Formulierung des Gravitationsgesetzes inspirierte. Ob diese Geschichten wahr sind, sei dahingestellt, einen Apfelbaum gibt es auf jeden Fall heute noch hier, er steht vor der berühmten Bibliothek Wren Library. Wer nun weiter ins St. John's College zu wan-

Farbenfroher Pub in Lincoln (oben)
Cambridge: Prinz Phillip bei einer Feier der ehrwürdigen Alma Mater. (unten)
Markttag in Newcastle (links)

deln beabsichtigt, kann sich nicht der Seufzerbrücke bedienen, doch das macht nichts, im Gegenteil: Den Nachbau des venezianischen Originals sieht man ohnehin von der benachbarten St. John's Bridge aus viel besser. Man kann zu diesem Zweck aber auch in eines der »punts« – so genannte Stakboote – steigen, die bei Bedarf gleich samt »Gondoliere« gemietet werden können.

Erfolgreich entwässert. Auf der Weiterfahrt heißt es dann jedoch, das Steuer wieder selbst in die Hand nehmen. Weitläufige Sümpfe, Marschen und Moore prägten bis vor 400 Jahren die Gegend, die nun durchquert wird: The Fens. Bereits von den Römern und auch später wurden immer wieder Anstrengungen unternommen, das Land zu entwässern. Tatsächlich beizukommen vermochte dem Problem erst ein niederländischer Ingenieur im 17. Jahrhundert: Er senkte die Pegel und ermöglichte dadurch eine landwirtschaftliche Nutzung der fruchtbaren Böden. Von dem, was die Landschaft geprägt haben muss, ist heute kaum mehr etwas vorhanden. Charakteristisch für das flache Ackerland sind allein die schnurgeraden Straßen, Kanäle und Deiche. Der touristische

Höhepunkt von Peterborough ist die Kathedrale aus dem Jahr 1237. Sie steht auf den Fundamenten einer älteren, von den Dänen zerstörten Klosterkirche und ist eines der bedeutendsten Beispiele normannischer Sakralarchitektur in England. Mächtige Strebepfeiler tragen hier ein hölzernes bemaltes Gewölbe. Im nördlichen Seitenschiff befindet sich das Grab Katharinas von Aragon. Sie war die erste Ehefrau Heinrichs VIII. Als er sich 1533 von ihr scheiden ließ, bedeutete dies den ersten Schritt auf dem Weg zur Reformation.

»Uphill« und »downhill«. Das dritte Etappenziel führt weiter hinein in das Flachland von Lincolnshire. Zu Unrecht wird diese Grafschaft als langweilig geschmäht, dabei bietet sie mit ihren verwunschen wirkenden Dörfern und stillen Pflasterstraßen beste Voraussetzungen für einen erholsamen Urlaub fernab von jedem touristischen Rummel. Die Stadt Lincoln scheint die Besucher schon regelrecht herbeizuwinken. Weithin sichtbar markieren drei Kirchturmspitzen auf einem steilen Berg die Lage des Ortes, auf dass ihn auch niemand verfehle. Und trotzdem ist es in den mittelalterlichen Gassen angenehm ruhig. Zudem lässt sich die Stadt leicht

Lincoln rühmt sich, eine der schönsten historischen Städte Englands zu sein. Seine größte Attraktion ist die gotische Kathedrale. (oben)
Im Beamish Open Air Museum (unten)
Den schönsten Blick auf Edinburgh hat man von Calton Hill. (rechts)

erschließen: Fast alles in ihr fällt nämlich in die Kategorien »uphill«, auf dem Berg, oder »downhill«, unterhalb des Berges. »Uphill« steht zum Beispiel die drittgrößte Kathedrale Englands und in deren Nähe so manches Haus der besseren Herrschaften. »Downhill« findet man hingegen die verwinkelte Altstadt und an deren Rand so manches Arbeiterviertel, wodurch die örtlichen Begriffe von »oben« und »unten« noch eine andere Dimension bekommen. »Unten« trifft man zudem auf einige Absonderlichkeiten. Da wäre etwa jene Gefängniskapelle im Lincoln Castle, wo man die Gefangenen während des zwangsweise verordneten Gottesdienstes hochkant in Einzelkisten unterbrachte, so dass sie zwar den Pfarrer, aber keinen der Mitgefangenen sehen konnten. Früher habe man Straffälligkeit für ansteckend gehalten, heißt es zur Begründung.

Wille zum Wandel. Nördlich von Lincoln sind jetzt ab und zu Kalksteinformationen zu sehen, und immer öfter tauchen Ausflugsbusse auf. Sie alle haben dasselbe Ziel: York. Die nordenglische Bilderbuchstadt mit dem altehrwürdigen Gassengewirr wartet unter anderem mit dem York Minster von 1472 auf. Die gotische Kathedrale ist die größte mittelalterliche Kirche in England. Nur 40 Kilometer entfernt ist Castle Howard ein veritables barockes Schloss und Filmfans vielleicht als Kulisse für Stanley Kubricks »Barry Lyndon« von 1975 bekannt.
Weiter führt nun der Weg Richtung Whitby und Durham, unterwegs lockt ein Besuch im Beamish Open Air Museum wenige Kilometer westlich von Chester le Street. Das Freilichtmuseum vermittelt ein äußerst lebendiges Bild vom Leben und Arbeiten in Englands Nordosten um 1900. Einst war die Gegend ein sehr bedeutendes Stahl- und Kohlerevier, zudem wurde in der Stadt Newcastle upon Tyne jeder vierte Schiffsneubau der Welt auf Kiel gelegt. Heute dominieren zwar noch die alten Brücken über den Tyne das Bild der Innenstadt, der Wille zum Wandel ist

jedoch überall gegenwärtig. Am deutlichsten symbolisiert ihn vielleicht das gewaltige Metro Centre im Stadtteil Gateshead, eines der größten Shopping- und Freizeitzentren Europas. Den besten Grund für einen Stopp liefern jedoch zwei international bedeutende Kunsteinrichtungen: die Laing Gallery mit klassischen Gemälde und die Art on Tyneside mit Werken der Moderne.

Hüben oder drüben? Kaum zu verfehlen ist danach die küstennahe A1, die nach Northumberland führt. Die Grenzregion zu Schottland ist reich an alten Schlachtfeldern und Burgen, denn es kam in der Geschichte immer wieder zu Auseinandersetzungen mit den freiheitsliebenden keltischen Nachbarn. Westlich der Straße liegt der menschenleere und verschwiegene Northumberland National Park, wo sich im besten Sinn des Naturschutzes Fuchs und Hase gute Nacht sagen. Etwas mehr als 1000 Quadratkilometer umfasst dieses Gebiet, das sich von den Cheviot Hills im Norden, die die Grenze zu Schottland bilden, bis zum Hadrianswall im Süden ausdehnt.
Nach der romantische Ruine von Warkworth Castle wird auf der Ostseite Holy Island passiert – die sagenumwobene Gezeiteninsel ist bekannter unter dem Namen Lindisfarne. Auf der uralten keltischen Klosterinsel läutete 793 ein Überfall von Wikingern Britanniens Wikingerära ein.
Berwick upon Tweed schließlich wechselte 13 Mal zwischen schottischer und englischer Herrschaft hin und her, bis es 1482 endgültig an England fiel. Man kann die kolossalen Wälle, mit denen sich die Stadt schützte, in ganzer Länge ablaufen und bekommt so einen guten Eindruck von der kompakten georgianischen Innenstadt mit den schönen Herrenhäusern. Vorbei am Bass Rock, einem wuchtigen unbewohnten Felsen im Firth of Forth, den vor allem Basstölpel, Papageitaucher und andere Vögel lieben, ist es nur noch ein Katzensprung nach Edinburgh.

Die Brücke von Carrbridge und Kilchurn Castle an der Nordwestküste Schottlands (oben)
Nordöstlich von Peterborough liegt das Städtchen Stamford, dessen historischer Stadtkern ungewöhnlich gut erhalten ist. (unten)

Gut zu wissen

Hinweise: In London lässt man das Auto stehen – das öffentliche Verkehrssystem ist hervorragend. Darüber hinaus wird in Central London eine City-Maut (Congestion Charge) erhoben.
www.visitlondon.com/de,
www.edinburgh.gov.uk

Rundtour durch Schottland

 1270 Kilometer

Der Gedanke an Schottland lässt sofort Bilder vor dem inneren Auge entstehen – von Schlössern und Burgen, von Hochmooren und Heidelandschaften, von Whisky und Wolle, Schottenrock und Dudelsack. Schottland ist ein Reiseland für wetterfeste und der Natur zugewandte Individualisten, die gern Feste feiern, Sinn für Traditionen haben, aber auch Stille und Einsamkeit zu schätzen wissen.

Mal niedlich, mal fürchterlich: Nessie als Schmusetier und Ungeheuer. (oben)
Viel schottisch Kariertes gibt es in der Fußgängerzone von Fort William – und nicht nur dort .... (unten)

Das »Athen des Nordens« wird Edinburgh auch genannt – die Hauptstadt von Schottland spielt nicht nur politisch, sondern auch kulturell die erste Geige, wenngleich sie mit ihren knapp 500 000 Einwohnern gemessen an der Bevölkerungszahl hinter Glasgow rangiert. Scheinbar uneinnehmbar thront seine mächtige Burg seit knapp tausend Jahren auf dem Castle Rock mitten im Zentrum, besiedelt ist der Basaltkegel eines erloschenen Vulkans jedoch schon seit Jahrtausenden, wie Funde belegen.

Als Besucher gehört ein Bummel auf der Royal Mile, die tatsächlich mit 1,8 Kilometern einer schottischen Meile entspricht, quasi zum Pflichtprogramm. Die königliche Meile führt von der Burg an prächtigen Kirchen und Gebäuden vorbei zum Palast Holyroodhouse. Dort ehelichte einst Mary Stuart, die berühmteste Queen of Scots, 1565 Lord Darnley. Gleich gegenüber steht das topmoderne Gebäude des schottischen Parlaments, das bezeichnenderweise von dem katalanischen Architekten Enric Miralles entworfen wurde. Schließlich treibt Katalanen und Schotten ein ähnlicher Wunsch nach Unabhängigkeit um – nach dem britischen »Brexit-Votum« ist er gerade wieder besonders stark.

Den besten Blick auf die Stadt hat man vom 251 Meter hohen Arthur's Seat im Holyrood Park. Der rund einstündige Fuß-marsch lohnt sich, denn die Aussicht ist an klaren Tagen großartig: Auf der einen Seite sieht man die Burg und das Dächermeer der Stadt, auf der anderen Seite bis zum Meer. Edinburghs zwei Gesichter entdeckt man bei einem Spaziergang durch die Princes Street Gardens unterhalb der Burg: Auf der Ostseite liegt die Old Town mit ihren steilen mittelalterlichen Gassen rund um die Royal Mile, gen Norden die georgianische New Town, die im 18. Jahrhundert geradlinig und rechtwinklig auf dem Reißbrett geplant wurde.

Pub-Freunde kommen in Edinburgh voll auf ihre Kosten, und nicht zuletzt bietet Schottlands Schöne hervorragende Kunstmuseen, wie die National Gallery of Scotland. Von Frühjahr bis Herbst ist Edinburgh zudem im Festival-Fieber: Millionen Besucher lassen sich alljährlich vom Reigen der Feste verzaubern: Vom Edinburgh Festival, über das Imaginate Festival für Kinder und Jugendliche im Mai bis zum Edinburgh Mela im September, das mit World Music and Dance begeistert.

Von der Industrie zur Kultur. Zugegeben, die Versuchung ist groß, von Edinburgh aus gleich auf der Autobahn gen Westen zu rollen. Um aber einen ersten Eindruck von den Lowlands, dem südschottischen Flachland, zu gewinnen, eignet sich die parallel verlaufende Straße viel besser. Vor dem Autofenster entfaltet sich ein Landwirtschaftspanorama: Kühe grasen, Hütehunde toben herum, und die Bauern sind mit hochbeladenen Wagen zwischen Feld und Scheune unterwegs.

So eingestimmt, erreicht man Glasgow, mit rund 600 000 Einwohnern größer als die Kapitale Edinburgh. Lange Zeit eine Art industrielles Aschenputtel, hat die Stadt am Clyde eine erstaunliche Wandlung vollzogen und ist heute ein Zentrum für Ausstellungen und moderne Kunst. Der einfachste Weg in die City führt über den Stadtautobahnabschnitt der M8; dort kann man den Wagen auf einem Parkdeck abstellen und den öffentlichen Nahverkehr nutzen. Wunderbar zu Fuß erkunden lassen sich die innerstädtische Sauchiehall Street und die Merchant City. Dieses alte Warenhausviertel ist unter Wahrung seines äußeren Charakters in ein sehr schickes Einkaufs, Wohn- und Kunstzentrum umgewandelt worden. Glasgows Kulturleben sprüht aber nicht nur hier vor Lebendigkeit. Auf einem soliden Fundament aus Tradition und Kunstverständnis, geschaffen etwa durch die überragende Burrell Collection, eine namhafte Sammlung, die rund 8000 Exponate der unterschiedlichsten Epochen und Kunstgattungen umfasst,

hat sich in der Stadt eine unverwechselbare junge Szene etabliert. Unter den fantastischen Museen der Stadt sind zwei unbedingt sehenswert: Art Gallery and Museum und Museum of Transport. Beide liegen nah beieinander im westlichen Stadtteil Kelvingrove. Die Kunstgalerie und das ihr angeschlossene Museum sind in einem imposanten Gebäude untergebracht und zum Verlaufen groß, die Vorzüge des Transportmuseums liegen in der spannenden Aufbereitung des Themas in all seinen Facetten.

Eine »noble« Wasserfläche. Glasgow verdient ein bisschen Zeit, einplanen sollte man mindestens zwei Tage, dann aber geht es auf der A82 nach Norden. Es dauert kaum eine Stunde, bis rechter Hand etliche Parkplätze zur Rast am größten britischen Binnensee, dem Loch Lomond, einladen. Für einen Zwischenstopp viel besser geeignet ist aber das hübsche Örtchen Luss, das mit seinen traditionellen Gehöften sogar schon als Filmkulisse gedient hat. Nach einem Blick auf den knapp 1000 Meter hohen Ben Lomond biegt man bei Arrochar auf die schon etwas ruhigere A83 ab. Sie windet sich zwischen Wasser und Fels hindurch bis

Point of Stoer: Ein Leuchtturm weist den Schiffen ihren Weg. (oben)

Das eine ist ohne das andere kaum denkbar: Zu einem »richtigen« Dudelsackspieler gehört einfach ein Kilt. (unten)

Diente als Kulisse für den Film »Highlander«: das Bilderbuchschloss Eilean Donan Castle. (links)

Stilvoll: der Glasgower Pub
»The Counting House«
(oben)
Reifetest bei Old Bushmills,
Nordirland (Mitte)
Die Art Gallery and Museum
im Stadtteil Kelvingrove hat
eine einzigartige Kunstsammlung. (unten)
Vom »eigentümlichen Zau-
ber« des Loch Leven war
schon Theodor Fontane auf
seiner Schottlandreise begeistert. (rechts)

Inveraray. Das winzige Städtchen entstand im 18. Jahrhundert als Reißbrettsiedlung und hat sich zu einem beliebten Ausflugs-ziel entwickelt. Und in der Tat – außer dem sehenswerten Gesamterscheinungs-bild locken noch etliche Attraktionen Besu-cher an. Da sind beispielsweise das etwas abgelegene Inveraray Castle sowie das Maritime Museum. Es präsentiert mit der »Arctic Penguin« einen alten Dreimast-schoner, der zu den weltweit letzten Schif-fen mit Metallrumpf zählt, die noch fahr-tüchtig sind. Ein ganz besonderer Publikumsmagnet aber ist Inveraray Jail: In dem restaurierten Gefängnis kann man zwischen lebensechten Puppen Platz neh-men, die, mechanisch angetrieben, in einer nachgestellten Gerichtsverhandlung heftig miteinander streiten. Auch lamen-tiert ein Gefangener in einer Originalzelle lautstark über sein Schicksal. Wer mag, kann sich hier selbst hinter Gitter begeben und fotografieren lassen. Der Aufenthalt in dem alten Gefängnis ist ein wirklich kurz-weiliger Zeitvertreib. Das gilt vor allem, wenn schlechtes Wetter ist. Und in Invera-ray regnet es oft, sehr oft sogar …

Prähistorische Entdeckungen. Nach Süd-westen geht es weiter. Die Strecke folgt dem an dieser Stelle tief ins Land einge-schnittenen Loch Fyne. Links der Straße bieten sich immer wieder schöne Blicke über das Wasser. Kurz hinter Lochgilphead biegt man nach rechts ab. Die A816 durch-quert in vielen Windungen und reichli-chem Auf und Ab das bedeutendste ur- und frühgeschichtliche Ausgrabungsgebiet Schottlands. Jahrtausendealte Kammergrä-ber und geheimnisvolle Reliefzeichnungen finden sich hier.

Das Kolosseum von Oban. Dieses verwun-schene Reich verlässt man erst in Oban wieder. Der viktorianisch geprägte Fischer-ort ist eines der Tore zu den Hebriden. Von seinem Hafen aus steuern vollbela-dene Fährschiffe alle nur denkbaren Rich-tungen an. In dem heiteren Städtchen selbst fällt hoch über dem Ort vor allem

eine Nachbildung des römischen Kolosse-ums seltsam ins Auge. Diese architektoni-sche Narretei wird nach ihrem Bauherrn, einem wohlhabenden Bankier, McCaig's Tower genannt. McCaig habe, so heißt es, mit dem Bauwerk seiner Familie ein Denkmal setzen und gleichzeitig die vielen Arbeitslosen des Ortes beschäftigen wol-len. Leider starb der gute Mann vor der Fertigstellung, und so ist das Kuriosum heute vor allem wegen der schönen Aus-sicht hinüber zu den Inseln beliebt.

Ausflug auf den Gipfel. An den Ausläufern der Grampian Mountains vorbei führt der Weg nach Norden nun in die Highlands, das schottische Hochland, und diese könn-ten sich kaum eindrucksvoller ankündigen als durch den schneebekrönten Gipfel des Ben Nevis. »The Ben« ist ein majestäti-scher Klotz von 1340 Metern und damit der höchste seiner Art in Großbritannien. Wie eine Bühnenkulisse erhebt er sich über den schmalen Straßen von Fort Wil-liam. Die kleine Stadt schmiegt sich auf der einen Seite noch ans Ufer des Loch Linnhe, während sie auf der anderen bereits ganz dem Gipfel huldigt. Über die Geschichte der Region informiert das West

Highland Museum, es ist sozusagen für das theoretische Rüstzeug zuständig. Die Praxis folgt jedoch auf dem Fuß, was in diesem Fall wörtlich zu nehmen ist: Einige Kilometer hinter der Ortsausfahrt sollte man das Auto parken und sich für eine Weile auf seine natürlichen Fortbewegungsmittel besinnen: Auf langgestreckten Zickzackpfaden beginnen die verschiedenen Klettertouren hinauf auf den Ben Nevis – natürlich mit dem entsprechenden Schuhwerk, wetterfester Kleidung und guter Kondition. Begleitet vom Blöken verlorener Schafe lässt man Schritt für Schritt die Zivilisation hinter sich, um nach etlichen Stunden oben auf dem Gipfel für alle Mühen belohnt zu werden: Zu Füßen breitet sich nichts als wildes Schottland aus, durchsetzt mit Nebelfetzen und fernen Seestücken, und ein Gefühl von Ungebundenheit und Frieden stellt sich ein.

Den Naturgewalten trotzend.

Wie eng wirkt doch im Vergleich dazu die nächste Station am Endpunkt der Stichstraße 830: Zwischen Granitblöcke gezwängt ist Mallaig der Umschlagplatz für alle Besucher und alle Güter, deren Ziel die Isle of Skye ist. Die Ankunft des Fährschiffes kündigen schon von weitem kreischende Möwen an, und es wird Zeit, die kleine Meeresausstellung Marine World zu verlassen und sich am Anleger einzufinden. Eine halbe Stunde tuckert die Fähre wacker gegen die Wellen an, bis sie in Armadale einläuft. Dies ist ein Ort, der den Charakter der Insel sofort sinnfällig offenbart: Schroffes Gestein, moosig-feuchte Ebenen und ausgefranstes Kleingestrüpp bestimmen das Bild. Was immer sich hier hält – ob Mensch, Tier oder Pflanze – muss in erster Linie störrisch sein. Anders ließe sich den Unbilden der Natur, dem Sturm und dem häufig fast waagerecht hereindreschenden Regen kaum widerstehen. Der raue Vorposten Schottlands hat seinen eigenen herben Reiz, der in der Saison zahlreiche Touristen anlockt. Skye gehört zu den bedeutenden keltischen Kulturgebieten, noch fast jeder zweite Bewohner spricht hier die alte Sprache Scots Gaelic, die mit dem Englischen absolut nichts gemein hat. Generell gilt auf Skye, dass das Lebenstempo stark von der Natur und ihren Gewalten beeinflusst wird und die Uhren einfach ein bisschen langsamer gehen als anderswo.

Auf kurviger Küstenstraße.

Vielleicht war das Ausgesetztsein der Insel auch einer der Gründe dafür, sie irgendwann doch mit einer Brücke anzubinden. Über sie gelangt man bei Kyle of Lochalsh wieder zurück aufs Hauptland – von Festland lässt sich hier ja nicht sprechen. Bis zum nächsten Etappenziel sind es von dort aus nur 90 Kilometer Luftlinie, aber die Straße muss sich einmal mehr dem gezackten Verlauf der Küstenlinie beugen, so dass sie gut das Dreifache an Kilometern für die Distanz benötigt. Dafür umkurvt sie auf dem Weg nach Gairloch wundervoll einsame Buchten mit weißen Stränden und bizarren Sandsteinfelsen, auch lassen sich Dutzende von Leuchttürmen zählen. Für schwache Mägen ist die Fahrt mitunter keine so große Wonne, wohl aber für die Augen, die sich kaum sattsehen können. Erst das hübsche Fischerdorf Ullapool markiert dann wieder so etwas wie ein Zentrum im Nordwesten und wartet mit allem auf, was man am Ende einer ausgedehnten Tagesreise benötigen könnte: mit Tankstelle und Supermarkt, mit Postamt, Wäscherei und gemütlichen Pensionen. Von August bis in den November hinein dauert die Makrelen- und Heringssaison, während der es in Ullapool besonders lebhaft zugeht. Noch immer zählt der malerisch am Nordufer des Loch Broom gelegene Ort mit seinen weißen Häuschen zu den wichtigsten Fischereihäfen des Landes. Auch verkehrt von hier aus eine Fähre hinüber zur Insel Lewis.

Einsamer Norden.

Die Gefilde entlang der A 835/838 bis zur Nordküste zeigen sich gleichermaßen reizvoll wie menschenleer – wobei das eine mit dem anderen für stressgeplagte Stadtmenschen ja durchaus zusam-

Edinburgh: Die Old Town liegt südlich des Boulevards Princes Street. (oben)
Imposant ist die Eisenbahnbrücke über den Firth of Fourth. (Mitte)
Hoch im Norden: enge Straßen durch karge Landschaft. (unten)

Gut zu wissen

Hinweise: Im August ist Edinburgh zum Höhepunkt der Festivalsaison ziemlich überlaufen, Unterkünfte sollte man auf jeden Fall vorab buchen.
www.edinburghfestivalcity.com, www.glasgow.gov.uk

menhängt. Seltene Seevögel sind jetzt oft die einzigen Begleiter, manchmal ruht sich auch eine Kuh einfach mitten auf der Straße aus. Geografisch gesehen ist hier bereits fast die Höhe von Oslo erreicht – die Luft ist entsprechend frisch. Auch im Hochsommer kommt daher in einem Seeort wie Durness der Pullover häufig zum Einsatz. Fehlen darf er auch nicht, wenn man die größte Attraktion der Gegend besichtigen will: Smoo Cave. Das Meer hat diese Höhle nach und nach in den Kalkstein gespült. Ihr Inneres lässt sich per Schlauchboot erkunden, was recht abenteuerlich ist. Die prächtig illuminierten Wände der Felsgewölbe und ein durch die Höhlendecke herabstürzender Wasserfall entschädigen dafür aber voll und ganz.

Etwa 80 Kilometer weiter im Osten treffen unweit von Thurso Atlantik und Nordsee aufeinander, und mitten in diesen oft turbulenten Wassern liegen die Orkney-Inseln. Die Route führt jedoch von Durness aus mitten durch die Einsamkeit der nördlichen Highlands wieder gen Süden. Irgendwann und ganz allmählich wird der Verkehr dichter. Nach der Abgeschiedenheit des Hochlands spürt man diese Veränderung besonders intensiv. Sogar einen Zipfel Autobahn nimmt der Wagen noch unter die Räder, bevor er wieder in eine »richtige« Stadt hineinrollt.

Von Delfinen ... Inverness, die Drehscheibe des Nordens, befindet sich genau dort, wo der Fluss Ness in den weiten Moray Firth mündet. Das ist ein sehr reizvoller Anblick, doch diese strategisch bedeutsame Lage hat der Stadt in ihrer Geschichte immer wieder Angriffe und Brandschatzungen eingetragen. Es überrascht also kaum, dass eine Festung, Inverness Castle, den Ort überragt. So wie man sie heute sieht, entstammt sie zwar dem 19. Jahrhundert, doch steht die Burg auf den Fundamenten älterer Befestigungsanlagen, die sämtlich zerstört wurden. In den Gemäuern erinnert heute eine Ausstellung an jene martialischen Zeiten. Im Sommer gibt es sogar ein historisches Theaterspektakel, bei

dem Schauspieler das Soldatenleben des 18. Jahrhunderts nachstellen. Der Höhepunkt eines Besuches in Inverness ist jedoch das Dolphin Spotting. Es ist kaum zu glauben, aber vor der Küste lebt eine etwa hundert Tiere umfassende Herde von Flaschennasendelfinen. Die größten Exemplare sind bis zu vier Meter lang. Man kann den erstaunlich zahmen Meeressäugern beim heiteren Spiel mit ihren Artgenossen zusehen. Am besten dazu geeignet ist die Kessock Bridge, knapp zwei Kilometer nördlich der Stadt. Dort befindet sich auch ein »Horchposten« der Universität Aberdeen, wo es möglich ist, den Gesängen der Tiere per Hydrophon zu lauschen.

... und Ungeheuern. Ob intensives Hinhören oder genaues Hinsehen im Weiteren helfen, muss dahingestellt bleiben. In jedem Fall regt Loch Ness die Phantasie an, und selbst der abgeklärteste Reisende ertappt sich irgendwann dabei, dass er nach dem legendären Seeungeheuer Nessie Ausschau hält. Um Vorstellungskraft und schöne Landschaftseindrücke zu verbinden, wählt man am besten die südöstlich vorbeiführenden Nebenstraßen B862 und B852. Von dort aus eröffnet sich der Blick auf die geheimnisvolle Schwärze des stellenweise über 300 Meter tiefen Sees aus leicht erhöhter Warte. Die Berge des gegenüberliegenden Ufers spiegeln sich im Wasser, und nichts erinnert hier an den wilden Nessie-Rummel, der drüben bei Drumnadrochit veranstaltet wird – mit etlichen Monsterausstellungen, Bootsverbänden und diversen Pappungeheuern. Friedlich und ungestört legt man die 35 Kilometer zurück, die Loch Ness der Länge nach misst, es sei denn, jemand meint, er habe zwischen den Wellen gerade etwas Merkwürdiges aufblitzen sehen ...

Wo Schottlands Herz schlägt. Mit den Gedanken noch bei Nessie geht es weiter ins wasserreiche Tal Glen More. Bei Spean Bridge leitet eine bergige Strecke den Wagen durch die Grampian Mountains hinüber zur altbekannten A9, die ihrer-

»Backpiper« im berühmten Glen Coe östlich des Loch Linnhe (oben)
Kräftemessen nach schottischer Art (unten)

seits über zahlreiche Pässe wieder zu Tal führt. Mit der 45 000-Einwohner-Stadt Stirling wartet ein weiterer Leckerbissen. Also: Rasch die Parkuhr gefüttert, und los geht's. Stirling, dessen Münzprägestätte einst dem britischen Pfund seinen Namenszusatz gab, wird gern als Klein-Edinburgh bezeichnet. Für die Stirlinger selbst ist ihre Stadt aber nichts anderes als das »Herz Schottlands«. Die kopfsteingepflasterten Gassen sind winklig verschachtelt und ideal, um sich einfach ein bisschen treiben zu lassen. Wie von selbst gelangt man auf diese Weise in das Viertel Old Town, in dem die Zeit im 16. Jahrhundert stehengeblieben zu sein scheint.

Auf den Spuren Maria Stuarts. Die Schritte erzeugen einen Widerhall, und zur vollen Stunde dröhnt mächtig die Glocke der Church of the Holy Rude. In diesem Gotteshaus wurde, neun Monate alt, 1543 Maria Stuart zur Königin von Schottland gekrönt. Sowohl sie als auch ihr Sohn verbrachten auf Stirling Castle ihre Kindheit. Gibt man sich der Atmosphäre ein wenig hin, so stellt sich nach einer Weile das Gefühl ein, alles atme hier Geschichte. Was hat Maria Stuart seinerzeit gesehen? Ist auch sie den ringförmigen Back Walk entlanggegangen, der hoch hinauf zur Burg auf den Felsen führt? Hat auch ihr Blick dort geruht, wo sich das abfallende Land am Horizont in einer Meeresbucht verliert? Dort soll diese Rundfahrt enden.

Eine wahre Meisterleistung. Weniger als eine Stunde ist man noch unterwegs, bis sich Edinburgh wieder zeigt. Doch vor der Rückkehr dorthin zieht noch etwas anderes alle Aufmerksamkeit auf sich: die markante, 2,5 Kilometer lange Eisenbahnbrücke Forth Rail Bridge, die seit 1890 über den Firth of Forth führt. Bei diesem technischen Wunderwerk kam erstmals das alte Prinzip der Hängebrücke für den schwergewichtigen Eisenbahnverkehr zur Anwendung. Während des Baus starben 58 Arbeiter, mehr als 50 000 Tonnen Stahl wurden verbraucht, und bis die ganze Brücke einmal komplett neu gestrichen ist, dauert es auch seine Zeit. Doch abgesehen von den blanken Zahlen: Die imposante Forth Rail Bridge ist in ihrer kraftvollen Ruhe zugleich ein symbolträchtiger Abschied: Schottland – »Beannachd leat«, Segen sei mit dir.
Nun führt der Weg auf A74, M6, M40 und A 34 nach Portsmouth ganz im Süden, wo es mit der Fähre nach Le Havre weitergeht.

Aus Loch Tummel bei Pitlochry lugen kleine Inseln hervor. (oben)
Hält sich für die geographische Mitte Schottlands: Pitlochry. (unten)
Am Fuß der Highlands inmitten herrlicher Natur liegt das »Gleneagles Hotel« mit seinen weltbekannten Golfplätzen. (links)

In Normandie und Bretagne unterwegs

 1408 Kilometer

Schroffe Felsen, das Rauschen des Meeres, tobender Sturm – an Frankreichs zerklüfteter Nordwestküste walten die Kräfte der Urzeit. Hier ist der Horizont weit über der fruchtbaren Ebene, hängt der Himmel tief über den heidebewachsenen baumlosen Hügeln. Die melancholische Landschaft bleibt unvergesslich, endlose Sandstrände locken immer wieder ins Land der Menhire und Dolmen.

Trotz wissenschaftlicher Deutungen werden Dolmen und Menhire ihre geheimnisvolle Aura nie verlieren. (oben) In ihrer reich bestickten, mit Spitzen geschmückten Landestracht feiert diese junge Bretonin beim Festival der Kelten in Lorient. (unten)

Die Fähre zurück zum Kontinent legt in Portsmouth nachts ab und kommt praktischerweise am nächsten Tag frühmorgens an. Vor allem an den Sommerwochenenden ist man auf diese Weise vor dem großen Run der Pariser an Ort und Stelle, die allzu häufig bereits im Stau Richtung Meer stecken. Die Küsten der Normandie sind die »Badewanne« der Pariser, hierher zieht es die Menschen am Wochenende in Massen zum Baden, Faulenzen und Entspannen. Aber natürlich ist Baden nicht das einzige, was an den Atlantik lockt, denn hier gibt es wahrlich viel Natur und Kunst zu entdecken.

Der Meereshafen. »La Porte Océane« wird Le Havre auch respektvoll genannt, immerhin besitzt die Stadt Frankreichs größten Hafen nach dem von Marseille. Die rund 170 000 Einwohner zählende Stadt an der Seine-Mündung war nach dem Zweiten Weltkrieg fast komplett zerstört und wurde danach im Reißbrettmuster wieder aufgebaut. Modern, aber nüchtern plante sie der federführende Architekt Auguste Perret, ein Schüler Le Corbusiers. Seit 2005 gehört der neu errichtete Stadtkern mit seinen breiten Boulevards, charakteristischen farbigen Betonbauten und der dominanten Kirche St. Joseph als eines der wenigen architektonischen Ensembles des 20. Jahrhunderts zum UNESCO-Welterbe.

Die Stadt mag neu erbaut sein, von ihrem Hafen lebt sie im Wesentlichen jedoch schon seit Jahrhunderten. Hier starten die Fähren nach England und Irland, und die Passagierschiffe brechen zu ihren Reisen in ferne Länder auf. Wer sich für Kais und Kräne, gewaltige Pötte und den Duft der großen weiten Welt interessiert, wird sicher eine Hafenrundfahrt machen. Danach geht die Fahrt weiter über die gut zwei Kilometer lange Schrägseilbrücke Pont de Normandie, auf der man in 215 Metern Höhe über die Seine-Mündung von Le Havre nach Honfleur an der Côte Fleurie rollt.

An der Blumenküste. Und die Küste hält, was ihr lieblicher Name verspricht: Berühmte Maler des 19. Jahrhunderts schätzten ihre Reize und lebten zwischen Honfleur und Deauville. Hier ist die mondänste Ecke der Normandie, und so statten zwar viele Deauville oder Trouville, den Bädern aus der »Belle Époque«, einen Besuch ab, kommen aber eigentlich wegen der Küstenstraße. Die D513 und die »Route de la Corniche« (D163) bieten grandiose Ausblicke auf das Meer und präsentieren auf der anderen Seite das typisch nordfranzösische Landleben: Bauernhöfe mit fruchtbaren Feldern und Obstplantagen, soweit das Auge reicht. Um genau zu sein, handelt es sich um Apfelbäume, aus deren Früchten Cidre und Calvados produziert werden. Was liegt also näher, als Caen, der Hauptstadt des Département Calvados, einen Besuch abzustatten? Die Industriestadt hatte sehr unter dem Bombenhagel und den Zerstörungen des Krieges gelitten, wurde aber rasch wieder aufgebaut und fand zu neuer wirtschaftlicher Blüte. Cidre und Calvados nehmen ihren Weg zu den Endverbrauchern über den 1855 gebauten Caen-Kanal, die direkte Verbindung mit dem zwölf Kilometer entfernten Ärmelkanal. Der Blick von der Festungsanlage aus dem 11. Jahrhundert auf die Dächer lässt erahnen, wie die Altstadt vor dem Krieg ausgesehen haben mag. Zu verdanken hat Caen die Festung Wilhelm dem Eroberer und seiner Gemahlin Mathilde, die der Stadt auch zwei Abteien schenkten. Nicht wenige halten es für ein Wunder, dass sowohl die romanische Abteikirche La Trinité als auch die romanisch-normannische Abtei Saint-Etienne aus dem Jahr 1066 von den verheerenden Bomben des Zweiten Weltkriegs verschont geblieben sind.

Der Teppich von Bayeux. Eine halbe Autostunde westlich von Caen wären in Bayeux alleine schon die romantische Altstadt mit ihren zum Teil 400 Jahren alten Bürger-

häusern und die normannisch-gotische Kathedrale Notre-Dame aus dem 11. Jahrhundert einen Besuch wert. Aber die Stadt hat etwas viel Wertvolleres zu bieten: den Wandteppich der Königin Mathilde – ein unglaubliches Meisterwerk, auf das man sich durchaus mit der audiovisuellen Einführung vorbereiten sollte. Erst dann sind die 58 Szenen zu verstehen, die auf einer Gesamtlänge von 70 Metern in lateinischer Sprache die Vorbereitungen und die Eroberung Englands durch die Normannen im Jahre 1066 schildern.

Vor langer Zeit war Cotentin eine Insel, heute ragt das Stückchen Land als eine Halbinsel neugierig in den Ärmelkanal. Mit der Steilküste im Westen, einsamen Stränden und der Landwirtschaft im Landesinnern erinnert Cotentin ein wenig an die Bretagne. Ein besonderes Schmuckstück ist der Hafenort Barfleur, von wo aus Wilhelm der Eroberer und Richard Löwenherz nach England aufbrachen. Die Hafenstadt Cherbourg könnte ein weiteres Ziel sein, aber wenn man schon auf kleinen Départemental-Straßen unterwegs ist, frische Landluft und salzige Meeresbrise schnuppert und Natur pur genießen darf – warum sollte man dann eigentlich eine Stadt besuchen? Ein Zimmer auf einem

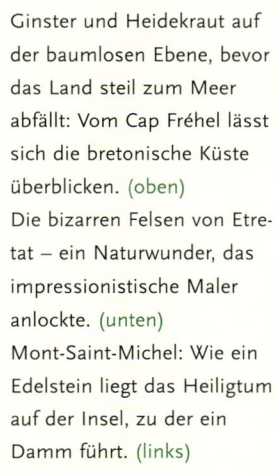

Ginster und Heidekraut auf der baumlosen Ebene, bevor das Land steil zum Meer abfällt: Vom Cap Fréhel lässt sich die bretonische Küste überblicken. (oben)
Die bizarren Felsen von Etretat – ein Naturwunder, das impressionistische Maler anlockte. (unten)
Mont-Saint-Michel: Wie ein Edelstein liegt das Heiligtum auf der Insel, zu der ein Damm führt. (links)

Morgendlicher Ausflug zum
Bäcker in der Bretagne (oben)
Im sanften Licht der Bretagne:
Vannes (Mitte)
Verschwenderische Pracht
herrscht in der Passage de la
Pommeraye von Nantes.
(unten)
Schloss Chenonceaux – das
lieblichste und am schönsten
gelegene der Loire-Schlösser.
(rechts)

abgelegenen »Mas«, einem Bauernhof, oder in einem der »Gîtes d'Etappe« kommt dem Genuss dieser rauen Landschaft wesentlich mehr entgegen.

Mont-Saint-Michel – la Merveille. Dagegen ist ein Ausflug zum von Wellen umspülten Cap de la Hague und zu den Klippen von Nez de Jobourg aufgrund der atemberaubenden Aussicht Pflicht. Hier grandiose Natur, dort gewagtes Menschenwerk: Auf der Fahrt nach Süden kommt man unweigerlich an den Schloten und Bunkern der Wiederaufbereitungsanlage von La Hague vorbei. Die alte Bischofsstadt Coutances bietet sich für einen Stopp auf der dramatischen Fahrt entlang der Steilküste an. Eines der Highlights dieser Rundreise, das Besucher aus aller Welt anlockt, ist nun fast zum Greifen nah: der Mont-Saint-Michel. Im Sommer merkt man schon auf der Zufahrt zum meerumschlungenen Berg, dass man es mit einem Touristenmagneten zu tun hat. Man wird sich den Massen anschließen müssen, um während der einstündigen Führung Einblick in die Abtei zu bekommen, deren erste Kapelle schon um 706 geweiht wurde. Der Großteil der wunder-

baren gotischen Bauwerke wurde Anfang des 13. Jahrhunderts errichtet.

Stolze Freiheit. Man ist nun im Land der »Bro Gozh ma Zadou« – so lautet der Titel der bretonischen Nationalhymne. Die Bretonen verweisen gerne darauf, dass sie über Jahrhunderte eigenständig und frei waren. Erst 1532 kam die Halbinsel unter François I an die französische Krone, behielt aber bis zur Französischen Revolution viele Sonderrechte und ein eigenes Parlament. Den alten Bretonen mangelte es nicht an Freiheitsdrang. Bester Beweis dafür ist Saint-Malo, dessen Altstadt sich auch heute noch wie eine gewaltige Seefestung gibt. Von hier stachen sowohl Piraten als auch Entdecker in See, darunter Jacques Cartier, der 1534 als erster den St.-Lorenz-Strom hinauf segelte. Außer der Wallanlage hat nichts dem schrecklichen Bombenhagel im Zweiten Weltkrieg standgehalten. Fast jedes Haus und jede Mauer wurde danach detailgetreu wieder aufgebaut, und so lohnt es sich auf jeden Fall, einen faulen Strandtag im Schatten der alten Mauern einzulegen. Auch auf der Fahrt weiter in Richtung Westen gibt es ja Strände in Hülle und Fülle, vorausge-

setzt natürlich, man nimmt den Umweg in Kauf und fährt statt über die N12 über die kleinen Sträßchen am Meer entlang nach Saint-Brieuc.

Côte de Granit Rose heißt der nun folgende Küstenabschnitt. Hier stand einst ein bis zu 4000 Meter hohes Granitgebirge, das in sechzig Millionen Jahren bis auf 400 Meter abgeschliffen wurde, zudem sticht hier der Granit noch mehr ins Auge als anderswo in der felsigen Bretagne. Wind und Wellen haben aus den rosa Steinen seltsame Geschöpfe und Muster geformt. Diese Küste verläuft bis Morlaix, wo ebenfalls Steine im Mittelpunkt stehen, allerdings fein gemeißelt und von Menschenhand im späten 19. Jahrhundert zu einem 58 Meter hohen und fast 300 Meter langen Eisenbahn-Viadukt zusammengefügt. Durch die Anbindung an den Ärmelkanal war Morlaix immer schon eine florierende Handelsstadt.

Im Westen der Bretagne ist der Weg das Ziel. Deshalb reizt es, nicht den direkten Weg über die Nationalstraße nach Brest zu nehmen, sondern in Saint-Thégonnec den Bildstock – oder »Calvaire« über den heiligen Thégonnec zu bewundern oder an der Küste entlang das Land zu erforschen. Saint-Pol-de-Léon im fruchtbaren Pays de Léon zum Beispiel. Hier wachsen die größten Artischocken, der beste Blumenkohl und die feinsten Schalotten von ganz Frankreich, und mit dem Glockenturm der Chapelle du Kreisker besitzt die ehemalige Bischofsstadt ein Symbol von nationalem Rang. Kleine Orte schmiegen sich an der Côte des Abers schützend in die Buchten, und überall eröffnen sich grandiose Ausblicke über die Felsenküste und die Gischt der See. Wem das noch nicht reicht, der kann in Le Conquet mit dem Boot zur Ile d'Ouessant übersetzen, an der Steilküste spazieren und die zahllosen Seevögel in den Felsen beobachten.

Vielleicht stattet man auch dem Musée de la Marine in Brest oder den Meeresforschern im Océanopolis einen Besuch ab. Wild, zerklüftet, eben typisch bretonisch gibt sich anschließend die Halbinsel Cro-

zon mit der Steilküste rund um das Cap de la Chèvre und die Pointe de Penhir. Dazwischen liegen die Seebäder Morgat, Camaret-sur-Mer und Roscanvel. Reizvoller als Brest präsentiert sich die lebendige Stadt Quimper, wo Odet und Steir zusammenfließen (bretonisch: kemper). Fachwerkhäuser zieren die Altstadt, und über allem thronen die beiden Türme der Cathédrale de Saint-Corentin. Die Hauptstadt des Finistère ist berühmt für ihre Fayencen. Während in Quimper filigrane Kunst für den Lebensunterhalt sorgt, muss in Concarneau für das tägliche Brot hart zugepackt werden: Die kleine Stadt ist der drittgrößte Fischereihafen Frankreichs – und ist mit ihrer wunderbar erhaltenen, fast ganz von Wasser umgebenen Altstadt ein Besuchermagnet.

An der Côte Sauvage. Über die Hafenstadt Lorient, die ihren Namen der Ostindienkompanie aus dem 17. Jahrhundert verdankt, geht es weiter nach Quiberon. Es ist der Gegensatz zwischen der Côte Sauvage, der wilden Felsenküste, und den sanften, anmutigen Stränden in der Baie de Quiberon, der die acht Kilometer lange Halbinsel zu einem der meistbesuchten Flecken der Bretagne macht. Auch die einstündige Überfahrt zur Belle-Ile sollte man in Kauf nehmen, und wenn die Schifffahrt doch etwas rau gewesen sein sollte, kann man sich anschließend am 1800 Meter langen Sandstrand der »schönen Insel« wieder ausruhen. Bevor man schließlich in Vannes die hübschen Fachwerkhäuser erkundet, schaut man sich bei Carnac noch die beeindruckenden Reihen der rund 3000 mächtigen Menhire und die geheimnisvollen Dolmen aus der Steinzeit an, die teils schon vor rund 6500 Jahren aufgestellt wurden. Die Reise durch die Bretagne geht dann an der Côte d'Amour, der »Liebesküste«, zu Ende – in Nantes mit dem herrlichen Schloss an der Loire und der schönen gotischen Kathedrale haben wir die Bretagne schon verlassen. Über Orléans fahren wir direkt auf der A11 und A10 nach Paris. Adieu Bretagne!

Saumur ist ein reizendes Städtchen und ein Zentrum der Kunst, aus Wein Champagnerähnliches zu machen. (oben)
Wettergegerbtes Liebespaar im Fachwerk des Maison d'Adam in Angers (unten)

Gut zu wissen

Hinweise: Ein besonderes Erlebnis ist der Fischereihafen von Concarneau am frühen Morgen, wenn bei der »Criée« der frische Fang lautstark versteigert wird.
www.lehavretourisme.com/de,
www.caen-tourisme.fr/de,
www.tourismeconcarneau.fr, www.nantes.fr

Von Paris über Straßburg nach Dijon

 795 Kilometer

Landschaftlich vielseitig ist das Land zwischen Seine, Marne, Maas und Rhein, voller Spuren wechselhafter Geschicke. Die fruchtbare Ebene der Champagne, steile Hänge in den Vogesen, romantische Flüsse, ehrwürdige Kirchen und Klöster. Schon die Römer fühlten sich wohl und gründeten Städte, genauso wie Karl der Große und die Könige nach ihm. In Frankreichs Nordosten wird Geschichte lebendig.

An den Champs-Elysées lässt sich flanieren und entspannen, bevor man sich in einen Tempel der Kauflust stürzt. (oben)
Nostalgischen Flair der Belle Époque strahlen die Métro-schilder von Paris aus. (unten)

Wie ein Magnet scheint Paris alle Straßen anzuziehen. Kein Wunder, denn im zentralistisch angelegten Frankreich ist alles auf die Hauptstadt zugeschnitten. Der kürzeste und direkte Weg ins pulsierende Leben der französischen Hauptstadt führt von Nantes über die A11 und A10. Kurz vor der französischen Metropole ist es über die N118 nicht weit nach Versailles und dessen Schloss, das in ganz Europa als Vorbild für die Prachtentfaltung absolutistischer Herrscher diente. Doch wo anfangen in Paris, dieser Stadt, die Könige wie Poeten gleichermaßen bezaubert hat? Drei Worte fand der amerikanische Schriftsteller Ernest Hemingway für die Faszination dieser Stadt: Paris, sagte er, sei ein Fest fürs Leben. Entscheidend für eine informative wie erholsame Visite ist vor allem die verfügbare Zeit, und dementsprechend sollte man sich Schwerpunkte setzen. Wohl dem, der einen guten Freund in der Stadt besucht oder auf einen anderen kenntnisreichen Reiseführer zurückgreifen kann. Der wird einen sicher am Wochenende zu einem der Flohmärkte führen, den »marchés aux puces«, denn das Angebot an echten und kuriosen Raritäten in Paris ist unschlagbar. Einige Tage – mit genügend Zeit zum Flanieren, Shoppen und einfach Treibenlassen – braucht man schon, um Frankreichs Metropole ein wenig kennenzulernen.

Kunst der Kathedralen. Sens liegt bereits im Burgund, obwohl die Stadt fast noch zum Pariser Speckgürtel gehört. Früher war hier das kirchliche Zentrum Frankreichs, davon zeugen die Kathedrale Saint-Etienne und deren Kirchenschatz. In der ersten Hälfte des 12. Jahrhunderts wurde das gotische Bauwerk begonnen, knapp drei Jahrhunderte später vollendet. Wer sich für sakrale Schätze und Reliquien interessiert, wird im kirchlichen Museum viel Freude haben. Auch das etwa eine Autostunde entfernte Troyes besitzt einen Schatz: Allein die Altstadt mit zahllosen Fachwerkhäusern in den engen, verwinkelten Gassen macht es zu einem unbedingten Reiseziel. Dabei kommen Kunstkenner und Kirchenliebhaber ins Schwärmen, denn mit den Kirchen Saint-Jean, Saint-Urbain, Sainte-Madeleine und Saint-Pierre-et-Saint-Paul besitzt die heutige Hauptstadt des Département Aube gleich vier sakrale Bauwerke, deren Anfänge bis in die Gotik zurückreichen. Vor allem die Glasmalereien aus dem 13. und 14. Jahrhundert sowie die mit spitzen Türmchen verzierte Fassade von Saint-Urbain und die Fensterrose in Saint- Pierre-et-Saint-Paul faszinieren die Besucher. Wen nach kulinarischen Künsten dürstet, der ist in einem der romantischen Restaurants im Vieux Quartier, der bezaubernden Altstadt, gut aufgehoben.

Welt der Fabeln. Bei Château-Thierry, leicht nordwestlich gelegen, erreicht man nach grüner Strecke durch fruchtbares landwirtschaftliches Gebiet die Autoroute 4. Bevor man dort gen Osten rollt, lockt in dem Städtchen in der Picardie ein Besuch des Museums über Jean de La Fontaine, der hier 1621 geboren wurde. Die bildhaften Tierfabeln des meisterlichen Erzählers und spöttischen Beobachters haben alle Epochen überlebt, und neben Gegenständen aus seiner Zeit werden natürlich in dem Museum auch einige seiner Fabelwesen zum Leben erweckt.

Wirtschaftlich und industriell hat sich Lothringen lange Zeit von den Bodenschätzen abhängig gemacht, über Jahrzehnte florierte die Kohle- und Eisenerzindustrie, bis ein weltweiter Preisverfall dem französischen Revier zu schaffen machte. Heute stützt sich Lothringen mehr auf seine landschaftlichen Stärken, in den Vogesen mit grünen Berggipfeln, Seen, romantischen Flüssen und reichem Freizeitangebot in den Erholungsorten.

Prickelnde Champagne. In der Champagner-Hauptstadt Reims war es weniger der prickelnde Wein (den es in seiner heutigen Beschaffenheit erst seit Ende des 17. Jahr-

hunderts gibt) als vielmehr die herrliche gotische Kathedrale Notre-Dame, die 25 Könige dazu veranlasste, sich in Reims krönen zu lassen. Die spektakulärste Krönung fand am 14. Juli 1429 statt, als Frankreichs Heldin, Jeanne d'Arc, Charles VII. begleitete. Von Reims geht es über Landstraßen in das Champagne-Örtchen Vouziers am Fluss Aisne. Von dort gelangt man über die D946 in das sanfte Bergland der Argonne mit viel Laubwald und Landwirtschaft, das die Champagne von Lothringen trennt, und weiter über die D38 nach Charny-sur-Meuse. Hier, wie in den nördlich liegenden Ardennen, tobten Schlachten während des Ersten Weltkriegs, und in keinem Ort der Region fehlt das steinerne Mahnmal für Opfer und Vaterland.

Der Inbegriff des sinnlosen Kriegsgrauens ist jedoch das benachbarte Verdun. Die rund 18 000 Einwohner zählende Stadt an der Maas hat durch die Schlacht um Verdun 1916 ein eigenes Kapitel deutsch-französischer Geschichte geschrieben. Bereits zur Zeit der Kelten war die Siedlung wohl heftig umkämpft und erhielt deswegen einen besonderen Schutz, wovon nicht zuletzt der damalige Name zeugt: Virodunum, was so viel wie »starke Festung« bedeutet. Aus jüngeren Tagen sind die

Barockbibliothek des ehemaligen Jesuitenkollegs in Reims (oben)
Die Kathedrale Notre-Dame von Reims gehört zu den Meisterwerken der Gotik. Die Rosette der Westfassade hat 12 Meter Durchmesser. (unten)
Eine atemberaubende Kulisse – Blick von der Kathedrale Notre-Dame zum Panthéon in Paris (links)

Porte Chaussée mit den zwei großen Rundtürmen und die Porte Châtel; beide Türme gehörten zur Ringmauer, die der königliche Architekt Vauban im 17. Jahrhundert erbauen ließ.

Gotisches Metz. Wirtschaftlich und industriell hat sich Lothringen lange Zeit von den Bodenschätzen abhängig gemacht, über Jahrzehnte florierte die Kohle- und Eisenerzindustrie, bis ein weltweiter Preisverfall dem französischen Revier zu schaffen machte. Heute stützt sich die Region mehr auf ihre landschaftlichen Stärken, in den Vogesen mit grünen Berggipfeln, Seen, romantischen Flüssen und reichem Freizeitangebot in den Erholungsorten. Freunde der Gotik kommen dagegen in Metz auf ihre Kosten. Es dauerte drei Jahrhunderte, ehe die Kathedrale Saint-Etienne an der Place d'Armes inmitten der malerischen Altstadt endgültig fertig war. Ihre größte Kostbarkeit sind die Glasfenster auf einer Fläche von 6500 Quadratmetern, von denen die ältesten aus dem 13. Jahrhundert und drei der neueren von Marc Chagall aus dem Jahr 1960 stammen. Schon deswegen lohnt sich ein Besuch der größten Stadt Lothringens, die schon zu Römerzeiten wegen ihrer Lage am Zusammenfluss von Moselle und Seille besiedelt war.

Königliches Nancy. Lothringens alte Hauptstadt Nancy verdankt ihre schönsten architektonischen Bauten dem ehemaligen König von Polen und letzten Herzog Lothringens, Stanislas Leszczynski. Bis zu seinem Tod 1766 ließ er bauen, was die Finanzen hergaben. Das Ergebnis ist heute noch rund um die Place Stanislas zu bewundern. Der weitläufige Platz wird von eleganten Pavillons begrenzt, in den Brasserien treffen sich die Menschen und erfüllen einen Ort mit Leben, der zusammen mit der Place de la Carrière zum UNESCO-Welterbe gehört.

Über die D2 und D68, am Canal de la Marne au Rhin entlang, ist Sarrebourg gut zu erreichen. Dort ist in der ehemaligen Franziskanerkirche ein von Marc Chagall geschaffenes Fenster zu bewundern. Und auch die deutsch-französischen Konflikte, unter denen besonders dieser Landstrich in der ersten Hälfte des 20. Jahrhunderts litt, hinterließen hier ihre Spuren. Am Ortsausgang sind auf einem Friedhof mehr als 13 000 Soldaten aus dem Ersten Weltkrieg begraben. Nicht weit entfernt beeindruckt das Dörfchen Marmoutier mit den Resten einer ehemaligen Abtei aus dem 8. Jahrhundert sowie der schönen Mauruskirche aus dem 12. und 13. Jahrhundert.

Auch Kulinarisches hat die Region zu bieten, etwa den würzigen Münsterkäse. (oben) Gesundbrunnen in den Vogesen: Die Trinkhalle von Contrexeville bezaubert durch reinen Jugendstil. (Mitte) Das pittoreske Colmar (unten) Nichts auf der Welt kann mit Dimension und verschwenderischem Prunk von Schloss Versailles konkurrieren. (rechts)

Elsässer Genüsse. Über das Städtchen Wasselonne, das schon zum Elsass gehört, erreicht man schließlich ganz im Osten Straßburg. Die Stadt an der Grenze zu Deutschland ist die Hauptstadt der Region Alsace-Champagne-Ardenne-Lorraine, die die historischen Landschaften Elsass, Champagne, Ardennen und Lothringen vereint. Genießer gehen natürlich auch im Elsass auf kulinarische Entdeckungsreise, die historische Region hat zudem für Kunst- und Architekturfreunde viel zu bieten. Liebhaber gotischer Architektur kommen bei der Erkundung des Straßburger Münsters voll auf ihre Kosten. Und natürlich werden alle, die eine Schwäche für altes Fachwerk haben, die schönen reichen Kaufmannshäuser aus dem 16. und 17. Jahrhundert bewundern. Es fällt einem richtig schwer, sich von den kleinen, verwinkelten Straßen der Altstadt mit ihren hübschen Boutiquen und reichbestückten Schlemmerläden zu verabschieden und den freundlichen Menschen Adieu zu sagen.

Liebenswürdiges Colmar. Im schönen Colmar kann man zu allen Genüssen auch Wein verkosten, denn die knapp 70 000 Einwohner zählende Stadt lebt außer vom Fremdenverkehr auch vom Weinhandel. Die Zierde der Hauptstadt des Département Haut-Rhin ist die wunderschön restaurierte Altstadt mit ihren Bürgerhäusern aus dem 16. und 17. Jahrhundert, wie die Maison Pfister in der Rue des Marchands. Der Stadtbummel sollte auf jeden Fall das Unterlinden-Museum einschließen, wo Matthias Grünewalds berühmter Isenheimer Altar aus dem Jahr 1515 zu bewundern ist. Colmar besitzt mit der Lauch zwar nur einen Fluss, aber das Attribut Klein-Venedig für das Gerber-Viertel gilt: So romantisch sich der alte Stadtkern mit seinen schiefen Fachwerkhäusern zeigt, so liebreizend gibt sich auch die Landschaft im Grenzland zwischen Rhein und Vogesen.

Vom Elsass in die Vogesen. Am schönsten ist die Strecke von Colmar nach Épinal in den Vogesen über den Fremdenverkehrs-ort Gérardmer und den 1159 Meter hohen Col de la Schlucht, der bei klarem Wetter eine fantastische Fernsicht hinunter auf die Reben der elsässischen Weinstraße und hinüber zum Schwarzwald erlaubt. Die schmucken Dörfer an der »Route des Vins d'Alsace« übertreffen sich gegenseitig an Gemütlichkeit, und wer sich für feinen Riesling oder Gewürztraminer erwärmen kann, sollte dem Angebot der Winzer folgen und eine Weinprobe machen. Épinal zählt zwar nur rund 32000 Einwohner, die Stadt und Verwaltungssitz des Département Vosges kennt in Frankreich jedoch jeder. Das liegt an den »Images d'Epinal«, jenen bunten Bilderbögen, die vor mehr als 200 Jahren für Furore sorgten, als ein Buchdrucker anfing, außer der Bibel auch Alltagsszenen und Märchen zu bebildern. Die ersten Stücke dieser Vorläufer der Comics sind im Museum von Épinal zu bewundern.

Heilendes Wasser. Wasser machte Vittel berühmt und seine gut 5000 Einwohner reich. Nahezu jeder Arbeitsplatz hängt entweder an einer der vier Mineralquellen, deren Wasser in Plastikflaschen um die Welt geht, oder am Tourismus mit seiner Bäderkultur. Golfplatz, Rennbahn und Spielcasino sorgen für Kurzweil unter vornehmlich älteren Semestern, die ihre Magen-, Leber- oder Darmleiden mit dem Heilwasser kurieren.

Römerstadt Langres. Nach Südwesten führt nun der Weg zum bergigen Plateau de Langres, der Wasserscheide zwischen Seine und Saône, wo Langres bereits wieder in der Champagne liegt. Zu römischen Zeiten war die Siedlung eine starke Festung, davon zeugen noch die Reste einer Wallanlage. Eines der sehenswerten restaurierten Tore stammt aus dem 2. Jahrhundert. Auch wegen der mittelalterlichen Befestigungsmauer und einiger gut erhaltener Renaissancebauten ist das Städtchen allemal einen Besuch wert. Von dort ist es auf der A31 nur mehr eine Stunde zum Startpunkt der nächsten Etappe, Dijon.

Einkaufsbummel durch Nancy (oben)
Genießen im Bistro »Aux Vieux Strasbourg« (unten)

Gut zu wissen

Hinweise: In Paris ist Autofahren nicht sinnvoll, für die öffentlichen Verkehrsmittel besorgt man sich am besten den mehrere Tage gültigen Touristenpass »Paris Visite«. **www.**parisinfo.com, www.strassburg.eu

Burgund und Massif Central

 477 Kilometer

Während der Hundertjährige Krieg Frankreich verwüstete, stieg Burgund zur ersten Macht Europas auf: In der Goldenen Zeit blühten die Künste, weltberühmte Maler wie Rogier van der Weyden oder die Brüder van Eyck schufen Meisterwerke für den prunkliebenden Herzogshof. Nach Südwesten wird das Land faszinierend: In der Auvergne weichen die Weinberge unverfälschter Natur.

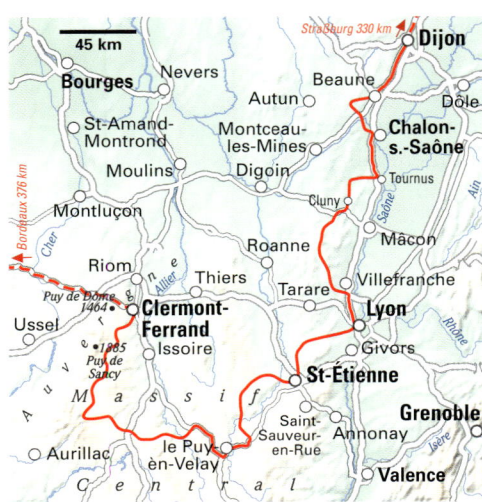

Klingender Name für einen großen Wein: Aloxe-Corton (oben)

In Dijon gibt es noch viele Spuren der großen Vergangenheit – in der historischen Altstadt und im Musée des Beaux-Arts mit seinen Kunstschätzen. (unten)

In Dijon sind wir schon mitten in Burgund. Hier wurde der historische Stadtkern mit seinen Fachwerkhäusern und anderen historischen Bauten mit großer Sachkenntnis restauriert, für Historiker und Architekturfans ist das ein einziges großes Freilichtmuseum. Man sollte sich also die Zeit nehmen und die Stadt von der Place de la Libération und dem Palais des Ducs de Bourgogne aus erkunden, dem Musée des Beaux-Arts einen Besuch abstatten und sich dann langsam auf die Suche nach einem netten Restaurant für den Abend begeben. Denn schöner kann die Reise ins Burgund und in die Auvergne kaum beginnen als mit einem stilvollen Menü in der Hauptstadt Dijon, wo Essen und Trinken mindestens so wichtig zum Leben sind wie die Luft zum Atmen. Und dann sollte man am nächsten Morgen bei einem Café au lait an der Place Rude diese einzigartige französische Stimmung der Gelassenheit einatmen.

Goldenes Burgund. Wein spielt die alles entscheidende Rolle im Burgund. Je weiter man ins Herz der Bourgogne dringt, je näher man den großen Clos kommt, den Weinen von Welt, desto geschniegelter werden die Dörfer, die Häuser sind proper und die Gärten grün und gepflegt. Wer sehen will, sieht es: Hier regiert der Wohlstand. In Beaune, seit dem 14. Jahrhundert

neben Dijon der Sitz der Herzöge von Burgund, findet er seinen wahren Ausdruck, vor allem wegen der vielen mittelalterlichen Häuser, die heute stilvoll als Weinkeller bzw. Wein-Handelshäuser genutzt werden. Touristischer Mittelpunkt ist das Hôtel-Dieu, das im 15. Jahrhundert als Kranken- und Armenhaus gebaut wurde und heute ein schönes Museum birgt. In einem Weinführer stand zu lesen, dass schon der Name Bourgogne wie ein »voller Glockenton« klinge – fürwahr eine treffliche Umschreibung. Denn keine Frage, die Tropfen der Côte d'Or sind vollmundig, edel – und teuer; ihr Genuss kann in Verbindung mit kulinarischen Freuden und entsprechenden Herbergen arg an der Urlaubskasse zehren. Am schönsten ist die Stimmung entlang der »goldenen (Wein-) Küste« im September zur Weinlese, wenn Traktoren rattern und dieser typische Duft von Gärung und Maische aus den Kellern dringt. An Motiven ist das Land mit seinen sanften Weinhängen und schlossartigen, noblen Weingütern wahrlich nicht arm. Eine hübsche Aussicht über die Weinberge bietet sich beispielsweise von der Terrasse des Schlösschens La Rochepot.

Machtvoller Glaube. Châlon-sur-Saône und seine reizende Altstadt bietet sich als Zwischenstation auf dem Weg nach Cluny an. Vor allem Fotoenthusiasten werden im

Musée de la Photographie nicht enttäuscht, denn in Châlon schuf Nicéphore Niepce am Ende des 18. Jahrhunderts die Voraussetzungen für die Fotografie. In Tournus animieren die ungleichen imposanten Glockentürme der Abteikirche Saint-Philibert zu einem Zwischenstopp. Sie gilt als das schönste Beispiel romanischer Baukunst im Burgund, und ihre Anfänge sind noch älter als die ersten Bebauungen in Cluny. Unweit der Klostermauern ist in einem Haus aus dem 17. Jahrhundert ein kleines Museum untergebracht, das auf sehr angenehme Weise das Leben im Burgund von damals bis heute dokumentiert: Die Palette reicht von Spitzen aus Cluny bis hin zu antiken Möbeln.

In der Geschichte von Cluny hingegen ging es um den wahren Glauben, die reine Lehre war den Benediktinern heilig, als sie ihre Abtei, ein »Wunder des Abendlandes«, um 910 gründeten. Gegen Ende des 11. Jahrhunderts stellte Papst Gregor VII. seinen Benediktinerkollegen diesen Freibrief aus: »Von allen jenseits der Berge zur Ehre des allmächtigen Gottes gegründeten Klöstern ist nur Cluny im eigentlichen Sinne der Sitz Petri und ein mit der römi-

schen Kirche besonders verbundener Ort.« Leider ist von der kapitalen Kirche Saint-Pierre-et-Saint-Paul nur noch ein kleiner Rest zu sehen, aber selbst dieser vermittelt einen bleibenden Eindruck von der einstigen Größe der Abtei samt der siebentürmigen Kirche.

Das Beaujolais. Südlich von Cluny macht man sich über Mâcon auf den Weg ins Beaujolais, dieser gut 50 Kilometer langen, vorwiegend aus Granit bestehenden Bergkette im Süden Burgunds, am besten auf kleinen Landstraßen, vielleicht auf Weinbergwegen, die sicher irgendwo in einem Dorf, einem Weingut oder eben einem Restaurant enden. Wer Zeit hat, sollte hier, im Land der Herren von Beaujeu, ein paar Tage verbringen. Juliénas oder Chénas, Morgon oder Fleurie – Namen von önologischem Weltruf. Es sind leichtere, süffigere, aber dennoch gehaltvolle Weine, die aus der Gamay-Traube gewonnen werden und in denen Kenner die Verspieltheit der Landschaft, den sanften Charakter der Weinberge und dieses seltsam anmutende diffuse Licht wiedererkennen. Tatsächlich schmeckt der Beaujolais frisch am besten,

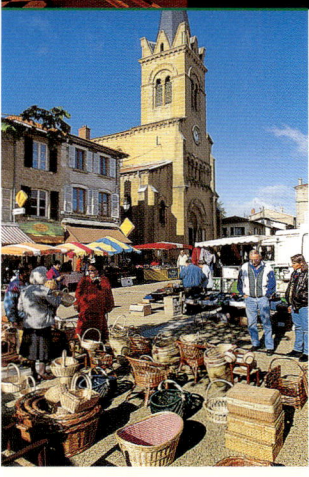

Café in Lyon (oben)
Es gibt immer etwas zu entdecken: Markttag im Beaujolais. (unten)
Die strenge asketische Schönheit romanischer Baukunst in Paray-le-Monial (links)

was die Marketingstrategen auf die Idee brachte, ein weltweites Weinfest zu feiern: Kaum hat sich der junge Wein in der Flasche beruhigt, wird er Anfang November in die ganze Welt verschickt, um als Beaujolais Primeur den Leuten den Kopf zu verdrehen. Da wird dann nicht immer der reinste Wein eingeschenkt.

Lyon – Stadt der Gourmets. So erholt, wird man bei einem Bummel durch Lyon einen Eindruck von der Geschäftsmäßigkeit der mit rund 500 000 Einwohnern drittgrößten französischen Stadt bekommen. Möglicherweise verläuft man sich dabei in den »Traboules« der Altstadt, die zum UNESCO-Welterbe gehört, und des Viertels Croix-Rousse, diesen zwischen den Häusern hindurchführenden labyrinthischen Passagen und Gängen. Einen Überblick gewinnt man, wenn man mit der Zahnradbahn auf den 170 Meter hohen Fourvière fährt, um die Stadt zwischen Rhône und Saône von oben zu bewundern. Ach ja, und da ist natürlich noch die gastronomische Exklusivität. Wie

in keiner anderen Stadt kämpfen die Küchenchefs von Lyon um Sterne und Kochmützen. Dabei kennen allerdings die Preise keine Grenze nach oben, und wer beim Dinieren mehr auf das Sattwerden achtet, sollte nach den »Bouchons« suchen, kleinen Restaurants mit pfiffigen Menüs.

In der Pilgerstadt. Über die A7 und A47 führt der Weg direkt nach Saint-Étienne ins Massif Central – die dicht bebaute Stadt ist bekannt für das Musée d'Art Moderne mit Werken von Picasso, Léger und Miró sowie als Tor zum Regionalen Naturpark Pilat. Auf kurviger Strecke durch den Naturpark erreicht man über Saint-Sauveur-en-Rue die Hauptstadt des Département Haute-Loire, Le-Puy-en-Velay. Schon von weitem ist die monumentale Madonnenstatue auf dem Rocher Corneille zu sehen. Bevor man aber auf ihrer Wendeltreppe im Innern nach oben steigt, um die herrliche Aussicht zu genießen, besichtigt man am Fuß des Felsens die mächtige Tür der berühmten Wallfahrtskirche

In der Auvergne wird das Leben genossen, wann immer es geht. (oben)
Wo mit Erfolg und Liebe zum Detail weltbester Wein gekeltert wird, gibt es immer einen Grund zum Feiern. In Burgund werden die Traditionen sorgsam gepflegt, aus denen so viel Gutes erwächst. (Mitte und unten)
Im Burgund herrscht die Farbe Grün vor – unterbrochen nur von den warmen Farbtönen der Schlösser und Dörfer, hier Berzé-le-Châtel. (rechts)

Notre-Dame aus dem 12. Jahrhundert. Etwas mystisch mutet ihr dunkler Innenraum an, es fehlen große Fenster, und die Beleuchtung scheint absichtlich spärlich gehalten zu sein. Dazu passt auch die Statue der Schwarzen Muttergottes, die Louis IX. im 13. Jahrhundert von einem seiner Kreuzzüge mitbrachte. Dieses Exemplar ist allerdings nur eine Kopie des in der Französischen Revolution verbrannten Originals; den Massen von Pilgern, die Jahr für Jahr nach Le Puy kommen, scheint dies jedoch recht zu sein. Der Ort ist eine Zwischenstation auf dem langen Pilgerweg nach Santiago de Compostela, was die Bekanntheit Le Puys über Frankreichs Grenzen hinaus förderte. Bevor man das liebenswerten Städtchen verlässt, bietet sich ein Besuch des 85 Meter hohen Vulkankegels Aiguilhe im Norden an: Zur Kapelle Saint-Michel d'Aiguilhe aus dem 10. bis 12. Jahrhundert führen 268 Stufen. Wer sich weniger für die Fresken im Innern interessiert, der sollte einfach nur den Rundblick genießen, auch auf den Rocher Corneille. Blickt man hingegen in nördlicher Richtung, hat man vor Augen, was gerne auch als die »Toskana der Auvergne« bezeichnet wird: Bis 1600 Meter hoch sind die Bergrücken der Monts du Livardois und Monts du Forez im Nordwesten, eine Mittelgebirgslandschaft aus dem Bilderbuch: Wälder, Täler, grüne Wiesen. Und mittendurch schlängeln sich die kleinen Landstraßen.

Land der Vulkane. Über Langeac, Saint-Flour und Murat gelangt man auf der Fahrt nach Condat in die Berge des Cantal. Es ist eine der größten Vulkanlandschaften Europas, die sich bis Clermont-Ferrand im Norden erstreckt: Fast achtzig tief schlummernde Vulkane sind hier versammelt, manche dieser »Puys« sind älter als 20 Millionen Jahre. Man ist hier in einem der schönsten Regionalparks Frankreichs, dem Parc Naturel Régional des Volcans d'Auvergne. Im Sommer bevölkern Wanderer die Herbergen in den Dörfern der waldarmen Region. Im Winter kann es

hier bitter kalt werden, und dann schnallen die Wanderer eben Skier unter ihre Schuhe. Wer mit dem Auto den Pas de Peyrol am kargen Vulkankegel Puy Mary entlang überwindet, der tut sich schwer mit der Vorstellung, im Herzen Europas zu sein. Mitten in dieser spektakulären Landschaft ragt der Puy de Sancy 1885 Meter auf. Auf den höchsten Gipfel dieses Monts Dore genannten Gebirgszuges – genau genommen des gesamten Massif Central – lohnt sich bei klarem Wetter die Fahrt hinauf mit der Seilbahn vom Wintersportort Super Besse auf jeden Fall. Über das Bergstädtchen Mont-Dore, wo die Dordogne entspringt, die nach einigen hundert Kilometern mäanderndem Lauf bei Bordeaux in die Garonne mündet, und Randanne schlängelt man sich zum 1465 Meter hohen Puy de Dôme. Auf den Vulkankegel fährt eine moderne Zahnradbahn, stilvoller ist es natürlich, den Gipfel zu erwandern. Doch unabhängig davon, auf welche mehr oder weniger schweißtreibende Weise man oben ankommt, man wird mit einer tollen Fernsicht belohnt.

In der Reifenstadt. Weitaus weniger weit sieht man in Clermont-Ferrand, denn die Hauptstadt der Auvergne ist geprägt von der Industrie. Hier ist seit dem späten 19. Jahrhundert der Firmensitz des Reifenherstellers Michelin. Und so darf man sich nicht wundern, dass oft graue Dunstschleier über der Stadt hängen, die den Blick auf die Vulkane und damit auf die eigentlichen Naturereignisse dieser Region versperren. Eher im Verborgenen liegen in Clermont-Ferrand die Zeugnisse aus vergangenen Jahrhunderten, sieht man einmal von den Renaissancebauten und den beiden Kathedralen Notre-Dame-de-l'Assomption mit einigen herrlich gefertigten Fenstermosaiken und der Kirche Notre-Dame-du-Port ab. Die Stadt in der Mitte Frankreichs ist ein wichtiger Verkehrsknotenpunkt – von hier führt die A89 direkt nach Bordeaux im Südwesten des Landes.

Das Château de Cormatin (oben)

Noch immer eindrucksvoll – grandiose Reste von Cluny. (unten)

Gut zu wissen

Hinweise: Lyon ist eine der Welthauptstädte der Wandmalerei, mehr als 100 Kunstwerke zeigen Motive, die mit der Stadt zusammenhängen. Das Tourismusbüro organisiert dazu Stadtführungen. www.lyon-france.com, www.destinationdijon.com, parcdesvolcans.fr

Von Bordeaux nach Perpignan

 755 Kilometer

Schneebedeckte Gipfel, Schluchten und Wasserfälle – das Naturparadies Pyrenäen wird man nie mehr vergessen. Begünstigt von mildem mediterranem Klima, hat sich im Schatten der Berge ein fruchtbarer Landstrich entwickelt. Und noch einen besonderen Reiz hat der Südwesten Frankreichs mit seiner bewegten Vergangenheit – das Meer ist immer in Reichweite.

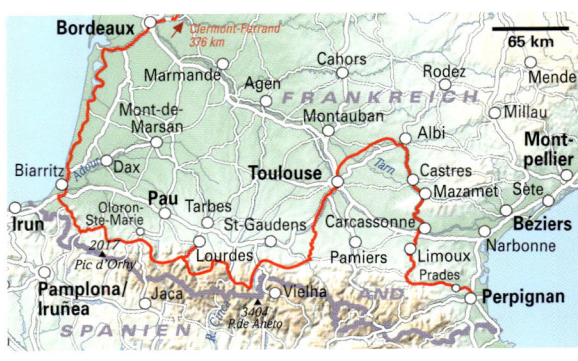

Den Wellen, die mit großer Wucht vom Atlantik heranbranden, trotzen die eleganten Villen in Biarritz. (oben) Von der Dune du Pilat, der größten Düne Europas mit 3 Kilometern Länge, 115 Metern Höhe und 500 Metern Breite, genießt man einen herrlichen Blick über das Meer. (unten)

Die Garonne, an der Bordeaux liegt, und die Gironde-Mündung sind die Verbindung zum Atlantik: wichtige Voraussetzung für den florierenden Weinhandel und glückliche Weintrinker – in aller Welt. Bordeaux bietet jedoch auch eine über 2000 Jahre alte Geschichte und eine grandiose Stadtanlage, die im Lauf der Jahrhunderte nicht zerstört wurde und durch ihre harmonische Geschlossenheit besticht. So mancher, der in Bordeaux erfolgreich Geschäfte macht, hat seinen Feriensitz im Seebad Arcachon, das für seine Austern berühmt ist. Von hier bis Bayonne erstreckt sich der feine Sandstrand der Côte d'Argent. Dahinter haben sich mächtige Dünen aufgeschüttet, sie trennen weite Heide- und Moorgebiete mit großen Wäldern vom Meer. Ein Paradies für Sonnenhungrige, Wasserratten und Fun-Sportler. Mimizan-Plage, Saint-Girons, Hossegor und Capbreton sind Synonyme für herrliche Strandferien. Zur »Silberküste« gehört auch die 115 Meter hohe Wanderdüne von Pilat.

Land der Basken. An der Côte Basque, der südlichen Verlängerung der Côte d'Argent, bekommt man in Bayonne mancherorts den berühmten Bayonner Schinken schon zum Frühstück serviert. Weitaus mondäner ist das nahe Biarritz, wo Kaiserin Eugénie sich im 19. Jahrhundert ein Palais am Strand bauen ließ. In der Belle Époque

um 1900 erlebte das noble Seebad seine Blüte. Wer heute vor dem exklusiven Hôtel du Palais, dem ehemaligen Palast, steht, zwischen den Strandzelten an der Grande Plage schlendert, der kann sich leicht in diese Zeit zurückversetzen. Von seiner schönsten Seite zeigt sich der Atlantik in dem Fischerstädtchen Saint-Jean-de-Luz. Das »Pays Basque« ist ein fruchtbarer Landstrich, dem das feucht-warme Klima im Schatten der Pyrenäen zugutekommt. Die Basken pflegen ihre Traditionen, von der Baskenmütze bis zum Pelotaspiel, und sie verstehen zu essen: »Foie gras« zum Beispiel, die in Frankreich beliebte Gänsestopfleber. Man könnte sie ja testen in der Altstadt von Saint-Jean-Pied-de-Port, die noch komplett von der Stadtmauer aus dem 15. Jahrhundert umgeben ist. Bei Oloron-Sainte-Marie, einem lebendigen Städtchen mit schönen mittelalterlichen Bauwerken, liegt die Region des Jurançon, die süße Dessertweine, aber auch kräftige Rotweine erzeugt – bei einem Abstecher Richtung Aramits kann man entlang der Strecke bei Winzern einkehren.

Durch die Pyrenäen. Um zum Col d'Aubisque zu gelangen, biegt man nach Oloron-Sainte-Marie auf die kurvige D920 ab. Unterwegs fällt der Blick auf den mächtigen Pic du Midi d'Ossau. Der 2885 Meter hohe Riese im Pyrenäen-Nationalpark ist ein bevorzugtes Wanderrevier. Gen Norden führt der Weg zum Marienwallfahrtsort Lourdes. Wie auch immer man zu der Kommerzialisierung des Ortes stehen mag, der Boulevard de la Grotte und die Cité Religieuse bleiben auf jeden Fall im Gedächtnis.

Nach Luz-Saint-Sauveur schraubt sich die Straße in endlosen Kehren auf den berühmten Pass Col du Tourmalet in atemberaubende 2115 Meter Höhe, umgeben von stillen Seen und kantigen Bergen. Abwärts schlängelt sich die Route in den Wintersportort La Mongie auf 1750 Meter Höhe und weiter nach Arreau. Im Schatten des höchsten Berges der Pyrenäen, dem 3404 Meter hohen Pico de Aneto auf spanischer Seite, hat sich Bagnères-de-Luchon dank seiner schwefelhaltigen Quellen zu einem Kurort entwickelt. Durch fruchtbares Land mit Feldern und Obstbäumen geht die Fahrt weiter über den Col d'Ares nach Saint-Girons.

Von Toulouse nach Albi. Toulouse ist Frankreichs viertgrößte Stadt und dank ihrer vielen Studenten ist »la ville rose«, die rosa Stadt mit ihren Ziegelbauten, ein quirliges Zentrum. In der Basilika Saint-Sernin machen Pilger auf dem Weg nach Santiago de Compostela Rast, während in

der gotischen Eglise des Jacobins die Gebeine des heiligen Thomas von Aquin ruhen. Und da man sich schon einmal auf einem »Kulturtrip« befindet, könnte das nächste Ziel das Musée Toulouse-Lautrec im alten Bischofspalast in Albi sein. Er befindet sich direkt neben der Kathedrale Sainte-Cécile aus dem 13. Jahrhundert.

Burgen und Palmen Von Castres mit dem bekannten Musée Goya rollt man weiter nach Carcassonne. Die Ursprünge der fantastischen mittelalterlichen Burgstadt gehen bereits auf die Römer zurück. Über Quillan erreicht man Prades, wo ein Abstecher zur Abtei Saint-Martin-du-Canigou aus dem 11. Jahrhundert führt. Der Gipfel des Pic du Canigou ist von hier aus nicht mehr weit – als Belohnung winkt eine herrliche Aussicht über das Meer und die Corbières. Auf 1200 Meter klettert dieses Mittelgebirge an, das wegen seiner Weine bekannt wurde.

In Perpignan schließlich säumen Palmen die Straßen. Und sobald die Häuser der typisch südländischen Innenstadt den Blick freigeben, tauchen im Westen schneebedeckte Gipfel auf, die von der Schönheit der Natur, dem reizvollen Gegensatz der Pyrenäen zum flachen Land an der Küste erzählen.

Vor der Basilique supérieure in Lourdes (oben)
Col d'Aubisque und Col du Soulor (unten)
Die nicht enden wollenden Kurven und Kehren durch die Pyrenäen sind eine Herausforderung für Mensch und Maschine. (links)

Gut zu wissen

Hinweise: In Toulouse steigt man vom Auto auf die topmoderne U-Bahn mit ihren sehenswert gestalteten Bahnhöfen um. www.bordeaux-tourismus.de, www.toulouse-tourismus.de, www.perpignantourisme.com/de

Auf der Küstenstraße von Perpignan bis Alicante

 691 Kilometer

Das Land des Salvador Dalí zwischen dem Cabo de Creus und Alicante lockt mit surrealistischen Landschaften und Lebensansichten: Die stolze Küste Kataloniens zieht viele Besucher an. Von weißen Stränden und unendlich blauem Meer schwärmen Künstler und Touristen gleichermaßen. Städte wie Barcelona und Valencia geben sich jung und selbstbewusst wie nie zuvor.

Ein Bummel über die Ramblas in Barcelona führt zu der arkadengesäumten und palmenbestandenen Plaça Reial. (oben) Zu einer phantasievollen Symphonie komponierte Antonio Gaudí die klassischen Baustile in seinem Templo de la Sagrada Família. (unten)

Nun taucht man ein in das Leben an der »wilden Küste«, die Millionen Menschen Urlaubsheimat am Mittelmeer geworden ist und es trotzdem geschafft hat, ihr charakteristisches Flair zu bewahren. Von Perpignan gelangt man über den kleinen Badeort Banyul-sur-Mer zum 80 Meter hohen Cabo de Creus. Der östlichste Punkt der Pyrenäen-Halbinsel ist die Welt des Salvador Dalí, wo man plötzlich meint, so manche seiner surrealen Visionen zu verstehen: In gleißendem Licht verschwimmen alle Umrisse, raue Winde und Wasser peitschen steile Klippen und graue Felsen. Hier überlebt nur noch spärliche Vegetation: Der Kontrast zur Sonnenküste könnte kaum krasser sein. Dort schmerzt manchmal das Weiß der Häuser zwischen dem Blau von Meer und Himmel in den Augen des Betrachters.

Ein Denkmal zu Lebzeiten. Zu Füßen des Cap liegt, nur über Serpentinen erreichbar, Cadaqués. Andrés Segovia, Isaac Albéniz und Pablo Picasso, aber auch Luis Buñuel René Magritte, und García Lorca kamen nach Cadaqués. Salvador Dalí ließ sich mit seiner Frau Gala gleich »um die Ecke« nieder, nämlich in der Bucht von Port Lligat, und erhob so den Ort in den 1920er-Jahren endgültig zum Künstlerdomizil. Figueras, etwas im Landesinneren gelegen, ist eine aktive, heitere Stadt mit Gebäuden

im klassizistischen und modernistischen Stil – und die Geburtsstadt von Salvador Dalí. Das Dalí-Museum zeigt dicht gedrängt Gemälde, Skulpturen und Zeichnungen, und im Torre Galatea des Museums liegt der Künstler begraben. Im berühmtesten Spielzeugmuseum Spaniens gibt es unter den 3000 Exponaten eine Besonderheit: ein kleines Männchen, »el caganer«, das zur katalanischen Weihnachtskrippe gehört, hockt in wenig weihnachtlicher Haltung zwischen Hirten und Heiligen.

Sardellen und Scipionen. In dem Touristenort La Escala werden jährlich hunderte Tonnen Sardellen in Essig und Öl eingelegt, die eigentliche Attraktion sind jedoch Relikte von zwei antiken Städten: dem um 500 v. Chr. entstandenen griechischen Emporion, der »Handelsniederlassung«, die dem heutigen Ampurias seinen Namen gab, und der römischen Stadt der Scipionen. Bei Ausgrabungen legte man Teile der ehemaligen Stadtmauer, des Forums, des Theaters und von Villen mit herrlichen Mosaiken und Wandmalereien frei. Gerona liegt gleich an vier Flüssen: In den Río Ter münden hier Güell, Galligants und Oñar. Die Stadt war römisches Municipium und ist seit dem 5. Jahrhundert Bischofssitz. Wegen ihrer strategisch günstigen Lage wurde sie häufig angegriffen und bezeichnete sich deshalb als »Stadt der tausend Belagerungen«. Zur Kathedrale mit dem romanischen Turm und der barocken Fassade steigt man über eine mächtige Freitreppe und taucht ein in das gewaltige gotische Kirchenschiff. Lebendiges Treiben herrscht auf der Rambla de la Libertat, dem Hauptstraßenzug der Altstadt mit Arkaden, Läden und Cafés.

365 Kurven ins »blaue Paradies«. Richtung Südosten geht es wieder ans Meer, vorbei an San Feliú de Guixols. Vom Aussichtspunkt San Elm blickt man über die Bucht, und weiter führt der Weg auf einer wunderschönen Küstenstraße nach Tossa de Mar. Der katalanische Dichter Josep Pla zählte für jeden Tag im Jahr eine Kurve: Erst nach 365 Biegungen erreicht man schließlich am Strand La Bauma den Touristenort Tossa de Mar. Marc Chagalls (1887–1985) Gemälde »Der Geigenspieler« lohnt sicher einen Abstecher ins Museu Municipal. Die bewehrte, früher mauerumringte Vila Vella, die Altstadt, bekrönt den Berg, die Vila Nova mit ihren Hotels erstreckt sich am Ufer.

Die Küstenstraße führt weiter nach Barcelona, das sicher mehrere Tage Aufenthalt

lohnt. Kataloniens Hauptstadt ist mit rund 1,6 Millionen Einwohnern Spaniens zweitgrößte Stadt und seit Jahren eines der Top-Reiseziele in Europa. Für Besucher ist hier gleichsam alles großartig: die lockere Stimmung, das Nachtleben, die Shopping-Möglichkeiten und natürlich auch die »klassischen« Sehenswürdigkeiten – angefangen bei Antoni Gaudís fantastischer Kirche Sagrada Familia, die zusammen mit anderen Bauwerken und dem Park Güell als großartige Beispiele des spanischen Jugendstils, des Modernisme, zum UNESCO-Welterbe zählen. Zu einem Besuch der Millionenstadt gehören ein Bummel über die Flaniermeile La Rambla und durch den Barri Gòtic. Im »Gotischen Viertel«, dem historischen Stadtkern der Metropole, steht unter anderem die beeindruckende gotische Kathedrale der heiligen Eulalia.

Strände, Römer, Modernisme. Barcelona bietet auch Strandleben, reines Ferienfeeling vermittelt jedoch Sitges mit seinem fünf Kilometer langen, feinen Sandstrand. In dem traditionsreichen Badeort sind im Cau Ferrat Museum des Malers und Kunstsammlers Santiago Rusiñol

Ganz in Weiß: Cadaqués (oben)
Die »wilde Küste« trägt ihren Namen zu Recht: hier bei Tossa de Mar. (unten)
Tossa de Mar liegt an einem der reizvollsten Küstenstriche der Costa Brava. (links)

(1861–1931) zahlreiche Objekte des katalanischen Jugendstils sowie Werke von Picasso und El Greco zu sehen.

Von vergangenen Blütezeiten erzählt Tarraco, das heutige Tarragona, das sich von der Militärkolonie der römischen Scipionen zu einem Touristenzentrum wandelte. Überdauert haben nicht nur das Theater und das Forum, sondern auch weite Teile der Stadtmauer aus dem 3. Jahrhundert v. Chr. Manche römische Grabsteine oder westgotische Mauerteile finden sich in Fundamenten oder auch über Türen wieder. Neben der romanisch-gotischen Kathedrale aus dem 12./13. Jahrhundert, dem Kreuzgang mit romanischen Kapitellen und dem Diözesan-Museum mit gotischen Malereien und flämischen Gobelins locken Läden, Bars, Restaurants und – natürlich – der Strand. Reus war früher ein Zentrum der Wollweberei und Umschlagplatz für Wein sowie für andere landwirtschaftliche Produkte. Wer für Modernisme schwärmt, sollte die Casa Navas und das Institut Pere Mata von Lluis Doménech i Muntaner nicht versäumen.

Auf der N420 gelangt man über Falset in das Hinterland und Richtung Süden nach Tortosa. Den einstigen Reichtum der früher bedeutenden Handelsstadt spürt man überall. Das maurische Castillo de la Zuda über dem Ebro-Tal ist heute ein Parador, von dessen Pool aus man einen schönen Blick auf das Gebirge von Beceite genießt. Zwischen Adelspalästen und Klöstern finden sich die gotische Kathedrale, das Colegio de San Luis und das jüdische Viertel. Der Name des Touristen- und Seefahrerstädtchens Vinaroz klingt nach Wein und Reis, berühmt sind jedoch seine Meeresfrüchte. Ein Abstecher führt auf der kurvenreichen N232 nach Morella, das eine Mauer aus dem 14. Jahrhundert umschließt. Barockpaläste, Herrschaftshäuser und die Basilika Santa María la Mayor drängen sich um die mit dem Fels verwachsene Burg.

Touristen treffen Tempelritter. In Peñíscola kann man herrlich durch enge Gässchen bummeln. In der Burg der Tempelritter aus dem 13. Jahrhundert starb 1424 der Gegenpapst Benedikt XIII. Über weiße Häuser mit roten Dächern und den Hafen reicht der Blick bis zum Küstenstreifen, wo Wassersport und ein bewegtes Nachtleben auf Besucher warten. Nach Süden führt der Weg nun vorbei an Castellón de la Plana

Auch in den schmalen Straßen von Figueras ist noch Platz zum Essen im Freien. (oben)
Bereits die Phönizier pflanzten die ersten Palmen im Palmeral de Elche. (unten)
Die Kathedrale mit der gotischen Puerta de los Apóstoles an der Plaza de la Virgen in Valencia birgt in ihrem Inneren unschätzbare Werte; die achteckige Kuppel lenkt den Blick himmelwärts. (rechts)

mit dem achteckigen Glockenturm Torre del Fadri als Wahrzeichen. Die Hauptstadt der gleichnamigen valencianischen Nordprovinz liegt inmitten weiter Orangenplantagen. Eine reiche Vergangenheit hat die Hafen- und Industriestadt Sagunto zu bieten. Zeugnisse der iberischen, römischen und arabischen Herrschaft gibt es auf dem Castillo de Sagunto; wenig unterhalb bot das im Durchmesser 50 Meter große Theater 6000 Menschen Platz. Bergab kommt man in die Altstadt mit den Straßen Del Castillo, Caballeros und der Plaza Mayor sowie ins Judenviertel.

Feuer und Wasser. Valencia ist die drittgrößte Stadt Spaniens, mit Bischofssitz und Universität. Besonderer Anziehungspunkt sind die »Fallas« Anfang März, sie gehören zu den berühmtesten spanischen Festen: Riesige »ninots«, kunstvoll aus Pappmaché und Holz gearbeitete Puppen, die satirisch oder ironisch auf Politiker oder andere Personen des öffentlichen Lebens anspielen, werden in bunten Umzügen durch die belebte Stadt geführt und schließlich unter großem Beifall verbrannt. Neben dem Feuer das Wasser: 1223 erstmals belegt ist das »Tribunal de las Aguas«, das Wassergericht. Es findet noch heute donnerstags vor der Kathedrale statt und schlichtet ohne schriftliche Vereinbarung Streitigkeiten um die Bewässerung, die Wasserverteilung und den Verlauf der Kanäle. Im 15. und 16. Jahrhundert war Valencia eines der wichtigen Handelszentren im Mittelmeerraum, und noch heute lässt sich der jahrhundertealte Wohlstand nicht nur an der Handels- und Seidenbörse aus dem 15. Jahrhundert ablesen, der Lonja de los Mercaderes. Die Plaza de la Reina ist der älteste Teil des Stadtkerns, nördlich erhebt sich majestätisch die Kathedrale La Seo, die von 1252 bis 1482 an der Stelle einer Moschee errichtet wurde.

Im Spiegel der Sonne. Wie die Feste, so gehören auch bestimmte Landschaften zu Valencia, die »Huerta«, der »Gemüsegar-

ten «, und die 300 Hektar große La Albufera, die Lagune südlich der Stadt, die Naturpark geschützt ist. Die Araber nannten sie »Spiegel der Sonne«. Hier gedeiht Reis, die Grundlage für jede Paella. Eine angeschwemmte Landzunge trennt die Lagune vom Meer, ist mit ihm aber durch drei Kanäle verbunden. Stimmungsvoll ist eine Bootsfahrt in der Dämmerung. Von El Saler an der Lagune La Albufera sind es etwa 80 Kilometer nach Denia. Wie es sich für Spanien gehört, überragt eine Burg den von Orangenplantagen umgebenen Ort mit seinen Werftanlagen aus dem 17. und Kirchen aus dem 18. Jahrhundert. Wer genug Ausdauer hat, sollte den etwa fünfstündigen Aufstieg auf den 753 Meter hohen Mongó machen, um von seinem Gipfel die Aussicht bis hinüber zur Insel Ibiza zu genießen – hinweg über den Trubel, der an dem 20 Kilometer langen Sandstrand herrscht.

Zur weißen Festung. Über Javea, Calpe und Altea geht es nun nach Benidorm, dessen Hochhauskulisse ein enormes Angebot an Hotels, Bars, Restaurants, Diskotheken und Geschäften für die 345 Sonnentage im Jahr garantiert. Auf der N322 erreicht man schließlich Alicante. »Weiße Festung« nannten die Karthager die Stadt. Weinberge, Orangenhaine, Obstplantagen und Palmen im Hinterland sowie das milde Klima ermöglichen das ganze Jahr über reiche Urlaubsfreuden. Die kilometerlange Explanada de España, die Strandpromenade mit ihrem gemusterten Pflaster, die Strände »San Juan«, der intimere »La Albufereta« und der Stadtstrand »El Postiguet« lassen keine Wünsche offen. In den kleinen Bars und gemütlichen Restaurants der Altstadt, die von der Festung Santa Bárbara überragt wird, genießen hauptsächlich die Spanier das Leben. Interessant und beliebt sind auch die großen Wochenmärkte in Alicante. Preiswert und günstig kann man dort Kleidung und vor allem Obst und Gemüse kaufen. Über die E15 erreicht man von dort in knapp vier Stunden Granada in Andalusien.

Exklusiver Ferienort an der Costa Brava: S'Agaró (oben) Blickfang der gotischen Kirche Santa María in Castelló de Ampurias ist das figurenreiche Portal aus dem 15. Jahrhundert. (unten)

Gut zu wissen

Hinweise: Barcelona und Valencia erkundet man am besten mit öffentlichen Verkehrsmitteln und Fahrrädern, eine günstige zwei Tage gültige Ticket-Option ist Barcelona Card Express.
www.barcelonaturisme.com, www.visitvalencia.com

Von Granada durch Andalusien nach Sevilla

 860 Kilometer

Andalusien ist ein Stück Bilderbuch-Spanien: Umjubelte Toreros, feurige Flamenco-Rhythmen, klappernde Kastagnetten, leuchtend weiße Dörfer und raue Sierras gibt es hier im Überfluss. Doch der Süden Spaniens ist mehr als nur ein Klischee. Die verschiedensten Kulturen haben hier ihre Spuren hinterlassen – die märchenhafte Alhambra von Granada ist nur ein Beispiel.

Málaga, im Vordergrund die Stierkampfarena (oben) Ideal für Strandurlaub: Torremolinos. (unten)

Von Alicante nach Granada führt der Weg an der Sierra Nevada vorbei, die wegen ihrer vielfältigen Fauna und Flora zum Nationalpark und UNESCO-Biosphärenreservat erklärt wurde. Das »verschneite Gebirge« wird vom höchsten Gipfeln der Iberischen Halbinsel, dem Cerro de Mulhacén (3481 Meter), überragt und ist nur rund 50 Kilometer von Granada und 25 Kilometer vom Mittelmeer entfernt. So könnte man am Vormittag Skilaufen und am Nachmittag im Mittelmeer baden.

Märchenhaftes Granada. Man kann aber auch durch Granadas Gassen bummeln oder den schönen Blick vom Mirador de San Cristóbal auf die Stadt genießen – und natürlich auf die Alhambra, die »rote Burg« der Nasridenherrscher. Sie errichteten den Palast mit den terrassenförmigen Gartenanlagen im 13. und 14. Jahrhundert – die fantastisch dekorierte Anlage ist zusammen mit dem Generalife, dem ehemaligen Sommerpalast des Emirs, ein unbestrittener Höhepunkt maurischer Kunst und Architektur. Das arabische Flair ist aus der Stadt auch nach Jahrhunderten nicht wegzudenken, nicht aus den engen Gässchen des Basars um die gotische Kathedrale Santa María de la Encarnación, nicht von den weißen Höhen des maurischen Viertels Albaicín gegenüber der Alhambra. Daneben finden sich auf dem Sacromonte noch zahlreiche Wohnstätten in Felsenhöhlen. Auf dem »Heiligen Berg« werden abends stimmungsvolle Flamenco-Vorführungen, die »zambras«, dargeboten.

Drei Kulturen unter einem Dach. Noch ganz bezaubert führt der Weg auf der N432 nach Córdoba, dessen Reichtum unermesslich ist: Die Römer hinterließen eine Brücke aus der Zeit des Kaisers Augustus, die Emire ihren Palast und die Erinnerung daran, dass die Stadt damals bereits Bibliotheken, Schulen sowie Hunderte Moscheen und öffentliche Bäder besaß, dass Juden, Christen und Moslems hier friedlich zusammenlebten. Ihre Blüte erlebte die Stadt unter dem Omaijaden-Prinz Abd ar-Rahman III. im 10. Jahrhundert. Auf den Fundamenten einer westgotischen Kirche errichtete Emir Abd ar-Rahman I. Ende des 8. Jahrhunderts eine Moschee, die seine Nachfolger weiter ausbauen ließen, sodass die Mezquita mit ihren 19 Kirchenschiffen schließlich zur größten Moschee im islamischen Westen wurde. Nach der Rückeroberung Córdobas durch Ferdinand III. 1236 diente die Mezquita als Bischofskirche. Der Habsburger Kaiser Karl V. brachte es im 16. Jahrhundert fertig, ihr inmitten ihres berühmten Gebetsraumes eine Kathedrale im Platereskem Stil »einzuverleiben«. Trotz aller historischen Schwergewichtigkeit verströmt die

Stadt südländische Heiterkeit – und noch immer arabisches Flair.

Geschichte pur. Nach diesem großen Umweg ins Hinterland erreicht man über die A45 in Málaga die Küste. Die Stadt am Fuß der Montes de Málaga war eine karthagische Festung und wurde 206 v. Chr. von den Römern eingenommen. Seine Blütezeit erlebte Málaga im 8. Jahrhundert, als es unter maurischer Herrschaft zum Versorgungshafen für Granada wurde. Von der bewegten Geschichte der Stadt zeugen die phönizische Festung und die maurische Burg Alcazaba mit ihren üppigen Gartenanlagen, vor deren Eingang der Burg das Halbrund eines römischen Theaters beeindruckt. Die Altstadt wird von der Kathedrale von 1528 beherrscht; vom Nordturm hat man einen herrlichen Blick über die Stadt und das Meer. Viel besungen hat man die Plaza de la Merced, wo 1881 im Haus Nr. 15 Pablo Picasso geboren wurde. Die malerischen Straßen in der Altstadt und die Strandpromenade laden mit ihren Cafés, Restaurants und hübschen Geschäften zum Bummeln ein. Zum erholsamen Abschluss gehört ein Besuch der Parkanlagen am Rathaus oder der subtropischen Gärten des Landgutes

»El Retiro« aus dem 17. Jahrhundert im etwa 20 Kilometer entfernten Churriana bei Torremolinos.

Vornehme Costa del Sol. Ein Cocktail aus Düften und Farben, Vogelgezwitscher und Gitarrenklängen, eine Mischung von herausgeputzten Spielzeughäuschen und Luxusvillen – das alles gehört zu Marbella. In dem exklusiven Seebad an der Costa del Sol verliert man sich gerne im Gewirr der Gassen, wo sich immer wieder romantische Plätze öffnen, Mauernischen mit Madonnenbildnissen geschmückt sind und eine Vielzahl kleiner Geschäfte, Restaurants und Tavernen die Urlaubskasse plündern helfen. Sicher hätte es sich das Örtchen niemals träumen lassen, dass an seinen Palästen und Kirchen oder dem Rathaus mit seinen kostbaren Deckenfresken aus dem 16. Jahrhundert derart viele Touristen vorbeiziehen würden.

Hoch über dem Guadalevín. Hellauf begeistert von »dieser auf zwei steile Felsmassen hinaufgehäuften Stadt« war Rainer Maria Rilke bei seinem Aufenthalt in Ronda vom Dezember 1912 bis zum Februar 1913; sein Zimmer im mondänen Hotel Reina Victoria kann man noch

Die Altstadt von Vejer de la Frontera mit ihren engen Gassen wurde um eine ursprünglich arabische Burg angelegt. (oben)
Bevor die Stiere in den Kampf geschickt werden (Mitte), dürfen sie auf den Weiden der Fincas grasen. (unten)
Das einstige Schmugglernest Ronda hat schon so manchen Künstler angezogen – zum Beispiel Goya, Rilke und Hemingway. (links)

Zu den Ferias, Fiestas und Romerias tragen die Andalusierinnen farbenfrohe Kleider mit Rüschenkaskaden – hier bei der »Feria de Abril« in Sevilla. (oben)
Der »Wald der tausend Säulen« in der Mezquita (Mitte)
»Silbertässchen« nennen die Bürger von Cádiz ihre Stadt. (unten)
An der Kathedrale von Sevilla, einem der größten Gotteshäuser der Welt, wurde 120 Jahre lang gebaut. (rechts)

immer besichtigen. Ronda liegt auf 750 Meter Höhe zu beiden Seiten des Tajo, an einer über 100 Meter tiefen Schlucht, die das Flüsschen Guadalevín in den Fels gegraben hat. Die eindrucksvollste Brücke über den Tajo ist der Puente Nuevo. Die dreibogige Brücke aus dem 18. Jahrhundert verbindet die beiden Teile der Stadt. In der Altstadt mit den wappengeschmückten Häusern beeindruckt der Palacio de Mondragón mit seinem Arkaden-Innenhof. Hier residierten die katholischen Könige, ehe sie sich aufmachten, um Granada zu erobern. Ziemlich bizarr muten die beiden nackten Indianerfiguren an, die den Giebel des Palastes des Marquis von Salvatierra tragen; sie erinnern an die spanischen Eroberungen in Süd- und Mittelamerika.

Umkämpftes Gibraltar. Durch die Serranía de Ronda geht es weiter Richtung Süden nach San Roque. Errichtet wurde die Stadt als eine Art »Außenstelle« von Gibraltar, nachdem die Spanier das Gebiet 1704 an England verloren hatten. Noch heute ist der »Affenfelsen« fest in englischer Hand. Nach der antiken Mythologie standen hier, am Schnittpunkt von Atlantik und Mittelmeer, die Säulen des Herkules. Als bedeutende Hafenstadt ist Algeciras Anlaufstelle für Fahrten nach Ceuta und das marokkanische Tanger. Das Anziehendste an der Stadt ist wohl ihre Lage gegenüber dem Felsen von Gibraltar. Nach Tarifa, an der südlichsten Spitze Spaniens, ist es nun nicht mehr weit. Nur gut zehn Kilometer trennen die Stadt von Afrika. Wenn schon keine großen Denkmäler – bis auf die alte Araberfestung – übrig geblieben sind, so spürt man doch das Flair der arabischen Vergangenheit. Tarifas berühmte Winde, vor allem der »poniente«, machen die Stadt zu einem Paradies für Surfer.

Stadt des gleißenden Lichts. Fortschrittlich und lebensfroh gibt sich Cádiz. Schließlich wurde hier 1812 die erste liberale Verfassung des Landes in der Kirche San Felipe Neri verabschiedet. Cádiz ist zudem bekannt für seinen Karneval, der Frohsinn ist jedoch nicht auf ihn beschränkt, sondern scheint das ganze Jahr über anzudauern. Jahrhundertelang war zu Heiterkeit auch Anlass genug, als nämlich alle Reichtümer des Orients wie auch des Okzidents – Gewürze aus Asien, Kaffee und Gold aus Amerika – in Cádiz landeten, bevor sie von hier aus in die Hauptstadt Madrid befördert wurden. Außerdem scheint die Sonne hier 3000 Stunden im Jahr, und der Himmel ist fast das ganze Jahr so blau wie das Meer.

In seiner Heimatstadt El Puerto de Santa María im Zentrum der Bucht von Cádiz sollte seine Asche über dem Meer verstreut werden – das wünschte sich der Dichter Rafael Alberti. Die Stadt an der Mündung des Río Guadalete kam unter römische, westgotische und arabische Herrschaft. Die Burg San Marcos wurde im 13. Jahrhundert von den Mauren errichtet und diente später als Residenz der Herzöge von Medinaceli. Mit der Entdeckung Amerikas erlebte El Puerto de Santa María eine wirtschaftliche Blüte. Wer durch den Amerikahandel reich geworden war, ließ sich hier in prächtigen Palästen nieder. Berühmtes-

ter Gast war zweifellos Kolumbus, doch die Strände von El Manantial, Valdelagrana oder Fuentebravía hielten ihn nicht; es zog ihn weiter gen Westen.

Edle Pferde und köstlicher Sherry. Jerez de la Frontera, das ehemalige arabische Sheres oder Xeres Sadunia, wurde 1264 von Alfonso X., dem Weisen, zurückerobert, nachdem hier bereits Tartessos, Phönizier und Römer ihre Spuren hinterlassen hatten. Als »die« Attraktionen unserer Tage gelten die Königlich Andalusische Reitschule und natürlich die Weinkellereien. Der Nobelpreisträger Alexander Fleming (1881–1955) schrieb: »Wenn das Penizillin die Kranken heilt, dann lässt dieser Wein die Toten wieder auferstehen.« Die Besichtigung einer der berühmten Bodegas ist geradezu ein Muss bei einem Besuch in Jerez de la Frontera. Hier kann man sehen, wie der legendäre Sherry hergestellt wird und natürlich auch in den Genuss der einen oder anderen Kostprobe kommen. In der Real Escuela Andaluza del Arte Ecuestre, der Königlich Andalusischen Schule der Reitkunst, wird demonstriert, wie ausdrucksvoll die edlen andalusischen Pferde tanzen können. Tanzen hat hier überhaupt Tradition, gilt die Stadt doch als Wiege des Flamenco in Spanien. Natürlich hat Jerez de la Frontera noch mehr zu bieten: Kunsthistorische Schätze sind die Stiftskirche Colegiata del Salvador, das Renaissance-Rathaus und der Alcázar aus der Zeit der Almohaden, der eine Moschee beherbergt, sowie die Kirche San Miguel.

Auf nach Indien. Vom Landesinnern geht es nun wieder ans Meer, nach Sanlúcar de Barrameda. Die Stadt liegt an der Mündung des Guadalquivir gegenüber dem Nationalpark Coto de Doñana. Im 14. und 15. Jahrhundert war Sanlúcar bereits ein wichtiger Hafen auf der Handelsroute vom Atlantik zum Mittelmeer. Von hier ging es nach »Las Indias«, von hier brach Kolumbus im Mai 1498 mit sechs Schiffen zu seiner dritten Amerikareise auf; 1519 sah

man hier, wie Magellan seine Weltumsegelung startete. In der Folge wurde Sanlúcar zu einer wohlhabenden Stadt, was man ihr noch heute anmerkt. Die Kirche Nuestra Señora de la O im Mudéjarstil, prächtige Klöster und reiche Paläste zeugen davon.

Im Zeichen der Oper. Die Beschwingtheit von Rossinis »Barbier« scheint in der Freundlichkeit der Andalusier weiterzuleben. Geheimnis und Charme, Temperament und Tragik – nicht nur der schönen Carmen und eines Don José wie in Bizets Oper – sind in Sevilla noch zu erahnen, das einst Brückenkopf zwischen zwei Welten war. Die touristische Pflichtübung schlechthin ist die gotische Kathedrale mit dem Sarg des Kolumbus, der von Personifikationen der alten spanischen Reiche getragen wird, sodass er nicht den Boden berührt – schließlich wollte der Seefahrer nicht in spanischer Erde begraben werden. Ein Muss ist zudem der berühmte Glockenturm, die Giralda, ein ehemaliges Minarett aus dem 12. Jahrhundert. Was für Granada die Alhambra, das ist für Sevilla der Alcázar mit arabisch-prunkvollen Innenräumen und üppigen Gartenanlagen. Die Torre del Oro, der »Goldene Turm« am Ufer des Guadalquivir, ist nicht zu übersehen: Hier legten einst die Schiffe der Amerika-Heimkehrer an. Bummeln sollte man durch die Stadtviertel Triana, La Macarena und Santa Cruz, das ehemalige Judenviertel. Nicht jeder hat das Glück, Sevilla während der Semana Santa, der Osterwoche, zu erleben. Doch der Besuch der Metropole Andalusiens ist zu jeder Zeit ein Fest. Die Silhouette der weitläufigen Burg von Alcalá de Guadaira mit ihren vielen trutzigen Türmen bietet schon aus der Ferne einen imposanten Anblick. Die Burg war Gefängnis, Geschenk an eine Mätresse und das Szenario für so manche Bluttat. Teile der alten Moschee sind noch erkennbar, das ehemalige Minarett wurde zum Glockenturm umgestaltet. Auf der A49 verlässt man die Stadt gen Westen nach Castro Marim jenseits der Grenze in Portugal.

Die Alhambra in Granada war seit dem 13. Jahrhundert Residenz der Nasriden. (oben) Der Löwenhof ist Mittelpunkt der unter Mohammed V. erbauten königlichen Winterwohnung. (Mitte) Die Torre de las Damas östlich des Alhambra-Palastes (unten)

Gut zu wissen

Hinweise: In Málaga und Sevilla bieten Pferdekutschen eine reizvolle Möglichkeit, die Stadt kennenzulernen. www.alhambra.org, www.spain.info.de, sevillaonline.es

An Portugals Küste entlang

 820 Kilometer

Ganz gleich, ob man Ruhe und Erholung sucht oder das Strand- und Nachtleben genießt – Portugals Küsten versprechen Urlaubsvergnügen pur und haben für jeden Geschmack etwas zu bieten. Ein Höhepunkt der Route ist das lebenssprühende Lissabon mit seiner einmaligen Lage, seinen Kunstschätzen und verwinkelten Gassen. Eine faszinierende Altstadt bietet auch das bodenständige Porto.

Der kleine Ort Praia de Carvoeiro zwischen Portimão und Albufeira hat sich ganz dem Tourismus verschrieben. (oben)
In vielen Dörfern abseits der Touristenzentren Portugals leben fast nur noch ältere Menschen. (unten)

Ausgangsort der Küstentour ist Castro Marim in der Region Algarve nahe der spanischen Grenze. Von dort führt der Weg zu dem bildschönen Städtchen Tavira, das wegen seiner malerischen Brücken oft mit Venedig verglichen wird und mehr als 30 Kirchen besitzt. Auf der romantischen Küstenstraße passiert man das Naturschutzgebiet Ria Formosa, das mit seinen Sandbänken, Lagunen und Marschen ideale Bedingungen für Reiher, Stelzenläufer, Störche und zahlreiche andere Zugvögel bietet. Dieser eher stille, beschauliche, flache Teil der Algarve-Küste liegt im Windschatten des Alto Algarve und wird deshalb Sotavento genannt.

Zerklüftete Strände und arabisches Flair.

Die Felsalgarve westlich von Faro (Barlavento) präsentiert mit ihren wildromantischen Sandbuchten und bizarren Felsformationen ein völlig anderes Bild und ist bis Lagos zu einem großen Teil mit Hotelbauten zubetoniert. Der Name Algarve leitet sich aus dem arabischen »Al-Gharb«, »der Westen«, ab. Länger als im Norden Portugals hat sich hier der maurische Einfluss erhalten. Wie viele Kirchen wurde auch die Kathedrale von Faro im 18. Jahrhundert auf den Fundamenten einer Moschee errichtet. Ein säulengeschmücktes Barocktor gewährt Einlass in die Cidade Velha, die Altstadt.

Wenige Kilometer weiter bietet Almansil ein wahres Schmuckstück: Die Kirche São Lourenço de Matos mit ihren blau-weißen Kachelwänden. Sogar die Kuppel ist mit Azulejos verkleidet. Die Fayencen stellen Szenen aus dem Leben des heiligen Lorenz dar. In Loulés verwinkelten Gassen hämmern Kupferschmiede Pfannen und Kessel, und unter den neo-maurischen Kuppeln der Markthalle wird gefeilscht – fast wie in einem arabischen Souk. Man kann sich gut vorstellen, dass Gustave Eiffel die imposante Markthalle ursprünglich für eine Stadt in Marokko entworfen hatte.

Zum Ende der Welt. Die Straße schraubt sich jetzt in die Berge hinauf zu den weißen Häusern, verzierten Kaminen und verwinkelten Gassen des malerischen Bergdorfs Alte an den Hang der Serra do Caldeirão. Die Kapelle des Ortes ist mit wertvollen Fliesen aus dem 16. Jahrhundert geschmückt. Eine halbe Stunde Fahrt Richtung Süden, und schon fühlt man sich in der Touristenhochburg Albufeira wie in einer anderen Welt. Hier dreht sich alles ums Strandleben, um Wassersport, Bars, Restaurants und Urlaubsvergnügen rund um die Uhr.
Den Küstenabschnitt bis Portimão kann man getrost links liegen lassen. Reizvoller ist das Hinterland der Serra de Monchi-

que. In den luftigen bis zu 900 Meter hohen Gebirgszügen sorgen zahlreiche Quellen für eine vielfältige Vegetation und würzige Luft. Bald taucht unter den Zinnen einer alten Burgruine das Städtchen Silves auf, das trotz seiner Beschaulichkeit auf eine große Geschichte zurückblickt. Das einstige Xelb war vom 8. bis 12. Jahrhundert Hauptstadt des maurischen Königreichs Al-Gharb. Um das Jahr 1000 lebten hier 40 000 Menschen, mehr als damals in Lissabon. Xelb war eine blühende (Fluss-)Hafenstadt mit Palästen, Gärten und einem florierenden Souk, ein Zentrum der Wissenschaft und Kultur, das sogar mit Granada verglichen wurde. Über Portimão geht es an dem Fischerort Alvor vorbei nach Lagos. Von der stark befestigten Hafenstadt aus eroberte Portugal einst die Welt, stachen die Karavellen der Entdecker in See. Der Initiator der Unternehmungen, Heinrich der Seefahrer, steht als Denkmal auf der Praça da República. Die Küstenstraße führt nun direkt zum »finis terrae«, dem Ende der Welt. So nannte man in der Antike das Cabo de São Vicente. An Europas südwestlichster Landzunge brandet der Atlantik wild gegen die Steilküste. Auf einem kahlen Felsplateau thront die Festung von Sagres, wo Hein-

rich der Seefahrer im 15. Jahrhundert seine berühmte Marine-Akademie gegründet haben soll.

Einsamkeit und Strandglück. Durch eine wildromantische, dünn besiedelte Landschaft entlang der Atlantikküste führen die N268 und N120 nach Norden. Die Kronen der Pinien wölben sich an manchen Stellen wie ein duftender Tunnel über die Fahrbahn. Schmale, ungeteerte Stichstraßen führen zu einsamen Badebuchten, die nur zu Fuß erreichbar sind – kein Vergleich zu den überfüllten Stränden weiter südlich. Bei Odemira hat man schon den Alentejo erreicht. Das dünn besiedelte »Land jenseits des Tejo« ist jenseits der Küste eine Landschaft von großartiger Weite und Stille, der Weizenfelder, Korkeichenwälder und Olivenhaine. Im Frühjahr explodieren hier die Farben: Klatschmohnrot, Kornblumenblau, Eidottergelb und Knallgrün. Überall trifft man auf knorrige Korkeichen, auf deren Stämmen das Datum der letzten Schälung notiert ist – neun Jahre braucht die Rinde, bis sie wieder nachgewachsen ist.
In der Burg des Städtchens Sines wurde 1469 der berühmte Seefahrer Vasco da Gama geboren. Nach seiner Rückkehr aus

Aus dem kleinen Fischerdorf Albufeira ist ein bekanntes Touristenzentrum geworden. (oben)
Kleines Juwel am Meer: Ferragudo (Mitte)
Wie von der Natur geschaffene Kathedralen: die Grotten der Ponta da Piedade. (unten)
Windumtost ist das Cabo de São Vicente an der Algarveküste, der südwestlichste Punkt Europas. (links)

Indien erneuerte man die Kapelle Nossa Senhora Salas im Hafen aus dem 14. Jahrhundert. Etwa 50 Kilometer weiter nördlich wurden auf der Halbinsel Tróia die Ruinen der römischen Siedlung Cetobriga freigelegt. Hier erwartet den Besucher der längste Sandstrand Portugals, der von zahlreichen Pinienwäldchen gesäumt ist. Zur Weiterfahrt wird das Auto nun auf eine Fähre verladen. Festen Boden unter den Füßen hat man erst wieder in der bedeutenden Industriestadt Setúbal, wo man im drittgrößten Hafen des Landes anlegt. Von Setúbal führt eine sehr reizvolle Küstenstraße durch die grüne Serra da Arrábida. Am Südhang des imposanten Gebirgszugs wacht ein maurisches Castelo über den stimmungsvollen kleinen Fischerort Sesimbra, der sich auch als Seebad einen Namen gemacht hat. Westlich von hier ragen die markanten Klippen des sehenswerten Cabo de Espichel steil aus den Fluten des Atlantiks.

Überflieger Lissabon. Bis Lissabon ist es jetzt nicht mehr weit. Die Autobahn führt direkt zur Brücke Ponte 25 Abril, die in kühnen Schwüngen den Tejo überspannt. Da der Verkehr in diesem Nadelöhr oft stockt, kann man die fantastische Aussicht auf die sieben Hügel der Hauptstadt in aller Ruhe genießen. Linker Hand liegt das Stadtviertel Belém, an dessen Ufer die trutzige Torre de Belém über die Einfahrt der Schiffe in die Stadt wacht. Zur Rechten scheint sich der Tejo zu einem glitzernden See zu erweitern. In dem riesigen Hafenbecken ankern imposante Containerschiffe. In der Ferne grüßt die 17 Kilometer lange Vasco-da-Gama-Brücke. Lissabon ist eine Stadt der Superlative, deren sanft geschwungene Silhouette und deren klares Licht die Entdeckungslust anstacheln. Hier würde man sich Flügel wünschen, um von oben einen Überblick über das unergründliche Häusermeer, das Gewirr der verwinkelten Gassen, Steigen und Treppchen, die kachelverzierten Paläste und Klöster, Kirchen und Gärten zu bekommen. Ohne Flügel bleibt einem der Jugendstillift Elevador da Santa Justa, der von der Innenstadt Baixa in die Oberstadt hinaufschwebt. Weitere Stadthügel erklimmen drei Elevadores, altmodische Kabelbahnen. Oben bieten sich grandiose Rundblicke von Aussichtspunkten, vom Miradouro de Santa Luzia beispielsweise hat man einen herrlichen Blick über die Dächer der Alfama und den Hafen. Wer noch mehr sehen will, steigt in die alte Holztram »Eléctrico 28«. Deren

Die Torre de Belém in Lissabon (oben)
In Lissabons Altstadt: das Alfamaviertel. (unten)
Die »Eléctrico« in Bairro Alto (rechts)

98

Fahrt quer durch die Altstadt beginnt im ehemaligen Arbeiterviertel Graça, führt durch das einstige Maurenviertel Alfama am Castelo de São Jorge und an der romanischen Kathedrale Sé vorbei, hinunter in die Baixa und jenseits der Fußgängerzone Rua Augusta hoch zum Chiado und der schneeweißen Basílica da Estrela.

Zurück auf die Erde. Einen Superlativ stellt auch der Klosterpalast von Mafra mit seinen fast 900 Räumen dar. Allein in der Bibliothek mit über 40 000 Büchern könnten Tennisturniere ausgetragen werden. König João V. (1706–1750) ließ das Franziskanerkloster aus Dankbarkeit für die Geburt seines Sohnes und die damit verbundene Sicherung der Thronfolge erbauen. Der mit dem Gold und den Diamanten aus der Kolonie Brasilien finanzierte spätbarocke Prachtbau sollte den spanischen Escorial in den Schatten stellen und der Welt die Größe Portugals vor Augen führen. Als Architekt wurde der Deutsche Johann Friedrich Ludwig beauftragt, aus Italien kamen Bildhauer und Maler. Der portugiesische Literaturnobelpreisträger José Saramago beschreibt in seinem Roman »Das Memorial« die gewaltigen Opfer, die die Bevölkerung für das Prestigeobjekt bringen musste.
Nach so viel geschichtlicher Wucht rückt der familiäre Fischerort Ericeira die Dimensionen des kleinen Landes wieder ins Lot. Und schon 50 Kilometer weiter nördlich ist alles wieder überschaubar: Das mittelalterliche Óbidos lässt sich auf einer Stadtmauer umrunden und von oben in seiner schönen kopfsteingepflasterten Pracht überblicken. Nazaré lockt vor allem portugiesische Urlauber an, und am Strand wird der »bacalhau« getrocknet – Stockfisch ist Portugals Leibgericht und kommt in allen nur denkbaren Varianten auf den Tisch.

Im Herzen Portugals. Portugals dicht besiedelte Mitte wimmelt geradezu von kulturellen Highlights, wie das strenge Zisterzienserkloster von Alcobaça und das Kloster von Batalha, beide mit herausra-

gend schönen Kreuzgängen. Ein paar Kilometer weiter nördlich legten die Römer an der Handelsstraße zwischen Lissabon und Braga ihre Siedlung Conimbriga an. Mythen und Mosaiken pflastern das mit Abstand größte römische Ruinenfeld auf der Iberischen Halbinsel. Die Universität von Coimbra ist dagegen Portugals legendäre Kaderschmiede. Weithin sichtbar thront die renommierte Alma Mater über der Stadt am Fluss Mondego. Jedes Jahr im Mai vergessen die Studenten für eine Woche, dass sie die Hoffnungsträger des Landes sind und toben sich beim Studentenfest »Queima das Fitas« aus.

Vom Zauberwald nach Viseu. Einen idyllischen Kontrast zum lebhaften Coimbra bildet der Waldpark von Buçaco. Er wurde bereits im 6. Jahrhundert von Benediktinermönchen angelegt und seitdem weiter zu einem fast subtropisch anmutenden Dschungel aufgeforstet. Kurvenreich windet sich die Straße nun an den Hängen der Serra do Caramulo entlang durch Eukalyptuswälder. Über Santa Comba Dão und Tondela führt die IP 3 nach Viseu. Aus dieser Region kommen die berühmten roten Dão-Weine. Mit ihren Adelspalästen und der sehr alten Kathedrale zählt die Altstadt von Viseu zu den verborgenen Schätzen des Landes.

Stadt im Aufwind. In Porto, Portugals Industriemetropole im Norden, ist das Ziel der Küstenfahrt erreicht. Die Handelsmetropole am Douro ist das wirtschaftliche Zentrum des Landes, durch ihre schmalen Gassen weht aber auch der frische Wind des Zeitgeists. Die historische Altstadt Ribeira gehört seit 1996 zum UNESCO-Welterbe und ist in den letzten Jahren kräftig renoviert worden. Besonders seit Porto zur europäischen Kulturhauptstadt 2001 gekürt wurde, besinnt sich die »heimliche Hauptstadt« voller Stolz auf ihre alten und neuen Schätze. Nur gut fünf Stunden dauert von hier die Fahrt quer durch das Land nach Madrid in Zentralspanien.

Grotten bei Lagos (oben)
Von hier starteten Vasco da Gama und andere Seefahrer ihre Entdeckungsreisen: Die Torre de Bélem. (unten)

Gut zu wissen

Hinweise: Mit der bis zu drei Tage gültigen Lisboa Card kann man in Lissabon alle öffentlichen Verkehrsmittel benutzen. www.visitlisboa.com, www.visitportugal.com

Durch Spaniens Mitte und Nordwesten

 1558 Kilometer

Madrid ist eine fesselnde Metropole – doch schöne alte Städte wie León oder Santiago de Compostela mit ihren beeindruckenden Kathedralen reizen zur Weiterreise. Zinnenbewehrte Rundtürme, einsame Landschaften, raue Küstenabschnitte und sanfte Strände begleiten die abwechslungsreiche Fahrt zu den religiösen Wurzeln des christlichen Spanien.

Bei einer Wanderung durch die Picos de Europa kommt man an dem kleinen Bergdorf Sotres vorbei. (oben) Ursprüngliches Asturien: Das Dorf Trascastro schmiegt sich an die Berge. (unten)

Es war Philipp II., der die ehemals arabische Siedlung im Jahr 1561 zur Hauptstadt seines Reiches machte. Somit ist Madrid eine vergleichsweise junge Hauptstadt, die erst im 16. und 17. Jahrhundert mit Klöstern, Kirchen und Adelspalästen ihr städtisches Gepräge erhielt. Madrid war kultureller Mittelpunkt des »Goldenen Zeitalters« im 16. und 17. Jahrhundert, als Künstler wie der Hofmaler Velázquez oder die Dichter Lope de Vega, Cervantes, Quevedo, Góngora und Calderón de la Barca hier lebten.

Heute ist die Gran Vía die Hauptader des pulsierenden städtischen Lebens. Das ursprüngliche, echte Madrid ist jedoch das »Madrid castizo«, in dessen engen Straßen die Kramläden nicht breiter sind als Hauseingänge. Das Museumsdreieck zwischen Prado, Stiftung Thyssen und dem Kunstzentrum Reina Sofía lässt sich unschwer zu einem musealen Vieleck ergänzen, zum Beispiel durch die Königliche Teppichfabrik, für die Goya (1746–1828) seine Vorlagen lieferte, durch einen Besuch in der Kapelle San Antonio de la Florida, wo der Maler begraben liegt, oder im Archäologischen Museum. Jenseits der Puerta de Alcalá beginnt der Retiro-Park, unter Philipp IV. als Erholungsgebiet für die königliche Familie angelegt und noch heute die grüne Lunge der Stadt. Am Sonntagvormittag kann man auf dem traditionellen Flohmarkt »Rastro« von Autoreifen bis Antiquitäten alles kaufen. Bars und Restaurants für jede Tages- und Jahreszeit gibt es um die Plaza Mayor und die Plaza de Santa Bárbara. Studentische Atmosphäre herrscht im Stadtteil Argüelles, vornehme Restaurants liegen am Paseo de la Castellana und am Paseo de Recoletos.

Speicher und Burgen. In San Ildefonso hütet das ab 1721 erbaute Sommerschloss La Granja mit Springbrunnen, Wasserfällen und Statuen eine wertvolle Gobelinsammlung. Der Name »granja« – »Speicher« – ist also ein adeliges Understatement. Im nahen Segovia thront der altkastilische Alcázar über der steilen Schlucht am Zusammenfluss von Eresma und Clamores. Die strategisch günstige Lage hatten schon Römer, Westgoten und Araber erkannt. Im 11. Jahrhundert ließ König Alfonso VI. eine Burg mit Wehrtürmen errichten, im 15. Jahrhundert entstand der Verteidigungspalast, der sich zur Lieblingsresidenz vieler Könige entwickelte. Im Inneren der Burg weicht die Strenge überwältigendem Prunk. Den Thronsaal überwölbt eine goldverzierte Kuppel, doch am reichsten ausgestattet ist der Königssaal mit seiner prächtigen vergoldeten Sternendecke. Die spätgotische Kathedrale aus dem 16. Jahrhundert erhebt sich majestätisch auf dem höchsten Punkt der Altstadt. Ihr mächtiger, 88 Meter hoher Turm ragt weit sichtbar über die Stadt. Im Kreuzgang zeigt das Museo Catedralico eine wertvolle Sammlung Brüsseler Gobelins aus dem 16. und 17. Jahrhundert. Doch die reiche Stadt hat nicht nur weitere romanische Kirchen, wie San Lorenzo und San Esteban, zu bieten, sondern auch einen römischen Aquädukt aus dem 1. oder frühen 2. Jahrhundert, der über dem mittelalterlichen Marktplatz eine Höhe von 29 Metern erreicht. Im Städtchen Coca, das inmitten von Pinienwäldern liegt, wurde die mächtige Burg Castillo de Fonseca im 15. Jahrhundert von maurischen Handwerkern auf quadratischem Grundriss errichtet, als Baumaterial dienten die für den Mudéjarstil charakteristischen Backsteine. Die Burg gehört zu den am besten erhaltenen militärischen Verteidigungsanlagen jener Zeit.

Hauptstadt eines Weltreichs. Weiter nördlich erreicht man über Olmedo mitten auf der fruchtbaren kastilischen Hochebene die Universitäts- und Bischofsstadt Valladolid, Inbegriff altkastilischer Kultur. Auch wenn sich die Stadt heute modern und großstädtisch zeigt, präsentiert sie stolz ihre reiche Geschichte: Hier feierten 1469 König Ferdinand II. und Isabella I. ihre

Hochzeit, im Palast der Pimentel an der Plaza de San Pablo wurde 1527 Philipp II. geboren, und Christoph Kolumbus starb in dieser Stadt.

Valladolid war Sitz des Hofes und zu Zeiten Philipps II. und III. Hauptstadt des Königreichs. Der Bau der imposanten Kathedrale wurde von Juan de Herrera 1580 im Auftrag von Philipp II. begonnen und 1730 von dem Barockarchitekten Alberto Churriguera fortgeführt, jedoch nicht vollendet. Die Kathedrale wirkte stilbildend für viele spanische Kirchenbauten. In der engen Calle del Rastro lebte Cervantes von 1603 bis 1605. Das Cervantes-Haus, in dem der Dichter den ersten Teil seines »Don Quijote« verfasst haben soll, kann besichtigt werden.

Eine Stadt voller Glück. Von Valladolid aus gelangt man auf der N 601 nach León, das seinen Namen der VII. römischen Legion verdankt, die sich hier 68 n. Chr. niederließ. Seine Glanzzeit erlebte der Ort im 10. und 12. Jahrhundert, als er bis zur Vereinigung von Kastilien und León 1230 Hauptstadt des Königreichs León war, eines bedeutenden Vorläufers des spanischen Staates. Als Pilgerstadt auf dem Weg nach Santiago de Compostela war León eine der

Die frisch gefangenen Fische werden in Vigo gleich für den Verkauf vorbereitet. (oben)
Markt vor historischer Kulisse in Santiago de Compostela (unten)
Überall in Spanien weist das Schild (Mitte) den Pilgern den Weg nach Santiago de Compostela mit seiner alles überragenden Kathedrale. (links)

wichtigsten Stationen. Chroniken der Jakobspilger rühmen sie als Stadt, »die alles Glück in sich vereint«.

Aus dem 13. und 14. Jahrhundert stammt die Kathedrale Santa María de Regla mit ihren 125 Glasfenstern und drei Fensterrosetten aus dem 13. bis 20. Jahrhundert. Die romanische Basilika San Isidoro ist 200 Jahre älter als die Kathedrale und war zunächst als Mausoleum für den heiligen Isidoro von Sevilla gedacht. Neben Schatzkammer und Bibliothek ist das Panteón, die Grablege der Könige, Prinzen und Edlen von León von großer Bedeutung. Einzigartig sind die Fresken, die biblische Szenen und Jagdmotive darstellen. Deshalb erhielt das Panteón auch den Beinamen »Sixtinische Kapelle der Romanik«. Auch ein Frühwerk von Gaudí kann besichtigt hier werden: die Casa de Botines.

Durch einsame Landschaften. Von León geht es am Río Bernesga entlang auf der N 630 nach La Robla, dann über La Magdalena bis nach Villablino. Diese Strecke gehört wohl zu den einsamsten Kilometern durch den Norden des Landes. Dem Río Narcea folgt man auf kurvenreicher Strecke über den 1525 Meter hohen Puerto de Leitariegos nach Cangas de Narcea, einem

Zentrum für Forellenfang und Treffpunkt für Wanderer und Jäger. Eine winzige Straße führt schließlich zum lang ersehnten Meer und in den Küstenort Luarca. Brücken, ein Fischerhafen und ein Strand mit hoher Felsküste, Kirche und Friedhof an der Stelle der ehemaligen Festung bestimmen den gepflegten Ort mit geweißten Häusern und Schieferdächern.

Vielfalt an der Küste. Die Route führt nun am Meer entlang. Rechter Hand wechseln sich Buchten und kleine Orte ab, am Horizont verschmelzen Himmel und Wasser. Über den Río de Ouro gelangt man in das hübsche Vivero, und nach nur wenigen Kilometern erreicht man Ortigueira, das am Ostufer der Ría de Santa Marta von grünen Hügeln umgeben liegt. Auf den gepflegten Promenaden, wo Pinien- und Eukalyptushaine den Dünenstrand säumen, flaniert man gern und genießt die Ruhe.

Von Ortigueira sind es gut 100 Kilometer bis La Coruña, der größten Stadt Galiciens. Seinen Beitrag zur Seefahrernation leistete der Ort allemal: Im Jahr 1588 startete von hier aus die berühmte Armada mit 130 Schiffen und 29 000 Mann Besatzung zur Invasion Englands, doch schon 1589

»Museum der Romanik« wird Zamora auch genannt. (oben) Schönes Salamanca: Das Haus der Pilgermuscheln (unten) Bis vor 150 Jahren fanden auf der arkadengesäumten Plaza Mayor von Salamanca Stierkämpfe statt. (rechts)

kehrte sie geschlagen zurück. »Kristallstadt« wird La Coruña auch genannt, denn die zahlreichen verglasten Häuserfronten spiegeln die Sonnenstrahlen vielfach wider. Heute ist die Hochseefischerei die Haupteinnahmequelle.

In der Altstadt lässt es sich prächtig bummeln, das Wissenschaftsmuseum, die Casa de las Ciencias, ist eine der Attraktionen für Kinder wie für Erwachsene und vermittelt auf anschauliche Weise physikalische Gesetzmäßigkeiten. Auch das Aquarium Finisterrae ist einen Besuch wert. Aber die bedeutendste Sehenswürdigkeit bleibt wohl die Torre de Hércules. Der »Herkulesturm« wurde im 2. Jahrhundert von den Römern erbaut und ist der älteste noch in Betrieb befindliche Leuchtturm der Welt.

Am Ende der Welt. Auf der C552 geht es zum Cabo Finisterre. Hier steht man an dem Ort, der genauso wie das Cabo de São Vicente in Südportugal jahrhundertelang das Ende der Welt bedeutete. Am westlichsten Punkt Spaniens ragt ein Granitfelsen in das Meer, von dem aus sich ein grandioser Blick auf den Atlantik bietet. Vom Ende der Welt geht es in eines der wichtigsten Zentren Spaniens. Es ist wohl eher ungewöhnlich, sich Santiago de Compostela aus dem Westen zu nähern, aber die majestätische Stadt verfehlt dennoch ihre Wirkung nicht. Von der Pilgerstadt aus fährt man auf der N640 nach Süden und gelangt in das lebhafte Pontevedra. Glasfassaden prägen das für Galicien typische Stadtbild. In dem Ort sind das Museo Provincial und die Kirche Santa María la Mayor mit ihrer spätgotischen Fassade besonders sehenswert.

Der knapp 300 000 Einwohner zählende Kriegs- und Handelshafen Vigo geht zurück auf die römische Siedlung Vicus – die Römer gründeten hier einen der schönsten Naturhäfen Europas, dem Vigo seine Rolle als wirtschaftliche Stütze Galiciens zu verdanken hat. Die betriebsame, moderne Stadt mit der denkmalgeschmückten Plaza besitzt zwar keine bemerkenswerten alten Bauten, lockt doch

mit ihrem milden Klima und mit den Badesträndern an den Rías Bajas. Wieder im Landesinneren bieten bei der Bischofsstadt Orense 19 Stauseen Wassersportmöglichkeiten, und die 65 Grad Celsius heißen Schwefelquellen Las Burgas kann man wie einst die Römer genießen. Besondere Beachtung verdient die wunderschöne Kathedrale San Martín aus dem 12. und 13. Jahrhundert an der Plaza Mayor.

Ein Eckchen Portugal. Hinter Hügeln, Ginsterbüschen oder Nebelschwaden – je nach Jahreszeit – liegt das portugiesische Städtchen Chaves. Bis in vorrömische Zeit reicht die Geschichte des Ortes zurück, und noch heute erkennt man an seinen Festungsbauten den ehemals wehrhaften Charakter. Richtung Osten führt der Weg zu der alten Stadt Bragança, die sich malerisch auf einer Anhöhe über dem Tal des Rio Sabor ausbreitet.

Kastilien wie aus dem Bilderbuch. Unendliche Getreidefelder scheinen auf dem Weg nach Südosten am Horizont in ebenso unendliche Wolkenmeere zu münden. Inmitten dieser Weite liegt die altehrwürdige Stadt Zamora. Reich an romanischen Kirchen aus dem 12. und 13. Jahrhundert präsentiert sie sich dem Besucher. Von der alten Brücke Puente Viejo hat man einen schönen Blick auf die Altstadt mit der auffallenden Kathedrale aus dem 12. Jahrhundert. Die geschichtsträchtige Bischofsstadt Salamanca unterhält gleich drei Universitäten: die weltliche, die päpstliche und die der Dominikanerpatres. Dazu besitzt die extravagante Stadt eine traumhaft schöne Plaza Mayor sowie eine romanische und eine gotische Kathedrale.

Die altkastilische Stadt Ávila thront auf einem steilen Hügel. Sie erhielt nach der Rückeroberung eine Stadtmauer, die bis heute nichts von ihrer imposanten Größe eingebüßt hat. Nur schwer trennt man sich von diesem einzigartigen mittelalterlichen Ort, um wieder nach Madrid zurückzukehren und von dort über die A2 nach Perpignan weiterzufahren.

Die mittelalterliche Silhouette von Bragança (oben)
Die Plaza Mayor in Segovia (unten)

Gut zu wissen

Hinweise: Am besten ist man in Madrid mit öffentlichen Verkehrsmitteln und einem einen oder mehrere Tage gültigen Billete Turistico de Transporte unterwegs. www.esmadrid.com, www.spain.info, www.jakobs-weg.org

Von Perpignan nach Nizza

 660 Kilometer

Schon seit Jahrtausenden kommen Menschen in diese freundliche Gegend – die ersten sahen sich in der Steinzeit hier um und blieben. Danach ließen sich die Kelten in der schönen Region nieder, errichteten Griechen und Römer monumentale Bauwerke. Bis heute treffen sich hier die Künstler, die Reichen und Schönen und alle, die das südliche Lebensgefühl im Land am Meer zu genießen verstehen.

Einer der schönsten römischen Tempel: Maison Carré in Nîmes (Mitte)
In Sumpfland ließ Louis IX. den Hafen Aigues-Mortes für seinen Kreuzzug ins Heilige Land bauen. (unten)

In Perpignan genießt man beim Bummel durch die mit gotischen Gebäuden gespickte Altstadt südfranzösisches Flair. Die Nähe zu Spanien lässt sich jedoch nicht leugnen, denn Katalanisch wird hier von vielen Menschen gesprochen. Im Mittelalter war Perpignan die Hauptstadt des Königreichs Mallorca, aus dieser Zeit stammt der trutzige befestigte Palast der Könige von Mallorca, zu dem eine schöne Gartenanlage gehört. Die 1509 vollendete Kathedrale Sant Joan Baptista fasziniert nicht nur mit ihrer Architektur aus verschiedensten Stilepochen, sondern auch mit ihrem Glockenspiel – und mit dem benachbarten Friedhof Campo Santo in einem ehemaligen Kreuzgang.

Wein und Früchte. Gen Norden führt nach den Badeorten Canet-Plage und Le Barcrès die spektakuläre »Littoral«, die D627, am Surfer-Mekka Etang de Leucate vorbei nach Port Leucate und seinen Stränden. Weiter im Hinterland war Narbonne die erste römische Kolonie in Gallien und so lange eine bedeutende Handelsstadt, wie sie über den Fluss Aude Zugang zum Meer hatte. Heute spielt der Weinbau und seine Vermarktung die Hauptrolle in der Stadt zu Füßen der gotischen Kathedrale Saint-Just, und ein Bummel endet nicht selten in einem der zahlreichen Weinläden, wo Languedoc-Weine und ausgezeich-

nete Corbières-Tropfen zur Verkostung angeboten werden.

Sonne, Strand und Rubens. Béziers ist neben Sète vor allem bekannt als östlicher Ausgangspunkt für eine Hausboot-Tour auf dem Canal du Midi, der das Mittelmeer mit der Biscaya verbindet. Agde war bis in die 1960er-Jahre ein verschlafenes Fischerdorf und begann mit der Feriensiedlung Cap d'Agde sozusagen ein neues Leben. Im Sommer, vor allem in den französischen Ferienmonaten Juli und August, tobt hier das Leben. Sommer, Sonne, Strand, Disco – ein Urlaubsparadies für Junge. Am Golfe du Lion bezaubert Sète durch die reizende Lage zwischen dem Bassin de Thau und dem Mittelmeer. Die Strände sind endlos lang, hier sollte jeder sein Plätzchen finden. Die Stadt ist zudem berühmt für ihre ausgezeichneten Austern und Muscheln, am stilvollsten sind sie im Fischerhafen zu genießen. Montpellier ist eine lebendige Stadt mit rund 270 000 Einwohnern – und drei Rubens-Gemälden, die neben anderen Bildern und Skulpturen im ausgezeichneten Musée de Fabre zu bewundern sind. Das nahe gelegene Le Grau-du-Roi ist dann genau der richtige Badeort für eine Abkühlung im Mittelmeer.
In Aigues-Mortes ist schon die Camargue erreicht. Durchatmen, eine Flasche Rotwein, Baguette und Käse – schon kann das

»Pique-Nique« beginnen (wobei die Mücken lästig werden können). Dafür entschädigt die Stadt der »toten Wasser«: der mittelalterliche Kreuzfahrerhafen Aigues-Mortes mit seiner 1,5 Kilometer langen Stadtmauer und ihren 15 Türmen und 10 Toren. Auf den kleinen Straßen D58 und D42 bummelt man durch das wasserumspülte Land im Rhône-Delta, das seit 1928 unter Naturschutz steht. Flamingos haben hier ihre Brutstätten und scheinen sich mit den Herden der Camargue-Pferde und Stiere angefreundet zu haben.

Auf den Spuren der Römer. Im Landesinneren bezaubert Nîmes durch seine Gegensätze: einerseits die gut erhaltenen Zeugnisse römischer Kultur, wie das große Amphitheater und der Podiumstempel Maison Carrée, andererseits beeindruckende Bauwerke der Moderne, wie das 1993 eröffnete Kunsthaus Carré d'Art des Stararchitekten Sir Norman Foster. Ein kleiner Umweg führt zum Pont du Gard. In drei Stockwerken überquert das besterhaltene römische Aquädukt den Gard. Es war Teil einer 50 Kilometer langen künstlichen Wasserleitung, die die Römer um 19 v. Chr. bauten, um Trinkwasser aus der Eure-Quelle nach Nîmes fließen zu lassen.

Danach darf ein Besuch des antiken Arausio nicht fehlen: Das gut erhaltene römische Theater und der prächtige Arc de Triomphe von Orange lassen erahnen, dass die Stadt zur Römerzeit die reichste Siedlung der Provinz Gallia Narbonensis war.

Durch die Provence. Richtung Avignon führt der Weg in den Lubéron, die Bilderbuch-Provence, jenes liebliche Gebirge mit dem fast 2000 Meter hohen Mont Ventoux im Mittelpunkt. Ganz gleich, wo man absteigt, zum Beispiel in dem Winzerdorf Bédoin, in dem neben Wein auch ein vorzüglicher Honig hergestellt wird – überall duftet es nach Lavendel, lässt es sich prächtig schlemmen, finden sich gemütliche Herbergen mit netten Menschen. Nachdem man in Carpentras die Kathedrale und die Synagoge besichtigt hat, steht eine vielbesungene Sehenswürdigkeit auf dem Plan: »Sur le pont d'Avignon« heißt das Lied, das nicht nur in Frankreich jedes Kind kennt. Ganz oben auf der Wunschliste der Besucher steht neben der Brücke, die im 12. Jahrhundert gebaut und bis auf vier Bögen Mitte des 17. Jahrhunderts zerstört wurde, der Papstpalast aus dem Mittelalter. Papst Clemens V. verlegte 1309 seinen Amtssitz nach Avignon, weil

Der Pont du Gard, ein grandioses Beispiel römischer Ingenieurskunst von vollendeter Schönheit, ist über 2000 Jahre alt. (oben)
Nach nordfranzösischem Vorbild: die Kathedrale Saint-Just in Narbonne. (Mitte)
An die Stadtgründung erinnert der Triumphbogen in Orange. (unten)
Luxus hinter düsteren Mauern: der Papstpalast in Avignon (links)

er sich hier sicherer fühlte als im krisengeschüttelten Rom. Seine Nachfolger ließen den düsteren, doch sehenswerten Palast erbauen. Im Juli ist ganz Avignon während des Theaterfestivals Tag und Nacht auf den Beinen zu sein. Jede Place verwandelt sich in eine Bühne für ein buntes Treiben mit Musik, Tanz, Theater und Clownerie.

In den Alpilles trifft man auf einen merkwürdigen Ort: Les Baux. Die mächtigen Grafen von Baux, die vom 10. bis zum 13. Jahrhundert über die Provence herrschten, ließen im 11. Jahrhundert eine Zitadelle in den Fels meißeln und empfingen später an ihrem berühmtem »Liebeshof« Troubadours. Als Richelieu 1632 die Burg zerstören ließ, wurde Les Baux zur Geisterstadt. Heute lebt der Ort, der zu den schönsten Dörfern Frankreichs zählt, hervorragend vom Fremdenverkehr.

Am Nordrand der Camargue liegt Arles direkt an der Rhone. Unter dem römischen Kaiser Augustus war das damalige Gallula Roma die bedeutendste Stadt an der Via Aurelia, die von Rom nach Spanien führte. Über Jahrhunderte war die Stadt ein Handelsplatz, und auch heute noch ist der samstägliche Markt auf dem Boulevard des Lices im Zentrum der schönste und bunteste unter den Märkten der Provence, die ohnehin an Genüssen und Sinneseindrücken kaum zu übertreffen sind. Seit der Industrialisierung schwand der Einfluss der Stadt auf den Handel, geblieben sind jedoch Bauwerke wie das hervorragend erhaltene römische Amphitheater: Etwa 12 000 Menschen fasst das Oval, in dem vor 2000 Jahren noch Gladiatoren im Kampf mit den Löwen den Kürzeren zogen.

Herz und Kopf. Frankreichs zweitgrößte Stadt zählt 850 000 Einwohner und ist als typische multikulturelle Hafenstadt auf jeden Fall die quirligste des Landes: Marseille war schon in der Antike einer der größten griechischen Handelsstützpunkte, später wurde aus dem griechischen Massalia das römische Massilia und im 13. Jahrhundert kurz der eigenständige Stadtstaat Marseille. Frankreichs »Tor zum Mittelmeer« ist eine raue Schönheit, die sich seit einigen Jahren kulturell mausert. 2013 war Marseille Europas Kulturhauptstadt, seitdem lockt das topmoderne Museum der Zivilisationen Europas und des Mittelmeers Besucher zum Alten Hafen, der seit der Antike das Zentrum der Stadt bildet. Wenn in Marseille das Herz des Südens schlägt, dann ist in Aix-en-Provence sein

Highlights der Belle Époque: Casino in Monte Carlo (oben), Hotel Carlton an der Croisette in Cannes. (unten) Blick über die Dächer von Roquebrune zum Cap Martin, zu dessen illustren Gästen Greta Garbo, Coco Chanel und Winston Churchill zählten. (rechts)

Geist zu Hause. Umfragen zufolge würden in der mediterranen Stadt die meisten Franzosen am liebsten leben. Schon Paul Cézanne fand, dass es keinen schöneren Ort auf Erden als seine Heimatstadt gibt. Zu widersprechen fällt schwer angesichts der Leichtigkeit, die Aix-en-Provence ausstrahlt. Ihren Anteil daran haben sicher die rund 40 000 Studenten, die vielen südlichen Märkte, die unzähligen Gourmet-Restaurants und die Avenues mit ihren Parkbänken unter Schatten spendenden Platanen. Von Toulon, das als Hauptattraktion eine Seilbahnfahrt auf den Mont Faron mit fantastischem Rundblick über das Meer bis zu den Bergen der Provence zu bieten hat, führt der Weg gemütlich über die D98 im Hinterland der Côte d'Azur nach Saint-Tropez.

Legendäres Saint-Tropez.

Saint-Tropez blickt auf römische Geschichte und einen Märtyrer zurück, der dem Ort seinen Namen gab. Heute scheint hier nur noch das Geld heilig zu sein. Dabei kamen die Künstler Anfang des 20. Jahrhunderts mit guten Absichten in den sonnigen Süden: Maler wie Pierre Bonnard oder die Schriftstellerin Colette liebten das verträumte Fischerdorf an der Spitze einer Halbinsel. Dann traf sich hier die Filmprominenz mit dem Jetset im Schlepptau. Heute hat der Nobelort seine Anziehungskraft für die (Neu-)Reichen der Welt verloren.
In der Hafenstadt Saint-Raphaël spielt neben dem Tourismus dagegen weiterhin der Fischfang eine Rolle. Schon die Römer siedelten hier und machten das angrenzende Fréjus zu einem wichtigen Stützpunkt, davon zeugen Teile eines 40 Kilometer langen Aquädukts und Reste der antiken Hafenanlage. Von hier aus lohnt sich ein Abstecher in das Massif des Maures im Hinterland, eine sehr eigenwillige Landschaft mit uralten Korkeichen, Kastanienbäumen und vereinzelten Weinfeldern, die ebenfalls bereits von den Römern angelegt wurden. Von Saint-Raphaël bis Cannes können sich geduldige Autofahrer auf der D559 an den Naturschönheiten der

Côte satt sehen, die sich mal felsig, mal mit Sandstränden präsentiert.

Glamour, Duft und Künstler.

Ein Kontrastprogramm bietet Cannes. Palmen und Blumen schmücken die Flaniermeile La Croisette, neue Hotelburgen und alte Hotelpaläste wechseln sich ab und machen deutlich, dass sich die Stadt dem Fremdenverkehr verschrieben hat. Den größten Auflauf gibt es alljährlich im Mai beim Internationalen Filmfestival. Dann platzt Cannes vor Stars, Sternchen und Schaulustigen aus allen Nähten, und auch die ehrwürdige Spielbank macht gute Geschäfte. Nach so viel Glamour tut Grasse am Fuß der Seealpen richtig gut. Hier, im milden Klima und von den Bergen geschützt, wachsen neben den berühmten Herbes de Provence auch Blütenpflanzen wie Mimosen, Nelken, Rosen, Lavendel, Veilchen und Orangen, aus denen Dior, Chanel oder Rabanne die kostbaren Duftnoten mit dem gewissen Etwas zaubern. Natürlich muss man in einer der rund zwei Dutzend Parfümfabriken Station machen, sich durch diverse Wässerchen schnuppern und seinen eigenen, ganz persönlichen Duft mischen, den man für vergleichsweise wenig Geld mit nach Hause nehmen kann – eine schöne Erinnerung.
Über kleine Straßen führt von der Duftmetropole der Weg nach Vence, dessen Altstadt zu den schönsten in ganz Frankreich gehört. Viele Künstler ließen sich hier inspirieren, darunter Marc Chagall (Chagall-Mosaik beim Taufstein in der Kathedrale) und Henri Matisse, der Mitte des 20. Jahrhunderts die nahe Chapelle du Rosaire gestaltete.
Nur 20 Kilometer sind es von hier in die Großstadt Nizza. Dort sollte man auf öffentliche Verkehrsmittel umsteigen oder die Minibahn benutzen, die alle paar Minuten von der Promenade des Anglais zur Sightseeing-Tour aufbricht. Diese Strandpromenade geht auf die englischen Kurgäste vergangener Jahrhunderte zurück. Auch ein Abstecher nach Monaco ist von Nizza aus möglich.

In der duftenden Parfümstadt Grasse (oben)
Längst nicht mehr das ausgeflippte Fischerdorf der Filmstars, denen es seinen Ruf verdankt: Saint-Tropez. (Mitte)
Villefranche-sur-Mer liegt herrlich in einer Bucht mit natürlichem Hafen (unten).

Gut zu wissen

Hinweise: In Marseille kann man an geführten E-Biketouren teilnehmen, die vom Zentrum bis an die wilde Küste führen. www.marseille-tourisme.com, http://de.france.fr/de/sehenswert/der-camargue

Von der Côte d'Azur zum Genfer See

 790 Kilometer

Die französische Riviera besticht mit ihrem azurblauen Glanz, dagegen wirkt die Hochprovence bunt und schroff zugleich. Ihr Licht zeichnet scharfe Schatten in eine bizarre Gebirgslandschaft, das Wasser hat sich tief ins Gestein gefressen. Am Lac d'Annecy muten die Berge, grüne Wiesen und der graue Fels schon recht innerschweizerisch an, am Genfer See gibt sich Genf kosmopolitisch.

Im Tal des Verdon, am Fuß eines markanten Felsens, liegt das Städtchen Castellane. (oben)
Typisch für die französischen Südalpen sind ihre vielen Schluchten, hier die Combe du Queyras. (unten)

Der Weg von der Côte d'Azur nach Genf gestaltet sich als abwechslungsreiche, wenn auch etwas anspruchsvolle Berg- und Talfahrt. Es empfiehlt sich daher nicht, die Serpentinen dieser Alpenstrecke zu zählen. Vom lebhaften Großstadtgewühl in Nizza fährt man erst einmal hinaus nach St-Paul-de-Vence, das seit jeher die Künstler angezogen hat. Eine große Werkschau der klassischen Moderne präsentiert das Kunstzentrum Fondation Maeght oberhalb von St-Paul-de-Vence: Skulpturen, unter anderem von Miró und Giacometti, Gemälde von Braque, Kandinsky, Chagall, Matisse und Léger.

Schluchten und Gräben. Von den stilvollen Villen und Gärten im benachbarten Städtchen Vence, das malerisch auf einem kleinen Bergrücken gelegen ist, geht die Fahrt durch die wildromantischen Gorges du Loup, die »Wolfsschluchten«. Am Verdon liegt der Grand Canyon du Verdon, die größte Schlucht der gesamten Alpen. Die gut ausgebauten Aussichtsstraßen bieten schwindelerregende Tiefblicke auf das grüne Wasser des Flusses, und wer seine Wanderschuhe dabei hat, kann sogar einen Abstecher in den Schluchtgrund unternehmen. Auf kurviger Strecke erreicht man den Flecken Castellane. Wahrzeichen des winzigen Städtchens ist der fast 200 Meter hohe Felsen, gekrönt von der Kapelle

Notre-Dame du Roc. In der Haute-Provence und den Seealpen, den Alpes Maritimes, gibt es noch viele tiefe und wilde Gräben, beispielsweise im Tal der Val, das sich unterhalb von Guillaumes zu den grandiosen Gorges de Daluis verengt. Von der kühn trassierten Straße bieten sich faszinierende Tiefblicke in die wilde Klamm, deren auffallend rötliche Färbung der Felsen auf Kupfereinlagerungen im Schiefergestein zurückzuführen ist. Den Ausgang der zehn Kilometer langen Schlucht markiert die »Gardienne des Gorges«, ein Felszacken mit den Umrissen einer Frauengestalt. Über St-Martin-d'Entraunes windet sich die teils sehr schmale Strecke in endlosen Kurven über den 2089 Meter hohen Col des Champs und kurz danach über den 2240 Meter hohen Col d'Allos. Beide Pässe liegen am Westrand des Parc National du Mercantour, der sich östlich bis zur italienischen Grenze erstreckt.

Berge und Seen. Von Barcelonnette, dem Hauptort der Talschaft Ubaye und mit ihr bis 1713 dem Herzogtum Savoyen verbunden, kurvt man auf schmaler Straße bergwärts bis zum Mont Colombis, der eine prächtige Aussicht über die Täler und Gipfel rund um die Durance bietet, die unterhalb von Embrun zum 30 Quadratkilometer großen Lac de Serre-Ponçon aufgestaut ist. Seine Uferstraßen vermitteln einen guten Eindruck von den französischen Südalpen: farbig, trocken, von der Erosion gezeichnet – fast schon exotisch. Am Ostufer fasziniert eine Gruppe bizarrer Erdpyramiden, hier »Demoiselles coiffées« genannt. Ein weiteres Vorkommen dieser eiszeitlichen Hinterlassenschaft findet sich westlich des Lac de Serre-Ponçon, bei Théus oberhalb von Espinasses.

Embrun, das römische Ebrodunum, war im Mittelalter Sitz eines Fürstbischofs. Sehenswert ist die aus dem 12. Jahrhundert stammende ehemalige Kathedrale mit der schönen Vorhalle »Le Réal«. Bei Guillestre verriegelt der von Vauban befestigte Felsen des Mont Dauphin den Talausgang zur Durance. Von dort führt ein Abstecher nach Queyras, das vor allem als lohnendes Wander- und Tourenrevier gilt und vom Guil durchflossen wird. Ein beliebtes Fotomotiv ist dort das Château Queyras, ein imposantes Schloss aus dem 13. Jahrhundert. Wer dem Fluss über Abriès und L'Echalp talaufwärts bis zum Straßenende folgt, bekommt einen der schönsten und berühmtesten Berge der südlichen Westalpen zu Gesicht, den Monviso mit 3841 Metern Höhe. Auf dem 2744 Meter hohen Col Agnel überquert die Passstraße den Alpenhauptkamm zum italienischen

Valle Varaita. Von der Scheitelhöhe genießt man herrliche Ausblicke auf die Gipfelketten der Cottischen Alpen.

Zur höchsten Stadt Europas. Hochalpine Ausblicke bietet auch ein Abstecher ins Massiv des Ecrins (Pelvoux-Massiv), das als Parc National des Ecrins größtenteils unter Naturschutz steht und mit mächtigen Gletschern und dem 4102 Meter hohen Barre des Ecrins – dem südlichsten Viertausender der Alpen – aufwartet. Einen Eindruck von der grandiosen Landschaft bietet die Fahrt von Argentière-la-Bessée über Vallouise hinauf nach Pré de Madame Carle. Das nahe Briançon, die »höchstgelegene Stadt der Alpen«, ja sogar Europas, wirbt mit dreihundert Sonnentagen im Jahr! Da stehen die Chancen ziemlich gut, dass auf der landschaftlich sehr abwechslungsreichen Fahrt über den Col d'Izoard schönes Wetter herrscht, sich der festungsgekrönte, 3131 Meter messende Mont Chaberton im Norden dem staunenden Betrachter zeigt und das obligate Foto der bizarren Felstürme der Casse Déserte gelingt.

Hinauf, noch weiter sogar, wollen auch jene, die mit großem Gepäck in La Bérarde starten: zu den Gletschern und auf die Gipfel im Parc National des Ecrins. Der

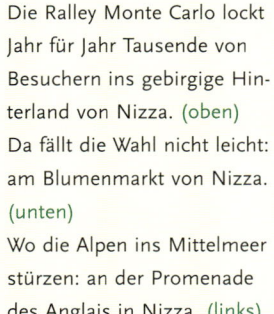

Die Ralley Monte Carlo lockt Jahr für Jahr Tausende von Besuchern ins gebirgige Hinterland von Nizza. (oben)
Da fällt die Wahl nicht leicht: am Blumenmarkt von Nizza. (unten)
Wo die Alpen ins Mittelmeer stürzen: an der Promenade des Anglais in Nizza. (links)

berühmteste Berg ist hier La Meije. Eine wunderbare Aussicht auf die Nordabstürze des stolzen Fast-Viertausenders bietet die Fahrt von der Chambon-Talsperre via La Grave durchs Tal der Romanche hinauf zum Col du Lautaret. Direkt an der Scheitelhöhe mündet die Galibier-Route; im nahegelegenen Alpenblumengarten kann man im Sommer die herrliche artenreiche Flora der Region bewundern.

Nadeln am Wegrand. In den westlichen Ausläufern des Ecrins-Massivs führt die Straße in das Talbecken des Luftkurorts Le Bourg-d'Oisans, vom steilen, sonnenseitigen Hang herab grüßen die Chalets von Alpe d'Huez. Die Skistation hat in der Sportwelt Berühmtheit erlangt als Etappenort der Tour de France; da quälen sich die Heroen der Landstraße dann über die endlosen Schleifen der Straße, angefeuert von Zigtausenden von Fans. Der Schweiß rinnt, und die Kraft schwindet – so mancher schon hat an dieser Rampe seine Ambitionen begraben müssen. Am Col d'Ornon überquert man die Wasserscheide und kreuzt bei La Mure, einem alten Bergbaustädtchen, jenen Weg, den Napoleon 1815 nach seiner Rückkehr aus der Verban-

nung nahm und der ihn (jedenfalls für kurze Zeit) zurück an die Macht brachte. Mit Blick auf den unglaublich freistehenden Felszacken des 2087 Meter hohen Mont Aiguille – eines der »sieben Wunder der Dauphiné« – beginnt der Anstieg zum Col de Menée. Auf der anschließenden Talfahrt erreicht man das Weindorf Châtillon-en-Diois in der lichtüberfluteten, weiten Berglandschaft des Diois. Hier ist Die ein stark provenzalisch geprägtes Städtchen mit gallo-römischen Wurzeln, hübsch im Tal der Drôme gelegen. Am Col de Rousset führt der rund 600 Meter lange Scheiteltunnel zur bereits im Jahr 1896 angelegten Route de Combe Laval, die quer durch senkrechte Felsabbrüche nach Pont-en-Royans verläuft. Durch den düsteren Schlund der Gorges de la Bourne erreicht man Villard-de-Lans.

Zu Besuch bei Gauguin und Picasso. Auf der Fahrt von Die über Sassenage nach Grenoble kann man im Vercors fantastischen Kalkablagerungen – »art naturelle« – entdecken, dazu muss man allerdings ins Innere des waldreichen Bergmassivs steigen, etwa in die Grottes de la Choranche. Sehenswert sind auch die Schluchten des

Gréoulières ist ein malerischverträumtes Bergnest im hügeligen Hinterland von Grasse. (oben)
Der Galibier (unten)
Wenn der Nordwind von den Jurahöhen herabbläst, flitzen bunte Segel über den Genfer See. (rechts)

Vercors, von den Wasserläufen im Lauf von vielen Jahrtausenden aus dem Kalkgestein gewaschen. In Grenoble ist an der Place Verdun ganz andere Kunst zu bewundern. Hier sind einige sehr berühmte Franzosen unter einem Dach versammelt, und zwar bildlich: im Musée des Beaux-Arts, einer der bedeutendsten Sammlungen der klassischen französischen Moderne, mit Werken von Bonnard, Gauguin, Matisse, Monet, Léger, Renoir und Picasso. Die Stadt am Zusammenfluss von Drac und Isère gilt als ein führendes Hightechzentrum Frankreichs. Innovativ war man hier allerdings schon früher: 1869 errichtete der Ingenieur Aristide Bergès im Graisivaudan das erste Wasserkraftwerk Frankreichs. Die historische Cité schmiegt sich ans Isère-Knie, über dem der stark befestigte Bastille-Hügel aufragt. Ihr Mittelpunkt und stadtbeliebter Treff ist die Place Grenette mit Straßencafés und der Kirche St-André ganz in der Nähe.

Geheimste Rezepte. Richtung St-Pierre-de-Chartreuse beginnt die Berg- und Talfahrt durch das Grande-Chartreuse-Massiv: vier Pässe und – natürlich – jede Menge Kurven. Hierzulande kennt man wohl weniger den (sehr reizvollen) Landstrich als vielmehr den Kräuterlikör gleichen Namens. Wer »Erfinder« des Chartreuse war, ist nicht mehr festzustellen; das Rezept gelangte 1737 in den Besitz des Klosters Grande Chartreuse, das Mutterhaus des Kartäuserordens. Die genaue Zusammensetzung (130 Kräuter!) und der Herstellungsprozess sind nach wie vor strengstens gehütetes Geheimnis der Mönche. Seit 1860 wird der Likör allerdings nicht mehr im Kloster, sondern im nahen Voiron hergestellt (Destillerie und Reifekeller können besichtigt werden). Römische Spuren finden sich in der Umgebung von Chambéry, wo antike Karten eine Station an der Straße Mailand–Lyon verzeichnen. Bedeutung erlangte die Stadt allerdings erst, als sie im 13. Jahrhundert zur Residenz der Savoyer Grafen wurde. Ihr Schloss thront über der Altstadt, die zu einem gemütlichen Bummel einlädt.

Letzte Kurven zum See. Faszinierend ist die Rundschau vom Mont Revard, der sich weiter nördlich erhebt und eine Höhenstraße besitzt. Er bietet darüber hinaus noch einen Tiefblick auf den größten natürlichen See Frankreichs, den Lac du Bourget. An seinem Westufer liegt die im 12. Jahrhundert gegründete Abtei von Hautecombe, ein beliebtes Ausflugsziel, am Fuß des Mont Revard die vornehme Kurstadt Aix-les-Bains mit Überresten seiner römischen Thermen und einem Campanusbogen. Kurz darauf beginnt die nächste Kurvenfahrt: auf der Semnoz-Kammstraße über den bewaldeten Rücken des Semnoz bis knapp unter den Gipfel des Crêt de Châtillon, wo eine »table d'orientation« das große Panorama erläutert. Annecy, die Hauptstadt des Departement Haute-Savoie, liegt am Ufer des Lac d'Annecy, überragt von einer stattlichen Burg. Es ist Sitz bedeutender Industrie, unter anderem einer Glockengießerei, in der die »Savoyarde«, die Glocke der Pariser Kirche Sacré-Coeur, entstand. Gen Norden gewährt der 1838 erbaute Pont de la Caille, der die 150 Meter tiefe Schlucht des Usses überspannt, einen Blick in die Tiefe, bevor die Fahrt über den langen Kalkfelsrücken des Mont Salève mit viel Linksrechts, aber auch einer herrlichen Sicht zum Montblanc aufwartet. Der Blick fällt hier auch schon auf den Genfer See, dessen Nordufer seit Jahrhunderten von Dichtern aller Nationen gepriesen wird. Kurorte wie Montreux und Vevey, aber auch die üppigen Weinhänge dieser Region profitieren von dem milden, mediterranen Klima. Am Südufer des Sees sind die Schlösser Blonay und Ripaille einen Besuch wert. Über die Schweizer Grenze erreicht man Genf am Westende des Sees. Die weltläufige Stadt beherbergt den europäischen Sitz der UNO und viele weitere internationale Organisationen. Beim Blick zurück sieht man abends noch einmal besonders schön die hohen Firndome der Montblanc-Kette im Südosten über dem Arvetal. Zum nächsten Etappenbeginn, Gstaad, führt die A1 am Nordufer des Sees.

Rast in Le Laus, einem Weiler an der Strecke von Briançon zum Col d'Izoard. (oben) Ein mächtiges Schloß krönt die Altstadt von Annecy. Von hier aus könnte man auch einen Abstecher zum Montblanc, dem höchsten Berg der Alpen, machen. (unten)

Gut zu wissen

Hinweise: Die schönste Art, den Genfer See zu entdecken, ist mit den Belle-Époque-Schiffen der CGN, die an vielen Orten anlegen.
www.myswitzerland.com,
www.ville-geneve.ch

Von Gstaad über Zürich zum Bodensee

 685 Kilometer

Auf dieser Strecke durch die Schweiz sind die Berge am höchsten, die Gletscher am längsten, die Täler am tiefsten und die Seen dunkelblau – fast scheint es, als wären alle Superlative der Alpen zwischen Gstaad und Zermatt, zwischen Zürich und Monte Rosa versammelt. Und in den Berner und Walliser Alpen sieht man die markantesten Hochgipfel des Landes.

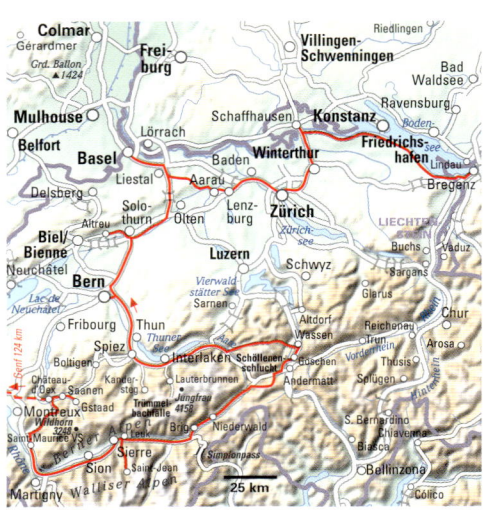

Die Bergwelt – wie hier in der Jungfrauregion – erlebt man am schönsten auf einer Wanderung. (oben)
Auf Straßen und Fußwegen durchs Gebirge: im Berner Oberland (unten)

Gstaad liegt im Berner Oberland, wo der Alpentourismus »erfunden« wurde. In dem Nobelort herrscht sommers wie winters Saison, doch nicht nur die Promis sind hier berühmt. Von Gstaad bis Spiez, das im Schatten seines mächtigen Schlosses an einer Bucht des Thuner Sees liegt, liegt das Simmental. Und wer jetzt ans liebe Vieh denkt, liegt richtig. Die Simmentaler Kuh ist ganz eindeutig die berühmteste Simmentalerin und dazu seit Jahrhunderten ein echter Exportschlager. So etwas bringt Wohlstand; den sieht man den stattlichen Bauernhäusern auch an. Und in Saanen, dem Nachbarort von Gstaad, wird eine leckere Spezialität aus Kuhmilch hergestellt: der Saanenkäse.

Spitze Felszähne. Die deutsch-französische Sprachgrenze ist nicht mehr weit, Ballonfahren kann man im benachbarten Château-d'Oex, und hinter dem Col du Pillon spricht man in Les Diablerets am Fuß des gleichnamigen Bergmassivs schon Französisch. Die Bergstrecke hinauf zum Col de la Croix bietet einen packenden Blick in das Felsenhalbrund am Nordwestabsturz der Diablerets. Auf der Fahrt hinab ins Rhonetal kommen die siebengipfligen Dents du Midi ins Blickfeld. Bei St-Maurice, dem Festungsstädtchen mit zweitausendjähriger Geschichte, überquert man die Grenze

zum Kanton Wallis, doch erst bei Martigny, am Rhoneknie, öffnet sich das größte Tal der Alpen, umgeben von Viertausendern und 120 Kilometer lang, ein Landstrich voller Gegensätze. Hier stehen die höchsten Gipfel Helvetiens, wandern die größten Alpengletscher talwärts, während an der Rhone Aprikosen und Tomaten geerntet werden, Winzer den süffigen Fendant und kräftige Rotweine keltern. Visperterminen wartet mit dem höchsten Rebberg der Alpen, ja ganz Europas auf – in 1200 Meter Höhe – und in dem Flecken Mund wird Exotisches angebaut: Safran. Die Jahresernte beträgt normalerweise etwas mehr als ein Kilogramm ... Das touristische Kapital des Wallis sind seine Seitentäler, die tief in die Hochgebirgswelt der Walliser und Berner Alpen hineingreifen. Ganz hinten im Val de Bagnes, im Lötschental, unter den Gemmiwänden, im Saas- und im Mattertal führen steile, oft abenteuerliche Wege, vor Jahrhunderten angelegt, über die hohen Pässe ins Berner Oberland, ins Aostatal und ins Valle d'Ossola. So wurden die Täler »hinter« Matterhorn und Monte Rosa sowie das Pomat im späten Mittelalter von Wallisern (Walsern) besiedelt. Den Großen St. Bernhard überquerten nicht nur Händler und Pilger, sondern auch die Soldaten Napoleons auf dem Weg in die Lombardei.

Kirchenburgen und Ruinen. Hauptstadt des zweisprachigen Kantons Wallis ist Sion (Sitten), das mit seinem historischen Ortskern am Fuß von zwei einst befestigten Hügeln liegt. Schloss Tourbillon ist eine Ruine, wogegen die Valère als weitgehend intakte Kirchenburg beeindruckt. Beherrscht wird sie von der romanisch-gotischen Stiftskirche, deren Schwalbennestorgel von 1435 als älteste spielbare Orgel der Welt gilt.

Sierre schließlich kann mit dem Château de Vidomnes aufwarten, das mit hoch aufgesetzten Rundtürmen einen wehrhaften Eindruck macht. Und Leuk am Eingang der Dalaschlucht weist noch etliche romanische und gotische Bauwerke auf.

Der berühmte Simplonpass ist untrennbar mit dem Namen eines Mannes verbunden: Kaspar Jodok Stockalper (1609–1691). Als gewiefter Geschäftsmann machte er unter anderem mit dem Handel am Simplon ein Riesenvermögen; sein dreitürmiger Palast – das größte Barockschloss der Schweiz – beherrscht noch heute, optisch zumindest, Brig. Das Städtchen ist wichtigster Verkehrsknotenpunkt des Oberwallis, in alle Richtungen gehen von hier aus Eisenbahnlinien. Auch die größte Sehenswürdigkeit der Region hat einen Bahnanschluss: der Aletschgletscher. Seilbahnen führen von Blatten auf die Belalp, von der Rhone in Mörel hinauf zu den Ferienregionen der Rieder- und Bettmeralp, von Fiesch zum Eggishorn und zur großen Aussicht auf den längsten Alpengletscher.

Über die Furka. Das oberste Tal der Rhone, das Goms, ist ein herber Landstrich, der nie viele Menschen ernährte. Ein Walliser namens Roger Bonvin, in den sechziger Jahren Berner Regierungsmitglied, bescherte dafür dem Goms eine wintersichere Bahnverbindung mit Andermatt, den Furkatunnel. Ganz nah an den stark geschrumpften Rhonegletscher führen die Serpentinen der Furkapassstraße, und vom Belvedere aus kann man sogar ein Stück weit in das Eis hineinspazieren und eine künstliche Grotte bestaunen! Am Furkapass in über 2400 Metern Höhe bietet sich ein fantastischer Blick auf mehrere Viertausender der Berner Alpen; bei der Talfahrt über die Kehren oberhalb von Realp hat man freie Sicht in das Urserental. Die Straße führt hinter dem »Kasernendorf« Andermatt bei Göschenen in die Schöllenenschlucht, einst das Haupthindernis am Weg über den St. Gotthard. Heute rauscht der Fernverkehr durch den Tunnel.

Im Herzen der Schweizer Alpen: der Rhonegletscher (oben)
Eis oder Fels? Die Eisgrotte am Rhonegletscher (unten)
Die Kleine Scheidegg bietet freie Sicht auf Mönch und Jungfrau. (links)

Von Uri Ins Bernbiet. In Wassen beginnt die Auffahrt zum Sustenpass; jenseits des kurzen Scheiteltunnels empfängt einen das Berner Oberland mit einem herrlichen Hochgebirgsszenario. Drunten in Innertkirchen, wo die Passfahrt endet, ist nach all dem Hochgebirge zur Abwechslung ein Abstecher »in den Berg« fällig: zur Aareschlucht. Wer dann von tosenden Wassern noch nicht genug hat, kann anschließend die Reichenbachfälle bei Meiringen besichtigen. In den Wasserkaskaden verschwand vor vielen Jahren eine weltbekannte (virtuelle) Persönlichkeit: Sherlock Holmes, der legendäre Detektiv von Sir Arthur Conan Doyle. Zum Trost: Meiringen hat ihm ein kleines Museum eingerichtet.

Legendäres Trio. Freie Sicht auf das legendäre Gipfeltrio Eiger, Mönch und Jungfrau genießt man vom Höhenweg in Interlaken. Dass die Wiese davor bis heute nicht verbaut worden ist, verdanken wir der Weitsicht der Hoteliers, die das Grundstück um 1860 kurzerhand aufkauften. Das Gletscherdorf Grindelwald hat seine Eiger-Nordwand, Wengen ist der zweitgrößte Wintersportort im Berner Oberland, und das vom Gletschereis trogförmig ausgehobelte Tal von Lauterbrunnen wartet

mit über siebzig Wasserfällen auf, von denen der Staubbachfall und die am Berg über zehn Kaskaden herabstiebenden Trümmelbachfälle die schönsten sind. Und dann ist da Europas höchstgelegener Bahnhof am Jungfraujoch: 3454 Meter über dem Meer!

In der Hauptstadt. In Thun mit seinem berühmten Schloss und der historischen Altstadt zeigt das berühmte Wocher-Panorama, ein 39 mal 7,5 Meter großes Rundgemälde, wie das Berner Oberland zu Beginn des 19. Jahrhunderts ausgesehen hat. Zu jener Zeit hatten die Hochalpen bereits etwas von ihrem Schrecken verloren, und die ersten Touristen kamen mit der Kutsche am Thuner See an. Von dort führt der Weg direkt nach Bern. In der Schweizer Hauptstadt wird man wohl einen längeren Halt einplanen; ihr historischer Kern, 1983 zum UNESCO-Welterbe erklärt, gilt als das bedeutendste Bauensemble des Landes. An Föhntagen scheinen die Gletschergipfel der Berner Alpen gleich hinter dem Berner Münsterturm zu stehen.
Von Bern ist das berühmteste Käserevier der Welt nicht mehr weit, wie ein Flussname verrät: Emme. Im Emmental werden

Wahrzeichen Basels: das Münster (oben)
Die Basler Fasnacht beginnt um vier Uhr früh mit dem berühmten »Morgenstreich«. (unten)
Der Oeschinensee am Fuß der mächtigen Blümlisalp (rechts)

jährlich tausende Tonnen der löchrigen Köstlichkeit produziert, und dass man vom Käsern auch früher gut leben konnte, belegen die vielen stattlichen Bauernhäuser mit ihrem opulenten Blumenschmuck und den ausladenden Dächern eindrucksvoll. Ein »trääfes« (zutreffendes) Bild des bäuerlichen Lebens vergangener Zeiten zeichnete der aus Lützelflüh im Emmental stammende Pfarrer Albert Bitzius alias Jeremias Gotthelf (1797–1854) in seinen Erzählungen und Romanen, etwa in »Uli der Knecht«. Von hier ist es nicht mehr weit bis nach Solothurn mit sehenswerter, barock geprägter Altstadt. Einige Kilometer aareaufwärts, bei Altreu, befindet sich die größte Storchensiedlung der Schweiz.

Basler Weitsicht. Basel liegt am Rheinknie, eingebettet zwischen Schwarzwald, Vogesen und Jura. Die lebhafte Stadt am Dreiländereck von Schweiz-Deutschland-Frankreich ist ein Tor der Schweiz zur Welt. Das hat sie geprägt und für den Fortschritt wie für Fremdes zugänglich gemacht. Die Stadtteile Groß- und Kleinbasel werden heute durch sechs Brücken verbunden; neben dem romanisch-gotischen Münster ist der Rundturm der Bank für Internationalen Zahlungsausgleich ein modernes Wahrzeichen Basels, und böse Zungen behaupteten schon mal, die Pharmariesen vor den Toren wären maßgeblich am politischen Gang der Dinge beteiligt ... Basel liegt nördlich der Juraketten, und der Rhein bildet bis hinauf zum Bodensee fast durchgehend die Nordgrenze der Schweiz. Wer hier noch einmal einen Blick auf den Alpenbogen werfen will, kann das vom gotischen Hügelkirchlein St. Chrischona aus tun – bei gutem Wetter natürlich. Sehr schön zeigen sich von leicht erhöhter Warte auch die grünen Juraketten, die gestaffelt hintereinander stehen.

Zürcher Eleganz. Nach Südosten führt der Weg schließlich nach Zürich. Für die Diskretion seiner Banken ist die »kleinste Großstadt der Welt« ebenso berühmt wie für sein exzellentes Shopping-Angebot –

das nötige Kleingeld vorausgesetzt. An der Bahnhofstraße, die »Fröschegrabe« hieß, als Zürich noch maueromgürtet war, finden sich so ziemlich alle bekannten Adressen für Luxuriöses und Geldgeschäften. Nur rund 400 000 Einwohner zählt die größte Stadt der Schweiz, als internationaler Finanzplatz gehört das wirtschaftliche, kulturelle und wissenschaftliche Zentrum der Eidgenossenschaft dennoch zu den Weltstädten. In der sauber herausgeputzten Altstadt entdeckt man etliche Galerien und Trödelläden, aber noch mehr »Beizen« (Restaurants) jeglicher Kategorie. Wahrzeichen der Stadt an der Limmat sind die Türme des romanischen Großmünsters mit ihren unverwechselbaren Abschlüssen aus kupferüberzogenem Holz. Draußen auf den Seepromenaden am Zürichsee gibt es zwar keine himmelwärts strebenden Türme, dafür am Horizont ein ansehnliches Alpenpanorama.

Zum Bodensee. Viel zu sehen gibt es auch in Schaffhausen mit seiner Renaissance-Architektur und seinen rund 300 Erkern, die dem Stadtbild sein charakteristisches Gepräge verleihen. Berühmter ist die nördlichste Stadt der Schweiz jedoch wegen des Rheinfalls, der in unmittelbarer Nähe in der Gemeinde Neuhausen über die Felsen rauscht und zu den größten Wasserfällen Europas zählt. Gemütlich geht es von dort durch liebliche Bodenseelandschaft am Südufer des Untersees entlang, der einen Arm des Bodensees bildet. In Konstanz lässt man sich auf deutscher Seite durch die wunderschöne mittelalterliche Altstadt treiben und grüßt im Hafen die »Imperia« – die neun Meter hohe Betonfigur ist ein durchaus humorvolles Denkmal für das Konzil von Konstanz (1414–1418): Sie stellt eine Kurtisane dar, die Klerus und König als mickrige Männlein in den Händen hält. In der östlichsten Bucht des Bodensees schließlich liegt Bregenz bereits in Österreich. Die Landeshauptstadt Vorarlbergs ist berühmt für ihre Festspiele, die im Sommer auch auf dem Wasser vor der Seepromenade stattfinden.

Typisch für Bern: die Laubengassen (oben)
Vom Pfänder genießt man die Aussicht auf Lindau und Bodensee. (unten)

Gut zu wissen

Hinweise: Am Zürichsee reizt eine Bootsfahrt ebenso wie in Neuhausen, wo die Ausflugsboote vom Schlösschen Wörth aus dicht an den Rheinfall heranfahren. www.bern.ch, www.bs.ch, www.zuerich.com, www.konstanz.de, www.bregenz.at

Vom Bodensee nach Innsbruck

 250 Kilometer

Die Fahrt vom Bodensee nach Innsbruck ist eine unterhaltsame Reise nördlich der hohen, vergletscherten Berggrate des Alpenhauptkamms. Unterwegs bieten sich zahlreiche Möglichkeiten zum Bergwandern und Skifahren, vielerorts mag man auch einfach nur das Panorama bestaunen. In Innsbruck kann man das Großstadtleben mitten in den Alpen genießen.

Die Alpen als ferne Kulisse: am Lindauer Bodenseehafen (oben)

Das obere Paznauntal – hier bei Galtür – ist ein besonders abwechslungsreiches Wandergebiet. (unten)

Bevor man sich in Bregenz zur Tiroler Hauptstadt Innsbruck aufmacht, lohnt ein Abstecher in das bayerische Lindau. Dort bummelt man auf der Insel Lindau durch die beeindruckende Altstadt, die als Ensemble unter Denkmalschutz steht. Mit dem Münster Unserer Lieben Frau, dessen Geschichte bis 810 zurückreicht, und der 1180 erbauten Kirche St. Stephan kann der wasserumschlossene Stadtteil mit zwei herrlichen Sakralbauten aufwarten. Ein prächtiger Anblick ist auch das Alte Rathaus mit der reich geschmückten Fassade aus dem 15. Jahrhundert. Wenn man vom Lindauer Hafen über den Bodensee nach Süden schaut, hat man bei Schönwetter das Alpenpanorama direkt vor sich: Hoher Freschen, Drei Schwestern, Calanda, Pizol, Alvier und Säntis.

Zurück in Bregenz lässt man sich den Blick vom Gipfel des Pfänder keinesfalls nehmen. Der beliebte Hausberg der Vorarlberger Hauptstadt ist bequem per Seilbahn erreichbar, und in seinem Panorama zeigt sich natürlich noch viel mehr Gipfelprominenz. Zudem hat man fast den gesamten Bregenzer Wald im Blick, dessen Höhenzüge nach Süden hin allmählich bis zum Zitterklapfen ansteigen. Hinter der Damülser Mittagspitze versteckt sich die markante Senke des Faschinajochs, über das eine Straße via Damüls ins Große Walsertal führt.

In Hittisau empfiehlt sich ein Besuch des Alpensennereimuseums; bei Au im Mellental, am Fuß der rund 2000 Meter hohen Kanisfluh gelegen, lässt es sich herrlich bergwandern. Zehn Kilometer weiter liegt Damüls in knapp 1500 Meter Höhe. Berühmt wurde der Ort durch die Fresken der Pfarrkirche aus dem späten 15. Jahrhundert. Und ein kleiner Abstecher nach Schwarzenberg, dem Heimatort der Malerin Angelika Kauffmann, lohnt schließlich nicht nur aufgrund der reizvollen Umgebung, sondern auch wegen der Apostelbilder der kleinen Pfarrkirche, die die damals erst 16-jährige Angelika schuf.

Die Kraft der Seen. Bei Bludenz mündet von Südosten das Hochgebirgstal Montafon. Mit ihren Stauseen und Werksanlagen prägen die Kraftwerke das Tal, auch wirtschaftlich. Wer kann sich etwa die Scheitelstrecke der Silvretta-Hochalpenstraße ohne den Vermunt-Stausee oder den milchig grünen, zweieinhalb Kilometer langen Silvretta-Stausee vorstellen? Jenseits der Bieler Höhe, im oberen Paznauntal, erinnern die Lawinenschutzbauten des Ortes Galtür an das schreckliche Lawinenunglück vom Winter 1999. Auch im nahen Ischgl, das gerne mit seinen winterlichen Mega-Events wirbt, ging damals die Angst um.

Express-Anschluss. Landeck ist ein wichtiger Verkehrsknotenpunkt. Die uralte Siedlung ist die westlichste Stadt Tirols und wird von einer Burg aus dem 13. Jahrhundert überragt. Eine faszinierende Schau über Täler und Berge des Tiroler Oberlands bietet der Venetberg; Blickfang im Nordosten ist der Tschirgant. An Fuß des mächtigen Gebirgsstocks liegt Imst, dessen berühmte Fasnacht – das sogenannte Schemenlaufen – alle vier Jahre mit reiner Männerbeteiligung als uriger Maskenzug stattfindet. Ein Fasnachtsmuseum informiert über den alten Brauch, der zum UNESCO-Welterbe gehört.

Von Süden mündet hier das rund 40 Kilometer lange Pitztal. Einst fast ein »End' der Welt«, hat es mit seiner Tunnelbahn »Pitzexpress« und einem Skigebiet auf dem Pitztaler Gletscher, mit bis zu 3440 Metern dem höchsten in ganz Österreich, längst Anschluss an moderne Zeiten gefunden. Sehr viel früher setzten die Ötztaler auf den Tourismus, und als Auguste Piccard 1931 nach seinem Stratosphärenflug auf einem Gletscher bei Obergurgl landete, standen in Ötz bereits die ersten Hotels. Die mautpflichtige Straße über das fast 2500 Meter hoch gelegene Timmelsjoch in den Süden Tirols gab es damals allerdings noch nicht. Wer von Ötz über Kühtai ins Sellraintal

wollte, hatte früher einen langen Fußmarsch vor sich. Heute führt eine steile Straße über den Kühtai-Sattel, zahlreiche Lifte erschließen das Skigebiet zwischen dem Pirchkogel – im Sommer ein lohnender Wandergipfel – und dem Pockkogel.

Alte Mauern. Auf der Talfahrt kommt bald einmal der hohe Grat der Karwendelkette mit dem eigenwilligen Felsturm »Frau Hitt« ins Blickfeld, hinter Kematen dann die Tiroler Landeshauptstadt Innsbruck. Alle Welt guckt sich in der Altstadt das Goldene Dachl aus der Zeit um 1500 an; keinesfalls fehlen im Besichtigungsprogramm dürfen die schönste Flaniermeile zwischen München und Bozen, die Maria-Theresien-Straße, die Triumphpforte und die Hofkirche. Dort flankieren die berühmten »Schwarzen Mandern«, 28 überlebensgroße Bronzefiguren, den Marmorsarkophag von Maximilian I. Der Kaiser ist allerdings gar nicht hier begraben, sondern in Wiener Neustadt; dafür fand ein berühmter Tiroler in dem Gotteshaus seine letzte Ruhestätte – der Tiroler Volksheld Andreas Hofer, der als Freiheitskämpfer gegen Napoleon verehrt wird. Nicht nur für Sportfreunde sehenswert ist die Bergiselschanze, die die Stararchitektin Zaha Hadid 2003 fantastisch neu erbaute.

Die kaiserliche Hofburg in Innsbruck erinnert an die Zeiten der Donaumonarchie. (oben)
Ein im Tiroler Oberland verbreiteter Faschingsbrauch ist das Schellerlaufen, meist mit einem prächtigen Festzug verbunden. (unten)
Ein Traumbild für Eisenbahnfans: der Trisannaviadukt der Arlbergbahn mit Schloss Wiesberg, nahe Landeck. (links)

Gut zu wissen

Hinweise: Den Abstecher von Bregenz nach Lindau unternimmt man von Frühjahr bis Herbst am stilvollsten per Schiff.
www.www.vorarlberglines.at, www.lindau.de, www.innsbruck.at

Vom Inntal durch die Dolomiten

 465 Kilometer

Die Fahrt über den Brenner nach Südtirol ist, obwohl reich an Eindrücken, bloß Auftakt zum furiosen Finale zwischen Langkofel und Pelmo, zwischen Drei Zinnen und Marmolada: eine Reise durch das Zauberreich der Dolomiten, das, auf dem Grund eines Meeres entstanden, bei der Alpenhebung ans Tageslicht kam und von Eis und Wasser in seine faszinierende Form gebracht wurde.

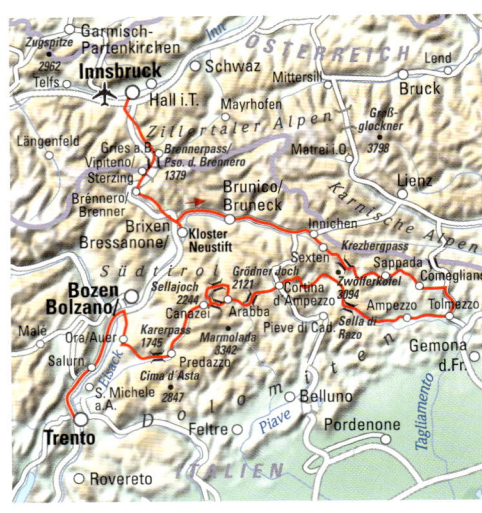

Auf der Fahrt vom Reschenpaß herab nach Meran: Der Ort Graun ist in den Fluten des Reschenstausees versunken – nur die Kirchturmspitze ist noch zu sehen. (oben) Im unteren Vinschgau werden vor allem Äpfel und Aprikosen, angebaut. (unten)

Von Innsbruck ist man über den 1370 Meter hohen Brennerpass in nicht mal einer Stunde im italienischen Sterzing. Dessen »Neustadt« ist bereits gut 500 Jahre alt – eine Handelsstraße mit spätgotischen und Renaissance-Häusern. Die Geschichte von Burg Reifenstein, die auf einem Felsriff draußen im Sterzinger Moos thront, beginnt 1470. Hinter der düsteren Franzensfeste aus dem 19. Jahrhundert öffnet sich der Brixner Talkessel und man erreicht Kloster Neustift, dessen barocke Basilika Deckengemälde von Matthias Günther schmücken.

Ein Hauch von Süden. Markante »Zacken« im Stadtbild von Brixen sind die Türme der Pfarrkirche und des riesigen barocken Doms Mariä Himmelfahrt. Gleich daneben bietet der berühmte Kreuzgang ein buntes Kompendium der Südtiroler Freskenmalerei. Brixen wurde Ende des 10. Jahrhunderts Bischofssitz, vorher saß der Bischof auf der Klosterburg Säben. Die ältesten Mauern des Komplexes, der schon Dürer auf seiner Italienreise inspirierte, werden ins frühe 7. Jahrhundert datiert. Nicht ganz so alt sind die Mauern der mächtigen Burg Rodeneck, die einen romanischen Freskenzyklus der mittelalterlichen Iwein-Sage bewahrt. Der Hauptort des Pustertals ist Bruneck mit seinem historischen Ortskern.

Jenseits der Sonnenuhr. Während Innichens Stiftskirche als bedeutendstes romanisches Bauwerk Südtirols gilt, öffnet sich in Sexten der Blick auf die grandiose Felskulisse der Sextener Sonnenuhr: Neuner, die Rotwand (oder Zehner), Elferkofel, Zwölferkofel und Einser. In der Ferne entdeckt man bereits die schroff zerklüfteten Grate der Karnischen Alpen. Über den Kreuzbergpass verlässt man Südtirol und fährt auf der steilen Straße über Santo Stefano di Cadore ins Veneto. Campolongo und Sappada sind weitere Stationen auf der landschaftlich traumhaften Straße, die auf und ab durch die Karnischen Alpen führt. Über die Cima Sappada fährt man über Rigolato nach Comeglians, dann über Ravascletto und die knapp 1000 Meter hohe Sella Valcalda nach Paluzza.

Tolmezzo liegt am Tagliamento, dessen Geröllbett klar macht, wie ungezähmt wild das Gebirge ist. Dass Berge »leben«, lässt sich auch am Monte Amariana ablesen; aus der Flanke der Felspyramide zieht eine mächtige Geröllreiße herunter bis fast vor die Tore des Städtchens. Nun folgt die Straße gen Westen, vorbei an Ampezzo, nach Sauris, wo im einsamen Hochtal des Lumiei der Stausee Lago di Sauris liegt. Oberhalb der Schlucht öffnet sich ein freundliches grünes Talbecken mit weiten Almen.

In die Dolomiten. Die kurvige Strecke führt weiter über die Sella di Razzo und die Sella Ciampigotto ins Piavetal. Packende Ausblicke auf den mächtigen Felsdom des Antelao bieten sich während der Talfahrt, danach taucht hinter der Cima Gogna bei Auronzo di Cadore, im Ansieital, die Südflanke der Sextener Dolomiten mit den Drei Zinnen auf. Oben am Misurinasee herrscht bei schönem Wetter ein ziemlicher Trubel, wie ebenso am Endpunkt der Drei-Zinnen-Straße. Über den 1805 Meter hohen Passo Tre Croci geht es hinab in den weiten Talkessel von Cortina d'Ampezzo. In der alpinen Traumkulisse der Conca d'Ampezzo übertrumpfen sich die Dreitausender.

Bauklötze am Wegrand. Cortina ist östlicher Ausgangspunkt der Großen Dolomitenstraße, die über drei Pässe nach Bozen führt. Der erste Übergang ist der Passo di Falzárego mit stimmungsvollen Rückblicken auf den Cortineser Talkessel, danach zieht der monumentale Südabsturz der Tofana di Rozes alle Aufmerksamkeit auf sich. Daneben wirken die immerhin 2366 Meter hohen Cinque Torri wie große Bauklötze. Am Pass zeigt sich der mit 3343 Metern höchste Dolomitengipfel, die Marmolada di Penia, mit ihrer vergletscherten Nordflanke. Zwei weitere markante Silhouetten kommen auf der anschließenden Talfahrt ins Bild: der frei stehende Monte Pelmo und der Monte Civetta, das »Käuzchen«. In Arabba, wo die kurvige Strecke hinauf zum Pordoijoch beginnt, zweigt die Straße zum Campolongo-Pass ab; sie ist Teil der Vier-Pässe-Fahrt rund um den Sellastock, die man bei gutem Wetter keinesfalls ausfallen lassen sollte. Vom 2121 Meter hohen Grödner Joch hat man einen einzigartigen Blick auf Langkofel, Sellagruppe und Tschierspitzen.

Auf der hohen Warte. Über Kehren geht es nach Canazei und über Mazzin flach durch das Fassatal hinaus. Hinter Vigo di Fassa beginnt die Steigung zum Karerpass. Knapp jenseits der Scheitelhöhe, die einen schönen Fernblick auf die Palagruppe im Süden bietet, zweigt rechts die Rosengartenstraße ab; talauswärts ragt hinter dem idyllischen Karersee das gezackte Profil des Latemar auf. In der wildromantischen Eggenschlucht ragt die wehrhafte Anlage der Burg Karneid in den Himmel. Dahinter lockt Bozen mit seiner stimmungsvollen Altstadt und städtischem Flair. Salurn, das von der Ruine des ehemaligen Raubrittersitzes Haderburg überragt wird, ist eine Station auf dem Weg nach Trient, das mit seinem mittelalterlichen Dom, dem Palazzo Municipale und anderen Renaissance-Bauwerken zu einem Rundgang einlädt.

Alpenübergang mit Panorama: Vom Jaufenpaß aus genießt man eine herrlich freie Sicht auf die Ötztaler und die Stubaier Alpen. (oben)
Schönes Reiseziel in Oberitalien: Limone, beliebter Ferienort am Gardasee. (unten)
Schon Goethe war von Malcesine fasziniert. (links)

Gut zu wissen

Hinweise: In Bozen ist das Zentrum verkehrsbeschränkt (mit Videoüberwachung). Folgen Sie dem elektronischen Parkleitsystem.
www.brixen.it, www.bozen.it, www.trentino.it

Von Trient über Venedig nach Ravenna

 385 Kilometer

Italiens größter Binnensee mit alpiner Kulisse und Adriaküste, trutzige Burgen und fragile Lagunenstädte – polarer könnten die Eindrücke nicht sein, die diese Route charakterisieren. Gerade aber das Zusammenspiel der vermeintlichen Gegensätze macht den besonderen, stimmungsvollen Reiz dieses Landstrichs aus und verleiht ihm eine eigenwillige Note.

»Turandot« in der Arena von Verona (oben)
Prächtige Kulisse: der Markusplatz in Venedig im abendlichen Glanz (unten)

Trient heißt offiziell Trento und ist die Hauptstadt der autonomen Region Trentino-Südtirol. Die Universitätsstadt an der Etsch war einst eine keltische, dann eine römische Siedlung und gehörte vom 10. Jahrhundert an zum Heiligen Römischen Reich. Vom 11. bis zum 18. Jahrhundert wurde Trient von kunstsinnigen Fürstbischöfen regiert, die im Castello del Buonconsiglio residierten und von dort wie die heutigen Besucher den traumhaften Blick genossen. Seit 1919 gehört die sehenswerte Stadt mit den zahlreichen Renaissance- und Barockbauten zu Italien.

Südliches Flair am Gardasee. Von Trient führt eine malerische Straße über den Monte Bondone durch Lasino, Drena und Dro hinunter zum Gardasee. Das größte Binnengewässer Italiens ist von sanft geschwungenen Bergen umstellt und an seinen Ufern wachsen Palmen und Zitronenbäume. Ganz besonders schön ist es in Riva del Garda bei der Festung der mittelalterlichen Familie der Scaliger direkt am See. In Gardone Riviera ließ sich der italienische Schriftsteller Gabriele D'Annunzio in den zwanziger Jahren den »Vittoriale« errichten, eine Villa mit Mausoleum. In Gardone residierte auch Benito Mussolini: Zwischen 1943 und 1945 regierte er hier die Republik von Salò. Schön ist auch ein Spaziergang auf der Halbinsel von Sir-

mione, wo sich eine stolze Scaligerburg im tiefblauen Seewasser spiegelt. An der Spitze der Landzunge ließ sich der antike Lebemann Catull in einer Villa mit Traumblick vom milden Klima verwöhnen.

Highlights der Kunstgeschichte. Verona liegt bereits im Veneto; die schöne Stadt kennen viele nur wegen ihrer römischen Arena und den dortigen Opernaufführungen. Man sollte aber auch über die malerische Piazza delle Erbe zur romanischen Kirche San Zeno Maggiore bummeln sowie zum Castelvecchio mit seiner reichen Kunstsammlung. Die mittelalterliche und von Mauern umstandene Ortschaft Soave wirkt zugleich verschlafen und malerisch – und ist durch den gleichnamigen leichten Weißwein bekannt, der bei Hitze den Durst löscht. Von hier ist es nicht mehr weit bis Vicenza, wo Andrea Palladio, der Starbaumeister der italienischen Renaissance, wirkte. Sehenswert sind hier seine Basilica Palladiana, der Palazzo Chiericati sowie das Teatro Olimpico, das älteste überdachte Theater Europas aus Holz und Stuck. Südlich von Vicenza hängt in der idyllisch zwischen Zypressen gelegenen Basilica di Monte Berico ein Meisterwerk von Paolo Veronese, das »Gastmahl Gregors des Großen«. Keine 15 Minuten Fußweg entfernt wurde die barocke Villa Valmarana von Tiepolo Vater und Sohn mit fantastischen Fresken ausgemalt. Kurz vor Padua verführt der Kurort Abano Terme zu einer Rast: Man sollte den Thermen mit ihrem reichen Blumenschmuck in jedem Fall einen Besuch abstatten.

Die Stadt des heiligen Antonius.
Padua besitzt einen der eigenartigsten Plätze Italiens: Die barocke Gartenanlage des Prato della Valle ist riesengroß, hat in ihrer Mitte eine von Wasser umgebene Insel und ist mit 78 Statuen berühmter Paduaner geschmückt. In Padua findet sich auch einer der ältesten botanischen Gärten Europas: Er wurde 1545 eingerichtet, und noch heute wächst hier die rund 450 Jahre alte Palme, die bereits Goethe in seinen botanischen Schriften erwähnte. Die Basilika, in der der heilige Antonius begraben liegt, und die Cappella degli Scrovegni, die Giotto ausmalte, gehören überdies zum Pflichtprogramm.

Nach Venedig führt eine Traumstraße der Architektur: Der Adel der Lagunenstadt ließ sich seit dem 16. Jahrhundert entlang dem Brentakanal Sommerresidenzen errichten. Die palazzoartigen Villen stehen auf einer Länge von 36 Kilometern eng nebeneinander und können eine nach der anderen abgefahren werden. In Venedig nimmt man am besten ein Vaporetto – einen »Wasserbus« – und macht eine Stadtrundfahrt durch die Kanäle. In der zauberhaften Lagunenstadt kann man leicht Tage verbringen und immer wieder neue Schätze entdecken, sei es Berühmtheiten wie den tausend Jahre alten Markusdom am Markusplatz, Paläste wie den Dogenpalast, Kunstmuseen wie der Palazzo Grassi und die Peggy Guggenheim Collection ... Besonders schön ist ein nächtlicher Spaziergang, doch auch tagsüber sollte man sich einfach treiben lassen, um die romantischsten Ecken zu entdecken.

Traumhafte Mosaiken.
Ravenna war einst die Hauptstadt des Weströmischen Reichs und wie Venedig Jahrhunderte eine Lagunenstadt samt Hafen. Heute verläuft die Küste in knapp zehn Kilometer Entfernung – dort lockt das Strandleben an der Adriaküste in Marina di Ravenna. Die Mosaiken in Ravennas spätantiken Kirchen und Mausoleen, wie San Vitale oder das Mausoleum der Galla Placidia, und die Räumlichkeiten, die sich mit diesen byzantinischen Meisterwerken schmücken, sind in ihrer Schönheit kaum zu übertreffen – angesichts ihrer Farbenpracht und Vielfalt an Motiven kommt man aus dem Staunen kaum heraus.

Auch Vicenza hat pittoreske Winkel zu bieten. (oben)
Arkaden und Bogengänge liebt man besonders in Norditalien, wie hier in Treviso. (Mitte)
Die berühmten Mosaiken in Ravenna in der Basilica di San Vitale (unten)
Schönheit aus einer anderen Welt: die Lagunenstadt Venedig (links)

Gut zu wissen

Hinweise: Unterhaltsame Abstecher in Venedig sind Bootsausflüge auf die Inseln Burano, Murano und Torcello.
www.tourism.verona.it/de, www.venedig.net, www.turismo.ra.it/ger

Durch die Toskana und Umbrien bis nach Rom

 760 Kilometer

Wohl keine andere Region Italiens ist so häufig Gegenstand von verklärten Schwärmereien wie die Toskana mit ihren sanften Hügeln und Zypressen. Das malerische Umbrien kann jedoch seiner Nachbarin in Sachen Kunst und Landschaft ohne weiteres das Wasser reichen. Und die Millionenmetropole Rom gehört mit ihren fantastischen Kunstschätzen und ihrem bunten Leben zum Höhepunkt jeder Italienfahrt.

Die Geschlechtertürme von San Gimignano (oben) und der Palio von Siena (unten) haben den legendären Ruf der Toskana begründet und sie zum viel geliebten Traumziel der Italienkenner gemacht.

Von Ravenna aus erreicht man über die Autobahnen E45 und E35 (A1) Florenz in gut zwei Stunden, länger dauert es mit einem Zwischenstopp im sehenswerten Bologna. Man kann aber auch die Strecke über Faenza wählen und sich auf der SS302 durch den Apennin von der Emilia-Romagna der Toskana annähern.

Hauptstadt der Renaissance. In Fiesole mit dem sehenswerten romanischen Dom hat man schon die Metropolitanstadt Florenz erreicht. 300 Meter liegt das Städtchen, das schon von den Etruskern gegründet wurde, über dem verschlungenen Gewirr aus Häusern und Kirchen, das die Hauptstadt der Toskana prägt. Die gewaltige Domkuppel des Brunelleschi wirkt von hier aus wie ein riesiger Heißluftballon. Dann geht es schließlich hinunter zum Arno und direkt hinein nach Florenz, dessen Kunst- und Architekturschätze Legende sind. Es ist ratsam, Florenz mit Spaziergängen zu erkunden – langsam und mit Pausen, in denen man gastronomische Spezialitäten wie die »bistecca alla fiorentina«, ein deftiges Rindersteak, genüsslich verspeisen kann. Und eine Kaffeepause auf der Piazza della Signoria macht nach den ersten Besichtigungskilometern wieder neue Lust auf die Museen und Kirchen, die man noch nicht gesehen hat. Eines ist dabei gewiss: Für Florenz

benötigt man Monate, um zumindest einen Bruchteil der immensen Kunstschätze nicht nur einmal gesehen, sondern vor allem auch verstanden und gewürdigt zu haben. In der Hauptstadt der Renaissance hinterließen alle großen Künstler der Zeit ihre Meisterwerke. Wer in den Uffizien, einem der berühmtesten Museen der Welt, die einzelnen Säle durchschreitet, beginnt zu ahnen, welch überwältigender Kunstreichtum in den Mauern dieser Stadt schlummert. Wer sich von einem Reiseführer – sei es ein Mensch oder ein Buch – leiten lässt, wird von Dutzenden großer Namen förmlich erschlagen: Dante und Giotto, die Familie der Medici, Leonardo da Vinci, Michelangelo, Raffael ...

Höhepunkte der Toskana. Keine zehn Kilometer entfernt liegt Prato, eine weitere Stadt der Kunst wie aus dem Bilderbuch. Zu besichtigen sind ein wunderbarer Dom aus dem 13. Jahrhundert, das Dommuseum mit einem Relief von Donatello, auf dem ein Puttentanz zu sehen ist, und zahllose Kirchen, wie das Renaissancejuwel Santa Maria delle Carceri. Wie freizügig es in der Renaissance unter den Künstlern von Prato zuging, beweist die Geschichte um den Maler Filippo Lippi und seine Geliebte Lucrezia Buti: Er war Mönch, sie Nonne. Fans der modernen Kunst pilgern hierher, weil das Museum für Zeitgenössische Kunst, das Museo d'Arte Contemporanea Luigi Pecci, als eines der besten ganz Italiens gilt. In Pistoia haben die Paläste und Kirchen einen strengeren Charakter. Der Dom ist sicherlich das interessanteste Bauwerk der Stadt. Wie das Baptisterium ist er, typisch für Pistoia, aus weißem und grünem Marmor erbaut. Die weitere Straße nach Lucca folgt immer dem Apennin. An den Hängen der Berge zwischen beiden Städten errichtete sich die Aristokratie vergangener Jahrhunderte zahlreiche Sommervillen, die, wie die Villa Mansi oder die Villa Torrigiani, ebenfalls besichtigt werden können.

Puccinis Perle und Pisas Wunder. Lucca ist für den eingefleischten Musikliebhaber untrennbar mit Giacomo Puccini und seinen Opern über zumeist unglückliche Frauen verbunden – Opern, die seit Generationen zu Tränen rühren. Die Stadt ist aber auch ein Juwel der Architektur. Der historische Stadtkern ist noch heute umgeben von den alten Wallanlagen, die im 19. Jahrhundert in einen begrünten Spazierweg verwandelt wurden. Den Wagen sollte man außerhalb des Mauerrings parken, ein Fahrrad mieten und rund um die Stadt fahren. Der Blick ist herrlich: Zu

sehen sind zahllose romanische Türme und Kirchen. Unbedingt besucht werden sollten auch einige der Meisterwerke romanischer Baukunst wie der Dom San Martino und die Kirchen San Michele in Foro und San Frediano.

Von den mit alten Bäumen bestandenen Mauern Luccas führt gen Süden eine schöne Straße durch die grüne Hügellandschaft des Monte Pisano über San Giuliano Terme nach Pisa. Dort ist der faszinierende Campo dei Miracoli sicherlich das einschlägigste Postkartenmotiv. Auch wenn der berühmte, 55 Meter hohe romanische Turm, mit dessen Bau 1173 begonnen wurde, nun – trotz jahrzehntelanger Warnrufe der Experten – doch nicht umzufallen droht, verursacht er mit seiner die Naturgesetze scheinbar widerlegenden Schräglage bei seinen Betrachtern noch immer ein einigermaßen mulmiges Gefühl. Dasselbe gilt auch – allerdings aus einem ganz anderen Grund – für die Fresken im Bogengang des benachbarten Camposanto, des Friedhofs: Zu sehen ist unter anderem der »Triumph des Todes«, die grausige Darstellung eines von Seuchen und Korruption geplagten Volkes im 14. Jahrhundert, die auch bei bestem Wetter aufs Gemüt schlagen kann. Entspan-

Der baumbewachsene Quinigi-Turm in Lucca (oben)
Blick auf Assisi (Mitte)
Der Neptunsbrunnen auf der Piazza della Signoria in Florenz (unten)
Bei Monticchiello nahe Montepulciano sieht die Toskana so aus, wie man sie sich vorstellt: sanfte Hügel mit zypressengesäumten Serpentinenstraßen. (links)

nender ist es, den Tag auf der Wiese unterhalb des Schiefen Turms ausklingen lassen: Wenn die Sonne sich verabschiedet und über den Horizont sinkt, die Reisebusse die lärmend-hektischen Tagestouristen wieder mitnehmen und die ebenso unvermeidlichen wie zahlreichen Souvenirbuden schließen, verwandelt sich der Campo mit seiner traumhaften Architektur in einen der schönsten Orte zum Träumen und Schwelgen.

Von stolzen Türmen. Das nahe Livorno war die alte Hafenstadt der Familie Medici, die der französische Reisende Charles de Brosses 1739 als »eine hübsche kleine Tabakdose« bezeichnete. Leider ist davon nicht mehr allzu viel zu sehen: Livorno ist heute in erster Linie als Fährhafen und Ausgangspunkt für die Schiffspassage nach Elba von Bedeutung. Nach kurzer Strecke an der Küste fährt man wieder in Hinterland nach Volterra. Auf dem Hügel, auf dem sich die Stadt erhebt, lebten schon die Etrusker und verarbeiteten Alabaster; die schönsten Alabasterurnen dieses rätselhaften Volkes kann man im Museo Etrusco Guarnacci bewundern. Auf der Landstraße gen Osten sieht man schon von fern die mittelalterliche Skyline mit den Geschlechtertürmen. Früher baute

sich jede reiche Familie als Zeichen ihres Stolzes und ihres Wohlstands einen solchen Turm. Von den ehemals 72 Türmen aus dem 14. Jahrhundert sind zwar nur noch wenige übrig geblieben, doch allein diese sind ungemein beeindruckend.

Pferde, Wein und Musik. Nicht minder beeindruckend ist Siena, die architektonisch vielleicht homogenste Stadt der Toskana. Sein Stadtbild ist durch das 14. Jahrhundert so nachdrücklich geprägt worden, dass auch die folgenden Jahrhunderte nicht viel Schaden anrichten konnten. Das Zentrum von Siena bildet der Campo, ein fächerförmiger Platz, umgeben von stolzen Patrizierhäusern; hier findet jährlich der berühmte Palio statt: Jedes Quartier von Siena stellt hierfür einen Reiter und ein Pferd, die man ins Rennen schickt. Der eigentliche Wettkampf ist kurz, denn die Pferde müssen nur ein einziges Mal um den Campo laufen. Egal, wer gewinnt – der Sieger wird mit einem ausgelassenen Volksfest in der ganzen Stadt gefeiert. Vom 102 Meter hohen Turm (dem Torre del Mangia) des Palazzo Pubblico aus, der eine ganze Seite des Platzes einnimmt, wandert der Blick über die rötlichen Dächer der Stadt in eine nahezu intakte Natur. Siena ist eine Stadt der Kunst, und

Todi und Umgebung wurde ein Maximum an Lebensqualität bescheinigt. (oben)
Der tägliche Gang in die Bar oder ins Café gehört ebenso zum Tagesablauf wie ein Plausch unter Freunden. (Mitte)
Eine Spezialität: der Schinken (unten)
Der Schiefe Turm von Pisa ist ein viel bestauntes Phänomen. (rechts)

ein Tag wird nicht ausreichen, um auch nur das Wichtigste zu sehen.

Von Siena aus geht es jetzt in das Weinherz der Toskana, nach Montalcino und Montepulciano: Namen, bei denen Kenner und Liebhaber des Rebensaftes ins Schwärmen geraten. Beide Ortschaften leben vom Weinbau, und der »Brunello di Montalcino« sowie der »Vino Nobile di Montepulciano« gehören zu den besten Rebenprodukten der Welt. Montepulciano hat aber nicht nur edle Tropfen zu bieten, sondern auch ein von dem deutschen Komponisten Hans Werner Henze ins Leben gerufenes Musik-und Theaterfestival, das »Cantiere Internazionale d'Arte«. Besuchenswert ist auch die »Cantina del Redi«, der Weinkeller der Winzergemeinschaft Redi im wunderschönen Renaissancepalast »Palazzo Ricci«: Er erinnert mit seinen hohen Sälen an eine gotische Kirche, und einige der Fässer gehören zu den größten und ältesten ganz Italiens. Montalcino und Montepulciano sind reizvoll auf Hügeln gelegen, und ihre Umgebung ist traumhaft schön: Zypressen und Weinfelder wechseln sich in unspektakulärer Harmonie miteinander ab, und Weingüter laden zur Verkostung ein.

Die Krone Umbriens. Durch die Felder der Toskana führt die kleine Straße SP33 zum Lago Trasimeno, der sich bereits in Umbrien befindet. Von Passignano sul Trasimeno kann man mit einem kleinen Ruderboot auf die Isola Maggiore übersetzen, eine Insel mit einem romantischen Fischerdorf. Östlich davon liegt das bereits in der Etruskerzeit bedeutende Perugia auf einem steilen Hügel. Autos sind hier in der Innenstadt unerwünscht, deshalb parkt man unterhalb der Rocca Paolina und lässt sich mit Rolltreppen durch die mittelalterliche Burganlage direkt ins Stadtzentrum mit seinen historischen Gebäuden fahren. Perugia ist eine sehr lebendige Stadt mit einer internationalen Universität und zudem eines der wichtigsten Kunstzentren Mittelitaliens. Es bietet etruskische Mauern und Portale, einen frisch restaurierten rie-

sigen Brunnen von Niccolò und Giovanni Pisano aus dem 13. Jahrhundert, eine gotische Kathedrale und den Palazzo dei Priori, das heutige Rathaus; die Galleria Nazionale dell'Umbria ist außerdem eine der bestbestückten Gemäldesammlungen Umbriens. Am Corso Vannucci hat Perugino das Collegio del Cambio, eine Wechselstube, mit wunderbaren Fresken ausgemalt. Kommt man am frühen Abend nach Perugia, so sollte man sich den Sonnenuntergang von der Terrasse der Gärten hinter dem Palazzo del Governo nicht entgehen lassen: Die Aussicht ins umbrische Land ist atemberaubend.

Eine ähnliche Hochburg der Kunst ist Assisi, das sich ebenfalls auf einem Hügel erhebt; es wird von dem trutzigen Franziskanerkloster dominiert, das noch der heilige Franz errichten ließ. Das mittelalterliche Zentrum des weltberühmten Pilgerorts gehört zum Welterbe der UNESCO. Unbedingt sehenswert ist der Freskenzyklus des Giotto in der Oberkirche von San Francesco, der nach den Zerstörungen des Erdbebens von 1997 wieder restauriert wurde. Ein strammer Anstieg führt auf die am Berg oberhalb von Assisi gelegene Rocca Maggiore. Der Blick von der Festung geht über die rötlich-braunen Dächer der Geburtsstadt des italienischen Nationalheiligen in die Ebene, aus der sich unübersehbar die Kirche Santa Maria degli Angeli wie ein Miniberg erhebt. Das barocke Gotteshaus enthält die so genannte Porziuncola-Kapelle, die auf Franz zurückgeht.

Wo das Leben lebenswert ist. Von Assisi aus bietet sich eine Fahrt durch den Regionalen Naturschutzpark des Monte Subiaso Richtung Spello an; die Straße führt in eine Höhe von 1200 Metern und bietet wirklich fantastische Aussichtspunkte. Spello ist ein Dorf, das sich steil an einen Hügel schmiegt; hier sollte man unbedingt die 1501 von Pinturicchio ausgemalte Cappella Baglioni in der Kirche Santa Maria Maggiore besuchen – ein Kleinod der Renaissancemalerei. Bei Foligno befindet sich eines der schönsten Täler ganz

Die Kathedrale von Orvieto beherrscht die Stadt auf dem mächtigen Tufffelsen. (oben) Der Brunnen San Patrizio in Orvieto ist ein echter »Hingucker«. (unten)

Montepulciano hat nicht nur Spitzenweine zu bieten, sondern auch ein mittelalterliches Stadtbild. (oben)
Damenkränzchen all'italiana: Die »mamma« ist nicht gern allein, und so findet man sich zum Stricken zusammen, um die wichtigen Themen des Tages – das Wetter, die Nachbarn oder das neueste Kochrezept – zu erörtern. (unten)
Todi wurde von US-Soziologen einst zum lebenswertesten Ort Europas gekürt. (rechts)

Umbriens. Hier druckte der Deutsche Johannes Neumeister 1472 das erste Buch in italienischer Sprache, die »Göttliche Komödie« von Dante. Richtung Spoleto liegt linker Hand das mauerbewehrte Trevi am Hang, und rechts der Tempio di Clitunno, ein unbedingt sehenswertes, weil vollständig erhaltenes Tempelchen aus dem 4. Jahrhundert. Auf der großen Piazza del Duomo von Spoleto wird jedes Jahr zwischen dem 15. Juni und 15. Juli mit einem festlichen Konzert Italiens schönstes Sommerfestival, das »Festival dei due Mondi«, eröffnet; wenn nicht gerade Künstler und Gäste aus aller Welt Gassen und Plätze beleben, geht es hier aber sehr ruhig zu. Spoleto ist wegen seines gesamten historischen Zentrums interessant; und über dem Ort erhebt sich eine große restaurierte Festung. Hinter der Anlage aus dem Mittelalter, in der schöne Fresken aus der Spätgotik zu besichtigen sind, spannt sich eine 76 Meter hohe und 230 Meter lange Brücke aus dem 14. Jahrhundert über ein steil abfallendes Tal. Todi ist ein besonderes Schmuckstück: US-amerikanische Soziologen haben es vor einigen Jahren als den lebenswertesten Ort der Welt entdeckt. Die kleine Stadt in 400 Meter Meereshöhe besitzt einen hübschen mittelalterlichen Ortskern, wirkt ein

wenig verschlafen, wird jedoch zunehmend vom internationalen Jetset frequentiert, der in der letzten Zeit in der Umgebung Klöster und Bauernhäuser aufgekauft hat. Eine Panoramastraße erster Güte verbindet das Städtchen mit Orvieto: Kleine Ortschaften wechseln sich mit Wäldern und Blicken auf den Lago di Corbara ab – eine malerische Gegend, die zum Ausspannen animiert. Orvieto erhebt sich seit seiner Gründung durch die Etrusker auf einem riesigen Tufffelsen, so dass schon von weitem die mächtige Silhouette des gotischen Doms zu erkennen ist. Dieser bietet nicht nur eine eigenwillig und farbenfroh gestaltete Fassade aus dem 14. bis 16. Jahrhundert, sondern ein weiteres Kleinod: Luca Signorelli malte Ende des 15. Jahrhunderts die Cappella Nuova aus, ein Meisterwerk der Renaissance. Den Pozzo di San Patrizio gab einst Papst Klemens VII. bei Antonio da Sangallo d.J. in Auftrag. Der 62 Meter tiefe Brunnen besitzt einen Durchmesser von 13 Metern und zwei Wendeltreppen: eine zum Hinunter- und eine zum Hinaufgehen.

Im Latium. Zehn Kilometer südlich von Orvieto liegt auf einem weiteren Tufffelsen Civita Bagnoregio bereits in der Region Latium. Das sehr malerische und ganz kleine Dorf ist nur über eine Brücke erreichbar und bietet traumhafte Blicke ins Tibertal. Unterhalb von Civita Bagnoregio lockt der Lago di Bolsena, ein relativ großer See vulkanischen Ursprungs. Bolsena ist ein beliebtes Ausflugsziel der Römer und sollte daher an Wochenenden gemieden werden. Zu empfehlen ist aber eine Fahrt um den See.
In den Weinbergen von Montefiascone wird einer der besten Weißweine Mittelitaliens, der »Est!Est!!Est!!!«, angebaut. Sein ungewöhnlicher Name geht einem gern kolportierten Mythos zufolge auf den deutschen Prälaten Johannes Fugger aus Augsburg zurück, der in der romanischen Kirche des Städtchens, San Flaviano, begraben ist. Er war ein versierter Weinkenner und schickte auf seiner Reise nach

Rom einen Diener voraus; dieser hatte die Aufgabe, an all jene Herbergstüren das Wort »Est!« (von »vinum est bonum«, der Wein ist gut) zu schreiben, wo es gute Tropfen zu verkosten gab. In Montefiascone schrieb der Diener gleich dreimal dieses Wort an eine Tür – und ein Weinmythos war geboren. Südlich des schön oberhalb des Lago di Bolsena gelegenen Städtchens thront Viterbo auf einem mächtigen Felsen. Die uralte Stadt mit dem imposanten Palast der Päpste aus dem 13. Jahrhundert war schon bei den Etruskern eine veritable Metropole. Von diesem rätselhaften Volk, dessen Schrift noch nicht vollständig entziffert werden konnte, zeugen Hunderte von heute leeren Gräbern, die in den Felsen, auf dem die Stadt steht, gehauen wurden. Winzer lagern hier gern ihre besten Flaschen, denn die Temperatur in den Gräbern ist das ganze Jahr über relativ konstant.

Im nahen Bomarzo ließ der eigenwillige Herzog Vicino Orsini in der Nähe seines Schlosses zwischen 1522 und 1580 den Parco dei Mostri oder Sacro Bosco anlegen, einen manieristischen Zaubergarten mit Fantasiegestalten, bizarren Skulpturen, schiefen Häusern und riesigen Steinmäulern. Der Umstand, dass diese seltsamen Bauten von Bäumen und Büschen umstellt sind, macht aus diesem Garten einen ungemein reizvollen und romantischen Ort.

Die Ewige Stadt. Von Bomarzo aus sind es nur knapp 90 Minuten über die A1 nach Rom. Die vielgesichtige Metropole hat an Kunst und Kultur so viel zu bieten, dass man kaum zum Luftholen kommt. Wohl nirgendwo sonst feiert das Barock so herrliche Triumphe wie in Italiens Hauptstadt. Sie ist ein offenes Buch der (Kunst-)Geschichte, und ein einziger Tag in der Stadt am Tiber lässt erahnen, dass ein ganzes Leben nicht ausreicht, um alles zu sehen. Die Altstadt erwandert man sich am besten von einer Piazza zur nächsten und lässt das bunte Treiben auf sich wirken – zu Fuß geht es natürlich auch in die Vatikanstadt, den kleinsten Staat der Welt, der in seinen Museen unglaubliche Sammlungen bewahrt. Allwöchentlich hält der Papst hier auf dem Petersplatz eine Generalaudienz. Wenn man die Kuppel des Petersdoms hinaufsteigt, bietet sich ein fantastischer Blick über diesen gigantischen römischen Mix aus Ruinen und Kirchen, Palästen und Kunstsammlungen, Plätzen und turbulentem Leben – nehmen Sie sich Zeit für die Ewige Stadt, bevor Sie auf der A1 gen Süden nach Neapel aufbrechen.

Nahe dem Lago di Bolsena sind die Terme di Saturnia eine Attraktion. (oben)
Nicht weit von den Thermalquellen entfernt liegt Pitigliano auf einem Tufffelsen. (unten)
Das Städtchen Siena beherrscht das Umland mit seiner exponierten Lage und den dominanten Stadttürmen. (links)

Gut zu wissen

Hinweise: Um an den Vatikanischen Museen nicht stundenlang anstehen zu müssen, kann man die Karten online vorbestellen.
http://mv.vatican.va,
www.firenzetursimo.it,
www.turismoroma.it, www.italia.it

Von Neapel nach Reggio di Calabria

640 Kilometer

In Neapel faszinieren Kunst und Chaos, Richtung Süden präsentiert sich seit den 1950er Jahren die kampanische Küste als Klassiker italienischer Strandidylle mit ihren Highlights Sorrent, Positano und Amalfi. Das bisher zu Unrecht vernachlässigte Kalabrien ist touristisch weniger überlaufen als der Rest Italiens: Hier lässt sich noch manch erstaunliche Entdeckung machen.

Geometrisches Gepränge im Dom zu Amalfi: Der Gedanke an arabische Einflüsse drängt sich auf. (oben)
Die große Kultur der Grandhotels ist hier noch sehr lebendig: Vier-Sterne-Häuser in Porto Marina Piccola. (unten)

Neapel ist Italiens chaotischste, aber sicherlich auch spannendste Stadt. Von den Griechen als »Neapolis« gegründet, wurde die antike Metropole von den Römern noch weiter ausgebaut. Neapel wurde nie durch Kriege oder Revolutionen zerstört: Sein Stadtbild präsentiert sich daher als ungewöhnlich reichhaltiges Gemisch aller Baustile der Architekturgeschichte. In dieser Stadt geht es laut und lebendig zu und in den früher so prachtvollen Palästen versprühen heruntergekommene Innenhöfe ihren romantischen Charme. Ein Besuch empfiehlt sich im Archäologischen Nationalmuseum und in der der Galleria Nazionale di Capodimonte: Sie gehören zu den reichsten Museen der Welt. Wunderschön ist auch die Kartause San Martino mit ihrem Kreuzgang und dem Krippenmuseum. Hat man sich erst einmal aus dem Straßengewirr der Metropole befreit, kann man sich 30 Kilometer weiter nördlich im Park der barocken Residenz von Caserta erholen. Der prächtige Palazzo Reale aus dem 18. Jahrhundert war als Antwort der italienischen Bourbonen auf Versailles gedacht. Das Schloss mit seinen 1200 Räumen besticht nicht so sehr durch Eleganz als vielmehr durch seine architektonische Gleichförmigkeit. Die prächtige Ehrentreppe im Innern erbaute man vor allem zu Repräsentations-

zwecken; ein Highlight ist der 78 Meter hohe künstliche Wasserfall im schönen Park der Residenz.

Der Katastrophenberg. Von Neapel aus kann man einen Ausflug auf den Vesuv unternehmen, einen der wenigen noch aktiven Vulkane Europas. Zuletzt brach der Berg mit seinen zwei Gipfeln – der eine 1132, der andere 1281 Meter hoch – 1944 aus; seitdem droht er der Millionenstadt und Hunderten kleiner Ortschaften an seinem Fuß mit dicken Rauchwolken. Ein Aufstieg zum Kraterrand gehört zu den schönsten Bergtouren, die man in Süditalien machen kann: Mit dem Wagen nähert man sich alternativ über zwei gut ausgeschilderte Straßen den Gipfeln; beide Straßen sind Panoramastrecken – eine geht von San Vito, die andere von Boscotrecase aus. Die letzte Strecke überwindet man zu Fuß, bis man ganz oben die atemberaubende Aussicht über die ganze Küste bis nach Sorrent, Capri und Ischia genießen kann. Im Jahr 79 n. Chr. zerstörte der Vesuv Stabiae, Pompeji und Herculaneum; die beiden letzteren stellen heute das größte römische Ausgrabungsgebiet Europas dar. Ein Spaziergang durch die beiden Ruinenstädte vermittelt einen realistischen und sehr lebendigen Eindruck von einer antiken Stadt. Am schönsten sind die Wandmalereien in einigen Gebäuden, die teils recht deftig erotisch sind, berührend die Gipsabdrücke der Opfer des Vulkanausbruchs. Beide archäologischen Gebiete sind von Neapel aus mit der S-Bahn zu erreichen, die in Pompeji sogar genau vor dem Eingang hält.

Traumziele von gestern und heute. Die Panoramastraße, die von Torre Annunziata aus die gesamte Küste der Halbinsel von Sorrent bis Amalfi säumt, ist eine der schönsten Straßen Süditaliens. Jedes Mal wenn man aus einem Tunnel auftaucht, besticht die Mischung aus bunt gestrichenen Häusern und Zitronen-, Orangen- und Olivenbäumen aufs Neue, steil steigen die Straßen an, und jede Kurve präsentiert einen neuen Aussichtspunkt. Von den Terrassen in Sorrent kann man auf den Golf von Neapel, den Vesuv und die berühmten Inseln schauen, ein unvergesslicher Blick. Der Badeort ist auch der Ausgangspunkt für Schiffsausflüge nach Capri, das schon in der Antike reiche Römer anzog. Wer über Nacht auf der Insel bleibt – nachdem die Schiffe die Tagestouristen wieder aufs Festland gebracht haben –, kann ihren ganzen Zauber genießen. Besichtigen sollte man auf jeden Fall die Ruinen der Villa Jovis: Die Sommerresidenz von Kaiser Tiberius steht auf einem Hügel mit

Rundblick auf die Insel und den Golf von Neapel. Ein überwältigendes Panorama von steilen Felswänden und tiefblauem Meer bietet sich von der Villa San Michele aus. Sie wurde zu Beginn des 20. Jahrhunderts von dem Arzt und Schriftsteller Axel Munthe errichtet. Sogar Österreichs Kaiserin Sissi war hier zu Gast.

Halsbrecherische Küstenstraßen. Wieder zurück auf dem Festland, heißt die nächste Station Positano. Der ganze Ort ist an einen recht steilen Abhang gebaut, um seinen Charme zu erschließen, muss man treppauf und treppab laufen. Besonders schön ist ein Ausruhen ganz unten am Strand, von wo der Ort wie ein Amphitheater wirkt. Wie Positano liegt am Golf von Salerno auch Amalfi, das häufig Kulisse für italienische Filme in den 1950er und 1960er Jahren war. Damals fuhren über die Straßen der Halbinsel nur wenige Autos, heute muss man im dichten Verkehr höllisch aufpassen. Amalfi war im Mittelalter eine stolze Seerepublik; von diesen glorreichen Zeiten erzählen heute noch der Dom aus dem 10. Jahrhundert und einige Paläste. Im nahen Ravello, findet jeden Sommer die berühmten Wagner-Musikfestspiele statt: Der deutsche Komponist war solchermaßen verzaubert von

Im Amphitheater gab man den Pompejanern »panem et circenses«. (oben)
Die Galleria Umberto I. in Neapel gibt in ihrer lichten Luftigkeit eine gute Fotokulisse ab. (unten)
Das Paradies ist nahe: Blick von Ravello aus auf die amalfitanische Küste. (links)

diesem kleinen Ort, in dessen Palästen und Kirchen sich der mittelalterliche mit dem orientalischen Baustil verbindet, dass er sich hier zu seiner Oper »Parsifal« inspirieren ließ. Ravello liegt 350 Meter über dem Meer, und dort, wo der Blick auf die Küste frei wird, fallen die Felsen so steil ab, dass einem bereits vom bloßen Hinsehen schwindlig werden kann. Beeindruckend sind der romanische Dom, die Villa Cimbrone und der Palazzo Rufolo. Über Salerno, eine große und relativ unattraktive Hafenstadt, in der nur der Dom aus dem 11. Jahrhundert zum Anhalten verlockt, gelangt man zu der griechischen Kolonialgründung Paestum. Besonders beeindrucken hier die gewaltigen, der Hera, Athene und dem Poseidon geweihten Tempel aus dem 5. und dem 6. Jahrhundert v. Chr. Sie sind so gut erhalten, dass man hier einen hervorragenden Eindruck von der perfekten Harmonie des dorischen Baustils gewinnt. Es ist ratsam, Paestum bei Sonnenuntergang einen Besuch abzustatten: Der Blick vom Tempel auf das Meer ist unvergesslich.

Unbekanntes Kalabrien. Für die Fahrt in den Süden, nach Kalabrien, sollte man möglichst die Strecke an der Küste wählen:

Die Straße ist zwar recht kurvig, führt aber unter dem 1131 Meter hohen Monte della Stella an kleinen hübschen Fischerorten und Stränden vorbei. Kalabrien ist eine der von ausländischen Reisenden am wenigsten frequentierten Regionen Italiens, ist jedoch landschaftlich ganz ungewöhnlich abwechslungsreich und ungemein faszinierend. Seine Blüte erlebte das Gebiet unter den Griechen; seit dieser Zeit döst es jedoch in einem Dornröschenschlaf vor sich hin und wartet darauf, wieder entdeckt zu werden. Palinuro ist ein solches verträumtes Örtchen: Sein Name leitet sich von jenem Mann her, der ein Ruderer des sagenhaften Helden Äneas gewesen und der Legende zufolge an diesen Gestaden gestorben sein soll. Hinter Marina di Camerota steigt die Straße bis auf 400 Meter Meereshöhe an; von dort oben hat man ein Panorama auf den Golf von Policastro, das unbeschreiblich schön ist. Ab Policastro schlängelt sich die Küstenstraße über Sapri am Meer entlang, vorbei an Badeorten (zumeist griechischen Gründungen) mit uralter Geschichte bis zum 300 Meter hoch gelegenen Marina di Maratea mit seinem halbverfallenen Stadtkern. Links erheben sich Berge bis fast 2000 Meter, während rechts Badebuchten

Fahrt ins Blaue auf Capri: Ein Besuch der berühmten Grotte zählt zum Pflichtprogramm. (oben)
Jenseits der Straße von Messina, einen »Katzensprung« entfernt: Sizilien. (unten)
An der Steilküste von Amalfi krallen sich Orte wie Positano förmlich an die Hänge. (rechts)

und romantische Orte locken. Die Berge gehören zum Parco Nazionale del Pollino, einem Naturschutzgebiet, das aus menschenleeren Tälern, Bergen, Wäldern und tiefer Ruhe besteht. Die Ortschaften in den Bergen, darunter Orsomarso und Verbicaro, werden in der Hauptsache von älteren Menschen bewohnt.

Heilige, Päpste, Mafiosi. Ganz anders die Küste: Diamante reckt sich auf einem Felsen dem Tyrrhenischen Meer entgegen und ist mit seiner Altstadt einen Besuch wert. Ebenso pittoresk zeigt sich das weiter südlich liegende Paola, das dank des heiligen Franz' von Paolo ein bekannter Pilgerort Süditaliens ist. Die ihm gestiftete Kirche verfügt über eine großartige Barockfassade und feuchte Keller, in denen der Heilige angeblich Wunder gewirkt haben soll; die Wände sind deshalb bedeckt mit Hunderten von Votivtafeln dankbarer Pilger. Von Paola ist es nicht weit nach Cosenza im Landesinnern, einer wegen mafiöser Politiker berühmt-berüchtigten Stadt. Im Flussbett des Busento, der die Alt- von der Neustadt trennt, soll der Westgotenkönig Alarich I. nach der Plünderung Roms im Jahre 410 mit einem sagenhaften Schatz bestattet worden sein – wo, hat bis heute niemand in Erfahrung bringen können. Cosenza ist jedenfalls ein idealer Ausgangspunkt für einen Ausflug in eine der schönsten und landschaftlich beeindruckendsten Berglandschaften Europas: das Sila-Massiv mit der gleichnamigen Hochebene. Ganze Wälder bestehen hier aus bis zu 40 Meter hohen Fichten; Papst Gregor der Große ließ im frühen Mittelalter Tausende von Bäumen schlagen und für seine Bauprojekte nach Rom transportieren. Ein Teil der Sila, die so genannte Sila Greca (die »griechische Sila«), wird seit der späten Antike bis heute von orthodoxen Mönchen bewohnt.
Weiter geht es, ans Tyrrhenische Meer zurück und über Amantea und Pizzo nach Tropea, einem der schönsten Badeorte in Kalabrien. Das an einer herrlichen Steil-

küste gelegene Städtchen ist nicht nur wegen seiner normannischen Kathedrale, sondern auch wegen der hier angebauten, wohlschmeckenden süßen Zwiebeln bekannt, den »cipolle di Tropea«.

Der südlichste Teil Italiens. Bei Reggio di Calabria erreicht man endlich die Stiefelspitze, den südlichsten Teil des italienischen Festlands. Schon von Scilla aus, wo das gleichnamige Seeungeheuer aus Homers Epos Odysseus ins Verhängnis zu stürzen versuchte – »Kollegin« Charybdis agierte ihrerseits vom sizilianischen Ufer aus –, ist Italiens größte Insel zum Greifen nahe: Sizilien. Ob Reggio di Calabria eine schöne Stadt ist, lässt sich nicht eindeutig beantworten. Für den italienischen Schriftsteller und Frauenschwarm Gabriele D'Annunzio etwa, der kurz nach 1900 hier einigen Affären frönte, war die Stadt am Meer »eine der schönsten Italiens«; vor allem die Seepromenade, die damals wie heute dicke Palmen säumten, hatte es ihm angetan. In Reggio wurde auch der mittlerweile verstorbene Modegott Gianni Versace als Sohn einer Schneiderin geboren; sobald er volljährig war, floh er mit seinen Geschwistern nach Mailand, wo er sein Modeimperium gründete. Von Reggios Vorstadt Villa Sand Giovanni aus setzt man zum nächsten Etappenstart mit der Fähre in nur zwanzig Minuten nach Messina über; zuvor sollte man jedoch unbedingt zwei der schönsten sowie besterhaltenen Skulpturen der Antike im Museo Nazionale einen Besuch abstatten: jenen beiden riesigen Bronzestatuen, die man 1972 aus dem Meer vor Reggio barg und heute »Krieger von Riace« nennt. Auch jetzt noch werden hier Skulpturen, Münzen, Vasen und andere Preziosen aus dem Meer geholt, denn in der Antike stellte die nicht ganz ungefährliche Meerenge die wichtigste Verbindung zwischen Rom und Kleinasien dar. In den Stürmen, die hier tobten, gingen Tausende Schiffe mit ihrer Ladung unter, und man vermutet, dass auf dem Meeresgrund noch mancher antike Schatz ruht.

Stolze Unnahbarkeit: die Wallfahrtskirche von Santa Maria dell'Isola bei Tropea (oben) Cosenza mit seinem alten Dom ist nur einer der zahlreichen Höhepunkte auf der Fahrt durch Kalabriens Küstenlandschaft. (unten)

Gut zu wissen

Hinweise: Alljährlich am 19. September und 16. Dezember sollte man sich das Spektakel um das »Blutwunder« des San Gennaro in Neapels Kathedrale nicht entgehen lassen.
www.portanapoli.de, www.italia.it, www.reggiocal.it

Zu Siziliens antikem Erbe und barocken Städten

 897 Kilometer

Sizilien ist nicht nur Italiens größte Insel, es ist auch eine Welt für sich – eine Welt aus verschiedenen Kulturen, die hier eine Symbiose eingegangen sind. Die Insel stand immer wieder im Mittelpunkt des politischen Interesses und wurde von allen großen Zivilisationen erobert, die seit der Antike im Mittelmeer herrschten. Jede von ihnen hinterließ hier Monumente, die zu den schönsten ihrer Art zählen.

Wer vom Festland mit der Fähre nach Messina übersetzt, wird zunächst etwas enttäuscht sein: Die um 700 v. Chr. gegründete Großstadt wurde 1908 durch ein Erdbeben und eine Springflut fast völlig zerstört, von ihrer einstigen Schönheit ist kaum etwas verblieben. Taormina liegt etwa 250 Meter über der Küste auf einer Terrasse und wartet mit eleganten Geschäften, herrschaftlischen Grandhotels und einem wunderbaren antiken Theater auf. Nicht weit entfernt raucht der 3323 Meter hohe Vulkan Ätna. Bei Linguaglossa kann man bis auf 1741 Meter hinauffahren, zum Kraterrand führt von dort ein Fußweg – für die Anstrengung entschädigt die atemberaubende Aussicht. Durch Obst- und Weinplantagen, vorbei an Randazzo, Bronte und Adrano geht es wieder abwärts, Richtung Catania. Reizvoll ist auch die Alternative von Taormina am östlichen Rand des Ätna entlang über Zafferana Etna, wo der Boden zum Teil aus Lavaresten besteht, auf denen Wein und Obstbäume gut wachsen. Catania wurde 1693 durch ein schweres Erdbeben zerstört; damals machte man sich sogleich an den Wiederaufbau und schuf eine der schönsten Barockstädte Italiens. An heißen Sommertagen empfiehlt sich die Besichtigung des »centro storico« am frühen Morgen oder aber am Abend.

Griechische Kolonialgründungen. Syrakus gelangte unter den griechischen Tyrannen zu großer Blüte; hier lebten auch die Dichter Äschylus und Pindar sowie der Mathematiker Archimedes. Hier faszinieren eines der größten antiken Theater und das »Ohr des Dionysos«: In dieser Höhle im antiken Steinbruch der Stadt hielt der Tyrann Dionysos seine Feinde gefangen; dank ihrer Form konnte er dem Geflüster der Häftlinge lauschen. In der Altstadt gilt der griechische Athenatempel, der zum Dom umgebaut wurde, als größte Attraktion. Von Noto wird man aufs Neue in den Bann geschlagen: Wie Catania wurde durch das Erdbeben von 1693 zerstört, und auch hier schuf man eine neue Stadt. Noto besteht heute fast ausschließlich aus Gebäuden mit ungewöhnlichem Formenreichtum. Ragusa wurde ebenfalls nach 1693 wieder aufgebaut; von der Altstadt Ragusa Ibla – einem Gewirr aus barocken Straßen und Gassen – blickt man in eine stark zerfurchte Landschaft mit tiefen Schluchten. Zusammen mit Noto und anderen Städten im Val di Noto gehört Ragusa zu UNESCO-Welterbe.

Durch die Mitte nach Marsala. Das Innere Siziliens fasziniert durch verschlossen wirkende Orte und weite Felder, die sich mit zum Teil baumlosen Hügeln abwechseln – ein geheimnisvolles, weites Land. In Caltagirone dreht sich alles um das alte Kera-

Der Schnee täuscht: Der Ätna ist nach wie vor »heiß« und brodelt noch. (oben)
Ragusa thront auf einem Hügel im sizilianischen Hinterland. (unten)

mikhandwerk: Im 17. Jahrhundert verzierte man die 142 Treppenstufen vor der Kirche Santa Maria del Monte mit Majolikaplatten. In Piazza Armerina gehören die Mosaiken der Villa Romana del Casale aus dem 3. Jahrhundert n. Chr. zu den schönsten und größten der Antike. In der Inselmitte war Enna, das sich vom arabischen Quasr Yanna ableitet, einmal Hauptstadt eines Emirats. Vom benachbarten Hügel grüßt Caltanissetta, wo im 19. Jahrhundert Schwefel abgebaut wurde. Agrigent mit seinem Tempelkomplex befindet sich wieder fast am Meer; will man dem Dichter Pindar Glauben schenken, so war das antike Akragas damals die schönste Stadt von Großgriechenland. Ein weiterer kultureller Höhepunkt ist Selinunt, ein griechischer Ort aus dem 7. Jahrhundert v. Chr. mit einem gut erhaltenen Tempel.

Der Marsala aus Marsala, dem arabischen Marsa Ali (»Hafen Alis«), kam im 18. Jahrhundert in Mitteleuropa in Mode, und so entstand ein bis heute florierender Wirtschaftszweig. Kurz vor Trapani, das die Wallfahrtskirche Santuario dell'Annunziata aus dem 14. Jahrhundert und ein barockes Zentrum vorweisen kann, liegt eine Saline – eines der wichtigsten Vogelschutzgebiete Südeuropas. Am besten sieht man die Tiere abends mit dem Fernglas.

Kunstsinnige Kapitale. Der griechische Tempel von Segesta steht einsam in bergiger Landschaft. Monreale entstand rund um eine Benediktinerabtei aus dem 12. Jahrhundert; die Mosaiken in der Kirche und der Kreuzgang sind prächtig. Palermo liegt unterhalb des Monte Pellegrino mit der Kapelle der Stadtheiligen Rosalia. Von hier oben bietet sich ein schöner Blick auf das Meer und die moderne Stadt, die sich wie eine Krebsgeschwulst in die Landschaft gefressen hat. Doch Palermo hat auch viele Schätze zu bieten – etwa die Kathedrale: Hier liegt Stauferkaiser Friedrich II. begraben, der es vorzog, in Süditalien, vor allem auf Sizilien, zu leben. Der riesige Palazzo dei Normanni wurde von den Normannen auf den Resten einer Sarazenenfestung errichtet. Die dortige Cappella Palatina gilt als eines der bedeutendsten Kunstdenkmäler des normannischen Sizilien.

Die sehenswerte Stadt Cefalù erblühte im 12. Jahrhundert unter den Normannen, aus dieser Zeit stammt der ungewöhnliche Dom San Salvatore, an dem sich auch arabische Stilmerkmale erkennen lassen. Mit Blick auf die schönen vulkanischen Äolischen (oder Liparischen) Inseln führt der Weg an der Nordküste entlang wieder zurück nach Messina und weiter nach Brindisi, wo die Fähre nach Igoumenitsa wartet.

Kulinarische Köstlichkeiten auf einem Markt in Palermo (oben)
Spuren des Mittelalters: Säulenkapitell im Kreuzgang von Monreale bei Palermo (unten)
Wenn Steine sprechen könnten: Der Tempelkomplex von Selinunt hat 2500 Jahre der wechselvollen Geschichte Siziliens erlebt. (links)

Gut zu wissen

Hinweise: Die Autofähre von und nach Reggio di Calabria legt 14 Kilometer außerhalb in Villa San Giovanni fast rund um die Uhr im Viertelstundentakt ab und an. Tickets gibt es direkt am Schalter. **www**.comune.messina.it, www.traghettiper-sicilia.it, www.visitpalermo.it

Nach Korfu und entlang des Ionischen Meeres

370 Kilometer

Die Fahrt durch den Nordwesten zeigt den Facettenreichtum des Landes. Auf Korfu, der zweitgrößten der Ionischen Inseln, schlägt dem Besucher mediterrane Lebensfreude entgegen. Ioannina, die Hauptstadt der Region Epirus, erinnert an die Zeit des Osmanischen Reichs – in Messolongi ehrt man die griechischen Freiheitskämpfer. Am Ambrakischen Golf kommen Vogelfreunde auf ihre Kosten.

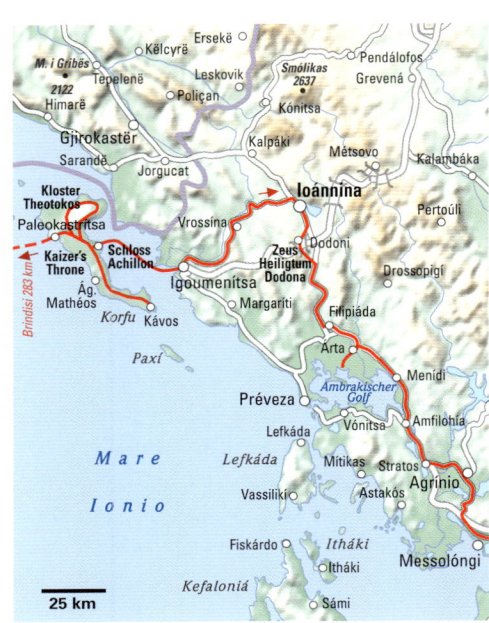

In bunten Kutschen kann man sich in Korfu-Stadt die Uferpromenade entlang fahren lassen. (oben)
Über einen Damm lässt es sich auf die Klosterinsel Vlacherna spazieren, die vor der Südküste Korfus liegt. Im Hintergrund liegt die Mäuseinsel. (unten)

Wer in Brindisi die Nachtfähre gewählt hat, erreicht Igoumenitsa nach rund acht Stunden Überfahrt am frühen Morgen – ideal, um gleich weiterzureisen. Wenn die Fähren den Hafen der Inselhauptstadt Korfu anlaufen, passieren sie zuerst die Alte, dann die Neue Festung. Zwischen den beiden Anlagen auf den zwei Gipfeln einer felsigen Halbinsel erstreckt sich die Altstadt. An ihren engen Gassen stehen fünf- und sechsgeschossige Häuser aus dem 17. bis 19. Jahrhundert, auf kleinen, platzartigen Erweiterungen malerische alte Brunnen. Die mit Marmor gepflasterten Hauptachsen der Altstadt werden von Arkaden gesäumt, in deren Schatten sich Läden reihen. Elegante Cafés säumen die Esplanade zwischen der Altstadt und der Alten Festung. An ihrem Nordende residierten im Alten Palast die britischen Lordkommissare, die die Ionischen Inseln von 1815 bis zu ihrem Anschluss an Griechenland 1864 regierten. Im hübschen Paleokastritsa an der Nordwestküste liegen Wohnhäuser, Hotels und Tavernen liegen weit verstreut zwischen Olivenbäumen und Zypressen über einer weitläufigen Bucht. Auf einem felsigen Kap am Ortsrand hütet das weiße Marienkloster Panagia Theotokos wertvolle Ikonen. Ein kurzer Abstecher führt hinauf in das Bergdorf Lakones, zum »Balkon des Ionischen Meeres«. Eine grandiose Aussicht bietet auch der »Kaizer's Throne«, ein Felsbrocken auf einem Hügel oberhalb des Bergdorfes Pelekas. Der deutsche Kaiser Wilhelm II., der zwischen 1908 und 1914 stets zu Ostern auf der Insel weilte, stand für den Namen Pate. Von dieser Stelle aus sieht man hervorragend den 914 Meter hohen Pantokratoras, den höchsten Berg der Insel. Richtung Süden erstrecken sich zwischen dem Korissia-See und dem offenen Meer zwei Nehrungen mit Dünen und einem breiten Sandstrand. In dem großen Dorf Lefkimmi ist der Flusshafen ein idyllischer Fleck, ebenso wie jener zwischen den beiden benachbarten Dörfern Messongi und Moraitika. Kurz vor Korfu-Stadt stehen zwei weitere Höhepunkte auf dem Programm: Schloss Achillion, das sich Österreichs Kaiserin Sissi erbauen ließ und das Kaiser Wilhelm II. nach ihrer Ermordung erwarb, und der Blick auf die Mäuseinsel mit der byzantinischen Kapelle und dem ehemaligen Klosterinselchen Vlacherna gleich nebenan.

Durch Epirus. Zurück in Igoumenitsa, geht es auf kurviger Strecke weiter über die E92 nach Ioannina. Gut 100 000 Einwohner zählt die Universitätsstadt; am Pamvotis-See liegt ihre osmanisch geprägte Altstadt, in der zwei Minarette in den Himmel ragen, auf einer Halbinsel und ist von jahrhundertealten Festungsmauern umgeben. Ein beliebter Ausflug führt auf die »Nissaki«, also »Inselchen«, genannten Ioannina-Insel, auf der sieben Klöster mit teils bedeutenden byzantinischen Fresken stehen. Von Ioannina aus kann man sich den ganzen Tag übersetzen lassen und im idyllischen Inseldorf frische Aale und Karpfen aus dem See genießen. In Dodona verehrten die Griechen schon vor 3000 Jahren ihren großen Gott Zeus, der hier seine Anweisungen in Form von Orakeln verkündete, sei es durch das Rauschen einer heiligen Eiche oder durch Lose, die die Priester des Heiligtum warfen. Außer den Grundmauern mehrerer Tempel und den Ruinen eines Versammlungshauses blieb auch ein Theater erhalten, das noch heute für Konzerte und Theateraufführungen genutzt wird. In der Nähe befinden sich weitere kleinere Tempel und eine frühchristliche Basilika aus dem 4. Jahrhundert.

Arta erlebte seine Glanzzeit zwischen 1204 und 1318 als Hauptstadt des Despotats Epirus. Von den byzantinischen Kirchen, die in dieser Epoche entstanden, ist die Panagia Parigoritissa mit ihren fünf kühn konstruierten Kuppeln und einem Mosaik aus dem 13. Jahrhundert am prächtigsten.

Naturfreunde unternehmen von Arta aus einen Abstecher an die dicht von Schilf bestandenen Ufer des Ambrakischen Golfes bei den Dörfern Salaora und Koronissia. Mit etwas Glück kann man dort Pelikane im Flug beobachten, auf jeden Fall aber zahlreiche andere Wasservögel wie Reiher, Säbelschnäbler, Eisvögel und Kormorane. Im Winter werden auf dem Gewässer bis zu 100 000 Enten und Blässhühner gezählt. Auf vielen Telegrafenmasten und manchmal auch auf Kirchtürmen haben Störche ihre Nester gebaut.

Am Denkmal für Lord Byron. Vorbei an Amfilochia, wo eine weitere Burgruine steht, und an den spärlichen Überresten der antiken Stadt Stratos geht es über das Städtchen Agrinio und durch die Klissoura-Schlucht nach Messolongi am Rand des Golfes von Patras. Dort ehrt nahe der Innenstadt ein Heldenpark mit vielen Monumenten die Gefallenen des griechischen Freiheitskampfes. In einem Denkmal ist das Herz des englischen Dichters Lord Byron beigesetzt: Der Poet wollte wie so viele andere ausländische Philhellenen am Kampf gegen die Türken teilnehmen, verstarb jedoch 1824 in Messolongi an Sumpffieber.

Juwel byzantinischer Baukunst: Arta (oben)
Östlich von Ioannina wurden in Meteora seit dem 14. Jahrhundert zwanzig Klöster auf bis zu 300 Meter hohen Felsen errichtet. Sechs sind noch bewohnt. (unten)
Bei Sidari sind den weißgelblichen Sandsteinklippen kleine Inseln vorgelagert. (links)

Gut zu wissen

Hinweise: Die Fähren nach Korfu fahren im Stundentakt, im Sommer auch häufiger. Eine Reservierung ist nicht erforderlich. **www.**corfu-kerkyra.eu, www.travelioannina.com, www.visitgreece.gr

Von Messolongi nach Athen

 290 Kilometer

Apollon, der schönste Bewohner des Olymp, wurde als Gott des Lichtes verehrt. Kein Wunder also, dass das Licht in Griechenland so viel intensiver zu sein scheint als sonst am Mittelmeer. Besonders auffallend ist das in Delphi, dem bedeutendsten Apollon-Heiligtum von Hellas. Sonnenüberflutet sind aber auch die sonstigen geschichtsträchtigen Sehenswürdigkeiten entlang des Golfs von Korinth.

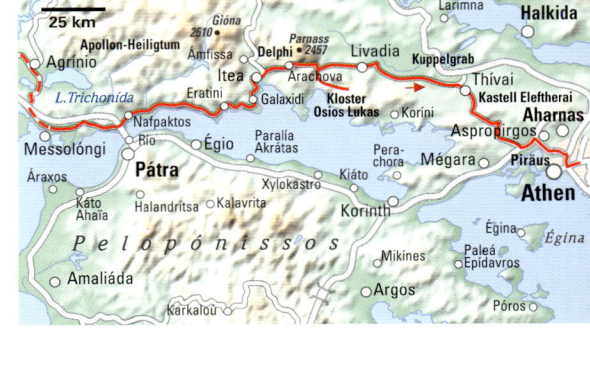

Steil und felsig ragt der Parnass bei Arachova auf. (oben) Entspannung nach Feierabend mit Blick aufs Meer – hier an der Lagune von Messolongi. (unten)

Von Messolongi führt die Küstenstraße nach Nafpaktos am Eingang zum Golf von Korinth. Sein winziges Hafenbecken wird noch immer durch venezianische Mauern geschützt. Mauerringe ziehen sich auch um den Burgberg, an dem die Altstadt liegt. Das von den Venezianern »Lepanto« genannte Städtchen gab einer Seeschlacht im Jahr 1571 den Namen. Von hier lief eine osmanische Flotte aus, die von der Heiligen Liga aus Spanien, Venedig, Genua, dem Malteserorden und dem Vatikan geschlagen wurde. Vorbei an Trizonia, der einzigen bewohnten Insel im Korinthischen Golf, folgt die E 65 der Küste bis Galaxidi. Die bezaubernde Kleinstadt war im 18. und 19. Jahrhundert eine bedeutende Seehandelsstadt. Vom einstigen Wohlstand zeugen alte Kapitänshäuser und ein Schifffahrtsmuseum.

Delphi und das Apollon-Heiligtum. Von Itea windet sich die Straße zum Dorf Delphi. Östlich davon ziehen sich die Ruinen des antiken Heiligtums Delphi über 300 Höhenmeter an einem Berghang empor. Der Ausblick ist grandios: Unten im Tal fließt der Pleistos, hinter dem Apollon-Tempel ragen steil die Felswände der Phädriaden auf. In der Ferne reicht das silbrig schimmernde Meer aus Millionen Olivenbäume in der Heiligen Ebene von Amfissa zum Korinthischen Golf, an des-

sen anderem Ufer die bis in den Mai schneebedeckten Gipfel des Peloponnes zu erkennen sind. Ein Rundgang durch die Ausgrabungen beginnt unten am Rundtempel der Athena Pronaia und führt am Schatzhaus der Athener vorbei zum Apollon-Tempel, in dem einst die Orakelsprüche verkündet wurden. Darüber ist ein Theater in den Hang geschnitten. Wie das Stadion des Heiligtums war es eine wichtige Wettkampfstätte der vierjährlichen Pythischen Spiele, die Sport- und musische Wettbewerbe umfassten.

Im Reich der Tragödien. Arachova ist das Tor zum 2457 Meter hohen Gebirgsmassiv des Parnass, das im Winter die Skisportler lockt. Nur wenige Kilometer weiter führt ein Abstecher zum Kloster Osios Lukas, das seit über tausend Jahren einsam in einem Hochtal liegt und Mosaike aus dem 11. Jahrhundert bewahrt. Unterwegs passiert man Distomo. Ein Mausoleum erinnert auf einem Hügel am Ortsrand an den 10. Juni 1944. An diesem Tag setzte eine Einheit der Waffen-SS das Dorf in Brand und ermordete 228 Bewohner. Nahe Levadia steht bei Chaironia ein monumentales Löwendenkmal, das die Griechen zur Erinnerung an ihre Gefallenen nach der Schlacht von Chaironia 338 v.Chr. errichteten. In dem Kampf hatte der makedonische König Philipp II. die griechischen

Stadtstaaten geschlagen. Das war das Ende ihrer Unabhängigkeit und das Ende der klassischen Antike, zugleich aber auch die erstmalige Vereinigung ganz Griechenlands in einem Königreich. In Orchomenos legte Heinrich Schliemann 1880 ein Kuppelgrab aus dem 14. Jahrhundert v. Chr. frei, das denen von Mykene sehr ähnelt.

Von Mythen und Sagen. Theben, das heutige Thivai, gehörte im 2. Jahrtausend v. Chr. zu den bedeutendsten Städten Griechenlands. Aus jener Zeit ist außer im Archäologischen Museum fast nichts mehr zu sehen. Geblieben ist die Erinnerung an Mythen, die den Stoff für berühmte antike Tragödien lieferten: Ödipus war ein sagenhafter König von Theben, Antigone eine seiner Töchter. Nicht weit entfernt steht seit über 2400 Jahren auf einem Felsvorsprung das fast vollständig erhaltene Kastell Eleftherai, das die Athener zur Sicherung ihrer Grenze gegen Theben errichtet hatten. Hier zweigt eine Stichstraße nach Porto Germeno am Korinthischen Golf ab, das auf dem Gebiet der antiken Hafenstadt Aigosthena mit ihren Befestigungsanlagen aus dem 4. Jahrhundert v.Chr. liegt.

Über Mandra erreicht man den Saronischen Golf und Eleusis, in dessen Zentrum das zum Park gestaltete Ausgrabungsgelände des bedeutendsten Mysterien-Heiligtums im antiken Griechenland liegt. Hier fanden in der Antike alljährlich zum Ausklang der sommerlichen Trockenzeit Anfang Oktober Kulthandlungen statt, die zahllose Pilger anlockten. Man feierte die Rückkehr der vom Unterweltgott Hades entführten Persephone auf die Erde. Aus Dankbarkeit wegen der wiedergewonnenen Tochter hatte die Fruchtbarkeitsgöttin Demeter hier in Eleusis zum ersten Mal einen Menschen, den Königssohn Triptolemos, den Getreideanbau gelehrt. Was während der Kulte geschah, weiß niemand: Es war bei Todesstrafe verboten, darüber zu reden oder zu schreiben. Über die antike Iera Odos, die »Heilige Straße«, gelangt man zum Kloster Dafni, dessen Geschichte ins 6. Jahrhundert zurückreicht. Es wurde um 1080 neu gegründet und gehört zu Griechenlands bedeutendsten byzantinischen Sakralbauten. Nach dem schweren Erdbeben von 1999 ist es restauriert, und in der Klosterkirche können wieder die prächtigen Mosaiken auf Goldgrund bewundert werden. Von hier aus führt eine Schnellstraße nach Athen.

Der Tholos, ein dorischer Rundtempel aus dem 4. Jahrhundert v.Chr., ist Teil des Athena-Heiligtums in Delphi. (oben)
Seit über hundert Jahren bieten die Händler in der Markthalle an der Athinas-Straße in Athen ihre Waren an. (unten)
Eine gut ausgebaute Küstenstraße zieht sich am Golf von Korinth entlang – hier bei Nafpaktos. (links)

Gut zu wissen

Hinweise: Wer ein paar Tage in Athen verbringen möchte, fährt von dort am besten mit den öffentlichen Bussen nach Kloster Dafni und Eleusis.
www.visitgreece.gr, www.ancientgreece.org, odysseus.culture.gr

Abstecher durch den Peloponnes

 740 Kilometer

Die bereits 2500 Jahre alten Tempel auf der Akropolis bilden noch den Mittelpunkt Athens – in der griechischen Hauptstadt drängen sich jedoch Bauten aus allen Epochen. Der Peloponnes ist mit seinen vielen antiken Stätten ein Dorado für Geschichtsinteressierte. Auch das Naturerleben kommt nicht zu kurz, denn die Fahrt führt über steinige Berge, durch liebliche grüne Täler und Olivenhaine.

Dem Gott des Lichts und der Weissagung geweiht: der Apollon-Tempel in Alt-Korinth. (oben)
In der olympischen Palästra wurde für Ring- und Faustkämpfe trainiert. (unten)

Athen ist berühmt für seine Altertümer und Museen sowie Kunstschätze aus allen Epochen. Hier kann man einen längeren Aufenthalt planen, doch zuerst gilt es, sich einen Überblick zu verschaffen – am besten vom 277 Meter hohen Kalksteinfelsen Lykavettos, der mitten in der Metropole aufragt. Von dort sieht man auch die Akropolis, auf deren Felsen berühmte Bauwerke aus dem 5. Jahrhundert v. Chr. Besucher anlocken: die Propyläen, das Erechtheion, der Nike- und der Parthenon-Tempel sowie das Dionysos-Theater und das Odeion des Herodes Attikus am Südhang. Mit wahren Schätzen wartet das Archäologische Nationalmuseum auf, byzantinische Kirchenarchitektur bietet die Kapikarea-Kirche, uraltes Gassengewirr das Altstadtviertel Plaka unterhalb der Akropolis, Klassizismus das Dreigespann von Universität, Akademie und Nationalbibliothek, klassische Moderne die Apartmenthäuser im Zentrum und topmodern ist das 2009 eröffnete Gebäude des Akropolismuseums mit seinen einmaligen Exponaten.

Eintauchen in die Antike. Aus dem Häusermeer von Athen führt der Weg vorbei an Kloster Dafni und Eleusis mit seinem antiken Heiligtum über den Kanal von Korinth nach Korinth. Hier wurde das Zentrum der antiken Großstadt freigelegt,

die vom 8. bis zum 6. Jahrhundert v. Chr. bedeutender war als Athen. In Korinth gründete der Apostel Paulus eine christliche Gemeinde, an die er später die Korinther-Briefe des Neuen Testaments schrieb. Auf der Nationalstraße 7 geht die Fahrt nach Mykene in der Landschaft Argolis. Durch das Löwentor kommt man zum Kreis der Königsgräber, in denen Heinrich Schliemann 1876 einen Goldschatz fand, und steigt den Burghügel hinauf zu den Grundmauern des Palastes. Am Stadtrand von Argos mit der klassizistischen Markthalle stehen noch die Ziegelsteinwände einer römischen Therme, das Theater war mit einst 81 Sitzreihen das größte Griechenlands. Von Argos geht es noch einmal in die Vorgeschichte zurück: In der Ebene ragen die Mauern der mykenischen Burg von Tiryns noch bis zu 17 Meter hoch auf.
Nauplia war von 1829 bis 1834 Sitz der ersten Regierung und des ersten Parlaments des neugriechischen Staates. In der Altstadt sind viele Gebäude aus dem 19. Jahrhundert erhalten, darüber erheben sich zwei Burgen. Das idyllische Gegenstück bildet das Kastell Bourtzi auf einem ufernahen Inselchen. Nur 30 Kilometer trennen Nauplia von Epidaurus, der bedeutendsten archäologischen Stätte der Argolis aus klassischer Zeit. Am Rand von Myli liegen die Reste von Lerna zwischen

Zitronenbäumen. Hier sind Teile des ältesten in Hellas gefundenen Hauses zu sehen, in dem vor 6000 Jahren Menschen lebten.

Durch Arkadien nach Olympia. Die Straße wendet sich jetzt im Hinterland bis auf 700 Meter Höhe hinauf. Unterwegs eröffnen sich traumhafte Panoramen von der Argolis und dem Argolischen Golf. Dann senkt sie sich in die Arkadische Ebene hinab, wo mit Tripoli Arkadiens Hauptstadt liegt. Dort kann man einen Abstecher nach Tegea zu den Resten eines Athena-Tempels aus dem 4. Jahrhundert machen.

Westlich der Nationalstraße 74 ragt das 1981 Meter hohe Mainalon-Gebirge auf, das sich im Winter in ein Skizentrum verwandelt. Von Levidi aus ist ein kurzer Abstecher zu den geringen, aber idyllisch gelegenen Resten des antiken Orchomenos möglich. In Vytina bieten die Läden typische Gebirgsprodukte: Nüsse und Honig, Käse und Holzschnitzereien. Die Häuser des großen Bergdorfs Langadia stehen über mehrere hundert Höhenmeter verteilt am Hang, auf dessen Terrassen Gemüse und Obst wachsen. In der Landschaft um Olympia bestimmen dagegen sanfte Hügel das Bild. Schon vor über 2750 Jahren trafen sich hier Athleten zum sportlichen Wettkampf zu Ehren des Zeus. Auf dem Gelände sind die Palästra und das Stadion sowie Tempel und Schatzhäuser zu sehen.

An der Küste. Kurz hinter Olympia beginnt bei Pyrgos ein fruchtbarer Küstenstreifen, auf dem Wein, Getreide und Tomaten angebaut werden. Als die Kreuzfahrer im 13. Jahrhundert über den Peloponnes herrschten, wählten sie diese Region zu ihrem Siedlungszentrum und bauten in Andravida eine gotische Kathedrale, von der nur noch Reste stehen. Nahe der Küste errichteten sie die Burg Chlemoutsi, den herrlichsten Aussichtspunkt weit und breit. Ein Abstecher führt zur schönen Küste bei Kalogria. Ein 15 Kilometer langer Wald säumt hier einen breiten Sandstrand, Wasserläufe machen das Gebiet zu einem Vogelparadies. Von der Hafenstadt Patras führt die Autobahn an der schmalen Küstenebene entlang zurück nach Korinth. Zuvor kann man in Diakopto mit einer Zahnradbahn nach Kalavrita rattern. Dort rief Bischof Germanos von Patras im Kloster Agia Lavra am 25. März 1821 die Griechen zum Freiheitskampf gegen die Osmanen auf. Über Athen fährt man nun gen Osten nach Lavrio, um mit der Fähre nach Haifa überzusetzen.

Auf dem Weg nach Mykene, einem der Höhepunkte jeder Rundreise durch den Peloponnes. (oben)
Nach Loutraki zieht es viele Heilsuchende, die sich in den berühmten heißen Quellen behandeln lassen. (unten)
Epidaurus genoss schon in der Antike einen guten Ruf als Kurort. (links)

Gut zu wissen

Hinweise: Bei der Fahrt über den Kanal von Korinth lohnt eine Kaffeepause am südöstlichen Kanalausgang in Isthmia. Wenn dort ein Schiff kommt, wird die Brücke im Wasser versenkt.
www.visitgreece.gr,
www.odysseus.culture.gr

AFRIKA

Von Kairo durch Ostafrika nach Nairobi

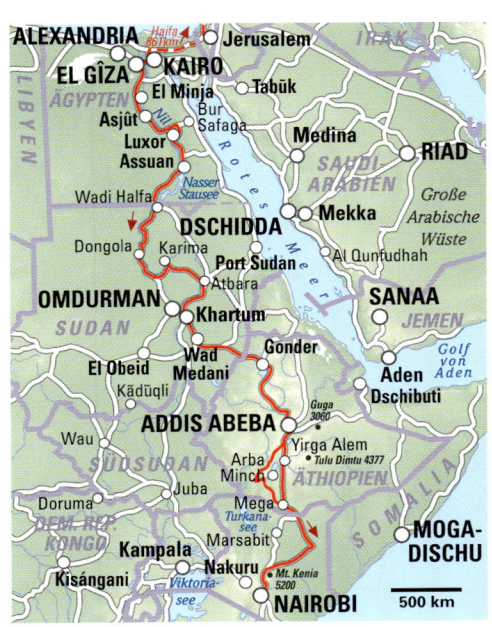

 5654 Kilometer (über das Omo-Tal: ca. 6300 Kilometer)

Von Kairo nach Nairobi erlebt man auf rund 6000 Kilometern die volle Packung Afrika: Prächtige Zeugnisse der antiken Zivilisationen in Ägypten, endlose Wüsten im menschenleeren Sudan, den beispiellosen Reichtum an Kulturen und Traditionen in Äthiopien und schließlich die faszinierende Tier- und Pflanzenwelt in Kenia. Doch dieses Abenteuer will erarbeitet werden.

Man kann von Kairo nach Nairobi durchgängig über Teerstraße rollen. Doch wer der Wildnis nahe rücken will, muss auf die Piste. (oben) Die schmalen Wege im Südwesten Äthiopiens erlauben häufig ein nur langsames Vorwärtskommen. (unten)

Die Strecke ist ein fantastisches Abenteuer – doch auch wenn sie inzwischen fast komplett über Teerstraße verläuft, bleibt die touristische Infrastruktur in den meisten Regionen mäßig bis nicht existent. Das Abenteuer Afrika beginnt bereits mit dem Versuch, das eigene Fahrzeug auf ägyptischen Boden zu bekommen. Eine Fährverbindung von Italien oder Griechenland aus gibt es zurzeit nicht. Die Anreise über Tunesien und Libyen verbietet sich, ebenso wie die über Türkei, Syrien und Jordanien. Es gibt ein Fährschiff vom griechischen Lavrio zur israelischen Hafenstadt Haifa und dann die Möglichkeit, über den Taba-Grenzübergang nach Ägypten einzureisen. Allerdings landet man dann in Nord-Sinai, und auch davon ist zurzeit abzuraten. Jedoch: die Dinge ändern sich in Afrika im Wochenrhythmus. Was heute gilt, kann morgen schon Makulatur sein. Am Ende hat man immer noch die Option, sein Fahrzeug per Frachtschiff nach Ägypten einzuführen.

Zu Ägyptens Wundern. Kairo ist von den Hafenstädten des Landes schnell erreicht. Die Hauptstadt Ägyptens ist ein schmutzig rußfarbener Moloch; der Verkehr reines Chaos; an jeder zweiten Kreuzung bewaffnete Polizisten und Militär. Die größte Metropole der arabischen Welt macht es

dem Reisenden nicht gerade leicht, sie zu mögen – auch nicht an ihrer faszinierendsten Sehenswürdigkeit, den Pyramiden von Gizeh. In dem Maße, wie die Monumentalgräber am Rande der Stadt mit ihrer schieren Dimension überwältigen, nerven die aufdringlichen Händler und die allumfassende Kommerzialisierung um dieses Weltwunder Antike. Es braucht Gelassenheit, um die Einzigartigkeit der Pyramiden auf sich wirken zu lassen. Vor über 4000 Jahren errichtet, gehören sie zu den ältesten und mächtigsten erhaltenen Bauwerken der Welt. Die grandiose Ingenieursleistung ihrer Erschaffer stellt uns bis heute vor ein Rätsel. Selbst mit den maschinellen Möglichkeiten unserer Zeit würden wir an die Grenzen des technisch Machbaren stoßen, wollten wir diese Steinmonumente nachbauen.

Rund 650 Kilometer sind es bis nach Luxor. Die Straße folgt im Wesentlichen dem Verlauf des Nils. Kaum irgendwo auf der Welt leben Menschen so dicht gedrängt wie auf dem schmalen, grünen Streifen, den der Fluss der Wüste abtrotzt. Auf der Höhe Luxors beginnt an seinem westlichen Ufer das Tal der Könige, liegen die Totentempel der Herrscher Thebens, über Jahrhunderte die Hauptstadt des pharaonischen Reiches. Am östlichen Nilufer findet sich neben dem im 14. Jh. v.Chr. errichteten Luxor-Tempel die vielleicht beeindruckendste Sehenswürdigkeit Ägyptens, der Tempel von Karnak. An ihm bauten Pharaonen mehr als eineinhalb Jahrtausende lang – und jeder hinterließ auf dem 800 000 Quadratmeter großen Gelände ein Zeichen seiner Existenz: eine Säule nur oder eine Inschrift, bisweilen einen ganzen Tempel. Die Magie des Ortes ist vor allem im Herzen der Anlage zu spüren, der Säulenhalle. Sie sollte das Dickicht eines Papyrussumpfes verbildlichen: Die kleineren der bis zu 24,4 Meter hohen Säulen weisen Kapitelle in Form einer geschlossenen Knospe auf; die mittleren mit ihren offenen Kelchen spiegeln ein späteres Wachstumsstadium. Über allen erhob sich in pharaonischer Zeit ein mit Sternen oder astronomischen Darstellungen übersätes Dach, das den Himmel symbolisierte.

Luxor ist ägyptisch: laut, hektisch, geschäftig. Assuan, 220 Kilometer flussaufwärts, ist ruhiger, fast beschaulich. Auf dem Nil gleiten Feluken mit weißen Segeln über das blaue Wasser, ihre nubischen Kapitäne lächeln dem winkenden Reisenden am Ufer zu.

Erst seit Ende 2014 ist es möglich, mit dem Auto von Ägypten nach Sudan zu fahren. Die komfortable Teerstraße führt über Abu Simbel mit seinen beiden großartigen Tempeln. Die mit Kolossalstatuen geschmückten Bauwerke ließ der mächtige Pharao Ramses II. im 13. Jahrhundert vor Christus ursprünglich am 2. Katarakt – der damaligen Grenze zu Nubien – errichten. Als in den 1960er Jahren der gewaltige Nasser-Stausee entstehen sollte, baute man die Tempelanlagen Stück für Stück ab und am heutigen Standort wieder auf.

Einsamkeit im Sudan. Die Einreiseprozedur in Sudan ist weitgehend unverständlich, sie dauert lange und schließt eine Art Schnitzeljagd durch verschiedene Büros ein. Doch bleibt die Atmosphäre stets nett und entspannt. Der kleine Grenzort Wadi Halfa ist kaum mehr als ein staubiger Fleck auf einer verblichenen Landkarte. Die Straßen sind breit. Die freundlichen Bewohner leben in einstöckigen Lehmhäusern im nubischen Stil mit bunt bemalten Türen, die aus dem Erdbraun hervorstechen.

Über Jahrhunderte blieben die Grabstätten und Tempelanlagen von Meroe in Sudan nahezu unberührt. (oben)
Die Tempelwächter im Karnak-Tempel in Luxor beobachtet das touristische Treiben. (unten)
Das Hypostyl im Karnak-Tempel bildet mit seinen bis zu 21 Meter hohen Säulen eines der großartigsten Bauwerke der Menschheitsgeschichte. (links)

Sudan überrascht mit einwandfreien Asphaltstraßen. Abseits des Nils ist das Land menschenleer. Die Infrastruktur für Individualreisende ist spärlich, doch wer einen Schlafsack hat, verbringt die Nächte unbehelligt draußen in der einsamen Wüste.

200 Kilometer nordöstlich von Khartum ragen die Pyramiden von Meroe aus dem Sand. Rund 100 Grabstätten der Könige von Kusch aus der Zeit zwischen 300 vor und 300 nach Christus verteilen sich auf rund einen Viertel Quadratkilometer. Sie sind kleiner als ihre Vorbilder in Ägypten, aber sie umgibt einen Zauber, von dem Gizeh weit entfernt ist. Das liegt auch daran, dass es hier noch zu keiner touristischen Vermarktung gekommen ist. In einer kleinen Bude kauft der Besucher ein Ticket, ansonsten bleibt er unbehelligt. Nicht einmal 15 000 Touristen kommen jedes Jahr in den Sudan.

Südlich von Karthum knickt die Straße allmählich nach Südosten ab. Erste Grasbüschel wachsen aus dem kargen Boden, bald sind es Sträucher, schließlich knorrige Bäume. Dörfer aus einfachen Rundhütten tauchen auf. Die Gesichtszüge der Menschen verändern sich, ihre Haut wird dunkler. Die Sahelzone ist erreicht. Die Reiseszene ist sich einig: erst hier beginnt Afrika!

Vielfältiges Äthiopien. Gleich hinter der Grenze zu Äthiopien windet sich die Straße in endlosen Kurven hinauf in ein kühles Hochland. Nach der Wüstenhitze Sudans kommt dieses Klima gerade recht. Im Norden des Landes leben mehrheitlich orthodoxe Christen. Kaum noch hört man den Muezzin durch die Dörfer schallen, dafür – ebenso lautsprecherverstärkt – die Choralgesänge des Dorfpopen.

Eines der bedeutendsten christlichen Zentren des Landes ist der kleine Pilgerort Lalibela. Der Name geht auf einen äthiopischen König zurück, der Mitte des 12. Jahrhunderts hier elf Felsenkirchen erbauen ließ, allesamt auf unfassbare Weise tief in den Boden und die Felsen hineingeschla-

gen. Für die äthiopisch-christliche Orthodoxie sind diese Sakralbauten heilige Wallfahrtsstätten. Tieffromme Menschen drängen sich in den steilen Gassen von Lalibela, campieren auf jedem freien Quadratmeter Boden. In der staubigen Luft liegt ein schwerer Duft aus Menschenleibern, saurer Milch und tiefer Spiritualität. Ganz weltlich dagegen geht es in Addis Abeba zu, das in zwei Tagesetappen erreicht ist: Die über 2000 Meter hoch gelegene Hauptstadt Äthiopiens hinterlässt zunächst keine erbaulichen Eindrücke. Doch Addis liefert ein Abenteuer der ganz besonderen Art: der »Mercato« ist der größte Freiluftmarkt des afrikanischen Kontinents; ein aufregender Mikrokosmos, eine chaotische, unübersichtliche Stadt in der Stadt. Nach inoffiziellen Angaben bietet der Markt bis zu 13 000 Menschen Arbeit.

Jetzt gilt es, sich zu entscheiden. Entweder man nimmt Richtung Kenia direkt die durchgängig geteerte Hauptstrecke zum Grenzposten bei Moyale. Oder man fährt in einem großen Bogen durch das Omo-Tal im Südwesten des Landes. Diese Strecke

Ein einsames »Hotel« in der fast menschenleeren Halbwüste Dida Galgalu, die sich im Norden Kenias erstreckt. (oben)
Die Omo-Region ist eine zu großen Teilen karge Dornsavanne, in der sich vereinzelt Strohhütten unter kargen Akazien ducken. (unten)

hat es allerdings in sich. Sandige Flussbetten und unwegsame, steinige, steile Pisten müssen gemeistert werden. Sprit und Wasser müssen gebunkert werden.

Das untere Omo-Tal wird als die »Wiege der Menschheit« bezeichnet. Zwei Schädel, die in dieser Region gefunden wurden und auf ein Alter von rund 200 000 Jahren datiert werden, gelten als die ältesten bekannten Fossilien des modernen Homo sapiens. Und noch immer bewegt das Land: Nirgendwo sonst auf der Welt drängen sich so viele verschiedene Völker mit so unterschiedlichen Kulturen auf so engem Raum zusammen. 220 000 Menschen, sechzehn Ethnien, Jäger und Sammler, Halbnomaden und sesshafte Bauern leben hier. Viele noch fast wie vor Tausenden von Jahren.

»Big Five« in Kenia. Wo auch immer die Grenze zu Kenia überschritten wird, die Unterschiede zum Nachbarland im Norden sind frappierend für den Reisenden: Es gibt eine Infrastruktur für Individualtouristen. Man verbringt die Nächte in

anständigen Campsites mit halbwegs funktionierender Dusche und kühlem Bier an der Rezeption. Man kommt mit Englisch bestens durch, und endlich hat man auch die Chance, auf die Big Five zu treffen: auf Löwe, Elefant, Büffel, Leopard und Nashorn.

Rund 300 Kilometer nördlich von Nairobi bietet das Samburu-Nationalreservat einen spektakulären Auftakt. Die raue Wildnis des Parks lebt vom Fluss Ewaso Ngiro. Hier findet sich Großwild, das aufgrund des trockenen Lebensraums in anderen Reservaten Ostafrikas nicht zu finden ist. Man verbringt die Nacht in rustikalen Buschcamps – in Hörweite zu den wilden Tieren. Man lauscht den Stimmen da draußen – dem Brüllen eines Löwen, dem Grollen eines Elefantenbullen – und fühlt sich belohnt für die nicht selten strapaziöse Reise bis hierher. Ein Lächeln macht sich breit.

Was jetzt auch mal wieder angesagt wäre, ist eine gepflegte Flasche Wein in einem klimatisierten Feinschmeckerrestaurant. Auf nach Nairobi!

Zwei Mädchen vom Volk der Ari in Äthiopien. Das schönste Abenteuer in Afrika ist die Begegnung mit den Menschen. (oben)
Das Samburu Gebiet im Norden Kenias zieht große Elefantenherden an, die auf der Suche nach Wasser sind. (unten)
Der Großteil Äthiopiens wird vom Hochland von Abessinien eingenommen. Hier begann der Mensch bereits vor über 7000 Jahren mit Ackerbau. (links)

Gut zu wissen

Hinweise: Die Reisebedingungen und Visabestimmung für afrikanische Länder ändern sich stetig, derzeit gibt es für alle im Text beschriebenen Länder Sicherheitshinweise vom Auswärtigen Amt, für Ägypten wird eine Reisewarnung ausgesprochen. Denken Sie rechtzeitig an die notwendigen Impfungen.
www.auswaertiges-amt.de,
www.tropeninstitut.de,
www.wuestenschiff.de

Von Nairobi durch das Rift Valley

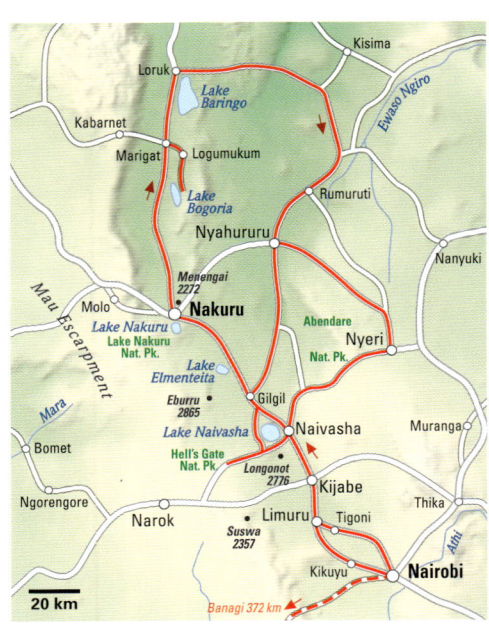

 734 Kilometer

Im Rift Valley gewährt die Erde Einblicke in ihre bewegte Geschichte: Erloschene und noch tätige Vulkane, heiße Quellen, abenteuerliche Felsabstürze und alkalische Seen zeigen äußerst anschaulich, dass die Erdoberfläche kein starres Gebilde ist. Doch inmitten dieser archaischen, manchmal lebensfeindlichen Natur gibt es fruchtbare Lebensräume für Mensch und Tier.

Kandelaber-Euphorbie. (oben) Der Vulkanschlot Fischer's Tower am Eingang zur Njorowa-Schlucht im Hell's Gate National Park wurde nach einem deutschen Forschungsreisenden benannt. (unten)

Nördlich von Nairobi, im Gebiet um Limuru, liegt eines der Teeanbaugebiete, das sich auf der Fahrt ins Rift Valley erkunden lässt. Tee wurde in Kenia erstmals im Jahr 1903 angebaut, heute ist das Land weltweit drittgrößter Produzent. Bei Tigoni, etwa 25 Kilometer von Nairobi entfernt, beginnt die Teeanbauzone. Hier wecken alte koloniale Pflanzerhäuser und ein Landhotel im Fachwerkstil britische Klischeebilder – selbst das Wetter ist hier oben, auf 2000 Metern, häufig grau, feucht und kühl. Auf dem Friedhof liegt unter anderem der berühmte Paläoanthropologe Dr. Louis Leakey begraben. Nahe Limuru, das wegen seines bunten Markts einen Besuch lohnt, unterquert man den Nakuru Highway und gelangt einige Kilometer nordwestlich auf der Old Naivasha Road an das Kikuyu Escarpment. Der Steilabfall aus großer Höhe in den Ostafrikanischen Graben kommt unvermittelt, und so bietet sich ein atemberaubender Panoramablick in den ostafrikanischen Graben. Hier ahnt man etwas von der Gewaltigkeit des Risses in der Erdoberfläche, dessen jenseitiger Rand, das Mau Escarpment, rund 50 Kilometer entfernt im Dunst verschwimmt.

Zeugen der Erdentwicklung. Das ostafrikanische Rift Valley, der 6000 Kilometer lange Ostafrikanische Grabenbruch, beginnt in Syrien, zieht sich durch das Jordantal, das Tote und das Rote Meer sowie ganz Ostafrika bis hinunter nach Mosambik, zum Sambesi. Am beeindruckendsten ist der Einbruch der Erdoberfläche im mittleren Bereich des Ostafrikanischen Grabens zwischen Nairobi und Maralal, denn dort bestehen zwischen Abbruchkante und Grabenboden Höhenunterschiede von bis zu 1300 Metern. Die riesige Spalte in der Erde entstand durch das bis heute andauernde Auseinanderdriften zweier Kontinentalplatten; es begann vor rund 18 Millionen Jahren und wurde von starken vulkanischen Tätigkeiten begleitet, denen Afrika seine höchsten Gipfel, den Kilimandscharo und den Mount Kenya, sowie zahlreiche kleinere Vulkane verdankt. Mit der Fahrt hinunter weicht die üppige Hochlandvegetation trockenheitsliebenden Euphorbien und Dornenbüschen. Der 2776 Meter hohe Vulkan Mount Longonot taucht auf; ihn kann man in Begleitung eines Rangers am spektakulären Kraterrand entlang bis zum Gipfel ersteigen, wo man mit einem Ausblick auf Lake Naivasha, Mau Escarpment, den Vulkan Suswa und die Aberdares belohnt wird. Mit etwas Glück lugt links neben den Ngong-Bergen die vereiste Spitze des Kilimandscharo hervor. Hinter dem romantisch klingenden Namen Naivasha verbirgt sich ein Provinzstädtchen, das bis 1902 die Hauptstadt der östlichen Provinz von Uganda war. Heute ist es das

Versorgungszentrum einer Region, die vom Gemüse- und Schnittblumenexport nach Europa lebt. Der Großteil der Rosen und Nelken, die bei uns im Winter verkauft werden, stammt aus den Gewächshäusern der Gemüse- und Blumenfarmen am Lake Naivasha, in denen Tausende von Landarbeitern beschäftigt sind.

Die Erde lebt. Im kenianischen Teil des Rift Valley reihen sich acht Seen wie Perlen an einer Kette aneinander. Mineralienreiche Vulkanasche hat Lake Turkana, Logipi, Bogoria, Nakuru und Elmenteita in alkalische Gewässer und den Lake Magadi in einen ätzenden Sodatümpel verwandelt. Dass die Erde unter dem Ostafrikanischen Graben immer noch aktiv ist, sieht man an den vielen heißen Quellen; die jüngsten Vulkanausbrüche liegen erst den – erdgeschichtlich gesehen – »Wimpernschlag« von 150 Jahren zurück. Nur Lake Naivasha und Lake Baringo sind, vermutlich dank unterirdischer Abflüsse, Süßwasserseen. Durch die landschaftlichen Reize, die reiche Tierwelt und die vielfältigen Freizeitangebote am und auf dem Wasser ist auch der Fremdenverkehr in der Region um Naivasha zur wichtigen Einnahmequelle geworden, mit zahlreichen Hotels, Luxus-

unterkünften und Campingplätzen, auf denen man nachts mit Nilpferdbegegnungen rechnen muss. Vom ältesten Hotel am See, dem 1935 eröffneten »Lake Naivasha Country Club«, kann man mit dem Boot nach Crescent Island übersetzen, einer halbmondförmigen Vulkaninsel mit einem privaten Tierschutzgebiet. Der südlich des Sees gelegene Hell's Gate National Park ist einen ganzen Tagesausflug wert. Trotz seines »Westentaschenformats« von knapp 70 Quadratkilometern bietet er einen Querschnitt durch Landschaft, Geologie, Flora und Fauna des Rift Valley. Im Park gibt es weder Löwen noch Elefanten und nur wenige Büffel, sodass man sich sogar zu Fuß zwischen den Wildtieren bewegen darf – ein unvergessliches Erlebnis. Die eindrucksvolle Njorowa-Schlucht am Südwestzipfel des Parks kann man ohnehin nur zu Fuß durchqueren. Das gesamte Gebiet ist stark vom Vulkanismus geprägt und bis heute tektonisch aktiv – daher auch der Name: »Tor zur Hölle«. Mitten im Park zapft man Fumarole – Erdlöcher, aus denen heißer Dampf austritt – mit einem verwirrenden Rohrleitungssystem an und wandelt die Energie aus dem Erdinnern mithilfe eines geothermischen Kraftwerks in Strom um.

Im Nakuru National Park laufen Spitzmaulnashörner und Rothschildgiraffen über den Weg. (oben und unten) Piste zum Menengai-Krater, dem »Platz der Leichen«, dessen Name auf ein Gemetzel zwischen Massai-Gruppen zurückgeht. (links)

Sanft fällt das Licht durch die
Wipfel der Fieberakazien, die
bevorzugt in Sumpfgebieten
wachsen. (oben)
Ersehnten Schatten spendet
eine riesige Schirmakazie am
Mount Eburru. (Mitte)
Auf dieser Straße befördern
noch Eselskarren schwere
Lasten. (unten)

Bei den »Eltern« von Löwin Elsa. Unterwegs auf der 60 Kilometer langen Ringstraße rund um den Lake Naivasha, die allerdings nur zur Hälfte geteert ist, passiert man Elsamere, den Alterssitz von Joy und George Adamson, der nach ihrem Tod in ein kleines Museum und ein Naturschutzzentrum umgewandelt wurde. Auf dem malerischen parkähnlichen Ufergrundstück hat man zwei Naturlehrpfade angelegt: Seeadler nisten in den Kronen der mächtigen Fieberakazien, und eine recht zutrauliche Colobusaffensippe tobt durch das Geäst.

Etwa fünf Kilometer hinter dem Ende der Teerstraße liegt der Green Crater Lake, ein jadefarbener Kratersee, an dem man häufig Flamingos beobachten kann. Allerlei Mythen der Maasai ranken sich um das Gewässer, das wie Crescent Island zu einem privaten Naturschutzgebiet gehört. Sein alkalisches Wasser, so sagen sie, heile Viehkrankheiten. Am Nordufer wird der See vom über 2880 Meter hohen Vulkan Eburru überragt, dessen Gipfel man von der Ringroad aus mit dem Wagen erreicht. Der Abstecher lohnt sich wegen des hervorragenden Ausblicks besonders bei Sonnenaufgang.

Die Ringroad mündet schließlich in den Nakuru Highway ein – eine Bezeichnung, die angesichts des schlechten Straßenbelags ein wenig deplatziert wirkt. Hinter Gilgil erreicht man über ein Stück der alten Straßentrasse die prähistorische Ausgrabungsstätte Kariandusi, die Louis Leakey auf der Suche nach einer verirrten Ziege zufällig entdeckte; die Fundstücke werden heute auf ein Alter von einer halben Million Jahre datiert.

Durch die rosarote Brille. Berühmt für seine Flamingoscharen ist der Lake Nakuru, an dem sich bisweilen mehr als eine Million Vögel zu einem lebenden, rosafarbenen Federteppich vereinigen: Es sieht aus wie ein wundersames Massenballett der langbeinigen Vogelschönheiten. Der See ist das Herz des Lake Nakuru National Park, der im Süden an die Stadt

Nakuru grenzt. Um die Tiere – besonders die seltenen Nashörner – vor Wilderern zu schützen und um gleichzeitig zu verhindern, dass sie die umliegenden Felder verwüsten, wurde um den gesamten Park ein Solarstromzaun gezogen.

Nakuru ist die heimliche landwirtschaftliche Hauptstadt des Landes, deren Wahrzeichen riesige Weizensilos sind. Die viertgrößte Stadt Kenias tut wenig, um sich Touristen in schmeichelhaftem Licht zu präsentieren, aber zumindest der 2272 Meter hohe Menengai, der Hausberg der Stadt, ist einen Ausflug wert – auch wenn er von der Stadtseite aus mit seiner dichtbesiedelten, relativ flachen Südflanke nicht sehr imposant aussieht. Umso größer ist die Überraschung, wenn man nach vier Stunden Aufstieg oder einer halben Stunde Fahrt plötzlich vor einem gähnenden Abgrund steht und entdeckt, dass sich hinter der harmlosen Hügelkulisse ein riesiger Vulkankrater mit einem Durchmesser von über zehn Kilometern verbirgt, dessen Wände stellenweise 500 Meter auf den von erkalteter Lava und Busch bedeckten Kraterboden abfallen.

Am östlichen Rand von Nakuru liegt die prähistorische Stätte von Hyrax Hill, an der – wieder einmal – die Leakeys stein- und eisenzeitliche Gräber und Siedlungsreste fanden.

Die Straße, die nordwärts zum Lake Baringo führt, überquert zunächst die fruchtbare Westschulter des Menengai, dann wird die Landschaft mit jedem Kilometer trockener und wilder, und Felder und Weiden weichen ausgedehnten Sisalplantagen und schließlich dornigem Busch. Kurz vor Marigat, knapp 100 Kilometer hinter Nakuru, führt eine kurvenreiche Teerstraße zum Lake Bogoria National Reserve hinunter. Die wilde Landschaft um den 30 Quadratkilometer großen Sodasee, ein hitzeflirrendes, von dunklen Lavafelsen durchsetztes Stück Natur, vermittelt einen abweisenden Eindruck. Zu dieser Stimmung tragen die dampfenden heißen Quellen und einige Geysire bei, die ihr kochendes Wasser aus der Erde spucken.

Auch hier darf man sich zwischen den Flamingos und anderen Wildtieren frei bewegen; man sollte aber unbedingt an genügend Trinkwasser und Sonnenschutz denken.

Lebensräume für Mensch und Tier. Der sich in den verschiedensten Farben präsentierende Lake Baringo ist der zweite Süßwassersee im Rift Valley und liegt in einer rauen, trockenen Landschaft. Am See lebt das Volk der Njemps, das trotz der nahen Verwandtschaft mit den Vieh haltenden Maasai traditionell Ackerbau und Fischfang betreibt. Der Fischreichtum des Sees ernährt aber auch eine große Zahl Krokodile und mehr als 450 Vogelarten, darunter Ostafrikas größte Kolonie von Goliathreihern. Auch Nilpferde sind im schlammigen Wasser des Lake Baringo zu Hause und kommen nachts an Land, bei »Robert's Camp« etwa, einer der wenigen Unterkunftsmöglichkeiten am See. Ein wahres Paradies ist das »Island Camp Baringo«, das auf einer der Inseln mitten im See liegt – fern von Telefongeklingel und Autolärm.

Die Teerstraße endet in dem kleinen Örtchen Loruk an der Abzweigung der landschaftlich wunderbaren Piste, die sich die östliche Grabenwand auf das Lorochi-Plateau hinaufwindet. Einmal oben, wird die Fahrt nach Nyahururu, das zu Kolonialzeiten Thomson's Falls hieß und von vielen noch heute so genannt wird, eintönig und staubig.

Der auf knapp 2400 Metern gelegene Ort ist die höchstgelegene Stadt Kenias, und das Klima hier oben ist oft kühl und regnerisch, obwohl der Äquator nur wenige Kilometer südlich der Stadt verläuft. Einzige Attraktion sind die 72 Meter hohen Thomson's Falls des Ewaso Narok River, denen der schottische Forscher Joseph Thomson 1883 seinen Namen gab. Abenteuerhungrige können von Nyahururu zu der Fahrt an den Lake Turkana aufbrechen – wenn sie sich mit allem Nötigen eingedeckt haben. Denn nur 30 Kilometer jenseits der Stadtgrenzen beginnt das wilde Outback und Reich der Nomadenvölker. Der kürzeste Weg von Nyahururu nach Nairobi zurück führt durch ausgedehnte Weizenanbaugebiete zum 70 Kilometer entfernten Gilgil und von dort auf dem Nakuru Highway über Naivasha in die Hauptstadt. Wer Lust auf einen Umweg hat, kann dem nördlichen Teil des Aberdare National Park mit seinen faszinierenden Lavaformationen einen Besuch abstatten.

Kinder im Gebiet des Menengai-Kraters. (oben)
Köstliches frisches Obst vom Straßenrand. (unten)
Afrikanisch und international: Werbetafeln an einem Hotel in Nyahururu. (links)

Gut zu wissen

Hinweise: In einigen Lodges am Lake Navasha kann man Pferde mieten und Ausritte unternehmen.
www.kws.go.ke, www.magicalkenya.com

Land am Kilimandscharo

 1245 Kilometer

Nationalparks wie Serengeti und Arusha machen Tansania zu einem Paradies für Naturliebhaber. Doch hat das Land hier noch viel mehr zu bieten: Der Anblick des majestätischen Kilimandscharo und des gigantischen Ngorongoro-Kraters überwältigt jeden Besucher. Zu den Anfängen der Menschheit kann man in der Olduvai-Schlucht reisen – hier haben sich Millionen Jahre alte menschliche Spuren erhalten.

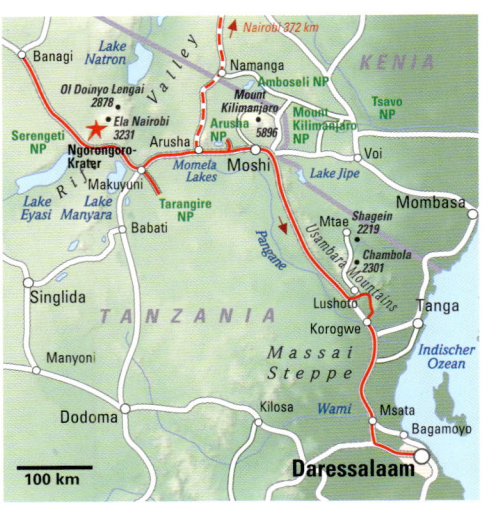

In dieser in manchem an die Alpen erinnernden Bergregion fällt häufig Regen, und so gedeiht auch der Tee prächtig. (oben)

Gol Kopje – ein Granitfelsen in der Weite der Serengeti. (unten)

Von Nairobi führt die A104 gen Süden zum Grenzübergang Namanga nach Tansania und weiter bis Arusha. Arusha liegt am Mount Meru, dem mit 4566 Metern zweithöchsten Berg des Landes. Wie der Kilimandscharo ist er vulkanischen Ursprungs und war einst vermutlich sogar noch größer als dieser, bis vor etwa einer Viertelmillion Jahren eine gigantische Explosion den Vulkankegel sprengte und seine gesamte Ostflanke zu Tal donnerte. Aus den Schuttmassen entstand die hügelige Gegend um die sieben Momela Lakes, die aufgrund ihrer unterschiedlichen Salzgehalte verschiedene Farben besitzen. Die Salzseen gehören zum Arusha National Park – das knapp 140 Quadratkilometer große Gebiet schützt zudem den Ngurdoto-Krater, ein »Schutzgebiet im Schutzgebiet«, an dessen Boden sich Wildtiere wie Antilopen, Warzenschweine und Giraffen tummeln, sowie den bewaldeten Mount Meru selbst. Schon er allein lohnt den Besuch nicht zuletzt wegen seiner über und über mit Flechten, Farnen und Moosen behangenen Bäume. Während der Berg in den Höhenlagen das pflanzenlose Gesicht einer öden Schutt- und Steinwüste zeigt, ist der Südhang ein fruchtbares, dicht besiedeltes Gebiet mit kleinbäuerlichen Feldern und großen Kaffeeplantagen, aus dem einige mit Wald bedeckte Krater wie lustige dunkelgrüne Hüte aufragen.

Tummelplätze der Elefanten. Nach einer rund 100 Kilometer langen Fahrt über die Ardai Plains, die im Norden durch die bis zu 2660 Meter Höhe aufsteigenden Monduli Mountains begrenzt werden und im Süden in die Maasai-Steppe übergehen, erreicht man den Tarangire National Park mit seinen uralten Baobab-Bäumen, die in ihren mächtigen Stämmen Wasservorräte speichern und so Dürreperioden überstehen können. Die ältesten Exemplare, die einen Stammdurchmesser von bis zu zehn Metern erreichen, sind vermutlich 2000 Jahre alt. Den Park durchfließt der Tarangire River, der in der Trockenzeit unglaubliche Mengen an Wildtieren aus der gesamten Massai-Steppe anzieht. Jenseits seiner Ufer erstrecken sich ausgedehnte Baumsavannen, während der südliche Teil des Parks von kaum erschlossenen Sumpfgebieten bedeckt ist. Berühmt ist der Tarangire außerdem für seine riesigen Elefantenbestände, aber auch andere Savannenbewohner wie der Kleine Kudu und die Oryxantilope sind hier gut zu entdecken. Auf dem Weg zum Ngorongoro und zur Serengeti passiert man den Lake Manyara National Park, der sich als 35 Kilometer langer Streifen zwischen der Steilwand des Rift Valley und dem Lake Manyara hinzieht. Sein Eingang liegt in Mto wa Mbu (»Mückenfluss«) – ein kleiner staubiger Ort inmitten einer grünen Flussoase, die den Wasserreichtum und ihre fruchtbaren Gärten mit einer Moskitoplage bezahlt. Im nördlichen Teil des Parks wachsen dichte Urwälder über 30 verschiedenen Baumarten. Berühmt geworden ist der Manyara ferner durch die Flamingoscharen am Ufer seines gleichnamigen Sodasees, durch seine beiden heißen Quellen, den Hippo Pool – an seinem Ufer sonnen sich korpulente Flusspferde –, die zahlreichen Elefanten und vor allem durch seine Löwen, die schon einmal einen Baum erklettern, um bei ihrem Mittagsschläfchen den lästigen Tsetsefliegen zu entfliehen.

Wie im Paradies. Auf einer neuen Straße erreicht man den 800 Meter hohen Grabenbruch und genießt dabei fantastische Blicke auf die gleißende Salzfläche des Sees. Im Anschluss daran durchquert man das Siedlungsgebiet der Iraqw, das mit seinen Mais- und Kaffeefeldern eine der Kornkammern des Landes darstellt. Zum Kraterrand hin werden die Felder von den mit Flechten behangenen, vor Feuchtigkeit tropfenden Urwaldgebieten des Ngorongoro Conservation Area abgelöst.
Trotz der vielen Bilder, die man vom Ngorongoro-Krater bereits gesehen hat, verschlägt einem der Blick vom 2300 Meter hohen Crater Viewpoint den Atem. Da öff-

net sich ein gigantischer Kessel von etwa 260 Quadratkilometern Fläche und einem Durchmesser von bis zu 20 Kilometern. In diesem Paradiesgarten der Natur leben alle bedeutenden afrikanischen Großtierarten mit Ausnahme von Giraffen, die die steilen Kraterwände nicht hinunterkommen. In der Mitte des Kraterbodens liegt der von Flamingos bevölkerte Sodasee Lake Magadi. Der Ngorongoro-Krater gehört zum tansanischen Kraterhochland – dieses Gebiet ist von Vulkanen übersät und weist mit seinen Wasserfällen, Schluchten, Sümpfen und Savannen völlig unterschiedliche Landschaftsformen auf.

Heimstätten der ersten Hominiden. Die Olduvai-Schlucht gehört weltweit zu den bedeutendsten. In diesem »Grand Canyon der Evolution« tätigte das berühmte Forscherehepaar Mary und Louis Leakey ab 1931 sensationelle Funde. 1978 entdeckte Mary Leakey schließlich in Laetoli, rund 40 Kilometer weiter südlich, die unglaubliche 3,7 Millionen Jahre alten Fußspuren aufrecht gehender Hominiden. Ihr Gipsabguss ist im Visitor's Centre der Olduvai-Schlucht zu sehen. Die Originale wurden wieder zugedeckt und so vor Beschädigung durch Mensch, Tier und Witterung langfristig bewahrt.

Der Ort Moshi. (oben)
Weg Richtung Jaegertal. (Mitte)
Frauen holen Wasser. (unten)
Der Ort Mtae liegt malerisch eingebettet in die Usambara Mountains. (links)

Aufbruch zum Gipfel über die Nordseite des Kilimandscharo. (oben)
Ewiger Schnee unter der Äquatorsonne – Kibo, sein Gletscher erglüht im Abendrot. (Mitte)
Baumgroße Blumen bedecken die Hänge des Kilimandscharo in 3000 bis 4000 Metern Höhe – hier das Riesenkreuzkraut oder Senecio. (unten)
Noch bevor die Sonne über die Usambara Mountains klettert, sind die Frauen eines Dorfes bei Lushoto mit schweren Lasten unterwegs. (rechts)

Westlich der Ngorongoro Conservation Area schließt sich das Maswa Game Reserve als Pufferzone für den nördlich gelegenen Serengeti National Park an, der wie der Ngorongoro-Krater zum UNESCO-Welterbe gehört. Insgesamt erstreckt sich die Serengeti im Norden Tansanias bis in den kenianischen Nationalpark Masai Mara auf rund 30 000 Quadratkilometern. Ihre beherrschende Landschaftsform ist die endlose, flache Grassavanne, die nur hier und da von vereinzelten Akazien, Termitenhügeln und imposanten Kopjes – rundlichen Granitinseln, die fast wie überdimensionierte Boulekugeln aussehen – durchbrochen wird. Dank dieser offenen Landschaft hat man ausgesprochen gute Chancen, Raubtiere bei der Jagd beobachten zu können. Zum Begriff wurde das Gebiet vor allem durch die alljährliche Massenwanderung von rund zwei Millionen Wildtieren.

Der ehrwürdige afrikanische Riese. Von der Serengeti führt der Weg auf gleicher Strecke zurück nach Arusha. Von dort gelangt man mit Blick auf die mächtige Silhouette des schneegekrönten Kilimandscharo nach Moshi. Das wirtschaftliche Zentrum der Kilimandscharo-Region ist auch wegen des großen Krankenhauses am Stadtrand bekannt, vor allem aber als Ausgangsort für Besteigungen des 5896 Meter hohen Kilimandscharo, dessen zwei Gipfel Kibo und Mawenzi bei klarem Wetter das Panorama dominieren.

Moshi liegt auf 850 Meter Meereshöhe an der regenreichen, dicht besiedelten Südseite des höchsten Bergmassivs Afrikas. Hier verstanden es die Chagga schon vor Jahrhunderten, das Wasser der vielen Bergbäche mithilfe eines ausgeklügelten Kanalsystems in die Bananenhaine und Maisfelder zu leiten; heute werden auch Kaffeepflanzungen auf diese Art bewässert. Oberhalb der fruchtbaren Ackerbauzone schließen sich dichte Urwälder an, in denen Affen, Buschböcke, Büffel, Elefanten und andere Waldtiere leben.

Hinauf in die Usambaras. Die B1 führt nun Richtung Küste entlang der Pare Mountains – sie sind die nördliche Fortsetzung der bis zu 2300 Meter hohen Usambara Mountains. Das lang gestreckte Gebirge wirkt wie eine gewaltige uneinnehmbare Festung, die häufig von Wolkentürmen verhüllt ist. Durchschnittlich über 2000 Millimeter Niederschlag bescheren die feuchten Luftmassen vom

Savannengebiete bis zum lauten, schäbigen Truckerstop Chalinze folgt. Hier biegt man auf dem Tanzam Highway nach Osten ab, zu den Kokospalmen und Mangobäume des Küstenstreifens und nach Daressalam führt.

Der »Hafen des Friedens«. Der Name Daressalam, »Hafen des Friedens«, erscheint seltsam unpassend für die doch eher laute und chaotisch wirkende inoffizielle Hauptstadt Tansanias, die während des größten Teils des Jahres unter einem feuchttropischen Küstenklima zu leiden hat. Für eine gewachsene 4,5-Millionen-Stadt besitzt »Dar« nur wenige Sehenswürdigkeiten. An der schönen Hafenfront stehen noch deutsche Kolonialgebäude; sie wurden errichtet, nachdem das Kaiserreich den Sitz der Kolonialregierung im Jahr 1891 in das damals eher unbedeutende Daressalam verlegt hatte, weil es über einen dampfschifftauglichen Tiefwasserhafen verfügte. Nach 1905 beschleunigte der Bau der Eisenbahnlinie durch Zentraltansania nach Kigoma die Stadtentwicklung beträchtlich; es entstand das reizvolle Geschäfts- und Wohnviertel um die Jamhuri Street, in der vorzugsweise Häuser im britisch-indischen Kolonialstil gebaut wurden. Die Stadtteile, in denen früher die Afrikaner siedeln durften, liegen jenseits des Mnazi-Moja-Parks, in der Umgebung des riesigen Kariakoo Market, dessen Besuch man unbedingt auf das Sightseeing-Programm setzen sollte. Die Kolonialherren lebten hingegen nördlich der City auf der grünen Msasani-Halbinsel, die bis heute das feinste Wohngebiet geblieben ist und mit der Oyster Bay den einzigen Sandstrand in Stadtnähe besitzt. Die Wandlung der Innenstadt zu einer modernen City mit Hochhausskyline hat erst in den letzten Jahren begonnen und wird sich zukünftig wohl dramatisch beschleunigen: Wenn man Richtung Nordtansania auf der Morogoro Road nach Westen stadtauswärts fährt, kann man sehen, wie weit die urbanen Geschwüre bereits entlang der großen Ausfallstraßen ins Umland wuchern.

Indischen Ozean den Usambara-Bergen im Jahr.

Eine vorzügliche Teerstraße klettert in zahllosen Kehren vom staubigen Mombo an Soni mit seinen sehenswerten Wasserfällen vorbei hinauf ins kühle Lushoto, dem 1700 Meter hoch gelegenen Hauptort der Usambara Mountains. Das von bewaldeten Berghängen umgebene Lushoto nannten die Deutschen Wilhelmstal – noch immer gibt es aus jener Zeit einige Ziegel- und Fachwerkgebäude mit großen Kaminen. Von hier aus lassen sich spektakuläre Aussichtspunkte besuchen, wo die Bergwände 1000 Meter und mehr in die Tiefe stürzen: etwa in Irente oder am Jiwe la Mungu, dem »Stein Gottes« nahe Shume, von dem man auf das Patchworkmuster der Sisalplantagen hinab- und bis weit in die Massai-Steppe hineinblickt. Korogwe liegt im Sisalgürtel am Fuß der Usambara Mountains und war früher ein wichtiger Umschlagplatz für die Pflanzenfaser, die von Tanga aus mit dem Schiff exportiert wurde. Nur wenige Kilometer weiter erreicht man die gut ausgebaute A14, der man durch dünn besiedelte

Löwen bevorzugen das Leben in der Gruppe. (oben)
Massai in Ngorongoro.
(unten)
Elefantenherden wandern während der trockenen Jahreszeit an den Fluss Tarangire, der dem Tarangire National Park seinen Namen gab.
(links oben)

Gut zu wissen

Hinweise: Die beste Reisezeit, um die Wanderung der Gnus im Serengeti National Park zu erleben, ist zwischen Dezember und Juli, um Raubtiere zu beobachten zwischen Juni und Oktober.
www.tanzaniaparks.com

Sansibar, Pemba und das Selous Game Reserve

 553 Kilometer

Zivilisation und Natur: Ehemalige Sklavenmärkte, Ruinen, aber auch wunderschöne Swahili-Architektur auf Sansibar, üppiger Urwald, gigantische Wildreservate und fruchtbare Küstenstriche kennzeichnen die tansanischen Landschaften am Indischen Ozean. Wer Ruhe und Erholung sucht, wird sich an den idyllischen Stränden der Region wohlfühlen.

Segelkünste wie zu den Zeiten des arabischen Handelsimperiums auf Sansibar – eine Dhau vor der Silhouette von Stone Town, der Altstadt von Sansibar. (oben).
Intensiver Duft: Nelken trocknen auf Pemba Island in der Sonne. (unten)

Von Daressalam aus verkehren regelmäßig Fähren zur Insel Unguja – die Hauptinsel des Sansibar-Archipels ist weithin als Sansibar bekannt. Die Ankunft in der Hauptstadt Sansibar mit dem Schiff ist ein unvergessliches Erlebnis, denn im weichen Nachmittagslicht entfaltet sie ihren ganz eigenen Zauber. Die Prachtbauten des Sultans von Oman und der wohlhabenden indischen, arabischen und Swahili-Kaufleute in der historischen Altstadt Stone Town wurden im 19. Jahrhundert aus Korallenstein errichtet. Damals erlebte Sansibar unter Sultan Sayyid Said seine Blüte, warfen der Sklavenmarkt, der Gewürz- und Elfenbeinhandel beträchtliche Reichtümer ab. Mit Beginn der Kolonialherrschaft begann jedoch der wirtschaftliche Niedergang, da Daressalam und Mombasa Sansibar-Stadt den Rang als Tor zu Ostafrika abliefen.

Die von etwa 700 000 Menschen bewohnte Insel ist landschaftlich relativ einförmig – der feuchtere Westen wird von Gewürz- und Obstgärten, Palmenhainen und Feldern, der Norden von Reis- und Zuckerrohrpflanzungen, die Ostseite von Trockenbusch bedeckt, die dafür aber die schönsten Sandstrände zu bieten hat. Auf der Fahrt zu ihrem ruhigen Südabschnitt bei Paje und Makunduchi passiert man den Jozani Forest, das einzige Urwaldgebiet der Insel und Lebensraum für die letz-

ten 1500 Roten Colobusaffen. Im Umland der Stadt Sansibar liegen interessante Ruinen von Palästen und persischen Bädern, wie in Maruhubi, Mtoni oder Kidichi. In Nungwi an der Nordspitze sind der Strand und der allmorgendliche Fischmarkt einen Besuch wert. An der gesamten Nordostküste liegen herrliche Strände, deren gleißender Sand bei Ebbe wie eine riesige Marmorplatte wirkt.

Die kleine Schwester. Zwischen Unguja und der 60 Kilometer nördlich gelegenen Insel Pemba gibt es mehrmals wöchentlich Schnellbootverbindungen. Die Schwesterinseln sind annähernd gleich groß, doch wirtschaftlich und touristisch ist das dünner besiedelte Pemba im Vergleich zu Unguja ein Zwerg. Die Insel ist von Hügeln und Tälern überzogen, die an der Westküste in Buchten, Inselchen, Riffe, Mangrovenwälder und kleine versteckte Sandbuchten ausfransen. An der flacheren Ostküste wird Reis angebaut, die Insel ist zudem ein bedeutender Nelkenexporteur. In der Hauptstadt Chake Chake gefallen das alte arabische Fort und das Marktviertel, das ein wenig die Atmosphäre eines orientalischen Basars verströmt. Im Nordwesten der Insel ist der 14 Quadratkilometer große Ngezi Forest der letzte nennenswerte Urwaldfleck auf Pemba. Nördlich davon liegen mit dem

Panga ya Watoro Beach und dem Vuma-wimbi Beach die beiden längsten Sandstrände der Insel.

Ein zoologischer Garten Eden. Wieder zurück im hektischen Daressalam, erreicht man nach 250 Kilometern Fahrt gen Süden, für die man wegen des schlechten Zustands der Straße sieben bis zehn Stunden einplanen muss, durch das Küstenhinterland über Kibiti das Mtemere Gate am nordöstlichsten Zipfel des riesigen Selous Game Reserve. Mit seinen über 50 000 Quadratkilometern ist es das größte Wildreservat Afrikas. Zusammen mit benachbarten Reservaten entspricht die geschützte Fläche der Größe Österreichs. Die wichtigsten Attraktionen des Selous und auch die wenigen Safaricamps wie das »Rufiji River Camp«, die »Mbuyu Safari Lodge« und das »Selous Safari Camp« liegen nördlich des Rufiji. Dieser Fluss hat sich mit Stiegler's Gorge eine Bresche von 100 Metern Breite und Tiefe durch das Gestein gefressen; die Schlucht ist von einer Seilbahn überspannt, mit der Fahrzeuge in den touristisch unerschlossenen Südteil des Selous gelangen. Unterhalb von Stiegler's Gorge bildet der Rufiji

ein riesiges, wildreiches Binnendelta – dieses von Schilf und Borassuspalmen überwucherte Wasserlabyrinth aus Nebenarmen, Kanälen und kleinen Seen ist höchstens noch mit dem Okavangodelta in Botswana vergleichbar, präsentiert sich aber noch viel wilder und unerschlossener. Im Dickicht des Delta sank 1915 der deutsche Kriegsdampfer »Königsberg«. Im Selous leben bis zu einer Million Großtiere; allein die Zahl der Elefanten wird auf 50 000 geschätzt – die weltweit größte Population –, was innerhalb ihrer Tierart auch für die 4000 afrikanischen Wildhunde im Park gilt.

Während der Trockenzeit ist eine Durchquerung des nördlichen Sektors und die vierstündige Weiterfahrt vom westlichen Matambwe Gate über Kisaki, Matombo und Msumbisi nach Morogoro am Tanzam Highway möglich. Die hübsche Distrikthauptstadt blickt von der Südseite auf das imposante Panorama der bis zu knapp 2650 Meter hohen Uluguru Mountains. Auf dem stark befahrenen Tanzam Highway benötigt man von hier aus rund drei Stunden bis ins etwa 200 Kilometer entfernte Daressalam. Von dort geht es über Kibiti weiter nach Lilongwe.

Feiner Sand bedeckt die kilometerlangen Strände auf Sansibar. (oben)
Typisch für den orientalischen Baustil der Insel: feine Holzornamente und Balkone. (Mitte)
Herzstück des Selous Game Reservats ist der Fluss Rufiji. (unten)
In den Uluguru Mountains. (links)

Gut zu wissen

Hinweise: Den schönsten Eindruck von Sansibar und seinen tiefblauen Gewässern erhält man auf einer Bootsfahrt mit einer traditionellen Dhau.
www.zanzibarnet, www.zanzibartourism.net

Von Lilongwe zu den Victoria-Fällen und das Okavangodelta

2626 Kilometer

Grüne Landschaften, unwirkliche Gebirgszüge, einer der weltweit größten Wasserfälle, der mächtige Sambesi und eine faszinierende Tierwelt: Wer von Malawi bis zu Sambias Victoria-Fällen unterwegs ist, erlebt die ganze Vielfalt Afrikas abseits touristischer Pfade.

Die typische Behausung im ländlichen Afrika südlich der Sahara ist nach wie vor die Rundhütte. (oben)
Mutter und Tochter mit Enkelkind stehen stolz vor ihrer familieneigenen Metzgerei am Stadtrand von Lilongwe. (unten)

Malawis Hauptstadt ist keine Touristenhochburg! Lilongwe zählt knapp 700 000 Einwohner, doch fehlt ihm die pulsierende Eigendynamik gewachsener Städte. Das Herz der sogenannten Old Town ist ein Einkaufszentrum – gut, um die Lebensmittelreserven aufzustocken, dann aber weiter. Schon nach anderthalb Stunden auf der M12 durch karges Agrarland ist die Grenze zu Sambia erreicht. Das Land profitiert von den nördlichen Ausläufern eines touristischen Speckgürtels, der sich bis hinunter nach Kapstadt zieht. Supermärkte, funktionierende Geldautomaten, Camps mit heißen Duschen – die touristische Infrastruktur für Individualreisende ist überraschend gut.

Vom Luangwa nach Lusaka. Unbedingt einen Abstecher wert ist gleich hinter dem Schlagbaum der Südluangwa-Nationalpark. Im berühmtesten Tierschutzgebiet Sambias ist der Fluss Luangwa mit seinen zahlreichen Seitenarmen die Lebensader für eine atemberaubende Fauna, zu der riesige Flusspferd- und Krokodilpopulationen sowie Raubtiere aller Art gehören. Übernachten kann man in einer der zahlreichen Lodges und Camps am Fluss außerhalb des Parks.
Die Straße Richtung Lusaka ist über weite Strecken in passablem Zustand. Die Hauptstadt Sambias verblüfft mit modernen Shopping-Centern, mit Banken und Hotels. Aus allen Landesteilen strömen Menschen auf der Suche nach Arbeit in die Wirtschaftsmetropole. Elendsviertel breiten sich aus, Lusaka gilt als die am schnellsten wachsende Stadt Afrikas – die genaue Einwohnerzahl ist nicht mehr bestimmbar.

Antilopen und Wildhunde. Nach einem Blick ins Nationalmuseum, das sich mit Sambias Kunst, Archäologie und Ethnologie beschäftigt, führt der Weg gut 200 Kilometer nach Westen in den Kafue-Nationalpark. Das 22 400 Quadratkilometer große Schutzgebiet am Fluss Kafue gilt als das antilopenreichste Gebiet in Afrika – beste Voraussetzungen für gewaltige Wildhund- und Raubtierpopulationen. Der Park ist insgesamt sehr flach und wird jahreszeitlich überschwemmt. Natürlich kann man ihn auf eigene Faust per PKW und Allradfahrzeug erkunden, aber auch geführte Safaris zu Fuß sind möglich, ein ganz besonderes Erlebnis, bei dem man der Wildnis ungewöhnlich nah auf die Pelle rückt!

Ein gigantischer Wasserfall. Der touristische Höhepunkt Sambias ist ganz im Süden des Landes an der Grenze zu Simbabwe erreicht: die Victoria-Fälle! David Livingstone galt als nüchterner Berichterstatter. Doch als der Arzt und Forschungsreisende 1855 als erster Europäer vor dem Naturschauspiel stand, geriet selbst er ins Schwärmen. Es sei ein Anblick, schrieb er, wie »Engel ihn im Fluge erlebten«. Die Wassermassen des an dieser Stelle 1,6 Kilometer breiten Sambesi verschwinden in einen brodelnden, 100 Meter tiefen Schlund – als ob sich in der Erde ein Spalt geöffnet hätte, der wie ein schwarzes Loch alles verschlingt. Ein kurzer Besuch auf die simbabwische Seite empfiehlt sich unbedingt. Von hier ist der Anblick noch dramatischer. Wie ein weißer, wallender Vorhang umhüllen die Wasser den dunklen Felsen. Die Gischt lässt einen tropischen Garten wachsen, Affen springen durch die Bäume. Der Weg zum berüchtigten »Danger Point« führt aus dem Wald heraus auf eine Wiese. Die Spektralfarben eines gewaltigen Regenbogens ziehen sich unmittelbar vor den Augen durch die Luft, egal wohin der Blick fällt, und beinahe so, als könne man nach ihnen greifen ...

Ins Delta. Die Strecke durch Simbabwe nach Südafrika gilt derzeit aufgrund der politischen Lage als wenig empfehlenswert, deshalb führt der Weg auf der M10 weiter in Sambia nach Botswana, das wie Malawi und Sambia im regionalen Vergleich als verhältnismäßig sicheres Reiseland einzustufen ist. Dennoch herrscht auch hier eine hohe Kriminalität, zudem sollte man immer die offiziellen Reisewarnungen sowie die empfohlenen Impfungen beachten. Im Grenzort Kazungula setzt man mit der Fähre über den Sambesi in das Nachbarland Botswana über, allerdings muss man an dem chaotischen Grenzübergang mit langen LKW-Staus und stundenlangen Wartezeiten rechnen – der Grenzübertritt ist ein Erlebnis für sich! In Botswana führt die A33 bis Maun, dem Tor zum weltberühmten Okavango-Delta. In diesem größten Binnendelta der Welt trifft der Fluss Okavango auf die Kalahari. Diese Verbindung aus Wasser, Savanne und Sand hat ein einmaliges Naturparadies geschaffen, das man zu Fuß und im »Mokoro«, im Einbaum, erkunden kann. Durch die schier unendliche Weite der Kalahari führt der weitere Weg auf der A3 und A2 südlich an Gaborone vorbei bis Lobatse. Dort gelangt man über den nahen modernen Grenzübergang Pioneer Gate bzw. Skilpadshek nach Südafrika, wo die N4 bis Swartruggens und weiter die R509 und R24 nach Johannesburg führen.

Die hübschen Rappenantilopen suchen das Ufer des Kafue River im gleichnamigen Nationalparkt zur Tränke auf. (oben)
Ein Flusspferd in einem Seitenarm des Sambesi reißt als Drohgebärde sein Maul weit auf. (unten)
Mosi-Oa-Tunya nannten sie die Einheimischen vom Stamm der Kololo, donnernder Rauch: die Victoriafälle im Grenzland zwischen Simbabwe und Sambia. (links)

Gut zu wissen

Hinweise: Wer bei den Victoria-Fällen einen Kurzausflug nach Simbabwe einplant, muss die volle Einreiseprozedur über sich ergehen lassen. Die beste Reisezeit für Malawi und Sambia ist von Mai bis Oktober.
www.auswaertiges-amt.de,
www.tropeninstitut.de,
www.wuestenschiff.de,
www.zambiatourism.com,
www.botswanatourism.co.bw

Von Johannesburg zum Krügerpark

 912 Kilometer

Hinter dem Städtedreieck von Pretoria, Johannesburg und Vereeniging tut sich ein großartiges Panorama auf, in dem weite Flächen und Farmland sich vor steilen Gebirgsmassiven ausbreiten. Und der riesige Krüger-Nationalpark schließlich, Südafrikas ältester Wildpark, ist gleichsam die Krönung des Ganzen. Durch eine landschaftlich schöne Strecke führt der Weg zurück und bis in die Hauptstadt Pretoria.

Amagama nennen die Ndebele-Frauen ihre berühmte, farbenfrohe Ornamentmalerei, mit der sie auch ihre Wohnhäuser verschönern. (oben) Auch Jazz-Clubs wie der »Palazzo di Stella« haben in Soweto ihr Zuhause. (unten)

Als Ort der Erholung wurde Johannesburg sicher nicht konzipiert. Aus dem Goldrausch vor über hundert Jahren entstand ein urbaner Moloch, der sich so schnell ausdehnte, wie der Wert des Goldes in der Region des Witwatersrand stieg. Hütten sowie Massenunterkünfte für die Digger waren lange die einzigen Behausungen; die ersten festen Häuser entstanden auf den Abraumhalden der Minen im Umfeld, während sich die Wohlhabenden in die höher gelegenen Vororte wie Roodepoort und Westcliff zurückzogen. Diese Enklaven mit ihren schönen Villen zwischen blühendem altem Baumbestand haben sich bis heute erhalten, und weitere solcher Stadtteile sind entstanden; Sandton zum Beispiel, das aus luxuriösen Shopping Malls, aus Bürohäusern, Botschaften und Luxushotels besteht. Der Stadtkern mit dem MuseuMAfricA und dem Wolkenkratzer Carlton Centre mit der großartigen Aussichtsplattform ist heute von Besuchern aufgrund der hohen Kriminalität relativ verwaist.

Soweto (SOuth WEstern TOwnship), die größte der während der Apartheid für Schwarze eingerichteten Wohnstädte Südafrikas, erstreckt sich über 130 Quadratkilometer staubiges Gelände und gehört seit 2002 zu Johannesburg. Hier leben wahrscheinlich mehr als drei Millionen Menschen und pendeln täglich Hunderttausende in die nahe gelegenen Zentren wie Johannesburg und Pretoria. Bei einer Besichtigung Sowetos – jedoch definitiv nur im Rahmen einer geführten Tour – kann man eine Vorstellung entwickeln, unter welch großen sozialen Problemen das Land leidet. Zu sehen sind unter anderem die ehemaligen Wohnhäuser von Nelson Mandela und Desmond Tutu sowie zentrale Orte des Widerstands gegen das Apartheid-Regime. Mehr dazu erfährt man im Apartheid Museum südlich der Innenstadt, gleich daneben kann man in Gold Reef City nicht nur Achterbahnfahren, sondern auch in die riesige Crown Gold Mine hinabfahren – der Freizeitpark ist ganz nach dem Motto der Goldgräberstimmung Ende des 19. Jahrhunderts gestaltet.

Farbenfrohe Ndebele-Kunst. An den Kohleschächten von eMalahleni, dem früheren Witbank, vorbei gelangt man auf der N4 nach Middleburg. Dort ermöglicht ein Abstecher in das 13 Kilometer entfernte Botshabelo-Freiluftmuseum Einblicke in die Lebenswelt der Sotho und der Ndebele. Die Ndebele sind bekannt für die Malereien der Frauen an den Innen- und Außenwänden ihrer Häuser. Die geometrischen Motive werden auch in ihre Kleidung gewebt und im Perlenschmuck verwendet. In der Umgebung sind einige Wanderwege durch die hügelige, stellen-

158

weise dicht bewaldete Landschaft ausge-
wiesen, die Begegnungen mit Gazellen,
Pavianen und Antilopen bieten.
Auf der Fahrt durch das Tal des Crocodile
River nach Mbombela, dem früheren Nel-
spruit, kann man den hiesigen Haupter-
werbszweig am Duft der frischen Mangos,
der Papayas, Lychees, Avocados, Nüsse
und Bananen erraten.

In die Tiefe der Erde. Rund 25 Kilometer
vor Mbombela führt die R539 gen Norden
zu den Sudwala Caves. Der Eingang liegt
inmitten einer Landschaft von üppig grüner Wildnis, und rund 600 Meter des
Höhlenlabyrinths sind mit Beleuchtung
ausgestattet und dem Besucher zugänglich, während der gesamte Umfang des
Höhlensystems noch gar nicht erforscht
ist. Und woher die ständig frische Luft
hineinströmt, das weiß man ebenfalls
nicht. Doch ein paar Geheimnisse machen
die Höhlenwanderung ja nur umso spannender. Ein anschließender Spaziergang
durch den Dinosaurier-Park ganz in der
Nähe vermittelt spielend und besonders
für Kinder sehr anschaulich dargestellt mit
40 »naturgetreu« nachgebildeten Dino-

sauriern einen guten Einblick in die Gege-
benheiten eines längst vergangenen Erd-
zeitalters.

Tierpark der Superlative. Ein kleiner Abstecher nach Süden führt von Mbombela in
das ehemalige Goldgräberstädtchen Barber-
ton, wo ein Museum über Archäologie,
Geschichte und Ethnologie des Gebiets informiert. Nur eine halbe Autostunde nördlich von Mbombela liegt das Numbi Gate
des Krüger-Nationalparks: knapp 20 000
Quadratkilometer Wildnis, fast 2000 verschiedene Pflanzenarten und 850 Tierarten,
darunter 147 Säugetierarten – tausende Elefanten, Löwen, Leoparden, Nashörner, Büffel und dazu rund 150 000 Impalas. Der
Krüger lockt als einer der größten und
berühmtesten Nationalparks Afrikas jährlich fast eine Million Besucher, die ihn auf
rund 900 Kilometer Asphaltstraßen und
1400 Kilometer gut befahrbare Pisten
erkunden. Im Park stehen diverse Unterkünfte zur Verfügung, beispielsweise das
gemütliche Crocodile Bridge Rest Camp
am Parkeingang Crocodile River. Dort sind
das Grasland in der Umgebung und der
Fluss ganzjährig Ziele von Gazellen und

Grandios: der Blyde River
Canyon mit den berühmten
Three Rondavels im Hinter-
grund. (oben)
In Tracht präsentieren sich
diese Zulu-Männer und
Swazi-Frauen im Sudwala
Caves Cultural Village. (unten)
Three Rondavels: An afrikani-
sche Rundhütten erinnert die
eigentümliche Form der drei
Felsen, die hoch über dem
Blyde River Canyon thronen.
(links)

Antilopen, und wo jene sich aufhalten, sind die Raubtiere nicht weit. Nahe dem Satara Rest Camp halten sich an den Dämmen in der Umgebung, dem Gudzanidam und dem Kumanadam, stets riesige Herden von Tieren auf; am Nsemanidam sind Wasserböcke, Flusspferde und gelegentlich ein Rudel Löwen die besonderen Attraktionen. Das Olifants Rest Camp ist oberhalb des Lepelle (früher: Olifants River) auf der Böschung unter uralten Bäumen gelegen. Von den Bungalows in der ersten Reihe lassen sich alle Tierarten Afrikas beim Trinken und Jagen am Flussufer vom bequemen Stuhl auf der eigenen Terrasse aus beobachten. In den Süßwasseraquarien des Camps tummeln sich zahlreiche Fischarten des Reservats. Nördlich des Lepelle, der den Park etwa in der Mitte teilt, liegt das Letaba Rest Camp an einer Schleife des Letaba-Flusses, an dessen Ufern man ausgiebige und stets erfolgreiche »game drives« unternehmen kann, denn neben Geparden, Büffeln, Zebras und Antilopen ziehen sehr viele Elefanten durch die Region. Letzteren ist das Informationszentrum gewidmet.

Wilder als der »Krüger«. Vom Letaba Rest Camp führt die Asphaltstraße aus dem Park heraus direkt nach Phalaborwa. Die blühende Gartenstadt hat zwei Gesichter, denn außerhalb liegen die Minen des Phosphat-, Kupfer- und Eisenabbaus. Die Vorkommen dieser Region sind so riesig, dass man sogar den größten von Menschenhand geschaffenen Krater der Welt an dieser Stelle findet. Er reicht inzwischen bis unter den Meeresspiegel – und Phalaborwa liegt gute 445 Meter hoch. Doch nun führt die R40 nach Hoedspruit und über die Argyle Road nach Osten wieder zurück in die Natur, die man im Timbavati Game Reserve – auf mittlerer Höhe direkt an den Krüger-Nationalpark angrenzend – in wilderen Varianten erleben kann als im »Krüger«: In dem rund 53 000 Hektar großen Wildschutzgebiet gibt es keine geteerten Straßen, sondern nur fest gefahrene, breite Pfade durch die unberührte Landschaft des Bushveld. Hier lebt neben zahlreichen Vogelarten, Raubtieren und friedlichen Pflanzenfressern auch eine Familie weißer Löwen. Ranger stehen zur Verfügung, um Besucher die Geheimnisse der wunderbaren Tierwelt hautnah erleben zu lassen. In komfortablen Unterkünften kann man abends das traditionelle Braai (Grillen) genießen, das unter freiem Sternenhimmel, mit Urwaldgeräuschen im Hintergrund, zelebriert wird. Die ganze Region ist bergig und von weiten Graslandschaften durchbrochen.

Dem Gründer des Krüger National Parks und ehemaligen Buren-Präsidenten Paul Kruger ist ein Standbild auf dem Church Square in Pretoria gewidmet. (oben)
Tiere haben Vorfahrt: Neben Löwen zählen zu den Big Five im Krüger National Park auch Büffel, Nashörner sowie Elefanten und Leoparden. (Mitte und rechts)
Giraffen beim Plausch am Baum. (unten)

Canyon und Kaskaden. Vom Timbavati Game Reserve führt der Weg zurück nach Hoedspruit und weiter auf der R527 und R36 gen Westen bzw. Süden. Kurz nach Banareng beginnt die als R532 ausgeschilderte Panoramaroute nach Süden durch die beeindruckenden Drakensberge – eine dramatisch geformte Berglandschaft mit Wasserfällen in den Resten des Regenwaldes. Die Route ist in den letzten Jahren bei den Touristen zunehmend beliebter geworden, da die zahllosen Wasserfälle der tief eingegrabenen Schluchten im Gebirge aus Dolomit und Quarzit zu jeder Jahreszeit sehr eindrucksvoll sind. Flechten in vielen Farben bewachsen das Gestein und bilden nur einen Teil der ursprünglichen Vegetation am Wegesrand. In diesem nördlichen Teil des Drakensberg-Massivs bildet der Blyde River Canyon den spektakulärsten Abschnitt. Dort hat der Fluss im Lauf von Jahrmillionen tiefe Schluchten in das Dolomitgestein gegraben. Das gesamte Gebiet des Blyde River Canyon Nature Reserve ist durch ein dichtes Netz von Wanderwegen erschlossen. Die gesamte Strecke bietet herrliche Ausblicke sowie eine ganze Reihe sehenswerter Wasserfälle, wie die Lisbon Falls mit ihren Kaskaden und die 80 Meter hohen Berlin Falls. Ein Abstecher auf der R534 führt zum atemberaubenden God's Window, dem Fenster Gottes, auf einer Höhe von 1829 Metern. Von God's Window aus führt zudem ein 65 Kilometer langer Fernwanderweg über einige Hütten mit Übernachtungsmöglichkeit in fünf Tagen nach Swadini. Das Städtchen Graskop ist das touristische Zentrum des Gebiets. Hier sollte man auf keinen Fall einen Abstecher in das 16 Kilometer westlich gelegene Pilgrim's Rest versäumen. Die alte Goldgräberstadt steht unter Denkmalschutz und verblüfft mit ihrer natürlichen Atmosphäre, zumal im Fluss noch immer Männer und Frauen stehen, um akribisch den Kies in ihren Sieben zu waschen. Und hin und wieder findet sich sogar noch ein Goldnugget darin. Auch Besucher sind eingeladen, ihr Glück zu versuchen, auch wenn die professionellen Digger diesen Konkurrenten nichts abgewinnen können. Goldstaub und Körner darf man behalten, bei größeren Funden fordert der Staat die Hälfte – doch Spaß macht's allemal.

Gebrannte Köpfe. Durch tiefe dunkle Wälder geht es Richtung Süden zu den Mac Mac Falls. Hier sollte Muße für eine längere Pause sein, denn die Mac Mac Pools am Fuß der Wasserfälle laden zum Schwimmen in glasklarem Wasser geradezu ein. Auf der Strecke sollte man sich Zeit lassen, denn immer wieder führen Wanderwege von der Straße ab, auf denen man beispielsweise zu den Bridal Veil Falls spazieren kann. Bei der Weiterfahrt Richtung Pretoria erreicht man über die R37 das hübsche Städtchen Mashishing auf dem Weg. Es wurde 1849 von Buren als Lydenburg gegründet. Im nahe gelegenen Sterkspruit Valley fanden sich bei Grabungen sieben Terrakotta-Köpfe, die heute, unter dem Namen Lydenburg-Köpfe bekannt, im South African Museum in Kapstadt ausgestellt sind. Die Kunstwerke, die um das 6. Jahrhundert n. Chr. geschaffen wurden, gehören zu den ältesten bekannten Skulpturen, die sich im südlichen Afrika über die Jahrhunderte erhalten haben. Ihre Geschichte liegt im Dunkeln; doch auch von den Bewohnern der Echo Caves (etwa 40 km nördlich) und der Sudwala Caves (etwa 40 km südlich), die schon in prähistorischer Zeit in diesen Tropfsteinhöhlen lebten, weiß man bis auf die Funde einiger Tonscherben, Steinwerkzeuge und Felszeichnungen bis heute nichts. Replikate der Terrakotta-Köpfe sind im Lydenburg Museum in Mashishing ausgestellt. Die Umgebung des Städtchens bietet noch eine weitere Besonderheit: In den klaren Flüssen und Seen kann man gut Fliegenfischen. Die Weiterfahrt auf der R540 und N4 über Belfast, Middelburg und eMalahleni bis nach Pretoria lässt viel Zeit, um über diese Geheimnisse der Natur nachzudenken.

Im Sudwala Caves Cultural Village kann man beobachten, wie die schönen Flecht-Kunstwerke entstehen. (oben)
Über Tausende von Jahren gewachsene Tropfsteinformationen beeindrucken die Besucher in den Sudwala Caves. (unten)

Gut zu wissen

Hinweise: Zu Fuß durch die Wildnis – ein besonderes Erlebnis sind die Safari-Wanderungen im Timbavati Game Reserve. www.joburgtourism.com, www.krugerpark.co.za, http://timbavati.krugerpark.co.za

Von Pretoria nach Namibia

 1660 Kilometer

Kleine, abgelegene Naturschutzgebiete und weite Wüstenflächen, blühende Gartenstädte und kuppelgekrönte Märchenarchitektur – das weit gespannte Hinterland fern der Küsten Südafrikas ist erstaunlich vielfältig. Einen zusätzlichen Reiz gewinnt die Route durch die Augrabies Falls, eines der atemberaubenden Naturwunder im Land am Kap. Nicht weit entfernt quert man die Grenze nach Namibia.

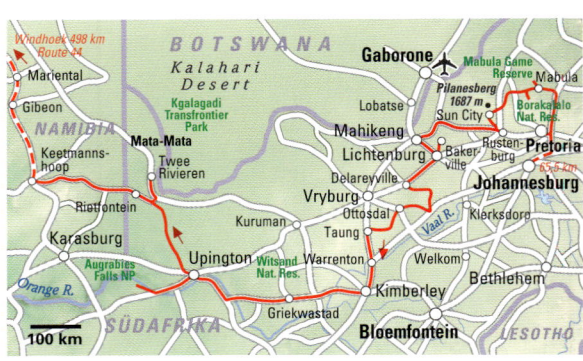

Aus dem Wüstenboden gestampft wurde 1992 die Hotelanlage Lost City, die zu den Hauptattraktionen von Sun City zählt: eine Scheinwelt wie aus dem Märchen. (oben)
Der Orange River stürzt bei den Augrabies Falls unter Getöse in eine gigantische Felswanne. (unten)

Südafrikas Hauptstadt Pretoria ist im Vergleich zu Johannesburg kleinstädtisch und behaglich, mit prächtigen Jacarandas, grünen Parks und Gärten – aber auch mit Zeugen aus seiner Geschichte als »Hauptstadt der Apartheid«, wie der Justizpalast am zentralen Church Square und oberhalb der Terrassengärten des Meintjieskop-Hügels die monumentalen Union Buildings. Hier, im Sitz der südafrikanischen Regierung, wurde Nelson Mandela als Präsident vereidigt. Von Pretoria führt der Weg in den Norden in den Kurort Warm Baths, dessen mineralhaltige Thermalquellen wegen ihrer Heilkraft bei rheumatischen Beschwerden berühmt sind.

Stadt der Sonne. Von hier aus ist es nur etwa eine Fahrstunde über Mabula und Bonwa Phala, bis am Horizont in der Savannenlandschaft eine Skyline von Fantasiearchitekturen, Märchenschlössern gleich, auftaucht. Sun City heißt diese Welt der Illusionen, zu der exklusive Hotelanlagen und Casinos gehören. Für den riesigen Freizeitkomplex wurden mitten in der Steppe Golfplätze angelegt, aber auch ein tropischer Regenwald, in dem tausende Orchideen blühen, sowie eine künstliche Lagune, die ebenso künstlichen Flüsse speisen. Gleich nebenan liegt der Pilanesberg-Nationalpark. In dem knapp 60 000 Hektar großen Gebiet zwischen

dem Transvaaler Lowveld und der Kalahari-Wüste treffen trockene und feuchte Luftmassen aufeinander und sorgen für gute Aufwinde. Die Region ist somit ideal zum Ballonfahren. Die meisten der hier lebenden Tiere wurden aus dem Krüger-Nationalpark ausgesiedelt.

Durchs Land der Zitronen. In Rustenburg liegt Boekhoutenfontein: Die ehemalige Farm des ersten Präsidenten Transvaals (und Südafrikas), Paul Kruger, ist heute ein Museum. Die Fahrt führt auf der N4 westlich über Swartruggens, zwischen Weinbergen, an Tabak- und Weizenfeldern, Pfirsich-, Aprikosen- und Zitronengärten vorbei. Aus den Früchten des Gebiets wird der hochprozentige Mampoer-Schnaps gebrannt, den man direkt vom Erzeuger auf der Farm oder in Läden entlang der so genannten Mampoer Route probieren und kaufen kann. Über Zeerust und die R49 gen Süden erreicht man Mahikeng. Die alte Hauptstadt der North-West Province ist mit Mmabatho zusammengewachsen. Ackerbau und Rinderzucht bestimmen das Leben der Farmer und das Bild der Landschaft. Lichtenburg war Anfang des 20. Jahrhunderts eine wohlhabende Stadt dank der Diamantenfunde im nahen Harts River. Bei einem Abstecher nach Bakerville kann man sich zwischen den Häusern der Diamantensucher und in dem kleinen Museum eine Vorstellung von der damaligen Zeit machen.

Über die N14 erreicht man kurz vor Delareyville das zauberhafte Barberspan Nature Reserve. In dem gut 3000 Hektar großen Feuchtgebiet finden rund 365 Vogelarten Schutz, darunter Pfeif- und Knäkenten, ägyptische Gänse und Haubentaucher.

In die Wüste. Über Ottosdal, Wolmaranstad, Schweizer-Reneke, Taung und Hartswater erreicht man Kimberley, das einst im »diamond rush« glitzerte. Heute prägen das Zentrum des verträumten Städtchens Bürohäuser und Juweliere rings um den Marktplatz. Richtung Westen beginnt sich die Landschaft rechts und links der N8 in den Weiten der nahen Kalahari-Wüste zu verlieren. In der Ferne formieren sich die Asbestos Mountains zu einer imposanten Kulisse in der kargen Region.

Hinter Griekwastad stimmen die Roaring Sands im Witsand Nature Reserve auf die Wüste ein: Bei extremer Hitze kann man die gelbweißen Wanderdünen schon von Weitem hören; wenn sie sich bewegen, klingen sie wie ein aufziehender Sandsturm. In Upington bildet der Orange River die Lebensader der ganzen Region direkt an der Wüste. Datteln, Pfirsiche,

Mangos, Aprikosen und Äpfel gedeihen hier und werden zu Trockenobst verarbeitet. Ein Tagesausflug führt zu den beeindruckenden Augrabies Falls, an denen der Orange River an die 240 Meter in die Tiefe stürzt. »Ort des großen Lärms« heißt Augrabies in der Sprache der Nama, und tatsächlich hört man den Lärm der Wasserfälle aus der Ferne. Zurück in Upington, geht es auf der R360 ab in die Wüste. Zwar ist die Straße problemlos befahrbar, doch halten Wanderdünen sich nicht an Vorfahrtsregeln und bleiben manchmal mitten auf der Route liegen – einfach langsam herumfahren!

Kudus und Impalas. Über Bokspits und die R360 ist mit dem Gate von Twee Rivieren der Eingang zum Kgalagadi Transfrontier Park erreicht. Der rund 38 000 Quadratkilometer große Nationalpark erstreckt sich länderübergreifend in Südafrika und Botswana – der Grenzfluss Nossob stellt für Besucher keine Grenze dar. Der Park ist bekannt für seine Springböcke, Elen- und Kuhantilopen, Impalas, Kudus, Streifengnus und Raubkatzen. Nach Namibia gelangt man problemlos im Park über den Grenzübergang bei Rietfontein. In Keetmanshoop beginnt die geteerte, breite B1, die nordwärts nach Windhoek führt.

Mit der Natur auf Tuchfühlung: An die Stelle blutiger Großwildjagden hat der neue, sanfte Tourismus in Südafrika die Fotosafari gesetzt. (oben) Bis zu 300 Jahre alt werden die Köcherbäume, die bevorzugt in den heißen Gegenden Namibias – hier bei Keetmanshoop – wachsen. (unten) Strauße, Oryx-Antilopen und Springböcke leben in der Kalahari friedlich neben- und miteinander. (links)

Gut zu wissen

Hinweise: Die Grenzübergang Rietfontein hat zwischen 8 und 16.30 Uhr geöffnet. Die Grenzabfertigung für den Grenzübergang Mata Mata im Kgalagadi erfolgt schon in Twee Rivieren.
www.gopretoria.co.za,
www.sun-city-south-africa.com,
www.sanparks.org/parks/kgalagadi

Von Windhoek durch Nordnamibia

 1735 Kilometer

Von der beschaulichen Hauptstadt Windhoek durch das Hinterland bis zum Etosha National Park: Nette Dörfchen, eindrucksvolle Felsformationen wie die Fingerklippe und geschichtsträchtige Orte begegnen einem auf dieser Reise, deren Höhepunkt der großartige Nationalpark ist. Das Land an Afrikas Südwestküste bietet sowohl Kultur- als auch Naturfreunden viel Aufregendes.

Die Independence Avenue gehört zu den Lebensadern von Windhoek. (oben und unten)

In Windhoek finden sich Safari- und Tourenveranstalter, Hotels und Restaurants auf hohem Niveau. In Namibias einziger Metropole finden sich aber auch die Spuren der deutschen Kolonialgeschichte. Brahms- oder Mozartstraße klingen in Afrika recht seltsam, und ein Volltreffer ist seit einigen Jahren die alljährliche Deutsche Schlagernacht, in der deutsche Hits der vergangenen fünfzig Jahre vor begeistertem Publikum aufgeführt werden. Und wo sonst in Afrika findet man im Schatten von Wolkenkratzern niedliche Häuser in deutscher Bauweise mit rotglänzenden, schneeabweisenden Steildächern?

Kleiner Rundgang. Dem Besucher erschließt sich die Struktur der Stadt sofort, zumal sich die Sehenswürdigkeiten wie der wunderschön erhaltene wilhelminische Bahnhof, der Aussichtspunkt auf dem Werthsingel, das Owela-Museum, die Christuskirche und die Alte Feste im Ortskern befinden. Und natürlich die Independence Avenue mit ihren vielen reizvollen Geschäften und den historischen Sandsteinfassaden des Erkrath- und des Gathemann-Gebäudes sowie des Hotels Kronprinz. Am Uhrenturm zweigt die Post Street Mall ab, eine bunte Fußgängerzone mit Souvenirhändlern und Tischen vor den Restaurants und Bistros. Der Stadtkern wie die angrenzenden Vororte der gut verdienenden Bewohner sind perfekt ausgeschildert, Orientierungspunkt ist der hässliche, hochaufragende Bau des Kalahari Sands Hotels.

Grausame Geschichte. Bestimmend im Straßenbild Windhoeks sind aber auch die Hererofrauen in ihren wilhelminischen Trachten. Ihre Kleider sind aufwendig geschneidert, sie tragen viele Röcke übereinander und den charakteristischen Stoffhut. Die schönen Gewänder und die teilweise Putzigkeit der deutschen Kolonialbauten sollen jedoch nicht über die Härte der deutschen Kolonialherrschaft im frühen 20. Jahrhundert hinwegtäuschen. In Okahandja, das gut 70 Kilometer nördlich von Windhoek liegt, fand im Januar 1904 der Herero-Aufstand seinen Anfang. Er war unter anderem eine Reaktion auf die Entrechtung der Herero und Landenteignungen zugunsten der neu ankommenden deutschen Siedler, die die wirtschaftliche Grundlage der Einheimischen zerstörten. Der Aufstand wurde mit äußerster Grausamkeit niedergeschlagen und wird heute mehrheitlich als Genozid eingestuft. Zehntausende Herero fanden dabei den Tod. Mit gleicher Härte ging die Kolonialverwaltung gegen die Nama vor, die sich ebenfalls 1904 vergeblich gegen ihre Unterdrückung wehrten. Okahandja ist das wichtigste traditionelle Zentrum der Herero, und auf dem Friedhof der knapp 20 000 Einwohner zählenden Stadt liegen die Gräber ihrer großen Führer Tjamuaha, Maharero, Samuel Maharero und Hosea Kutako. Alljährlich wird in Okahandja am Wochenende vor dem 26. August – dem Feiertag im Gedenken an Namibias Unabhängigkeitskrieg von Südafrika – am Hererotag dem gescheiterten Aufstand und seiner zahllosen Opfer sowie den verstorbenen politischen Führern gedacht. Dabei finden sehenswerte farbenprächtige Umzüge statt. Darüber hinaus hat Okahandja zwei große Kunsthandwerksmärkte zu bieten, auf denen schöne Holzschnitzereien verkauft werden. Einen Abstecher lohnen die 25 Kilometer südwestlich gelegenen Thermalquellen von Groß Barmen. Die einstige Missionsstation wurde zum Thermalbad umgebaut, in dessen Becken aus 2500 Metern Tiefe 65 Grad Celsius heißes Heilwasser strömt.

Ein kurzer Zwischenstopp. Die beiden Straßen aus dem Süden in die Etosha-Pfanne kreuzen sich in Otjiwarongo. Hier kann man die Vorräte aufstocken, tanken und ein Stück nach deutschem Rezept gebackenen Kuchen essen. Ein Abstecher in den etwa 70 Kilometer östlich gelegenen Waterberg National Park bietet dem an schier endlose Flächen gewöhnten Auge ein wenig Abwechslung in einer bergigen, grün bewachsenen Landschaft. In dem Schutzgebiet leben unter anderem Nashörner, Büffel, Leoparden und Geparden.

Brits' Fund. In Otavi zweigt die B8 nach Grootfontein ab. Weites Weideland, große Wälder und am Ziel ein kleines Städtchen, das für namibische Verhältnisse so weit draußen auf dem Land bemerkenswerte Ausmaße hat. Hier kann man, wenn nötig, sein Auto reparieren lassen und in der Zwischenzeit dem Alten Fort, das eine Mineralien- und Edelsteinsammlung besitzt, einen Besuch abstatten. Etwa 24 Kilometer westlich von Grootfontein fiel vor wohl 80 000 Jahren ein Stern vom Himmel. 1920 fiel einem Bauern die dunkle Farbe an einem riesigen Gesteinsbrocken auf seiner Farm Hoba auf, und das seltsame Klingen, wenn man dagegen schlug, machte ihn zusätzlich stutzig. Der Klang rührt von dem über 80-prozentigem Eisengehalt des rund 55 Tonnen schweren so genannten Hoba-Meteoriten. Der zwischen 200 und 400 Millionen Jahre alte Eisenbrocken wurde von Jacobus Brits wissenschaftlich beschrieben und ist wohl der bislang größte Meteorit, der auf der Erde gefunden wurde.

Manche Naturphänomene sind einfach »Launen der Natur«: so etwa die so genannten »Orgelpfeifen« (unten) und der Versteinerte Wald (oben), beide in der Umgebung von Khorixas. Die Abendsonne taucht die Felslandschaft rund um die von rötlichen Gesteinsadern durchzogene Blutkuppe in sanftes Licht. (links)

Der Brandberg in der Umgebung von Uis besitzt mit dem Königstein (2579 m) den höchsten Gipfel Namibias. (oben)
Hervorstechende Landschaftsformationen: ein Termitenhügel bei Khorixas (unten) und der Löwenfels bei Twyfelfontein. (Mitte)

Vergangener Reichtum. Eine breite Straße führt nach Tsumeb hinein. Die schachbrettartig angelegte Stadt ist klein, vom Museum am Stadtpark bis zum Etosha Café gegenüber der Schachtanlage und dem Förderturm benötigt man zu Fuß keine zehn Minuten. Vor wenigen Jahrzehnten noch war Tsumeb eine der reichsten Städte im Norden des Landes, bis 1996 die hiesige Mine geschlossen wurde, aus der rund 90 Jahre lang Kupfer und andere Erze erwirtschaftet wurden. Bei den Grabungen stieß man auf bemerkenswert viele Mineralienarten und Halbedelsteine, von denen etwa 200 katalogisiert sind; zehn Sorten kommen ausschließlich in Tsumeb vor.

Auf zum Etosha-Park. Aber jetzt geht's auf Safari! Der Etosha-Nationalpark ist nah, und gleich nachdem man den Eingang passiert hat, zeigen sich die Wildtiere. Ein weißes Fort taucht in der Wüstenlandschaft auf: Namutoni, das in der Kolonialzeit errichtet wurde und heute neben zwei weiteren Camps den Parkbesuchern als Unterkunft dient. Schließlich könnte man sich tagelang im Etosha aufhalten, denn die Attraktion der hiesigen Natur ist, neben der großartigen Landschaft, ein unermesslicher Wildbestand. Tausend Kilometer Pisten, über dreißig Wasserlöcher und eine größtenteils ungehinderte Sicht über das flache, sandige Land garantieren viele aufregende Begegnungen zwischen Mensch und Tier. Man kann den Park an der Etosha-Pfanne entlang über Halali bis Okaukuejo durchqueren. Dann fährt man durch das Anderson's Gate bei Ombuka und weiter nach Outjo.

Zur Fingerklippe. Auch dieses Stück Straße ist von vielen abzweigenden Nebensträßchen gekennzeichnet, wie die meisten Hauptstraßen im Land. Es sind Zufahrtswege zu Farmgebäuden, in der Nähe des Etosha-Nationalparks allerdings führen sie oft zu Gästefarmen, wo Urlauber in angenehmer Farmatmosphäre übernachten können. Outjo fällt allein durch seine vielen Draankwinkel (Geschäfte mit der Lizenz zum Alkoholverkauf) auf, ein wenig über die Lokalgeschichte und die hiesigen Mineralien erfährt man im Franke-Haus-Museum, einem Haus von 1899. Auf dem Weg in die zauberhafte Umgebung von Khorixas führt ein Abstecher zur Fingerklippe – eine Felsnadel, die die Erosion zu einem Finger geformt hat. Khorixas mit seiner Tankstelle ist schnell passiert, da tauch neben der Straße das Gelände des Petrified Forest auf. Man muss sich vorstellen, dass diese teilweise riesenhaften Baumstämme vor 260 Millionen Jahren mit einer Flut hierher gespült wurden, im Schlamm versteinerten und dann von der Erosion langsam wieder freigelegt wurden!

Die »Weiße Dame«. Man folgt der C39, um am Anfahrtshinweis nach Twyfelfontein der ausreichend befahrbaren Piste bis zu dem Berggebiet zu folgen, in dem sich Felszeichnungen in dem weichen Gestein der verschachtelten Sandsteinfelsen aneinanderreihen. Führer geleiten die Besucher zu den Kunstwerken, die die San ab etwa 4000 v. Chr. bis vor rund hundert Jahren dort schufen. Am berühmtesten die »Weiße Dame« in den Felsen des Brandbergs, der sich auf der C35 kurz vor Uis Myn erreichen lässt. Die »Weiße Dame« ist 45 Zentimeter hoch, höher als andere Darstellungen der San, und stellt einen prachtvoll geschmückten Krieger dar. Dass die Entdecker die Figur zunächst für eine Frau hielten, muss mit der stolzen Haltung zu tun haben. Leider verblasst das Kunstwerk im Lauf der Zeit, doch auch die anderen Zeichnungen verdienen Beachtung. In Henties Bay ist die Küste erreicht, ihre Nähe wurde schon seit langem von den Wolken über dem Meer angekündigt. Zum Cape Cross (Kreuzkap) ist es von hier nur eine kurze Fahrt im ständigen Wind des Ozeans, bis der Felsen mit seiner Robbenkolonie erreicht ist. Sagenhafte 80 000 bis 150 000 Tiere leben dort.

Strandgut. Würde man hier weiter in den Norden fahren, käme man zum Skeleton Coast National Park, an dessen Wassergrenze eine ganze Reihe gestrandeter Schiffe ihr langsames Dahinschwinden in Rost und vermoderndem Holz zeitigen. Südlich jedoch erreicht man nach 70 Kilometern Swakopmund an der Mündung des Swakop in den Atlantik. Auch hier stammen einige Gebäude noch aus der deutschen Kolonialzeit, beispielsweise das Alte Gefängnis, das heute noch genutzt wird,

oder das Alte Amtsgericht. Ein wenig erinnert die Stadt an ein deutsches Nordseebad mit ihren bunten Häusern und Cafés, die palmengesäumte Strandpromenade wirkt dagegen fast schon mediterran – nur das Wasser des Südatlantiks ist ziemlich kalt. Seine Bewohner kann man im National Marine Aquarium gleich neben dem schönen alten hölzernen Anlegesteg trockenen Fußes bewundern. Ganz anders als Swakopmund gibt sich Walvis Bay, die moderne Hafenstadt mit dem Industriezentrum in einer Freihandelszone.

Eine Pflanze wie welkes Gemüse. Zurück in Swakopmund folgt man der C28 bis zur beschilderten Abfahrt Welwitschia Drive. Die Piste durch den Naukluft Park führt bis ins Flusstal des Swakops durch ein Gebiet, in dem zahlreiche Welwitschias wachsen. Diese besondere Sukkulentenart versteckt ihren Stamm unter der Erde, denn die sichtbaren, olivgrünen ledrigen Blätter, die an welkes, fortgeworfenes Gemüse erinnern, sind nur die Krone dieser merkwürdigen Holzpflanze. Ihre gelbgrünen oder lachsfarbenen Blüten schrumpfen nach der Blütezeit zusammen, um sich in Windeseile in schwarze Einzelteile aufzulösen. Schön sind diese ungewöhnlichen Gewächse nicht zu nennen, doch machen sie durch ihr hohes Alter von sich reden: Die ältesten Exemplare werden auf 2000 Jahre geschätzt.

Zur Spitzkoppe. Die C28 führt weiter bis zum Bloedkopje, dem Blutberg, der seinen Namen nicht aufgrund dramatischer Vorfälle in der Umgebung erhielt, sondern einfach, weil sich der Schimmer des rötlichen Gesteins bei Sonnenauf- oder -untergang wie in eine dunkelrote Bemalung verwandelt. Der Rückweg nach Windhoek beginnt in Swakopmund auf der B2, lädt vor Usakos allerdings noch zu einem Abstecher zur weithin sichtbaren Spitzkoppe ein. Bei einem Spaziergang genießt man die großartige Bergwelt, bevor die Rückfahrt nach Windhoek über Usakos endgültig in Angriff genommen wird.

Ob Vogel Strauß oder Elefant – die Tiere haben Vorfahrt und dürfen nur vom Auto aus beobachtet werden. (oben und Mitte)
Noch weitgehend unberührt sind lange Küstenabschnitte zwischen Kreuzkap und Walvis Bay – an einigen Stellen tummeln sich Flamingos. (unten und linke Seite unten)

Gut zu wissen

Hinweise: Die Öffnungszeiten des Etosha-Nationalparks ändern sich wöchentlich, je nachdem, wann die Sonne auf- bzw. untergeht.
www.windhoekcc.org.na,
www.etoshanationapark.org,
www.swakopmund.de

Von Windhoek über Kapstadt nach Durban

 3500 Kilometer

Von Namibias Dünen und verlassenen Diamantenstädten beginnt eine gebirgige Strecke durch atemberaubende Landschaft in das kosmopolitische Kapstadt. Zitronenhaine und Wildblumen, Zedern und Rooibos-Sträucher erfreuen das Auge. Entlang der »Garden Route« stehen Strände und Lagunen im Gegensatz zur herben Little Karoo. Buntes Leben in quirligen Hafenstädten bietet die Küstenregion im Südosten.

Gemäßigte Moderne: die Independence Avenue von Windhoek. (oben)
Eine Endzeitlandschaft entfaltet sich vor dem Auge des Betrachters im Kuiseb Canyon. (unten)

Durch die weite Landschaft südlich von Windhoek führt die C26 direkt über den Gamsberg Pass, den man mit viel Zeit angehen sollte, weil die Landschaft in ihrer Farbigkeit und majestätischen Grandiosität Muße zum Erleben beansprucht. Und die großartigen Landschaften nehmen kein Ende. Eine fantastische Berg- und Talfahrt führt zum Kuiseb Pass, der einen herrlichen Rundumblick auf die Wüstenlandschaft mit ihren Inselgebirgen gewährt. Nicht weit entfernt liegt der beeindruckende, wie aus Riesentreppen geformte Kuiseb Canyon. Anschließend überquert man die Gaub-Schlucht und den Gaub Pass und erreicht schließlich Solitaire, das aus nur einem einzigen Haus mit Laden, Tankstelle und Pferdeweide besteht.

In der Weite der Dünen. Sesriem ist nur ein paar Minuten vom Vorposten zu den Dünen von Sossusvlei entfernt. Nach starken Regenfällen bleibt bisweilen ein Tümpel in dem ansonsten meist trockenen, einen Kilometer langen Sesriem Canyon, den der Tsauchab gegraben hat. Im Schutz der Schlucht hat sich etwas Vegetation entwickelt, die auch Wild und Vögel anzieht. Wie das Werk eines kühnen Landschaftsmalers wirken die bis zu 300 Meter hohen Sterndünen, deren exakt gezirkelte Kämme von den Spitzen sternförmig in drei oder mehr Richtungen verlaufen. Je nach Son-

nenstand verwandelt sich diese faszinierende Landschaft aus Sand und ein paar Sträuchern von einem sanft schattierten Aquarell in ein flammendes grellbuntes Ölgemälde. Die Straße durch die Wüste ist abschnittsweise geteert, doch zum eigentlichen Vlei, der Pfanne, muss man wegen des Tiefsands wandern oder einen Allradwagen fahren. Hier befindet man sich mitten im Namib-Skelettküste-Nationalpark, eines der größten Schutzgebiete der Erde – und seit Ende 2016 mit dem Iona-Nationalpark in Angola zum Iona-Skeleton Coast Transfrontier Park vereint, der insgesamt 122 690 Quadratkilometer umfasst. Fast 150 000 Hektar groß ist das Namib-Rand Nature Reserve und damit eines der größten privaten Naturreservate Afrikas. Durch die ockerfarbene Dünenlandschaft, die von silbrig glänzenden Grasflächen und tiefdunklen Basaltbergen in umwerfend leuchtenden Farbschattierungen ergänzt wird, führen erfahrene Wildhüter Besucher kundig durch das Gebiet und nah an die Wildtierherden heran. Entweder fährt man anschließend auf der C27 zur Betta Campsite, wo Unterkunft und Tankstelle warten, sowie weiter auf der C27 bis zur C13 südlich von Helmeringhausen – oder wieder zurück und nach Maltahöhe. Von dort führt die Fahrt nach Helmeringhausen durch die Kulissen des Schwarzrand- (im Osten) und des Rooirand-Gebirges (im

Westen). Im kuriosen Schloss Duwisib, das sich ein sächsischer Offizier 1908 als »Herrenhaus« mitten in der kargen Halbwüstenlandschaft der Namib erbaute, gibt es auch alte russische Möbel, Gemälde und Waffen zu sehen. In Bethanien an der C14 nahmen erste Missionsversuche der London Mission Society Anfang des 19. Jahrhunderts ihren Ausgang. Das denkmalgeschützte Haus des Missionars Schmelen ist das älteste noch erhaltene Steinhaus in Namibia und heute ein Museum.

Deutsches Freilichtmuseum. In Goageb biegt man auf die B4 ab und fährt über Seeheim und Aus immer weiter. Nach rund 220 Kilometern kündigt sich Lüderitz mit der Geisterstadt Kolmanskop an: Inmitten einer gelbbraunen Ödnis tauchen plötzlich Häuser an den Hängen der Dünen und in ihren Tälern auf. Allerdings oft nur zur Hälfte, so, als hätten sie sich eben aus dem sandigen Untergrund freigekämpft. Dabei ist das Gegenteil der Fall: Die Bauten aus der Zeit des Diamantenfiebers werden mit ihren Erkern, Balkonen und dem Fachwerk im Giebel vom Wüstensand verschlungen. In Lüderitz, einer Stadt zwischen Wüste und Meer, wird man einfach das Gefühl nicht los, sich in

ein Freilichtmuseum verirrt zu haben. Die Kulisse der Wohnhäuser im Stil deutscher Kolonialarchitektur beschwört historische Bilder von deutschen Kleinstädten. Einen Besuch wert sind der Achatstrand und die Langustenfabrik der Stadt, wo man beim Verarbeiten und Verpacken der Meerestiere zusehen kann.

Köcherbäume und Thermalquellen. Lüderitz ist eine Sackgasse, und so führt der Weg zurück nach Seeheim, wo ein Abstecher nach Keetmanshoop, bzw. die Umgebung der Ortschaft, lohnt. Den Aufenthalt verlegt man am besten gleich an den Ort der Attraktionen, in das Quivertree Forest Rest Camp auf der Gariganus Farm im Nordosten. In den aufeinander getürmten, wie Murmeln hin- und hergeschobenen Felsblöcken entstand durch Erosion der Giants' Playground, und nur fünf Kilometer entfernt breitet sich ein Wald von Quivertrees, Köcherbäumen, aus. Man hat diese bizarr geformten und sonst meist allein stehenden Aloen nach ihrem Verwendungszweck benannt, da sich die San aus den hohlen Ästen Köcher für ihre Pfeile herstellten. Der Köcherbaumwald auf der Gariganus Farm ist zwischen 200 und 300 Jahren alt.

Das »Rostock Ritz« überrascht mitten in der Namib mit erstklassigem Service und sehr originellem Wohnkomfort. (oben)
Auch die Wüstenküche lässt nichts zu wünschen übrig: Paradoxerweise werden gerade Meeresfrüchte im »Rostock Ritz« besonders gern bestellt. (unten)
Der Köcherbaumwald bei Keetmanshoop: Die San fertigen seit undenklichen Zeiten aus den Ästen Köcher für ihre Pfeile – und so kam die Pflanze zu ihrem Namen. (links)

Östlich von Seeheim führt die D545 zum Naute-Damm und das Naute Recreation Resort – hier lockt Wassersport in dem schön gelegenen See, der sich durch den aufgestauten Löwenfluss ergab. Über Hol-oog und Hobas führt die Strecke entlang des grandiosen Fish River Canyon. Afrikas größter Canyon ist bis zu 549 Meter tief und bis zu 27 Kilometer breit. In Hobas führt eine Piste rund zehn Kilometer zum Hauptaussichtspunkt am Hell's Bend. Sportliche wandern von hier aus auf dem 86 Kilometer langen Fish River Canyon Hiking Trail bis nach Ai Ais, der Rest nimmt das Auto. In der Sprache der Nama bedeutet Ai Ais »sehr, sehr heiß«, was man den 60 Grad heißen Quellen getrost nachsagen kann. Und da die Außentemperaturen auch nicht für Abkühlung sorgen, ist das Thermalbad im Sommer zwischen November und März geschlossen.

Südafrikanische Blüten. Nach Süden passiert man den Grenzübergang in Vioolsdrif/Noordoewer und schon ist Südafrika erreicht. Über Springbok, die Hauptstadt des Namaqualandes, erreicht man Kamieskroon, wo im Sommer Rosengärten und alte Zierblumenarten um die Wette blühen. Nach den Regenfällen im Winter

erstrahlt im Frühling die Landschaft im Namaqua-Nationalpark in einem wahren Blütenmeer, das sich bis um Clanwilliam – das Anbaugebiet des berühmten Rooibos-Tees – erstreckt. Wie Clanwilliam liegt auch Citrusdal am Fuß der Cederberge. Deren dunkle Silhouetten rahmen schier endlose Zitrusplantagen ein. Das bergige Gebiet eignet sich gut für Mountainbike-Touren, Blumenfreunde kommen voll auf ihre Kosten und in den Bergen gibt es gut erhaltene Felsmalereien zu besichtigen. Um die wunderschöne Aussicht genießen zu können, empfiehlt es sich, von Citrusdal nordwärts rechts und links der Straße abzufahren, um auf den schmalen Nebenstraßen auch die Landschaft hinter dem nächsten Hügel zu erkunden – soweit es der Zustand der Wege oder auch die Zäune der Farmgebiete zulassen.

Nach Kapstadt. Von Piketberg, wo Proteen für den Export auch nach Europa gezüchtet werden, gelangt man schließlich nach Kapstadt – nicht nur für die Capetonians die schönste Stadt der Welt. An klaren Tagen zieht es einen natürlich auf den 1086 Meter hohen Tafelberg, um die Aussicht auf die Stadt zu genießen, die wie eine riesige Patchworkdecke zwischen dem

Lärmende Tölpelkolonie in der Lambert's Bay. (oben)
Brücke über den Lepelle. (Mitte)
Steter Tropfen höhlt den Stein: Im Lauf von Jahrtausenden hat der Fish River einen tiefen Canyon in den spröden Fels geschnitten. (unten)
Traumhafte Lage am Atlantik: Kapstadt – hier vom Tafelberg aus gesehen – zählt zu den schönsten Städten der Welt. (rechts)

Ozean und den Ausläufern des Bergmassivs ausgebreitet liegt. Zu lockt jedoch ein kurzer Stopp auf dem Signal Hill. Zu seinen Füßen erstreckt sich das ehemalige Malaienviertel (Malay Quarter), in dem heute die Yuppies der Stadt in den alten, wunderschön restaurierten Häusern residieren, und im Hintergrund spiegelt und blinkt der Atlantische Ozean zwischen den Hafenanlagen. Auch seine kosmopolitische Atmosphäre macht es schwer, sich vom pulsierenden Kapstadt wieder zu lösen, doch warten an der Strecke bis Durban noch viele landschaftliche Höhepunkte.

An der Südspitze. Von Kapstadt führt die N2 gen Osten an endlosen Obstplantagen entlang, und der Geruch von tiefdunkler Erde vermischt sich mit dem Duft reifender Früchte. In Swellendam bilden die Langeberg Mountains eine imposante Kulisse. In dem hübschen Städtchen vereinen sich kapholländischer Baustil sowie altmodische Blumengärten und Parks mit Platanen, Eichen und Trauerweiden zu einem romantischen Stadtbild. Im nahen Bontebok-Nationapark finden zwischen allen nur erdenklichen Kappflanzenarten, Buntböcke und zahllose Vogelarten eine Heimat. Ein Abstecher führt auf der R319 nach Cape Agulhas. Hier, am südlichsten Punkt Afrikas, treffen der Indische und der Atlantische Ozean aufeinander. Wieder zurück nach Swellendam, geht es auf der R62 über Barrydale und Ladismith Richtung Oudtshoorn. Am Horizont erscheint das eindrucksvolle Panorama der Swartberge, und bis zum Fuß der Bergkette erstreckt sich die Halbwüste Little Karoo. In der bräunlich grünen Landschaft sorgen Flüsse ganzjährig für Fruchtbarkeit, und die weißen kapholländischen Farmhäuser wirken aus der Ferne wie Lichtsprenkel. Hunderttausende Strauße werden hier gezüchtet, früher wegen der Federn, heute wegen des Fleischs. Wie lukrativ das Geschäft mit den Federn früher war, zeigen die protzigen »Feather Palaces« der einst schwerreichen Züchter in Oudtshoorn. Sehenswert sind hier die nahen Cango Caves, ein Labyrinth aus unterirdischen Tropfsteinhöhlen am Fuß der Großen Swartberge.

Beeindruckende Yellowwood-Giganten. Über Hartenbos gelangt man auf der N12 südlich in die Outeniqua Mountains, die auf dem gleichnamigen, landschaftlich sehr eindrucksvollen Pass überquert werden müssen, um nach George zu gelangen. Die »Hauptstadt der Garden Route« enttäuscht als Verwaltungs- und Industriestadt mit profanen Fassaden entlang den Straßen. Hier beginnt das Gebiet der wertvollen Yellowwood- und Stinkwood-Wälder. Aus diesen Hölzern fertigt man in Südafrika nach alter Tradition kostbare Möbelstücke, Türen und Deckenverkleidungen, und den intensiven Geruch – nicht Gestank – des Holzes nimmt man schon beim Betreten eines Hauses wahr. Zu Füßen der Outeniqua Mountains liegt Wilderness, ein Ausgangspunkt in den Garden-Route-Nationalpark. Der 1210 Quadratkilometer große Park erstreckt sich bis Kap St. Francis und schützt eine Salz- und Süßwasser-Seenlandschaft, dichte Wälder, Strände und Berge am Indischen Ozean. Durch das Hinterland führt die Strecke auf der N2 an Karatara und Rheenedal vorbei nach Knysna (sprich Neisna), das an einer weit ins Land reichenden Lagune am Fuß der Outeniqua Mountains liegt. Wer den Hafen sieht, in dem früher Yellow- und Stinkwoodholz verschifft wurde, wundert sich, wie die Frachtkähne sicher zwischen den »Knysna Heads« genannten Felsen in der Einfahrt hindurchkamen.

In Tolkiens Reich. Der malerisch gelegene Badeort Plettenberg Bay gilt mit seinen wunderschönen Stränden, Flaniermeilen und glitzernden Malls als Südafrikas St. Tropez – Saison ist hier während des ganzen Jahres. Unbedingt sehenswert ist hier das Robberg Nature Reserve auf der im Westen der Bucht vorgelagerten Halbinsel mit seinen fantastischen Dünen, Stränden und der Robbenkolonie unter den Felsspitzen. Im Keurbooms River

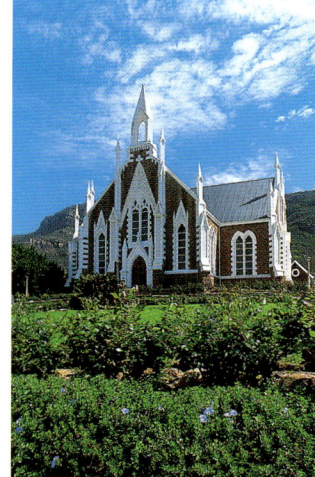

Die neugotische Kirche von 1882 in Piketberg. (oben) Zeugnisse und Spuren der deutschen Ära in Namibia: typisch deutsche Architektur – die Kirche in Lüderitz. (Mitte) Zeugen einstigen Reichtums: Die ehemalige Diamantenstadt Kolmannskuppe oder Kolmanskop, wie sie heute heißt, ist mittlerweile eine Geisterstadt und wird von der Wüste langsam zurückerobert. (unten)

Nature Reserve nordöstlich der Stadt kann man im Kanu den Keurboom River und die seltene Fynbos-Vegetation auf Lehrpfaden studieren. In Nature's Valley am Rand des Garden-Route-Nationalparks beginnt der Tsitsikamma Hiking Trail, eine mehrtägige Wanderroute durch die Tsitsikamma Mountains, und endet der Otter Trail, der sich von Storms River Mouth entlang der Küste windet. Am Bloukrans Pass, der in einer engen Schlucht mündet, ragen im dichten Urwald hunderte Jahre alte Bäume in den Himmel. Riesenfarne, Orchideen und Bartflechten aus Moos, die aus dem Geäst wie zerrissene graue Tücher lang herabhängen, vermitteln eine Ahnung davon, wie dicht bewachsen einst die gesamte Küste war. Es geht ein Zauber aus von diesem Urwald, der »nicht von dieser Welt sein kann«, wie der in Bloemfontein geborene Schriftsteller J. R. R. Tolkien die urweltliche Natur zu Füßen der Tsitsikamma Mountains beschrieb. Angeblich holte er sich hier die Inspirationen zum »Herrn der Ringe« während langer einsamer Wanderungen.

Architektonische Perle. Die Ausläufer des Regenwaldes reichen entlang der N2 bis fast vor die Tore von Port Elizabeth. Die bedeutende Hafenstadt besitzt einige architektonische, künstlerische und historische Attraktionen, die man jedoch ein wenig suchen muss. Der Hauptbahnhof verbirgt in seiner hohen Kuppelhalle kunstvolle Wandgemälde und Mosaike, das viktorianische Stadtzentrum liegt westlich dieses lärmenden Umschlagplatzes und rund um den Market Square. Farbe in das Stadtbild bringen Blumenverkäufer, Straßenmusikanten und das quirlige Treiben beim sonntäglichen Flohmarkt. Bevor man auf der N2 entlang der Küste gen Osten fährt, führt der Weg durch scheinbar endlose Zitrusplantagen, die sich bis zum Horizont erstrecken, zum Addo-Elefanten-Nationalpark. Neben rund 400 Elefanten leben dort unter anderem Nashörner, Strauße, Paviane, Warzenschweine und Kapbüffel.

Ein buntes Kulturgemisch. In Grahamstown sorgt die renommierte Rhodes University für eine weltoffene Atmosphäre, die alljährlich ab Ende Juni im National Arts Festival einen bunten, lebendigen Ausdruck findet. Aus dem gesamten südlichen Afrika kommen Künstler aller Kategorien zu diesem Ereignis zusammen, die Theaterstücke und neue Musicals aufführen, ihre Bilder und Skulpturen zur Schau stellen. Grahamstown ist die Hauptstadt des »Settler Country«, wo sich zu Beginn des 19. Jahrhunderts während der Kriege zwischen den hier ansässigen Xhosa und den zuziehenden Engländern die weiße Oberschicht niederließ. Das viktorianische Gepräge der Stadt verdeutlicht den Zeitgeist von damals, genauso wie die rund vierzig Kirchen und Kathedralen, die das Stadtbild bestimmen. In Alice war die Fort Hare Universität bis zur Aufhebung der Apartheid die einzige Universität für Schwarze in Südafrika. Nelson Mandela, Robert Mugabe, Oliver Thambo und Kenneth Kaunda studierten hier. Bisho war von 1981 bis 1994 ein unabhängiges Homeland, in dem die Xhosa 97 Prozent der Bevölkerung stellten. Der winzige Staat wurde wie alle anderen Homelands nach 1990 wieder in die Republik Südafrika integriert. Noch weiter landeinwärts lohnt Hogsback einen kleinen Abstecher, da man auf dem Weg dorthin die landschaftlich schönen Amatola-Berge durchquert. Zurück an der Küste erschließen sich bei East London, an der Mündung des Buffalo River, traumhafte Sandstrände.

Wild Coast. Nun könnte man die Entfernung von East London nach Mthatha auf der N2 in wenigen Stunden bewältigen, doch würde man bei dieser Fahrt durchs Landesinnere die Wild Coast rechts liegen lassen. Dabei bezaubert diese zerklüftete Küstenregion mit Lagunen, Buchten und Stränden, mit wilden Felslandschaften und tiefen Höhlen, subtropischer Vegetation und Mangrovensümpfen, einsamen Wanderwegen und verschiedensten Hotels. So bizarr sich diese Landschaft gibt, ihren

Ein beliebtes Ziel auf Südafrikareisen: das Kap der Guten Hoffnung. Als der portugiesische Seefahrer Bartolomeu Dias 1488 das oft windumtoste Kap als erster Europäer erreichte, taufte er es zunächst »Kap der Stürme«. (oben)
Das Rathaus, Verwaltungszentrum von East London. (unten)

Namen hat die Küste von den gestrandeten Schiffen, die durch die Untiefen vor Ort an den Felsen zerschellten und liegen blieben. Es führt keine Straße direkt an der Küste entlang, ausdauernde Wanderer können jedoch durch die Nature Reserves und Fischerorte, streckenweise sogar auf ausgewiesenen Hiking Trails, weiterwandern. Mit dem Auto muss man nach einem Abstecher an die Küste immer wieder zur N2 zurückfahren, um dann einen erneuten Schlenker in Meeresrichtung, beispielsweise nach Haga Haga, Morgan's Bay oder Qora Mouth vorzunehmen.

Hole in the wall. Coffee Bay sollte ein Muss in jeder Reiseplanung sein. Dem breiten Strand, vor dem immer wieder Delfine, Robben und Wale auftauchen, lagert der Felsen »Hole in the Wall« vor. Durch diesen Felsen, so besagt eine Legende der Xhosa, verschwand einst eine Hexe, die viel Unheil angerichtet hatte, und hinterließ bei ihrer hastigen Flucht das Loch im Stein. Nicht weit von Mthatha entfernt wurde Nelson Mandela in Mvezo geboren und wuchs in Qunu auf. Das Nelson Mandela National Museum besitzt deshalb Filialen in den beiden Orten, die Ausstellung in Mthatha ist dem »Langen Weg der Freiheit« gewidmet. In Port St. Johns haben sich an der Lagune einige Hotels

sowie Sportveranstalter und Künstler niedergelassen. Allerdings kauft man Kunsthandwerk der Xhosa in Mkambati oder Umtentu viel besser ein als hier.

Wild Life. Über Kokstad führt die N2 direkt nach Port Shepstone. Das wichtigste Zentrum im südlichen Natal ist an dem großen Fluss Uzimkulu gelegen. Von dort reist man auf der N2 und R56 bis nach Ixopo, biegt auf die R612 ab und gelangt hinter Park Rynie in das wilde Vergnügen von Durban. Große Hafenstädte sind auf der ganzen Welt kosmopolitische Schmelztiegel, in Durban sorgt eine große indische Gemeinde für eine besondere Note. Das Viertel Beachfront mit seiner Golden Mile, dem Sea World Aquarium, dem Eispalast, dem Amusement Park und der Seilbahn, die über der ganzen Szenerie schwebt, ist unbestritten das größte Vergnügungszentrum der Stadt am Meer. Im historischen Stadtkern mit seinen eindrucksvollen Gebäuden findet der Handel statt, doch schon hinter der Broad Street befindet man sich plötzlich mitten in Asien, werden in den Gässchen und Winkeln des Victoria Street Market exotische Seidenstoffe und Gewürze verkauft. Unser Weg führt jedoch in den Hafen, wo das Auto per Seefracht auf die lange Reise nach Zarate in Argentinien geschickt wird.

Farbenprächtiger Markt in Port St. John's mit Erzeugnissen der Region. (oben)
Üppige Bananenstaude an der Wild Coast zwischen East London und Port St. John's. (unten)
Bunte Pracht: Rikschafahrer in Durban. (links)

Gut zu wissen

Hinweise: Einen guten Überblick über Kapstadt erhält man in den roten City Sightseeing Bussen, die auf drei verschiedenen Routen fahren.
www.namibia-tourism.com,
www.tourism.gov.za,
www.capetown.travel, www.durban.gov.za

AMERIKA

Rundreise durch Argentiniens Süden

 4565 Kilometer

Selten hat ein Land ob seiner Melancholie und Einsamkeit Reisende mehr beeindruckt als das ewig kalte, vom Wind zerzauste Patagonien. Mit ihrer strengen Schönheit scheint die ferne Wüstenei im Süden Argentiniens wie ein Relikt aus längst vergessener Zeit, das so manchen Weltenbummler den Traum vom großen Abenteuer und unendlicher Freiheit träumen lässt.

Die Bergwelt um den See Nahuel-Huapí ist von stiller Schönheit. (oben)
Auf der Halbinsel Valdés lebt die einzige See-Elefanten-Kolonie Südamerikas. (unten)

Im Hafen von Zárate angekommen, macht man es den Capitalinos, den Hauptstädtern, gleich und fährt durch grünes Weideland auf der RP2 von Buenos Aires zum Entspannen an den Atlantik. Dort führt vom elegant-mondänen Seebad Pinamar die RP11 in den traditionsreichen Badeort Mar del Plata (Silbermeer) und zu einigen der schönsten Küstenabschnitte mit einsamen Stränden und unberührten Dünenlandschaften. Südlich von Mar del Plata verläuft die Route am oberen Klippenrand der Steilküste; herrliche Blicke über das Meer tun sich auf. Miramar, Mar del Sur und Costa Bonita heißen die wenigen, ruhigen Ferienorte mit Sandstränden vor Necochea. Die Hafenstadt Carmen de Patagones wurde von den Spaniern 1779 als erste befestigte Siedlung Patagoniens gegründet. Zwei Brücken führen hier über den Río Negro nach Viedma, der Hauptstadt der patagonischen Provinz Río Negro.

Jenseits von Raum und Zeit. Seitdem Entdecker wie Magellan und Freibeuter wie Drake ihren Fuß auf die patagonische Meseta gesetzt haben, hat diese Landschaft kaum einen Reisenden unberührt gelassen. Die patagonische Meseta ist ewig im Wandel und in ihrer Monotonie, in der die Zeit keine Rolle spielt und der Mensch nur als Gast geduldet ist. Die Zeichen der Zivilisation in der Steppe zwischen Río Colorado

und Kap Hoorn beschränken sich auf eine Handvoll Städte und Schotterstraßen, die durch eine unermessliche Einöde aus Sand und Kies, durchsetzt von Dornenbüschen und Disteln, schnurgerade bis zum Horizont verlaufen. Orte mit mehr als 20 000 Einwohnern gelten bereits als »Großstädte«.

Tummelplatz für Tiere. Das Seebad Puerto Madryn ist Ausgangsort für Tagesausflüge zu den Tierkolonien am Atlantik, so nach Punta Tombo weiter im Süden – mit einer Million Tieren die weltweit größte Brutstätte von Magellan-Pinguinen. Oder zur Península Valdés: Dort kann man sich See-Elefanten bis auf wenige Meter nähern, im Naturreservat Isla de Pájaros (Vogelinsel) Flamingos, Kormorane, Albatrosse und viele andere Vogelarten beobachten sowie zwischen Juli und November Südliche Glattwale erspähen. Ganz andere »Vögel« gibt es ab Comodoro Rivadavia zu sehen. Verstreut in der Steppe stehen die Stahlskelette der Fördertürme, die aufgrund ihrer skurrilen Form »cisnes negros« – schwarze Schwäne – genannt werden.

Von Schafen und Gauchos. Patagonien ist unendlich weit und extrem dünn besiedelt. Estancias mit Tausenden von Hektar Land und ebenso vielen Schafen bilden die Lebensgrundlage für die wenigen Menschen. Die Arbeit der Gauchos ist hart, ihre

Gesichter sind von Wind und Wetter gegerbt. Zwischen Oktober und Januar treiben sie die Schafe zusammen, damit sie geschoren, markiert oder an ein Schlachthaus verkauft werden können. Wolle ist neben Erdöl und Tourismusdevisen der Reichtum des argentinischen Südens. Hinter Comodoro Rivadavia quert die RN26 die Strauchsteppe Richtung Anden. Auf der Suche nach einem Anhaltspunkt inmitten dieser gelben Einöde irrt der Blick über die endlose Weite des Horizonts. Wer aus seinem Auto aussteigt, muss sich schräg gegen den stürmischen Wind stemmen, um nicht umgeweht zu werden. Rund 150 Kilometer landeinwärts führt bei Sarmiento eine Schotterpiste zum Bosque Petrificado Ormachea – die mineralisierten Bäume des versteinerte Waldes sind faszinierende Zeugen der Urzeit im ockerfarbenen Gelände.

Die argentinische Schweiz. Weiter geht es nach Río Mayo zur RN40, die Argentinien von der Grenze im Nordwesten bis ganz nach Süden durchzieht. Auf dieser Hauptverbindungsstraße erreicht man das beliebte Touristenziel Esquel – von hier aus ist man schnell im Wintersportzentrum La Hoya und dem schönen Nationalpark Los

Alerces mit seinen dichten Wäldern, schroffen Felsen, Wildwassern und Seen. San Carlos de Bariloche liegt im Schatten der Andenkordillere am idyllischen Ufer des 550 Quadratkilometer großen Gletschersees Nahuel-Huapí. Die mit über 120 000 Einwohnern größte Stadt südlich des Río Colorado ist auch der populärste Ferienort der Region. Hier, in der »argentinischen Schweiz«, dauert in dem weitläufigen Skigebiet Cerro Catedral die Skisaison von Juli bis Mitte September. Von den Talstationen auf etwa 1000 Meter Höhe bringen Seilbahn und Sessellifte die Wintersportler zu Pisten auf 2010 Meter Höhe, im Dezember bis Mai kommen Wanderer und Trekking-Enthusiasten auf ihre Kosten. Ein zwei- bis dreitägiger Rundweg zum Cerro Catedral, dessen zackige Gipfel tatsächlich einer Kathedrale ähneln, führt mitten durch die zerklüfteten Anden. Der Nationalpark Nahuel-Huapí bietet viele weitere Freizeitaktivitäten vom Reiten bis zum Segeln. Der Weg zurück aus dieser Bilderbuchlandschaft führt über den Verkehrsknotenpunkt Neuquén weiter nach Westen zur Hafenstadt Bahía Blanca und auf der RN3 nach Buenos Aires, wo man sich nach der Stille und Einsamkeit Patagoniens in den Trubel einer Millionenmetropole stürzt.

Die riesigen Schafherden werden von Gauchos gehütet. (oben)
Versteinertes Holz von urtümlichen Bäumen liegt im Bosque Petrificado José Ormachea überall verstreut. (unten)
Schneebedeckt grüßen die Gipfel der patagonischen Anden auf der Fahrt nach San Carlos de Bariloche. (links)

Gut zu wissen

Hinweise: Den Nationalpark Los Alerces, einen der schönsten Südamerikas, durchquert die ungeteerte R71. Entlang der Straße finden sich Unterkünfte und Camps.
www.madryn.travel/peninsula-valdes,
www.argentinaturismo.com,
www.interpatagonia.com,
www.tierraspagonicas.com

Durch den argentinischen Norden

 4381 Kilometer

Generationen von Einwanderer aus der Alten Welt haben das Gesicht der Städte in Lateinamerika geprägt. So wurde Buenos Aires einst das Paris Südamerikas genannt, und es gibt wohl kaum jemanden, den das europäische Flair der Stadt am Río de la Plata nicht bezaubern würde. Doch auch die Kolonialstädte im Hinterland bestechen durch ihre ganz eigene Schönheit.

Einkaufsbummel in einer schicken Passage in Buenos Aires (oben)
Der Tangorhythmus liegt den Porteños im Blut: Sogar auf der Straße wird getanzt. (unten)

Rushhour am Obelisk, dem Wahrzeichen der Millionenmetropole Buenos Aires: Auf dem Boulevard 9 de Julio tost der Verkehr. Alles ist in Bewegung, in Unruhe. Das überwältigende Tempo der argentinischen Hauptstadt zieht den Besucher sofort in seinen Bann. Doch der lärmende Mahlstrom ist nur ein Teil des Bildes. Das moderne Buenos Aires gibt sich ebenso elegant, verführerisch und charmant, stets umweht von einem Hauch von Nostalgie. Die Hafenstadt am Río de la Plata, von dem spanischen Konquistador Pedro de Mendoza 1536 gegründet, steckt voller Widersprüchlichkeiten. Wer die grün bewachsene Plaza San Martín an der Avenida Libertador überquert, blickt auf eine imposante Hochhauskulisse aus Stahl und Glas, doch wer nur wenige hundert Meter weiter geht, taucht am Prachtboulevard der Avenida de Mayo hinter den gläsernen Schwingtüren des legendären Café Tortoni schon in eine andere, eher zeitlose Welt: ein Kaffeehaus im Wiener Jugendstil ein.

Stadt der Einwanderer. Kunterbunt gestrichen in Rot, Blau, Gelb und Grün leuchten die windschiefen Wellblechhäuser entlang des Caminito im Hafenviertel von La Boca. Hier, weitab von der betriebsamen Hektik des Zentrums, ist die Vergangenheit der Stadt noch zu riechen und zu schmecken. Dass Buenos Aires sich in nur einem Jahr-

hundert zur Weltstadt aufgeschwungen hat, verdankt die Metropole ihrem fruchtbaren Hinterland – der Pampa. Buenos Aires florierte nach 1870 durch den Export von Rindfleisch und Schafswolle, dem »weißen Gold« Argentiniens. In der Hoffnung auf eine bessere Zukunft gingen in wenigen Jahrzehnten über sechs Millionen Menschen an den Río de la Plata: Spanier und Italiener, aber auch Franzosen, Russen und Deutsche. Heute beeindruckt der verschwenderische Luxus ganzer Stadtviertel im Stil der Belle Époque. Das Teatro Colón zum Beispiel: Ausgestattet mit Parkett aus Nussbaumholz und Marmor aus Carrara, trumpft das Opernhaus am La Plata noch pompöser auf als die Mailänder Scala.

Schlaflos in Buenos Aires. Die eigentliche Stunde von Buenos Aires ist die Nacht. Tausende flanieren im Schein der Großstadtlichter über die Vergnügungsstraßen Lavalle, Florida und Corrientes. Cafés, Kinos und Restaurants füllen sich erst am späten Abend mit Menschen. Oft erst nach Mitternacht geht man noch ins Kino, und anschließend zum Tanzen. Am Nachmittag schlendert man durch die Pflastersteingassen von San Telmo. Auf der Plaza Dorrego, im Schatten einer Akazie, sitzen die Alten und spielen Domino oder Karten. Der Antiquitäten-Flohmarkt bietet ein reiches Sortiment argentinischen Kunsthandwerks, Souvenirs aus dem Buenos Aires vergangener Tage. Abends ist San Telmo beliebt als Schauplatz avantgardistischer Theater sowie nostalgischer Tango-Lokale. Aus der »Bar Sur« klingt Carlos Gardels unsterblicher Tango »Volver« – Heimkehr. Als Meister der Traurigkeit war der Sänger in den 1930er Jahren auf der ganzen Welt sehr berühmt.

Zuckeroase in der Wüste. Rund 13 Millionen Menschen leben im Großraum Buenos Aires, im Kontrast zu der pulsierenden Metropole steht die grandiose Wüstenlandschaft des argentinischen Nordwestens. Die Region an der Grenze zu Chile und Bolivien ist geprägt von einer fantastisch kargen Ödnis mit Tausenden Kandelaberkakteen (so genannte Cardones) und eindrucksvollen Felsformationen. Tatsächlich offenbart diese Region bereits den ganzen Reiz der südamerikanischen Anden. Über Rosario und Córdoba führt der gut 1200 Kilometer lange Weg in die schöne, 1565 gegründete Hauptstadt der Provinz Tucumán, San Miguel de Tucumán. Hier lohnt ein Besuch des barocken Regierungsgebäudes und der prächtigen Casa de la Independencia, in der die Abgeordneten der La-Plata-Provinzen am 9. Juli 1816 die

nationale Unabhängigkeit Argentiniens proklamierten. Das Museo Arqueológico sowie das Museo Etnográfico geben einen interessanten Einblick in die Geschichte und Kultur des Nordwestens. Tucumán zählt heute gut eine halbe Million Einwohner und liegt inmitten einer sehr fruchtbaren, nahezu subtropischen Landschaft, in der seit dem 18. Jahrhundert Zuckerrohr angebaut wird.

Steinmagie und Felsenpracht. Von Tucumán aus führt die Reise in die großartige Natur des Nordwestens. Als erster Halt bietet sich das auf über 2000 Meter Höhe gelegene Städtchen Tafí del Valle an, im Sommer ein beliebter Ausflugsort. In Serpentinen windet sich die RP307 hoch hinauf in die Sierra. Fels, ockerfarbene Erde und Kandelaberkakteen zaubern eine Landschaft wie aus einem Wildwest-Film. Im Parque de los Menhires am Stausee El Mollar südlich von Tafí finden sich über hundert mit gemeißelten Gesichtern und Mustern verzierte Menhire, die vor rund 2000 Jahren von den Menschen einer längst untergegangenen Kultur ursprünglich in dem gesamten Gebiet aufgestellt wurden. Auf der RN40 führt die Fahrt gen Norden – eine Zeitreise zurück in die spa-

Symbole von Unabhängigkeit und Nationalstolz: Gauchos mit der blau-weißen argentinischen Fahne (oben)
Töpfermarkt vor der Kathedrale in San Salvador de Jujuy (unten)
Auf Straßenmärkten bieten Indígenas Waren an. (links)

nische Kolonialepoche. In Cafayate sollte man eine Übernachtung einplanen: Das Dorf ist berühmt für seine hervorragenden Weine und großen Bodegas. Weiter schlängelt sich die Schotterpiste durch die 350 Kilometer lange Kette der Hochtäler des Flusses Calchaquí. Hinter San Carlos kreuzt die Straße die Landschaft der Quebrada de la Flecha. Der in allen Farben leuchtende Sandsteinfels ist hier zu bizarren Formen erodiert, die im Spiel von Licht und Schatten einen herrlichen Anblick bieten.

Von Kaktuskirchen und Wolkenzügen. Im malerischen Andendorf Cachi schmiegen sich die weiß gekalkten Häuser an die rostroten Bergflanken des 6720 Meter hohen Berges Nevado de Cachi. In der trockenen Region sind Bäume rar, deshalb wurden in der Kirche der Altar, die Bänke und selbst das Dach aus den Stämmen getrockneter Cardón-Kakteen geschnitzt. In San Antonio de los Cobres macht der Tren a las Nubes Station, der »Zug in die Wolken«. Sein Name ist Programm: Über 4000 Meter hoch liegen die höchsten Gleisabschnitte dieser nach 1921 erbauten Eisenbahnlinie in die Puna, mit der die Gold-,

Silber- und Kupferschätze der Minen in den Hochanden an der chilenischen Grenze erschlossen wurden. Auf einem Tagesausflug kann man die grandiose Landschaft der Hochanden ohne Anstrengung aus dem Zugfenster entdecken. Die Fahrt mit dem Tren a las Nubes führt bis zum Viadukt La Polvorilla – einer 63 Meter hohen und 224 Meter langen Brücke aus Stahlträgern auf 4220 Meter Höhe.

Die Schlucht der vielen Farben. Mit La Quiaca, dem Grenzort zu Bolivien, ist der nördlichste Punkt der Route erreicht. Landschaftlicher Blickfang auf der Weiterfahrt in Richtung San Salvador de Jujuy ist die Quebrada de Humahuaca. In dem knapp 3000 Meter hoch gelegenen Ort Humahuaca selbst scheint in den Kopfsteingassen und Adobe-Häusern aus gebrannten Lehmziegeln die Zeit seit Jahrhunderten stehengeblieben zu sein. Die Ausläufer der Quebrada de Humahuaca kreuzen in der Provinz Jujuy – zwischen Tilcara und Humahuaca – auf einer Länge von ungefähr 170 Kilometern den Wendekreis des Steinbocks. Die Felsen dieser fantastischen Bergwelt färben sich in allen

Faszinierende Felslandschaften, weite Salzebenen und bizarr geformte Steinwüsten locken viele Reisende in die Provinz Salta. (oben und unten)
Die Iguazú-Wasserfälle bieten ein großartiges Naturschauspiel. (rechts)

nur erdenklichen Rottönen, eine beliebte Attraktion ist das Farbenspiel des Cerro de los Siete Colores, des Hügels der Sieben Farben. San Salvador de Jujuy geizt als ruhige Provinzhauptstadt mit Reizen. Einziger Glanzpunkt ist die Kathedrale mit der vergoldeten Barockkanzel aus dem 18. Jahrhundert. Schöner liegt 20 Kilometer vor Jujuy das Hotel »Termas de los Reyes«: Heiße Quellen sprudeln direkt in die Becken des alten, imposanten Hotels, dessen Thermalbäder auch Tagesgästen offen stehen. Das bis zu 58 Grad heiße Heilwasser entgiftet den Körper und lockert alle Verspannungen, die sich beim stundenlangen Fahren auf den kurvenreichen Straßen eingestellt haben mögen.

Salta – die Schöne. »La linda« – die Schöne – nennen die Salteños ihre Provinzhauptstadt Salta. Zu Recht: Die prächtigen Kolonialbauten stammen aus der Zeit, als Salta der südliche Vorposten des spanischen Vizekönigreichs von Peru war. Das älteste Gebäude ist der Cabildo, das Rathaus aus dem Jahr 1783 mit dem historischen Museum. Salta spielte eine entscheidende Rolle im Kampf um Argentiniens Souveränität. Noch heute feiern hier an jedem 17. Juni Hunderte Gauchos in leuchtend roten Ponchos mit einer Parade den Todestag des Freiheitshelden General Martín Miguel de Güemes.

Im Zweistromland. Auf der Fahrt nach Resistencia kreuzt man den Gran Chaco, der bis weit nach Paraguay hineinreicht. Das Tiefland ist flach und so dünn besiedelt wie Patagonien, aber regenreich und heiß. Dieses tropische bis subtropische Klima setzt sich im argentinischen Zweistromland fort: »Entre Ríos« – zwischen den Flüssen – wird die wasserreiche Region im Nordosten Argentiniens zwischen dem Río Paraná und dem Río Uruguay genannt. Die Städte Resistencia im tiefer gelegenen Sumpfland und Corrientes am hochgelegenen Ostufer des Paraná sind durch eine Brücke miteinander verbunden. Corrientes ist vor allem zur Kar-

nevalszeit sehenswert, wenn Flöße auf dem Paraná schippern, kostümierte Musikgruppen Samba-Rhythmen trommeln und die ausgelassene Lebensfreude Brasiliens in den Gassen der argentinischen Provinzstadt schwingt.

Missionarische Vergangenheit. Mit Posadas erreicht man die Provinzhauptstadt von Misiones. Das charakteristische Rot der Erde kontrastiert mit dem satten Grün der tropischen Vegetation. Anfang des 17. Jahrhunderts siedelte sich der Jesuitenorden im Norden Argentiniens an und missionierte die hier ansässigen Guaraní, bis sie von der spanischen Krone vertrieben wurden. Etwa ein Dutzend Ruinen ihrer Klöster sind in der Provinz Misiones erhalten. Auf dem Weg nach Puerto Iguazú stehen abseits der RN12 mitten im Wald die Ruinen der Reduktion San Ignacio Miní. Nur die Sandsteinfassaden der Kathedrale und ein Kreuzgang haben die Plünderungen spanischer Soldaten und Sklaventreiber überdauert. San Ignacio Miní war eine der größten Jesuitensiedlungen im Drei-Länder-Eck von Argentinien, Brasilien und Paraguay.

Das Große Wasser. Hinter Puerto Iguazú erwartet den Reisenden eines der grandiosesten Naturschauspiele ganz Südamerikas – die Iguazú-Wasserfälle an der Grenze zwischen dem argentinischen Misiones und dem brasilianischen Bundesstaat Paraná. Vor der Kulisse des grünen Regenwaldes stürzen sich die Wassermassen des Flusses Iguazú mit ungebändigter Urgewalt über mehrere Felsterrassen donnernd und weiß gischtend 70 Meter in die Tiefe. »Großes Wasser« nannten die Guaraní den Wasser ehrfürchtig – wer vor den Fällen steht, zweifelt nicht daran. Von dem einmaligem Spektakel im Schutz des argentinisch-brasilianischen Nationalparks Iguazú/Iguaçu sind es auf der RN12 rund zehn bis zwölf Fahrtstunden, bis mit Campo Grande im brasilianischen Mato Grosso do Sul der Startpunkt der nächsten Route erreicht ist.

Die Ruinen der Jesuiten-Reduktion San Ignacio Miní aus dem 17. Jahrhundert sind die besterhaltenen Argentiniens und wurden von der UNESCO zum Weltkulturerbe erklärt. (oben)
Mit der kolonialen Vergangenheit beschäftigt sich das Historische Museum von Salta. (unten)

Gut zu wissen

Hinweise: Die Grenzstation in Puerto Iguazú liegt kurz vor dem Grenzfluss Río Iguazú. Von dort kommt man über die Brücke Ponte Tancredo Neves in die brasilianische Grenzstadt Foz do Iguaçu.
https://turismo.buenosaires.gob.ar,
www.trenalasnubes.com.ar,
www.iguazuargentina.com

Durch Brasiliens Mittelwesten

 4500 Kilometer

Silberreiher aus dem Flachwasser aufsteigen sehen und die Abendstimmung in sich aufnehmen – vom Pantanal, Brasiliens großem Schwemmlandgebiet, geht eine ganz eigene Faszination aus. Der Weg dorthin führt durch eine Gegend, in der ein Künstler von hohem Rang gewirkt hat, sowie in Brasiliens faszinierende Metropolen São Paulo, Rio de Janeiro und Brasília.

In Rios Sambódromo können über 100 000 Zuschauer das Karnevalsspektakel der Sambaschulen erleben. (oben)
Futuristisches Brasilia: die Kathedrale (unten)

Campo Grande ist das südliche Tor zur einmaligen Naturlandschaft des Pantanal, doch zuerst geht der Weg nach Südosten. Dort ist der Kaffee-, Orangen- und Industrieteilstaat São Paulo die Wirtschaftslokomotive ganz Lateinamerikas und (nicht nur darum) absolut sehenswert. Hügelige, teils idyllische Landschaften, enorm große Viehherden und schicke, hochmoderne Fazendas prägen das Bild.

Im »New York der Tropen«. Multikulturell und chaotisch, energiegeladen und schnelllebig ist die 21-Millionen-Megacity São Paulo, die ebenso stimuliert wie schockiert. Wenn – wie es gern heißt – São Paulo das tropische Pendant zu New York ist, dann ist die Avenida Paulista die Wallstreet von São Paulo. In keiner einzigen deutschen Stadt sind so viele große deutsche Unternehmen vereint wie in São Paulo, und auch die hochdynamischen Japaner, von denen nirgendwo außerhalb Nippons so viele leben wie hier, machen wirtschaftlich Tempo. Für diese Stadt, ihre Plätze und Parks, ihre Einkaufsstraßen im alten Zentrum und ihr pulsierendes, facettenreiches Nachtleben sollte man sich mindestens eine Woche Zeit nehmen – wenn man es irgendwie möglich machen kann, sogar noch mehr.

Zum Zuckerhut. Zum Ausspannen und Verarbeiten der unglaublich vielen Eindrücke geht es an der Küstenstraße entlang nach Paratí. Das Kolonialstädtchen ist ein wunderschön gelegenes und denkmalschütztes Kleinod. Viele Künstler haben den nahen Großstädten den Rücken gekehrt und sich hierher zurückgezogen; auch die internationale Prominenz verlustiert sich hier sehr gern. Doch selbst wenn man beim Stadtbummel keiner Berühmtheit begegnet, lohnt sich ein Aufenthalt. In Rio de Janeiro muss man natürlich die Strände Copacabana und Ipanema erlebt und den Zuckerhut sowie den Corcovado mit der Cristo-Redentor-Statue gesehen haben. Etwas Zeit sollte jedoch auch für Rios Innenstadt erübrigt werden. Ein imposantes Zeugnis moderner Architektur ist die mehr als 20 000 Menschen fassende kegelförmige Nova Catedral mit ihren monumentalen Glasfenstern. Von Rio Abschied zu nehmen, fällt immer wieder schwer. Auf dem Weg nach Norden führt der Weg ein letztes Mal durch das malerische Bergviertel Santa Teresa, wo einst Englands legendärer Posträuber Ronald Biggs lebte. Am wabenförmig an den Hang gebauten Slum Morro dos Prazeres und am Sambódromo vorbei, dem enormen Betonkomplex für die Karnevalsparade, geht es auf die brodelnd laute Ausfallstraße Avenida Brasil. Links und rechts der Avenida liegen die Favelas, ein Labyrinth von Armen- und Elendsvierteln. Rio hat etwa achthundert solcher Favelas, in denen rund zwei Millionen Menschen leben. Hier, an der Peripherie, herrschen die Banditenmilizen des organisierten Verbrechens, das mit Politik und Wirtschaft eng verzahnt ist. An der Avenida Brasil wohnen Berufskiller, und Jugendliche mit Maschinengewehren wachen darüber, wer sich Zutritt zu den Favelas verschaffen will. Es versteht sich von selbst, dass man hier besser nicht anhält.

In der Minenregion. Später wird es entspannender und grüner. Man fährt vorbei an einer ganzen Reihe von Zuckerhüten aus Granit und weiter durch malerisches Urwaldgebirge in Serpentinen hinauf nach Petrópolis, der einstigen Sommerresidenz von Kaiser Pedro II. (1825–1891). Auch wenn man auf der weiteren Fahrt nicht auf die Schilder achtet, die die Grenze zwischen den Bundesstaaten Rio de Janeiro und Minas Gerais markieren, wird der Unterschied doch bald offensichtlich: Die Straße hat kaum noch Schlaglöcher, an den Raststätten wird man freundlicher bedient, und alles wirkt ein bisschen sauberer. Bei aller Liebe zu Rio – Minas, wie

die Brasilianer sagen, hat einfach mehr Klasse. Nicht zufällig gilt die Region als die Wiege der brasilianischen Kultur. Minas Gerais, was so viel heißt wie »allgemeine Minen«, war im 18. Jahrhundert Schauplatz eines Goldrauschs ohnegleichen und außerordentlich wohlhabend. Den reichen Erzvorkommen fiel dann leider der Wald zum Opfer. Wegen des Holzkohlehungers der Eisenhütten sind davon nur noch klägliche Reste übrig.

»Aleijadinho« und der Barock. In Congonhas do Campo baute der deutsche Ingenieur Wilhelm Ludwig von Eschwege zu Beginn des 19. Jahrhunderts Brasiliens ersten Hochofen, der heute unter Denkmalschutz steht. Doch es ist nicht der Stahl, der so viele Reisende nach Congonhas zieht, die Hauptattraktion ist zweifelsohne die Wallfahrtskirche Santuário do Bom Jesus de Matozinhos. Der berühmte Baumeister und Bildhauer Antonio Francisco Lisboa (1730–1814), genannt »Aleijadinho«, kleiner Krüppel, schuf hier seine letzten großartigen Werke. Bereits von Lepra und Rheumatismus stark beeinträchtigt, dazu fast taub und blind, schnitzte er für die sechs Kreuzwegkapellen 66 lebensgroße Figuren aus Zedernholz, die den

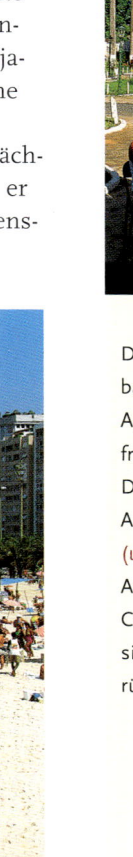

Die beste Zeit für eine Seilbahnfahrt auf den Pão de Açucar, den Zuckerhut, ist der frühe Vormittag. (oben)
Die Ingreja São Francisco de Assis in São João del Rei (unten)
An der Copacabana: Die Cariocas, die Einwohner Rios, sind stolz auf ihren weltberühmten Strand. (links)

Leidensweg Christi darstellen. Für die vor der Kirche stehenden und ebenfalls lebensgroßen zwölf Apostel verwendete er den griffigen, glatten Seifenstein der Region. Die Arbeit wurde ihm zur Tortur. Von Sklaven ließ er sich auf die Gerüste tragen, auch banden sie ihm die Werkzeuge an die verstümmelten Hände.

Aleijadinho, uneheliches Kind einer Sklavin und eines Portugiesen, lebte in Ouro Preto, der nächsten Station dieser Route, die nicht nur wegen ihrer vielen prächtigen Barockkirchen sehenswert ist. Während des Goldrauschs regierte der Luxus in Ouro Preto, das damals noch »Vila Rica«, reiche Stadt, hieß. Mitte des 18. Jahrhunderts wohnten in Vila Rica annähernd viermal so viele Menschen wie in New York. Hier wurde Musik im Stil des Barock komponiert, und in der kleinen Casa da Ópera, dem ältesten Theater Lateinamerikas, führte man sogar Bachs Matthäuspassion auf. Das Museu da Inconfidência erzählt die Geschichte von Aufstand und Tod in Ouro Preto: Tiradentes, der »Zahnzieher«, dessen richtiger Name José Joaquim da Silva Xavier lautete, war der Kopf einer Verschwörung gegen die portugiesische Kolonialherrschaft. Er wurde verraten und hingerichtet. Tiradentes ging als erster

Kämpfer für die Unabhängigkeit des Landes in die Geschichte ein und genießt den Ruf eines Nationalhelden. Nach ihm ist auch Ouro Pretos zentraler Platz benannt. Etwas weiter südlich und abseits der Hauptroute liegen zwei weitere Städtchen, die für die Barockarchitektur von Minas Gerais typisch sind: São João del Rei und Tiradentes, ein angenehmer, hübscher Ort, der seit der brasilianischen Unabhängigkeit heißt wie der hier geborene Freiheitskämpfer. In São João del Rei lohnt vor allem, sich die nach Plänen Aleijadinhos erbaute Kirche São Francisco de Assis anzusehen. Abwechslungsreiche Landschaft, meist allerdings unbewaldet, erstreckt sich bis in das Städtchen Nova Lima. Auch hier hat Aleijadinho seine künstlerischen Spuren hinterlassen: Sowohl der Altar als auch die Kanzel der Kirche wurden von ihm geschaffen.

Städte mit modernem Gesicht. Nun zeigen sich die hohen Betonblocks der auf dem Reißbrett entworfenen Provinzhauptstadt Belo Horizonte, die hier jeder nur »BH« (gesprochen Bee-Agah) nennt. Bei der Planung orientierten sich die Architekten an der Struktur der Stadt Washington. Im Zentrum sind die Planquadrate von diago-

Ouro Preto: eine hübsche Barockstadt (oben), in der sich Schmuckstücke wie diese mit Kacheln – Azulejos – verzierte Fassade finden. (unten) Das Küstengebirge Serra do Mar bildet die Kulisse für die Ingreja Santa Rita de Cássia im malerischen Paratí. (rechts)

nal verlaufenden, breiten Avenidas durchbrochen; man findet sich gut zurecht. Das Klima in der 800 Meter hoch gelegenen Stadt empfinden Europäer als angenehm, viele ausländische Firmen sind hier präsent. Zwar mag man die Architektur als hässlich empfinden und das fast völlige Fehlen alter Gebäude bedauern, doch BH hat sehr wohl seinen eigenen Charme. Anfang der 1990er Jahre wurde die Metropole zur lateinamerikanischen Großstadt mit höchster Lebensqualität gekürt.

Auf dem Weg in die Hauptstadt Brasília geht es zunächst in den Bundesstaat Goiás hinein, der mitunter mitteleuropäischer Agrarlandschaft verblüffend ähnelt: Hier sind Brasiliens Viehzüchter und Sojabauern zu Hause. Zu den saftigen Weiden, den durch Hecken aufgelockerten Äckern und in der Sonne glitzernden Aluminiumsilos passt das Erscheinungsbild der Provinzhauptstadt Goiânia, die trotz der Hochhäuser sogar im Zentrum noch sehr grün ist. Zuerst jedoch präsentiert sich die »Stadt der Moderne« dem Besucher. Auf der breiten Avenida, die in sie hineinführt, macht sich gespannte Erwartung breit. Der Grundriss Brasílias ist einem Flugzeug nachempfunden: Am vorderen Ende sind der Präsidentenpalast, der Kongress und das Bundesgericht zu finden, es folgen die Esplanade der Ministerien, die Kathedrale, Einkaufszentren, Hotels, Banken und der Fernsehturm, von dem aus man sich den besten Überblick verschaffen kann. Ist das hier noch Brasilien? Nicht zufällig wird der 1960 eingeweihten Stadt der Politiker, Regierungsbeamten und Diplomaten nachgesagt, eine goldener Käfig, eine Insel des Wohllebens und der Korruption zu sein – fernab der immer krasser werdenden sozialen Gegensätze, die das übrige Brasilien prägen. Doch auch hier rücken, ganz anders als geplant, die rasch wachsenden Satellitenstädte der ehemaligen Bauarbeiter, des Hauspersonals und anderer Hilfskräfte immer näher heran. Die Gebäude – die meisten wurden von Brasiliens viel gerühmtem Stararchitekt Oscar Niemeyer entworfen – wirken kühn und originell,

trotzdem finden viele Besucher, es genüge ein Tag, um sich Brasília anzusehen.

Einzigartiges Naturerleben. Über Goiânia und Goiás führt die Strecke ins Pantanal, Brasiliens exotischste Region. Mit über 200 000 Quadratkilometern ist es das größte und tierreichste Feuchtgebiet der Erde. Es ist nichts Ungewöhnliches, wenn sich in Tümpeln oder Teichen Hunderte von Krokodilen aufhalten und man auf Riesenschwärme von Störchen und Ibissen trifft – vor allem während der Trockenperiode zwischen Juli und Dezember. In dieser Zeit ist nichts von den Überschwemmungen zu ahnen; die Seen schrumpfen, und für alle Fischfresser ist es ein leichtes, fette Beute zu machen. Kaimane liegen in der Sonne, den Rachen weit aufgerissen, und lassen sich von Vögeln die Zähne säubern. Dann gleiten sie ins Wasser, um sich die fettesten Fische herauszusuchen. Es bietet sich an, im Pantanal Ferien auf dem Bauernhof zu machen, das heißt: sich in einer der gastfreundlichen Fazendas einzuquartieren, gut zu essen, mit dem Boot auf den Wasserarmen dahinzugleiten und Sonnenuntergänge zu genießen. Dass man rechtzeitig wach wird, dafür sorgen die Vögel mit ihrem lauten Morgenspektakel. Auch die Brüllaffen machen einen ohrenbetäubenden Lärm, ebenso die Riesenfrösche, von den buntschillernden Schwärmen kreischender Papageien gar nicht zu reden.

Das nördliche Tor zum Pantanal ist die Stadt Cuiabá – dort begeistern sich vor allem Wanderfreunde aber auch am Parque Nacional Chapada dos Guimarães mit seinen Tafelbergen, steilen Felsabbrüchen, Quellen und Wasserfällen. Die etwas abenteuerlichere Variante dieser Route führt von Cuiabá aus wieder mitten ins Pantanal und in das angenehm ruhige Städtchen Corumbá, wo die Luft sauber und klar ist. Corumbá liegt schon an der Grenze zu Bolivien, wo die R4 bis Chaihuasi und die R4, R7 und R5 nach Sucre führen. Die 2808 Meter hoch gelegene Hauptstadt Boliviens ist Startpunkt der nächsten Route.

Auch das Zentrum von São Paulo ist keine Steinwüste (oben)
Das Dach der Kathedrale in Brasília erinnert an die Dornenkrone. (unten)

Gut zu wissen

Hinweise: Brasiliens Großstädte haben ein ausgezeichnetes öffentliches Busnetz, in São Paulo und Rio de Janeiro kann man auch die Untergrundbahn oder Vorortzüge benutzen. Die Fahrpreise sind festgesetzt. www.visitbrasil.com, www.braziltravelinformation.com, www.brazil.org.za/tourism.html

Von Bolivien nach Peru

📍 2330 Kilometer

Stätten vergangener Kulturen, tiefe Schluchten, stille Lagunen und eine schier endlose Salzwüste – all dies präsentiert sich vor der imposanten Kulisse der Anden. Einen zusätzlichen Reiz gewinnt die Reise durch den Kontrast zwischen dem spanisch geprägten Leben in den Städten und den kleineren Ortschaften, in denen die einmalige Kultur der Indígenas die Atmosphäre prägt.

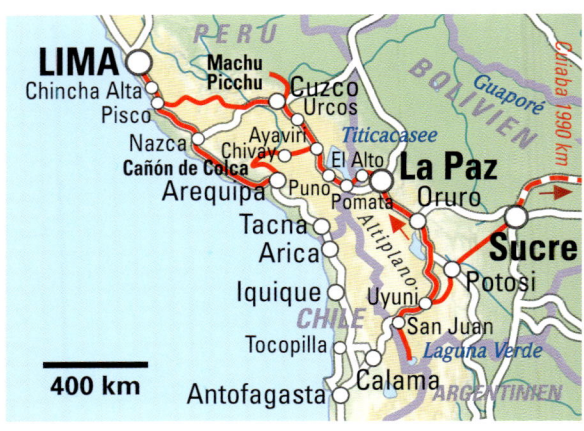

An der Plaza de Armas von Cuzco (oben)
Von Huatajata aus starten viele Boote in den Titicacasee. (unten)

Boliviens konstitutionelle Hauptstadt Sucre wurde 1508 von spanischen Conquistadores gegründet und besitzt seit 1624 eine Universität. Heute zählt die schöne Stadt mit dem angenehm gemäßigten Klima rund 240 000 Einwohner – und bezaubert mit einer großartig erhaltenen kolonialen Altstadt. Hier lohnt ein Bummel durch malerische Gassen, Kirchen und Klöster aus dem 16. und 17. Jahrhundert, bevor es auf kurviger Bergstecke auf der R5 nach Potosí weitergeht, das in 4000 Meter Höhe auf dem kargen Altiplano liegt, der sich zwischen Peru und Bolivien erstreckenden Hochebene.

Silber und Salz. Potosís prächtige koloniale Altstadt kündet noch heute von den Reichtümern, die ungezählte indianische Zwangsarbeiter für die spanischen Kolonialherren aus den Minen des 4800 Meter hohen Cerro Rico schürften. Der »Reiche Berg« barg einst die größte Silbermine der Welt, und auch heute werden hier noch Silber, Zinn und viele verschiedene Metalle und Minerale abgebaut – die Bedingungen sind für die mineros jedoch noch immer lebensgefährlich. In der Casa de la Moneda, der Königlichen Münze, kann man sehen, wie das Silber zu Münzen geprägt und nach Spanien transportiert wurde.

Die Fernstraße R5 führt von Potosí durch die karg bewachsene Landschaft des Altiplano nach Uyuni. Das Städtchen ist Ausgangspunkt für Fahrten in den Salar de Uyuni, die mit mehr als 12 000 Quadratkilometern größte Salzfläche der Erde. Ihr Untergrund ist vulkanischen Ursprungs, und hin und wieder kann man erleben, wie sich Salzquellen durch die dicke weiße Kruste blubbernd ihren Weg an die Oberfläche bahnen. In Uyuni gibt es zahlreiche Reisebüros und Veranstalter, bei denen man Exkursionen durch den Salar buchen oder auch einen Geländewagen mieten kann. Originell und vergleichsweise durchaus komfortabel übernachten lässt es sich im »Hotel de Sal«: Inmitten des Salzsees sieht man es mit braunem Grasdach unvermittelt in der weißen Ebene auftauchen. Bis auf das Dach wurde das Gebäude gänzlich aus Salzquadern errichtet. Selbst Tische und Stühle, ja sogar die Betten bestehen aus Salzblöcken. Fast genau im Zentrum des Salar ragt einer Oase gleich die Isla Pescado aus dem Salz. Auf der Insel recken sich Kakteen bis zu sechs Meter hoch in die Luft, ein Bild, das in dieser Umgebung fast jenseitig anmutet. Besteigen kann man den 5432 Meter hohen Vulkan Cerro Tunupa, der am nördlichen Rand des Salzsees einen herrlichen Blick auf die unwirkliche Salarlandschaft bietet.

Am Ende der Welt. Ein großer, aber überaus lohnender Abstecher führt nun gen Süden über San Juan und den Militärposten Chiguana zu den Hochlandseen des Conjunto de Lagunas. Fünf von ihnen erreicht man bereits knapp 90 Kilometer hinter San Juan. Jeweils durch eine Bergkuppe voneinander getrennt sind die Laguna Canapa, die Laguna Hedionda, die Laguna Chiar Khota – auf der Flamingos beobachtet werden können –, die Laguna Honda und die Laguna Ramaditas am Fuß des 5595 Meter hohen Cerro Ascotán. Von einer Anhöhe aus, dem Paso de Inca, geht es anschließend zur bizarr geformten Felsengruppe Árbol de Piedra. Zur spektakulären Laguna Colorada gelangt man entlang einer Reihe von Schichtvulkanen nach weiteren 95 Kilometern. Plankton und Algen sorgen dafür, dass sich der See, je nach Tageszeit und Sonnenstand, in einer Farbpalette zeigt, die von zartem Rosa bis zu tiefem Blutrot reicht. Ein zusätzlicher Reiz sind die kleinen Inseln aus weißen Mineralien, die wie Eisberge in der Lagune treiben. Auch den noch einmal 35 Kilometer weiter südlich der Laguna Colorada gelegenen Geysir Sol de Mañana sollte man sich anschauen: Auf fast 5000 Meter Höhe blubbert kochender Lavaschlamm an

die Erdoberfläche. Am Ende des Lagunentrips, etwa 50 Kilometer weiter südlich, liegt die Laguna Verde am Fuß des 5930 Meter hohen Vulkans Cerro Licancábur an der chilenischen Grenze. Ihre tiefgrüne Farbe, verursacht durch die hohe Konzentration an Schwefel, Blei und Kalziumkarbonaten, übertrifft alle anderen Lagunen an Strahlkraft – vor allem in den frühen Nachmittagsstunden, wenn die Sonne leicht schräg auf das Wasser fällt.

Stadt des Friedens. Der Weg zurück nach Uyuni ist weit, doch notwendig, denn von der Salzstadt führt eine beeindruckende Strecke in die Region südlich von La Paz – obwohl man noch relativ am Anfang der Route Zeuge einer Naturkatastrophe wird: Der Lago Poopó, einst mit 3000 Quadratkilometer Fläche der zweitgrößte See Boliviens, ist mittlerweile ausgetrocknet. Wo noch vor wenigen Jahren Wasser glitzerte und sich Flamingos scharten, liegen heute die Boote der Fischer in einer Wüste. Die Ursache ist neben der unkontrollierten Wasserentnahme der Zuflüsse der Klimawandel, durch den die Niederschläge in der Region zurückgingen. Durch die raue Landschaft des Altiplano erreicht man die Industrie- und Agrarstadt Oruro, deren

Spektakulär sind die Ausblicke auf das Vilcanotatal. (oben)
Bei der Inkastätte Tambo Machay wird Regionaltypisches angeboten. (unten)
Blick von der Inkafestung Sacsayhuaman auf die Stadt Cuzco (links)

rund 270 000 Einwohner einen weltberühmten Karneval feiern, in dem Glaubensvorstellungen der indigenen Religion eine bedeutende Rolle spielen.

El Alto liegt westlich von La Paz auf 4000 Meter Höhe. Der ehemalige Vorort ist heute mit über 800 000 Einwohnern größer als und weitaus ärmer als die Schwester im Tal – tatsächlich ist die Stadt, in der lediglich die bunten Häuser im neoandinen Stil Farbe in das Stadtbild bringen, eine der ärmsten der Welt. La Paz, die »Stadt des Friedens«, erstreckt sich in einem Talkessel dicht am Ostrand des Altiplano in rund 3700 Meter Höhe. In den oberen Regionen der Hänge leben die Armen und blicken von ihrem bitteren Logenplatz aus hinab auf die schmucken Viertel unter sich, wo sich die Reichen, die Militärs und die Diplomaten niedergelassen haben. Dazwischen, im Zentrum rund um die Plaza Murillo, erstreckt sich der alte Stadtkern mit seinen Kolonialbauten, Kirchen, Regierungsgebäuden und modernen Hochhäusern. Zwar ist nicht La Paz, sondern Sucre die Hauptstadt Boliviens, die Geschicke des Landes werden jedoch von hier aus gesteuert, denn die Metropole ist Boliviens Regierungssitz. Sehenswert sind hier nicht nur das Archäologische Nationalmuseum und die Seilbahnen nach El Alto, sondern auch die bunten Märkte und das Coca-Museum.

Am Titicacasee. Zur asphaltierten Fernstraße zum Titicacasee fährt man wieder hinauf nach El Alto. Entlang der eindrucksvollen Cordillera Real, der Königskordillere, geht es auf der RN2 über Huarina und Huatajata nach San Pablo de Tiquina, wo man samt Auto mit dem Boot nach San Pedro de Tiquina übersetzt, das auf der Copacabana-Halbinsel im Titicacasee liegt, dem höchstgelegenen schiffbaren See der Welt. Von dort ist es nicht weit nach Copacabana. Das Uferstädtchen ist berühmt für seine aus dunklem Agavenholz geschnitzte Jungfrau Maria aus dem 16. Jahrhundert, von der sich alljährlich tausende Wallfahrer Hilfe und Heilung

versprechen. Die ein Meter große Figur sitzt hinter dem prächtigen Hauptaltar in einem Glaskasten. Am Hafen von Copacabana warten Boote, die Besucher auf die Isla del Sol mit ihren Inka-Ruinen und die Isla de la Luna bringen.

Ein Leben auf Schilf. Südlich von Copacabana überquert man die Grenze und erreicht auf peruanischer Seite den Grenzort Yunguyo. Teilweise am Seeufer entlang fährt man über Pomata nach Puno, wo mit den »schwimmenden Inseln der Uros« eine der größten Attraktionen des großen Gewässers wartet. Von Puno aus starten Boote zu den künstlichen Inseln aus fest verschnürten Schilfrohrbündeln und Erde, auf denen auch heute noch einige hundert Menschen leben. Die Inseln müssen regelmäßig erneuert werden, denn nach sechs bis zwölf Monaten haben sie sich mit Wasser vollgesogen und beginnen zu faulen. Puno selbst liegt auf 3855 Meter Höhe, und im südamerikanischen Winter, das heißt im Juni bis August, kann es hier nachts empfindlich kalt werden, was in den einfachen, ungeheizten Unterkünften manchmal nur schwer auszuhalten ist. Sehenswert ist die im 18. Jahrhundert fertig gestellte Kathedrale an der Plaza de Armas mit ihrer beeindruckenden Fassade und das Museo Dreyer mit einer schönen Sammlung präkolumbischer Kunst.

In die weiße Stadt. Von Puno folgt die Panamericana in über 4000 Meter der alten Inkastraße, der einstmaligen »Königlichen Straße des Gebirges«, bis Cusco und dient bis heute als einer der Hauptverbindungswege im peruanischen Hochland. Ab Juliaca lockt jedoch ein abenteuerlicher Abstecher – den viele mit der Bahn oder wegen der fantastischen Aussicht auf die schneebedeckten Berge mit dem Flugzeug unternehmen – über eine kurvige, bis zu 4000 Meter hohe Strecke auf der R34A nach Arequipa. Die zwischen Vulkanen auf über 2300 Meter Höhe gelegene Stadt halten viele für die schönste in ganz Peru. Für den Bau der Häuser in Arequipa

Aus Schilfrohr stellen die Menschen am Titicacasee ihre Behausungen her. Ganze Inseln werden aus dem vergänglichen Material gefertigt. (oben)

La Paz: Die Plaza Murillo ist nach dem Freiheitskämpfer Don Pedro Domingo Murillo benannt. (unten)

wurde bevorzugt heller Tuffstein verwendet, was Arequipa den Namen »La Ciudad Bianca«, die weiße Stadt, eingebracht hat. Geprägt wird das Stadtbild von den Patrizierhäusern aus dem 18. Jahrhundert mit ihren schönen Kolonialfassaden, den großen Innenhöfen, den kunstvoll vergitterten Fenstern und den mit Schnitzereien verzierten Holztüren. Die wohl erstaunlichste Sehenswürdigkeit ist jedoch der gewaltige Komplex des Klosters Santa Catalina – eine mittelalterliche Stadt in der Stadt mit verwinkelten Gassen und malerischen Plätzen. Besonders reizvoll ist Arequipa auch, weil der immer schneebedeckte 6075 Meter hohe Vulkan Chachani eine so herrliche Kulisse darstellt. Und nicht zuletzt erfreut die nicht weit vom Pazifik entfernte Stadt mit einem warmen, sonnigen Klima.

Spektakuläre Schluchten. Rund 150 Kilometer nördlich von Arequipa liegt der grandiose Cañón de Colca. Die Hänge dieser tiefsten Schlucht Lateinamerikas sind von Terrassenfeldern bedeckt. Zwischen Maca und dem Dorf Pinchollo, das von einer stattlichen Kolonialkirche beherrscht wird, die inmitten unansehnlicher Wellblechhütten steht, steigt die Straße 1SE auf

3600 Meter Höhe und wird von meterhohen Kandelaberkakteen und blühenden Opuntien gesäumt. Der schönste Aussichtspunkt am Cañón de Colca ist der Mirador Cruz del Cóndor: Von hier aus kann man ganze 1200 Meter tief in die Schlucht hinunterschauen und mit etwas Glück sogar Kondore beobachten. Nach Maca folgt man der 1SE nach Chivay, Condoroma und Pulpero in das lebhafte Städtchen Ayaviri, das nur noch 250 Kilometer von Cuzco entfernt ist.

Grandiose Aussicht. Ausgesprochen spektakulär zeigt sich das Land der Inka auf der weiteren Fahrt Richtung Cuzco. An kleinen Feldern vorbei geht es nach Ayaviri in dünner Luft weiter, vor dem sich 5443 Meter in den Himmel erhebenden Eisriesen Cerro Cunurana grasen Lamas und Alpacas. An der Passhöhe La Raya, die 4313 Meter hoch gelegen ist, nimmt der Río Urubamba seinen Anfang, er ist einer der Quellflüsse des in den Atlantik mündenden Amazonas. Weil auch der Río Ayaviri hier entspringt, der irgendwann und unter anderem Namen in den Pazifik fließt, gilt La Raya als die Wasserscheide zwischen Atlantik und Pazifik. Der Ort bil-

Die Isla del Sol im Lago Titicaca (oben)
Südamerikas größter See: der Titicacasee, zur bolivianischen Seite hin gesehen (unten)
Auch die Boote der Einwohner am Titicacasee werden aus Schilfrohr gefertigt. (links)

det auch das nördliche Ende des Altiplano. Über die Ortschaft Tinta – hier wurde der Freiheitskämpfer Tupac Amaru II. geboren – erreicht man Oropesa, das seiner vielen Backstuben wegen als Stadt des Brotes bekannt ist.

»Nabel der Welt«. Zur Zeit der Inka führten alle Wege nach Cuzco, der ehemals goldstrotzenden Hauptstadt eines Reiches, das sich auf dem Höhepunkt seiner Macht vom heutigen Kolumbien bis nach Chile und Argentinien, von der Pazifikküste bis zu den verschneiten Riesen der Anden erstreckte. Unter den Inka hieß Cuzco »Quosqo«, der »Nabel der Welt«. In der Altstadt mit ihren roten Ziegeldächern und geschnitzten Balkonen meint man fast, das Säbelrasseln der spanischen Eroberer vernehmen zu können, so nah rücken hier vergangene Epochen. Viele der Straßen sind gesäumt von alten Inkamauern, auf denen später koloniale wie moderne Bauten errichtet wurden. Vor dem 14. November 1533, dem Datum der Eroberung Cuzcos durch die Spanier, waren die Paläste der Stadt mit getriebenen Goldlagen verkleidet. Rund 200 000 Menschen lebten

damals in der Stadt – kaum weniger als heute. Im Sonnentempel, dort, wo heute das Kloster Santo Domingo steht, glänzte eine Sonne aus reinem Gold: Der Sonnenkult war Staatsreligion. Als Chronist schwärmt der Conquistador Pedro de León vom Tempelgarten der Inkapriester: »Er war auf das kunstvollste angelegt: Stängel, Früchte und Blätter der Maispflanzen, alles war aus Gold. Zudem befanden sich auf diesem Feld über zwanzig goldene Lamas mit ihren Jungen, auch einige Hirten in Lebensgröße aus Gold.« Tonnenweise schmolzen die Spanier die sakralen Kunstgegenstände ein und verschifften sie nach Europa.

Alte Inkastätten. Lediglich drei Kilometer nördlich von Cuzco und zu Fuß gut erreichbar, wartet der in Südamerika einzigartige Festungskomplex Sacsayhuamán (»zufriedener Falke«). Wer vor dieser monumentalen Wehrburg der Inka steht, findet aus dem Staunen kaum mehr heraus. Unter unsäglichen Mühen müssen die riesigen Steinquader – der größte wiegt etwa 350 Tonnen – hierher geschafft, bearbeitet und zusammengefügt worden sein.

In Arequipa ist der Plaza de Armas von hübschen Arkaden umgeben. (oben)
Fortbewegung auf peruanisch (unten)
Hier wird die Geschichte der Inka fassbar. Machu Picchu, einer der Höhepunkte jeder Peru-Reise. (rechts)

Die Felsblöcke wurden dabei so passgenau von den Steinmetzen behauen und geschichtet, dass nicht einmal mehr eine Rasierklinge dazwischen passt.

Rund 30 Kilometer in nordöstlicher Richtung befindet sich etwa 300 Meter oberhalb der Ortschaft Pisac inmitten steiler Felswände eine weitere alte Inkastätte. Die drei gut erhaltenen Tore der Inkaruinen künden von der einstigen Bedeutung dieser großen Anlage. Am interessantesten ist der sakrale Bereich mit Tempel und Palastresten sowie dem Intihuatana, einem steil aufragenden Fels, mit dem vermutlich die Sonnenbahn gemessen wurde.

Die vergessene Stadt. Nicht mit dem Auto, sondern mit der Eisenbahn quer durch den Dschungel zu erreichen ist Machu Picchu, die den spanischen Eroberern verborgen gebliebene Stadt der Inka. Die weltbekannte und noch immer große Rätsel aufgebende Ruinenstätte liegt 120 Kilometer von Cuzco entfernt in einer überwältigenden Landschaft. Bereits die etwa drei Stunden dauernde Fahrt dorthin ist ein Erlebnis. Man sollte sich im Touristenzug einen Platz auf der linken Seite sichern, von dort aus sind die Ausblicke auf den Río Urubamba, an dem die Strecke entlangführt, und die dahinter aufragenden grün bewachsenen Berge besonders schön. Stundenlang kann man durch diese überwältigende Ruinenanlage streifen – zum Sonnentempel Sumturhuasi, durch den Königlichen Palast und über den Heiligen Platz Inticancha. Die Bauwerke lassen keinen Zweifel: Machu Picchu ist ein großartiges Symbol für die glanzvolle Vergangenheit Perus und ganz Südamerikas.

Geheimnisvolle Linien. Nur ungern mag man sich von der Stille dieser grandiosen Andenkulisse verabschieden, um in schwindelerregenden Serpentinen aus den Anden hinab nach Lima weiterzufahren. Doch bevor man die Hauptstadt erreicht, wartet zunächst noch ein anderer Höhepunkt: In der wüstenartigen Pampa des westlichen Andenvorlandes stößt man bei Nazca auf die berühmten Geoglyphen der Nazca-Kultur. Wegen ihrer Größe sind die Scharrbilder vom Boden aus kaum zu erkennen, doch aus der Luft sieht man perfekt schematisierte Tierdarstellungen, darunter einen 135 Meter langen Kondor und einen 90 Meter langen Affen mit eingerolltem Schwanz. Ebenso stößt man auf vollkommen gerade Bodenlinien von bis zu fünf Kilometern Länge und andere geometrische Muster mit ähnlichen Ausmaßen. Die Schöpfer der Bilder scharrten die oberste, dunkle Erdkruste in etwa 20 Zentimeter breiten Furchen ab, so dass die darunterliegende hellere Schicht zum Vorschein kam. Bis heute forschen Wissenschaftler verschiedener Disziplinen nach einer Erklärung für die Erdzeichen, die zwischen 900 vor und 600 nach Christus entstanden. Dienten die Nazca-Linien als Prozessionswege bei magischen Ritualen? Sind die Tierbilder eine Art astronomischer Kalender? Das Rätsel ist immer noch ungelöst.

Die Stadt der Könige. Über die Hafenstadt Pisco erreicht man schließlich Lima. Perus Hauptstadt wurde 1535 am Río Rimac als Ciudad de los Reyes, als Stadt der Könige, gegründet und von Francisco Pizarro zum Mittelpunkt des neuen spanischen Vizekönigreichs Peru bestimmt. Mit der Universität von San Marcos wurde hier 1551 die erste Hochschule Südamerikas eröffnet. In der schnell wachsenden Neun-Millionen-Metropole kündet die glanzvolle Altstadt mit ihren imposanten Plätzen, Kirchen, Klöstern und Palästen von der einstigen Pracht des Vizekönigreichs. Großartige Zeugnisse präkolumbischer Kunst sind im Museo Larco, im Museo d'Oro, im Nationalmuseum und im Museo del Banco Central de Reserva del Peru zu bestaunen. Vom vorspanischen Glanz erzählt die archäologische Fundstätte der Stadt Pachacámac, die vor mehr als 1500 Jahren am Río Lurín gegründet wurde. Die Ruinen der Tempel sind noch immer eindrucksvoll und können besichtigt werden.

Südlich vom Salar de Uyuni warten die fantastisch geformten Felsen Árbol de Piedra. (oben)
Possierliche Viscachas leben auf der kakteenbewachsenen Isla Pescado in der Salzwüste. (unten)

Gut zu wissen

Hinweise: Die Strecke führt durch extreme Höhenlagen jenseits der 3000 Meter, deshalb muss auf Höhenkrankheit geachtet werden. Nehmen Sie sich deshalb bei der Auffahrt in die Anden viel Zeit, sodass sich der Körper langsam akklimatisieren kann. **www.bolivia.travel/de, www.peru.travel.de**

Auf der Panamericana: Von Lima bis Guayaquil

 2390 Kilometer

Gigantische Berge, Sandwüste und tropische Vegetation – auf der legendären Panamericana erlebt man zwischen den mächtigen Anden und dem Pazifik atemberaubende Landschaften. Immer wieder führt der Weg an die Küste und öffnet den Blick auf den schier endlosen Ozean. Vom großen historischen Erbe der Region zeugen beeindruckende Kunst und imposante Bauwerke.

Händler verkaufen am Markttag in Latacunga Decken, Ponchos und Hüte. (oben) Perus höchster Gipfel: der Huascaran ist 6768 Meter hoch. (unten)

Von Lima aus geht es auf der Panamericana, der 1N, Richtung Norden. Unterwegs öffnet sich das Panorama des Callejón de Huaylas, einem Paradies für Bergsteiger am Fuß der Cordillera Blanca. Ein Abstecher lockt nach Huaráz, wo mit dem 6768 Meter hohen Huascaran Perus höchster Gipfel aufragt und sich Bergsteiger aus aller Welt treffen. Auf dem 4224 Meter hohen Pass El Callán lohnt noch einmal der Blick auf die fantastische Landschaft, die hinter einem liegt.

Von den Pyramiden in die Wüste. Bei Trujillo lebte im 1. Jahrtausend n. Chr. die Moche-Kultur, die am Ufer des Río Moche monumentale Tempelpyramiden erbaute. Nach dem Machtverfall der Moche erblühte um 1000 n. Chr. das Reich der Chimú. In ihrem Machtzentrum Chan Chan lebten in großartigen Lehmbauten bis zu 60 000 Einwohner. Nördlich von Chiclayo liegen im »Tal der Pyramiden« von Túcume die Ruinen einer über tausend Jahre alten Stadt mit Festungsanlagen, Grabstätten und 26 großen Adobe-Pyramiden. Ausgrabungsfunde von der peruanischen Nordküste präsentiert das Museo Arqueológico Brüning in Lambayeque, im Museo Tumbas Reales de Sipán sind Schätze aus Moche-Gräbern ausgestellt. Nach Chiclayo erstreckt sich bis Sullana die endlose, sandige Dünenlandschaft der Sechura-Wüste. Inmitten dieser Einöde brütet das Städtchen Piura in einer Senke.

Kamele und Kathedralen. Eine halbe Tagesreise von Sullana entfernt überquert man die Grenze nach Ecuador und erreicht das Städtchen Macará. Als das nahe Loja 1548 gegründet wurde, waren in der Umgebung noch große Herden von Lamas und Vicunjas beheimatet. Die Andenkamele, vor allem die Vicunjas, waren begehrt wegen ihres Fleisches und ihrer feinen Wolle. Die Einwohner der sehenswerten vormaligen Inkasiedlung Saraguro bezeichnen sich selbst als Nachkommen jener Inka, die um 1455 unter dem Herrscher Tupac Yupanqui aus dem südlichen Peru in dieses Gebiet kamen. Richtung Norden steigt die Panamericana zum 3500 Meter hohen Tinajilla-Pass auf und führt anschließend ab Cumbe durch üppig grüne Täler bis Cuenca, das rund 2500 Meter hoch gelegen ist. Cuenca hat knapp 300 000 Einwohner und gilt mit seiner intakten, kolonialen Architektur als eine der schönsten Städte Ecuadors. Ein Bummel durch die hübschen Straßen und Plätze führt zur alten Kathedrale aus dem 16. Jahrhundert und zur neogotischen Catedral Nueva – in dem imposanten Bauwerk aus dem späten 19. Jahrhundert finden rund 10 000 Menschen Platz.

Auf der Allee der Vulkane. Riobamba liegt am Fuß des Chimborazo, mit 6310 Metern der höchste Berg Ecuadors. In der Region um den Vulkan leben verschiedene Kulturen in der Landschaft des Páramo, des ecuadorianischen Hochlands. Ab Riobamba folgt die Strecke der von Alexander von Humboldt während seiner Forschungsreise durch Südamerika so benannten »Allee der Vulkane«. Sie reicht bis Tulcán an der kolumbianischen Grenze. Im Kurort Baños kündigt die subtropische Vegetation die Urwälder des nahen Amazonasbeckens an und entspringen heiße Quellen an den Flanken des 5016 Meter hohen Vulkans Tungurahua.

In Ambato wird im Februar ein großes Blumenfest gefeiert – ganzjährig bieten dagegen rund um die Calle Abdón Calderón außerhalb des Zentrums Hunderte Händler unter freiem Himmel Kunsthandwerk, Ponchos, Decken, Hüte und bestickte Blusen an. Mit quirligem Leben erfüllt sich an Markttagen auch die Kleinstadt Latacunga, die 1534 auf den Grundmauern einer Inkafestung erbaut wurde.

Über der gebirgigen Landschaft rechts und links der Straße erhebt sich im Westen der schneebedeckte Gipfel des 5263 Meter hohen Vulkans Iliniza. Gleich gegenüber thront im Osten der Vulkan Cotopaxi, mit seinen 5897 Metern einer der höchsten aktiven Vulkane der Erde. Der perfekte Kegel erinnert an den japanischen Vulkan Fuji – ein grandioser Anblick. In Serpentinen geht es nun hinauf auf das 2850 Meter hoch gelegene Hochplateau von Quito.

Altes und Neues in den Metropolen. In der kolonialen Altstadt von Ecuadors 1534 gegründeter Hauptstadt Quito hat man das Gefühl, die Zeit sei stehengeblieben. Mit weißgetünchten Häusern und roten Ziegeldächern vermittelt Quito Viejo auch heute noch eine dörfliche Atmosphäre, obwohl die Metropole inzwischen weit über zwei Millionen Einwohner zählt. Im Norden der Stadt, in Quito Nuevo, glänzen dagegen die Fassaden von Banken, Bürohäusern und Einkaufszentren.

Zurück über Riobamba führt der Weg nach Guayaquil. Die Hafenstadt ist das wirtschaftliche Zentrum des Landes, hier wickelt Ecuador 90 Prozent seines Importhandels ab. In Guayaquil verlädt man sein Auto Richtung Manzanillo in Panama – denn der Tapón del Darién (das »Darién-Hindernis«), ein Regenwaldgebiet im Grenzgebiet von Kolumbien und Panama, unterbricht die Straßenverbindung zwischen Süd- und Mittelamerika.

Landschaft um den aktiven Vulkan Tungurahua (oben)
Blick auf die Catedral Nueva in Cuenca (unten)
Stadtplatz in Trujillo (links)

Gut zu wissen

Hinweise: Die Bedingungen für die Autoverschiffung ab Ecuador können sich ändern – Informationen sind am besten vor Ort zu erhalten. 2016 boten die Agenturen Transocanica (Guayaquil) und Norton-Lilly (Panama City) den Service an. www.entrujillo.com, www.quito.ec, www.guayaquilesmidestino.com

Von Panama nach Guatemala

 3230 Kilometer

Hier in Mittelamerika heißt die Panamericana Carretera Interamericana. Sie führt durch gebirgiges Hochland und geheimnisvollen Regenwald, vorbei an Vulkanen, schimmernden Bergseen, Zuckerrohr- und Bananenplantagen und herrlichen Stränden. Überall stößt man auf Kulturschätze: aus der Maya-Zeit, dem Kolonialismus und der Moderne.

In der Altstadt von Panama City reihen sich niedrige Holzhäuser und Wolkenkratzer aneinander. (oben)
Seit vielen hundert Jahren ist Chichicastenango in Guatemala das Handelszentrum der Indigenas. Heute entwickelt sich der Landmarkt vor der Santo-Tomás-Kirche immer mehr zur touristischen Attraktion. (unten)

Der Hafen von Manzanillo gehört zur Freihandelszone von Colón und liegt an der Atlantikseite des Panamakanals. Sobald man wieder im Auto sitzt, hält einen hier nichts mehr – Colón gilt als ausgesprochen gefährliche Stadt. Auf dem Panama-Colón-Expressway erreicht man Panama-Stadt – die Hauptstadt Panamas heißt im Land schlicht Panamá. Die Bank- und Business-Metropole zählt rund 1,5 Millionen Einwohner und ist das wirtschaftliche Zentrum ganz Mittelamerikas. Neben den glitzernden Fassaden der Wolkenkratzer haben sich die 1671 planvoll angelegte »neue« Altstadt sowie Panamás ältester historischer Kern als sehenswertes Ruinengelände erhalten – die Reste von Panamá la Vieja, das 1519 von den Spaniern als erste Stadt an der Pazifikküste gegründet wurde, gehört heute zum UNESCO-Welterbe.

»Oh, wie schön ist Panama.« Seit der Kinderbuchautor Janosch den kleinen Tiger und den kleinen Bären auf die Reise schickte, ist der Name dieses Landes jedem Kind bekannt. Einen Überblick über die große Naturvielfalt des Landes in Panama kann man sich im brandneuen Biomuseo verschaffen, das 2014 vom Stararchitekten Frank Gehry erbaut wurde. Einen ersten hautnahen Eindruck bietet ein Ausflug auf die Blumeninsel Taboga, mit etwas Glück erspäht man dort sogar Wale.

Doch nun beginnt die Fahrt durch Mittelamerika – wahlweise über die berühmte Puente de las Américas über der Einfahrt des Panamakanals, oder auf der Panamericana über die imposante Puente Centenario. Sie überspannt nahe der Pedro-Miguel-Schleuse die bedeutende Wasserstraße zwischen Atlantik und Pazifik. Über Penonomé und Santiago führt die Fahrt bis zur tropisch-heißen Handelsmetropole David. Unterwegs begeistert vor allem die üppige Schönheit der Natur, ein Flickenteppich aus Feuchtwald, Savanne und traumhaften Stränden, die teils in dichte, tropische Vegetation gebettet sind. Rund 30 Kilometer nördlich der Ortschaft La Concepcíon liegt der Nationalpark Volcán Barú. Hier beeindruckt der 3475 Meter hohe, aktive Vulkan Barú, den man in etwa drei Stunden besteigen kann und von dessen Gipfel aus beide Weltmeere zu sehen sind. In den Almlandschaften plätschern Forellenbäche und Bergseen schillern.

Die »Schweiz« Mittelamerikas. Von La Concepcíon aus ist es nicht mehr weit zur Grenze nach Costa Rica, das sein Militär abgeschafft und seine »unbewaffnete Neutralität« verkündet hat. Im ehemaligen Bananenverladehafen Golfito erreicht man hier wieder die Küste. Nach einem Abstecher auf die vom Urwald überwucherte Halbinsel Osa verläuft die Panamericana ab Palmar Sur und Palmar Norte, wo geheimnisvoll verzierte Steinkugeln präkolumbischer Kulturen faszinieren, entlang des Río Grande de Térraba vorbei an Bananen- und Kokosplantagen, nach Buenos Aires. Regen- und Nebelwald bilden die Kulisse bis zum lebhaften Provinzstädtchen San Isidro, danach windet sich die Straße bis auf 3300 Meter Höhe beim Cerro de la Muerte und führt über die Ausläufer der Cordillera de Talamanca nach Cartago. Rund eine Stunde entfernt liegt die quirlige Hauptstadt San José. Von dort geht es hinunter ins Valle Central und in die Hafenstadt Puntarenas, wo quirliges Strandleben einlädt. Durch Costa Ricas »Wilden Westen«, die Viehregion Guanacaste, überquert man nach La Cruz die Grenze zu Nicaragua.

Schöpfungsidyll »Gran Lago«. Über den Grenzfluss Río San Juan führt der Weg in Nicaragua in die romantische Kolonialstadt Granada am 8500 Quadratkilometer großen Nicaragua-See. Der »Gran Lago« ist eine wahre Augenweide. Schon Mark Twains Reiseberichte machten das Schöpfungsidyll mit seinen gut 350 Klein- und Kleinstinseln um die Halbinsel Asse und

der traumhaften Flora weit über die Grenzen Mittelamerikas hinaus bekannt. Mitten im See liegt die 276 Quadratkilometer große Isla de Ometepe mit den Zwillingsvulkanen Concepción und Maderas. Nicht weit entfernt liegt die Blumen- und Kunsthandwerk-Stadt Masaya mit der Festung Fuerte El Coyotepe nahe dem Masaya-Vulkan mit seinem riesigen rauchenden Krater. Managua hat rund zwei Millionen Einwohner und gleicht doch eher einer dahingewürfelten Ansammlung von ärmlichen Vororten als einer gewachsenen Stadt. Die am Ufer des Managua-Sees mit Blick auf den 1360 Meter hohen Vulkan Momotombo gelegene Hauptstadt fiel 1972 einem vernichtenden Erdbeben zum Opfer. Statt die Hilfsgelder aus aller Welt für den Wiederaufbau zu verwenden, steckte sie der damalige Diktator Somoza in die eigene Tasche. Léon zählt dagegen neben Granada zu den schönsten Kolonialvermächtnissen des Landes. Sehenswert sind die Kathedrale, die zu den bedeutendsten Sakralbauten Mittelamerikas zählt, das Stadtzentrum mit den andalusisch anmutenden Gassen, die 1804 eröffnete Universität und das Wohnhaus des Nationaldichters Rubén Darío (1867–1916).

Marktstände in Chichicastenango (oben)
Viele Bäche und Flüsse entspringen im Nebelwaldreservat Monteverde. (unten)
Das bis zu 50 Grad Celsius heiße Wasser des Thermalbads Tabacón Resort in Costa Rica entspringt dem Vulkan Arenal. (links)

Vorbei an Zuckerrohr-, Baumwoll- und Bananenplantagen geht die Fahrt über Chinandega weiter nach Honduras.

Das Land der Orchideen. In Honduras führt die Strecke von der Grenze zu Nicaragua über die feuchtheiße Kolonialstadt Choluteca am Golfo de Fonseca mit seinen rund dreißig zum Teil unter Naturschutz stehenden Mini-Inseln vorbei. Wer von dem Land, in dem 20 000 Orchideenarten blühen, mehr kennenlernen möchte, sollte ins Landesinnere reisen. Über die Hauptstadt Tegucigalpa, die vor allem zum Einkaufen lohnt, erreicht man Trujillo. Die ehemalige Hauptstadt mit dem spanischen Fort lockt mit Bilderbuch-Stränden und den rund 70 Islas de la Bahía rund 40 Kilometer vor der Karibikküste. Die 156 Quadratkilometer große Hauptinsel Roatán bietet neben romantischen, einsamen Stränden spektakuläre Tauchreviere – in den Riffen kommen über 90 Prozent der karibischen Korallenarten vor. Sehenswert sind auch das Städtchen La Ceiba und die alte Festung San Fernando de Omoa, bei Omoa selbst erstrecken sich wiederum Traumstrände. Ein absolutes Highlight ist die grandiose Maya-Stätte Copán. Über die CA4 erreicht man nach rund 300 Kilometern die Grenze zu El Salvador.

Der Däumling am Pazifik. Am Grenzpunkt El Poy befindet man sich schon auf dem Boden des Nachbarstaats. El Salvador ist mit 21 400 Quadratkilometern die kleinste Republik Mittelamerikas – umso größer sind die Kontraste in der Hauptstadt San Salvador. Über 1,7 Millionen Menschen, knapp ein Viertel der Gesamtbevölkerung, leben im Ballungsraum der Metropole, die sich als Potpourri aus Hypermoderne, Neokolonialismus, Haute-Couture-Läden, Billiglohnfabriken und Wellblechslums zeigt. Sehenswürdigkeiten sind hier das Denkmal des Schutzpatrons des Landes – ein mahnend auf einer Weltkugel stehender Christus –, das neoklassizistische Parlamentsgebäude Palacio Nacional, das plüschige Teatro Nacional und die Kathedrale Metropolitana. In der Metropolitana erschossen am 24. März 1980 Ultrarechte den sozial engagierten Erzbischof Romero. Knapp ein halbes Jahrhundert Willkürherrschaft, Militärputsch und Todesschwadron waren dem Attentat vorausgegangen. Die Tat löste einen blutigen Bürgerkrieg mit über 75 000 Toten aus, bis 1992 endlich die Waffen schwiegen.

Richtung Westen führt nun der Weg in das wegen der zahlreichen Palmen auch Ciudad de las Palmas genannte Sonso-

Neobarocke Pracht: das Teatro Nacional in San José (oben)
Indigenas aus der ganzen Region kaufen auf dem Markt in »Chichi«. (unten)
Panama City (rechts)

nate. Die Stadt wartet mit lauschigen Plätzen und schmucken Kolonialbauten auf, darunter die Hauptkirche an der Plaza Central, die zu Beginn des 20. Jahrhunderts im Stil eines griechischen Tempels erbaut wurde. Einsame Strände, Zuckerrohr-, Baumwoll- und Tabakplantagen geleiten den Reisenden auf der Strecke über Acajutla an der Küste bis Hachadura, der Grenzstation zu Guatemala.

Im ewigen Frühling. Guatemala gilt als das Land des ewigen Frühlings, der Maya-Kulturen, der hohen Berge und der tiefen Dschungel. Von El Salvador kommend, führt die CA-2 durch fruchtbare Landschaft mit tropischer Blütenpracht in die Stadt Escuintla. Vorbei am malerischen Lago de Amatitlán und beeindruckenden Vulkanen erreicht man im Landesinneren Guatemala-Stadt. Die heutige Hauptstadt wurde 1775 von den Spaniern angelegt, heute leben im Ballungsraum der eher schmucklosen Metropole rund drei Millionen Menschen. Ganz anders gibt sich dagegen die alte Hauptstadt Antigua Guatemala, die im Westen am Fuß der majestätischen Vulkane El Agua, Fuego und Acatenango liegt. Sie wurde 1543 von den Spaniern als Santiago de los Caballeros de Guatemala gegründet und stieg schnell zur Wirtschafts- und politischen Metropole Mittelamerikas auf. Santiago wurde mit seinen Barock- und Renaissance-Palästen, Klöstern und Kirchen zur drittgrößten und einer der schönsten Städte der Neuen Welt – bis 1773 der Maya-Erdbebengott Cabracan seine Allmacht bewies und es wie ein Kartenhaus zusammenstürzen ließ. Im 20. Jahrhundert wurde Santiago, nunmehr Antigua Guatemala, stilvoll restauriert und zum UNESCO-Welterbe erklärt. Eine Hauptattraktion Antigua Guatemalas ist die Karwoche, wenn in den Straßen gemusterte »Teppiche« aus gefärbten Sägemehlspänen die Straßen bedecken.
Farbenprächtig geht es auch im knapp 100 Kilometer entfernten Chichicastenango zu, besonders donnerstags und sonntags,

wenn der große Markt stattfindet. In der rund 2000 Meter hoch gelegenen Stadt verdeutlicht die Kirche Santo Tomás, die 1540 von den spanischen Eroberern auf der Ruine eines Maya-Tempels erbaut wurde, die enge Verflechtung zwischen Christentum und Maya-Glauben. Die Indígenas knien auf den Stufen des Gotteshauses und opfern den Maya-Göttern Kopalharz, Früchte und Mais. Dann bekreuzigen sie sich, treten ein, zünden Weihrauch und Kerzen an und beten zu den Heiligen der katholischen Kirche.

Traumsee und strenge Berge. Zwei Stunden dauert die kurvige Fahrt Richtung Süden zum Lago de Atitlán, der inmitten der fruchtbaren, grünen Landschaft leuchtet – für den deutschen Naturforscher Alexander von Humboldt der schönste See der Welt. Er misst 150 Quadratkilometer, ist zwischen Berge und Vulkane gebettet und von gut einem Dutzend Indígena-Dörfer umgeben. Die Einwohner leben vor allem vom Gemüseanbau, während die Kaffeepflanzungen an den Hängen den Ladinos oder reichen Ausländern gehören. Gut 600 Meter oberhalb des Seeufers liegt die Ortschaft Sololá. Dienstags und freitags ist hier Markttag. Von überall aus den Bergen kommen die Indígenas in ihren roten und blauen Trachten, bieten Obst und Gemüse an, handeln und feilschen, verkaufen Webwaren, Hühner und Schweine, erstehen Werkzeug, Haushaltsgerät, Krimskrams und Schnaps. Richtung Westen führt der Weg weiter in den 2400 Meter hoch gelegenen Ort San Marcos. Von dort windet sich die Straße mühsam durch die karge Strenge der Gebirgskette Sierra Madre. Es ist nebelig, kalt und windig. Erhaben thront der Tajumulco, mit 4220 Metern der höchste Vulkan zwischen Guatemala und Panama, über dem stark zerklüfteten Hochland. In El Carmen ist die Grenze zu Mexiko erreicht; auf mexi-kanischer Seite erreicht man den Grenzort Talismán. Von dort führt der Weg nach Villahermosa, dem Beginn der nächsten Route.

Panamas Gatún-See (oben)
Nach 500 Jahren trügerischer Ruhe erwachte der Arenal in Costa Rica 1968 zu neuer Tätigkeit. (unten)

Gut zu wissen

Hinweise: Die Strecke folgt in weiten Teilen der Panamericana und führt entsprechend meist über große Grenzübergänge, die teils rund um die Uhr geöffnet sind. Es empfiehlt sich jedoch, sich vorab über die Öffnungszeiten zu informieren.
www.visitpanama.com,
www.visitcostarica.com,
www.visitnicaragua.com,
www.elsalvadorturismo.com.sv,
www.visitguatemala.com

Rundfahrt durch die Maya-Welt auf Yucatán

 1810 Kilometer

An der Riviera Maya im Südosten Mexikos wird der karibische Traum von Sonne, Meer und Strand Wirklichkeit. Doch damit nicht genug: Yucatán, einst Teil der »Mundo Maya«, birgt eine Fülle aufsehenerregender präkolumbischer Kultstätten, die jahrhundertelang unbemerkt im Dschungel schlummerten und erst vor wenigen Jahrzehnten ihr Geheimnis preisgegeben haben.

Viele der Ruinen von Tulum – hier El Castillo – sind mit Reliefs verziert. (oben)
Valladolid besitzt einen Schatz an kolonialer Architektur. (unten)

D ie Prophezeihung der toltekischen Gottheit Quetzalcóatl hatte sich schauerlich bewahrheitet: Von Osten her würden sie kommen, die Fremden, die »Söhne der Sonne« mit heller Hautfarbe und Bärten. Sie würden Holzkreuze tragen und von einem mächtigen Gott sprechen, der alle Götter der Maya absetzen werde. Am 22. April 1519 landete der spanische Konquistador Hernán Cortés, getrieben von der Gier nach Gold, mit einer kleinen Soldatenhorde bei Veracruz im Golf von Mexiko. Nur zwei Jahre dauerte der mörderische Vernichtungsfeldzug der Spanier, bis die großartigen Kulturen der Maya und Azteken unterworfen waren. Am 12. Juli 1562 loderten die Flammen auf dem Marktplatz von Maní, als der fanatische Franziskanerpater Diego de Landa (1524–1579) 5000 »Götzenbilder« und 27 Handschriften von unschätzbarem Wert verbrennen ließ. Nur drei Maya-Schriften existieren heute noch in den Museen von Madrid, Paris und Dresden. Die Handschriften entgingen der Inquisition, denn Soldaten hatten sie heimlich als Souvenirs mitgenommen.

Die Errungenschaften der Maya. Die erhabenen Zeremonialbauten der Maya, überwuchert von Lianen und dichtem Buschwald, wurden erst von Archäologen dem Vergessen entrissen – darunter Uxmal,

Bonampak, Yaxchilán am Ufer des Flusses Usumacinta, Dzibilchaltún, Kabáh, Sayil mit seinem dreistöckigen Palast, Xlapak, Tulum, Tikal – Tausende von Tempelruinen allein auf dem Gebiet des heutigen Mexiko. Viele Rätsel der 3000-jährigen Zivilisation der Maya, die ihre Blütezeit im 9. Jahrhundert n. Chr. auf der Halbinsel Yucatán und in den heutigen Staatsgebieten von Guatemala, Belize und Honduras erlebte, haben die Forscher entschlüsseln können. Offensichtlich waren die Maya fasziniert von der Zeit und hervorragende Mathematiker und Astronomen. Sie hatten als erstes Volk der menschlichen Geschichte die Zahl Null in ihr Rechensystem integriert und das Sonnenjahr auf exakt 365,242 Tage kalkuliert – die moderne Wissenschaft vermochte diese Berechnung erst im 20. Jahrhundert um ein weniges an Genauigkeit zu übertreffen. Die Schrift der Maya umfasst etwa 800 Wort- und Silbenzeichen, mit denen sie jedes Wort ihrer gesprochenen Sprache in aller Genauigkeit wiedergeben konnten. Die heutigen rund 1,5 Millionen Maya auf Yucatán kultivieren wie ihre Vorfahren vor Jahrtausenden mit dem Grabstock ihre »milpas«, ihre kleinen Felder im Urwald. Oder sie müssen sich ein Zubrot im Fremdenverkehr verdienen – als Taxifahrer, Zimmermädchen oder Portier in den Hotels der Ferienorte.

Schwarzes Gold im Olmekenland. Villahermosa als Hauptstadt des Bundesstaates Tabasco ist der Auftakt dieser faszinierenden Rundreise durch das Land der Maya auf Yucatán. Die Stadt mit rund 350 000 Einwohnern am Golf von Mexiko ist nach 1972 mit einem sagenhaften Erdölboom groß geworden. Milliarden von Barrel Rohöl wurden damals im Umland von Villahermosa entdeckt. Diese ungeheuren Fundstätten, nach den Erdölquellen am Persischen Golf die größten der Welt, ermöglichten Mexiko auch ein selbstbewussteres Auftreten auf dem internationalen politischen Parkett. Erst 1998 sollten die Einnahmen aus dem Tourismus die Dollardevisen der Erdölexporte auf den zweiten Platz verdrängen. Dort, wo heute Bohrtürme das schwarze Gold fördern, lebte vor über 3000 Jahren eines der sagenhaftesten und geheimnisvollsten altmexikanischen Völker – die Olmeken. Als Initialkultur aller folgenden mittelamerikanischen Zivilisationen entwickelten sie Kunst, Religion und Technik und gaben ihre meisterlichen Errungenschaften an die Kulturen der Zapoteken, Mixteken, Azteken und Maya weiter. So sind die Hauptattraktionen von Villahermosa zweifellos das Museo Regional de Antropología

am Ufer des Río Grijalva sowie die olmekischen Kunstwerke im Freilichtmuseum Parque Museo La Venta. Anfang der 1940er Jahre wurden in der einstigen Olmekenstadt La Venta rund 130 Kilometer westlich von Villahermosa über 40 Tonnen schwere, aus Basalt gemeißelte Kolossalköpfe mit negroiden Gesichtszügen und asiatisch wirkenden Augen ausgegraben. Da sie von Ölbohrungen bedroht waren, wurden die Skulpturen nach Villahermosa gebracht.

Piratenabwehr. Über Ciudad del Carmen fährt man entlang der Golfküste nach Campeche. Der 1540 gegründete Handelshafen wurde von Piraten wiederholt geplündert, sodass die Campechanos nach 1636 eine mächtige, acht Meter hohe Festungsmauer mit acht Bastionen errichteten. Noch Mitte des 19. Jahrhunderts rettete dieser Mauerring die spanischstämmigen Bewohner vor den rebellierenden Maya. Während des sogenannten Kastenkrieges von 1847 bis 1855 wurden fast alle anderen Städte der Halbinsel Yucatán eingenommen. Der Zorn der Maya richtete sich gegen Landenteignungen, die Zerstörung ihrer kommunalen Agrarverfassung und neue Steuern.

Die Skulptur des Chac-Mool grüßt die Ankommenden vor dem Kriegertempel. (oben) Grandiose Lage: Auf zerklüfteten Felsen über dem türkis leuchtenden Meer steht die Götterburg von Tulum, die einzige Maya-Stadt an der Karibikküste. (unten) Steil ragt in Uxmal die »Pyramide des Zauberers« empor – so steil, dass die Treppe hinauf nur entlang einer schweren Eisenkette bewältigt werden kann. (links)

Die Puuc-Kultur. Statt von Campeche direkt entlang der Küste nach Mérida zu fahren, empfiehlt sich die Tour landeinwärts über Hopelchén. Das Ziel: Uxmal, ein grandioser Tempelbau der Maya aus dem 7. Jahrhundert. Einen herrlichen Überblick über alle Prachtbauten der Anlage bietet die steile Pyramide des Zauberers. Allein die Fassade des »Palasts des Gouverneurs«, einem Meisterwerk der Maya-Architektur, besteht aus über 20 000 in geometrische Friese eingearbeiteten Steinen. Die Maya-Metropole ist herausragende Vertreterin des Puuc-Stils, benannt nach der flachen Hügellandschaft, in der sie liegt. Aufgrund der fantastischen Reliefs und Dekorationen wird diese Bauweise auch »Mayabarock« genannt. Reich verziert mit Tausenden von vorgefertigten Einzelteilen (steinernen Säulen, geometrischen Motiven, Schlangenskulpturen und Masken des Regengottes Chak) wirkt diese Architektur dennoch nicht überladen. Rund um Uxmal empfiehlt sich ein Besuch der anderen Ruinenstätten im Puuc-Stil, Labná, Kabáh, Xlapak und Sayil. Kabáh zum Beispiel: Grandiose Götterdarstellungen und Steinmasken schmücken die Fassade des Codz-Pop-Palasts.

Die Hauptstadt des grünen Goldes. Ein nächster Höhepunkt ist Mérida, das politische Zentrum von Yucatán und eine der schönsten Kolonialstädte Mexikos. Mérida wurde 1542 als erste Stadt in Neu-Spanien von den Conquistadores gegründet, zu einer Zeit, als Veracruz nur als Handelshafen von Bedeutung war. Die bezaubernde Stadt mit ihrem bunten Markt, schattigen Gassen und Arkaden bietet sich für Spaziergänge an. Einen plakativen Eindruck von der Geschichte Méridas als Zentrum des Sisalhandels bieten die großartigen »murales« im Regierungspalast am Zócalo. »Die Hände des Henequén-Arbeiters« heißt eines dieser Wandgemälde: Es zeigt die von den Stacheln der Sisal-Agave blutig zerschundenen Hände eines Erntearbeiters im Stil des mexikanischen Realismus. Mérida erlangte zwischen 1880 und 1920 unermesslichen Reichtum mit der Produktion von Henequén, der Hartfaser aus Sisal-Agaven. Das »grüne Gold« war in den USA hochbegehrt. Bis in die 1950er Jahre, vor der Entwicklung der Kunstfasern, war Sisalhanf unentbehrlich zur Herstellung von Seilen, Kaffee- und Getreidesäcken. Vom Niedergang des Sisal zeugen heute noch Hunderte einst prächtiger

Hier werden Urlaubsträume wahr: Über 20 Kilometer lang ist der blendend weiße Karibikstrand von Cancún. (oben und rechts)
Die Seele baumeln lassen kann man beim Sonnenuntergang an der Laguna de Bacalar. (unten)

Haciendas, die als Denkmäler einer kolonialen Monokultur verfallen.

Im Machtzentrum der Maya. Sattgelb wie Mais unter mexikanischer Sonne steigt der Vollmond in Chichén Itzá hinter der Stufenpyramide des Kukulkán auf, dem Gott der Gefiederten Schlange. Das monumentale Machtzentrum der Maya thront majestätisch und mysteriös über der schwarzen Dschungelebene. In kaltes Licht getaucht und versunken im langen Schweigen der lauen tropischen Nacht zeichnet sich die Silhouette der Ruinenstadt vor dem südlichen Sternenhimmel ab: der Tempel der Krieger, der Palast des Jaguars, die Gruppe der Tausend Säulen. Im Wasser des »cenote sagrado« spiegelt sich der Orion. Die heilige Wasserhöhle hat der seit Jahrhunderten verwaisten Maya-Stätte ihren Namen gegeben: Chichén Itzá – der Brunnen der Itzá.

Urlaubsparadiese und unberührte Natur. Eigentlich wurde Yucatán erst richtig bekannt durch Cancún, die Ferienoase an der Ostküste des Bundesstaates Quintana Roo. 1970 noch ein verschlafenes Fischerdorf an einem einsamen Strand, bietet die auf dem Reißbrett geplante Boomtown heute Zehntausende Hotelbetten und ein ausgelassenes Nachtleben. »Der Topf, in dem Gold ist«, heißt Cancún in der Sprache der Maya. Cancún bietet pures Urlaubsvergnügen, »never a dull moment« – keinen Augenblick Langeweile – versprechen amerikanische Ferienbroschüren. Entlang des Paseo Kukulkán mit seinen Boutiquen, Restaurants, Cafés und Einkaufszentren pulsiert das touristische Leben 24 Stunden am Tag. Willkommen an der Riviera Maya, der mexikanischen Karibik! Der etwa 300 Kilometer lange Küstenstreifen zwischen Cancún und Tulum verspricht endlose Sandstrände – und karibische Fiesta. Playa del Carmen auf halbem Weg zwischen Cancún und Tulum ist eine lebenslustige Strandoase mit einem regen Nachtleben. Wer an den Strand von Tulum 100 Kilometer weiter südlich reist, entspannt in nächster Nähe

des spektakulären Maya-Tempels Castillo. Südlich von Tulum erstreckt sich Sian Ka'an, ein Nationalpark und UNESCO-Biosphärenreservat. Die unbändige tropische Natur ist das Reich des Jaguars und Ozelots, der Brüllaffen, Regenbogentukane und des farbenprächtigen Quetzal-Vogels. Vor der Küste erstreckt sich das 250 Kilometer lange, zweitgrößte Barriereriff der Welt mit fantastischen Korallengärten und Mangroveninseln im Türkisblau der Karibik. Von Chetumal, der Hauptstadt des Bundesstaates Quintana Roo und ursprünglich Bootsbauzentrum der Maya, führt die Route weiter Richtung Escárcega.

Die Stadt der Palisaden. Man sollte sich Zeit für die Rückfahrt nach Villahermosa nehmen. Denn entlang des Weges versprechen die beeindruckenden Maya-Ruinen von Kohunlich mit der Pyramide der Masken des Sonnengottes 60 Kilometer westlich von Chetumal sowie die Maya-Stätte Xpujil faszinierende Zeitreisen in die Vergangenheit. Ein weiterer Höhepunkt ist die Maya-Stadt Palenque. Ihr einstiger Name ist unbekannt, Palenque bedeutet auf Spanisch »Palisadenort«. »Mitten zwischen Zerstörung und Zerfall schauten wir rückwärts in die Vergangenheit«, schreibt der amerikanische Hobby-Archäologe John L. Stephens in seinen »Incidents of Travel in Central America«, »sahen den düsteren Wald sich lichten und stellten uns jedes Gebäude in seiner Vollkommenheit vor, mit seinen Terrassen und Pyramiden, seinen in Stein gemeißelten und gemalten Ornamenten, großartig, erhaben und eindrucksvoll, eine unendlich weite Ebene überblickend.« Im Tempel der Inschriften, dem höchsten Gebäude in Palenque, barg eine Grabkammer in einem Sarkophag die Gebeine des Herrschers Pakal (603–683) zusammen mit Grabbeigaben aus Jade. Die Jademaske Pakals kann man heute in einer Nachbildung des Grabes im Nationalmuseum für Anthropologie in Mexiko-Stadt bewundern. In Palenque geblieben ist die tonnenschwere, mit Reliefs verzierte Grabplatte.

In den tropischen Gewässern fühlen sich auch Meeresschildkröten wohl. (oben) Unberührte Natur: die Laguna de Bacalar ist ein wunderschöner Süßwassersee nördlich von Chetumal. (unten)

Gut zu wissen

Hinweise: Merida lohnt einen längeren Aufenthalt, die Stadt bietet ein reiches Kulturangebot. Jeden Montag werden beispielsweise Volkstänze vor dem Rathaus aufgeführt.
www.merida.gob.mx/turismo,
www.visitmexico.com/es/cancun,
www.visitmexico.com/es/tulum-riviera-maya

Vom Golf an den Pazifik und durch das Hochland

 4955 Kilometer

Mexiko gestern, heute und morgen: Auf den Spuren einer wechselvollen Geschichte führt diese Route zu großartigen Hinterlassenschaften präkolumbischer Kulturen und in prunkvoll-barocke Kolonialstädte im zentralen Hochland, in moderne Ferienparadiese an der Pazifikküste und in eine der größten Metropolen der Welt, die von den Azteken gegründet wurde: Mexiko-Stadt.

In der Laguna San Ignacio dauert es in den Wintermonaten nicht lange, bis ein Grauwal neben dem Boot auftaucht. (oben)
Die Salzseen von Guerrero Negro. Ein Drittel der weltweiten Salzproduktion kommt von hier. (unten)

Von Villahermosa geht es weiter an die grüne Küste des Golfs von Mexiko in Coatzacoalcos. Auf der Bundesstraße 180 erreicht man den Ferienort Catemaco. Der See von Catemaco liegt inmitten einer tropisch üppigen Vegetation. Mit dem Boot kann man auf die Insel Tanaxpillo übersetzen – oder man fährt in den Freizeitpark im nahen Naturreservat Nanciyaga mitten im Regenwald, um auf dem See eine Ausfahrt in einem traditionellen Einbaum zu unternehmen. Unzählige kleinere Seen – darunter die Laguna Axmolapan, Nixtamalapan und Chalchoapan – liegen am Fuß der Gipfel Mono Blanco und El Real nördlich von Catemaco in einer tropischen Landschaft voll wilder Schönheit. Kurz vor San Andrés Tuxtla lohnt ein Stopp am Wasserfall Salto de Eyipantl. Inmitten des dichten grünen Walds mit seinen mächtigen Zedern und Ceiba-Bäumen stürzt das tosende Wasser 50 Meter in die Tiefe. In präkolumbischer Zeit diente der Wasserfall als eine heilige Stätte der Olmeken.

Glanzvolle Zeugen der Geschichte. Auf der Weiterfahrt verwandelt sich die Route von Tuxtepec bis Oaxaca in eine reizvolle, aber kurvenreiche Bergstrecke. Oaxaca ist sicherlich eine der schönsten Städte Mexikos. Die koloniale Altstadt mit ihren farbenprächtigen Indio-Märkten, dem arkadengesäumten Zócalo und der reich verzierten Kathedrale sowie der Kirche Santo Domingo im prunkenden spanischen Barock mit einem Altar aus purem Gold wurde 1521 von den Spaniern in einem Hochtal der Sierra Madre gegründet und gehört heute zum UNESCO-Welterbe. Die Kulturgeschichte der Region von Oaxaca reicht bis weit vor die Ankunft der spanischen Konquistadoren zurück. Bereits 500 Jahre v.Chr. war das Hochland der Sierra Madre die Heimat der Zapoteken, deren Blütezeit etwa in die Zeit um 900 n. Chr. fiel. Ihre bedeutendste Kultstätte war die 50 Quadratkilometer große Tempelanlage Monte Albán (Weißer Berg) zehn Kilometer südwestlich von Oaxaca. Sie thront 400 Meter über der alten Kolonialstadt auf dem Gipfel eines Berges. Bis zu 40 Meter breite Treppen kennzeichnen die grandiose Architektur der Sakralanlage mit dem Observatorium, einem Ballspielplatz und gigantischen Säulen. In der als »Grab Nr. 7« bezeichneten Fundstätte, die von den nachfolgenden Mixteken als Mausoleum genutzt wurde, fanden Archäologen den größten Goldschatz, der je in Mexiko entdeckt worden ist.

Bevor man nun Richtung Pazifik weiterfährt, empfiehlt sich ein Ausflug nach Mitla, die großartige Kultstätte der Mixteken 40 Kilometer östlich von Oaxaca. In der Totenstadt Mitla, ursprünglich ein heiliger Ort der Zapoteken, wurden seit dem 14. Jahrhundert n.Chr. die Könige und Priester der Mixteken beigesetzt. Als die spanischen Konquistadoren 1521 einfielen, war Mitla immer noch bewohnt. Als Zwischenstopp bietet sich Santa Maria del Tule an: Neben der Kirche wächst einer der ältesten Bäume der Welt, dessen Alter auf über 2000 Jahre geschätzt wird. Der mächtige Stamm des Ahuehuete-Baums (eine Sabino-Zypresse) hat einen Umfang von 46 Metern.

Mußestunden am Meer. Zu den Stränden des Pazifiks führt die Route auf der Nationalstraße MEX175 durch die fantastische Schluchtenwelt der Sierra Madre del Sur mit ihren über 3000 Meter hohen Gipfeln. Allerdings ist die landschaftlich zwar äußerst reizvolle, aber kurvenreiche Strecke mit Vorsicht zu genießen. Puerto Angel an der Pazifikküste ist ein kleiner Hafenort, von dem aus Oaxaca ab 1868 Kaffee und Holz exportiert hat. Der Reiz von Puerto Angel liegt in seinen drei Badebuchten Escobilla, Zipolite und Mazunte. Alle Finessen eines Urlaubsorts hingegen bietet Huatulco mit seinen sieben traumhaft schönen Buchten.

Puerto Escondido, der »versteckte Hafen«, liegt an einer herrlichen Pazifikbucht mit smaragdgrünem Wasser und feinen weißen Sandstränden und ist ein international bekannter Hotspot der Surfer. An der Playa Zicatela bildet die bis zu acht Meter hohe Brandung fantastische Pipes. Knapp 75 Kilometer entfernt schützt der tropische Nationalpark Lagunas de Chacahua Hunderte verschiedene Vogelarten, Alligatoren, dichte Mangrovenwälder und ein Reservat für Meeresschildkröten.

Vor Acapulco führt die eindrucksvolle pazifische Küstenstraße durch Palmenhaine und entlang schöner Strände. Die berühmteste Strandstadt der Welt steht für »fiesta y alegría« 24 Stunden am Tag und 365 Tage im Jahr. Wenn die Sonne in der Mittagshitze die Stadt in Kaskaden weißen Lichts taucht, hält die glamouröse Urlaubsmetropole Siesta. An den Stränden sonnt sich ein kosmopolitisches Völkergemisch einträchtig Seite an Seite unter dem strahlend blauen Himmel Mexikos. Doch die Stunde von Acapulco ist die Nacht. Auf der Küstenstraße Costera Miguel Alemán drängen sich im Schein der Leuchtreklamen Tausende von braungebrannten Touristen und lässigen Einheimischen. Die

Vom Morgenlicht sanft verklärt, wirken die Häuser, Bäume, Steine – und Autowracks – in der Gegend um San Ignacio fast idyllisch. (oben)
Die Jesuitenmission Santa Rosalia in Mulegé wurde vor fast 300 Jahren in reizvoller landschaftlicher Lage gegründet. (unten)
Die Strände von Los Cabos, hier Santa Monica, sind so weitläufig, dass auch bei touristischem Hochbetrieb kein Gefühl der Enge aufkommt. (links)

Strandrestaurants, Cafés und Clubs füllen sich am Abend mit Menschen, die bis zum Morgen feiern. Die Ruhe eines Fischerdorfs, das die Azteken »Ort der hohen Schilfgräser« nannten (von den Náhuatl-Wörtern »acatl« – Schilf, »pul« – Wachstum und »co« – Ort), hat Acapulco längst verloren, im Grunde schon zu Zeiten der spanischen Eroberung. 1579 erklärte König Philip II. von Spanien Acapulco zum offiziellen Hafen für den reichen Überseehandel mit Asien. Wenn, dann durchweht heute das Fuerte de San Diego noch ein Hauch kolonialer Geschichte. Drei Jahrhunderte lang wachte das wuchtige Bollwerk, das 1616 errichtet und 1783 in seiner heutigen Form fertiggestellt wurde, über die spanische Hoheit an der mexikanischen Pazifikküste.

Sonnige Tage am Pazifik, faule Stunden am Strand im Schatten der Palmen, süßer Duft von Bougeanvillea und Jasmin in sternenklarer Nacht – die mexikanische Pazifikküste erfüllt alle Träume unbeschwerter Urlaubstage am Meer. Rund tausend Kilometer Küstenlinie zwischen Puerto Vallarta und Acapulco bieten eine unbegrenzte Auswahl von Badebuchten mit goldenem Sand vor der Kulisse der tropischen Vegetation an den Hängen der Sierra Madre.

Zeitreise in der Hauptstadt. Die weitere Route führt jedoch nach Mexiko-Stadt, die rastlose, großartige wie chaotische Hauptstadt. Rund 20 Millionen Menschen leben in dem gigantischen Ballungsraum am Vulkan Popocatépetl. Wer mag, stürzt sich gleich am ersten Tag in das turbulente Leben unter der Hochlandsonne. Viele Besucher zieht es schon bald in das grandiose Museo Nacional de Antropología im Chapultepec-Park, der größten Grünfläche der Stadt. Eine 65 Tonnen schwere Kolossalstatue des Regengottes Tlaloc begrüßt den Besucher am Eingang Paseo Reforma. Die Ausstellung selbst verspricht eine magische Zeitreise zu den großartigen Hochkulturen Mexikos, den Tolteken, Olmeken, Maya und Azteken. Wer die Fülle der präkolumbischen Kunstschätze entdecken will, muss sich zumindest einen Tag lang Zeit nehmen – und für die vielen Sehenswürdigkeiten der Metropole noch

Ein Wohnmobil ist in der einsamen Umgebung das richtige Fahrzeug. (oben)
Ein Hauch von Tristesse liegt über den verschlafenen Siedlungen um San Ignacio, bevor der Tag erwacht. (Mitte)
Appetitanregend: Taco-Düfte (unten)
Nur am Meer dominieren kräftige Farben – landeinwärts herrscht in Bahía de los Angeles das Braun der Wüste vor. (rechts)

viel mehr. In der Riesenstadt gibt es viel zu entdecken. Den Kern der Altstadt bildet die Plaza de la Constitución, kurz Zócalo genannt. Sehenswert sind die kraftvollen Murales, die Wandbilder von Diego Rivera im Palacio Nacional, dem Amtssitz des Präsidenten. Nebenan wurde erst 1978 bei Bauarbeiten der Templo Mayor, der Haupttempel der alten Aztekenstadt entdeckt und freigelegt. Flankiert wird der Zócalo von der dreischiffigen Kathedrale Asunción de Maria, der größten Lateinamerikas.

Nur 50 Kilometer nordöstlich von Mexiko-Stadt liegt auf dem Hochplateau von Anahuác die imposanteste Tempelstadt Mittelamerikas – Teotihuacán, der »Ort, wo Menschen zu Göttern werden«. Während der Glanzzeit der Teotihuacán-Kultur zwischen 100 und 600 n.Chr. war Teotihuacán das mächtigste Handelszentrum Mittelamerikas. Von seiner einstigen Macht zeugt bis heute die gewaltige Sonnenpyramide: Mit 63 Meter Höhe über einem Quadrat von 220 Meter Seitenlänge, in das die klassischen Baumeister eine Million Tonnen Lehmziegel verbaut haben, übertrifft der Tempel in seiner Masse selbst die ägyptische Cheopspyramide.

Der Charme der Silberstädte. Auf der nun folgenden, sehr abwechslungsreichen Route empfiehlt sich Querétaro als erster Aufenthaltsort. In der prächtigen Stadt spiegeln zahllose Kirchen und Klöster, schmiedeeiserne Balkone und ornamentierten Barockfassaden den Reichtum einer Zeit wider, als die spanischen Konquistadoren tonnenweise Silber aus den Minen Mexikos förderten. Auf der Weiterfahrt in den Hochebenen zwischen den westlichen und östlichen Kordilleren der Sierra Madre erreicht man San Miguel de Allende – und hat das Gefühl, die Zeit sei dort vor Jahrhunderten stehengeblieben. Die zauberhafte Kolonialstadt hat ihr koloniales Ambiente sehr authentisch bewahrt. Auch die 1554 gegründete Bergwerkstadt Guanajuato verdankt ihre glanzvolle Vergangenheit dem Silberrausch. Hier spaziert man

durch einen Irrgarten enger Callejónes – Treppengässchen, die sich verwinkelt die Flanken der Berge hinaufwinden – und vorbei an den Fassaden wuchtiger Stadtpaläste. Wer sich für Kunst interessiert, wird sicher das Museo Casa Rivera besuchen, das Geburtshaus und Museum des berühmten Künstlers Diego Rivera. Über Morelia führt die Route weiter in das pittoreske Kolonialstädtchen Pátzcuaro am Pátzcuaro-See. Im ehemaligen dominikanischen Nonnenkloster, der Casa de los Once Patios (Haus der elf Innenhöfe), findet man die schönste Auswahl von handbemalten Keramiktellern, geflochtenen Schilfkörben und Holzskulpturen.

Die Perle im Westen. Guadalajara, Hauptstadt des Bundesstaates Jalisco, wurde 1542 gegründet und ist heute mit knapp fünf Millionen Einwohnern im Ballungsraum die zweitgrößte Metropole Mexikos. Im Vergleich zu Mexiko-Stadt nimmt das Leben in Guadalajara, das zu den schönsten Städten Lateinamerikas zählt, jedoch eine etwas gemächlichere, provinziellere Gangart ein. An der Plaza de Armas vermittelt der Regierungspalast eine Ahnung vom lukrativen Geschäft, das der Handel mit Tequila von jeher war. Der prachtvolle Palacio de Gobierno im verschnörkelten Churrigueresco-Barock, seit 1774 Sitz der spanischen Kolonialregierung, wurde finanziert mit den Steuern auf den Verkauf von Vino Mezcal – jenem hochprozentigen Agavenwein, der im 19. Jahrhundert zum berühmten Schnaps aus der Agave veredelt werden sollte. Hochprozentiges bietet auch das nahe Tequila, die Wiege des mexikanischen Nationalgetränks. Die 29 000 Einwohner zählende Stadt liegt malerisch inmitten endloser Agavenhaine am Fuß des erloschenen Vulkans Cerro de Tequila und prosperiert seit vielen Jahrhunderten mit dem Feuerwasser aus der Agave. Zu einer Reise nach Tequila gehört natürlich auch der Besuch bei einer der großen Schnapsdestillerien vor den Toren der Stadt, Kostprobe inklusive.

Ein Lagerfeuer im Land der Kakteen – in den weitläufigen Wüstengebieten der Halbinsel Baja California wachsen über 120 zum Teil sehr seltene Arten. (oben)
Kakteen bereichern die Landschaft mit ihren bizarren Formen. (unten)

Land's End bei Cabo San Lucas im Süden der Baja California. (oben)
Los Cabos, das Südkap von Baja California, ist ein wahres Urlaubsparadies. (unten)
In Kino Nuevo, dem modernen Viertel von Bahía Kino, überwintern mit Vorliebe amerikanische Rentner. Der Fischerort wurde nach dem Missionar Eusebio Franz Kühn, dem »Padre Kino« benannt. (rechts)

Spröde Schönheit Baja California. Gut 800 Kilometer lang ist nun die Strecke nach Los Mochis, wo man mit der Fähre nach La Paz, der Hauptstadt von Baja California, übersetzt. Von surrealer Faszination und mit der bizarren Feindseligkeit einer Einöde, die heute noch zu den am dünnsten besiedelten Gebieten der Erde gehört, erschließt sich Baja California dem Reisenden nicht auf Anhieb. »Calida Fornax« – heißer Ofen – nannte der spanische Eroberer Hernán Cortés die unwirtliche Halbinsel, als er 1535 in Baja an Land ging. Ihm folgten Ende des 17. Jahrhunderts die ersten Missionare, knapp 150 Jahre später versuchten Goldgräber, Walfänger und Piraten ihr Glück auf der Halbinsel. Heute zieht Baja California mit seiner spröden Schönheit und den langen Stränden vor allem Touristen aus den USA an. An der Südspitze ist das Felskap Cabo San Lucas ein luxuriöser Spielplatz für Urlauber. Ein Muss ist es, mit dem Katamaran rund um den äußersten Landzipfel von Baja California zu segeln. Die Pazifikbrandung hat in das mächtige Steilkliff einen großartigen Torbogen aus weißem Kalkstein gewaschen – El Arco, das Wahrzeichen von Cabo San Lucas. Der beliebte Küstenort

Todos Santos (Alle Heiligen) am Wendekreis des Krebses ist vor allem bei kalifornischen Surfern beliebt, und in dem Pazifikstädtchen San Carlos an der Bahía Magdalena kann man von Januar bis März Grauwale beobachten. Loreto liegt am Golf von Kalifornien, der vor Jahrmillionen durch einen riesigen Riss im Andreasgraben entstand, in den der Pazifische Ozean strömte. Hier erreicht das Meer Tiefen von über 3000 Metern. Mehr als achthundert Fischarten und Meeressäugetiere, darunter Mantas, Muränen und Walhaie, tummeln sich hier neben farbenprächtigen Korallenfischen in dem grünlichblauen Wasser. Wer an den Küsten Baja Californias einen Tauchgang wagt, wird von der Vielfalt dieser Unterwasserwelt überwältigt sein. Das idyllische San Ignacio in der Sierra de San Francisco ist wie eine Oase in der Wüste. Dattel- und Feigenbäume sowie Orangenhaine bieten frisches Grün, eine Augenweide im kargen Braun der Wüste. Über der von Lobeerbäumen beschatteten Plaza erhebt sich wuchtig die Dominikanerkirche von 1786. San Francisco de la Sierra mit seiner hübschen Missionskirche und weiß gekalkten Lehmziegelhütten ist Ausgangsort für eine abenteuerliche,

mehrtägige Maultier-Expedition durch die Hochwüste zu jahrtausendealten Höhlenmalereien. Bald bricht der Fels jäh ab, und der Blick geht 1000 Meter tief in den wild zerklüfteten Cañón San Pablo. Nur ein schmaler Felspfad windet sich in Serpentinen am Steilhang hinunter. Das überwältigende Panorama entschädigt für die Strapazen der langen Wanderung in die nur schwer zugängliche Schlucht. Die Höhlenmalereien an den gewaltigen Felsüberhängen, hoch über saftig grünen Oasen mit Dutzenden schlanker Palmen, sind gut erhalten und so ausdrucksstark wie die Höhlenkunst von Lascaux oder Altamira.

Wale, Engel, schwarze Krieger. Ein Höhepunkt jeder Reise nach Baja California ist die Reserva de la Biósfera El Vizcaíno. In die Bucht Ojo de Liebre wandern Jahr für Jahr Tausende Grauwale 10 000 Kilometer weit von der arktischen Beringsee nach Süden, um sich von Dezember bis März an der Westküste der Baja zu paaren sowie ihre Jungen zu gebären. Mit dem Dinghi tuckert man kreuz und quer durch die Meereslagune, die mit ihren Hunderten von Walen an ein großes Kinderplanschbecken der Meeressäuger erinnert. Das Straßendorf Guerrero Negro will seinem Namen gar nicht gerecht werden: »Schwarzer Krieger« heißt das Städtchen, das in der unbarmherzigen Wüstensonne brütet. Tatsächlich birgt Guerrero Negro die größte Salzkammer der Welt, und strahlendes Weiß blendet die Augen. Den Weg durch das wüstenhafte Innere zur ehemaligen Dominikaner-Mission El Rosario begleiten Kandelaber-Kakteen, riesige Findlinge und die sonderbaren »cirio«-Bäume mit ihren borstigen Stämmen, die nur auf der Halbinsel vorkommen. Auf halbem Weg durch den Nationalpark Desierto Central de Baja California lockt ein Abstecher an die rund 70 Kilometer entfernte Bahía de los Angeles am Golf von Kalifornien. In der wunderbaren »Engelsbucht« mit ihrem kilometerlangen feinsandigen Strand tummeln sich Delfine, Wale, seltene Wasservögel und riesige

Fischschwärme. In Ensenada genießt man vom Chapultepec-Hügel einen herrlichen Ausblick auf die Bucht Todos Santos. Der Ort ist nicht nur bei kalifornischen Surfern beliebt, die sich in der donnernden Pazifikbrandung austoben, sondern steht auch bei Anglern hoch im Kurs.

»Sündige« Grenzstadt. Richtung Norden zieht sich nun das Asphaltband der MEX1 Richtung Tijuana. Zur Rechten erheben sich Berge aus rotbraunem Sandstein, im Lauf von Jahrmillionen zu grandiosen Felsformationen verwittert. Und links brandet der Pazifische Ozean im ewigen Wechsel der Gezeiten an die einsamen Strände der mexikanischen Küste. Weißglühend strahlt die Sonne aus einem wolkenlos blauen Himmel. Hinter Myriaden von Kaktusblüten spannt sich silbern der Pazifik. Wie zu Stein erstarrt setzen sich die Wellen der Wasserwüste in den goldbraunen Tälern und Hügeln des Festlandes fort. Vereinzelt brummt ein chromblitzender Truck in amerikanischer XXL-Übergröße entgegen, und nur ab und an zieht ein Dorf am Fenster vorbei. Einen starken Kontrast dazu bietet Tijuana, die Amüsiermetropole wird ihren zweifelhaften Ruf als »sin city« wohl nie ganz loswerden. Viele junge US-Amerikaner kommen wegen der liberaleren mexikanischen Gesetze, die im Gegensatz zu den USA den Alkoholkonsum schon ab 18 Jahren erlauben. Und so reihen sich in der Hauptgeschäftsstraße Avenida Revolución, kurz »La Revo«, zahllose Bars, Nachtclubs und Diskotheken, in denen bis in die Morgenstunden ausgelassen gefeiert wird. Aber nicht nur deshalb ist Tijuana bei seinen nördlichen Nachbarn so beliebt. In den Konsumtempeln der Millionenstadt kann man zu Schnäppchenpreisen einkaufen, und auch Dienstleistungen von der Autoreparatur bis zur Zahnbehandlung sind viel günstiger. Kein Wunder also, wenn Tijuana als meist besuchte Grenzstadt der Welt gilt. Von hier ist es nur mehr ein Katzensprung in das benachbarte San Diego in Kalifornien.

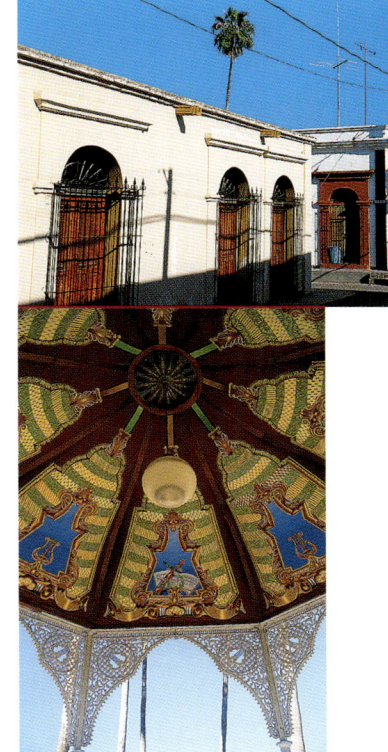

Alamos – im 18. Jahrhundert reiche Silberstadt mit stattlichen Herrenhäusern, nach dem Versiegen der Vorkommen Geisterstadt und heute ein schönes Denkmal der Kolonialarchitektur. (oben) Romantisch wohnt man im Hotel »Casa de los Tesoros« in Alamos, einem ehemaligen Kloster aus dem 18. Jahrhundert. (unten)

Gut zu wissen

Hinweise: Die Metro in Mexiko-Stadt ist schnell, sehr billig und zuverlässig, in der Rushhour zwischen 6 und 9.30 Uhr sowie zwischen 16 und 21 Uhr jedoch wegen des Gedränges zu meiden.
www.mexicocity.gob.mx,
www.vistimexico.com/en/acapulco,
www.discoverbajacalifornia.com

Durch Südkalifornien und den Südwesten

 5625 Kilometer

Surfen an der Sonnenküste, Glamour der Traumfabrik in Los Angeles und flimmernde Neonlichter in der Glückspielmetropole Las Vegas, vielfältige Landschaften von der Wüste des Death Valley über die Viertausender der Sierra Nevada bis zur wilden Schönheit der Nationalparks und dem majestätischen Grand Canyon: Für viele sind Kalifornien und der Südwesten die Traumziele in den USA.

Für viele motorisierte Touristen eine Attraktion: die Lombard Street mit einem Gefälle von 27 Prozent. (oben)
Auf dem Highway 50 geht es nach Kalifornien. (unten)

Die Millionen- und Marinestadt San Diego liegt reizvoll an der San Diego Bay, die von der Point-Loma-Halbinsel abgeschirmt wird. Hier kann man im Hafen das Museumsschiff »USS Midway«, einen riesigen Flugzeugträger, besichtigen, an La Jollas Stränden Aug' in Aug' mit ungerührten Robben sonnenbaden und sich im Pazifik abkühlen. Besonders abends zieht es nicht nur Besucher in das Gaslamp Quarter, der sanierte historische Stadtkern ist für sein Nachtleben bekannt.

Kalifornische Wüstenoasen. Von San Diego führt eine kurvige Strecke in das kühlere Küstengebirge, wo Kaliforniens »Apfelhauptstadt« Julian liegt. Über Scissors Crossing gelangt man auf der CA-78 in den Anza-Borrego Desert State Park. Mit runden Fasskakteen, rot blühenden Kerzensträuchern und hübschen Teddy Bear Chollas erlebt man hier eine grandiose Wüstenvegetation. Vorbei am salzigen Salton Sea und durch die Dattelhaine und Weingärten des Coachella Valley erreicht man den Joshua Tree National Park, der zur über 800 Meter hoch gelegenen Mojave-Wüste gehört. Im Gegensatz zur tiefer gelegenen und heißeren Sonora-Wüste gedeihen hier die dekorativen Joshua Trees. Nackte Granitfelsen ragen aus der Landschaft und bieten Kletterern ein ideales Trainingsgelände. Westlich des

Nationalparks liegt die 45 000 Einwohner zählende Wüstenmetropole Palm Springs. In diesem beliebten Winterrefugium traf sich schon vor Jahrzehnten die Schickeria aus Großindustrie, Film und Showbusiness.

Stadt der Engel. Ab Riverside folgt man der Bergstrecke auf der CA-74, um in San Clemente wieder Südkaliforniens Sonnenküste und schließlich den Ballungsraum von Los Angeles zu erreichen. Die »City of Angels« wurde 1781 als El Puebla de la Reina de Los Ángeles gegründet, heute nennt man das »Dorf der Königin der Engel« meist einfach schnöde L.A., und von einem Dorf kann auch nicht die Rede sein: Rund 13 Millionen Menschen leben in der Metropolregion, die sich auf riesiger Fläche an der Küste und im Hinterland ausdehnt. An diesem Dschungel aus Autobahnen, Straßenkreuzungen, Häuserschluchten und Wolkenkratzerinseln scheiden sich die Geister. Nach wie vor zieht hier Hollywood mit seinen Reminiszenzen an die Filmgeschichte die meisten Besucher an. Besonders beliebt sind der Hollywood Boulevard der »Walk of Fame« mit den im Gehsteig eingelassenen Sternen der großen Stars sowie die Filmstudiotouren. Das historische Zentrum liegt im Pueblo de Los Angeles an der Olvera Street bei der Union Station. Von dort sind Chi-

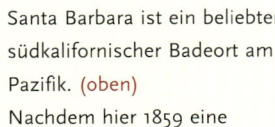

natown, Little Tokyo und das renommierte Museum of Contemporary Art zu Fuß erreichbar, einen Blick wert ist auch Frank Gehrys Walt Disney Concert Hall. Die Verbindung zwischen Downtown und Beverly Hills stellt der Wilshire Boulevard her. An ihm liegen die La Brea Tar Pits, ein natürlicher Teersumpf, und das Los Angeles County Museum of Art, eines der größten Kunstmuseen der Welt. Weiter westlich finden Kunstliebhaber mit dem Getty Center in Brentwood und der Getty Villa in Malibu zwei erlesene Kunsttempel. Der Ballungsraum endet im Westen mit den reizvollen Küstenorten Santa Monica und Malibu, nicht verpassen sollte man Venice Beach und seine Strandpromenade.

Um die Bucht von Monterey. Der Highway 1 verbindet Los Angeles mit der Bucht von San Francisco. Streckenweise, wie zwischen Ventura und Santa Barbara, ist er als vielspurige Autobahn ausgebaut, zwischen Cambria und Carmel folgt er dagegen als schmales Asphaltband in 1000 Kurven der überwältigenden Steilküste von Big Sur. Carmel zählt nur rund 4000 Einwohner und geriet dennoch vor einigen Jahren in die internationalen Schlagzeilen, weil die Bürger den Hollywoodstar Clint Eastwood zum Bürgermeister gewählt hat-

ten. Kulturfreunden ist der Küstenort eher wegen der 1771 gegründeten Mission San Carlos Borromeo del Río Carmelo bekannt. Dort wurde in einem Sarkophag der kalifornische Missionsgründer und Franziskanerpater Junípero Serra 1784 zur letzten Ruhe gebettet. Der Nachbarstadt Monterey, die über den berühmten Seventeen-Mile-Drive erreichbar ist, setzte John Steinbeck mit seinem Roman »Die Straße der Ölsardinen« 1945 ein literarisches Denkmal. Die alten Fischfabriken stehen nicht mehr, an ihrer Stelle befindet sich mit dem Monterey Bay Aquarium einer der besten Meereszoos der USA.

Juwelen der Sierra. Richtung Nordosten liegt Mariposa an den Ausläufern der Sierra Nevada, nur 40 Kilometer entfernt beginnt der Yosemite National Park, der eine fantastische Bergwildnis schützt. Publikumsmagneten sind die 739 Meter hohen Yosemite Falls, die dritthöchsten Wasserfälle der Erde, der herrliche Blick vom Glacier Point, dem Gipfel eines fast senkrechten Felsens, und der Mariposa Grove mit seinen Mammutbäumen. Über Fresno im Central Valley erreicht man den Kings Canyon National Park und den Sequoia National Park. Ähnlich wie Yosemite ist auch dieser Teil des Gebirges

Santa Barbara ist ein beliebter südkalifornischer Badeort am Pazifik. (oben)
Nachdem hier 1859 eine Gold- und Silberader entdeckt wurde, entwickelte sich Virginia City zu einem der reichsten Orte des Landes. Heute ist die aufwendig restaurierte Geisterstadt ein viel besuchtes Ausflugsziel. (unten)
Kaum ein Besucher wird San Francisco verlassen, ohne einmal in der Cable Car über die steilen Straßen der Stadt gerattert zu sein. (links)

durch bizarre Granitlandschaften und Haine riesiger Mammutbäume geprägt, die alles um sich herum auf Miniaturformat schrumpfen lassen.

Über Bakersfield im südlichen Central Valley und Ridgecrest führt die Route weiter in den trockenen Südosten Kaliforniens und beschreibt eine Schleife durch die extreme Landschaft des Death Valley National Park. In dieser menschenleeren Wildnis umgeben hohe Berge und tiefe Schluchten ein schier endloses Wüstenbecken, das als tiefster Punkt der USA 86 Meter unter dem Meeresspiegel liegt – und in dem man sich leicht verirren kann. Lediglich im Frühling, wenn ein wenig Regen fällt, zeigt sich im Death Valley Leben: zartes Grün auf scheinbar knochentrockenem Grund, Blumen und blühende Kakteen. Im Sommer klettert das Thermometer regelmäßig über 45 Grad Celsius, idealerweise unternimmt man die Fahrt am kühleren Nachmittag oder in den frühen Morgenstunden, zumal man sich einen spektaluäreren Sonnenaufgang als am Zabriskie Point kaum vorstellen kann. Das Dorf Shoshone am Südausgang des Parks liegt samt Motel, Tankstelle und

Coffee Shop inmitten einer gebirgigen, spärlich bewachsenen Landschaft, in der die Zeit stehen geblieben zu sein scheint.

Viva Las Vegas! Umso lebhafter geht es in Nevadas Neonmetropole Las Vegas zu. Die Geschichte der Unterhaltungsmetropole mitten in der Wüste Nevadas begann eigentlich erst in den 1930er Jahren, als am Colorado der riesige Hoover-Staudamm gebaut wurde. Viele Arbeiter lebten damals in Camps in Las Vegas, wo per Eisenbahn der größte Teil des Baumaterials ankam. Autobahnbreite Boulevards, Lichteralleen, Casinos, so groß wie Flughäfen, und ein selbst für die USA außergewöhnliches Aufgebot an Showprominenz – dieses Gesicht legte sich Las Vegas erst nach dem Zweiten Weltkrieg zu. Damals betrachteten die Könige der Unterwelt den Wüstenflecken als geeigneten Ort, um mit Casinos schnelles Geld zu machen. Seitdem erfindet sich die Glücksspielmetropole immer wieder neu.

Die »Schlucht der Schluchten«. Östlich von Las Vegas kann man sich beim Wassersport im Lake Mead abkühlen und ent-

Seltsame Gebilde aus Kalk ragen aus dem Mono Lake, dessen Wasser nach Los Angeles abgeleitet wird. (oben)

Das felsige Ufer des 1900 Meter hoch gelegenen Lake Tahoe – hier die Emerald Bay. (unten)

Der Highway 1, der sich hier bei Big Sur dicht am Pazifik entlangschlängelt, bietet nach jeder Kurve neue grandiose Blicke auf die zerklüftete Küste. (rechts)

spannen, bevor man sich auf der US-93 und Interstate 40 durch eine einsame, karge Landschaft auf den Weg zu einem der berühmtesten Naturwunder der Welt macht: den Grand Canyon. Auf seinem langen Weg von den Gletschern der Rocky Mountains bis in den Golf von Mexiko fließt der Colorado River durch viele atemberaubende Landschaften. Am spektakulärsten ist jedoch der 480 Kilometer lange Abschnitt zwischen dem Glen Canyon Dam und dem Hoover Dam. Dort, im heutigen Grand Canyon National Park, grub sich das Wasser bis zu 1800 Meter tief in das Kaibab-Plateau ein und legte über zwei Milliarden Jahre alte Gesteinsschichten frei. Sowohl vom stark besuchten Südrand (South Rim) als auch vom ruhigeren Nordrand (North Rim) aus bietet der Grand Canyon ein überwältigendes Bild. Speziell am späten Nachmittag verwandelt die schräg stehende Sonne die Schlucht mit ihren Felsabbrüchen, Plateaus und Steinzinnen in ein Licht- und Schattenreich von fast unwirklicher Erhabenheit.

Im Mormonenstaat. Nach einer ausgiebigen Besichtigungstour entlang der Aussichtspunkte am Rand des Grand Canyon führt die Route über Jacob Lake und Fredonia Richtung Norden nach Utah. Der ganze Stolz des Mormonenstaats sind die fünf weltberühmten Nationalparks im Süden des Landes. Über den Highway 89 erreicht man Mount Carmel Junction, wo der Highway 9 in den knapp 600 Quadratkilometer großen Zion National Park abbiegt. In vielen Windungen schlängelt sich die Straße durch eine bizarre Erosionslandschaft im östlichen Teil sowie anschließend durch eine Region, die aus tief eingeschnittenen Canyons, Steilabbrüchen, Felsdomen und Zinnen besteht. Mit dem Auto gelangt man nicht ganz in das von fast senkrechten Felswänden eingerahmte Gebiet, das Naturwunder muss man auf Schusters Rappen erkunden. Eine schöne Wanderung führt zu den Narrows, einem tief eingeschnittenen Canyon, in dem sich das Wasser des Virgin River

durch eine nur wenige Meter breite Passage zwängt.

Bei Toquerville fährt man auf die Interstate 15 und biegt von dort auf dem Highway 20 in den Bryce Canyon National Park ab. Die wichtigsten Sehenswürdigkeiten konzentrieren sich im so genannten Amphitheater. Wenn man am Rand dieses Beckens steht, fühlt man sich tatsächlich an ein gewaltiges Naturtheater erinnert: Sein zerklüftetes Inneres besteht aus skurrilen Steinfiguren, die sich wie Schauspieler zum großen Finale auf einer Bühne einfinden. Schon lange bevor die ersten weißen Siedler in dieser Gegend auftauchten, verehrten die hier lebenden Paiute den Canyon als einen heiligen Ort. Das ist auch für den modernen Menschen durchaus nachvollziehbar, weil man sich kaum vorstellen kann, dass durch die Kräfte der Natur, durch Regen, Eis und Wind, eine so bizarre und zugleich zerbrechlich wirkende Landschaft entstehen kann, ohne dass dabei höhere Instanzen ihre Hand im Spiel hatten.

Grandioses »Niemandsland«. Der Highway 12 führt von Bryce in östlicher Richtung nach Torrey. Am Weg liegen kleine Orte wie Cannonville oder Escalante, die von einer wild zerklüfteten, zum Teil wildromantischen Westernlandschaft umgeben sind. Als Etappenziel bietet sich Boulder an, wo man im Anasazi Indian Village State Historical Monument die Rekonstruktion eines präkolumbischen Dorfes der Anasazi-Indianer besichtigen kann. Der Capitol Reef National Park zieht sich in Nord-Süd-Richtung an der Waterpocket Fold entlang, einer Faltung von Sandsteinschichten, die bei der Anhebung des Colorado-Plateaus vor etwa 65 Millionen Jahren entstand. In Hanksville gabelt sich die Durchgangsstraße, weil sie auf dem Weg nach Osten durch ein gewaltiges natürliches Hindernis blockiert wird – den Canyonlands National Park. Diese Wildnis aus Myriaden von großen und kleinen Canyons im Zentrum des Colorado-Plateaus ähnelt der Oberfläche eines fremden Pla-

In den Uferwäldern des Kings River im gleichnamigen Nationalpark gibt es Waschbären. (oben)
Im Giant Forest kann man sogar unter einem umgestürzten Baumriesen hindurchfahren. (unten)

neten. Über Millionen Jahre fraßen sich der Green und der Colorado River mit ihren Nebenflüssen in die Hochebene und verwandelten sie in einen der unzugänglichsten Landstriche des gesamten Westens.

Im Park der gebogenen Steine. Der kleine Arches National Park liegt nur zehn Autominuten nördlich des Touristenstädtchens Moab. Die riesigen Sandsteinfelsen des Gebiets liegen auf einer mächtigen Salzschicht, die nach der Verdunstung eines prähistorischen Binnenmeers übrig blieb. Dieses Salzbett erwies sich in den vergangenen Jahrmillionen als sehr instabil, sodass die aufliegenden Gesteinsschichten häufig »verbogen« wurden. Danach durch die natürliche Verwitterung an die Erdoberfläche gelangt, wiesen diese Felsen krumme Formen auf, wie sie sich heute vielerorts im Park an den für den Arches National Park typischen Steinbögen zeigen. Über 200 solcher Portale existieren in dem Schutzgebiet, und manche machen einen so zerbrechlichen Eindruck, als drohten sie bei der geringsten Erderschütterung einzustürzen. Das gilt auch für den Delicate Arch, einen ebenmäßigen Bogen aus lachsrotem Sandstein, der zum Wahrzeichen der amerikanischen Naturlandschaften schlechthin avancierte.
Von Moab führt die Straße 191 in südlicher Richtung nach Monticello und passiert dabei zwei weitere Nebenstrecken, die in den Canyonlands National Park, zum Needles Overlook bzw. in den Needles-Parkteil, führen. Von Monticello aus bietet sich ein kleiner Abstecher in die Abajo Mountains an, deren Espenwälder sich im Herbst zitronengelb verfärben.

Magisches Monument Valley. Der berühmteste aller Drehorte für Wildwestfilme, das Monument Valley, liegt ganz im äußersten Norden der Navajo Indian Reservation auf der Staatsgrenze zwischen Arizona und Utah. Schon Ende der 1930er Jahre stieß der Regisseur John Ford auf diese Naturkulisse, die wie keine andere den unge-

zähmten amerikanischen Westen symbolisiert. Eine Staubstraße führt in Serpentinen vom Besucherzentrum auf den Boden des Monument Valley hinunter. Doch ein Tal im eigentlichen Sinn ist die Gegend nicht. Wo sich vor 250 Millionen Jahren ein Urmeer befand, dehnt sich heute ein ehemals flaches Plateau aus, auf dem Wind und Wetter in 25 Millionen Jahren Abtragung härtere Gesteinsformationen wie die Magmakerne alter Vulkane stehen ließen, während das übrige Material weggeblasen und weggeschwemmt wurde. Zwischen seltsamen Bergstummeln hindurch führt die Piste durch diese fremdartige Szenerie.

Pueblo-Staat New Mexico. Der Ort Shiprock gehört auch zur Navajo Reservation, liegt aber bereits in New Mexico. Schon von weitem ist der legendenumwobene Shiprock Peak zu sehen, ein unvermittelt aus dem ebenen Grasland aufragender Basaltfelsen, der Rest eines vor zwölf Millionen Jahren entstandenen Vulkans. Für die Navajo symbolisiert er den mythischen Riesenvogel, auf dessen Rücken sie vor langer Zeit in dieses Land gekommen sein wollen. Wissenschaftlich nachweisbar ist die Ankunft der Navajo, die aus dem Norden ankamen, ungefähr im 15. Jahrhundert. Die Kultur der Anasazi, die etwa zwischen 100 v. Chr. und 1300 n. Chr. im Gebiet um den Staatenschnittpunkt von Arizona, New Mexico, Colorado und Utah lebten, war zu dieser Zeit bereits untergegangen. Das akkurate Mauerwerk der Aztec Ruins in der Nähe von Aztec lässt noch heute erkennen, dass der Ort einst von sachkundigen Handwerkern errichtet wurde. Das gilt auch für die Salmon Ruins bei Bloomfield, die ebenfalls etwa um das Jahr 1100 entstanden.
Quer durch die Jicarilla Apache Indian Reservation verläuft die Route nach Chama, das im Osten von den San Juan Mountains flankiert wird. Auf der Weiterfahrt nach Santa Fe kann man acht der insgesamt 19 Indianerpueblos New Mexicos besuchen. Diese Siedlungen der

Auch die Geisterstadt Bodie nördlich des Mono Lake ist ein Freilichtmuseum, in dem die Zeit des kalifornischen Goldrauschs lebendig wird.
(oben)
Für Eisenbahnfans ein Muss: das California State Railway Museum in Sacramento
(unten)

Pueblo-Indianer haben sich zusammenge-schlossen, um gemeinsam das alte Brauchtum zu bewahren. Das besonders sehenswerte Taos Pueblo ist die wahr-scheinlich älteste durchgängig bewohnte Siedlung in den USA und gehört zum UNESCO-Welterbe. Auf der Plaza stehen noch einige »hornos«, kuppelförmige Brotbacköfen, die bis heute von den Haus-frauen benutzt werden. Picuris Pueblo (San Lorenzo de Picuris) ist mit knapp 300 Einwohnern das kleinste Pueblo New Mexicos. San Juan Pueblo war bereits zur Zeit der Spanier ein wichtiger Versamm-lungsplatz. Die Einwohner von Santa Clara Pueblo sind Nachfahren jener India-ner, die vor Jahrhunderten die benachbar-ten, in steile Felsflanken getriebenen Puye Cliff Dwellings bewohnten. Die Bewohner von San Ildefonso Pueblo lebten bis ins 14. Jahrhundert weiter westlich im Gebiet des heutigen Bandelier National Monu-ment, mussten dann aber nach einer lan-gen Trockenheit ihre Siedlung verlegen. Die Bewohner des Pojoaque Pueblo pfle-gen im touristischen Poeh Cultural Center die handwerklichen und künstlerischen Traditionen, für den Fremdenverkehr erschlossen sind auch Nambé Pueblo und Tesuque Pueblo.

Hauptstadt im Adobe-Look. Im alten Zen-trum von New Mexicos Hauptstadt Santa Fe dominieren erdbraune Adobe-Häuser im Pueblo Revival Style und schaffen ein unvergleichliches Stadtbild. Hochhäuser und Leuchtreklamen sind aus dem Kern der Stadt, die für ihre große Kunstszene bekannt ist, verbannt. Die älteste Haupt-stadt der USA wurde 1610 von den Spa-niern anstelle einer indianischen Siedlung angelegt – der ebenfalls 1610 errichtete Palace of the Governors ist das älteste durchgehend genutzte öffentliche Gebäude des Landes.

Zwischen dem Río Grande und den San-dia Mountains erstreckt sich die riesige Stadtlandschaft von Albuquerque. Der größte Ballungsraum New Mexicos gibt sich baulich weniger traditionsbewusst als etwa Santa Fe, von dem schmucken kolo-nialspanischen Siedlungskern einmal abge-sehen. Am westlichen Stadtrand schützt das Petroglyph National Monument rund 20 000 vorwiegend präkolumbische Fels-zeichnungen in einer kargen vulkanischen Landschaft. Von hier aus führt der Weg nach Nashville, vom Graubraun des Süd-westens in das Grün des tiefen Südens, schnurgerade auf der Interstate 40 und ab Oklahoma City der Interstate 44.

Das »Furnace Creek Inn« im Death Valley Nationalpark (oben)
Devil's Golf Course: Wo einst ein See lag, bedecken Salz-ablagerungen den »Golfplatz des Teufels«. (unten)
Der Saloon von Virginia City lädt zu einer Stärkung ein. (links)

Gut zu wissen

Hinweise: Sämtliche Nationalparks der USA werden vom National Park Service verwaltet. Auf seiner Website findet man Informationen zu allen Parks und man kann Unterkünfte buchen. www.nps.gov, www.lacity.org, www.sandiego.org

Rundkurs durch den tiefen Süden

 3990 Kilometer

Der mächtige Mississippi wälzt sich träge durch die fruchtbare Ebene, riesige Baumwoll- und Zuckerrohrplantagen mit ihren stolzen Herrenhäusern erinnern an die goldenen Zeiten des tiefen Südens, die Sümpfe und Sandstrände am Golf von Mexiko laden zur Entdeckung ein. Und den Besuch von Nashville, Memphis und New Orleans dürfen sich Musikfans nicht entgehen lassen.

Kennzeichnend für die Plantagevillen des Südens sind ihre ausladenden Veranden, – hier auf der Rosedown Plantation. (oben)
Ein Muss am Mississippi ist eine Flusskreuzfahrt mit den luxuriösen Schaufelraddampfern. (unten)

In Tennessee beginnt ein faszinierender Streifzug durch die amerikanische Musikgeschichte – los geht es mit Country Music in der Hauptstadt Nashville. In der »Music City USA« wurden schon in den 1920er Jahren aus dem Ryman Auditorium regelmäßig Radiokonzerte mit populären Country-Interpreten übertragen. Daraus entstand in den nachfolgenden Jahren eine Fernsehsendung, die sich zu einem beliebten TV-Renner entwickelte. In der »Grand Ole Opry«, die 1974 vom Ryman Auditorium in den Konzertsaal von Opryland umzog, traten und treten noch heute alle Größen des Genres auf. Heldenverehrung bietet die Country Music Hall of Fame: In dieser Ehrenhalle der großen Stars ist von Elvis Presleys goldenem Cadillac bis zum Dolly-Parton-Poster so ziemlich alles an Gegenständen aus dem Besitz berühmter Musiker versammelt, was Country-Fans interessieren könnte. Seit eh und je gibt es in der Stadt Dutzende von Aufnahmestudios, Musikkneipen und Clubs, in denen sich die Anfänger die ersten Meriten verdienen können.

Nicht nur Blues – Memphis. Von Nashville sind es rund 340 Kilometer bis an das westliche Ende von Tennessee, wo Memphis am Mississippi liegt. Diese Strecke legt man am einfachsten auf der I 40 zurück, die fast ausschließlich durch ländliche Regionen führt. 1909 komponierte hier William C. Hardy mit dem »Memphis Blues« einen Ursong des Blues, der bald seinen Siegeszug durch die USA antrat. An den Musiker erinnert ein Denkmal im historischen Beale Street District. Dort gibt es heute noch zahlreiche Kneipen, die in den heißen Nächten seine Stücke spielen. Viel bekannter als Hardy wurde aber ein anderer, der in Memphis die Geschichte des Rock'n'Roll begründete: Elvis Presley. Eine Tour durch sein Anwesen Graceland gehört hier ebenso zum Programm wie ein Besuch des legendären Plattenstudios Sun Records, des Rock'n'Roll Museums und des Museums des ebenfalls legendären Soul-Labels Stax.
Memphis schrieb jedoch nicht nur Musikgeschichte, sondern spielte auch in der schwarzen Bürgerrechtsbewegung der 1950er und 1960er Jahre eine wichtige Rolle. Im »Lorraine Motel« fiel Martin Luther King 1968 einem Attentat zum Opfer. Sein damaliges Zimmer wurde unverändert in die Ausstellung des National Civil Rights Museum einbezogen.

Auf des »Teufels Rückgrat«. In Tupelo kam 1935 Elvis Presley zur Welt, dem ein Museum gewidmet ist. Bis nach Jackson verläuft mit dem Old Natchez Trace ein historischer Pfad, der schon vor Jahrhunderten von Indianern benutzt wurde.

Bereits 1735 war er auf französischen Landkarten eingezeichnet. Bis ins 19. Jahrhundert ritten Flussschiffer, die ihre Waren über den Mississippi nach New Orleans gebracht hatten, auf diesem Weg nach Tennessee zurück. Die Gefahren, die durch Indianer, Banditen und wilde Tiere auf dieser Strecke lauerten, brachten ihr den Beinamen »Teufels Rückgrat« ein. In Ballungsraum von Jackson, der Hauptstadt von Mississippi, leben rund 500 000 Menschen, er wirkt dennoch nicht sonderlich urban. Das Old Capitol aus dem Jahr 1838 beherbergt das State Historical Museum mit Exponaten zur Geschichte des Bundesstaats. Die City Hall gehört zu den wenigen Gebäuden der Stadt, die den Sturmangriff General Shermans während des Bürgerkriegs überstanden. Das am Mississippi gelegene Vicksburg wurde während der blutigen Auseinandersetzung zwischen Nord- und Südstaaten 1863 47 Tage lang belagert, ehe die Südstaatentruppen aufgaben. Heute erinnert der Vicksburg National Military Park an die 17 000 Gefallenen. Im ehemaligen Baumwollhafen Natchez hinterließen Indianer und Spanier, französische Soldaten und amerikanische Händler über Jahrhunderte hinweg ihre Spuren. Zwischen 1819 und

1860 war es der wichtigste Flussumschlagplatz für Baumwolle, und die steinreichen Plantagenbesitzer ließen sich märchenhafte Paläste erbauen. Die Antebellum-Villen können teilweise besichtigt werden, am besten bei der »Natchez Pilgrimage« im März, Oktober und Dezember, wenn die Türen der Residenzen für Besucher weit offen stehen.

Traumplantagen in Louisiana. Auch in Louisiana existierten vor dem Bürgerkrieg Dutzende große Plantagen, auf denen die Arbeit der Sklaven den Besitzern ein Dasein in Saus und Braus ermöglichte. In und um die Ortschaft St. Francisville liegen mehrere solcher Güter. Ein Juwel ist die Rosedown Plantation, auf der prachtvolle, mit Statuen gesäumte Eichenalleen zum Herrenhaus führen.
Über Louisianas Hauptstadt Baton Rouge mit ihren riesigen Raffinerien führt die Route auf die Great River Road am Mississippi, an der die bekanntesten Plantagen des Bundesstaats liegen. Ein leuchtendes Beispiel für die aristokratische Lebensart der Pflanzerkönige ist die Nottoway Plantation bei White Castle mit dem schneeweißen Herrenhaus von 1859. Fast noch berühmter ist die Oak Alley Plantation. Sie

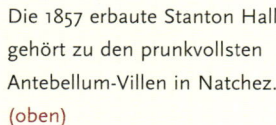

Die 1857 erbaute Stanton Hall gehört zu den prunkvollsten Antebellum-Villen in Natchez. (oben)
Die Sümpfe des Cajun Country im Mississippi-Delta bezaubern durch eine exotische Tier- und Pflanzenwelt, die man auf geführten Bootstouren kennenlernen kann. (unten)
Mississippi-Romantik in Natchez. Die nostalgischen Schaufelraddampfer gelten als eines der Wahrzeichen des tiefen Südens. (links)

heißt nach der grandiosen Allee aus 28 riesigen Eichen, deren ausladende Kronen den Hauptzugang zum Herrenhaus in einen grünen Tunnel verwandeln.

Schmelztiegel New Orleans. Mit knapp 350 000 Einwohnern ist New Orleans das Zentrum des Bundesstaats Louisiana – auch wenn die Wunden, die Hurrikan Katrina 2005 schlug, noch längst nicht verheilt sind. Ein Besuchermagnet ist hier die Altstadt, das French Quarter oder Vieux Carré. Das Viertel war der Kern der 1718 gegründeten Stadt Nouvelle Orléans, der späteren Hauptstadt der französischen Kolonie Louisiana. 1762 fiel New Orleans an die Spanier, kam 1803 an Frankreich zurück, um noch im selben Jahr mit dem Louisiana Purchase an die USA verkauft zu werden. Jeder Machtwechsel war mit neuen Einflüssen verbunden, sodass die Stadt heute zu Recht als Schmelztiegel unterschiedlicher Kulturen gilt. Backsteinhäuser mit umlaufenden Balkonen und kunstvollen gusseisernen Brüstungen, überdachte Gehsteige, Straßenlaternen aus dem 19. Jahrhundert, bunte Häuser, schmale Passagen und Hinterhöfe mit exotischen Pflanzen prägen ihr Flair. Die bunte Mischung schlägt sich auch in der hervorragenden kreolischen Küche nieder – und in der Musik. Um 1900 vermischten sich verschiedenste musikalische Einflüsse zu einem Musikstil, der unter dem Namen »Jazz« in zahlreichen Varianten die Welt eroberte.

Ein Abstecher ins Cajun Country. Von New Orleans führt der Highway 90 gen Südwesten geradewegs in eine von stillen Wasserläufen und ausgedehnten Sumpfflächen geprägte Landschaft, das Cajun Country. Die Bezeichnung geht auf Frankokanadier zurück, die um die Mitte des 18. Jahrhunderts von britischen Truppen aus der ostkanadischen Kolonie Acadia vertrieben wurden, weil sie sich geweigert hatten, der anglikanischen Kirche beizutreten. Im südlichen Louisiana fanden die Acadianer eine neue Heimat. Im Lauf der Zeit entstand durch eine Verballhornung des englischen »Acadians« die Bezeichnung Cajuns. Sie pflegen noch heute ihre französischen Traditionen, ihre französisch-englische Mundart und ihre Kultur, was die Reise durch das Cajun Country zu einem sehr unamerikanischen Erlebnis macht. Rund 60 Prozent des Territoriums dieser Region bestehen aus Gewässern. Es gibt Landstriche, in die nur gelegentlich einmal ein Jäger mit

Die Jack Daniel's Distillery in Lynchburg: 12 Jahre lang muss der weltberühmte Whisky reifen. (oben)
Am Ende der Rundreise laden die Gulf Shores mit ihren schneeweißen Sandstränden, das Schmuckstück der Golfküste Alabamas, zur Erholung ein. (unten)
Ihre herrliche Eichenallee hat die Oak Alley Plantation bei Vacherie berühmt gemacht. (rechts)

seinem Boot vordringt. In Houma werden Sumpftouren angeboten, auf denen man die exotische Tierwelt – Alligatoren, Wasserschildkröten, Schlangen und Vögel – kennenlernen kann.

Die jeweils relativ schmalen Küstenabschnitte der Bundesstaaten Mississippi und Alabama bieten vor allem im Naturschutzgebiet Gulf Islands National Seashore, das sich im Osten bis weit in das benachbarte Florida hinein erstreckt, gute Bademöglichkeiten. Hinter der Hafenstadt Mobile, die ein hübsches Zentrum besitzt, verlässt die Route den Golf von Mexiko. Über Alabamas repräsentative Hauptstadt Montgomery und Birmingham, die größte Stadt des Bundesstaats, geht es auf der Interstate 20 nach Atlanta.

Geschäftstüchtig in allen Richtungen.
Die Hauptstadt des Bundesstaats Georgia wurde im Bürgerkrieg 1864 in Schutt und Asche gelegt und besitzt deshalb im Gegensatz zu anderen Metropolen der Ostküste wenig Patina. Vom Geburtshaus und dem Sarkophag des Bürgerrechtlers Martin Luther King (1929–1968) sowie dem Grab der »Vom Winde verweht«-Autorin Margaret Mitchell (1900–1949) abgesehen, gibt es hier nur wenig Historisches zu sehen. Atlanta, das knapp eine halbe Million Einwohner und in seinem Ballungsraum rund sechs Millionen Menschen zählt, ist jedoch das wirtschaftlich dynamische Zentrum der Südstaaten. In seinem von Wolkenkratzern geprägten Zentrum schlugen in den zurückliegenden Jahrzehnten Dutzende großer Firmen von Coca-Cola bis Delta Airlines ihre Hauptquartiere auf, außerdem baute Medienmogul Ted Turner dort sein TV-Netzwerk CNN zu einem globalen News-Giganten aus.

Nordöstlich von Atlanta tasten sich die Ausläufer der Appalachen in den alten Süden vor. Bereits in North Carolina liegt die Ortschaft Cherokee, der Hauptort der Eastern Band der Cherokee Nation. Hier und in der umliegenden Reservation kann man die Kultur der Cherokee kennen lernen, deren Vorfahren 1838 von der US-Armee aus Georgia vertrieben wurden – oder im Harrah's Cherokee Casino Resort sein Glück im Spiel suchen. Außerdem bietet sich der Great Smoky Mountains National Park mit seinen zahlreichen Wanderpfaden für einen Tagesausflug an.

Mit Dampfkraft und Düsenantrieb.
Nordöstlich von Cherokee liegt abseits der Hauptstrecke Lynchburg in einer freundlichen Hügellandschaft. Das Städtchen führt ein beschauliches Dasein im zarten Whiskyduft, denn mitten im Ort steht mit der Jack Daniel's Distillery die berühmteste Whiskybrennerei Amerikas. Ironischerweise darf das Elixier nur in der Destillerie, aber nicht in Lynchburg verkauft werden, weil der Landkreis, das Moore County, zu den »trockenen« Regionen gehört. Knoxville ist mit knapp 200 000 Einwohnern die größte Stadt im östlichen Tennessee. Sie liegt am Tennessee River, der an der nordwestlichen Flanke der Appalachen eine Verbindung zur Stadt Chattanooga herstellt, die durch den »Chattanooga Choo-Choo« weltbekannt wurde. Die Noten des Songs sind in den Bodenplatten am Ufer des Tennessee River in der Nähe des Tennessee Aquarium verewigt. In dem historischen Dampfzug, dem das Lied gewidmet ist, kann man über die Tennessee Valley Railroad Fahrten unternehmen. Während der »Chattanooga Choo-Choo« als nostalgisches Beispiel für Mechanik und Dampfkraft gilt, gibt sich Knoxville heute ökologisch und modern mit kostenlosen elektrischen Shuttle-Bussen und Ladestationen für Elektroautos.

In Huntsville im nördlichen Alabama begibt man sich dagegen im U.S. Space & Rocket Center in den Weltraum in einem simulierten Raketenstart oder auf die ISS. Zu sehen sind hier unter anderem die Apollo-16-Raumkapsel, Astronautenanzüge, Trägerraketen und auch ein Space Shuttle.

Zurück in Nashville führt der Weg auf der Interstate 65 direkt nach Chicago – wie im tiefen Süden spielte auch dort die Musik immer eine große Rolle.

Schmiedeeiserne Balkone im French Quarter von New Orleans (oben)
Prachtvolle Villen säumen die St. Charles Avenue im Garden District von New Orleans. Hier scheint die Zeit stehen geblieben zu sein. (unten)

Gut zu wissen

Hinweise: Ein besonderes Erlebnis ist die Fahrt mit einem nostalgischen Dampfer auf dem Mississippi, mehrtägige Kreuzfahrten führen von New Orleans bis Memphis. www.visitmusiccity.com, www.memphistravel.com, www.natchezpilgrimage.com, www.neworleans.com, www.atlanta.net

Von Chicago nach San Francisco

 5640 Kilometer

Vielfältige Facetten Amerikas: die Wolkenkratzer des dynamischen Chicago, endlose Maisfelder und Viehweiden in Wisconsin und Minnesota, eindrucksvolle Zeugnisse der indianischen Vergangenheit in South Dakota und Wildwestromantik im »Cowboystaat« Wyoming. Nicht zuletzt führt die Fernroute auch zu grandiosen Naturwundern wie etwa dem berühmten Yellowstone National Park.

Downtown Chicago: An die Zeit, als der Chicago River eine viel befahrene Wasserstraße war, erinnern noch seine 52 Hebebrücken. (oben) Der Chimney Rock war ein wichtiger Orientierungspunkt für die Pioniere. (unten)

Der Dichter Carl Sandburg (1878–1967) nannte sie die »Stadt der breiten Schultern« – Chicago, die Metropole am Lake Michigan. Der Beiname passt, wenn man sich die Geschichte der Stadt als Standort von Eisenhütten, Schlachthöfen und Eisenbahndepots sowie als Schauplatz großer Arbeiterstreiks in Erinnerung ruft. Auch zur Zeit der Prohibition und der Weltwirtschaftskrise in den 1920er und 1930er Jahren hatte die Bezeichnung ihre Berechtigung, weil damals Gangster wie Al Capone die Geschicke der Stadt skrupellos mitbestimmten. Wahrscheinlich trägt die lokale Vergangenheit dazu bei, dass Chicago vielen als Inbegriff alles Amerikanischen gilt. Immerhin errichteten Bautrupps dort im Jahr 1885 den ersten mit einem tragenden Stahlrahmen ausgestatteten Wolkenkratzer. Chicago wurde in den folgenden Jahrzehnten zum Architekturlabor, in dem berühmte Baumeister wie Mies van der Rohe eindrucksvolle Hochhäuser entwarfen. Seither ist der Skyscraper nicht nur zum Symbol dieser Stadt, sondern der amerikanischen Großstadtlandschaft schlechthin geworden. So versteht es sich beinahe von selbst, dass in Chicago mit dem 443 Meter hohen Willis Tower eines der höchsten Gebäude der Welt steht. Im Skydeck in der 103. Etage kann man von gläsernen Außenbalkonen über 400 Meter hinunterblicken.

Quer durch das Indianerland. Erste Etappenziele auf der langen Reise an die Pazifikküste sind Madison, die Hauptstadt von Wisconsin, der Blue Mounds State Park, ein ursprüngliches Präriegebiet, in dem noch eine Bisonherde lebt, und Sioux Falls, die mit 160 000 Einwohnern größte Stadt in South Dakota. Bei Chamberlain überquert die Interstate 90 den Missouri, der weiter nördlich die Indianerreservationen Lower Brule und Crow Creek trennt. Seit die Lower Brule Sioux auf ihrem Stammesgebiet das »Golden Buffalo Casino« eröffneten, zieht ihre Reservation die Landbevölkerung von weither an. Nach Kadoka biegt die Straße 240 von der I 90 nach Südwesten ab und führt durch den Badlands National Park. Bizarr auserodierte Felsformationen mit tiefen Schrunden, die sich aus den Ablagerungen eines prähistorischen Binnenmeers, aus Vulkanasche und Schlamm zusammensetzen, dominieren diese apokalyptische Landschaft, in der jeder Regenguss und jedes Gewitter neue Formen entstehen lassen. Im Süden der Badlands verübte das 7. US-Kavallerieregiment an der Biegung des Wounded Knee Creek am 29. Dezember 1890 ein Massaker an einer Gruppe von Minneconjou-Sioux – die letzte Untat in einem Konflikt, der die Verdrängung und Beinahe-Ausrottung der amerikanischen Urbevölkerung zur Folge hatte.

Die Black Hills südlich von Rapid City lohnen einen Stopp. Die berühmten Porträts der vier Staatspräsidenten George Washington (1732–1799), Thomas Jefferson (1743–1826), Abraham Lincoln (1809–1865) und Theodore Roosevelt (1858–1919) am Mount Rushmore und das dem Sieger der Schlacht am Little Big Horn gewidmete Crazy Horse Memorial, an dem noch gearbeitet wird, gelten als Symbole der wechselvollen amerikanischen Geschichte. Nicht weit entfernt lockt die »Unterwelt« der riesigen Tropfsteinhöhle Jewel Cave.

Sightseeing im »Cowboystaat«. Nur wenige Kilometer westlich der Jewel Cave beginnt der Bundesstaat Wyoming. Sein Bild wird im Osten von welligem Grasland bestimmt, das seit der Besiedlung im 19. Jahrhundert für die Rinderzucht genutzt wird. Im äußersten Nordosten besteht der seltsame Berg Devils Tower aus dem harten Magmakern eines Vulkans, der sich vor etwa 60 Millionen Jahren hier befand und durch die Erosion abgetragen wurde. Das Städtchen Cody heißt nach seinem Gründer William Cody, weit besser bekannt als Buffalo Bill. Mit dem Buffalo Bill Historical Center ist ihm

ein hervorragendes Westernmuseum gewidmet.

Im äußersten Nordwesten Wyomings liegt der Yellowstone National Park mit seinen blubbernde Schlammtöpfen und schwefelgelben Fumarolen, Heißwasserquellen und Geysiren. An den ältesten und berühmtesten Nationalpark der USA schließt sich im Süden der Grand Teton National Park an. Aus der vom Snake River durchflossenen Ebene steigen unmittelbar die schroffen Granitzinnen der Teton Range empor. Höchster Gipfel dieser eindrucksvollen Kette ist der Grand Teton mit 4197 Metern.

Krater, Canyons, schroffe Gipfel. Von dem Westernstädtchen Jackson führt die Straße 22 über den Targhee Pass nach Idaho. Nicht weit von Idaho Falls entfernt dehnt sich im Craters of the Moon National Monument eine über 200 Quadratkilometer große Mondlandschaft aus. Ihre erstarrten Lavafelder, Aschehügel und Krater gehen auf mehrere Vulkanausbrüche vor etwa 15 000 Jahren zurück. Nach Idahos Hauptstadt Boise erreicht die Straße 71 über Weiser und Cambridge den Brownlee-Damm, der den Snake River auf der Grenze zwischen Idaho und Oregon zu

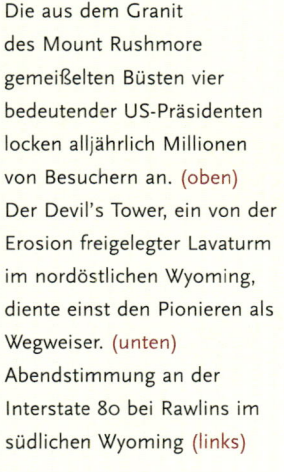

Die aus dem Granit des Mount Rushmore gemeißelten Büsten vier bedeutender US-Präsidenten locken alljährlich Millionen von Besuchern an. (oben) Der Devil's Tower, ein von der Erosion freigelegter Lavaturm im nordöstlichen Wyoming, diente einst den Pionieren als Wegweiser. (unten) Abendstimmung an der Interstate 80 bei Rawlins im südlichen Wyoming (links)

einem See aufstaut. Weiter nördlich grub sich der Fluss in Jahrmillionen immer tiefer ins Bergland ein und schuf so den bis zu 2400 Meter tiefen Hells Canyon. Auf dem Flagstaff Hill Summit bei Baker City, Oregon, dokumentiert das National Historic Oregon Trail Interpretive Center anhand von lebensgroßen Darstellungen, Gerätschaften und Malereien die legendäre »Go West«-Bewegung. Zu Füßen des Hügels konnten sich die auf dem Oregon Trail nach Westen ziehenden Pioniere einige Tage lang von den hinter ihnen liegenden Strapazen erholen, bevor sie die letzte Wegstrecke ihrer insgesamt achtmonatigen Reise in Angriff nahmen, der heute die Interstate 84 ins Tal des Columbia River folgt.

Am Pazifik entlang nach Süden. Mit Seattle ist der nordwestlichste Punkt der Route erreicht. »The Emerald City«, wie die Stadt wegen ihrer Lage an der smaragdgrünen Elliott Bay auch genannt wird, besitzt eine moderne, fast futuristisch wirkende Skyline. Als ihr Wahrzeichen gilt der anlässlich der Weltausstellung 1962 errichtete Aussichtsturm Space Needle – von dort oben hat man den besten Blick auf die Stadt und die Elliott Bay. Auf dem malerischen Pike Place Market werden vor allem Obst, Gemüse und frischer Fisch angeboten. Historisches Flair prägt das alte

Stadtzentrum um den Pioneer Square, das heute durch Restaurants, Läden, Galerien und Kneipen belebt wird.

An der Mündung des Columbia River in den Pazifik beginnt die wildromantische Küste des Bundesstaats Oregon und im Fort Stevens State Park die Küstenroute auf dem legendären Highway 101 bzw. 1 nach San Francisco.

Auf der Strecke bis ins nördliche Kalifornien reiht sich ein State Park an den anderen. Zum Baden ist das 17 bis 18 Grad Celsius warme Wasser allerdings selbst im Hochsommer nur für Abgehärtete geeignet. Die erste größere Stadt auf kalifornischem Territorium ist das an einer wild zerklüfteten Steilküste gelegene Crescent City. Im benachbarten Jedediah Smith Redwoods State Park können Besucher die stolzen Redwood-Bäume bewundern, noch mehr Mammutbäume stehen im Redwood National Park, der zur Erhaltung dieser unvergleichlichen Sequoia-Riesen geschaffen wurde.

Zwischen Eureka und Leggett verläuft der Highway 101 im Landesinneren und wird erst bei Westport wieder zur küstennahen Traumstraße. Von dort aus ist San Francisco in eineinhalb Stunden zu erreichen.

Vulkane und Spieler. Wer mehr Zeit hat, fährt durch das wilde Küstengebirge bis nach Redding im Central Valley. Knapp

Naturerlebnis im Yellowstone National Park: der Grand Canyon of the Yellow Stone River mit den Lower Falls (oben)
Die berühmten »Six Sisters«, sechs viktorianische Häuser, am Alamo Square vor der Skyline von San Francisco (unten)
Seit 1937 überspannt die Golden Gate Bridge das »Goldene Tor«, den Eingang zur San Francisco Bay. (rechts)

80 Kilometer östlich der Stadt thront der 3187 Meter hohe Lassen Peak über dem Lassen Volcanic National Park. Im Schlot des Vulkans hatte es im Frühjahr 1914 zu rumoren begonnen. Am 19. Mai 1915 erfolgte eine gewaltige Eruption, die Gesteinspartikel und Asche über die gesamte Region verteilte. Zwar beruhigte sich der Feuerberg in den Jahren danach wieder, neben der Parkstraße steigen aber noch immer schwefelhaltige Dämpfe aus dem Boden.

Über den Südausgang des Parks erreicht man weiter im Süden die Interstate 80. Am Rand des wüstenhaften Great Basin, das sich bis zum Beginn der Rocky Mountains in Utah erstreckt, macht dort der kleine Hochhauskern von Reno einen verlorenen Eindruck. Die nach Las Vegas größte Casinostadt Nevadas erwacht erst nach Sonnenuntergang zum Leben und zeigt entlang der neonbunten Virginia Street, was wirklich in ihr steckt. Ein Transparent über der Straße gibt Auskunft über ihr Selbstverständnis: »The Biggest Little City in the World« ist darauf zu lesen.

Im »Gold Country«. Südlich von Reno führt die Straße 341 in eine gebirgige Region, in der man im 19. Jahrhundert Gold, vor allem aber eine gigantische Silberlagerstätte fand. Rund um Virginia City buddelte man Edelmetall im Wert von über einer Milliarde Dollar aus der Erde. Villen und Kirchen zeugen davon, dass die Stadt für kurze Zeit einer der reichsten Orte des Landes war. Weiter südlich führt die Route durch Nevadas kleine Staatshauptstadt Carson City zum idyllisch gelegenen Lake Tahoe, den sich Nevada mit Kalifornien teilt. Am kalifornischen Ufer führt eine Panoramastraße vom Südende nach Norden, vorbei an der malerischen Emerald Bay. Nach Squaw Valley, dem Austragungsort der Olympischen Winterspiele 1960, erreicht die Route in Truckee die Interstate 80.

Im historischen Ortskern von Auburn erinnert im Gerichtsgebäude eine riesige Goldwäscherskulptur an die Geschichte dieses Landstrichs, in dem 1848 in dem Dorf Coloma am Ufer des American River der erste Goldfund den berühmt-berüchtigten kalifornischen Goldrausch auslöste. Unzählige Abenteurer aus aller Welt brachen in die Sierra Nevada auf, um in den kalten Flüssen und Bächen nach dem begehrten Edelmetall zu suchen. Sacramento spielt zwar unter den Metropolen des »Golden State« eine Nebenrolle, die kalifornische Hauptstadt mit ihrem alten Kern am Ufer des Sacramento River ist aber auf jeden Fall einen Besuch wert. In Old Sacramento kann man sich zwischen den restaurierten stattlichen Gebäuden aus dem 19. Jahrhundert wie im alten Westen fühlen. Zu Fuß erreicht man von der Altstadt aus in zehn Minuten das Kapitol, das von einem schönen Park umgeben ist. Das exzellente California State Railroad Museum erzählt anschaulich die Geschichte der US-Eisenbahn, samt Oldtimer-Loks und nostalgischen Zugfahrten.

Am »Goldenen Tor«. In weniger als zwei Stunden erreicht man von Sacramento aus San Francisco. Unter den US-Städten sticht es mit seinem fantastischen und unvergleichlichen Charme hervor. Zu besuchen gibt es berühmte Sehenswürdigkeiten wie Chinatown oder North Beach. Von seiner Geschichte als Literatenviertel der Beat-Generation, dem Viertel South of Market (SoMa) mit dem Museum of Modern Art und dem historischen Mission District einmal ganz abgesehen. Als Besucher lässt man es sich nicht nehmen, einmal mit der Cable zum Fischereihafen Fisherman's Wharf zu fahren und dort zu einer Bootsfahrt zu starten. Ziele der Ausflugsschiffe sind die ehemalige Gefängnisinsel Alcatraz und nicht zuletzt die gigantische Golden Gate Bridge, das welt- berühmte Wahrzeichen der Stadt. Seit 1937 überspannt sie die Golden Gate genannte Meerenge zwischen Pazifik und der Bucht von San Francisco. Weiter geht es nun auf der Interstate 80 und 15 nach Great Falls in Montana.

Wer Ruhe und Einsamkeit sucht, ist an Oregons Küste richtig. (oben)
Die Transamerica Pyramid in San Francisco. Die Traumstadt am Pazifik bildet den glanzvollen Endpunkt der Route. (unten)

Gut zu wissen

Hinweise: Durch Chicagos Innenstadt fährt die Hochbahn »L« (von »elevated«) in acht Meter Höhe zwischen den Wolkenkratzern der City – eine wunderbare Rundfahrt mit Blick auf die schönsten Wolkenkratzer und den Chicago River.
www.choosechicago.com,
www.visittheusa.com, www.nps.gov,
www.visitseattle.org,
www.visitcalifornia.com

Von Great Falls bis Alaska

 3804 Kilometer

Nur hier und da ist eine Stadt oder ein einsam gelegenes Dorf zu sehen, ansonsten erstreckt sich bis zum Horizont menschenleere Wildnis – eine Wildnis, die ihresgleichen sucht: Imposante Vier- und Fünftausender, riesige Gletscherfelder, kristallklare Gebirgsseen, endlose Wälder und eine reiche Tierwelt machen den Nordwesten des amerikanischen Kontinents zu einem unvergesslichen Erlebnis.

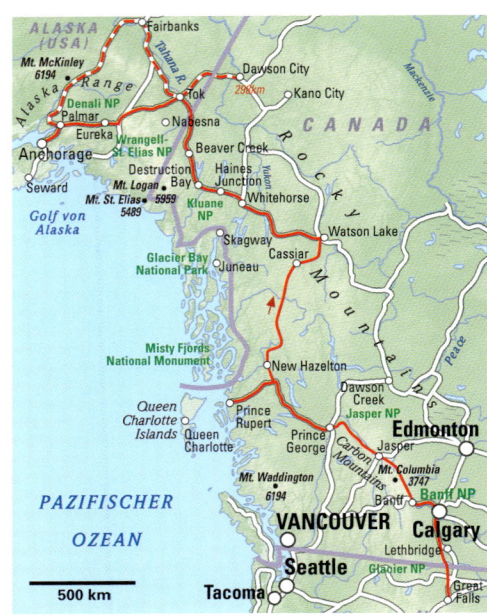

Asphalt und Schilderwald in Great Falls, USA (oben)
Bisons im Elk Island National Park, Kanada (unten)

Im Norden von Montana liegt Great Falls bereits jenseits der Rocky Mountains in den Great Plains, den endlosen Prärien des Westens. Mit 60 000 Einwohnern ist die Stadt eines der größten Zentren des dünn besiedelten Bundesstaats. Ihren Namen verdankt sie dem Missouri River, der hier in wilden Stromschnellen und fünf Wasserfällen rauscht. Die Route führt auf der Interstate 15 nach Norden und überquert in Sweet Grass/Coutts die Grenze nach Kanada. Nach rund 320 Kilometern ragen die Hochhäuser Calgarys wie Riesenkristalle aus der Prärie am Rand der Rockies empor. 1875 gab es hier nur ein Camp der »Mounties«, der Northwest Mounted Police. Dann kam die Eisenbahn und mit ihr die Rinderbarone samt ihren riesigen Herden, später lösten Erdölfunde einen Boom aus.

Die Perlen der Rocky Mountains. Durch den Banff National Park und den angrenzenden Jasper National Park zieht sich der spektakuläre Icefields Parkway. Wildgezackte Bergketten, Seen, Gletscher, Wasserfälle und grüne Täler bilden eine fantastische Kulisse. Bis fast zur Straße reicht die Eiszunge des Athabasca-Gletschers, eines Ausläufers des riesigen Columbia Icefield. Ab Jasper folgt der Yellowhead Highway dem Fraser River zwischen den Cariboo Mountains im Südwesten und den Park

Ranges der Rockies im Nordosten. In der Nähe von McBride kann man im Sommer östlich von Tête Jaune Cache am Holmes River das einmalige Schauspiel des Lachsaufstiegs beobachten. Knapp 300 Kilometer ist Prince George ein Zentrum der Holz- und Papierindustrie. Mehr als 700 Kilometer entfernt liegt die Hafenstadt Prince Rupert am Pazifik. Von hier lassen sich Ausflüge zu den Vogelparadiesen der Queen Charlotte Islands unternehmen.

Auf den Spuren der Glücksritter. Die Fahrt nach Watson Lake führt durch einsame Landstriche. Besonders sehenswert sind unterwegs die kunstvollen Totempfähle in 'Ksan, einem rekonstruierten Indianerdorf bei New Hazelton, sowie in den Indianersiedlungen Gitwangak und Kitwancool. Watson Lake, »Gateway of the Yukon«, ist ein bedeutender Servicestopp auf dem Alaska Highway, dem die Route nun nach Norden folgt. Berühmte Attraktion des Ortes ist der »signpost forest«, in dem Reisende Zehntausende Schilder mit Namen und Entfernung ihres Heimatorts hinterlassen haben. In Whitehorse begaben sich während des Klondike Goldrauschs ab 1896 Tausende Abenteurer auf ihrem Weg nach Dawson City mit provisorischen Booten und Flößen auf den Höllenritt durch die Stromschnellen im Miles Canyon. Die Hauptstadt des Yukon Territory ist auch sein bedeutendstes Versorgungszentrum und wichtigster Verkehrsknotenpunkt.

In die Wildnis Kanadas. Über die winzige Siedlung Champagne, in der Aishihik-Indianer leben, erreicht man Haines Junction – ab hier zeigt sich die Landschaft auf der Fahrt entlang der Kluane Range von ihrer anmutigsten Seite. An Goldgräberzeiten erinnert die Geisterstadt Silver City am Südende des herrlichen Kluane Lake, der zum Bootfahren und Angeln einlädt. Bei »flightseeing trips« über die Gebirgs- und Gletscherwelt des Kluane National Park, der gemeinsam mit dem Wrangell-St. Elias National Park zum UNESCO-Welterbe gehört, sieht man an klaren Tagen auch Kanadas höchsten Berg, den 5959 Meter hohen Mount Logan. Nur wenige Kilometer hinter dem 120-Seelen-Nest Beaver Creek markiert eine Schneise am historischen Milepost 1221 den Verlauf der Grenze zwischen den USA und Kanada.

In Tok dreht sich (fast) alles um die Aufzucht und Ausbildung von Schlittenhunden – und um die Rennen auf dem »sled dog trail«. Fairbanks ist dagegen die Drehscheibe des Nordens. Ein paar Blockhäuser und historische Holzbauten lassen noch heute etwas vom Flair der alten Tage

ahnen. Auf der Strecke nach Anchorage hat man im Denali National Park gute Chancen, Elche und Bären zu sehen sowie den Denali (bis 2015 Mount McKinley), den mit 6194 Metern höchsten Berg Nordamerikas. Elche im Vorgarten, Bären am Stadtrand und Wale in der Bucht vor der Haustür – in Anchorage ist die Wildnis nie weit, auch wenn die mit knapp 300 000 Einwohnern größte Stadt Alaskas derzeit boomt. Herrliche Fjorde und Gletscher bietet die Kenai Peninsula, ein von Bären bevölkertes Vulkangebiet, der Katmai National Park und im Eklutna Historical Park zeugen bunte »spirit houses« über den Gräbern neben einer russisch-orthodoxen Kirche von der Vermischung indianischer und christlicher Traditionen. Ein Highlight auf der grandiosen Strecke nach Glennallen ist der Matanuska-Gletscher, der zum Greifen nah an den Glenn Highway heranrückt. Hinter Glennallen bietet die Fahrt auf dem Tok Cut-off prächtige Ausblicke auf die eisbedeckten Gipfel der Wrangell Mountains im Wrangell-St. Elias National Park – neun der 16 höchsten Berge Nordamerikas ragen hier in den Himmel.

Wieder in Tok, sind es rund sechs Fahrtstunden, bis man mit Dawson City den Beginn der nächsten Etappe erreicht.

Das kristallklare Wasser des Bow River durchfließt den Banff National Park in den kanadischen Rocky Mountains. (oben)
In der A Street von Anchorage, Alaskas größter Stadt (unten)
Nur mit dem Boot oder Wasserflugzeug erreichbar ist die wild zerklüftete Küste im Kenai Fjords National Park in Alaska. (links)

Gut zu wissen

Hinweise: An die Zeiten, als es in Calgary noch mehr Cowboys als Yuppies gab, erinnert die alljährlich im Juli stattfindende Calgary Stampede, die größte Western-Veranstaltung der Welt.
www.visitcalgary.com, www.pc.gc.ca, www.anchorage.net, www.nps.gov

Von Dawson City nach Victoria

 2858 Kilometer

Uralte Regenwälder, wilde Gebirgslandschaften und eine fjordreiche Küste – im Westen Kanadas gibt es noch Landstriche, in die bislang kaum ein Mensch vorgedrungen ist. Einsame Highways bahnen sich ihren Weg in den hohen Norden, wo die Wildnis gleich neben der Straße beginnt. Für alle, die es in unberührte Naturlandschaften zieht, ist diese Route ein unvergessliches Erlebnis!

In den Wintermonaten werden im Yukon Territory Rekordtemperaturen von minus 60 Grad Celsius gemessen; ein großer Holzvorrat ist daher lebensnotwendig. (oben)
»Kultstätte« in Watson Lake: der Signpost Forest (unten)

Nur ganz kurz war Dawson City die berühmteste Stadt Kanadas, als hier 1896 Gold gefunden wurde. Aus dem Nichts entstand während des Klondike-Goldrauschs eine Stadt mit mehr als 40 000 Einwohnern, Saloons, Bordellen und Hotels. 1903 waren die Lagerstätten ausgebeutet, und das »Paris des Nordens« verfiel. Heute strömen im Sommer die Touristen in den 1300-Seelen-Ort, um in authentischem Ambiente der restaurierten historischen Häuser die »goldenen Zeiten« nachzuerleben. Selbst Gold kann man hier am Bear Creek noch schürfen.

Highways in der Einsamkeit. Auf den Spuren der Goldgräber fährt man auf dem Klondike Highway nach Whitehorse, danach folgt die Strecke dem Alaska Highway ostwärts nach Watson Lake. Die einst holprige Piste, die je nach Wetterlage entweder im Staub oder im Schlamm erstickte, ist »zahm« geworden: Fast alle 50 Kilometer steht eine Tankstelle, und das Asphaltband bietet genügend Platz, um in Ruhe die Aussicht zu genießen. Spektakuläres gibt es unterwegs allerdings nicht zu sehen. Für Abwechslung sorgt der Atlin Provincial Park, eine raue, aber bezaubernde Bergwelt mit Gletschern und alpiner Vegetation.
In Watson Lake wirft man einen Blick auf die Tausenden Wegweiser und Schilder im

»signpost forest«, und folgt dann dem Stewart-Cassiar Highway durch die Wildnis des hohen Nordens gen Süden bis Kitwanga. Einsame Weiten, ein endloser Himmel, das große Abenteuer in einer menschenfeindlichen Natur – daran haben auch der Tourismus und asphaltierte Straßen nichts geändert. Man kann sich ausmalen, wie isoliert die Gegend im Winter ist. Es passiert wenig auf der Fahrt, der Weg ist das Ziel, allerdings ist Vorsicht wegen der riesigen Holzlaster geboten. Die PS-starken »logging trucks« haben grundsätzlich Vorfahrt!
Auf dem Weg streift der Stewart-Cassiar Highway den Mount Edziza Provincial Park, wo Vulkanausbrüche bizarre Lavafelder zurückgelassen haben. Nur etwa 75 Kilometer sind es von Meziadin Junction in das winzige Hyder in Alaska. Auf dem Abstecher über die Grenze erlebt man eine grandiose Landschaft mit einsamen Wäldern und den blau schimmernden Eismassen des Bear Glacier, an denen der Highway 37a direkt vorbeiführt.

Tradition im Norden. In Kitwanga verlässt man nach rund 750 Kilometern den Stewart-Cassiar Highway und unternimmt einen Abstecher in das alte Pionierstädtchen Hazelton. Dort ist das rekonstruierte Ksan Historical Village und Museum der Gitxsan-Indianer unbedingt sehenswert.

Hier werden auch Totempfähle hergestellt, während man die schönsten alten, original erhaltenen im benachbarten Kitwancool bewundern kann. Die kunstvoll behauenen und geschnitzten Stämme dienen als Prestigesymbole oder Wappen einer Familie oder halten als eine Art Denkmal die Erinnerung an einen Verstorbenen wach. Durch das Tal des Skeena River schlängelt sich der Yellowhead Highway nach Prince Rupert, wo das Museum of Northern British Columbia über die Geschichte der First Nations der Region informiert. Danach beginnt die grandiose Fahrt mit dem Fährschiff durch die Fjorde der Inside Passage nach Port Hardy auf Vancouver Island: Man passiert kleine, bewaldete Inseln, auf dem Festland wachsen Felsriesen 2000 Meter hoch aus dem Meer, und im Wasser begleiten Wale und Delfine die Schiffe.

Wale und Wälder. Von Port Hardy führt der Weg in das winzige Telegraph Cove, dort tummeln sich im Sommer die Schwertwale vor der Küste. Unterwegs in das Anglermekka Campbell River sieht man kahl geschlagene Waldflächen – mittlerweile müssen für jeden gefällten Baum zwei neue Setzlinge gepflanzt werden. Auf dem Highway 19 passiert man Ferienorte wie Courtenay, Comox und Qualicum,

danach führt von Parksville der Highway 4 in die Wildnis des Regenwalds an der Westküste, den der Pacific Rim National Park schützt. Hier stehen jahrhundertealte kirchturmhohe Douglas-Tannen, an einsamen Stränden liegen Seelöwen und Robben, und vor der Küste machen alljährlich Grauwale auf ihrer Wanderung nach Alaska Station. Idealer Ausgangspunkt für Unternehmungen im Park ist das malerische Fischernest Tofino.

»Very British«. In Duncan werben Totempfähle am Straßenrand für das Kunsthandwerk der Cowichan-Indianer, danach erreicht man Victoria. Knapp 350 000 Menschen leben im Großraum von British Columbias Provinzhauptstadt, aber von Hektik ist nichts zu spüren. Wenn im Winter ganz Kanada vor Kälte bibbert, weht in der »lieblichsten« Stadt des Landes ein milder Wind. Schon Ende des 19. Jahrhunderts wussten pensionierte britische Kolonialbeamte Victorias Klima und herrliche Lage zu schätzen. Sie wählten es als Alterswohnsitz und drückten ihm mit manikürten Gärten und viktorianischen Fassaden den Stempel von »Merry Ol' England« auf. Weitaus betriebsamer ist die Metropole Vancouver, die man von Victoria aus bequem mit der Fähre erreicht.

Kleinstädtischer Charme: in der Douglas Street von Victoria (oben)
Dramatisches »Wolkentheater« an der Küste bei Prince Rupert (unten)
Vom Midnight Dome hat man den schönsten Blick auf Dawson City, das in großen Teilen originalgetreu wieder aufgebaut wurde. (links)

Gut zu wissen

Hinweise: Für die im Sommer stündlichen Fähren zwischen Vancouver Island (Nanaimo, Victoria) und dem Festland (Tsawwassen, Horseshoe) ist keine Reservierung erforderlich. Die Fähre zwischen Prince Rupert und Hardy dagegen sollte Monate vorab gebucht werden. www.ksan.org, bcferries.com, www.pc.gc.ca, www.tourismvictoria.com

Von Vancouver nach Toronto

 4150 Kilometer

Das weite Farmland von British Columbia, die raue Bergwelt der Rocky Mountains, die endlosen Weizenfelder der Prärieprovinzen und die riesigen Seen Ontarios: Kanada bietet grandiose Landschaften und Dimensionen, die man sich in Europa kaum vorstellen kann. Wer die riesigen Distanzen des gewaltigen Landes »erfahren« hat, versteht die Entstehung des »Mythos Kanada«.

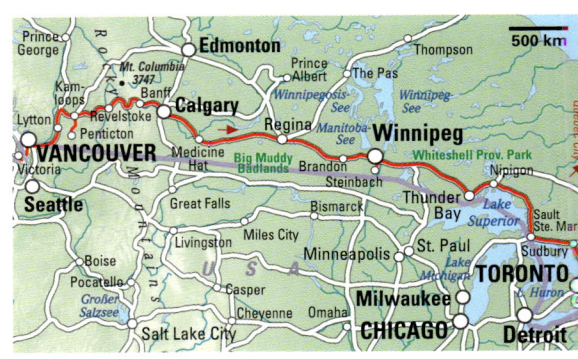

Nordwestlich von Thunder Bay stürzt der Kaministiquia bei den Kakabeka Falls fast 40 Meter in die Tiefe. (oben) Die stimmungsvolle Landschaft am Nordufer des Lake Superior hat schon viele Maler begeistert. (unten)

Statistiken belegen, dass Vancouvers Einwohner mehr Wein trinken als der Durchschnitts-Kanadier, häufiger zum Essen ausgehen, längere Kaffeepausen machen und am meisten für Sportgeräte ausgeben – kein Wunder bei einer Stadt, die einen derart hohen Freizeitwert hat: Traumhafte Strände wie Kitsilano Beach liegen mitten im Stadtgebiet, von der City zum Yachthafen sind es nur zehn Minuten, und das Skigebiet am Grouse Mountain liegt direkt vor der Haustür. In wenigen Minuten befördert einen die Gondel auf den gut 1200 Meter hohen Berg, der den besten Überblick über die Stadt bietet. Doch wie so häufig gibt es auch eine Kehrseite der Medaille: Die Immobilienpreise sind in den letzten Jahren ins Unermessliche geklettert. Damit die soziale Schere nicht immer weiter auseinander klafft, muss Vancouver gegensteuern und seine sympathischen »neighbourhoods« bewahren. So wie Gastown, die Keimzelle der Stadt, wo mit der Steamclock die erste dampfgetriebene Uhr der Welt steht. Dort eröffnete Jack Deighton 1867 einen Saloon, der zum beliebtesten Treffpunkt und zur »Klatschbörse« der »digger« und Holzarbeiter an der Westküste wurde. Der Dampfplauderer Jack hieß bald »Gassy Jack« und lässt sich heute am Maple Square als Bronzestatue hofieren.

Bier und Obstgärten. Im stetig wachsenden Greater Vancouver zieht sich ein Band von Siedlungen entlang des Trans-Canada Highway, der über 7000 Kilometer quer über den Kontinent führt. Ein erster Stopp könnte der Fort Langley National Historic Park sein, ein restauriertes Fort der Hudson's Bay Company. Die verschlafenen Orte Yale und Lytton im Tal des Fraser River kamen Mitte des 19. Jahrhunderts während des Goldrauschs zu kurzem Ruhm: 1858 wurden in der Nähe von Lytton die ersten »nuggets« in Westkanada entdeckt. Viele Glücksritter, die sich damals durch die Stromschnellen des Fraser River gen Norden kämpften, verloren in den tosenden Fluten ihr Leben. Nicht umsonst heißt die engste Stelle des Fraser Canyon Hell's Gate, »Tor zur Hölle«. Bei Cache Creek wendet sich der Trans-Canada Highway nach Osten und erreicht Kamloops, die »Fleischhauptstadt« von British Columbia. Dank seiner milden Temperaturen hat sich das Gebiet bei Sicamous zu einem beliebten Feriengebiet entwickelt. Von Salmon Arm führt der Highway 97b in das liebliche Okanagan Valley, das es angeblich sogar auf über 2000 Sonnenstunden im Jahr bringt. Es ist ein paradiesisches Fleckchen Erde, wo Wein und Obst gedeihen und auf den drei Seen Wassersport großgeschrieben wird. In den Ferienstädtchen Vernon, Penticton und Kelowna genießt man die heimischen Weine an den Seepromenaden oder gönnt sich ein Bier der »Okanagan Springs Brewery«.

Gletscher und Wasserfälle. Im Mount Revelstoke National Park in den Columbia Mountains regiert dagegen der Winter. Der Park gehört zu den schneereichsten Regionen Kanadas. Während des kurzen Sommers präsentiert sich die karge Gebirgswelt allerdings in ungeahnter Pracht: Dann nämlich verwandeln Tausende von Blumen die Wiesen am Fuß des Mount Revelstoke in ein Farbenmeer. Eine dramatische Urlandschaft bietet der benachbarte Glacier National Park. Es ist eine extrem raue Gegend, die oft von Lawinen und Wetterstürzen heimgesucht wird. Die Hälfte der Gipfel liegt oberhalb der 1900-Meter-Grenze, und gut ein Zehntel des Schutzgebiets ist von ewigem Eis bedeckt: Fast 400 Gletscher schieben ihre mächtigen Zungen in die Täler hinab. Auf dem 1321 Meter hohen Rogers Pass liegt einem die ehrfurchtgebietende Landschaft zu Füßen. Nicht weniger atemberaubend ist der Yoho National Park östlich des Columbia Valley. »Yoho« bedeutet in der Sprache der Cree »Erstaunen« oder »Ver-

wunderung« – und tatsächlich gibt sich die unberührte Gebirgslandschaft am Hauptkamm der Rocky Mountains so bizarr und so spektakulär, dass sie diesen Namen zweifellos rechtfertigt. Zu den Hauptattraktionen des Parks zählen die 384 Meter hohen Takakkaw Falls, die dritthöchsten Wasserfälle Kanadas. Nach Banff und Lake Louise führt der Trans-Canada Highway aus den Rocky Mountains hinaus nach Calgary, der Millionenmetropole in Alberta, und Medicine Hat. Von der Stadt am South Saskatchewan River, in der rund 60 000 Menschen leben, sind es weniger als 60 Kilometer bis zur Nachbarprovinz Sasketchewan.

Überraschungen in der Prärie. Man tut Saskatchewan Unrecht, wenn man es einfach als brettebene, eintönige Prärieprovinz charakterisiert. Drei Abstecher dokumentieren eindrucksvoll, wie vielfältig und reizvoll die Landschaft ist. Im Cypress Hills Interprovincial Park an der Grenze zu Alberta erheben sich die Berge wie eine Fata Morgana aus der flachen Prärie: 1500 Meter hohe graswachsene Plateaus und Bäume, die man irrtümlich für Zypressen hielt. Ein zweiter Abstecher führt auf dem Highway 4 in den Grasslands National

90 Prozent der Wassermenge der Niagara-Fälle stürzen über die Horseshoe Falls. (oben) Die Stephen Avenue Mall in Calgary säumen gläserne Wolkenkratzer und die ältesten Gebäude der Stadt. (unten) Wenn man das Abenteuer in der Wildnis sucht: Die Rocky Mountains bieten etwas für jeden Geschmack. (links)

Park, wo man in der naturbelassenen Prärie Antilopen, Präriehunde und sogar Adler beobachten kann. Und schließlich führt der Highway 6 von Regina nach Süden in die Big Muddy Badlands, eine faszinierende Mondlandschaft mit erodierten Sandsteinbergen.

Regina selbst ist auch einen Aufenthalt wert. »Wascana«, Knochenhaufen, nannten die Cree das Gebiet, weil sie hier Bisons jagten und ausnahmen; die erste weiße Siedlungsgründung hieß analog dazu »Pile o' Bones«. Es wäre wohl bei einem Knochenhaufen geblieben, hätte nicht die Anbindung an die Eisenbahnlinie für einen raschen Aufschwung gesorgt. 1883 verlegten sogar die »Mounties« ihr Hauptquartier nach »Pile«, das schließlich von Prinzessin Louise, der Gattin des damaligen Generalgouverneurs, zu Ehren ihrer Mutter, Königin Victoria, in »Regina« umgetauft wurde. Ein adeliger Name macht zwar noch keine schöne Stadt, doch Regina hat sich bemüht, aus seinen bescheidenen Möglichkeiten das Beste zu machen. Heute präsentiert sich die Hauptstadt von Saskatchewan als ein geruhsamer Ort mit hohem Freizeitwert: Die Parkanlage Wascana Centre ist ein wahres Paradies für Jogger, und die Touristen versammeln sich am liebsten im Café der

Mackenzie Art Gallery oder setzen mit Fähren auf das Inselchen Willow Island im Wascana-See über. Auf der Strecke nach Winnipeg könnte man das klassische Road Movie drehen: ein endloses Asphaltband, Trucks, Limousinen und flaches Land bis zum Horizont.

Frostiges Manitoba. Das Klima Manitobas bestehe aus sieben Monaten arktischem und fünf Monaten kaltem Wetter, behaupten Spötter aus dem Osten Kanadas. Die rund 660 000 Einwohner von Winnipeg sehen das gelassen. Sie blicken wie der »Golden Boy«, die Statue auf der Kuppel des Legislative Building von 1920, nach Norden, wo die reichen Ölfelder liegen. Die Hauptstadt Manitobas ist pures Understatement. Man kleidet sich einen Tick formeller und konservativer als im restlichen Kanada und zelebriert in den In-Kneipen rund um The Forks am Zusammenfluss von Red und Assiniboine River, heute zur National Historic Site erklärt, Weinkennerschaft. Winnipegs junge Szene tummelt sich im Osborne Village südlich der Osborne Street Bridge. Zudem hat die Universitätsstadt ein exzellentes Kulturangebot mit dem Royal Winnipeg Ballet, dem Manitoba Theatre Centre, der herausragenden Art Gallery, die zeitgenössische

Weizen soweit das Auge reicht gibt es im Farmland bei Calgary. (oben)
Im Old Fort William in Thunder Bay wird das Leben in einem alten Pelzhandelsposten lebendig. (unten)
Saskatchewan ist die »Kornkammer« Kanadas. (rechts)

kanadische Kunst und eine hervorragende Inuit-Sammlung zeigt, sowie dem Kanadischen Museum für Menschenrechte. Nach einem Abstecher nach Steinbach, wo im Mennonite Heritage Village kostümierte Museumsführer nach Altväter Sitte die Felder bestellen und in historischen Handwerksbetrieben arbeiten, lädt der Whiteshell Provincial Park mit seinen stillen Seen und Wäldern dazu ein, mehrere Tage zu verweilen.

Land der Seen. Ontario besitzt eine halbe Million Seen und rund 60 000 Kilometer befahrbare Wasserwege, aber auch auf dem Landweg ist die nun folgende Strecke ab der Grenze von Manitoba mit Sicherheit eine der schönsten Autorouten der Welt. Thunder Bay liegt fast auf den Punkt genau in der Mitte Kanadas am über 80 000 Quadratkilometer großen Lake Superior, den die Ojibwa »Gitche Gumee«, »Großes Wasser«, nannten. »T-Bay« ist die drittgrößte Hafenstadt des Landes: Von hier aus wird auf dem St. Lawrence Seaway das Getreide aus den Prärieprovinzen zum Atlantik verschifft. Sein Wahrzeichen ist der Sleeping Giant bei Pass Lake, ein Felsen, der tatsächlich so aussieht, als habe sich ein Riese am Strand zum Schlafen gelegt. Am Nordufer des Riesensees haben Vulkane, Gletscher und Erdbeben eine raue, waldreiche Landschaft und mit dem wilden Ouimet Canyon bei Dorion ein faszinierendes Naturwunder hinterlassen. Richtung Osten nehmen jetzt die Seen kein Ende: Jeder »Scenic Lookout«, jeder Parkplatz bietet sich als Picknickplatz an. Sault-Ste.-Marie, unter Insidern nur kurz »The Soo«, liegt auf einer Landenge, die den Lake Huron vom Lake Superior trennt. Schon Ende des 18. Jahrhunderts, als die Northwest Fur Trading Company hier einen Pelzhandelsposten gründete, baute man einen Kanal, um eine schiffbare Verbindung zwischen den beiden Seen zu schaffen. Heute beeindruckt die Hafenstadt mit riesigen Schleusenanlagen, die den Frachtschiffen den Weg nach Toronto und zum Atlantik ebnen. Zwischen dem St. Lawrence Seaway und dem Lake Superior gilt es immerhin einen Höhenunterschied von sage und schreibe 350 Metern zu überbrücken!

Vor den Toren von Sudbury liegt der heimliche Star unter den Wildnisgebieten Ontarios: der Killarney Provincial Park mit seinen tiefblauen Seen und weißen Felsen. Auch in Victoria Harbour sieht man das, was so charakteristisch für Ontario ist – Wasser, immer wieder Wasser: Westlich des Highways weiten sich riesige Buchten, so dass man fast meinen könnte, ein Meer vor sich zu haben. Nach Osten ziehen sich endlose Seenplatten bis hin zum Algonquin Provincial Park, der für Kanuwanderer aus ganz Kanada ein Pilgerziel ist. Schnurgerade zieht sich von hier der Highway 400 durch die endlosen Vororte Torontos nach Norden, gesäumt von allem, was die Fastfood-Welt zu bieten hat.

Trendiges Toronto. Wie sagte Sir Peter Ustinov so schön? »Toronto ist eine von Schweizern betriebene Version von New York.« Und wirklich – die Provinzhauptstadt von Ontario lebt, erfindet sich immer wieder neu, kreiert Trends wie »Big Apple«. Andererseits ist sie sauber und sicher und funktioniert so präzise wie eine Schweizer Uhr. In der Sprache der Huronen bedeutet Toronto »Sammelplatz« – ein Name, dem die Stadt heute mehr denn je gerecht wird: 5,5 Millionen Menschen aus 150 Nationen leben in ihrem Einzugsbereich, und alle wichtigen Banken und Versicherungen des Landes haben sich in ihrem Financial District niedergelassen. Zudem darf sich Toronto rühmen, nach New York die größte Theater- und Kulturstadt Nordamerikas zu sein. Es gibt eine lebendige Musik-Szene, unzählige Nachtclubs, Volksfeste und bunte Vergnügungsparks. Vom 553 Meter hohen CN Tower, einem der höchsten freistehenden Bauwerke der Welt, hat man einen herrlichen Blick über das Umland – und an schönen Tagen kann man sogar die Niagara-Fälle sehen. Richtung Nordosten geht es nun nach Québec City an die Ostküste.

Die Alberta Badlands östlich von Calgary sind ein sehr bedeutender »Dinosaurier«. (oben)
Von Wind und Wellen ausgewaschen ist der Big Flowerpot im Norden von Bruce Island. (unten)

Gut zu wissen

Hinweise: Auf dem Trans-Canada Highway durchfährt man vier Zeitzonen: Pacific Time (9 Stunden hinter MEZ, in British Columbia), Mountain Time (8 Stunden, in Alberta), Central Time (7 Stunden, größtenteils in Manitoba und Saskatchewan) und Eastern Time (6 Stunden).
www.tourismvancouver.com,
www.tourismwinnipeg.com,
www.seetorontonow.de

Von Québec City nach Halifax

 1890 Kilometer

Ob man am zerklüfteten Ufer des St.-Lorenz-Stroms entlangfährt, die raue Küste der Halbinsel Gaspé erkundet oder die spektakulären Gezeitenwechsel in der Bay of Fundy bestaunt: Mit seinen einzigartigen Naturschauspielen und seiner außergewöhnlichen landschaftlichen Vielfalt schlägt der Osten Kanadas jeden in seinen Bann. Französisches Flair genießt man in Québec City.

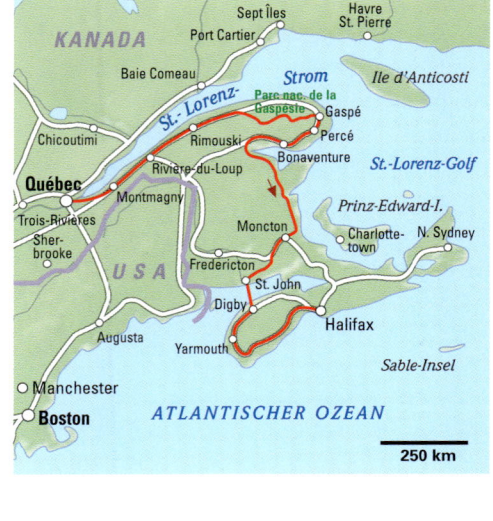

Nach gemütlichen Kneipen und Cafés muss man in den steilen Altstadtgassen von Québec nicht lange suchen. (oben)

Auf der Halbinsel Gaspé führt die Natur Regie: der wuchtige Felsen Rocher Percé. (unten)

Québec City bietet »Good Old Europe« in Nordamerika: alte, geduckte Steinhäuser, verwinkelte Gassen und eine fast vollständig erhaltene Stadtmauer, die einzige ihrer Art in Nordamerika. Den vielleicht schönsten Blick auf die Stadt am St.-Lorenz-Strom hat man von der Terrasse Dufferin. Auf der schönen Promenade trifft sich »tout Québec« zu jeder Tages- und Nachtzeit. Nicht verpassen sollte man eine Fahrt mit der Standseilbahn Funiculaire von der Oberstadt (Haute-Ville) in die Unterstadt (Basse-Ville).

Frühestens Anfang Mai sollte man von Québec City zur Gaspésie (Halbinsel Gaspé) aufbrechen, zuvor könnte man im Schnee stecken bleiben. In Montmagny bewundert man Tausende Schneegänse und viele weitere Vogelarten, die hier alljährlich nisten, in Rivière-du-Loup unternimmt man eine Exkursion zu den Inseln im St.-Lorenz-Strom, auf denen Papageientaucher, Kormorane und Robben leben. Wer Glück hat, begegnet während der Überfahrt weißen Belugawalen. Über Trois-Pistoles und Bic kommt man nach Rimouski, das Versorgungs- und Verkehrszentrum der Region.

Zwischen Strom und Felsen. Je weiter man auf die Halbinsel Gaspé vordringt, desto steiler fallen die Ufer zum St.-Lorenz-Strom ab, die Monts Chic-Choc, die Aus-

läufer der Appalachen in Québec, rücken immer näher an die Küste heran. Die Klippen werden höher und schroffer, der Fluss wird immer breiter. Von Ste.-Anne-des-Monts führt ein Abstecher durch enge Täler zum Parc de la Gaspésie, in dem Karibus, Elche und Rotwild leben. Auf der reizvollen Fahrt von Ste.-Anne-des-Monts ins Mündungsgebiet des St.-Lorenz-Stroms windet sich die Straße zum Parc national de Forillon. Hier führt ein schöner Wanderweg zum Cap Gaspé, an dem die Monts Chic-Chocs abrupt in steilen Kreideklippen ihr Ende findet. In Gaspé, der größten Stadt der Halbinsel, nahm 1534 der Seefahrer Jacques Cartier das Land für die französische Krone in Besitz. Nach Pointe-St.-Pierre erklimmt die Straße einen letzten Hügel, bevor es steil hinab geht nach Percé. Bereits von der letzten Anhöhe aus sieht man den riesigen Felsblock Rocher Percé mit dem 30 Meter großen Felstor. Im Hafen legen Boote zur Insel Bonaventure ab, wo in den 100 Meter hohen Klippen Zehntausende Seevögel nisten.

Im Land der Akadier. Am Südrand der Halbinsel wird der Küstenstreifen breiter und die Landschaft lieblicher. Felder, Wiesen und sanfte Hügel bestimmen das Bild. Über die Kultur der Akadier informiert im idyllischen Städtchen Bonaventure das Musée Acadien du Québec. In Matapédia überquert man die Grenze nach New Brunswick. Vorbei an der quirligen Hafenstadt Bathurst führt die Panoramastraße Acadian Coastal Drive weiter in die alte französische Siedlung Caraquet, das wichtigste kulturelle Zentrum der Akadierküste. Neben dem Musée Acadien lohnt hier ein Besuch im Museumsdorf Village Historique Acadien.

Lobster Trail heißt hier der Highway 11: Überall in dieser Gegend wird Hummer gefangen und in kleinen Lokalen oder direkt beim Fischer angeboten. Der Kouchibouguac National Park besticht durch seine landschaftliche Vielfalt mit Sandstränden, Dünen, Lagunen, Marschen, Mooren und dichten Wäldern. Zu den Sehenswürdigkeiten der »Welthauptstadt des Hummers«, Shediac, gehört eine riesige Hummerskulptur. Jedes Jahr im Juli findet hier ein Lobster Festival statt.

Im Wechsel der Gezeiten. Monctons Hauptattraktion ist die »tidal bore«, die man am besten vom Boreview Parc aus beobachtet. Durch den Gezeitenwechsel in der Bay of Fundy schwillt der kleine Petitcodiac River bei Flut zu einem mächtigen Strom an. An der Küste im Rocks Provincial Park haben die Gezeiten die Flowerpot Rocks ausgewaschen, bizarre Felsformationen, die an überdimensionale Blumentöpfe erinnern. Im Fundy National Park, den man vom Fischerdorf Alma erreicht, haben die Gezeiten in den hohen Klippen tiefe Schluchten gegraben. In Saint John mit seinen historischen Gebäuden fasziniert das tägliche Naturschauspiel an den Reversing Falls Rapids: Bei Flut ergießt sich das Meerwasser der Bay in den Saint John River, der dadurch zurück gedrängt wird. Erst bei einsetzender Ebbe strömt er wieder dem Atlantik entgegen.

Nach Neu-Schottland. Mit der Autofähre setzt man über die hier etwa 100 Kilometer breite Bay of Fundy nach Digby in Nova Scotia über. Was der Hummer für Shediac, sind Jakobsmuscheln für Digby. Jedes Jahr im August wird bei den Scallop Days ausgiebig geschlemmt. In Yarmouth treffen sich die Panoramastraßen Lighthouse Route und Evangeline Trail. Über den Highway 103 erreicht man schließlich Halifax. Nova Scotias Hauptstadt bietet zahlreiche historische Gebäude, Parks, einen betriebsamen Hafen und einen kulturhistorisch interessanten Friedhof mit Gräbern aus dem 18. Jahrhundert. Von hier führt der Weg zurück nach Québec City.

Unterwegs in New Brunswick auf dem Highway 955 im beginnenden Indian Summer. (oben)
Bei Ebbe ragen die bizarren Flowerpot Rocks im Rocks Provincial Park bis zu 15 Meter aus dem Meer auf. (unten)
Wahrzeichen von Québec City und zugleich erstes Hotel am Platz: das Château Frontenac aus dem 19. Jahrhundert. (links)

Gut zu wissen

Hinweis: Bei Shediac führt die Confederation Bridge über die Northumberland Strait auf Prince Edward Island, wo sich erste französische Siedler 1720 niederließen. www.quebecregion.com

Durch Kanadas Südosten und New England

 2625 Kilometer

Kleine Holzhäuser, eine weiße Kirche mit spitzem Turm, umgeben von Bäumen in flammenden Farben: Unvergleichlich ist der Charme der neuenglischen Dörfer, bezaubernd die Schönheit der sanften Hügellandschaften, überwältigend der Eindruck der Niagarafälle. Und Freunde französischer Lebensart kommen in den kanadischen Metropolen Québec City und Montréal auf ihre Kosten.

Das Boston Old State House Building in Massachusetts (oben)

Torontos wundervolle Skyline (unten)

Wo sich heute mit Québec City ein wirtschaftliches und kulturelles Zentrum Kanadas mit einem wichtigen Inlandshafen am St.-Lorenz-Strom erstreckt, befand sich ab 1608 eine Siedlung und Pelzhandelsstation. Diese entwickelte sich innerhalb von rund 150 Jahren zum lebhaften und einflussreichen Zentrum der französischen Besitzungen in Nordamerika. Obwohl Québec schon 1759 unter die Kontrolle der Briten kam, blieb es bis heute die französischsprachige Zitadelle Nordamerikas. Zwischen 1823 und 1832 wurde um die Altstadt eine knapp fünf Kilometer lange Mauer errichtet. Der Straßenbau des 20. Jahrhunderts schlug manche Lücke in diesen Granitwall. Unverändert aber blieb die Teilung des historischen Kerns in eine Unter- und eine Oberstadt. In der Unterstadt, wo früher Fischer, Arbeiter und Kaufleute wohnten, reihen sich heute Läden und Wohnhäuser aneinander, und durch die Straßen um die Place d'Armes in der Oberstadt weht im Sommer ein Hauch von Montmartre. Um die Place Royale drängen sich Giebelhäuser mit unverputzten Steinfassaden. Hier findet man das alte Québec, das trotz der vielen Cafés, Galerien und Antiquitätenläden sein Flair nicht verloren hat. Hölzerne Stiegen und die Standseilbahn Funiculaire führen in die Oberstadt hinauf. Die Treppe trägt den beziehungsreichen Namen »Escalier Casse-Cou« (Hals-

brechertreppe), und sie zu bewältigen kann im Winter tatsächlich zu einem halsbrecherischen Unternehmen werden. Nach dem Aufstieg bietet sich von der Terrasse Dufferin ein grandioser Blick auf den St.-Lorenz-Strom und die Dächer der Unterstadt. Beherrschender Bau der Oberstadt ist das 1892 errichtete Luxushotel »Château Frontenac«, das sich mit Türmchen, patinagrünen Kupferdächern, Erkern und Dachgauben ein wenig märchenhaft gibt. Noch aus dem 17. Jahrhundert stammen die sternförmige Zitadelle und das alte Kloster der Ursulinen.

Sprach- und Zeitsprünge. Der St.-Lorenz-Strom markiert den Weg nach Montréal. Die französischsprachige Millionenmetropole versprüht Bohème-Charme und misst der Kultur einen enormen Stellenwert zu. Der Parc du Mont-Royal ist ein Open-Air-Museum für moderne Skulpturen. Galerien und Ausstellungsräume prägen das Gesicht ganzer Straßenzüge. Seinen historischen Charme hat sich das Hafenviertel Vieux-Montréal bewahrt, das Stadtzentrum Ville-Marie besticht dagegen mit interessanter zeitgenössischer Architektur und einem unterirdischen Wegenetz für Fußgänger, in dem sich viele Restaurants und Läden befinden. Im geschichtsträchtigen Viertel Square Mile stehen viele historische Bauten aus dem 19. Jahrhundert –

und nicht nur dort findet man lebhafte Kneipen und originelle Restaurants, in denen das Savoir Vivre besonders gepflegt wird.

Eine ganze Tagesreise führt der Weg Richtung Südwesten in das anglo-kanadische Toronto. Die Hauptstadt der Provinz Ontario ist der bedeutendste Industriestandort auf kanadischem Boden – und ein wahrer Treffpunkt der Kulturen. Seit den 1980er Jahren wartet die Millionenmetropole am Nordufer des Lake Ontario mit einer imposanten Wolkenkratzerskyline auf.

Einen extremen Kontrast bietet die friedvolle Gegend um Kitchener-Waterloo etwa eine Stunde südwestlich von Toronto, die man über den Highway 8 erreicht. Zwar zählt die zusammengewachsene Stadt mittlerweile weit über 300 000 Einwohner, aber im Umland fühlt man sich in die Vergangenheit zurückversetzt. Wenn einem hier Pferdekutschen auf der Straße begegnen, ist man nicht etwa in einem Folk- Museum gelandet, sondern im Mennonite Country. Kitchener, das bis zum Jahr 1914 Berlin hieß, ist ein Zentrum der Mennoniten, die noch heute weitgehend ohne Auto, Strom, Telefon und andere »sündige Eitelkeiten« der modernen Neuzeit auskommen.

Land der Seen und Hügel. Nach einem großen Bogen um den westlichen Lake Ontario erreicht die Route den zwar kurzen, dafür aber weltberühmten Niagara River. Der Fluss stellt die Verbindung zwischen dem Lake Ontario im Norden und dem Lake Erie im Süden her und bildet dabei die spektakulären Niagarafälle, die zu den größten und schönsten Wasserfällen der Welt zählen. Die »donnernden Wasser« an der Grenze zu den USA gehören zu den Top-Attraktionen beider Länder. Man sollte sich daher nicht wundern, wenn man mit zigtausend anderen Schaulustigen in der berühmtesten Gischtwolke des Landes steht. An den Niagarafällen ist die nach »Disney World« wohl perfekteste Tourismus-Maschinerie Nordamerikas angekurbelt worden: Die Boote der »Maid of the Mist«-Flotte bringen ihre Passagiere bis dicht an die schäumende Wasserwand heran, Hubschrauberflüge über die Abbruchkante geben den ultimativen Kick, und auf einem Aussichtsturm dreht sich ein großes Panoramarestaurant. Wen die Massen nicht abschrecken, der kann auf kanadischer Seite von einer Plattform am Table Rock den schönsten Blick auf die 54 Meter hohen Horseshoe Falls genießen. Zumindest etwas entflieht man dem Rum-

Touristen können mit einem Boot auf dem Fluss Niagara zum Horseshoe Fall fahren. (oben)
Der Indian Summer, das überwältigende Farbenspiel der herbstlichen Wälder, lässt sich auf einer beschaulichen Überlandfahrt besonders gut erleben. (unten)
Die Niagarafälle zählen zu den größten und schönsten Wasserfällen der Welt. (links)

mel, wenn man über den Niagara Parkway in das idyllische Städtchen Niagara-on-the-Lake fährt. Statt Fastfood-Buden gibt es hier stilvolle Lokale, und die schattigen Alleen mit ihren herrschaftlichen Villen haben sich den Charme der viktorianischen Ära bewahrt.

Filmreife Landschaften. Von der Mündung des Niagara River in den Lake Ontario bei Youngstown folgt die Straße 18 zunächst dem Seeufer, ehe sie unter dem Namen Lake Ontario State Parkway nach Rochester führt. Hier dokumentiert das Eastman Museum in der ehemaligen Privatresidenz des Kodak-Firmengründers die Entwicklung von Fotografie und Film, das hauseigene Kino führt Klassiker der Filmkunst auf. Zwischen Rochester und Syracuse dehnt sich südlich der Interstate 90 die Region der fünf Finger Lakes aus, deren Ufer Bauernhöfe und Winzerbetriebe säumen. Ab Syracuse folgt die Route dem Ostufer des Lake Ontario bis nach Watertown und biegt dort nach Osten zum Lake Champlain an der Grenze der Bundesstaaten New York und Vermont ab. Von Burlington, einer Universitätsstadt mit 42 000 Einwohnern am östlichen Seeufer, folgt man der I 89 in östlicher Richtung bis

Duxbury und biegt dort auf die Scenic Route 100 nach Süden ab. Die Panoramastraße führt über Warren, Weston und Wilmington durch klassische Bauerndörfer in Vermont. Die Route durch die Green Mountains bietet vor allem zur Zeit der Laubverfärbung im Herbst grandiose Eindrücke. Von Williamstown aus, wo die malerische Hügellandschaft bereits den Namen Berkshire Mountains trägt, führt der Highway 2 quer durch Massachusetts nach Osten. Das gewaltige Denkmal Hail to the Sunrise bei Charlemont erinnert daran, dass er dem Mohawk Trail, einem alten Indianerpfad, folgt. Es ist den fünf indianischen Nationen gewidmet, die früher entlang dieser alten Verbindungsstraße gelebt haben, und stellt einen Indianer mit erhobenen Armen dar, der nach Osten blickt, wo weit hinter dem Horizont Boston liegt.

Keimzelle der Unabhängigkeit. Das geschichtsträchtige und traditionsverbundene Boston zählt rund 620 000 Einwohner und bildet das wirtschaftliche und kulturelle Zentrum der New-England-Staaten. 1630 gründeten englische Puritaner, die 1620 an Bord der »Mayflower« nach Amerika gekommen waren, die Stadt und sechs Jahre später das Harvard College, Vorgän-

Das 1892 errichtete Luxushotel »Château Frontenac« in Québec ist nach wie vor das erste Haus am Platz. (oben) Dank eines Gemäldes von Edward Hopper ist der Leuchtturm am Pemaquid Point einer der bekanntesten der Ostküste. (unten) Boston ist die größte Stadt in Neuengland und Hauptstadt des Bundesstaates Massachusetts. (rechts)

ger der Harvard University im benachbarten Cambridge. 1861 folgte mit dem Massachusetts Institute of Technology (MIT) eine weitere Wissenschaftsstätte von Weltrang. Im Bostoner Hafen enterten im Dezember 1773 als Indianer verkleidete Bostoner ein Schiff der East India Company und warfen aus Protest gegen eine Teesteuer die aus England importierten Teeladungen ins Hafenbecken – die »Boston Tea Party« war der Auslöser für den Amerikanischen Unabhängigkeitskrieg. Zu wichtigen historischen Stätten des Unabhängigkeitskampfes führt der mit einem roten Farbstrich gekennzeichnete Freedom Trail. Dazu gehören unter anderem der Stadtpark Boston Common, das Old State House und der Charleston Navy Yard mit dem 1797 vom Stapel gelaufenen Kriegsschiff »USS Constitution«. Der Black Heritage Trail führt von der Faneuil Hall zu wichtigen Stationen der Antisklavereibewegung durch Beacon Hill – der historische Stadtteil ist zusammen mit dem benachbarten Back Bay ein Besuchermagnet.

Sommerfrische. Im Hochsommer flüchten die Bostoner gerne nach Cape Cod oder auf die Halbinsel Cape Ann. Der Weg dorthin führt auf der Küstenstraße 1A zunächst in das Landstädtchen Salem, das 1626 von Roger Conant als Kolonie der Puritaner gegründet worden war und Ende des 17. Jahrhunderts als Ort gnadenloser Verfolgung von »Hexen« zu zweifelhaftem Ruhm gelangte. Zerklüftete Küsten säumen die Halbinsel Cape Ann, die wenige Jahre nach der Gründung Salems von englischen Fischern besiedelt wurde. Größter Ort ist Gloucester, Amerikas ältester Seehafen, das benachbarte Städtchen Rockport entwickelte sich in den 1920er Jahren zu einer Künstlerkolonie, deren Tradition heute von zahlreichen Galerien fortgesetzt wird. Von Cape Ann aus führt die Fahrt auf der Straße 133 nach Norden durch Ortschaften mit typisch neuenglischen Häusern. Das bleibt auch im Bundesstaat New Hampshire so, der nur einen etwa 60 Kilometer langen Küstenabschnitt besitzt.

Raue Küste, weite Wälder. Wenn man anstelle des stark befahrenen Maine Turnpike auf dem Weg nach Norden die Küstenstraße 1 benutzt, drängt sich einem schon bald der Eindruck auf, dass der Atlantik die Küste geradezu ausgefressen hat. Wie eh und je spielt hier die Hummerfischerei eine wichtige Rolle, und vor vielen Restaurants stehen große Bottiche, in denen die Schalentiere gekocht werden. Über Portland und Camden schlängelt sich die Straße bis zum Acadia National Park auf Mount Desert Island. An den von der Brandung zernagten Küsten kann man Seehunde, Seeotter und Weißkopfseeadler beobachten. Zum höchsten Punkt, auf den Cadillac Mountain, führt eine Straße, und wer auf dem Gipfel nicht vom Nebel eingehüllt wird, kann den Blick über die gesamte Insel genießen. Richtung Kanada führt die Straße 1 an der Küste entlang in die Wildnis des Moosehorn National Wildlife Refuge, mit Wäldern, Flüssen, Seen, Mooren und Felsküsten ein Paradies für Vögel und Mekka für Naturliebhaber. Hunderte Seen verstecken sich in der nördlichen Hälfte von Maine in teils riesigen Wäldern. Durch dünn besiedeltes Gebiet, das gelegentlich an das nördliche Skandinavien erinnert, führt die Straße 1 nahe der kanadischen Grenze zur Poststation Topfield und von dort die Straße 6 über Lincoln und Lagronge in das Urlaubszentrum Greenville an der Südspitze des 300 Quadratkilometer großen Moosehead Lake. Von hier aus kann man schöne Ausflüge per Auto oder per Boot unternehmen. Im Winter versinkt der Landstrich unter einer mächtigen Schneedecke und die Ruhe wird höchstens durch den Skizirkus am Squaw Mountain gestört. Über das alte Holzfällerzentrum Bangor, mit rund 33 000 Einwohnern die größte Stadt des Gebiets, erreicht man auf dem Highway 2 über Skowhegan den White Mountain National Forest, der zum Campen, Wandern und im Winter zum Skifahren einlädt. Bei Saint Johnsbury fährt man auf die Interstate 91 und Richtung Süden direkt nach New York City.

Ein Hauch von Paris weht durch die Gassen der Altstadt von Québec: Rund um die Place d'Armes laden hübsche Cafés zu einer Pause ein. (oben)

Tief eingeschnittene Buchten und hübsche Ferienorte kennzeichnen die Küste von Maine, wie hier bei Camden. (unten)

Gut zu wissen

Hinweise: Durch das Moosehorn National Wildlife Refuge führen über 80 Kilometer unbefestigte Straßen, die für Fußgänger, Radfahrer und Skiläufer geöffnet sind. Die Wilderness Area darf nur zu Fuß betreten werden. Im Verwaltungsbüro im Wald bei Baring gibt es Informationsmaterial. www.quebecregion.com, www.tourisme-montreal.org, www.seetorontonow.com, www.cityofboston.gov, www.discovernewengland.org, www.fws.go/refuge/moosehorn, www.fs.usda.gov/r9

Von New York City nach Key West

2700 Kilometer

Pulsierende Metropolen, allen voran der »Big Apple« New York, laden bei einer Reise entlang der Ostküste ebenso zur Entdeckung ein wie Museumsdörfer, liebevoll bewahrte historische Stätten und hübsche Plantagen. Sonnenanbeter kommen an meilenlangen Sandstränden auf ihre Kosten, Naturfreunde im riesigen tropischen Marschland der Everglades im »Sunshine State« Florida.

Am Times Square schlägt das Herz von New York. (oben) Nächtliches Rendezvous am Ocean Drive in Miami Beach (unten)

New York – meilenweit von den puritanischen Hochburgen Neuenglands entfernt, ist der »Big Apple« die Stadt, die niemals schläft, in der Geld und Kommerz eine prägende Rolle spielen und immer wieder neue Trends geboren werden. Mit den Millionen Einwanderern, die auf Ellis Island erstmals amerikanischen Boden betraten, gelangten aber auch vielfältige Ideen, kulturelle Einflüsse, Brauchtum, Kunstsinn und schließlich kriminelle Energie aus fast allen Teilen der Welt in die Stadt. All diese Elemente trugen zum Mythos New York bei, zur Erfolgsgeschichte einer Weltstadt, die von den Einen als »Tollhaus der westlichen Zivilisation« verflucht, von den Anderen als »pochendes Herz Amerikas« verehrt wird. Doch unabhängig vom Standpunkt: Gleichgültig gelassen hat die Metropole noch niemanden.

Pulsierendes Manhattan. Herz und Seele von New York City ist die Insel Manhattan, die im Osten vom East River, im Westen vom Hudson River umflossen wird. Über 200 Wolkenkratzer verwandelten das Stadtzentrum bereits im 19. Jahrhundert in eine bizarre Canyonlandschaft. Wie viele Menschen in New York City leben, weiß niemand genau. Schätzungen zufolge dürften es 8,5 Millionen und in der Metropolregion rund 19 Millionen Menschen sein, womit die Stadt auf Platz eins in den

USA rangiert. Alljährlich registriert sie Millionen Besucher aus aller Welt, die sich die Rosinen aus einem schier unerschöpflichen Angebot an Kultureinrichtungen heraussuchen können. Immerhin gibt es rund 150 Museen, über 400 Kunstgalerien und Dutzende Broadway-Theater. Wer zum ersten Mal hier ist, sollte mit der Fähre nach Staten Island fahren, um über die Wellen des Hudson River hinweg einen Blick auf die Skyline der Stadt und ihr berühmtestes Wahrzeichen, die Freiheitsstatue, zu werfen. Es lohnt auch, sich per Aufzug auf das Aussichtsdeck des Empire State Building oder des Rockefeller Center befördern zu lassen, um einen Eindruck von der Größe Manhattans zu bekommen. Über die Stadt hinaus bis in das Umland sieht man vom Aussichtsdecke des 2014 fertiggestellten One World Trade Center. Neben dem höchsten Gebäude der Stadt, das an der Stelle der am 9. September 2001 durch einen Terrorangriff zerstörten Zwillingstürme des World Trade Center erbaut wurde, beeindruckt die Gedenkstätte 9/11 Memorial. Natürlich kann die Vogelperspektive den Gang durch die Straßenschluchten nicht ersetzen: Chinatown, SoHo, Greenwich Village – New York ist eine urbane Wildnis, die erforscht werden will. Einige Tage sollte man sich dafür mindestens Zeit lassen.

Bilderbuch der Geschichte. Zwischen dem »Big Apple« und der amerikanischen Bundeshauptstadt Washington, D.C. dehnte sich noch vor 200 Jahren sanft gewelltes Farmland mit großen Waldflächen aus. Heute ist dieser Landstrich als »metropolitaner Korridor« bekannt und wird von einem Netz aus Schnellstraßen und Hochspannungsleitungen, Eisenbahnlinien und Wasserwegen durchzogen. Erst ein aufmerksamer Blick zeigt, dass es sich um historisch sehr bedeutenden Boden handelt: Mit der »Battle of Trenton« fand hier im Jahr 1776 eine der wichtigsten Schlachten des amerikanischen Unabhängigkeitskriegs statt, in Philadelphia wurde die US-Verfassung ausgearbeitet und von Delaware als erstem US-Bundesstaat ratifiziert.

Das geschichtsträchtige Philadelphia wird gern als »Wiege der Nation« bezeichnet. Zwischen 1790 und 1800 bildete die Metropole das politisch-administrative Zentrum der USA. Am 4. Juli 1776 wurde dort die amerikanische Unabhängigkeit proklamiert und mit der berühmten Freiheitsglocke eingeläutet, die vor einigen Jahren einen Ehrenplatz in einem eigens errichteten Pavillon zugewiesen bekam. Neben der

Unabhängigkeitserklärung gehören die amerikanische Verfassung, die 1787 in Philadelphia verabschiedet wurde, und die drei Jahre später hinzugefügte Bill of Rights zu den wichtigsten Dokumenten der US-Geschichte. Baltimore, die größte Stadt von Maryland, ist selbst vielen Amerikanern nur durch Berühmtheiten wie den Dichter Edgar Allan Poe oder den Rockmusiker Frank Zappa bekannt. Durch ein Sanierungsprogramm in den 1980er Jahren hat die zuvor vom wirtschaftlichen Niedergang geprägte Stadt ein neues Gesicht erhalten. Das prominenteste Projekt ist der Inner Harbor, nun das Schaustück der Metropole.

Im Zentrum der Macht. Maryland leistete den wichtigsten Beitrag zur Gründung der nur einen Katzensprung entfernten Bundeshauptstadt Washington, D. C.: Als um die Wende vom 18. zum 19. Jahrhundert ein Standort für eine neue Metropole gesucht wurde, trat Maryland einen Teil seines Territoriums ab. Mit dem Sitz des Parlaments und der US-Regierung ist Washington, D. C., das unumstrittene Machtzentrum der Vereinigten Staaten. In den vergangenen Jahrzehnten verwandelte sich die US-Hauptstadt aber auch immer

Außerhalb der Sommersaison finden sich auf der Halbinsel Cape Cod einsame Plätze. (oben)
Bei seiner Fertigstellung 1902 war das Flatiron Building das höchste Gebäude New Yorks. (unten)
Trotz seiner bedeutenden historischen Zeugnisse ist Philadelphia kein Geschichtsmuseum, sondern eine ausgesprochen lebendige Stadt. (links)

mehr in ein nationales Schaufenster und vor allem in einen Hort der Kunst und Kultur. Nirgendwo wird dies so deutlich wie an der drei Kilometer langen Mall, einer Mischung aus Prachtstraße und Stadtpark. So mondän und hauptstädtisch sich Washington, D.C., gibt: Bereits wenige Kilometer weiter östlich dehnt sich mit der Chesapeake Bay eine riesige Bucht mit malerischen Fischerorten und stillen Anglerrevieren aus. Im Osten wird sie durch eine sehr ländliche Halbinsel, die sich die Bundesstaaten Maryland, Delaware und Virginia teilen, zum Atlantik hin abgeschirmt. An der zum Meer hin offenen Südseite bildet der Bay Bridge Tunnel eine ungewöhnliche Verbindung für den Autoverkehr, die einerseits aus einer Brücke, andererseits aus einem Tunnel unter dem Meeresgrund besteht. Er führt in eine Region namens Hampton Roads, worunter die Einheimischen den Ballungsraum der Städte und Werftenstandorte Hampton, Newport News, Norfolk, Virginia Beach, Portsmouth, Chesapeake und Suffolk verstehen.

Nirgendwo an der Ostküste ist die Vergangenheit noch so lebendig wie zwischen Hampton Roads und Virginias Hauptstadt Richmond. Im so genannten historischen Dreieck kann man mit dem Besuch der Orte Jamestown, Williamsburg und Yorktown einen Ausflug in die Kolonialzeit unternehmen. Auf der winzigen Insel Jamestown, wo 1607 die Schiffe »Susan Constant«, »Godspeed« und »Discovery« vor Anker gingen, entstand die erste dauerhafte englische Kolonie auf nordamerikanischem Boden. Von den einstigen Gebäuden ist kaum mehr etwas erhalten; im benachbarten Freilichtmuseum Jamestown Settlement wurden jedoch die Wohnhäuser und die Kirche der Pioniere nach Originalplänen nachgebaut. Dank der finanziellen Unterstützung John D. Rockefellers konnte der alte Kern der Stadt Williamsburg mit fast 150 Gebäuden nahezu vollständig restauriert werden. In der Historic Area geben hervorragend geschulte Akteure in historischer Kleidung einen Einblick in das Leben der Kolonialzeit. Und in Yorktown sind die Schlachtfelder zu sehen, auf denen die Briten im Revolutionskrieg gegen die amerikanisch-französischen Truppen 1781 eine entscheidende Niederlage erlitten.

Das Flagler College in St. Augustine ist in einem 1885 errichteten Luxushotel untergebracht. (oben)
Die weite Chesapeake Bay, ein Eldorado für Wassersportler und Naturfreunde. (unten)
Die Seven Mile Bridge, die längste der 42 Brücken über die Florida Keys (rechts)

Schatzkammer der Architektur. Auf der Weiterreise durch Virginia lässt sich vielerorts noch das Flair der Südstaaten erleben. Dies gilt auch für die Nachbarstaaten North und South Carolina sowie Georgia. Besonders deutlich ist der Rhythmus des Südens aber im 1670 gegründeten Charleston in South Carolina spürbar, das 1861 Geschichte machte, als in Fort Sumter vor der Stadt die ersten Schüsse des Bürgerkriegs fielen. Prächtige Villen, weiß getünchte Cottages und überbordende Gärten prägen das Bild der eleganten Stadt. Besonders stilvoll kann man die Südstaatenschönheit Charleston auf einer Kutschfahrt durch das historische Zentrum erleben. Ähnlich reich an historischen Bauten ist Savannah in Georgia, das 1733 von den Engländern am Südufer des Savannah River gegründet wurde. Schöne Eichenalleen ziehen sich durch die Stadt, die einst einer der weltweit bedeutendsten Umschlagplätze für Baumwolle war. An der Küste Georgias entlang geht die Fahrt weiter nach Süden, vorbei an einstigen Plantagen, kleinen Fischerdörfern und Inseln, die durch den Tourismus in gepflegte Ferienresorts verwandelt wurden.

Amerikas »Sunshine State«. Obwohl sich seine internationale Reputation eher auf Lifestyle und Badestrände stützt, wartet auch Florida mit einer vierhundertjährigen Geschichte auf. Bestes Beispiel dafür ist das 1565 von den Spaniern gegründete St. Augustine, die älteste ständig bewohnte Stadt der USA. Die malerische Altstadt mit ihren Gebäuden aus dem 18. und 19. Jahrhundert bezaubert ebenso durch spanisches Flair wie die über 300 Jahre alte Festung, das Castillo de San Marcos.
Für die besondere Anziehungskraft Floridas sorgen nicht zuletzt zwei unweit von St. Augustine gelegene Reiseziele. Im Süden von Orlando entstand in den 1970er Jahren das Vergnügungszentrum Walt Disney World und am Cape Canaveral gibt das Kennedy Space Center einen Einblick in die Entwicklung der Raum-

fahrt. Seit über 100 Jahren gilt die Atlantikküste des »Sunshine State« als populäres Feriengebiet. Um sie möglichst hautnah zu erleben, nimmt man auf dem Weg nach Süden die Küstenstraße A1A, die größtenteils über vorgelagerte Sandbankinseln mit lebhaften Ferienkolonien und menschenleeren Sandstränden führt. Unter den Orten an Floridas Badeküste ragt Palm Beach besonders heraus, gilt es doch als exklusiver Tummelplatz der Reichen und Schönen des Landes. Weit bescheidener gibt sich dagegen Fort Lauderdale, dem die vielen Wasserwege und Kanäle den Beinamen »Venedig Amerikas« einbrachten. Miami Beach lebt ausschließlich vom Tourismus. Das in den 1930er Jahren entstandene Art-déco-Viertel steht nach seiner aufwändigen Restaurierung bei Filmemachern und Fotografen ebenso hoch im Kurs wie bei Stars und Sternchen, die sich vorwiegend in den Bars und Restaurants am berühmten Ocean Drive sehen lassen.
Am Stadtrand von Miami beginnt mit den Everglades eine einzigartige, mittlerweile von der Zivilisation bedrohte Naturlandschaft. Dieses »Meer aus Gras«, wie die Indianer es nannten, ist ein lebenswichtiges Rückzugsgebiet für zahlreiche Tiere. Südlich der Everglades führt der Overseas Highway über 42 Brücken und künstliche Dämme über die Florida Keys, eine fast 200 Kilometer lange Kette aus zum Teil winzigen Koralleninseln, die sich in die Karibik hineintasten. Am Ende dieser exotischen Perlenkette liegt Key West, in dessen gleichnamiger Hauptstadt der Literaturnobelpreisträger Ernest Hemingway (1899–1961) lebte. Heute prägt ein buntes Völkchen von Lebenskünstlern und Amateurphilosophen, Kneipenroutiniers und Müßiggängern den Ort – von den Zehntausenden von Touristen einmal abgesehen, die es ebenfalls auf eine Prise Karibik abgesehen haben.
Von den Keys geht es wieder zurück aufs Festland, wo das Auto in Miami auf den langen Weg nach Auckland in Neuseeland verladen wird.

Die endlosen Sandstrände um Fort Lauderdale – hier der Hollywood Beach – laden zum Ausspannen ein. (oben) Schöne Strände – wie hier Folly Beach – findet man auf den Charleston vorgelagerten Insel. (unten)

Gut zu wissen

Hinweise: Eine Autoverschiffung ist auch ab Savannah möglich – wer Zeit sparen möchte, fährt quer durch die USA nach Los Angeles, ab da dauert die Frachtreise weitaus weniger lang.
www.nycgo.com, https://washington.org, www.charleston.com, www.visitsavannah.com, www.visitflorida.com

OZEANIEN

Auf der Sonnenroute in Neuseelands Nordosten

 1415 Kilometer

Die abwechslungsreiche Rundfahrt durch Neuseelands Nordosten ist zwar schon länger kein Geheimtipp mehr, ist aber dennoch unglaublich packend: Herrliche Strände, faszinierende Maorikultur, unberührte Urwälder und das einmalige Thermalgebiet um Rotorua präsentieren ein überwältigendes Angebot, das man nicht ausschlagen kann. Der Bonus: Sie fahren weitab der touristischen Hauptrouten.

Ein verstecktes Juwel auf der Coromandel-Halbinsel ist die verschwiegene Cathedral Cove mit ihrem feinsandigen Strand und den zerklüfteten Felsen. (oben)
Eine halbstündige Wanderung durch das herrliche Grün der Coromandel-Halbinsel führt zu der versteckten Cathedral Cove bei Hahei. (unten)

Solange man auf sein Auto wartet, das in Aucklands Hafen seine Überfahrt von Miami beenden wird, wird einem die Zeit in Neuseelands heimlicher Hauptstadt nicht zu lang: Die größte Stadt des Landes hat viel zu bieten. Auckland gefällt sich in seiner Rolle als pulsierende Metropole und verweist stolz auf seine riesige Fläche und mehr als 1,4 Millionen Einwohnern im Ballungsraum. Die Stadt zieht sich gut 80 Kilometer an der Küste entlang und bedeckt eine Fläche von rund 1086 Quadratkilometern – gut das Doppelte europäischer Millionenstädte. Darüber hinaus machen mehr als 250 000 Maori und Einwanderer von den Pazifikinseln Auckland zur größten polynesischen Siedlung der Welt, ebenso wie die Zuwanderer aus Südostasien, Hongkong-Chinesen vor allem, das Stadtbild mitprägen.

Die Lage ist einzigartig, denn der Isthmus von Auckland liegt zwischen zwei Meeren: der Tasmansee mit dem Manukau Harbour im Westen und dem Pazifischen Ozean im Osten, gebändigt durch den Waitemata Harbour und im Weiteren durch den Golf von Hauraki. Mehr als sechzig Vulkane haben durch ihre Eruptionen diese Landenge gebildet, und nicht alle sind erloschen. Die Vulkaninsel Rangitoto etwa brach zuletzt vor rund Jahren aus, in geologischen Zeitaltern ist das ein Wimpernschlag. Vom Zentrum Aucklands

aus erreicht man in einer Stunde rund hundert Strände; man kann sich auch zu einer der Inseln übersetzen lassen oder segeln gehen. In der »Stadt der Segel« sind rund 70 000 Yachten und Motorboote registriert. Viele davon segeln bei der Auckland Anniversary Day Regatta Ende Januar um die Wette, an der gut 1000 Boote teilnehmen.

Die Braut mit hundert Freiern. Man nimmt an, dass Maori vor 700 Jahren das Land zwischen den Meeren besiedelt haben. Es bot ihnen reiche Fischgründe, im milden Klima gedieh die Süßkartoffel Kumara. Auf Hügeln wie One Tree Hill und Mount Eden kann man noch Spuren der ersten Siedlungen besichtigen. Um diesen Siedlungsplatz wurde oft gekämpft, wie der Maoriname für das Gebiet andeutet: »Tamaki makau rau« heißt »die Braut mit hundert Freiern«. Vernichtend waren die Angriffe vor allem ab 1820, als die mit Gewehren bewaffneten Nga Puhi aus dem Norden ihre keulenschwingenden Gegner massakrierten. Der erste Kontakt mit Weißen schleppte Seuchen ein, die das Zerstörungswerk vollendeten. 1840, als die neue britische Kolonie Neuseeland eine Hauptstadt suchte, waren die Häfen praktisch verlassen: Der erste Gouverneur, William Hobson, kaufte sie von den letzten Maori für einen Preis von 55 Pfund in Gold, dazu

Decken, Hosen, Hemden, Westen, Mützen, Tabak, Pfeifen, Stoff, Eisentöpfe, eine Tüte Zucker und einen Sack Mehl. Hobson benannte den Platz nach dem Earl of Auckland, Kriegsheld und Gouverneur von Indien. Die Hauptstadtwürde blieb dem Dorf jedoch nur 25 Jahre, dann ging sie an das zentraler gelegene Wellington verloren.

Eine Stadt mit vier Zentren. Die Queen Street war in vergangenen Tagen Aucklands erste Adresse. Heute sind die besseren Geschäfte in die umliegenden Seitenstraßen ausgewichen. Neuseelands größtes Kunstmuseum, die Auckland Art Gallery / Toi o Tāmaki, besitzt rund 15 000 Werke, darunter viele Arbeiten von neuseeländischen und zeitgenössischen Künstlern. Eine Besonderheit sind Gottfried Lindauers detailgenaue Porträts von Maoris aus dem 19. Jahrhundert. Gleich daneben lädt der hübsche Albert Park zum Spaziergang im Grünen ein. An der Victoria Street Ecke Federal klotzt das riesige Spielcasino Sky City, zu dem der 328 Meter hohe Sky Tower gehört, der einen fantastischen Blick auf Auckland bietet. An der Quay Street steht das Ferry Building, von dem aus die Hafenfähre startet und die Boote zu den Inseln im Hauraki-Golf ablegen.

Etwa 100 Meter entfernt liegt das Schiffsmuseum. Das Viaduct Basin, das Zwischenstopp des Whitbread-Weltumseglungsrennens von 1994 war, hat man für die Verteidigung des America's Cup im Frühjahr 2000 großzügig umgebaut. Neben dem Stadtzentrum um die Queen Street hat Auckland drei weitere, kleine Stadtkerne. Der Stadtteil Parnell liegt im Osten und bietet hübsche Häuschen aus der Jahrhundertwende, in denen Boutiquen und Restaurants untergebracht sind. Südlich der Parnell-Anhöhe lockt das Einkaufsviertel Newmarket, im Westen schließt daran der Stadtteil Ponsonby mit flotten Läden lokaler Designer und einer großen Auswahl interessanter Restaurants an. Einen Besuch wert ist auch Kelly Tarlton's Underwater World, wo man in einem 120 Meter langen Acrylglastunnel durch die Aquarien spaziert und Haie und imposante Stachelrochen beobachten kann. Gleich nebenan im Antarctic Encounter erlebt man die Faszination der antarktischen Eiswüste. Im ältesten Park der Stadt, der 80 Hektar großen Auckland Domain, liegt das Auckland War Memorial Museum, das kurz nur Auckland Museum genannt wird und als Neuseelands ältestes Museum 1852 gegründet wurde. Das neo-

Die »Driving Creek Railway« des Künstlers Barry Brickell (oben)
Nur eine einzige Straße, aber um so mehr Wanderwege führen durch den Urewera National Park mit seiner waldreichen Wildnis. (unten)
Ein beliebter Ferienort im Zentrum der Bay of Plenty ist Whakatane. (links)

klassizistische Gebäude ist einem griechischen Tempel nachempfunden und besitzt hervorragende Sammlungen zur Natur und Kulturgeschichte des pazifischen Raums, darunter eine ausgezeichnete Maorisammlung. Besuchermagnete sind die täglichen Vorführungen der Maori mit traditionellen Tänzen und Gesängen sowie der Erdbebensimulator.

Holzfäller und Goldsucher. Wenn man schließlich in Aucklands Hafen das Auto durch den Zoll geschleust hat, führt der Weg auf dem viel befahrenen State Highway One (SH 1), Neuseelands Hauptverkehrsweg, nach Süden. Am besten verlässt man ihn schon am Stadtrand in Papakura: Auf dem Pacific Coast Highway entlang der Küste geht es viel gemütlicher zur Coromandel-Halbinsel am östlichen Hauraki-Golf. In dem zerklüfteten Waldgebiet finden Urlauber Natur pur: Hier kann man wandern, schwimmen, tauchen, angeln, campen oder Edelsteine suchen. Ein Großteil der Coromandel-Halbinsel steht als Forest Park unter eingeschränktem Naturschutz und lässt sich mit einer Rundfahrt erkunden, die in Thames

beginnt. Der Ort ist mit 7000 Menschen die größte Siedlung in der Umgebung – aber nur noch ein Schatten seiner früheren Größe als Goldgräberstadt. Im Kauaeranga Valley berichtet ein Informationszentrum über die Geschichte der Holzfäller, die ab 1795 die Kauriwälder rodeten. Für den Transport der tonnenschweren Riesen ans Meer staute man Bäche zu kleinen Seen auf. Etwa 300 solcher Dämme gab es auf der Halbinsel, 60 davon im Kauaeranga Valley. 1852 fand Charles Ring in der Ortschaft Coromandel das erste neuseeländische Gold, woraufhin Tausende in Booten über den Hauraki-Golf kamen, doch die ersten Funde waren sehr mager. Heute lädt Coromandel mit kleinen Cafés, Kunsthandwerk und hübsch renovierten Fassaden zum Faulenzen ein. Von Coromandel geht es 50 Kilometer nach Norden zum menschenleeren Kap. Unsere Route folgt jedoch der Straße 309 zum Ferienort Whitianga an der Ostküste der Halbinsel, der vor allem im Sommer gut besucht ist. Die vorgelagerte Mercury Bay verdankt ihren Namen Captain Cook, der in dieser Bucht den Merkur beobachtet hat. Am Kai von Whitianga beginnt ein

Surfen mit Spaß am Strand von Maunganui (oben)
Petri Heil! – Wer gerne fischt, kann sich von einheimischen Führern die besten Fischgründe zeigen lassen und – sogar ohne Angelschein – sein Glück versuchen. (Mitte)
Wo die Natur so schön ist: Kaimai Range. (unten)
Sanfte Buchten und grüne Hügel, so weit das Auge reicht: Tapu. (rechts)

Pfad zum Whitianga Rock Scenic and Historic Reserve. An einem steilen Abhang über den Klippen stand früher eine Maorifestung.

Zum Cooks Beach tuckert die Fähre durch den Whitianga Harbour, aber auch mit dem Auto kann man den feinen Sandstrand erreichen. Der Weg führt zunächst nach Süden über Coroglen weiter nach Whenuakite. Dort geht es auf Nebenstraßen zu Cooks Beach und zwei weiteren Attraktionen: Vom Küstenort Hahei führt ein halbstündige Wanderung zum schönen Strand von Cathedral Cove, dessen markantester Blickfang eine kathedralenartige Felsöffnung ist; am Hot Water Beach treten bei Ebbe heiße Quellen aus dem Sand – hier kann man sich ein herrlich entspannendes warmes Bad graben. Weiter südlich trifft man in Tairua und Pauanui auf Feriensiedlungen, Motels und Restaurants, Whangamata bietet noch mehr davon. Ab hier verläuft die Straße landeinwärts nach Waihi, wo 1878 die reichste Goldader Neuseelands gefunden wurde: Die Martha Mine verwöhnte ihre Anleger mit umgerechnet rund 180 Millionen Euro in Gold. Die riesige Mine ist noch in Betrieb und kann besichtigt werden.

Bay of Plenty und das East Cape. Die Bucht des Überflusses trägt ihren Namen zurecht – Zitrusfrüchte, Kiwi, Tamarillo (Baumtomate) und Feijoa gedeihen auf ihren fruchtbaren Böden prächtig zwischen Thermalquellen. Nahe der Hafenstadt Tauranga grenzt an den Vulkankegel des Mount Maunganui ein herrlicher Strand, und am Fuß des Berges locken heiße Salzwasserquellen zum Bad.
In Te Puke, der »Kiwi-Hauptstadt der Welt«, lohnt ein Abstecher zu einer der Kiwifarmen. Vor der Küste von Whakatane liegt White Island, ein Vulkan, der ständig raucht und grummelt. Im Osten der Bay of Plenty ragt Neuseeland am weitesten in den Pazifik. Hier, nahe der Datumsgrenze, beginnt jeder Tag der Welt. Besonders schön sind die Sonnenaufgänge vom Gipfel des 1754 Meter hohen Berges Hikurangi.

Am East Cape sind im Lauf der Jahrhunderte Forscher und Siedler aus Ost und West gelandet, die Polynesier vor 700 Jahren, der Entdecker James Cook 1769. Der Landstrich gehört zu weiten Teilen den Maori, die hier die Hälfte der Bevölkerung stellen. Die hier ansässigen Ngati Porou haben viele exzellente Holzschnitzer hervorgebracht, deren Kunstwerke in den Museen von Auckland und Wellington ausgestellt sind. Die malerische Küstenlandschaft lässt sich über eine schöne Straße erkunden, die über 342 Kilometer von Opotiki nach Gisborne führt. Die beste Reisezeit ist kurz vor Weihnachten, wenn die auch »Weihnachtsbäume« genannten Pohutukawa-Bäume in prächtiger roter Blüte stehen. Eine Auswahl reizvoller Stopps reiht sich wie Perlen von Nord nach Süd aneinander: Whangaparaoa Bay ist die »Bucht der Wale«; Cape Runaway wurde von James Cook 1769 so getauft, nachdem britische Schrotsalven fünf Kriegskanus der Maori in die Flucht schlugen; Hicks Bay ist ideal für Camper; in Te Araroa steht der vielleicht schönste Pohutukawa des Landes, von hier führt eine Nebenstraße zum Leuchtturm am eigentlichen East Cape; Tikitiki gilt als Landeplatz des mythischen Maorihelden Maui, die Kirche St. Mary's wurde den gefallenen Maorisoldaten des Ersten Weltkriegs gewidmet; Ruatoria ist der Hauptort der Ngati Porou; in Te Puia locken heiße Quellen; es folgen drei herrliche Strände: Anaura Bay bietet am Nordende einen schönen Spaziergang, zu Tolaga Bay gehört Captain Cooks Höhle, und am Waihau Beach werden Camperträume Wirklichkeit.

Die Bucht der Armut. Vom Kaiti Hill blickt die lebensgroße Statue von James Cook auf die Stadt Gisborne und die Poverty Bay, wo der Seefahrer 1769 erstmals neuseeländischen Boden betrat. Cook schrieb: »Wir fanden nichts von dem, was wir benötigten, außer ein bisschen Feuerholz«, und nannte den Platz Poverty Bay (»Bucht der Armut«). Doch er tat der Gegend unrecht: Hier wei-

Spektakuläre Aussicht bei der Jeep-Tour auf den Krater des Vulkans Mount Tarawera (oben)
Entspannung pur bietet das von drei Heilquellen gespeiste Polynesian Spa. (unten)

den Schafe und Rinder; an den Küsten wachsen Feld-, Zitrus- und Kiwifrüchte, auch gute Chardonnays gedeihen hier. Der SH 2, immer noch als Pacific Coast Highway ausgeschildert, geht weiter zur Hawke's Bay. In Manutuke stehen zwei schöne alte Maori-Versammlungshäuser. Die Morere Hot Springs liegen in einem Wald mit Nikaupalmen, die Mahia-Halbinsel und ihr Strand sind vor allem für Camper geeignet; man kann hier auch Hummer fangen und tauchen.

Südlich der Halbinsel beginnt Hawke's Bay, in der Wairoa das Tor zum Te Urewera National Park bildet. Der über 2000 Quadratkilometer große Nationalpark schützt ein zerklüftetes, wildes Urwaldgebiet mit Rimu-, Rata- und Buchenwäldern. Aniwaniwa liegt am 55 Quadratkilometer großen Lake Waikaremoana, der fast ganz von Wald umgeben und ein Paradies für Paddler und Forellenfischer ist.

Hawke's Bay. In der ländlichen Gegend liegen die Schwesterstädte Napier und Hastings 20 Kilometer voneinander entfernt. Beide wurden durch das schwere Erdbeben von 1931 fast völlig zerstört und Napier wurde daraufhin gänzlich im Art-déco-Stil wiederaufgebaut. Berühmt ist das Cape Kidnappers für seine riesige Tölpelkolonie, die mit Muriwai im Westen von Auckland weltweit einzige Festlandkolonie der weißen Vögel. Die beste Zeit, sie zu sehen, ist zwischen November und Februar, wenn die Jungen noch nicht flügge sind. Nördlich von Napier führt der Highway 5 nach Taupo am Lake Taupo. Der mit rund 620 Quadratkilometern größte See des Landes ist die eindrucksvolle Folge verheerender Vulkanausbrüche vor etlichen tausend Jahren. Eine Fahrt um den See lohnt vor allem vom Boot aus – nur so etwa sieht man den farbenprächtigen Felsabsturz der Karangahape Cliffs.

Der Weg nach Norden in die Seenlandschaft und Thermalzone um Rotorua bietet viele Attraktionen: Schon bald hinter Taupo steigt neben der Straße Dampf auf. Dort liegt das riesige geothermische Kraftwerk

im nahen Wairakei mit seinem informativen Besucherzentrum. Im nahen Wairakei Tourist Park sieht man von zwei Plattformen aus auf die spektakulären Huka Falls: Hier stürzt der Waikato River aus einer schmalen Schlucht über eine zwölf Meter hohe Felswand. Auf einer Nebenstraße, die Highway 5 und 1 verbindet, fährt man zu den heißen Quellen von Orakeikorako oder »Hidden Valley«. Ein Boot bringt einen über den Ohakuri-See zum eigentlichen Thermengebiet. Waiotapu (»heilige Gewässer«) ist ein parkähnliches Thermalgebiet mit brodelnden Seen, Geysiren und heißen Schlammbecken. In einem unberührten Gebiet im Waimangu Valley ist der 1917 durch einen Vulkanausbruch entstandene Waimangu Cauldron zu bestaunen, der größte Heißwassersee der Welt.

Im Zentrum der Maori. Rotorua ist das Tourismuszentrum der Nordinsel; das Gebiet liegt an einer Bruchlinie der Erdkruste und ist ein geologisches Labor mit Schwefelgeruch, in dem es blubbert, faucht und zischt. Im Maorizentrum Rotorua leben die Nachfahren jener Polynesier, die um 1350 n. Chr. mit dem legendären

Mit ihren herrlichen Stränden, malerischen Seen und großen Wäldern ist die Coromandel-Halbinsel ein Ferienparadies. (oben)
Neuseeland ist ein Traumziel für Camper, wie hier am Stony Bay Campground. (unten)
Träumen unter Bäumen an der Bay of Plenty. (rechts)

Kanu Te Arawa an der Bay of Plenty landeten. Das prächtige Versammlungshaus in Ohinemutu, dem alten Kern von Rotorua, heißt nach dem Kapitän des Arawa-Kanus Tama te Kapua, »Sohn der Wolkenbank«. Der Name des Lake Rotorua, des »Sees im Krater« deutet auf seinen vulkanischen Ursprung hin. Etwa in der Mitte des Sees liegt die Insel Mokoia, die vor 200 Jahren noch dicht besiedelt war. Mokoia ist ein Vogelschutzgebiet ersten Ranges und einen Ausflug wert: Eine heiße Quelle nahe dem Ufer lädt zum Bad, sattgrüne Wiesen bieten Picknickplätze, und auf dem Rundweg um die Insel kann man die Vögel beobachten. Fähren zur Insel legen am Ende der Tutanekai-Straße in Rotorua vom Seeufer ab; dort warten auch ein Wasserflugzeug sowie der Raddampfer »Lakeland Queen« auf Kunden.

Stilvoll erholen. Gleichfalls am Seeufer liegen die Government Gardens mit dem stilvollen Bath House, in dem ein interessantes Museum untergebracht ist. Nebenan kann man sich in den Thermalbädern des Polynesian Spas Erholung gönnen. Am südlichen Ende der Fenton Street sprudeln die heißen Quellen von Whakarewarewa Te Puia. Auf dem Gelände des Maori Arts and Crafts Institute kann man Holzschnitzern bei der Arbeit zusehen. Daneben ist

ein befestigtes Maori-Dorf aufgebaut, an das sich ein Thermalgebiet anschließt. Hier regiert der Pohutu, der sein heißes Wasser meist mehrmals am Tag bis zu 30 Meter hoch spuckt.

Wer von Rotorua auf dem Highway 5 nach Nordwesten fährt, kommt zum Aussichtsberg Ngongotaha, auf den eine Seilbahn fährt. Abwärts geht es auf höchst amüsante Art und Weise auf einer 900 Meter langen Rutsche. Unweit davon erstreckt sich der Agrodome, auf dem in »Farm Shows« den Zuschauern auf unterhaltsame Weise die Arbeit von Schafscherern und Hütehunden näher gebracht wird. Am Ostufer des Rotorua-Sees führt Highway 30 zu den Ufern der Seen Rotoiti, Rotoehu und Rotoma. Ein weiterer Abstecher geht zum unberührten Lake Okataina. Wer in Te Ngae auf den Highway 33 abbiegt, kommt zu den Okere Falls und Hinemoa Steps; von hier gelangt man durch den Wald zum Kaituna River, der einen dramatischen Anblick bietet, wie er durch eine Klamm stürzt. Für den Rückweg nach Auckland bietet es sich an, hinter Ngongotha bei Tirau nach rechts Richtung Matamata abzubiegen, vorbei an der Kaimai Range, die Wanderer mit Wald, Wasserfällen und Thermalquellen lockt. Letzte Wegmarke vor Auckland ist Mangatarata. Von hier geht es über die Highways 1 und dann 2 zügig zurück in die Großstadt.

Einer von vielen herrlichen Sandstränden der Coromandel-Halbinsel. (oben) Wo die Natur so schön ist und die Menschen so entspannt sind, kann man die Seele baumeln lassen. (unten) Rotorua: wer mitspielen will, muss die weiße Mannschaftsuniform tragen: Bowl-Spiel vor dem Bath Museum. (links)

Gut zu wissen

Hinweise: Die Hawke's Bay ist das älteste Weinbaugebiet Neuseelands. Zwischen Hastings und Napier bauen Weingüter hervorragende Tropfen an. Auf drei Trails kann man die Güter abklappern, dort verkosten, speisen und teils auch übernachten. www.aucklandtourism.co.nz, www.newzealandcom/de/food-and-wein+hawkes-bay/, www.rotoruanz.com

Von Auckland nach Wellington

996 Kilometer

Vulkane sind den Maori heilig: In ihren schneebedeckten Gipfeln sehen sie die weißhaarigen Häupter ihrer Ahnen – Ehrfurcht vor der Schönheit und Gewalt der Riesen erfasst aber auch Europäer. Wie ein Wall zwischen die Hauptstädte des Landes gestellt, machen die Vulkane deutlich, wie fremd und faszinierend anders Neuseeland bei aller Vertrautheit letztendlich bleibt.

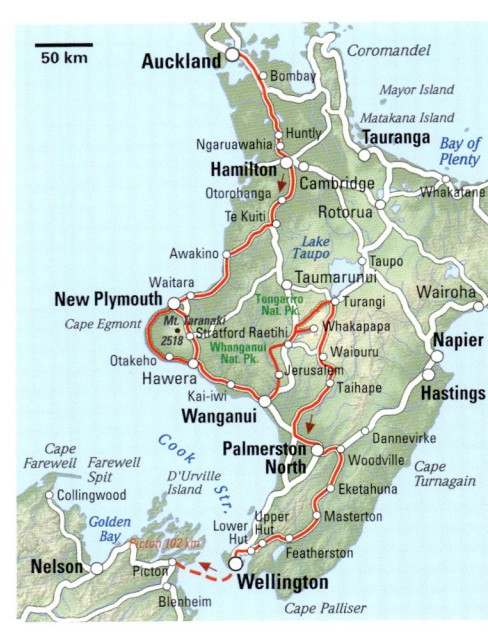

Malerische Kulisse: Schneebedeckt und wolkenumhüllt erhebt sich der Mount Taranaki im Hintergrund des Pioneer Village in Stratford. (oben)
Von Natur aus dunkel ist der Badestrand von Raglan, einem beliebten Urlaubsort westlich von Hamilton. (unten)

Wer die Hügelkette Bombay Hills südlich der Metropole erreicht, hat Auckland wirklich hinter sich. Der SH 1 folgt ab nun dem Waikato, Neuseelands längstem Fluss, stromauf nach Süden, vorbei an Kohlegruben und dem Kraftwerk von Huntly. Nicht weit davon sind am Mount Taupiri die Häuptlinge der Waikato-Stämme begraben. In Ngaruawahia befindet sich das Turangawaewae Marae, der offizielle Sitz des Maori-Königs Tuheitia Paki. Das weite Areal ist für Besucher nicht zugänglich, doch hat man von der Waikato-Brücke einen guten Blick.

Durch das King Country zum Taranaki.
Hamilton ist ein Landwirtschaftszentrum und mit knapp 160 000 Einwohnern die größte Stadt Neuseelands, die nicht am Meer gelegen ist. Gemächlich fließt der Waikito River durch die sonnige Provinzstadt und lockt mit unterhaltsamen Bootsausflügen. Auch ein Abstecher ins Waikito Museum of Art & History lohnt.
Südlich von Hamilton beginnt das King Country – so benannt, weil sich der Maorikönig Tawhiao zu Beginn der 1860er Jahre zusammen mit seinen Anhängern in das unzugängliche Bergland zurückgezogen hatte und das Gebiet für Weiße bis 1881 geschlossen blieb.
Das Kiwi and Native Bird Centre von Otorohanga gilt als die beste Zuchtstätte für

Kiwis im Land. Von hier gehen Prachtexemplare des flugunfähigen Laufvogels an Zoos in aller Welt. Führungen durch das Kiwihaus zeigen und erklären das Leben und Verhalten der Kiwis auf sehr anschauliche Weise. Die berühmten Kalksteinhöhlen von Waitomo mit ihrer flimmernden Glühwürmchengrotte sind ein erster Höhepunkt dieser Inlandstour.
Bei Te Kuiti dreht der Highway 3 dann nach Westen ab, erreicht bei Awakino die Tasmansee und führt entlang der Küste in die abgelegene Provinz Taranaki im äußersten Westen der Nordinsel, die wie eine Landzunge in das Meer hineinragt. Taranaki gehört zu den ältesten Siedlungsgebieten der Maori in Neuseeland. Vor allem in den kriegerischen Auseinandersetzungen des letzten Jahrhunderts galten die dort lebenden Stämme zum Teil als draufgängerisch und gefährlich. Auf ihr Konto ging auch die Versklavung – und Vernichtung – der friedlichen Moriori auf den Chatham Islands 1835. Die Taranaki-Stämme weigerten sich standhaft, Land an Weiße zu verkaufen, deshalb griff die Kolonialregierung schließlich zum Betrug, um es in ihre Hand zu bekommen. Seit 1926 bezahlt die neuseeländische Regierung für dieses erlittene Unrecht wenigstens eine jährliche Entschädigung an die Taranaki-Maori. Dominiert wird das Gebiet vom gleichnamigen, 2518 Meter hohen Vulkan

Taranaki (»Feuerberg«), der seit 300 Jahren ruht. Die Europäer nannten den Berg Mount Egmont, nach dem Zeitgenossen von James Cook und Ersten Lord der britischen Admiralität, doch dieser Name kommt allmählich außer Gebrauch.

Bodenschätze und Landwirtschaft. New Plymouth ist eine Stadt mit rund 56 000 Einwohnern, deren Besucher vor allem ihre Parks und Gärten bewundern. Die Menschen hier leben von zweierlei: Gas und Milch. Reichhaltige Gasvorkommen vor der Küste und im Boden werden in Pipelines zu Kraftwerken geleitet oder auf Schiffen zur großen Raffinerie in Whangarei im Norden der Nordinsel gebracht. Eine weitere Raffinerie bei Waitara wandelt Erdgas in hochoktanigen Treibstoff um und deckt damit ein Drittel des neuseeländischen Bedarfs. Die Weiden von Taranaki wiederum nähren riesige Rinderherden, deren Milch in Großmolkereien verarbeitet wird. New Plymouth produziert weit mehr Käse, als das Land verbraucht – ein Großteil wird deshalb vom Hafen aus in alle Welt verschifft. Man kann den Mount Taranaki an einem Tag umrunden.

Wem ein Halbkreis reicht, der fährt von New Plymouth auf dem Highway 45 die Küste entlang. Bei Hawera trifft man dann wieder auf den Highway 3, der der Küstenlinie weiter nach Wanganui folgt. 24 Kilometer vor der Stadt liegt Kai-iwi, von wo aus eine acht Kilometer lange Nebenstraße ins Landesinnere zu einem absoluten Geheimtipp führt: Das Bushy Park Sanctuary umfasst 85 Hektar großartigen Wald, in dem Bäume stehen, die einen Stammumfang bis zu 13 Metern haben. Die schönsten Exemplare sind Northern Rata, ein rot blühender Baum, der sein Leben nicht als Samen in der Erde beginnt, sondern in der Krone eines anderen Baumes. Von hier sendet die Rata Wurzeln den Stamm entlang in den Boden, bis der Gastgeber ganz und gar umschlossen ist.

Am Wanganui. Die Küstenstadt Wanganui ist eine für neuseeländische Verhältnisse alte Stadt – sie wurde schon 1840 von der privaten New Zealand Company gegründet. Das Regionalmuseum am Maria Place beherbergt eine der besten Maorisammlungen im Land. Beherrschendes Element des Städtchens ist der Wanganui River, Neuseelands längster schiffbarer Fluss. Im Unterlauf alt, weise und träge, beginnt er 32 Kilometer oberhalb von Pipiriki mit

Die Vegetation in der Weidelandschaft um Palmerston North wirkt geradezu karg. (oben)
In Auckland mussten viktorianische Häuser Bürotürmen weichen. (unten)
Die einsame Kapiti Coast (links)

Schluchten und Stromschnellen und ist nur vom Wasser aus zu bewundern. Von Wanganui nach Pipiriki führt eine kurvenreiche schmale Straße, die River Road, für deren 79 Kilometer man zwei Stunden veranschlagen sollte. Sie berührt stille Maorisiedlungen mit biblischen Namen, und spätestens bei Jerusalem (Hiruharama für die Maori) hat man verstanden, warum die landschaftlich so reizvollen Flussufer ein Nationalpark sind. In Pipiriki steigt man dann aufs Wasser um. Viele Besucher donnern den Wanganui im Jetboot hinauf, zum eigentlichen Charakter des Flusses passen Kajaks jedoch viel besser. Die früheste Einstiegstelle liegt weiter nördlich in Taumarunui: Von dort kann man 232 Kilometer bis ans Meer paddeln.

Das Land der Vulkane. Raetihi am Eingang zum Tongariro National Park erreicht man über die River Road entlang des Wanganui oder über den Highway 4. Der Tongariro wurde 1887 als erster Nationalpark Neuseelands gegründet und gehört sowohl zum Weltnatur- als auch zum Weltkulturerbe der UNESCO. Er beruht in einer Schenkung des Maorihäuptlings Te Heuheu an die neuseeländische Regierung, der damit die Auflage verband, geweihte Grab-

stätten auf den Gipfeln von Tongariro und Ngauruhoe vor der Erschließung durch europäische Siedler zu schützen.
Den Kern des Parks, den Filmliebhaber auch als Drehort der Trilogie »Herr der Ringe« kennen, bilden drei Vulkansysteme, die allesamt aktiv sind: Mount Tongariro (1968 Meter), dem der Nationalpark seinen Namen verdankt, liegt im Norden. Er ist der kleinste der drei Vulkane. Südlich folgt der Ngauruhoe (2291 Meter) – er ist der aktivste von allen. Ruapehu ist mit 2797 Metern der höchste Berg der gesamten Nordinsel. Hier erstreckt sich mit Whakapapa ein großes Skigebiet.
Die Bergwelt des Tongariro lässt sich auf vielfältige Weise erforschen: auf einem Rundflug oder auf einer abenteuerlichen Kraterwanderung samt anstrengender Klettertour oder auf einer Tageswanderung über den Sattel zwischen zwei Kraterkegeln (Tongariro Crossing), die ab Whakapapa startet. Auch eine Rundfahrt um den Nationalpark ist möglich: Von Raetihi geht es – mit einem Abstecher nach Whakapapa – bis nach Turangi am Lake Taupo. Ab hier führt dann Highway 1 an der Ostgrenze des Tongariro vorbei durch die unwirtliche, spärlich bewachsene Rangipo Desert und über Waiouru wieder Richtung Süden.

Während viktorianische Häuser den Vorort Oriental Bay zieren, haben im Zentrum Wellingtons nur wenige koloniale Bauten überlebt. (oben)
Scheinbar im Nichts verschwindet die vom Regenwald überwucherte »Bridge to Nowhere« im Whanganui National Park. (Mitte)
Mit dem Cable Car geht es hinauf zum Botanischen Garten, der einen herrlichen Blick über Wellington bietet. (unten)
Bisweilen abenteuerlich sind Kraterwanderungen im Vulkangebiet des Tongariro National Parks. (rechts)

Schafe, Schafe, Schafe. Der Highway 1 mündet schließlich in den Highway 3 nach Palmerston North. Neuseelands achtgrößte Stadt und landwirtschaftliches Forschungszentrum ist agrarisch nüchtern und sieht nur wenige Neuseeland-Besucher. Die meisten fahren auf dem Highway 3 weiter nach Osten durch die wilde Schlucht des Manawatu.

Bei Woodville trifft man dann auf Highway 2 und biegt nach rechts ab in Richtung Masterton und Wellington. Auf dieser Route entlang des Wairarapa sind einige interessante Abstecher möglich, die einen ganzen Tag und mehr füllen können. Hinter Eketahuna beispielsweise liegt das Pukaha Mount Bruce National Wildlife Centre, ein ideales Gehege für die seltensten Tier- und Vogelarten Neuseelands. Zu Mastertons gut 20 000 zweibeinigen Bewohnern müssen drei Millionen Vierbeiner gerechnet werden: Die Schafzucht spielt eine äußerst wichtige Rolle im Wirtschaftsleben Neuseelands. Hier, im fruchtbaren Süden der Nordinsel, werden jedes Jahr in der ersten Märzwoche die »Golden Shears« ausgefochten – die Meisterschaften im Schafscheren.

Auf dem Weg nach Wellington. Westlich von Masterton liegt der Tararua Forest Park, ein Wandergebiet, dessen Berge bis auf 1500 Meter ansteigen. Wer wilde Küstenlandschaften liebt, sollte Castlepoint im Osten ansteuern, das Urlaubern ungestüme Brandung und geschützte Lagunen bietet, oder den Honeycomb Rocks Walkway. Der acht Kilometer lange Rundweg führt durch bizarre Felsenlandschaft.

Das Dorf Martinborough feiert jedes Jahr einige überaus formidable Feste: Beim Rafting-Festival werden Gefährte jedweder Bauart auf dem Ruamahonga River zu Wasser gelassen; im November, zu Sommerbeginn, findet eine feine Weinfeier statt. Toast Martinborough liefert den Beweis, dass hier die besten Pinot noirs Neuseelands wachsen. Die rund 50 Kilometer langen Rimutaka Ranges trennen das Wairarapa-Gebiet von Wellington. Hat man den nur 900 Meter hohen, aber recht steilen Bergzug einmal überquert, blickt man in das schmucklose Hutt Valley und seine beiden Industriesiedlungen Upper Hutt und Lower Hutt; den noch freien Platz füllen Gemüsegärten und Fernsehstudios. Von Lower Hutt führt eine Nebenstraße nach Eastbourne und an die Südküste. Dann geht es noch einmal eineinhalb Stunden auf einem Fußweg nach Pencarrow zum ersten Leuchtturm des Landes, der 1859 errichtet wurde.

The Windy City. Te Whanga-nui-a-Tara, »Der große Hafen des Tara«, heißt Wellington auf Maori. Die Stadt verdankt ihren besonderen Charme ihrer besonderen Lage: Rund um den hufeisenförmigen Naturhafen scharen sich Regierungsgebäude und Konzernzentralen, dahinter ducken sich viktorianische Holzhäuschen an steilen Berghängen.

Doch Tawhirimatea, der polynesische Gott des Windes, mag Menschen nicht: Die geballte Energie der »Roaring Forties« – heftige Westwinde am 40. Breitengrad – beschert den 190 000 Hauptstädtern bzw. den rund 400 000 Einwohnern im Ballungsraum häufig Sturmfrisuren. Andererseits erzeugt er aber auch eine frische Lebenseinstellung: Die Menschen hier denken modern und zukunftsgerichtet. Wellington ist Neuseelands Zentrum der Filmindustrie und bietet ein interessantes Kulturleben. In den letzten Jahren wurden zudem die wenigen verbliebenen alten Gebäude restauriert und der Güterhafen verlagert. Die so befreiten Flächen werden ähnlich wie in den Londoner Docklands saniert und auf diese Weise mit neuem, quirligem Leben erfüllt. Das Herzstück der Planung ist das neue, 1998 eröffnete Nationalmuseum Te Papa Tongarewa, das unbedingt einen Besuch wert ist. Der Name bedeutet »Der Ort der Schätze dieses Landes« und ist Programm: Neuseelands Geschichte und Schönheit werden hier anschaulich unter verschiedensten Aspekten dargestellt.

Mit der Fähre geht es nun weiter nach Picton auf der Südinsel.

Vom Boot aus können Besucher der Waitomo Caves das Leuchten der Glühwürmchen bestaunen. (oben)
Eng wird es beim Floßrennen. (unten)

Gut zu wissen

Hinweise: Die dreistündige Überfahrt nach Picton über die Cook Strait sollte man besser einige Wochen vorab buchen. Kommen Sie mindestens eine Stunde vor Abfahrt am Terminal an.
www.tourism.net.nz, www.doc.govt.nz, www.wellingtonnz.com

Durch den sonnigen Norden der Südinsel

 932 Kilometer

Der Norden der Südinsel ist Neuseelands sonnigste Ecke – seine goldenen Strände und das türkisfarbene warme Meer entsprechen voll und ganz den europäischen Träumen vom südpazifischen Inselglück. Wer hier mit Eile reist, hat in sechs Tagen alles abgehakt. Will man all die Schönheiten der Region jedoch intensiv genießen, sind sechs Wochen noch zu kurz.

Nichts für Wanderer mit Höhenangst: Viele Trekkingpfade in Neuseeland führen über »Brücken mit Durchblick« wie hier über dem Buller River. (oben) Ideal zum Whale Watching: Vor Kaikoura rasten Wale regelmäßig auf ihrer Wanderung durch den Pazifik. (unten)

In Picton hat man die Südinsel erreicht – die Kleinstadt im hohen Norden der Südinsel liegt an den einzigartigen Marlborough Sounds. Diese am Ende der letzten Eiszeit vom steigenden Meeresspiegel überfluteten Täler vereinen sich mit lauer Luft, viel Sonne, grünem Busch und blauem Wasser zu einer betörend schönen Landschaft aus unzähligen Inseln, Halbinseln und Fjorden. Vor allem in den großen Ferien zwischen Weihnachten und Ende Januar strömen Urlauber in Scharen in die Marlborough Sounds.

Die meisten Besucher verbinden die Region an der Nordspitze der Südinsel mit Segelbooten, Wärme und Wein sowie der sanften Schönheit der Küstenlandschaft. Aber auch karge Schafweiden, Nadelwald, Tabak, Hopfen und Äpfel sind typisch für den Landstrich. Ähnlich verschieden sind die Menschen: Hier leben alteingesessene, konservative Farmer, ebenso jedoch Stadtaussteiger, die in Landkommunen töpfern, weben oder Kräuter anbauen. Östlich von Picton versorgt Blenheim die Farmgebiete im Wairau-Tal und ernährt so die meisten seiner 22 000 Bewohner. Das sonnenreiche Gebiet bietet exzellente Voraussetzungen für den Weinanbau. Die meisten Güter findet man westlich des Städtchens Renwick. Von dort erreicht man über Rapaura bei Spring Creek wieder den SH 1.

An der Tasman Bay. Nach diesem Schlenker durch das Hinterland geht es zurück nach Picton und weiter auf dem kurvenreichen Queen Charlotte Drive, der immer wieder einen grandiosen Blick auf die Küste freigibt. Richtung Westen erreicht man das hübsche alte Dorf Havelock am Pelorus Sound, dann Canvastown, benannt nach der Zeltstadt, die hier aus dem Boden schoss, als man um 1860 Gold entdeckte. In Rai Valley zweigt eine Straße zum French Pass ab und windet sich bis zum äußersten Ende der Sounds. Bei Wakapuaka ist die weite Tasman Bay erreicht, bald darauf kommt Nelson in Sicht. Im verträumten Nelson entfaltet sich trotz der rund 47 000 Einwohner und des Fischereihafens keine Stadtatmosphäre. Der weitere Weg nach Westen führt durch das reizvolle Upper Moutere Valley. Der Ort Upper Moutere hat als Deutsch-Lutherische Siedlung Sarau begonnen, von deren Geschichte deutschsprachige Grabsteine zeugen. In der Nähe liegt das Weingut Seifried. Drei Kilometer weiter stehen in Neudorf noch ein paar Häuser einer deutschen Siedlung. Das gleichnamige Weingut hat einen schönen stillen Garten – ein hervorragender Platz zum Lunch.

In den Nationalparks. Von Motueka ist es nicht mehr weit zum Abel Tasman National Park. Hier laden grüne Hügel zwischen Tasman Bay und Golden Bay zu gemütlichen Wanderungen bei Südseeatmosphäre ein.

Wer zur Nordspitze der Südinsel will, muss in die Golden Bay. Sie ist über eine Nebenstraße zu erreichen, die sich hinter Motueka nach Westen wendet und über eine felsige Barriere namens Takaka Hill führt. Dahinter erstreckt sich ein gut 50 Kilometer langes Hufeisen mit viel Sonne, Strand und sanften Wellen, aber wenigen Übernachtungsmöglichkeiten. Die Kalksteinhügel rund um die Golden Bay bergen einige der größten Höhlensysteme der südlichen Hemisphäre. Das Ende der Bucht – und die Spitze der Südinsel – ist die lange Sanddüne Farewell Spit, auf der es ungewöhnlich viele Vogelarten gibt. In der Golden Bay beginnt auch eine der schönsten Wanderungen Neuseelands: Der Heaphy Track führt vom Talschluss des Aorere Valley in fünf Tagen durch den Kahurangi National Park nach Karamea an die Westküste. Im Sommer kann man hier problemlos zelten.

Wer mit dem Auto an die Westküste gelangen will, muss die straßenlose Wildnis, die der Heaphy Track durchquert, umrunden: Die Fahrt geht von der Golden Bay zurück nach Motueka und weiter auf dem High-

way 61 nach Süden, biegt hinter Tapawera nach Westen auf den SH 6 und streift den Nelson Lakes National Park, mit seinen unberührten Buchenwäldern und den zwei malerischen Seen ein vortreffliches Gebiet zum Wandern, Fischen und Campen. In einem der Seen, dem Lake Rotoiti, entspringt der Buller River. Seinem spektakulären Lauf folgt die Straße nun über 170 Kilometer weit, vorbei an dem kleinen Ort Murchison, der 1929 von einem heftigen Erdbeben erschüttert wurde, und erreicht bei Westport die Westküste.

The Coast. Die Westküste ist rau und verregnet, das Leben dort hart. Gerade mal 30 000 Neuseeländer leben auf dem schmalen, 500 Kilometer langen Streifen zwischen Tasmansee und Südalpen. Besucher sehen die Region mit ganz anderen Augen: Für sie gehört »the Coast« zu den schönsten Küstenlandschaften der Welt – ein Naturgebiet voll ursprünglicher Schönheit. Südwestlich von Westport liegt Cape Foulwind, eine Halbinsel mit zwei attraktiven Stränden, der Tauranga Bay und Carters Beach, der Neuseelands nördlichste Seehundkolonie beherbergt. Hier beginnt auch eine schöne zweistündige Küstenwanderung. Fährt man von Westport auf

Eine Kanutour durch den Abel Tasman National Park beansprucht die Armmuskulatur. (oben)
Auf dem Landvorsprung zwischen Tasman Bay und Golden Bay erstreckt sich der Abel Tasman National Park. (unten)
Zweitausender säumen die Küste bei Kaikoura. (links)

Auch in Neuseeland rollt inzwischen die Roulettekugel. Das erste Casino des Landes öffnete vor ein paar Jahren in Christchurch seine Pforten. (oben)
An den beeindruckenden Felsformationen am Cape Foulwind kann man sich kaum sattsehen. (Mitte)
Freizeitvergnügen unter freiem Himmel am Kaiteriteri Beach (unten)
Neuseelands Riese: Mount Tasman (rechts)

dem Highway 6 nach Süden, trifft man 24 Kilometer später kurz vor Charleston auf Mitchells Gully Gold Mine. Hier kann man sich das Goldsucher-Handwerk erklären lassen.

Die Pancake Rocks (»Pfannkuchenfelsen«) im Paparoa National Park verdanken ihren Namen Gesteinsschichten unterschiedlicher Härte: Erosion hat den weicheren Schichten stärker zugesetzt, und nun sehen die Felsen aus wie gestapelte Pfannkuchen. Im umliegenden Nationalpark, dem ein Mikroklima Palmen und warme, vom Meer zu kleinen Seen gestaute Flüsse beschert hat, kann man auch schöne Kajakausflüge machen.

Greymouth an der Mündung des Grey River ist die größte Ortschaft an der Westküste, Goldsucher haben sie gegründet. Heute leben die 10 000 Einwohner im Ort und seinem Umland vor allem von Kohle und Fischfang und ein wenig Tourismus. Im Süden der Gemeinde wartet Shantytown mit Originalgebäuden aus der Goldrauschzeit, Dampflokfahrt und Goldwaschen auf.

Von Greymouth führt der SH 7 durch das Tal des Greys nach Osten. Oder man folgt erst einer Nebenstraße am anderen Flussufer und kehrt im »Formerly the Blackball Hilton« ein. Die urige Kneipe in Blackball schenkt Bier der Brauerei Monteith's aus, die man in Greymouth übrigens besichtigen kann. In Ikamatua mündet diese Nebenstrecke dann in den Highway 7, der einen Richtung Reefton bringt. Dort erzäh-

len die School of Mines und das Blacks Point Museum Bergbaugeschichte, von Gold und Kohle.

Über den 864 Meter hohen Lewis Pass geht es über den Hauptalpenkamm und an die Ostküste. Zwei Thermalbäder laden unterwegs ein: Kurz nach Springs Junction liegt Maruia Springs; hinter der Passhöhe führt eine Stichstraße nach Hanmer Springs.

Das Sonnenparadies. Entspannt und fit nach dem Bad in den heißen Quellen wählt man den Weg über die malerische Inland Kaikoura Road, die bei Kaikoura die Ostküste und den SH 1 erreicht. Der Name der Halbinsel Kaikoura bedeutet »Hummer essen« und das sollten Sie hier auch unbedingt tun. Jasus edwardsii, krebsrot und ohne Schere, von den Neuseeländern »crayfish« genannt, wird in Drahtkörben gefangen und von Christchurch aus lebend in alle Welt geflogen. Die Hauptattraktion aber sind die Wale: Sie finden hier nahe der Küste reichlich Nahrung und stellen sich regelmäßig ein. Boote, oft begleitet von Delfinen, kommen bis auf 50 Meter an sie heran. Zum whale-watching sollte man sich voranmelden und zwei, drei Tage Zeit mitbringen. Die See kann rau werden, und dann heißt es geduldig sein und warten. Ablenkung findet sich genug: Die Halbinsel bietet Wanderungen, Aussichtsplätze, Maoribefestigungen, eine Seehundkolonie und Fyffe House, die Unterkunft des ersten Weißen an der Küste. Walfän-

ger Robert Fyffe – nach ein paar Jahren wie sein Bruder im Dienst ertrunken – verwendete für das Fundament seines Hauses Wirbelknochen von Walen und Reste von Schiffswracks als Bauholz.

Besuch bei den Walen. Auf dem Weg gen Süden nach Christchurch verlässt der Highway die Küste in Oaro, das noch einmal einen herrlichen Anblick bietet. Wuchtvoll schlagen die Brecher des Pazifiks gegen die schwarzen Felsen, die, wie von Riesenhand hingestreut, vor der Uferlinie liegen und auf denen oft Seehunde dösen. In teils abenteuerlichen Kurven windet sich die Straßen in das Tal des Conway River hinab. Die Region zeigt sich nun hügelig und idyllisch: Grünes gewelltes Land mit weißen Punkten – Schafe –, im Westen begrenzt vom Hochgebirge der Southern Alps, und bei Waipara laden mehr als zwei Dutzend Weingüter zu einem Besuch ein. Von dem kleinen Landstädtchen kann man mit der historischen Eisenbahn Weka Pass Railway einen Ausflug zum Weka Pass unternehmen und dort interessante Kalksteinformationen und Felszeichnungen der Maori bewundern.

Der Traum vom guten Menschen. Knapp 60 Kilometer sind es von Waipara nach Christchurch. Die mit gut 360 000 Einwohnern größte Stadt der Südinsel begann als Traum eines englischen Konservativen: John Robert Godley wollte eine Kolonie schaffen, in der Staat und Kirche eins sind, eine wohlwollende Oberschicht regiert und das Volk fleißig arbeitet. Die Südinsel Neuseelands schien ihm ideal und so gründete er die Canterbury Association, der Bischöfe, Adelige und Parlamentsmitglieder angehörten. Sie sammelten Geld, um Land zu erwerben, und suchten Mustersiedler: fleißige, gottesfürchtige Leute, was vom Pfarrer schriftlich bestätigt werden musste. In den fünf Jahren bis 1855 wollten 3500 nachgewiesen gute Menschen ans Ende der Welt. Neuankömmlinge mussten ihr Hab und Gut vom Hafen über eine steile Bergkette

schleifen und landeten auf der anderen Seite – in einem Sumpf. Godleys Traum zerplatzte, die Canterbury Association löste sich auf, die Siedler aber, die schon bald ein kleines bunt gemischtes Völkchen bildeten, blieben.

Im Lauf der Zeit gedieh Christchurch zu einer freundlichen, grünen Stadt. Zur Tradition gehörten traditionell gepflegte Gärten und altehrwürdig anmutende Gebäude. Für wirtschaftlichen Wohlstand sorgten die reichen Farmgebiete der umliegenden Canterbury Plains, eine kleine, lebendige Industrie, die Produkte für den Export in alle Welt herstellte, und stetige Zuwächse im Tourismus. Die englischste Stadt Neuseelands punktet aber weiterhin auch mit herrschaftlichen Anwesen, exklusiven Privatschulen und gepflegten Grünanlagen, auf denen man an den Wochenenden Golf, Rugby, Rasentennis und Cricket spielen kann. Durch den gepflegten Park der Botanic Gardens gurgelt der Avon, auf dem Männer, venezianischen Gondolieres gleich, in Booten stehen und sich mit langen Stangen abstoßen. »Punten« nennt man dieses sehr britisch anmutende Umherschippern hier.

Bei aller Idylle kann man jedoch nicht vergessen, dass Christchurch auf gefährlichem Boden steht. Immer wieder bebt hier die Erde, zuletzt 2010, 2016 – und gleich mehrere Male 2011. Bei dem katastrophalen Beben im Februar 2011 kamen 185 Menschen ums Leben. Besonders betroffen waren die östlichen Stadtteile sowie die Innenstadt rund um den Cathedral Square mit der zusammengestürzten Christchurch Cathedral, einst stattliches Zeugnis neugotischer Architektur im 19. Jahrhundert. Selbst der steinernen Statue des Gründervaters Godley wurde der Boden unter den Füssen weggerissen. Viele Bauten aus kolonialer Zeit wurden unwiederbringlich zerstört, beispielsweise die Canterbury Provincial Government Buildings. Dennoch gibt es in Christchurch noch viel zu sehen – und nicht zuletzt kann man in vielen Lokalen gut speisen und hervorragenden Wein trinken.

Beeindruckende Felsformationen an der Westküste bei Greymouth (oben)
Seit 1937 kann der Lewis Pass mit dem Auto überquert werden. (unten)

Gut zu wissen

Hinweise: Nur im Sommer und für Geländewagen möglich ist die großartige Route von Hanmer durch die Berge bis nördlich von Seddon am Highway 1. Die unbefestigte Strecke führt über die Jollies Pass Road und durch das Acheron sowie das Awatere Valley.
www.doc.govt.nz/acheron-road,
www.newzealand.com/de/national-parks,
www.christchurchnz.com

Von Christchurch durch die Southern Alps

 1439 Kilometer

Wer die Alpen in Europa schätzt, wird die Southern Alps in Neuseeland lieben. Massiver, ursprünglicher und unverdorbener kann eine Berglandschaft kaum sein: Gletscher, die fast ins Meer fließen, riesige, einsame Alpenseen und wilde Dreitausender präsentieren sich höchst eindrucksvoll. In der Stille und Weite einer solchen Natur wird irgendwann der Weg das Ziel.

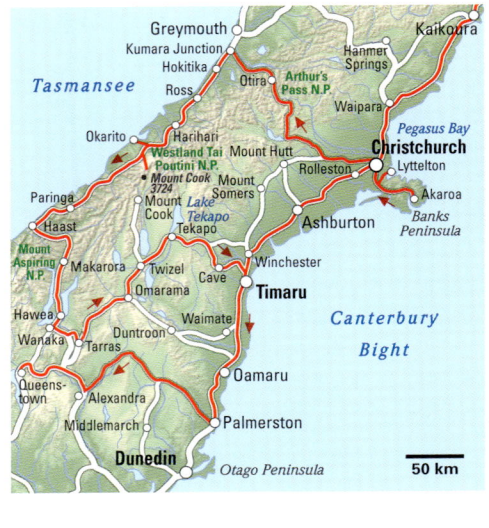

Von der West Treble Cone Road bietet sich ein grandioser Blick auf die Umgebung des Lake Wanaka. (oben) Auf dem Weg zum Aspiring National Park (unten)

Das Umland von Christchurch wird von den Canterbury Plains bestimmt. Die Farmer in Neuseelands größter Ebene nutzen das 180 Kilometer lange und im Durchschnitt 40 Kilometer breite Flachland äußerst intensiv. Ihre größte Sorge ist dabei das Wetter, deshalb dreht sich in den Pubs der kleinen Orte alles um dieses Hauptthema. Die Dürre: Regenwolken kommen meist aus Westen und deponieren ihre Fracht an der Westseite der Südalpen, ehe sie die Ebene erreichen. Deshalb gehört Canterbury zu den trockensten Regionen des Landes; mit jährlich nur 600 Millimeter Regen. Die Farmer versuchen, dieses Defizit durch große künstliche Bewässerungssysteme auszugleichen. Der unmögliche Wind: Der Nordwester ist ein warmer, trockener Föhnwind, der die fruchtbaren Böden loslöst und ins Meer trägt. Die Überschwemmungen: Mächtige Flüsse haben die Ebene von Canterbury geschaffen, und wenn sie zur Schneeschmelze »auf Besuch« kommen, gibt es Flutkatastrophen. Dann wälzen sich Rakaia, Ashburton und Rangitata aus ihren breiten Betten. Zwischen 1840 und 1870 ertranken in Neuseeland 1115 Menschen bei Flussüberquerungen, so dass man im Parlament diskutierte, ob Ertrinken in der Statistik als natürliche Todesursache einzustufen wäre. Zur näheren Umgebung Christchurchs gehört auch die Banks Pen-

insula, die ihren Namen James Cooks vermögendem Reisegefährten Joseph Banks verdankt. Gewaltige Vulkansysteme haben sie in grauer Vorzeit geformt; als ihre Flanken zum Meer aufrissen, entstanden die zwei reizvollen Naturhäfen Lyttelton und Akaroa. Akaroa ist der schönste Ort auf der Halbinsel. Ab Christchurch führt die rund 80 Kilometer lange, kurvenreiche Fahrt über den Höhenrücken.

Arthur's Pass National Park. Der Highway 73 von Christchurch nach Kumara Junction ist der schnellste Weg an die Westküste. Die 200 Kilometer sind in gutem Zustand und relativ wintersicher. Auch die einst abenteuerlichen Haarnadelkurven in der Otira-Schlucht werden inzwischen durch ein Viadukt umgangen. Der Highway überquert die Südalpen an zwei Pässen, dem Arthur's und dem Porter's Pass – beide liegen etwa 900 Meter über dem Meeresspiegel. Der Arthur's National Park, der sich zwischen den beiden Pässen erstreckt, hat zwei unterschiedliche Gesichter: Im Westen wächst Regenwald, und das Klima ist nass, aber mild. Der Osten ist trocken und eiskalt, im Winter sind hier mehrere Skigebiete in Betrieb, und auf den gefrorenen Bergseen vergnügen sich die Eisläufer. Im Sommer besuchen Ausflügler gerne das Gebiet um Castle Hill, dessen eigenwilligen Felsformationen an geheimnisvolle, verfallene irische Schlösser erinnern.

Wild West Coast. Hokitika ist der netteste Ort an der Westküste, vor allem wenn die Sonne scheint. Im Goldrausch von 1864 entstanden und nach einem Jahr Heimat von 20 000 Menschen sowie der wichtigste Hafen des Landes, zählt es heute knapp 3000 Einwohner und gibt sich beschaulich. Ein schöner Spaziergang folgt dem Flussufer des Hokitika (Gibston Quay) zum Meer, wo ein Schiffswrack an die gefährliche Einfahrt zum Flusshafen erinnert, und am Strand entlang zurück zur Hauptstraße. Hokitikas eigentlicher Schatz sind jedoch die Jadeschnitzereien. Das edle grüne Mineral wird im Arahura-Fluss geborgen, in Hokitika mit Diamantsägen geschnitten und kunstvoll verarbeitet. Die Hokitika-Mountain Jade Gallery lässt Sie dabei zusehen.

In gemütlicher Fahrt geht es anschließend von Hokitika vorbei an den Resten von Ross (kaum vorstellbar, dass hier mit einem Drei-Kilo-Nugget der größte Goldklumpen gefunden wurde), drei Seen (Ianthe, Wahapo, Mapourika) und über den Mount Hercules in den 150 Kilometer entfernten Westland National Park. Der lohnendste Abstecher zur Küste liegt schon nahe am Nationalpark: Der Strand und die Lagune von Okarito bilden die malerische Szenerie für eine streng geschützte Kolonie weißer Reiher. Der Westland National Park schützt eine faszinierende Landschaft und gehört zum UNESCO-Welterbe. Vor dem imposanten Hintergrund der höchsten Berge Neuseelands, Aoraki/Mount Cook und Mount Tasman, fließen die jahrtausendealten blau-weißen Eiszungen des Fox- und Franz-Josefs-Gletschers von den Berggipfeln bis fast an den tiefgrünen, prachtvollen Regenwald auf 300 Meter Seehöhe. Die beiden Gletscher liegen nur 30 Minuten Fahrzeit auseinander. Der Franz-Josef-Gletscher liegt in steilerem Gelände und fließt deshalb schneller, seine Kante schiebt sich in Vormarschzeiten beeindruckende sechs Meter pro Woche talwärts, während Fox in der gleichen Zeit nur einen Meter schafft.

Die Alpen- und Seenwelt von Otago. An der Brücke über den Fluss Paringa steht eine Gedenktafel für Thomas Brunner: Der Engländer mit dem deutschen Namen

Der wasserreiche Westland National Park besitzt eine große Pflanzenvielfalt. (oben) Dreizehn Kilometer Schmelzwasser und Geröll. Der imposante Fox Glacier im Westland National Park (unten) Die katholische Bischofskirche von Christchurch (links)

Vor allem wegen seines einmaligen Regenwaldbestandes erklärte die UNESCO den Westland National Park zum Weltnaturerbe. (oben)
Ein schöner Platz für ein Picknick findet sich im Land der Kiwis vielerorts. (Mitte) Die großartige Bergwelt ist genau das Richtige für Abenteuerurlauber: »Heli-Hiking« in den Gletschern. (unten)
Neuseeland hat viele schöne Orte zu bieten. (rechts)

erforschte als erster Weißer zusammen mit zwei Maori ab 1846 die Westküste bis zu diesem Punkt von Norden nach Süden. Nach 560 Tagen machte er am Paringa kehrt – »aus Sehnsucht nach einem weißen Gesicht und der eigenen Sprache«. Er hätte weitergehen sollen: Was nun folgt, ist das wohl schönste Stück Straße Neuseelands, die Zahl der Aussichtsplätze ist entsprechend groß. Die Seen Paringa und Moeraki sind beliebt bei Forellenanglern und Wanderern; Knights Point offeriert reichlich Küste und eine Seehundkolonie; Ship Creek ist ein herrlicher 20-Minuten-Ausflug in den Regenwald. Hinter einer gut 700 Meter langen Brücke über den Haast River erreicht der Highway 6 schließlich Haast Junction. Dort verlässt die West Coast Road die Küste und führt einen über den herrlichen Haast Pass in den Mount Aspiring National Park, auf dessen Schönheit ein halbstündiger Abstecher zu den Blue Pools bereits einen Vorgeschmack gibt. Hinter Makarora beginnt dann die Alpen- und Seenwelt von Otago mit einem grandiosen Auftakt: Auf der gut ausgebauten Straße nach Wanaka fährt man dicht an den riesigen, menschenleeren Gletscherseen Wanaka und Hawea entlang. In Wanaka haben wohlhabende Leute ihre Ferienhäuser, die Atmosphäre ist entspannt, gepflegte Golfplätze, weiche Hotelbetten und gute Restaurants tun ein Übriges zur Erholung.

Das Mackenzie Country. Die weitere Fahrt von Wanaka berührt zunächst Tarras, eine Hochburg der neuseeländischen Merinozucht, und folgt dann dem Highway 8 über den Lindis Pass und Omarama nach Norden in das Mackenzie Country. In dem weit ausgedehnten, kargen Hochland, umringt von blauen Bergen, dominiert das Tussock, strohgelbes Büschelgras, das wie Haar im Wind weht. Noch vor wenigen Jahren war das Hochland staubtrocken und hatte kontinentales Klima mit sehr heißen Sommern und kalten Wintern. Neu angelegte Stauseen zur Stromerzeugung ändern dies nun: Die Regenfälle nehmen zu, grüne Oasen entstehen. Der Landstrich ist extrem dünn besiedelt – aber auch hier haben die Kraftwerksbauten etwas verändert. Twizel zum Beispiel entstand als Arbeitersiedlung, doch als die Baukräne abzogen, wollten 600 der Bewohner nicht mehr weg. Sie kauften ihre Unterkünfte und ließen sich mit

ihren Familien dauerhaft in dem Ort nieder. Viele finden heute im Tourismus ihr Auskommen, denn viele Reisende starten von Twizel aus zu Tagesausflügen in Richtung Aoraki/Mount Cook, Neuseelands höchstem Berg.

Aoraki/Mount Cook National Park. Bis 1991 war der Aoraki/Mount Cook 3764 Meter hoch. Seitdem verlor er jedoch bei einem Felsrutsch und durch Erosion etwas an Höhe, eine offizielle Neuvermessung gab Cook nun 3724 Meter. 18 weitere Dreitausender befinden sich im Aori/Mount Cook National Park. Der höchste Punkt der Alpenkette ist nur von Osten über eine 60 Kilometer lange Stichstraße zugänglich, die an dem ebenfalls riesigen, gletscherblauen Lake Pukaki entlangführt. Pukaki ist die Wassersammelstelle für ein nachgeschaltetes System von Kraftwerken. Ein Kanal leitet die türkisfarbigen Wasser des Tekapo-Sees hierher, zusätzlich wird der Pukaki an seinem Abfluss gestaut: Beides zusammen hat den Gletschersee immerhin auf das Doppelte seiner natürlichen Größe anschwellen lassen. Der Park umfasst auf engem Raum 140 Berge über 2000 Meter Höhe und fünf der größten Gletscher Neuseelands. Am Aoraki/Mount Cook trainierte der Neuseeländer Sir Edmund Hillary vor seiner Ersteigung des Mount Everests. Für Ungeübte gibt es hier ein paar Kurzwanderungen oder die Möglichkeit zu einem Rundflug per Flugzeug oder Hubschrauber.

Zurück auf dem Highway 8 kommt bald der Lake Tekapo in Sicht, dessen 20 Kilometer lange, vom Alpenbogen begrenzte Wasserfläche intensiv türkis-blau leuchtet. Gletscher haben den See vor 20 000 Jahren geformt, ihre Schmelzbäche speisen ihn heute, das Steinmehl vom Gletscherabrieb verleiht dem See seine milchige Farbe. Für den pittoresken Vordergrund der obligaten Fotos fahren alle Touristen direkt ans Seeufer zur winzigen Church of the Good Shepherd. Neben der »Kirche des guten Hirten« haben Farmer aus Dankbarkeit ein Denkmal für ihre Hütehunde

errichtet. Die weiten, trockenen Hochlandflächen wären ohne die treuen Hunde nie zur Schafweide geworden. Ein ganz besonderes Erlebnis ist der Rundflug über die Alpen vom nahen Flughafen Tekapo aus. Im Sommer erschließen auch mehrtägige, geführte Wanderungen die umliegenden Berge.

Zurück zur Ostküste. Hinter Tekapo dreht der Highway 8 nach Osten ab und über den 671 Meter hohen Burkes Pass verlassen wir das Mackenzie Country. Die nächste erwähnenswerte Siedlung ist Fairlie, hier wachsen auch wieder Bäume, von denen nicht wenige nach 1918 als Symbole des Friedens gepflanzt wurden. Kurz danach erreicht man Cave, wo es heute keine Höhle mehr gibt, aber eine der eindrucksvollsten Pionierkirchen des Landes. Die St. David's Memorial Church thront auf einem grünen Hügel und ist ganz aus hiesigem Baumaterial erbaut: Felsblöcke vom Tasman-Gletscher, roh behauene Buchenstämme, dazu Dekorationen, die eigentlich eher zum Schafhalteralltag gehören als in eine Kirche. Doch das passt hier gut: Die Kirche ist im Besitz der Familie Burnett, die schon seit 1856 ohne Unterbrechung die große Sheep Station am Mount Cook bewirtschaftet.

Nördlich von Timaru mündet der Highway 8 in den Ostküsten-Highway 1. Timaru ist der einzige Küstenort in weitem Umkreis mit einem sturmsicheren Hafen, was übrigens schon sein Name sagt: Te Maru bedeutet nämlich »der geschützte Platz«. Die Stadt, früher ein wichtiges Zentrum der Schaf- und Rinderzucht, war anfangs eine Walfangstation. Zu ihren Berühmtheiten gehört der Läufer John Lovelock, der 1936 bei den Olympischen Spielen in Berlin den Weltrekord über 1500 Meter lief. Die Siegergabe, eine deutsche Eiche, steht bei Lovelocks Schule in der North Street. Von Timaru aus folgt man dem Highway 1 der Küste entlang nach Süden und biegt in Palmerston ins Landesinnere ab. Nach fünf Stunden erreicht man Queenstown, den Ausgangspunkt der nächsten Etappe.

Der Pazifik bei der Banks-Halbinsel (oben)
Im Westland National Park, durch den der Highway 6 führt, gibt es viele Naturschönheiten zu entdecken. (unten)

Gut zu wissen

Hinweise: Beeindruckende Wanderungen führen im Aoraki/Mount Cook National Park vom Blue-Lakes-Parkplatz im Tasman Valley zum Tasman-Gletscher. Mit einem Führer kann man den Gletschersee erforschen und unterhalb der enormen Gletscherkante wandern.
www.doc.govt.nz, www.newzealand.com, www.southcanterbury.org.nz

Von Queenstown an den Milford Sound

 423 Kilometer

Queenstown am Lake Wakatipu und der Milford Sound im Fiordland National Park – das sind zwei neuseeländische Glanzpunkte, die in keinem Reiseplan fehlen dürfen. Gerade deshalb werden aber auch beide Gebiete in der Hochsaison ganz unneuseeländisch lebendig. Doch keine Sorge: Auch hier kann man mit etwas kluger Planung die Natur in vollen Zügen genießen.

Gewaltige Eismassen formten einst den malerischen Milford Sound, der sich 16 Kilometer ins Landesinnere hineinzieht. (oben)
Die alte Goldgräberstadt Arrowtown liegt im Tal des Arrow River. (unten)

Queenstown liegt am schönsten Punkt des über 80 Kilometer langen Lakes Wakatipu, seine bis zu 2300 Meter hohen Hausberge tragen nicht zu Unrecht den Namen »The Remarkables«, die Bemerkenswerten.

Schafzucht sollte einst diese Idylle erschließen, die Weiden waren bereits abgesteckt – bis eines Nachmittags 1862 zwei Maori in den Shotover River sprangen, um ihren Hund vor dem Ertrinken zu retten – und mit elf Kilogramm Gold wieder ans Ufer kamen. Der Fund machte die Gegend alsbald zum Ziel von mehr als 10 000 Goldsuchern, zumal sich der Shotover als goldreichster Fluss der Welt erwies. Heute dagegen liegen die Nuggets im Tourismus mit einem aufregenden Outdoor-Angebot. Nicht umsonst nennt sich Queenstown ganz unbescheiden »Adventure Capital of the World«.

Die dramatische Schlucht des Shotover River erschließt sich etwa mit dem Shotover Jet: Wer sich in eines der schnellen Jetboote setzt, schießt mit bis zu 80 Stundenkilometern um Haaresbreite an scharfkantigen Felsen vorbei. Außer guten Nerven und einer Schwimmweste braucht man nichts für dieses Erlebnis. Die Stromschnellen des Flusses sind auch beliebt zum White Water Rafting. Einige Schwindelanfälle garantiert die Mountainbike-Abfahrt in den nahen Skippers Canyon.

Für wagemutige Autofahrer gibt es auch eine Straße in diese berühmt-berüchtigte Schlucht, wo sich einst Tausende Goldsucher abmühten. Unten angekommen, kann man für die Rückfahrt in ein Jet Boat umsteigen oder sein eigenes Glück beim Goldschürfen versuchen. Von Queenstown aus erreicht man außerdem mit dem Coronet Peak und den Remarkables zwei große Skigebiete. Im Sommer kann man bequem von der Liftstation aus auf den Gipfel des Coronet Peak (1651 m) wandern und die wunderbare Aussicht auf das umliegende Bergland genießen.

Das Loch des Riesen. Die ungewöhnliche Form und das rhythmische »Atmen« des Lake Wakatipu haben die Menschen schon immer beschäftigt. Der Maorilegende zufolge entstand das »Loch des Riesen« durch eine Rettungsaktion, nachdem Te Kapo, der blinde Riese des Südens, ein junges Mädchen geraubt hatte und ihr Geliebter mit einem Trupp Krieger kam, um sie zu retten. Als der Riese schlief, schichteten die Männer Reisig und Holzstöße um ihn herum auf und zündeten sie an. Te Kapo erstickte am Rauch und verbrannte, die Beine im Schmerz angezogen. Seine gekrümmte Form brannte sich in die Erde, durch die Hitze schmolz der Schnee der umliegenden Berge und füllte das entstandene Loch mit Wasser. Das

Herz des Riesen hat jedoch nie aufgehört zu schlagen, und sein Rhythmus lässt den Wasserpegel des Sees stetig steigen und fallen. Tatsächlich entstand Wakatipu, wie andere Alpenseen auch, durch geschmolzene Gletscher. Für das merkwürdige Steigen und Fallen des Wasserspiegels im fünfminütigen Wechsel gibt es eine einfache Erklärung: Sie sind die Folge von Luftdruckschwankungen.

Abseits vom Rummel. Eine herrliche Straße folgt 50 Kilometer lang dem einsamen See bis zum Naturparadies Glenorchy. Hier beginnen Jetbootfahrten auf dem Dart River, geführte Pferdetrecks und Wanderungen in zwei Nationalparks –und beispielsweise der traumhafte Routeburn Track, der in vier bis fünf Tagen tief in den Fiordland National Park hinein zum Upper Hollyford Valley. Über eine Schotterstraße ist der im Norden an das Fiordland anschließende Mount Aspiring National Park zu erreichen. Doch Vorsicht: Erkundigen Sie sich rechtzeitig über Wetterprognosen und den Straßenzustand. Wenn die Wildbäche anschwellen, gibt es auch für Allradfahrzeuge kein Durchkommen mehr.

Der Fiordland National Park. Der mit 12 500 Quadratkilometern größte Nationalpark Neuseelands gehört zum UNESCO-Welterbe. In dieser imposanten Bergwildnis wachsen 500 Jahre alte, immergrüne Buchenwälder, stattliche Baumfarne und prächtige Moose an steilen Bergflanken. Typisch für die Landschaft sind auch malerische Küstenstreifen, große Seen und Flüsse, Wasserfälle wie die Sutherland Falls, die mit fast 600 Metern gesamter Fallhöhe auch im Weltmaßstab gewaltig wirken. Es regnet hier beständig: Mehr als 6000 Millimeter Niederschlag im Jahr machen den Nationalpark zu einem der feuchtesten Gebiete der Welt. Tief hängende Wolken, Nebelfetzen und der sanfte, meist warme Regen verstärken den märchenhaften Charakter dieser Landschaft. Nur ein Highway führt durch den Nationalpark, ansonsten sind die Eingriffe in die Landschaft minimal: Vor der Küste fahren Fischer auf Fang, in der Anita Bay am Milford Sound wird blasser Nephrit gesammelt, in festgelegten Zonen ist auch die Jagd auf Rotwild zugelassen. Ansonsten sind die Schätze des Parks – ob Holz oder Kupferlager – tabu. Die Straße von Queenstown an den Milford Sound

Die Highways sind gut asphaltiert und ausgeschildert, doch zuweilen sehr kurvenreich. (oben) Ein ansehrliches Städtchen in idyllischer Umgebung ist Queenstown. (unten) Azurblaues Wasser im Redcliff Wetland Reserve (links)

beschreibt ein knapp 300 Kilometer langes »U«. Sie führt erst über den Highway 6 den Lake Wakatipu entlang nach Kingston. Dann folgen die sanften grünen Hügel voller Schafe, die für den Süden so typisch sind. Kurz vor Lumsden kreuzt schließlich der Highway 94. Wer ihm nach Westen folgt, erreicht Te Anau und damit die Ostgrenze des Fiordland National Park.

Am größten See der Südinsel. Attraktion des beschauliche Ortes Te Anau ist der Lake Te Anau, mit 344 Quadratkilometern der zweitgrößte See Neuseelands. Einen umfassenden Eindruck von der Größe des Sees und seinen drei Seitenarmen – South Fiord, Middle Fiord und North Fiord – erhält man bei einer Kanutour auf der weiten, meist gänzlich verlassen daliegenden Wasserfläche. Man kann die Bootsdienste auf dem See auch als Zubringer zu Wanderwegen benutzen: Im Süden des Sees beginnt der Kepler Track, an seinem Nordende der berühmte Milford Track, der in vier Tagen zum Milford Sound führt. Sehenswert sind auch die Kalkstein-Höhlen samt Glühwürmchengrotte am Westufer des Lake Te Anau, durch die ein unterirdischer Strom fließt. Die Höhlen waren den Maori wohl schon früh be-

kannt, und ihre Bezeichnung für diese verwunschene Unterwelt hat dem ganzen See den Namen gegeben: »Te Ana au« bedeutet »die Höhlen, wo Wasser reißend fließt«. In einer halbstündigen Bootsfahrt geht es über den See zum Höhleneingang und weiter an einem unterirdischen Wasserfall vorbei zu den Glühwürmchen.
An der Ortseinfahrt nach Te Anau biegt man links ab nach Manapouri und erreicht nach knapp 100 Metern ein Freigehege, in dem extrem seltene Takahe leben. Die Vogelart galt bereits als ausgestorben, bis 1948 ein Exemplar einem Wanderer über den Weg lief. Seither schützen Programme der Naturschutzbehörden den flugunfähigen stämmigen Burschen mit dem dicken roten Schnabel.

Ausflug zum Doubtful Sound. Zwölf Kilometer südlich von Te Anau liegen die glasklaren Wasser des Lake Manapouri. Viele Besucher erforschen seine Inseln und stillen Ufer mit dem Kajak. Nahebei versteckt sich im Fels ein gigantisches unterirdisches Wasserkraftwerk. Fast die gesamte hier gewonnene Energie ist für die Aluminiumschmelze in Bluff bestimmt. Die Anlage ermöglicht den einzigen Landzugang zum zehn Kilometer entfernten Doubtful Sound.

Besonders vielfältig ist die Welt der Seevögel an Neuseelands Küsten. Der Albatros gleitet mit großer Anmut durch die Lüfte. (Oben)
Adrenalinstöße und Spaß ohne Ende beim Jetbootfahren (unten)
Der Milford Sound ist von hoch aufragenden Bergen umgeben. (rechts)

Dieser Ausflug nimmt einen ganzen Tag in Anspruch: Erst fährt man mit dem Motorboot über den Lake Manapouri zu dessen Westarm. Von dort fährt ein Bus bis zu einer Felsenkathedrale, in der die Stromgeneratoren des Kraftwerks stehen, und weiter über den 670 Meter hohen Wilmot Pass nach Deep Cove am Doubtful Sound. Der Fjord verdankt seinen Namen übrigens Captain James Cook, der bezweifelte, aus der engen Einfahrt wieder herauskommen zu können. In Deep Cove wartet ein Boot für die Rundfahrt im 20 Kilometer langen Fjord.

Naturwunder Milford Sound. Von Te Anau zum Milford Sound führt eine Strecke, die eigentliche Road to Milford, durch alpine Wildnis. Man benötigt für die 116 Kilometer lange, vom Homer Tunnel abgesehen durchgehend asphaltierte Strecke mindestens zwei Stunden. Unterwegs reihen sich landschaftliche Höhepunkte: Die Mirror Lakes liegen so ruhig da, dass sich jeder Halm in ihnen spiegelt. An ihren Ufern stehen uralte Buchen, im Frühsommer verleihen Lupinen den kleinen Seen einen prächtigen, blau und violett blühenden Rahmen. Die Straße des »verschwindenden« Berges spielt mit den Perspektiven – ein hoher Berg scheint zu schrumpfen, je näher man ihm kommt. Cascade Creek ist ein brausender Bach. Das vogelreiche Ufer des Lake Gunn kann man in einer Dreiviertelstunde umwandern.

An der »Divide«, dem niedrigsten Pass über die Südalpen, liegt die Wasserscheide zwischen Ost und West; hier beginnen Wanderungen zum Lake Howden und Key Summit. Drei Kilometer weiter führt eine Seitenstraße 17 Kilometer ins Hollyford-Tal. An ihrem Ende beginnt ein halbstündiger Weg zu den großartigen Humboldt-Wasserfällen, wo auch der mehrtägige Routeburn Track durch das Hollyford Tal, endet. Über die Hauptstraße erreicht man nun den Homer Tunnel. Hier gibt es häufig Lawinen, die schon mehrere Menschenleben gefordert haben. Bei schönem Wetter kann man am Tunneleingang halten und

sich mit den Keas vergnügen – oder sich über sie ärgern: Die frechen grünen Bergpapageien knabbern mit Vorliebe Scheibenwischer an und verbiegen sie dabei auch hin und wieder kräftig.

Auf der Milford-Seite führt die Straße in engen Serpentinen auf zehn Kilometern 690 Meter in die Tiefe zu »The Chasm«. Hier hat die starke Strömung des Cleddau Rivers bizarre Formen in eine Felsbarriere gegraben. Schließlich erreicht man Milford und den Sound und damit auch wieder die Zivilisation mit Hotel, Campingplatz, Bootsanlegestelle und einem Flugplatz, auf dem Flugzeuge und Hubschrauber zu Rundflügen mit grandiosen Ausblicken starten. Das Panorama ist vom Ufer aus nicht weniger aufregend, vor allem an sonnigen Tagen.

Das Wahrzeichen des Milford Sound, Mitre Peak, die »Bischofsmütze«, erhebt sich 1692 Meter direkt aus dem Wasser, rechterhand donnern die Bowen Falls aus 160 Metern Höhe ins Meer herab. Von der Mole starten Schiffe regelmäßig zu 16 Kilometer langen Fahrten durch den Sound zum offenen Meer und wieder zurück. Auf der Fahrt sieht man spielende Delfine, Seehunde, die sich an Uferstellen faul in der Sonne aalen, und scheue kleine Pinguine versteckt zwischen Felsen. Wer den Milford Sound noch intensiver erleben will, kann sich ein Seekajak mieten oder eine Nacht auf einem Schiff im Sound verbringen. So lässt sich auch am besten die Ruhe und Majestät der Landschaft genießen.

Zurück in Queenstown, folgt man dem Highway 8 bis Fairlie und ab dort dem Highway 79, der in Orari Bridge auf den Highway 72 stößt. Auf dem Weg nach Christchurch bietet er eine äußerst attraktive Route entlang der Berge. Die Strecke führt am Mount Hutt vorbei, einem großen Skigebiet, dessen Saison von Ende Mai bis Anfang November dauert. Mount Hutt ist der einzige Ort in Neuseeland, an dem Weltcuprennen im Alpinski ausgetragen werden. In Christchurch verschifft man schließlich sein Auto nach Melbourne in Australien.

Die eindrucksvollsten Blicke auf die Fjordlandschaft des Milford Sound bieten sich wohl vom Wasser aus. (oben) Üppige Regenwälder, wilde Bäche und einsame Fjorde prägen die atemberaubende Landschaft des Fiordland National Parks: am Cascade Creek. (unten)

Gut zu wissen

Hinweise: Ein nostalgisches Erlebnis ist eine Fahrt auf dem Lake Wakatipu mit dem altehrwürdigen, restaurierten Dampfschiff »TSS Earnslaw«.
www.queenstownnz.co.nz,
tssearnslaw.co.nz,
www.milford-sound.co.nz

Von Melbourne nach Adelaide

 1420 Kilometer

Unerschütterlich trotzen markante Sandsteinfelsen der gewaltigen Brandung des Meeres – auf der kurvenreichen Great Ocean Road wird nicht nur das Fahren zu einem Erlebnis. Auch Genießer kommen auf ihre Kosten: Ob man dem »Südstaatencharme« auf dem Murray River erliegt oder im Barossa Valley die besten Weine verkostet – der Süden hat für jeden Geschmack etwas zu bieten.

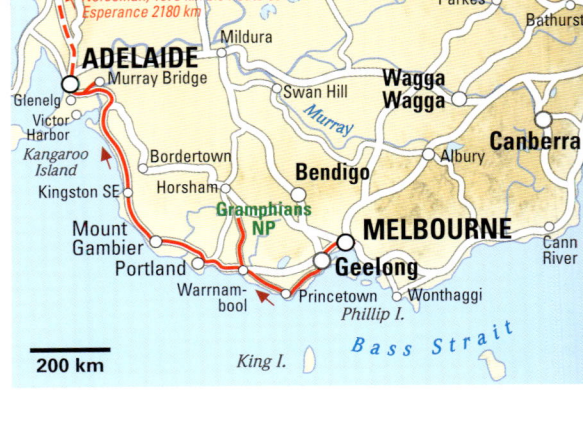

Bevor man sich auf den Weg zum Port Cambpell National Park macht, kann man sich noch in den kühlen Fluten des Southern Ocean bei Peterborough erfrischen. (oben)
Bei Apollo Bay bieten sich von der Great Ocean Road atemberaubende Ausblicke auf die Küste. (unten)

Melbourne hat mehr als vier Millionen Einwohner und ein reiches Kulturangebot. Prachtvolle Kolonialbauten verströmen Flair, eine junge, lockere Szene findet man unter anderem im Vorort St. Kilda. Nach Südwesten geht die Fahrt nach Geelong, eine Industriestadt mit einem bedeutenden Hafen. Wer baden will, fährt zur Bellarine Peninsula und zur gegenüberliegenden Mornington Peninsula. Dort fühlt man sich in Queenscliff mit seinen historischen Nobelhotels fast wie im berühmten englischen Seebad Brighton.

Tosende Brandung. Die Great Ocean Road beginnt in Anglesea und endet rund 300 Kilometer entfernt in Warrnambool. Kurvenreich windet sie sich entlang steiler Klippen und sandiger Buchten, vorbei an Ferienorten und Fischerdörfern sowie teilweise auch durchs Landesinnere.
Bei Anglesea liegt das Surfzentrum Torquay, Lorne könnte im Dezember Rimini Konkurrenz machen und auch Apollo Bay ist ein populärer Ferienort. Nach dieser Bucht führt die Straße vorübergehend landeinwärts durch die dichten Wälder des Otway National Park und trifft bei Princetown wieder auf die Küste. Hier haben im Port Campbell National Park Wind, Wetter und Wellen seit Jahrtausenden die Sandsteinfelsen der Küste zu Pfeilern und Brücken geformt. Welche starke Naturkräfte

hier wirken, zeigt sich bei den Twelve Apostles: Die frei stehenden, spektakulären Felsenklippen hat das Meer im Lauf der Jahrhunderte aus der zerklüfteten Küste herausgewaschen.

Säuglingsstation für Wale. Westlich von Peterborough hat man einen fantastischen Blick auf die Bay of Isles und Bay of Martyrs. Anschließend verläuft die Great Ocean Road wieder landeinwärts, trifft erst bei Warrnambool erneut auf die Küste und mündet dort in den Princess Highway. Spannend wird es hier zwischen Mai und Oktober, wenn die Wale ihre Jungen in der Bucht gebären und säugen.
Gewaltige Felsformationen beeindrucken bei einem Abstecher ins Landesinnere zum Grampians National Park, dessen raues, über 400 Millionen Jahre altes Bergmassiv den westlichen Ausläufer der Great Dividing Range bildet. Reizvoll ist der Kontrast zwischen sanften Hängen im Westen und steilen Klippen im Osten. Gut markierte Wanderwege führen durch das abwechslungsreiche Gebiet vorbei an Wasserfällen, durch Wälder und zu grandiosen Aussichtspunkten.
Wieder an der Küste, erreicht man bald Mount Gambier, die erste größere Stadt nach der Grenze zwischen Victoria und South Australia. Hier zeigt der Kratersee Blue Lake jedes Jahr im November ein

beeindruckendes Schauspiel: Die graue Farbe des bis zu 200 Meter tiefen Sees verwandelt sich in dieser Zeit in ein tiefes Blau, das sich bis Ende März hält. Verantwortlich dafür sind besondere Kalziumkristalle, die sich nur in der wärmeren Jahreszeit bilden und die mit Ausnahme von Blau alle Farben absorbieren.

Ins Weinland nach Adelaide. Weiter geht die Fahrt unmittelbar an der Küste entlang und an Salzseen vorbei bis nach Murray Bridge, das vor der Mündung des längsten australischen Flusses in den Indischen Ozean liegt. Zusammen mit dem Darling und dem Condimine River bildet der Murray River ein mehr als 3700 Kilometer langes Flussnetz.

Hahndorf, 1839 von deutschen Siedlern gegründet, ist mit seinen stilvoll restaurierten Häusern und »Bavarian-Style-Restaurants« eine Touristenattraktion. Im Barossa Valley mit seinem milden Klima werden Australiens beste Weine angebaut. Südaustraliens ruhige Metropole Adelaide kam durch Industrie zu Wohlstand und verleiht sich mit seinem Kulturangebot Farbe. Im modernen Festival Centre am Ufer des Torrens, finden international anerkannte Kulturfeste statt. Mit dem futu-

ristisch anmutenden Kulturdom, der zwei riesigen nebeneinander hockenden Albinokäfern gleicht, haben die Stadtväter der Veranstaltungswut ein Denkmal gesetzt. Zum Baden fahren viele Städter von Adelaide in das nahe Glenelg, wo der St. Vincent Gulf starke Brandungen von der Küste fernhält.

Koala und Co. Wer Tiere in ihrer natürlichen Umgebung erleben möchte, sollte nach Kangaroo Island übersetzen. Auf der der drittgrößten Insel Australiens haben Koalas und Kängurus keine Scheu vor den Menschen, die sie hier nie als Feind kennen gelernt haben. Koalas in freier Wildbahn zu beobachten, ist ein unvergessliches Erlebnis. Grau und mollig sitzen sie träge in den Bäumen, die Augen oft geschlossen. Ein ausgewachsener Koala mummelt täglich mehr als ein Kilo Eukalyptusblätter in sich hinein, deren ätherische Öle ihn wie ein Hustenbonbon riechen lassen und in einen scheinbar ständigen Rauschzustand versetzen. Auf der zu weiten Teilen unberührten Insel leben zudem Zwergpinguine, Schnabeltiere, Emus, Dingos und an der Südküste Seelöwen.

Zurück auf dem Festland, führt der Weg auf dem NH 1 nach Esperance in Western Australia, dem Start der nächsten Etappe.

Viele Ruderer nutzen den gemächlichen durch Melbourne fließenden Yarra River als Übungsgelände. (oben)
Die eindrucksvollsten Wasserfälle des Grampians National Park sind die McKenzie Falls nahe der Mount Victory Road. (unten)
Im Lauf von Jahrmillionen haben Wind, Sand und Wellen die Felsnadeln der Twelve Apostles aus der Landmasse modelliert. (links)

Gut zu wissen

Hinweise: Wer ein paar Tage Zeit hat, sollte mit einem Schaufelraddampfer gemächlich auf dem Murray River flussaufwärts schippern – man hat fast den Eindruck, auf dem Mississippi zu sein. Man kann sich auch ein Hausboot mieten.
www.visitmelbourne.com,
www.murryriver.com,
www.southaustralia.com

Durch Australiens Südwesten

 1115 Kilometer

Es scheint, als habe es das Schicksal mit Australiens Südwesten besonders gut gemeint: Nicht nur, dass in dieser Region Glücksritter auf glänzendes Gold gestoßen sind, hier wachsen auch die Bäume in den Himmel, reihen sich schier endlose Sandstrände aneinander und der fruchtbare Boden bei Margaret River lässt spritzige Weine reifen, die in den renommiertesten Kellern der Welt lagern.

Perth, wohl die abgelegenste Metropole der Welt, beeindruckt mit einer ultramodernen Skyline. (oben) Wenn Nebelschwaden über das sturmumtoste Cape Leeuwin ziehen, hat man fast das Gefühl, an der englischen Küste zu sein. (unten)

Die Hafenstadt Esperance verdankt ihren Aufschwung dem Goldrausch gegen Ende des 19. Jahrhunderts. Heute ist ihre Hauptattraktion das Municipal Museum mit den Überresten des abgestürzten US-Weltraumlabors »Skylab«, das 1979 über Esperance in die Atmosphäre eintauchte. Durch die beeindruckende Küstenlandschaft rund um die Stadt führt der 40 Kilometer lange Scenic Drive zu mehr als hundert vorgelagerten Inseln und Traumstränden. Ein Highlight ist auch der durch Algen rosa gefärbte Salzsee Pink Lake. Noch idyllischere Buchten locken im Cape le Grand National Park mit schneeweißem Pudersandstrand und türkis farbenem Meer.

Ab Esperance folgt man dem NH 1 bis Raventhorpe. Von dort führt die State Route 40 zum Wave Rock bei Hyden. Wie eine Brandungswelle, die im Augenblick des Niederbrechens erstarrt, haben Wind- und Wassererosionen die versteinerte Woge aus rostfarbenen Gesteinsschichten in Jahrmillionen in die Felswand gefräst.

Vom Meer umspült. Von Hyden führt der Weg über Pingaring und die Chinocup Nature Reserve nach Albany. Die älteste Stadt Westaustraliens liegt in einer reizvollen Küstenlandschaft und besitzt einige gut erhaltene viktorianische Gebäude. Etwas außerhalb liegen die Natural

Bridge, ein vom Meerwasser unterspülter Granitfelsen, und die 30 Meter tiefe Schlucht The Gap, in der die Wassermassen tosen. In der Discovery Bay kann man in einer historischen Walfangstation die Geschichte des Walfangs und in einem botanischen Garten die Pflanzen der Region kennenlernen.

»Wolkenkratzer der Natur«. Westlich von Denmark liegt der William Bay National Park mit seinen Elephant Rocks. Die imposanten Felsformationen sehen aus wie Elefanten, die durch das türkisfarbene Wasser laufen. Richtung Pemberton bestimmen mächtige Karri- und Jarrabäume die Landschaft. Vom South Coast Highway lohnt ein Abstecher ins Valley of the Giants. Zwischen den riesigen Karri- und Red-Tingle-Bäumen des Tals verläuft ein beeindruckender Baumwipfelpfad. Noch faszinierender ist ein Spaziergang an den Wurzeln der teilweise 500 Jahre alten Baumgiganten, denn von unten betrachtet lässt ein Blick in die Wipfel erst erahnen, wie hoch diese wirklich sind.

In der Gegend von Pemberton dienen die mächtigen Bäume manchmal auch als Feueraussichtspunkte. Auf dem Gloucester Tree dürfen schwindelfreie Besucher zur 60 Meter hohen Aussichtsplattform auf einer Art Wendeltreppe aus Holz- und Stahlpflöcken hochklettern.

Die Antarktis ist nicht weit. Bei dem Fischerort Augusta findet an der Spitze von Cape Leeuwin das Gipfeltreffen zweier Naturgewalten statt: Der Indische trifft auf den Südlichen Ozean. Die Landschaft, in der nur noch flachwüchsiges Gestrüpp gedeiht, mutet mit ihrem Leuchtturm und der steifen Brise, die einem hier um die Nase weht, sehr nordisch an. Nach Westen sind es 8000 Kilometer bis zum Kap der Guten Hoffnung und nach Süden 5000 Kilometer bis zur Antarktis.

Nach Margaret River führt der Weg durch ein junges Weinanbaugebiet – der erste Rebstock wurde hier 1967 gepflanzt –, das dennoch zu den besten Australiens zählt. Vor allem eher leichte und spritzige Weine werden in dieser Region gekeltert. Im Küstenort Busselton kann man den Blick auf dem zwei Kilometer langen hölzernen Anlegesteg weit schweifen lassen und den Anglern zusehen.

City of Lights. Eine Augenweide ist in dem bedeutenden Hafen Fremantle der alte Stadtkern mit seinen farbenfrohen viktoria-nischen Häusern. Zum Baden schippert man zur Insel Rottnest, die Traumstrände sowie hervorragende Schnorchel- und Tauchreviere besitzt. Den Name Rottnest, »Rattennest«, prägten holländische See-leute im 17. Jahrhundert: Sie hielten die auf Rottnest lebenden Quokkas, kleine Fel-senkängurus, für große Ratten.

Wieder zurück auf dem Festland erreicht man die »City of Lights«. Der US-Astro-naut John Glenn gab der »isoliertesten Stadt der Welt« 1962 diesen Namen, als er aus seiner Raumkapsel auf Australien blickte und im dünn besiedelten Westen des Landes nur einen einzigen hell erleuchteten Punkt ausmachen konnte: Perth. Westaustraliens Millionenmetro-pole hat eine riesige Ausdehnung und fasziniert vor allem durch den Kontrast von Alt und Neu, Wolkenkratzern und historischen Häusern, einem reichen Kulturleben und Outdoor-Angeboten in Innenstadtnähe, sei es das Segelrevier vor der Küste oder das weite Grün des Kings Park, zu dem ein botanischer Garten gehört.

Fotopause ist für Touristen an der Frenchman Bay Road angesagt, denn hier liegt die tiefe Schlucht The Gap. (oben)
Große Steinbrocken säumen den Weg zum spektakulären Wave Rock bei Hyden. (unten)
Der Küstenstreifen im William Bay National Park, zu dem eine Panoramastraße führt, hat eine Länge von zehn Kilometern. (links)

Gut zu wissen

Hinweise: In der Innenstadt von Perth lässt man das Auto stehen – in der »Free Transit Zone« in der City sind die öffentlichen Ver-kehrsmittel kostenlos.
www.vistiesperance.com,
www.westernaustralia.com,
www.perthtourism.com.au

Von Perth nach Darwin

 4806 Kilometer

Lange Zeit galt der Westen als das »Aschenputtel des Kontinents«. Erst als man in der Erde funkelnde Schätze entdeckte, blühte die Region auf. Touristen können hier aber immer noch ein weithin unberührtes Land mit rauen Küsten erleben, an denen Surfer ihr Talent erproben und die Begegnung mit zutraulichen Delfinen und Walhaien kein unerfüllter Wunschtraum bleiben muss.

So manchen Zweibeiner ermuntert der Felsenpool am Qxers Lookout im Hamersley Range National Park zum Sprung in die Tiefe. (oben) Spektakuläre Felsformen säumen die Küstenlinie im Kalbarri National Park. (unten)

Nach dem Start in Perth erreicht man bald auf der Küstenstraße Lancelin. In dem Ort mit seinen vorgelagerten kleinen Inseln treffen sich viele Surfer, und in den nahen Dünen gibt es schneeweißen Pudersand, so weit das Auge reicht. Der Ferienort Cervantes ist Ausgangspunkt für den Nambung National Park, wo tausende bizarre, bis zu fünf Meter hohe Sandsteinsäulen aus dem Wüstenboden ragen. Durch die eindrucksvolle Wüstenlandschaft führt eine fünf Kilometer lange Rundstraße, für die kein Geländewagen erforderlich ist. Bei Sonnenuntergang fangen die gelben Sandsteinsäulen das rötliche Sonnenlicht auf und die Wüste beginnt in gelb-roten Farben zu leuchten. Besonders reizvoll ist das Gebiet in Vollmondnächten, wenn das Mondlicht seine Schattenspiele zwischen den Steinsäulen treibt.

Weiter geht die Fahrt auf dem Brand Highway nach Geraldton. Die größte Hafenstadt des Mittleren Westens ist ein Zentrum der Hummerfischerei.

Blühende Wüste, steile Schluchten. Ab Geraldton wird die Straße zum North West Coastal Highway. Ein Abstecher führt in das knapp 100 Kilometer entfernte Mullewa. Dort beginnt der so genannte Wildflower Way, der sich bis nach Wubin zieht. Ebenso reizvoll ist der dazu parallel lau-

fende Midlands Scenic Way über Mingenew, Three Springs Carnamah und Coorow. Ein Blütenteppich aus bis zu 8000 Blumenarten bringt im Frühling Farbe in den westaustralischen Busch. Es ist ein unbeschreiblich schöner Anblick, wenn das hauptsächlich aus Wüste und Steppe bestehende Land in den buntesten Farben leuchtet.

Neben blühenden Wildblumen bietet der Kalbarri National Park nördlich von Geraldton auch saisonunabhängige Attraktionen: die imposanten Schluchten des Murchison River. Acht Kilometer nördlich der Straße nach Kalbarri liegen die Aussichtspunkte Hawks Head Lookout und Ross Graham Lookout. Publikumsmagnete sind die etwa 30 Kilometer entfernte Z Bend und der Loop. Oberhalb des Loop, wo der Fluss eine fast ovale Schleife bildet, kann man durch die rotbraune Gesteinsformation Nature Window wie durch ein Fenster hindurchsehen.

Südlich von Kalbarri erschließt eine Panoramastraße eine 20 Kilometer lange Küstenlandschaft mit rauen Felsklippen und einer heftigen Brandung, die schon viele Schiffe stranden ließ. Mit viel Glück lassen sich hier zwischen Juni und Oktober mit einem guten Fernglas vorbeiziehende Buckelwale beobachten. Einige Aussichtspunkte sind auch durch Klippenpfade verbunden. Zu den Besonderheiten zählen die versteinerten, 40 Millionen Jahre alten Gänge von Silurwürmern bei Mushroom Rock oder die verschiedenfarbigen Sandsteinschichten von Rainbow Valley.

Unter Naturschutz. Bevor man auf dem North West Coastal Highway Carnarvon ansteuert, sollte man der kleinen Küstenstraße Richtung Denham zur Shark Bay folgen. In der flachen, sehr salzhaltigen Bucht Hamelin Pool sind einige der ältesten Lebewesen der Welt zu sehen. Das Alter der Stromatolithen, von Blaualgen aufgebaute Kalksteingebilde, wird auf 3,5 Millionen Jahre geschätzt. In der Nähe sind ehemalige Muschelsteinbrüche zu sehen. Die Steinquader aus gepressten Muscheln wurden früher aufgrund ihres geringen Gewichtes und ihrer hohen Stabilität gern zum Hausbau verwendet. Seit die Shark Bay unter Naturschutz steht, ist der Abbau jedoch nicht mehr erlaubt. Am Shell Beach kann man noch auf Millionen kleiner weißer Muscheln laufen. Dabei ist es ratsam, Schuhe zu tragen, denn die Muscheln sind sehr scharfkantig. Ganz in der Nähe liegt Denham, Hauptort der Shark Bay und westlichste Siedlung des fünften Kontinents. Unübertroffener

Publikumsmagnet ist aber nicht der beschauliche Ferienort, der ein paar sehr schöne Strände aufzuweisen hat, sondern die Bucht von Monkey Mia, die regelmäßig von wild lebenden, aber trotzdem sehr zutraulichen Delfinen aufgesucht wird.

Paradies für Schnorchler. Ab Carnarvon beginnen die Tropen. Jetzt bestimmen Bananenplantagen das Landschaftsbild. 150 Kilometer weiter nördlich verläuft der 23. Breitengrad, der Wendekreis des Steinbocks. Auf der Weiterfahrt Richtung Norden werden die Entfernungen zwischen den Orten immer größer, die Siedlungen jedoch immer kleiner – eine fast unheimliche Einsamkeit.
Noch vor Exmouth liegt die Coral Bay. Dort kann man Tauch- und Schnorchelausflüge zum Ningaloo Reef unternehmen oder sich mit einem Glasbodenboot über das Korallenriff fahren lassen. Die Unterwasserwelt ist hier fast so vielfältig wie am Great Barrier Reef, doch sind hier entschieden weniger Touristen. Dass man vor lauter Taucherflossen kaum noch Fische sieht, kann einem hier nicht passieren. Das Riff ist 260 Kilometer lang, bis zu 35 Kilometer breit und liegt stellenweise nicht

Diese Echse zieht den kalten Fluten ein Sonnenbad auf den warmen Steinen vor. (oben)
Eine zweistündige Wanderung führt durch die beeindruckende Cathedral Gorge im Bungle Bungle National Park. (unten)
Wie riesige Bienenkörbe erscheinen die Berge im Bungle Bungle National Park. Ihre Form verdanken die sanft geschwungenen Bergkuppen den extremen klimatischen Bedingungen: dem ständigen Wechsel zwischen heftigen Regenfällen und starker Austrocknung. (links)

Wind und Wellen haben die rot glühenden Felsen am Gantheaume Point bei Broome ausgewaschen. (oben)
Wer sich zu einem mehrtägigen Segeltörn entschließt, für den heißt es Zupacken an Bord. Oft sind die Segel tonnenschwer und ohne Winsch nicht zu hissen. (Mitte) Man muss sich nicht unbedingt mit der Sauerstoffflasche in die Tiefe wagen, auch beim Schnorcheln an der Wasseroberfläche gibt es einiges zu entdecken. (unten)
Die »stockmen« haben alle Hände voll zu tun: Oft müssen 6000 Rinder zusammengetrieben werden. (rechts)

mehr als 100 Meter vom Strand entfernt, sodass es auch ungeübte Schwimmer aus nächster Nähe betrachten können. Neben mehr als 200 Korallen- tummeln sich hier 500 verschiedene Fischarten. Zwischen März und Juni suchen auch Walhaie die Gewässer auf. Da sich die Tiere von Menschen nicht beunruhigen lassen, werden zu dieser Zeit Tauch- und Schnorchelausflüge zu den Giganten angeboten – ein unvergessliches Erlebnis.

Baden erlaubt. Etwas weiter nördlich beginnt die Region Pilbara, wo 1952 das größte bekannte Eisenerzlager der Welt entdeckt wurde. Kurz darauf wurde eine Industrie zum Abbau der Eisenerze aufgebaut. Es entstanden Minenstädte mit Fertighaussiedlungen und Einkaufszentren wie zum Beispiel Tom Price und Newman, wo sich die Whaleback-Mine, eines der größten Erzbergwerke der Welt, befindet. Kleine Orte wie Dampier und Port Hedland erhielten riesige Hafenanlagen, um die Erze zu verschiffen.
Erstaunlicherweise gibt es hier trotzdem interessante Naturlandschaften. Sehenswert sind zum Beispiel im Karijini National Park die Schluchten mit ihren bizarren Felsbildungen. Die in geraden Linien und

rechten Winkeln gebrochenen Felsplatten sind durch das Eisenerz rostrot gefärbt – eine surrealistische Architektur. Manche Canyons sind 100 Meter breit, andere wiederum so eng, dass man die Wände zu beiden Seiten gleichzeitig berühren kann. Fast jede Schlucht besitzt einen von üppiger Vegetation umrahmten Felsenpool mit klarem, eiskaltem Wasser – ein natürliches Felsenbad, in das man hineinspringen kann, ohne befürchten zu müssen, einem Krokodil zu begegnen. Die Dales Gorge, der Circular Pool und die Fortescue Wasserfälle sind mit kleineren Kletterpartien relativ leicht zu erreichen. Wer dagegen die Joffre, Red, Hancock, Weano und Knox Gorge besichtigen möchte, sollte schon einige Übung im Klettern besitzen. Etwa 190 Kilometer nordwestlich des Karijini bietet der Millstream-Chichester National Park eine Oase in der roten Wüste. Hier wachsen Palmen und tropische Farne, auf einem kleinen Teich schwimmen Seerosen und durch den Park fließt ein Fluss, in dem man sich herrlich erfrischen kann. Dagegen gilt das südöstlich von Port Hedland gelegene Marble Bar als der heißeste Ort in Westaustralien. Die offiziell höchste Temperatur von 49,2 Grad wurde hier 1905 gemessen – Grund

genug weiterzufahren, um sich wenigstens den warmen Fahrtwind ins Gesicht blasen zu lassen.

Auf Perlensuche. Nun geht es auf den Great Northern Highway. Zwischen Port Hedland und Broome erstreckt sich der wohl längste Sandstreifen der Welt: der Eighty Mile Beach. Die Fahrt führt durch eine der bevölkerungsärmsten Gegenden Australiens – Sandstrand satt, aber ohne ein schattiges Plätzchen weit und breit. Im 19. Jahrhundert brachten Einwanderer aus Südostasien die Kunst des Perlentauchens nach Australien. In den warmen Gewässern um Broome wurden sie bald fündig. Inzwischen hat die Perlenzucht das mühsame und gefährliche Tauchen abgelöst. Doch davon allein kann Broome schon lange nicht mehr leben; heute ist das Städtchen ein erstklassiges Touristenziel. An der Cable Beach Road liegt der Malcolm Douglas Crocodile Park, eine der größten Krokodilfarmen Westaustraliens. Die Hauptattraktion von Broome ist jedoch der 24 Kilometer lange Cable Beach.

Wehe, wenn es regnet. Rund 230 Kilometer östlich von Broome ist Derby Ausgangspunkt in das zerklüftete Gebirgsplateau der Kimberleys. Sie entstanden vor Millionen Jahren, als sich hier riesige Korallenriffe aus dem Meer erhoben. Den Straßenrand säumen bis zu drei Meter hohe Termitenhügel und dickstämmige Boabs. Für die Aborigines sind die »Flaschenbäume« eine Quelle des Lebens: Sie spenden Schatten, bieten Nahrung und dienen als Trinkquelle, da sie reichlich Regenwasser speichern. Die Kimberleys sind bisher kaum erschlossen und von Dezember bis April nicht zugänglich. Dann ziehen verheerende Wirbelstürme über das riesige Gebiet, das sich in eine Seenplatte verwandelt und von der Außenwelt abgeschnitten ist. Kakadus und Schlangen sind hier zu Hause, zudem warnen überall Schilder vor Krokodilen. Jetzt ist es nicht mehr ratsam, zum Schwimmen in natürliche Gewässer oder Pools zu springen.

Bei Fitzroy Crossing liegt die Geikie Gorge mit ihren farbenprächtigen, in diversen Rottönen schimmernden, steilen Felsenwänden. Weiter bietet sich eine Fahrt durch die Windjana Gorge sowie den Tunnel Creek an, der sich 750 Meter durch das Gestein gebohrt hat. Mit einer starken Taschenlampe kann man an den Decken Aboriginal-Malereien erkennen.

Krater und Diamanten. Die Fahrt führt weiter nach Halls Creek, wo Westaustraliens erster Goldrausch stattfand. Ein Abstecher führt hier zum 171 Kilometer entfernten Krater des Wolf Creek. Der zweitgrößte Meteoritenkrater der Welt ist 61 Meter tief und hat einen Durchmesser von 854 Metern. Publikumsmagnet der Kimberleys ist jedoch der Purnululu National Park nordöstlich von Halls Creek. Die 55 Kilometer lange Fahrt vom Highway zum Eingang in das schwer zugängliche Gebirge ist sehr mühsam und nur mit dem Geländewagen zu meistern. Bequemer erkundet man die Region mit einem Rundflug ab Halls Creek oder Kununurra. Unvergesslich ist der Blick auf die gestreiften Sandsteinkuppeln, die wie überdimensionale Bienenkörbe aussehen.

Der im Nordosten gelegene Stausee Lake Argyle ist ein ideales Revier für Wassersportler und Angler. Ein lupenreines Geschäft für das nahe Städtchen Kununurra sind die umliegenden Diamantenfelder. Aus der gigantischen Argyle-Diamantenmine stammt ein großer Teil der jährlichen Weltproduktion, eine Besonderheit sind die hier geförderten rosa und roten Diamanten.

56 Kilometer nach Kununurra verlässt man schließlich Westaustralien. Auf dem Victoria Highway in nordöstlicher Richtung erreicht man als erste Ortschaft im Bundesstaat Northern Territory das verschlafene Nest Timber Creek. Nach knapp 500 Kilometern durch die Wildnis führt bei Katherine der Stuart Highway vorbei am Kakadu National Park direkt bis nach Darwin.

Ein unvergessliches Erlebnis ist ein Besuch im Hamersley Range National Park mit seinen steilwandigen, zum Teil sehr engen Schluchten, hier die Weano Gorge. (oben) Obwohl die Pilbara-Region als die heißeste Zone Australiens gilt, finden sich auch hier einige kühle Flussniederungen. (unten)

Gut zu wissen

Hinweise: Wildblumen stehen in Australien unter strengem Naturschutz und dürfen auf keinen Fall gepflückt werden. Es drohen hohe Strafen.
www.westernaustralia.com,
www.tourismnt.com.au,
www.australiasoutback.de,
www.australia.gov.au

Von Darwin durch das Outback nach Sydney

 4450 Kilometer

Rot glüht der Uluru in der Abendsonne, staubtrockene Pisten scheinen sich in der Unendlichkeit zu verlieren – für viele ist das Outback das »wahre Australien«, eine Region, in der sich der Traum von Freiheit und Abenteuer noch erfüllen lässt. Doch nicht nur einsame Wüstenlandschaften, sondern auch grüne Nationalparks warten auf die zivilisationsmüden Pioniere der Straße.

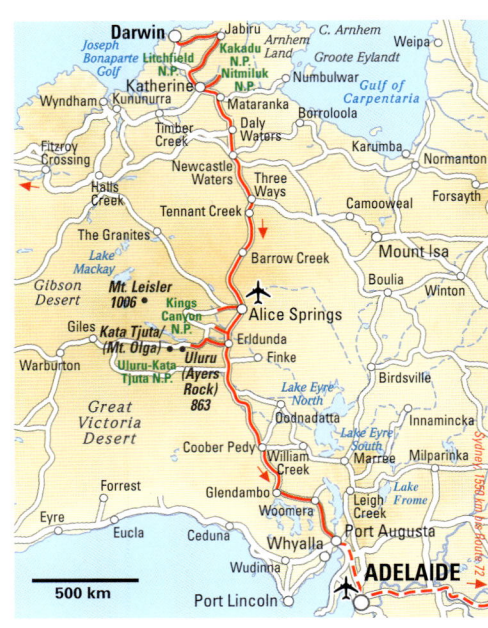

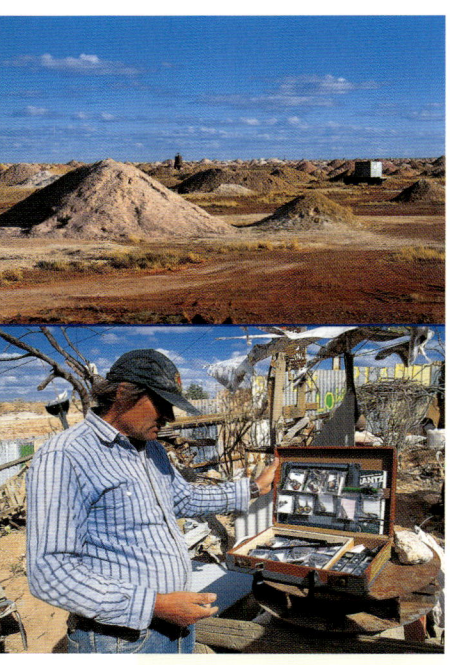

Die Abraumhalden bei Coober Pedy sind die einzigen Erhebungen in der fast baumlosen Ebene. (oben)
Souvenir gefällig? In Coober Pedy gibt es handgefertigten Opalschmuck zu kaufen. (unten)

Der Australier Hans Tholstrup kam 1987 auf die Idee, durch ein spektakuläres Solarauto-Rennen die Nutzung erneuerbarer Energie zu demonstrieren. Er rief zur »World Solar Challenge« auf, die seitdem alle drei bis vier Jahre stattfindet. Als Rennstrecke dient »the Track«, der Weg, wie viele Australier den Stuart Highway nennen, von Darwin nach Adelaide – über 3000 Kilometer Sonne, verbunden mit über 3000 Kilometern Abenteuer. Dieselbe Strecke bietet ideale Voraussetzungen, um vor allem für Wohnmobilfahrer mit Allradantrieb die abwechslungsreichste Tour auf dem fünften Kontinent zu werden – auch wenn die hier vorgestellte Route noch bis Sydney weiterführt.

Bei »Crocodile Dundee«. Darwin ist die Hauptstadt des Northern Territory und mit gut 120 000 Einwohnern die größte Stadt im tropische Norden. Australiens »Tor nach Asien« wurde 1869 gegründet und mehrmals durch Zyklone zerstört – nur wenige historische Gebäude sind verblieben. In der multikulturellen Großstadt stellen Aborigines einen hohen Bevölkerungsanteil, ihre Kunst kann man im Museum and Art Gallery of the Northern Territory sowie in vielen Galerien bewundern.
Der Weg aus der Stadt erfolgt zunächst auf dem Stuart Highway, doch bereits nach 35

Kilometern wird »the Track« vorübergehend wieder verlassen. Über den Arnhem Highway geht es zunächst einmal zum Kakadu National Park. Versprochen: Dieser 500-Kilometer-Ausflug ins Arnhem Land, ureigenes Aborigines-Gebiet, lohnt sich! Der rund 20 000 Quadratkilometer große Nationalpark schützt eine traumhafte Landschaft im tropischen Klimagürtel Australiens.
Drückende Schwüle herrscht in Jabiru, dem Ausgangsort für jede Parktour. Hier ist Krokodil-Land. Das größte Hotel der mit Abstand größten Siedlung weit und breit hat die Form eines Krokos, in dessen Bauch die Gäste wohnen, und der größte Fluss heißt Alligator River. Alle »salties« – so werden die Salzwasserkrokodile genannt, erkennbar an der breiten Schnauze – haben hier im Norden Längen von mindestens fünf, oft sogar sechs, sieben, acht Metern – je nach Anzahl der Bierdosen, die beim Jägerlatein im Pub schon geleert wurden. Wer auf »Crocodile Dundee« zu sprechen kommt, hört nur Häme: Die Filmleute hätten sich nicht getraut, »unsere großen Teile« einzusetzen. Die Angsthasen hätten sich ja nur an die kleinen jungen Drei-Meter-»freshies« (Süßwasserkrokodile mit schmaler Schnauze) herangewagt.
Wie auch immer, tatsächlich hat man im Kakadu National Park die größte Chance,

auf Krokodile zu treffen, etwa auf einer Schifffahrt auf dem Yellow River. Unvermittelt taucht eines auf, oft wirklich vier Meter lang, und gleitet ruhig dahin, bis es irgendwo in den Sümpfen oder einfach in der Tiefe verschwindet. Bis zu einer Stunde können die Reptilien unter Wasser bleiben – eine Herzfrequenz von nur zwei bis drei Schlägen pro Minute macht dies möglich.

Ebenso unvermittelt kann in der Regenzeit aber auch ein Verkehrsschild in den »billabongs«, den Sümpfen, auftauchen, ein ziemlich sicheres Indiz dafür, dass man über eine überschwemmte Autostraße schippert. Die »wetlands« werden neben Krokodilen noch von einer Unzahl weiterer Tiere, vor allem von Vögeln, bevölkert. Nur eine Art wird man ganz sicher nicht antreffen, den Kakadu, denn der Name des Nationalparks leitet sich nicht von dem Papageienvogel, sondern von den Gagadjus, einem Aborigines-Stamm, ab. Ihr Werk sind auch die gut erhaltenen Malereien am Ubirr und am Nourlangie Rock, dessen Plateau die beste Sicht über den Park garantiert. Schautafeln oder Ranger erklären die Bedeutung der Zeichnungen.

Sie sind übrigens der Grund, weswegen der Kakadu National Park sowohl zum Natur- als auch zum Kulturerbe der UNESCO gehört.

Auf keinen Fall sollte man die Wasserfälle versäumen, wobei die zwei größten und schönsten, die Jim Jim Falls mit 215 Metern Fallhöhe sowie die Twin Falls, nur mit einem Allradwagen erreichbar sind. Auch auf dem Highway 21, der sich von Jabiru durch den Nationalpark schlängelt, lohnt es sich, die Blicke schweifen zu lassen: Hier stehen riesige Termitenhügel. Zurück auf dem Stuart Highway, sollte man einen kleinen Abstecher zu den Kaskaden der Edith Falls unternehmen. Danach geht es dieselbe Straße zurück und geradewegs nach Katherine. Die Attraktion im Nitmiluk National Park sind 13 bis zu 100 Meter tiefe Schluchten, die immer enger werden und nach starken Regenfällen bis in die letzte hinein mit Kanus befahrbar sind. In einigen Naturpools am Rand der Schluchten ist es erlaubt zu baden, in anderen tummeln sich dagegen kleine Süßwasserkrokodile. Vorsicht: Informieren Sie sich unbedingt vor einem Bad!

Ausflug mit dem Schiff im Kakadu National Park (oben)
Im Lichtfield National Park kann man sich entspannt in die Fluten des Buley Rockhole stürzen. Hier lauern keine Krokodile. (unten)
Etwa 600 oder 1000 Eukalyptus-Arten wachsen nur auf dem fünften Kontinent, hier in der Nähe des Uluru. (links)

Nichts als Staub. Während die Natur bei Katherine noch üppig bewachsen und tropisch-grün ist, ändert sich hinter Tennant Creek das Bild: Jetzt prägt Wüste die Landschaft. Daher schlägt einem auch trockene Hitze statt drückender Schwüle entgegen, wenn man bei Karlu Karlu Devil's Marbles kurz vor Wauchope die Autotür öffnet. Die dortigen Devil's Marbles sind durch Wind- und Wassererosionen abgeschliffene Felsen und sehen aus wie aufeinander gestapelte Murmeln. Manche Formationen erwecken den Eindruck, als könne der nächste Windstoß die oberste Kugel zu Fall bringen. Der Schein trügt: Die ungewöhnlichen Steinblöcke, die teilweise einen Durchmesser von sechs Metern haben, sind aus einem Stück.
Ein weiterer Stopp bietet sich in Barrow Creek an. In der ehemaligen Telegrafenstation wohnen zwar nur noch wenige, aber dafür typische Outbacker. Dieses tagsüber scheinbar verlassene Nest ist nur deshalb auf Landkarten eingezeichnet, weil es in der Umgebung noch viel weniger gibt, nämlich überhaupt nichts. Die Tatsache, dass im einzigen Pub signierte Geldscheine an der Wand hängen, gibt dem Stopp zusätzlich eine kuriose Note. Das

Geld ist die Rücklage von Stammgästen, die Unterschrift darauf dokumentiert, wem es gehört, und der Wirt weiß genau, wie viel (Trink-)Kredit der einzelne Gast noch hat, ehe er den Geldschein einsteckt und nach einem neuen für die Wand verlangt. Sonst könnte der Zapfhahn für den einen oder anderen leider schnell einmal zugedreht werden ...
Etwa 30 Kilometer vor Alice Springs markieren eine Skulptur und ein Zeichen auf dem Asphalt, dass der Wendekreis des Steinbocks überquert wird. Wer anhält, kann sich bei dieser Gelegenheit auch die zum Teil meterhohen Ameisenhaufen anschauen, die rechts und links der Straße aufragen.

Metropole im »never never«. Und wie ein Ameisenhaufen erscheint auch Alice Springs: mitten in der Einöde eine Stadt mit rund 25 000 Einwohnern. Auf den zweiten Blick, vom Anzac Hill aus, von dem die Stadt gut überschaut werden kann, ist Alice aber nur ein kleines Nest, zwar mit Supermarkt, Kunstgalerie, Fast-Food-Lokalen, Motels mit Swimmingpool und seit 1997 mit einem Wüsten-Themen-Park, aber eben doch nur Ausgangspunkt

Aus Respekt vor dem Glauben der Aborigenes klettern immer weniger Besucher auf den Uluru. (oben)
An der heiligen Stätte Karlu Karlu sind die zu Kugeln erodierten imposanten Granitfelsen – auch Devil's Marbles genannt – im Glauben der Aborigenes die Eier der Regenbogenschlange Wanambi. (unten)
Durch das Spiel von Licht und Schatten nimmt der Uluru im Lauf eines Tages unterschiedliche Farbschattierungen an. (rechts)

für die Naturattraktionen in der Umgebung: die MacDonnell Ranges und vor allem den weltberühmten Uluru. Bedeutung innerhalb des Landes hat die Stadt durch eine Funkstation bekommen, die den heute so ungemein wichtigen Royal Flying Doctor Service ermöglichte. Voraussetzung für den Erfolg waren Funkgeräte, die unabhängig vom Stromnetz durch einen pedalgetriebenen Generator betrieben wurden. Noch eine weitere Institution hat in Alice Springs ihren Sitz: die »School of the Air«, auch »das größte Klassenzimmer der Welt« genannt. Von hier aus erhalten einige Dutzend Kinder, die im riesigen Outback isoliert leben, per Internet – traditionell bis vor wenigen Jahren per Funk – im Fernunterricht ihre Grundschulausbildung.

Wer Alice Springs in westlicher Richtung verlässt, erreicht schon bald die Macdonnell Ranges, einen gewaltigen Gebirgszug mit tiefen Schluchten wie Simpson's Gap oder Chandley Chasm. Es lohnt sich, bei unbedecktem Himmel um die Mittagszeit durch dieses Gebiet zu fahren, dann lässt die hoch stehende Sonne das Naturrot der Steine leuchten und wirft Licht in die dunklen Schächte. Gut 100 Kilometer weiter folgen Glen Helen mit Felsformationen, die wie Orgelpfeifen aussehen, und die tiefroten Steinwände der Ormiston Gorge.

»4 Wheel Drive only«. Solche Schilder mitten im Outback sollten ernst genommen werden. Wer kein Allradfahrzeug hat, muss von der Weiterfahrt nach Hermannsburg und Palm Valley absehen und zurück nach Alice Springs fahren. Auf die anderen jedoch wartet eine der schönsten Offroad-Strecken entlang dieser Route.

Die 1877 von deutschen Pastoren gegründete Siedlung Hermannsburg wirkt wie eine Filmkulisse: kleine Kirche, Schule, Haupthaus, verrostete Oldtimer, Fuhrwagen und ein Ziehbrunnen. In flimmernder Hitze scheint sich hier außer den Fliegen und einigen hitzegewohnten Aborigines

nichts zu bewegen. Wie eine Oase wirkt dagegen Palm Valley. Mit einer Höchstgeschwindigkeit von fünf Kilometern pro Stunde erreicht man das fruchtbare Tal im Finke Gorge National Park, in dem tatsächlich – mitten in der Wüste – Palmen und Farne wachsen. Man sollte sich unbedingt die Zeit nehmen, hier im Camper einmal zu übernachten, die wunderbare Ruhe zu genießen, den Sonnenuntergang zu bestaunen und in der Dunkelheit, nach dem Grillen von Känguru-Steaks am offenen Feuer, Wildnis pur zu erleben.

»Rotes Abenteuer«. Zurück über Alice Springs, den Stuart und Lasseter Highway (Abzweigung bei Erldunda) gelangt man auf indirektem, aber bequemem Weg in Richtung Uluru. Wer lieber auf der Schotterpiste fahren und vor allem den Kings Canyon erleben möchte, biegt kurz nach Henbury in östlicher Richtung ab. Ein knallroter, gut befahrbarer Weg führt zum etwa 200 Kilometer vom Stuart Highway entfernten Canyon. Er gilt aufgrund seiner spektakulären Steilwände als »Grand Canyon Australiens«: Glatte Felswände und raue Steinformationen schillern in gelblich, bräunlich und rötlich pastellfarbenen Tönen.

»Da ist er, der Uluru!« In 90 Prozent aller Fälle ist der Freudenschrei falsch, denn vor dem Uluru – manchen noch als Ayers Rock bekannt – sieht man in Fahrtrichtung links zunächst einmal den Mount Conner, mit 300 Metern Höhe ebenfalls eine stattliche Erscheinung. Der Berg steht auf Privatgelände und kann nur im Rahmen von geführten Wanderungen erkundet werden.

Der Uluru kann jedoch sowohl im Rahmen von Führungen als auch auf eigene Faust umwandert und bestiegen werden. Allerdings verzichten immer mehr Besucher aus Respekt vor dem Glauben der hier seit Jahrtausenden ansässigen Anangu auf eine Besteigung des Berges, der den Aborigenes als heilig gilt. Die Anangu haben den mächtigen Inselberg zwar an die australische Regierung verpachtet,

Das »Daly Waters« genießt den Ruf einer Kult-Raststätte im Outback. (oben)
Bis zu 100 Meter tief fallen die steilen Felswände in der Katherine Gorge ab. (Mitte)
Die Wangi Falls gehören zu den Attraktionen des Litchfield National Parks. (unten)

Egal ob es sich um ein eher harmloses »freshie« oder ein gefährliches »saltie« handelt: Krokodile sollte man grundsätzlich meiden. (oben)
Der Lake Eyre, Australiens größter Salzsee, wird von einer bis zu zwei Meter dicken Kruste überzogen. (Mitte)
Die Termitenhügel können die beachtliche Höhe von acht Metern erreichen. (unten)

bestimmen aber durch ihre Vertreter im Verwaltungsrat des Uluru-Kata Tjuta National Park auch die Vorschriften im Nationalpark. So werden unter anderem bei religiösen Feierlichkeiten der Anangu aus Rücksicht bestimmte Gebiete zeitweise für Besucher gesperrt und einige sakrale Stätten sind überhaupt nicht zugänglich. Auf der Rundwanderung um den Uluru trifft man auf verschiedene heilige Orte, deren Bedeutung auf Informationstafeln erklärt wird.

Nicht verpassen sollte man das grandiose Farbenspiel, das der Uluru zu verschiedenen Tages- und Jahreszeiten zu bieten hat: Er wandelt sich von rostrot am Morgen über orange, ocker, violett bis schwarz am Abend. Zum Sonnenauf- und zum Sonnenuntergang versammeln sich Hunderte an gekennzeichneten Aussichtspunkten, um das Naturschauspiel mitzuerleben. Gleiches gilt für die Katja Tjuta – früher war die Bezeichnung »Olgas« geläufiger –, die wie der Uluru aus Kieselsandstein bestehen. Ihnen hat die Verwitterung durch die extremen Temperaturgegensätze zwischen Tag und Nacht sowie Wasser- sowie Winderosion allerdings mehr zugesetzt. Das Gebiet der rund und weich anmutenden Kegelberge ist für Touristen beschränkt zugänglich, kann aber auf einem öffentlichen Weg mehrere Stunden lang erwandert werden.

Im Diamantenfieber. Zur Weiterfahrt muss man den Lasseter Highway rund 250 Kilometer zurückfahren, bis dieser in den Stuart Highway mündet. Dann folgt lange Zeit »a plenty of nothing«, wie die Outbacker sagen. Erst nach 550 Kilometern wird es wieder interessant, höchstinteressant sogar: Hügel ragen aus dem kargen Boden, als hätte eine Armada von riesigen Maulwürfen in der Erde gegraben. Tatsächlich wird im »Loch des weißen Mannes«, so die Bedeutung des Namens Coober Pedy, seit 1911 »gebuddelt«, aber von Menschenhand. Auf der Suche nach Gold fand man Opale und seitdem nennt sich Coober Pedy »Opal-Hauptstadt der Welt« –

zu Recht, denn gut 75 Prozent der Schmuckopale des Weltmarkts werden hier gefördert. Die riesigen Hügel sind Aufschüttungen von herausgeschlagenem Gestein und kennzeichnen die Eingänge zu unzähligen Schächten. Noch immer suchen viele ihr Glück in der Tiefe, zur Erholung geht es dann zum Golfspielen auf das 18-Loch-Wüsten-Brown – wenn es die Temperaturen zulassen, denn im Sommer kann es in dieser Gegend unerträglich heiß werden. Fast auf 50 Grad Celsius klettert teils das Thermometer, und die Luft ist staubtrocken. Daher wohnen die knapp 1700 Einwohner Coober Pedys auch in Untergrund-Wohnungen, in so genannten dugouts.

Die Opalsucher hier im »big nowhere« sind ein ganz eigener Menschenschlag. Sie kommen aus verschiedenen Nationen, blieben einst hängen, sei es zunächst unfreiwillig nach einer Autopanne oder bewusst nach spontanem Glück. Sie wirken ein bisschen kauzig und recht schroff gegenüber Städtern, Touristen und den Aborigines, die Coober Pedy den Namen »Loch des weißen Mannes« gaben. Wer sich von der eigentümlichen Atmosphäre losreißen kann, den erwartet in der Umgebung des Ortes eine bizarre Mondlandschaft mit spektakulären Felsformationen, wie zum Beispiel Salt 'n' Pepper, die weiß und schwarz wie riesige Salz- und Pfefferstreuer auf einem ungedeckten Tisch stehen, oder die Castles, die durch bunt schillernde Steine die Aufmerksamkeit auf sich ziehen. 250 bis 350 Kilometer weiter erstrecken sich gigantische Salzseen. Das Weiß des kristallisierten Salzes blendet in der Sonne und bildet zum meist azurblauen Himmel einen fast surrealen Kontrast.

Von der Natur gemeißelt. Zwei Fahrtstunden weiter ist dann endlich das Meer erreicht, der Spencer Golf bei Port Augusta. Das historische Städtchen, das noch viel alte Bausubstanz aufzuweisen hat, lohnt einen Bummel. Von dort startet man noch einmal in den Norden in die

Flinders Ranges. Die mehrere hundert Kilometer lange Gebirgskette gilt als eine der landschaftlich reizvollsten Regionen Südaustraliens. Besonders der Ikara-Flinders Ranges National Park ist einen Besuch wert. Der dortige Wilpena Pound erscheint wie ein riesiges, natürliches Amphitheater: Jäh abstürzende Felswände umschließen den fast 80 Quadratkilometer großen Talkessel, der nur durch eine schmale Schlucht begehbar ist. Die zum Teil sehr schroffen, rotbraunen Gesteinsformationen entstanden durch Erosion. St. Marys Peak, mit 1188 Metern die höchste Erhebung des Nationalparks, und der Gebirgskamm mit dem klangvollen Namen Great Wall of China gehören zu den Höhepunkten des Gebiets.

Sydneys duftende Hausberge. Zurück in Port Augusta, folgt man dem Highway A1 und erreicht in wenigen Stunden Adelaide. Dort lässt man sich ein wenig Stadtluft um die Nase wehen, bis man sich noch einmal quer durch das australische Hinterland auf die rund 1400 Kilometer lange Strecke auf dem Highway A20 bis Sydney begibt. Bei Wagga Wagga biegt man auf den Highway A41 ab, der einen direkt in die Blue Mountains bringt. Neben den vielen Stränden gehören sie zu den beliebtesten Ausflugszielen der Sydneysiders, wie Sydneys Einwohner genannt werden. Der bläuliche Dunst, der den Bergen ihren Namen gab, entsteht durch das Harz des Eukalyptusbaums, das ätherische Öle freisetzt, die sich bei warmen Temperaturen verflüchtigen. Obwohl die Blue Mountains von unzähligen Eukalyptusbäumen bewachsen sind, sucht man in der Gegend jedoch vergeblich nach Koalas. Der Eukalyptus, der hier gedeiht, trifft nicht den wählerischen Geschmack der niedlichen Tiere. Die schönste der Gesteinsformationen sind die Three Sisters, nach einer Legende benannt, in der ein Zauberer hier drei Schwestern in Steine verwandelt haben soll. Die drei Kegel ragen in der Nähe von Katoomba auf einem Hochplateau hervor, das senkrecht abfällt. Vom Hauptort in den Blue Mountains erreicht man nach gut 100 Kilometern den Osten Sydney.

Der leuchtend blaue Azurfischer ist im Kakadu National Park heimisch. (oben)
Zur vielfältigen Pflanzenwelt des Stirling Range National Park gehört auch die Swamp Bottle Brush mit ihren filigranen roten Blüten. (unten)
Kata Tjuta, »viele Köpfe«, nennen die Aborigenes die 36 imposanten Berge nahe dem Uluru – der Name ist heute gebräuchlicher als »Olgas«. (links)

Gut zu wissen

Hinweise: In der Regenzeit zwischen November und März können in den Nationalparks im tropischen Norden Straßen überschwemmt sein. Informieren Sie sich immer vorab über den Zustand der Straßen.
www.tourismtopend.com.au,
www.kakadutourism.com,
www.northernterritory.com,
www.southaustralia.com,
www.australia.gov.au

Von Sydney nach Brisbane

 955 Kilometer

Sydney ist ohne jeden Zweifel das Zentrum des Landes – auch wenn Canberra die offizielle Hauptstadt ist. Die Metropole präsentiert sich jung, aufgeschlossen und als ein Schmelztiegel der Kulturen. Entlang der Gold Coast locken Strände, Surfspots und Eukalyptusriesen. Am Puls der Zeit und doch entspannt gibt sich Brisbane mit spiegelnden Wolkenkratzern und großem Freizeitangebot.

Mit Ruhe und Einsamkeit kann der 1,5 Kilometer lange Bondi Beach nicht werben. Sehen und gesehen werden lautet das Motto an Sydneys Szenetreffpunkt Nummer eins. (oben)
Blick auf den Capitol Hill von Canberra, der Retortenhauptstadt Australiens. (unten)

Sydney-Supercity gibt sich aufgeschlossen und kosmopolitisch, ist ein wenig exotisch, ein bisschen romantisch, sehr charmant, äußerst reizvoll und unglaublich schön. Egal aus welchem Blickwinkel man die Metropole betrachtet, Sydney scheint nur Schokoladenseiten zu besitzen. Für die Bosse der nationalen und internationalen Wirtschaft, Banken und Versicherungen pulsiert Australiens Herz in dem Dutzend kühner Wolkenkratzer, Arbeitsplätze für Tausende – mit Blick auf Circular Quay, den kleinsten, aber wichtigsten Teil des riesigen Hafenbeckens. Hier legen die meisten Fähren an und machen Kreuzfahrtschiffe aus aller Welt Halt. Kulturell schlägt Australiens Herz im Opera House, einem der markantesten Bauwerke der Welt, das am schönsten vom Wasser aus zu bestaunen ist. Atemberaubend ist auch der Blick vom Sydney Tower. Von der Aussichtsplattform auf 251 Meter Höhe sieht man, wie klein das Zentrum der Metropole eigentlich ist, und schaut bis zum Horizont auf ein schier endloses Meer von Vorstädten. Richtung Norden passiert man die attraktivsten der rund 30 Strände rund um die Millionenstadt. Die nördlichen Beaches bieten einsame Buchten ohne Infrastruktur, während an den erschlossenen Stränden im Süden Trubel herrscht. Die besten Plätze für einen Tag mit der Clique sind der berühmte Bondi, Coogee, Bronte oder Tamara Beach im Süden. Im Norden sticht vor allem der Palm Beach hervor, vielleicht der hübscheste Strand, aber eine kleine Mogelpackung, denn hier gibt es keine einzige Palme! Dee Why ist ein ideales Surfrevier und oft menschenleer. Manly schließlich gilt als der Familienbeach.

Rechts und links des Highways. Newcastle, mit 310 000 Einwohnern eine der größten Städte in New South Wales und ein bedeutender Güterhafen, bietet mit dem Bar Beach einen gemütlichen Familienstrand. Weitaus lohnender ist jedoch ein Ausflug in den Myall Lakes National Park, der sich östlich von Bulahdelah am Pazifik erstreckt. Publikumsmagnete sind in dem bedeutenden Feucht- und Vogelschutzgebiet neben den Stranddünen The Giants rund 400 Jahre alte Eukalyptusriesen, die teilweise eine Höhe von über 70 Metern erreichen. Bei Taree bietet sich ein Abstecher zu den Ellenborough Falls an. Die Wasserfälle liegen etwa 50 Kilometer abseits der Hauptroute, sind aber mit einer Fallhöhe von 150 Metern absolut sehenswert. Ein ungewöhnliches Pflegeheim ist in Port Macquairie das Koala Hospital. Da hier wilde Koalas behandelt werden, bemüht man sich, sie so schnell wie möglich wieder in die Freiheit zu entlassen. Wird ein Tier aber nicht mehr gesund, darf es hier seinen Lebensabend verbringen.

»Life is a beach.« Auf dem Pacific Highway erreicht man das Surfer-Mekka Byron Bay. Hostels, nette Kneipen und hohe Wellen, vor allem an der Landspitze Pass, ziehen vor allem junge Leute aus aller Welt an. Das nahe Cape Byron ist der östlichste Festlandspunkt Australiens. Vorbei an Bananen- und Ananas-Plantagen schlängelt sich der Highway parallel zur Küste. Bei den zusammengewachsenen Ortschaften Tweed Heads und Coolangatta beginnt nach der Boundary Street der Bundesstaat Queensland und die Gold Coast: Blauer Himmel, 300 Sonnentage pro Jahr, Sandstrände, Wassersport, öffentliche Golfplätze und Unterhaltung sorgen in Australiens größter Touristenregion für Spaß pur. Richtung Norden locken Miami, Nobby, Mermaid und Broad Beach, bis man in Surfers Paradise das Zentrum der Gold Coast erreicht. Die 20 000-Einwohner-Stadt wartet mit Top-Nightclubs, die bis in die frühen Morgenstunden geöffnet haben, Kasinos und einem Vergnügungspark sowie dem berühmten Main Beach auf. Unterwegs lohnt im Hinterland zudem der Lamington National Park einen Besuch, durch dessen dichten Regenwald zahlrei-che Wanderwege entlang von Schluchten und Wasserfällen führen.

Australiens Miami. Schon von Weitem grüßt Brisbane mit seiner imposanten Skyline. Der Vergleich zu Miami drängt sich auf: In Florida und Queensland sind Miami und Brisbane die In-Zentren, in denen sehen und gesehen werden genauso wichtig sind wie das Surfbrett, ein kaltes Bier und ein Dinner im »trendy« Restaurant. Die Zwei-Millionen-Metropole ist seit 1859 Hauptstadt des Bundesstaats Queensland. Stolz zeigt es seine moderne Architektur mit Stahl- und Spiegelglasbauten, aber auch viele Gebäude aus dem 19. Jahrhundert. Die einstige Sträflingskolonie wirbt heute mit Trubel, Strand, Kneipen und Clubs, einer breiten Musik- und Kulturszene und der Queensland Gallery of Modern Art, Australiens größtem Museum für moderne und zeitgenössische Kunst. »Big, bold, beautiful: that's Brisbane« – »groß, keck, schön: Das ist Brisbane« – finden die Brisbanites. Man kann ihnen nicht widersprechen. Ein letzter Weg in Australien führt hier zum Hafen, in dem man das Auto nach Hongkong verschifft.

Mit ihrer prachtvollen Fassade im französischen Renaissancestil zieht die Flinders Street Railway Station in Melbourne nicht nur Bahnreisende an. (oben)
Dank des milden Klimas in Sydney steht einem Familienpicknick im Freien fast das ganze Jahr über nichts im Weg. (unten)
Auch vom Flugzeug aus ist Surfers Paradise ohne Schwierigkeiten zu erkennen: Schlanke Hochhäuser säumen den langen Sandstrand. (links)

Gut zu wissen

Hinweise: Sydney und Brisbane sind durch öffentliche Verkehrssysteme erschlossen – auch durch Fähren. Das Auto kann man hier stehenlassen.
www.sydney.com, www.visitgoldcoast.com, www.visitbrisbane.com.au

ASIEN

Von Hongkong nach Guilin

 751 Kilometer

Auf den ersten Blick ein westlich geprägtes Wirtschaftszentrum, ist Hongkong eine durch und durch chinesische Stadt. Auf eine lange Handelstradition blickt auch die Stadt Guangzhou zurück. Nach der Hektik der Metropolen entspannt die Fahrt über Land, vorbei an sattgrünen Feldern und beschaulichen Dörfern, bis die Felskegel von Guilin, der Inbegriff südchinesischer Landschaft, erscheinen.

Der Perlfluss, der Kanton durchzieht, wird von Wolkenkratzern gesäumt. (oben) Kormoranfischer sind in Yangshou in den letzten Jahren ein seltener Anblick geworden. (unten)

Hongkongs Skyline mit dem grün bewaldeten, steilen Victoria Peak im Hintergrund gehört zu den schönsten der Welt. In den Straßenschluchten zwischen den Hochhäusern pulsiert hektisches Leben, enge Gassen voll Betriebsamkeit wechseln sich ab mit mondänen Boulevards. Im riesigen Hafen wimmelt es von Fischerbooten, Frachtern, Sampanen und Containerschiffen.

Die meisten Besucher beginnen mit ihren Streifzügen in Kowloon, genauer gesagt im Stadtteil Tsim Sha Tsui. Entlang der Nathan Road und ihrer Seitenstraßen reiht sich ein Geschäft an das andere, berstend voll mit allen erdenklichen Waren. Es drängelt ein internationales Publikum, unablässig braust der Verkehr Tag und Nacht. In unzähligen Garküchen brutzeln die köstlichsten Speisen aus Enten und Hühnern, Krabben und Fischen, es riecht nach Erdnussbutter, Sojasauce und Sesamöl.

Von der Südspitze Kowloons ist es nur ein Katzensprung auf die Insel Hong Kong, deren höchster Punkt, der Victoria Peak, genau 554 Meter über den Meeresspiegel ragt. Eine liebenswert nostalgische »Peak-Tram« fährt zur Aussichtsplattform in 379 Meter Höhe, von der aus man einen weiten Blick über die Skyline der Millionenmetropole genießen kann. In den Abendstunden bietet das funkelnde Lichtermeer unvergessliche Eindrücke.

Stadt der Fünf Ziegen. Die meisten Touristen verlassen auf der Weiterfahrt das unattraktive Shenzhen, eine Wirtschaftssonderzone aus Hochhäusern, Fabriken und Gewerbebetrieben, unverzüglich Richtung Guangzhou, der Hauptstadt der südchinesischen Provinz Guangdong. Guangzhou – oder Kanton – blickt auf über 2000 Jahre Geschichte zurück. Die Hafenstadt am Perlfluss gilt in China als eine der »reichen« Küstenstädte, denn die »Stadt der Fünf Ziegen« profitierte als Erste von der wirtschaftlichen Zugkraft und milliardenschweren Investitionen aus Hongkong. Ihr Wahrzeichen, die fünf Ziegenböcke, beziehen sich auf eine Legende. Dieser zufolge stiegen während einer Hungersnot fünf Götter auf fünf Ziegen vom Himmel herab und brachten den Bewohnern die ersten Reiskörner. Heute präsentiert sie Millionen Einwohner, die alle gleichzeitig auf den vollen Straßen unterwegs zu sein scheinen und hektisch ihren Geschäften nachgehen. Zu seinen Hauptsehenswürdigkeiten zählt die mit leuchtend blauen Glasurziegeln gedeckte Sun-Yat-sen-Gedenkhalle, eine Oase der Ruhe in einem schönen Park. Die kleine Insel Shamian ganz im Süden der Stadt lohnt mit ihren Kolonialbauten einen Besuch. Wenige Schritte nördlich davon findet in der Altstadt täglich der berühmte Qingping-Markt statt. Was an den Verkaufsständen des größten südchinesischen Marktes alles an Essbarem angeboten wird, übersteigt westliche Fantasie: Ratten, Wasserwanzen, Schmetterlingsraupen, eimerweise Skorpione, Fische, Fasane, Schlangen, Schnappschildkröten, Baumameisen – sogar vom Aussterben bedrohte Wildtiere wie Pangoline oder Muntjaks – alle sind ausnahmslos für den Kochtopf bestimmt!

Zu den Karstbergen von Guilin. Nach Wuzhou, der ersten Station auf dem Weg nach Guilin, empfiehlt sich eine Fahrt auf dem Perlfluss (Xijiang). Auf der Fahrt durch die unspektakuläre Flusslandschaft wechseln sich flache, grüne Hügel und Städtchen mit Gewerbe- und Fabrikbetrieben ab. Wuzhou liegt bereits in der autonomen Region Guangxi und hat sich in den letzten Jahren zu einer Großstadt mit Hochhauskulisse entwickelt. Doch auch ein Bummel durch die pittoreske, leicht morbide Altstadt ist immer noch möglich. Die Fahrt nach Yangshuo führt auf einer kurvenreichen, wenig befahrenen Straße immer tiefer hinein in eine sanfte Hügelwelt. Links und rechts wechseln sich Reis- und Gemüsefelder mit Dörfern ab, in denen Kinder am Straßenrand spielen und wiederkäuende schlammverkrustete Wasserbüffel träge trotten. Etwa eine Stunde hinter Mengshan sieht man die ersten Karsthügel, wenige Minuten später ist man mitten in dieser märchenhaften Landschaft mit ihren von üppiger Vegetation überwucherten, schroff und senkrecht emporragenden Karstformationen, die in ihrer bizarren Schönheit einzigartig sind. Yangshuo ist für chinesische Verhältnisse ein kleines Paradies mit freundlichen Einheimischen, niedrigen Preisen und guten Restaurants. Obendrein kann man Fahrradausflüge in die nahen Karstberge unternehmen, die viel schöner und ursprünglicher wirken als die weit berühmteren Berge von Guilin. Fast jeder Kalligraph und jeder Dichter hat sich von den fantastischen Karstbildungen von Guilin, etwa dem »Gipfel der Einzigen Schönheit« (Duxiu Feng) im Zentrum, dem »Berg der Farbigen Schichten« (Diecai Shan) oder dem »Elefantenrüssel-Berg« (Xiangbi Shan) in Bann ziehen lassen. Durch die Modernisierung ist vom Zauber Guilins, das im Besucherandrang aus aller Welt fast erstickt, leider nur noch wenig zu spüren. Der Inbegriff idealer Landschaft gerät – wie oft in China – in Widerstreit mit den Entwicklungen der Gegenwart. Auf Geschichte und Gegenwart trifft man auch im 1100 Kilometer entfernten Chengdu. Den Startpunkt der nächsten Etappe erreicht man über die G76.

Futuristisch: Aussichtsplattform auf dem Victoria Peak auf der Insel Hong Kong (oben)
Das Kloster Po Lin auf der Insel Lantau, im Jahr 1921 erbaut, beherbergt eine riesige Buddhafigur. (unten)
Die frühe Morgensonne taucht den Li-Fluss und die Karstberge von Yangshou in mildes Licht. (links)

Gut zu wissen

Hinweise: In Hongkong kann man gut shoppen, doch sollte man aufpassen. Vor allem in der Touristenmeile Tsim Sha Tsui werden oft Fälschungen als echte Markenware verkauft.
www.dicoverhongkong.com/de, www.visitgz.com, www.visitguilin.org

Von Chengdu nach Vientiane

 3033 Kilometer

Im Nordwesten das Gebirgsland Tibet, im Süden die tropischen Länder Myanmar, Laos und Vietnam – die auf hoch gelegenen kargen Gebirgsplateaus und inmitten üppiger Dschungelvegetation lebenden Minderheitenvölker haben ihre religiösen und kulturellen Wurzeln in den angrenzenden Nachbarländern und prägen die Provinz Yunnan im Südwesten Chinas auf ihre Weise.

Der Tempel Wat Xien Thong in Luang Prabang (oben)
Der Königspalast in Luang Prabang ist reich mit Gold verziert. (unten)

Das niedliche, kaum 30 Zentimeter große Pandabärenbaby hat seine Augen noch nicht geöffnet. Wie eine zarte, schwarzweiße Stoffpuppe kauert es in seinem Brutkasten, nur hin und wieder zucken seine Pfötchen. Eine chinesische Familie strahlt vor Glück, denn so kostbaren Nachwuchs bekommt man auch im Pandabären-Forschungszentrum von Chengdu nicht alle Tage zu sehen. Sichuans Hauptstadt empfiehlt sich aber auch wegen seiner gemütlichen Teehäuser und Restaurants mit chilischarfer Sichuanküche.
Nach Süden führt der Weg auf der G93 in das knapp 150 Kilometer entfernte Städtchen Leshan, wo buddhistische Mönche im 8. Jahrhundert die größte steinerne Buddha-Figur der Welt – sie ist 71 Meter hoch – in eine Felswand des Lingyun-Berges meißelten. Das Emei-Shan-Gebirge, etwa 30 Kilometer westlich von Leshan, ist mit seinen zahlreichen Tempeln, bewaldeten Steilhängen und wild lebenden Affen, die vorbeikommende Pilger wie Touristen hemmungslos um Futter anbetteln, ein beliebtes Ausflugsziel. Wer mit Bus, Seilbahn oder zu Fuß auf Chinas populärsten Berg gelangt ist, braucht Glück mit dem Wetter, sonst steht er auf dem 3075 Meter hohen »Goldenen Gipfel« (Jinding) und sieht vor lauter Nebel kaum noch seine Fußspitzen, geschweige denn einen schönen Sonnenaufgang.

Zum Ostrand des Himalaja. Von Emei führt die G5 in das rund 600 Kilometer entfernte Panzhihua, von dort sind es noch 310 Kilometer durch die serpentinenreiche Wildnis des Mian-Mian-Gebirges nach Lijiang (Dayan), der Hauptstadt der Naxi. Die Naxi sind eine anerkannte ethnische Minderheit in China mit rund 330 000 Angehörigen. Im Nordwesten Yunnans besiedeln sie seit Jahrhunderten die Ebenen und Täler südöstlich des grandiosen »Jadedrachen-Schneeberges« (Yulongxue Shan), einem Ausläufer des tibetischen Plateaus. Die Naxi stammen von osttibetischen Nomadenvölkern ab und sprechen eine tibeto-birmanische Sprache. Während die Männer normalerweise Alltagskleidung tragen, halten die Frauen bis heute an ihrer Tracht fest: einer leuchtend blauen Kopfhaube, die an den Zweispitz Napoleons erinnert, eine blauweiße Schürze und vor der Brust verknotete Halteriemen, mit denen auf dem Rücken eine Art Schutzschild aus dickem Stoff befestigt ist, der das Lastenschleppen erleichtern soll. Lijiangs berühmte Altstadt Dayan gehört zum UNESCO-Welterbe. Sie besticht durch ihr malerisches Gewirr holpriger Kopfsteinpflastergassen, gesäumt von eng aneinandergekauerten Naxi-Häusern, deren grauziegelige Satteldächer in markante, leicht aufwärtsgebogene Firste münden.

Wer einige hundert Meter tief in dieses Gassenlabyrinth eindringt, lässt den Touristentrubel und die Souvenirshops der frisch renovierten Hauptgasse Dong Dajie bald hinter sich und findet sich in einer faszinierenden Atmosphäre traditionellen Naxi-Lebens wieder. Hier scheint die Zeit stehen geblieben zu sein – liebevoll gepflegte Blumen blühen in Töpfen an Fenstersimsen, fröhliches Kinderlachen ertönt in den Gassen zwischen verwitterten Häusern und Naxi-Frauen hocken plaudernd auf winzigen Schemelchen, während auf Holzkohlegrills die »Babas« brutzeln, eine knusprige Naxi-Spezialität, ähnlich einem gefüllten Fladenbrot.

Abstecher nach »Little Tibet«. Wer es in den 1980er Jahren als Ausländer wagte, von Lijiang aus auf der Hochgebirgsroute, dem Yunnan-Lhasa-Highway, Richtung Tibet vorzudringen, riskierte Ärger mit der chinesischen Polizei. Das galt auch für die tibetische Stadt Zhongdian rund 200 Kilometer nördlich von Lijiang. Heute wirbt die Region unter dem wohlklingenden Namen »Shangri-La« heftig um Touristen, vorzugsweise aus Hongkong, Ostchina und Taiwan. Trotz des wenig erbaulichen modernen Erscheinungsbilds Zhongdians

lohnt sich ein Abstecher von Lijiang aus sehr, denn die Fahrt führt durch die herrliche Landschaft des 5596 Meter hohen Jadedrachen-Schneeberges (Yulongxue Shan), ein gewaltiger, schneebedeckter Gebirgszug, der hinter Lijiang zu majestätischer Größe ansteigt.

Bei Qiaotou, dem Zusammenfluss des Jangtse mit dem Zhongdian, zweigt eine Seitenstraße zur berühmten Tigersprungschlucht (Hutiao Xia) ab, wo sich der Jangtse tosend zu seiner schmalsten Stelle verengt. Nördlich von Qiaotou klettert die kurvenreiche Landstraße durch düstere, enge Schluchten immer weiter empor, ins Land des Bergvolks der Yi, dessen Frauen an ihren originellen, wagenradgroßen schwarzen Hüten zu erkennen sind. Die Yi leben in einer rauen Berglandschaft mit dicht bewaldeten Hängen, gurgelnden Bächen und abgelegenen Dörfern, deren bitterarme Bewohner sich an Lagerfeuern wärmen, während ihre mageren Kühe sich von dürrem Gras ernähren und borstige, schwarze Schweine quiekend vor vorbeibrausenden Lastwagen flüchten. Das schmale Sträßchen windet sich immer höher hinauf, bis es auf 3200 Meter Höhe auf eine karge, offene Hochebene mündet, die geografisch schon zum Qinghai-Tibet-

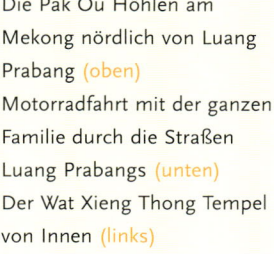

Die Pak Ou Höhlen am Mekong nördlich von Luang Prabang (oben)
Motorradfahrt mit der ganzen Familie durch die Straßen Luang Prabangs (unten)
Der Wat Xieng Thong Tempel von Innen (links)

Straßenverkäufer in Luang Prabang (oben)
Der große Brunnen Nam Phu mit kleiner Parkanlage in Vientiane (Mitte)
Mönche beim Gebet in einem Tempel bei Vientane (unten)
Blick auf die Kleinstadt Vang Vieng (rechts)

Plateau zählt. Tibetische Dörfer wechseln ab mit Feldern und Weiden, auf denen gedrungene, struppige Ponys und zottige Yaks grasen. Diese Region, die ehemalige tibetische Provinz Kham, wurde 1965, als die Chinesen die »Autonome Region Tibet« installierten, von Tibet abgetrennt und der Provinz Yunnan zugeschlagen.

Urlaubsparadies am Erhai-See. Knapp 200 Kilometer südlich von Lijiang erfreut sich die Stadt Dali bei Individualreisenden seit vielen Jahren allergrößter Beliebtheit. Das liegt zum einen an der Gastfreundlichkeit der Bai, die diese Region zusammen mit weiteren nationalen Minderheiten bewohnt, zum anderen am angenehmen Klima und der schönen Landschaft rund um den malerischen Erhai-See. In Dalis Huguo-Straße reiht sich ein Travellercafé an das andere, wo sich die »waiguo pengyou«, die »ausländischen Freunde«, zu entspannen pflegen.

Stadt des ewigen Frühlings. Über die neue Autobahn dauert die gut 400 Kilometer lange Fahrt von Dali nach Kunming nur noch sechseinhalb Stunden. Yunnans Hauptstadt nennt sich aufgrund ihres milden subtropischen Klimas »Stadt des ewigen Frühlings«, obwohl es vor allem im Winter auch tagelang kühl und regnerisch sein kann.

Eine Hauptsehenswürdigkeit der Region, der etwa 120 Kilometer südöstlich von Kunming gelegene Shilin, lässt sich problemlos im Rahmen eines Tagesausflugs besichtigen. Die bizarren, wie versteinerte Flammen empor züngelnden Karstformationen des »Steinwalds« genießen bei den Chinesen größte Popularität. An vielen Tagen herrscht hier ein unglaublicher Touristenrummel, verstopfen chinesische Reisegruppen die engen Wege und Pfade zwischen den skurrilen Felsen, und die Vermieter von originellen Fantasiekostümen für die obligatorischen Erinnerungsfotos haben Hochkonjunktur. Betrieben werden Aktivitäten dieser Art meist von den Sani, der ebenso charmanten wie geschäftstüchtigen Minorität dieser Gegend, deren Angehörige die finanziellen Vorteile des Tourismus klar erkannt haben.

Südostasien in China. Gut 520 Kilometer trennen Kunming von Jinghong, der Hauptstadt des Autonomen Bezirks Xishuangbanna. Diese von tropischem Urwald bedeckte Region im Süden Yunnans grenzt an Myanmar und Laos und unterscheidet sich in vielerlei Hinsicht von anderen Teilen Chinas. Hier leben die Dai, ein ethnisch eng mit den Thailändern und Laoten verwandtes Volk, sowie etwa zehn weitere nationale Minderheiten. Jinghong liegt am Ufer des Mekong-Flusses, der in

China Lancangjiang genannt wird. Der größte Fluss und Lebensspender Südostasiens entspringt wie der Jangtse im tibetischen Tanggula-Gebirge und fließt an Jinghong vorbei weiter nach Laos, Kambodscha und Vietnam.

Land der Million Elefanten. Während sich von Kunming aus inzwischen ein kräftiger Strom von Besuchern nach Jinghong ergießt, verringert sich die Zahl der Reisenden, die über Mengla und Boten nach Laos einreisen, zu einem dünnen Rinnsal. Das Grenzdorf Boten besteht neben einem heruntergekommenen Zollgebäude, in dem die Passkontrolle stattfindet, aus ein paar ärmlichen Hütten mitten im Urwald. Auf seiner schlammigen Dorfstraße tollen tagsüber kleine, barfüßige Kinder zwischen mageren Hühnern und räudigen Hunden herum, während im Schutz der nächtlichen Dunkelheit die Opiumschmuggler diskret ihren Geschäften nachgehen, denn der Schlafmohn gehört im Grenzgebiet von Thailand, Myanmar und Nordlaos, dem so genannten Goldenen Dreieck, gewiss nicht zu den vom Aussterben bedrohten Pflanzenarten.

Von Boten führt eine von den Chinesen erbaute neue Straße durch üppigen, feuchtschwülen Regenwald ins drei Stunden weiter südlich gelegene Udomxai (Muang Xay). Vor einigen Jahrzehnten konnte man sich kaum in diese abgelegene Gegend wagen, heute feilschen die Markthändler von Udomxai mit den Angehörigen der laotischen Bergvölker, wie etwa den Hmong, gleich in vier Währungen um ihre Waren – mit US-Dollars, thailändischen Baht, chinesischen Renminbi und laotischen Kip. Rund 200 Kilometer führt die Urwaldpiste von Udomxai Richtung Luang Prabang. Die ehemalige Königsstadt bezaubert durch ihre entspannte Atmosphäre, ihre weitgehend intakte Kolonialarchitektur und üppig vergoldete Tempelanlagen. An Pracht und Eleganz kaum zu überbieten ist Luang Prabangs eindrucksvollste Tempelanlage Wat Xieng Thong. Dessen Sim, das Gebetshaus, stellt ein besonders gelungenes Beispiel des so genannten Luang-Prabang-Stils dar. Mit seinen gestaffelten, schwungvoll gewölbten Satteldächern, die seitlich fast bis auf den Boden reichen, wirkt der von üppigen, scharlachroten Bougainvillea-Sträuchern umgebene Sakralbau beinahe wie ein geduckter Falke, der kurz davor ist, seine Schwingen auszubreiten und kraftvoll in die Lüfte zu steigen. Verstärkt wird diese dynamische Wirkung noch durch die extrem langen Firsthaken, die wie Schlangenleiber in den Himmel zucken und böse Geister vom Tempel fernhalten sollen.

Durch den Dschungel nach Vientiane. Für die 420 Kilometer entlang verfilzter, graugrüner Dschungelvegetation und ärmlicher Holzstelzendörfer zwischen Luang Prabang und der laotischen Hauptstadt Vientiane sollte man einige Zeit einplanen. Für eine Übernachtung empfiehlt sich Vang Vieng, ein kleines Dorf am Nam-Song-Fluss, dessen Uferpanorama entfernt an die Karstlandschaft von Guilin erinnert. Neben asiatischen Hauptstadt-Molochen wie Peking oder Bangkok wirkt das in einer weiten Mekong-Schleife gelegene Vientiane mit seinen geschätzten 800 000 Einwohnern fast wie ein gemütliches Kleinstädtchen, mit schattigen, von verschlafenen Gebäuden im Kolonialstil gesäumten Straßen, auf denen allerlei altertümliche Lastwagen und »Samlors«, Motorradrikschas auf drei Rädern, tuckern. Zu Vientianes Vorzügen zählen nicht nur exzellente französische und laotische Restaurants, sondern auch zahlreiche Tempelanlagen, darunter der Wat Ong Teu Mahawihan, dessen tonnenschwerer, eindrucksvoller Buddha aus dem 16. Jahrhundert stammt. Den skurrilen Patuxai, Vientianes Antwort auf den Arc de Triomphe von Paris, sollte man sich nicht entgehen lassen, ebenso den eigenwilligen Buddha Park. Er wurde von dem laotischen Künstler und Mystiker Boun Leua Soulilat angelegt und mit Figuren von Buddha und hinduistischen Gottheiten ausgestattet.

Das Riverside Boutique Hotel in Vang Vieng (oben)
Straßenverkauf in Vientiane (unten)

Gut zu wissen

Hinweise: In Luang Prabang lohnt es sich, in ein Boot umzusteigen und zu den 25 Kilometer entfernten Pak-Ou-Kalksteinhöhlen zu schippern. In der spektakulären Pilgerstätte stehen rund 4000 Buddha-Figuren.
www.tsichuan.com, www.tourismlaos.org, www.thailandtourismus.de

Rundfahrt durch Nord- und Zentralthailand

2425 Kilometer

Südlich von Vientiane lockt das tropische Thailand. Dank hervorragend ausgebauter Autobahnen lassen sich bedeutende Stätten des alten Siam auf einer Rundfahrt durch das meist flache zentrale Thailand besuchen. Mit Fertigstellung der Strecke zwischen Chiang Mai und Luangnamtha wurde eine spektakuläre Route durch das Bergland im nördlichen Thailand und Laos bis Kunming möglich.

Der Buddha-Park in Vientiane (oben)

Der Khao Yai Nationalpark ist Heimat vieler Affen. (unten)

Die großartigen Restaurants von Vientiane und der Wat Pha That Luang, der wichtigste Tempel von Laos, bleiben zurück. Beim morgendlichen Besuch leuchtet der stilisierte, hoch aufragende Stupa in der Sonne. Schnell ein paar Räucherstäbchen entzündet und der Fahrt über die Freundschaftsbrücke über den Mekong steht nichts mehr im Weg.

Das Erbe von Angkor. Die rund 630 Kilometer auf der A2 zwischen Nong Khai und Bangkok sind theoretisch in sechs bis acht Stunden zurückzulegen – zumal das Khoratplateau sich zunächst flach und ohne nennenswerte Sehenswürdigkeiten zeigt. Doch nach gut 300 Kilometern ist Phimai erreicht und damit eine der schönsten Tempelanlagen aus der Zeit von Angkor. Weite Teile des Khotplateaus gehörten seinerzeit zum Reich von Angkor. Phimai bildete das Nordende einer Kette von Tempeln, mehr noch, viele Historiker sehen in der Anlage des Tempels das Vorbild für Angkor Wat. Wer hier von der Tempelanlage begeistert ist, kann in etwa zwei Stunden das 146 Kilometer südöstlich gelegene Prasat Khao Phnom Rung erreichen. Dies ist ein weiterer, ebenfalls großartiger Tempel der Khmer. Der auf einem erloschenen Vulkan errichtete Tempel zeigt die Khmer-Kunst auf höchstem Niveau und ist einer der beeindruckendsten Tempel des Reiches von Angkor überhaupt.

Khao Yai – Thailands ältester Nationalpark. Fast direkt en Route – und nur drei bis vier Stunden von Phimai in Richtung Bangkok – liegt hingegen einer der schönsten Parks von Thailand. Tropischer Dschungel, spektakuläre Wasserfälle, Affen, Hirsche, Elefanten und Tiger – kaum irgendwo in Thailand kann man einfacher den Zauber des tropischen Dschungels erleben. Um in den Wald eintauchen zu können, empfiehlt es sich, wenigstens zwei Nächte in den Unterkünften der Nationalparkverwaltung oder am Rand des Parks zu verbringen. Auf markierten Wegen lassen sich rund um das Hauptquartier mit etwas Glück Gibbons, Nashornvögel, Malaienhörnchen und andere Tiere beobachten. Wer Tiger und Leoparden sehen will, sollte für die mehrtägigen Touren im 2000 Quadratkilometer großen Nationalpark unbedingt einen Führer engagieren.

Thailands glitzernde Metropole – Bangkok. Nur noch 180 Kilometer trennen den Khao Yai Park von Bangkok. Lang vor Erreichen der Stadtgrenze verdichtet sich der Verkehr in ungeahntem Maße. Die Fahrt ins Zentrum zeigt bereits, dass Bangkok eine riesige, moderne und in die Höhe schießende

Großstadt ist. Die Highways führen tatsächlich hoch über dem Boden in die Stadt, bestens zu erkennen sind dabei die vielen prächtigen Neubauten. Ohne Navigationshilfe ist der Fremde in der Supermetropole hoffnungslos verloren. Bangkok ist eine der heißesten Städte der Welt. Selbst in den »Wintermonaten« liegt die Temperatur um Mitternacht knapp unter 30 °C! Neben den ultramodernen Shopping-Centern, die sich im neuen Zentrum in der Nähe des Siam Square drängen, lohnt sich der Aufenthalt vor allem wegen der schönen Tempelanlagen. Nach der Zerstörung der alten Hauptstadt Ayutthaya durch eine burmesische Invasion, wurde 1782 in Bangkok mit dem Bau der neuen Hauptstadt Siams begonnen. Die neue Stadt sollte den legendären Glanz Ayutthayas noch übertreffen. Ob das gelungen ist, lässt sich aus heutiger Sicht nicht mehr beantworten – sicher ist aber, dass die Tempel rund um den Königspalast allemal eine Reise wert sind! Die wichtigste Anlage ist das an den Königspalast angeschlossene Staatsheiligtum, Wat Phra Keo. Im zentralen Schrein sitzt der Jadebuddha, das Nationalheiligtum, auf einem hohen Schrein. Im benachbarten Wat Pho liegt eine majestätische Buddha-Figur, Symbol für den Eingang des Buddha ins Nirvana.

In der Universität des Tempels werden Thailändische Astrologie, Naturmedizin und Massage gelehrt.

Anfang des 19. Jahrhunderts war Bangkok eine Stadt ohne Straßen. Zur Fortbewegung dienten Boote auf den Kanälen, den Khlongs. Die Khlongs sind weitgehend Straßen gewichen, anstelle von Teakholzhäusern drängen sich heute Wolkenkratzer. Doch auf einigen verbliebenen Kanälen verkehren auch heute noch Express-Fähren, die eine schöne Alternative zum Dauerstau bilden. Eine Fahrt auf dem Chao Phraya in einer der Fähren sollte man keinesfalls verpassen. Und jenseits des Flusses, an den Kanälen durch Thonburi, lässt sich ein anderes Bangkok erleben, sei es mit einem gecharterten Boot oder mit einem der vielen Boote, die hier als Busersatz dienen.

Ayutthaya – Siams alte Königsstadt. Rund achtzig Kilometer trennen Bangkok von Ayutthaya. Es ist das erste Stück der ziemlich genau 1100 Kilometer langen Strecke nach Boten an der Grenze zwischen China und Laos. Die Strecken durch Thailand sind durchgehend gut bis hervorragend ausgebaut. Diverse Abstecher und Zwischenstopps können die Strecke beträchtlich in die Länge ziehen. Der erste Stopp

Die Bamrung Muang Road in Bangkok (oben)
Ein Kanal, Khlong genannt, im Berzim Thonburi bei Bangkok (unten)
Blick auf Bangkok und den Fluss Chao Praya (links)

führt zur einst glanzvollen Hauptstadt Siams, die 1767 einem Angriff der birmanischen Armee zum Opfer fiel. Alte Reiseberichte beschreiben eine prachtvolle Stadt mit goldschimmernden Chedis und wundervollen Palästen. Da Stein den himmlischen Bauten vorbehalten war, ist von den Palästen nichts mehr zu sehen. Aber auch die prachtvollen buddhistischen Heiligtümer wurden geplündert. Die hoch aufragenden Prangs, Tempeltüme und Chedis lassen nur noch vage den einstigen Glanz erahnen.

Sukothai – Thailands erstes Königreich.
Rund 350 Kilometer weiter nördlich, nur einen kurzen Abstecher von der Route nach China, liegt ein weiterer bedeutender historischer Park bei Sukothai. Die Thai, die erst ab etwa dem 10. Jahrhundert aus dem Süden Chinas ins heutige Thailand zugewandert waren, hatten im 13. Jahrhundert in Sukothai ihr erstes Königreich gegründet. In Thailand wird die Zeit dieses Reiches heute als die goldene Zeit Thailands betrachtet. Die Ruinen des Sukothai-Geschichtsparks zeugen mit ihren eleganten Skulpturen und schlanken Tempeltürmen bis heute von der Kunstfertigkeit der Architekten und Steinmetze.

Die vielen Tempelanlagen liegen in einem ausgedehnten und gepflegten Park, für den sich ein Leihfahrrad als Fortbewegungsmittel anbietet. Eine Stunde bzw. rund 60 Kilometer weiter nördlich liegt ein weiterer sehenswerter Geschichtspark bei Si Satchanalai. Dieser Park wird von deutlich weniger Touristen besucht und hat sich mit den zwischen großen Bäumen verstreuten Tempeln einen ganz eigenen Charme bewahrt.

Nach Norden ins thailändische Bergland.
Der direkte Weg zur laotischen Grenze ist 480 Kilometer lang. Doch die wichtigsten Sehenswürdigkeiten im Norden Thailands bleiben dann im Wortsinn links liegen. Empfehlenswert ist daher die Strecke nach Westen zu verlagern, um über Lampang und Chiang Mai die kulturellen und landschaftlichen Höhepunkte Nordthailands mitzunehmen.
Von Sukothai sind es über Si Satchanlai nach Lampang gut 210 Kilometer. Im beschaulichen Örtchen Lampang gibt es gleich zwei besondere Sehenswürdigkeiten. Etwas südwestlich außerhalb der Stadt liegt das wunderschöne Wat Phra That Lampang Luang, ein hoch verehrtes Heiligtum im nördlichen Lanna-Stil. Nördlich

Ein von Wurzeln umschlossener Buddhakopf in Ayutthaya (oben)
Sitzender Buddha im Geschichtspark in Sukothai (Mitte)
Elefant und Schulklasse vor Wat Chedi (unten)
Angestrahlter sitzender Buddha im Abendlicht im Wat Mahathat (rechts)

von Lampang hingegen liegt das staatliche Elephant Conservation Center. Hier gibt es mehr als die üblichen Touristenshows. Neben den täglichen Vorführungen der Arbeit mit Elefanten, sind auch mehrtägige Aufenthalte im Camp der Mahuts möglich.

Chiang Mai – die »Rose des Nordens«. Diese sehr beliebte Bezeichnung Chiang Mais entsprang eindeutig einer anderen Zeit. Chiang Mai ist heute eine quirlige Großstadt – aber mit nur etwa einem Zehntel der Einwohner Bangkoks sehr überschaubar. In der fußläufigen Altstadt drängen sich schöne Tempel im Lanna-Stil. Zu Zeiten des Reichs von Sukothai war im Norden das Lanna-Königreich entstanden, das eigene Traditionen entwickelte. Deutlich sichtbar ist das in den wunderbar filigranen, meist hölzernen Tempeln im Norden. Das schönste Kloster Chiang Mais ist Wat Doi Suthep auf einem 1000 Meter hohen Berg am Rand der Stadt.
Das Bergland im Norden Thailands bildet die südöstlichsten Ausläufer des Himalaja. Ein mächtiger Bogen von Verwerfungen zieht sich wie ein großer Ring von Chiang Mai durch Nordthailand, den Shan Staat in Myanmar, den Nordwesten von Laos hinauf durch die chinesische Provinz Yunnan bis zum tibetischen Hochplateau und von dort nach Westen.

Im Goldenen Dreieck. Von Chiang Mai bis zur laotischen Grenze sind es rund 530 Kilometer und mindestens zehn Stunden Fahrt. Die gut ausgebaute Straße 11 führt nach Chiang Rai durch eine landschaftlich reizvolle Gegend, mal windet sie sich durch Berge, wie im Khun Chae Nationalpark, mal führt sie durch tropisch grüne Täler zwischen hoch aufragenden Bergen hindurch. Sehr auffällig ragt das Doi Luang Massiv östlich der Strecke als massiver Klotz aus der Ebene. Wer Zeit und Lust hat, kann am Doi Luang Nationalpark Bären und Leoparden nachspüren oder versuchen, möglichst viele der über 200 Vogelarten des Parks zu sichten oder in Wasserfällen planschen. Dort, wo die Berge

im Süden zurück bleiben, trifft die Strecke auf den Highway 1, damit wieder auf die kürzeste Route von Bangkok. Die führt dann schnell nach Chiang Rai, der letzten großen Stadt im Norden von Thailand. Die Zeiten als Chiang Rai ein verschlafenes Nest war, sind lange vorbei. Moderne Shopping-Center, Baumärkte und Restaurants säumen die Ausfallstraßen. Doch eine Übernachtung lohnt sich allemal, ein großer Markt und schöne Klöster locken zum Bummeln, bevor die letzten zwei Stunden Fahrt zur laotischen Grenze anstehen.

Im laotischen Bergland. Zwischen Chiang Khong und Houayxai wurde 2013 die vierte Freundschaftsbrücke über den Mekong zur Verbindung von Thailand und Laos eröffnet. Mit ihr und der Straße durch das Bergland der laotischen Provinzen Bokeo und Luang Namtha wurde das letzte Stück des Bangkok-Kunming Expressway fertiggestellt. Genutzt wird die Strecke vor allem von SUVs mit chinesischem Kennzeichen, die auf der Strecke gerne Touren in den Norden von Thailand unternehmen. Zum anderen dient die Strecke natürlich auch der Erschließung des laotischen Berglandes, das bis vor nicht allzu langer Zeit von dichtem Dschungel bedeckt war. Wer nicht genau hinschaut, kann die Vegetation auf den Hügeln auch für Dschungel halten. Doch leider ist der Primärwald fast überall verschwunden und durch Riesenbambus ersetzt worden. In den Tälern breiten sich chinesische Plantagen aus. Darauf werden Bananen, Melonen und anderes Gemüse für den großen Nachbarn im Norden angepflanzt. Nur auf dem letzten Stück der Strecke zeigt sich im Nam Ha Park noch richtiger Dschungel.
Luang Namtha, die Hauptstadt der gleichnamigen Provinz, ist ein verschlafenes Städtchen und ein idealer Standort, um die reizvolle Provinz mit ihren vielen Minoritäten zu erkunden. Von hier zum chinesischen Grenzübergang bei Boten sind es nur noch 55 Kilometer, danach führt der Weg über Honghe und Nanning wieder nach Hongkong.

Berge und Dschungel am Doi Phui (oben)
Ein junger Elefant wird im Maesa Elefantencamp beim Me Rim Valley mit Bananen gefüttert. (unten)

Gut zu wissen

Trekking im Bergland in Nordlaos: Von Luang Namtha ist es eine schöne Abwechslung für einige Tage – oder wenigstens Stunden – mit einem Führer in das Bergland in ein Dorf der vielen Minoritäten der Gegend zu trekken und dort vielleicht auch zu übernachten. Das eröffnet sicher ganz neue Einblicke in das Leben in den Bergdörfern!
www.tourismlaos.org,
www.thailandtourismus.de

Von Hongkong nach Shanghai

 1865 Kilometer

Wie Perlen an einer Schnur reihen sich quirlige Hafenstädte zwischen Hongkong und Shanghai an den Küsten des Süd- und Ostchinesischen Meeres. Der Wirtschaftsaufschwung machte die Städte reich und stürzte sie zugleich in Probleme der Überbevölkerung und Umweltverschmutzung. Doch noch immer gibt es inmitten der Hektik Oasen der Ruhe, scheint die Zeit in Tempeln und Gärten stillzustehen.

Die Mönche im Nanputuo-Tempel in Xiamen sind Touristenführer, Seelsorger und Zeremonienmeister in einem. (oben)

Beim morgendlichen Tänzchen am Bund, der berühmten Uferpromenade von Shanghai (unten)

Von Hongkong führt die G15 in Küstennähe nach Shantou am Südchinesischen Meer. Die Hafenstadt wurde 1989 zusammen mit Shenzhen, Zhuhai und Xiamen zu einer der ersten vier Wirtschaftssonderzonen erklärt und zählt heute über fünf Millionen Einwohner – in der Metropolregion, zu der neben Shantou auch Jieyang und Chaozhou gehören, leben sogar rund 14 Millionen Menschen. Von einer großen wirtschaftlichen Blüte aber merkt man nicht viel. Im Gegenteil, die Altstadt wirkt reichlich heruntergekommen und verrottet. Überall bröckelt der Putz, die Fenster sind schmutzig, auf den Dächern ducken sich primitiv zusammengebastelte Holzverschläge. Wahrhaftig, die einstmals gediegenen Kolonialgebäude aus der Anfangszeit des 20. Jahrhunderts haben schon bessere Tage gesehen. In den Küstenstädten Südostchinas leben viele Christen, alleine in Shantou sind es gut 60 000. Sichtbares Zeichen ihres Glaubens ist die 1999 erbaute katholische Kathedrale, die in ihrem Inneren durch konsequente Schlichtheit und polychrom bemalte Heiligenfiguren aus Gips besticht. Wer Glück hat, darf den Turm besteigen, in dem eine Glocke mit der deutschsprachigen Inschrift »Rappoltsweiler 1784« die Gläubigen zum Gottesdienst ruft und an die lange Geschichte der Christen in China erinnert.

Juwel an der Goldküste. Das rund 250 Kilometer weiter nordöstlich gelegene Xiamen, von den Einheimischen Amoy genannt, gilt wegen seiner malerischen Lage direkt am Meer zurecht als eine der schönsten chinesischen Großstädte. In der arkadengesäumten Hauptstraße, der Zhongshan Lu, reiht sich ein Geschäft an das andere, es herrscht ein unvorstellbares Gedrängel und Gewusel. Hat man sich schließlich bis zur Hafenpromenade durchgekämpft, sieht man schon die Insel Gulangyu, die »Insel der gehauchten Wellen«. Nach nur fünfminütiger Fahrt mit einer der kleinen Personenfähren, die emsig wie die Weberschiffchen hin und her flitzen, betritt man eine andere Welt. Vorbei sind Hektik und Betriebsamkeit der Großstadt, hier gibt es keine lärmenden Autos und Lastwagen. Die Luft riecht nach Tang und Salzwasser, Möwen kreischen, bunte Fischerboote schaukeln sacht im Wind. Mit ihren gepflegten Kolonialvillen, einem Gewirr enger Altstadtgässchen, subtropischen Palmen, meterhohen Agaven und blühenden Hibiskushecken wirkt die Insel verblüffend mediterran und erinnert eher an Italien als an Ostchina. Gulangyu genießt bei den Chinesen einen guten Ruf wegen seiner zahlreichen Restaurants, die in großen, wassergefüllten Bottichen vielfältiges Meeresgetier zum Verzehr anbieten: frische Scampis, buntgefleckte Krabben, kleine Babyhaie, Rochen, Muscheln, Schnecken, ja sogar Pfeilschwanzkrebse und Muränen. Wer allerdings eine der kiloschweren Kaisergarnelen auf seinem Teller sehen möchte, sollte vorher noch einen 100-Dollar-Scheck einwechseln ...

Auf den Spuren Marco Polos. Quanzhou war zu Marco Polos Zeiten die größte Hafenstadt Chinas und – nach Alexandria – die zweitgrößte der Welt. Durch rege Handelsbeziehungen mit dem arabisch-islamischen Raum konnte sich hier schon früh eine muslimische Gemeinde etablieren. Die über tausendjährige islamische Präsenz zeigt sich an der Qingjing-Moschee aus dem frühen 11. Jahrhundert südlich der Altstadt. Während die schlichte Ruine dieser uralten Moschee eher kahl und ausgestorben wirkt, trifft man im buddhistischen Kaiyuan-Tempel in der Altstadt auf lebhaftes Treiben: Kinder laufen herum, während ihre Eltern bündelweise wohlriechende Räucherstäbchen anzünden und in große Bronzekessel stecken. Andere Besucher verneigen sich vor den prächtigen Buddha-Skulpturen oder lassen sich von einem Mönch in religiösen Fragen beraten. Dazu gesellen sich noch chinesische Touristen,

die lautstark in ihre Handys brüllen oder versuchen, sich heimlich im Tempel vor einer der Buddha-Figuren fotografieren zu lassen. Das ist allerdings streng verboten und bringt Ärger mit einem der Mönche ein, die ansonsten stets mild lächelnd und gelassen dem ganzen hektischen Betrieb zusehen.

Auf der Straße nach Norden. Gemessen an Quanzhou oder Xiamen bietet die Hauptstadt der Provinz Fujian, Fuzhou, mit ihren weit ins Hinterland ausufernden Industrie- und Gewerbebetrieben relativ wenig Sehenswertes. Schnell geht es deshalb weiter durch die grünen Hügel, Reisfelder und Teeplantagen der Provinz Zhejiang nach Ningbo. Die Geschichte dieser uralten Hafenstadt begann schon vor über 2300 Jahren, während der Qin-Dynastie. Mit dem kometenhaften Aufstieg Shanghais im 19. Jahrhundert sank Ningbos Stern allerdings, und heute fristet die Stadt ein eher zweitrangiges Dasein.
Auf einer gut ausgebauten Autobahn gelangt man nach weiteren zwei Stunden Fahrt nach Shaoxing. Hier wurde Lu Xun (1881–1936) geboren, der heute als der größte moderne Schriftsteller Chinas ange-

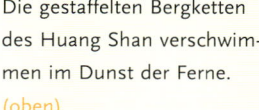

Die gestaffelten Bergketten des Huang Shan verschwimmen im Dunst der Ferne. (oben)
Vom Sonnenlichtfelsen (Riguang Yan) bieten sich ein weiter Blick auf Xiamen und die Insel Gulang Yu. (unten)
Urlaubsparadies: der Westsee (links)

sehen wird. Wer auf den Spuren Lu Xuns durch die Gassen der Stadt streift, dem steigt hin und wieder ein eigentümlicher Geruch in die Nase, der den Uneingeweihten an eingeschlafene Füße erinnert: Es handelt sich um Dofu, also Bohnenquark, die Spezialität des Ortes.

Im »Paradies auf Erden«. Knapp 70 Kilometer trennen, Shaoxing von Hangzhou, der Hauptstadt der Provinz Zhejiang. Hangzhou stieg unter der Südlichen Song-Dynastie (1127–1279) sogar zur Hauptstadt Südchinas auf, da der Norden an die Jin-Dynastie verloren gegangen war. Für die Provinz Zhejiang brachte das einen gewaltigen wirtschaftlichen und kulturellen Aufschwung mit sich. Als Marco Polo die Stadt im späten 13. Jahrhundert besuchte, war er begeistert und schwärmte noch Jahre danach von ihrer Größe, den prächtigen Tempeln, Brücken und Palästen. Leider haben viele von ihnen den gewalttätigen Taiping-Aufstand (1851–1864) nicht überstanden, bei dem große Teile Hangzhous zerstört wurden.

Zu sehen gibt es auch heute noch eine ganze Menge: Das »Kloster der Verborgenen Unsterblichen«, Lingyin Si, im Nor-

den des Westsees ist für seinen fröhlich lachenden »Maitreya« bekannt. Die Buddha-Figur aus der Song-Zeit erteilt mit seinem lebenslustigen, frech herausgewölbten Bäuchlein dem Schlankheitswahn eine witzige Absage. Wer sich im nahe gelegenen »Tempel des Generals Yue Fei«, Yue Miao, darüber wundert, dass viele Besucher voller Verachtung zwei hässliche Skulpturen anspucken, der sollte wissen, dass es sich um Qin Hui, einen intriganten Hofbeamten, und seine Frau handelt. Sie sorgten 1142 dafür, dass Kaiser Xiaozong den beliebten General Yue Fei hinrichten ließ, obwohl dieser die kaiserlichen Truppen siegreich gegen die Khitan-Mongolen geführt hatte. Erst später wurde der General rehabilitiert und feierlich in diesem Tempel beigesetzt.

Bei Chinesen genießt Hangzhou vor allem wegen seiner Lage am Westsee, Xihu, höchstes Ansehen, sie werden nicht müde, die Stadt zusammen mit Suzhou als »Paradies auf Erden« zu preisen. Das ist zwar aus westlicher Sicht etwas übertrieben, doch am frühen Morgen kann der große, stille See einen wunderbaren Zauber entfalten, wenn noch leichte Dunstschwaden über seine windgekräuselte Oberfläche zie-

Tradition und Fortschritt: die Rikscha (oben)
Wenn Millionen von Chinesen vom Fahrrad aufs Auto umsteigen, muss eine entsprechende Infrastruktur geschaffen werden wie hier die Nanpu-Brücke in Shanghai. (Mitte)
In kühnem Schwung überspannt die Nanpu-Brücke in Shanghai den Huangpu-Fluss. (unten)
Shanghai erstrahlt in nächtlichem Lichterglanz: an der Uferpromenade Bund. (rechts)

hen, zart rosa Lotusblüten ihre makellose Schönheit entfalten und die taufeuchten Blätter der Trauerweiden in der kühlen Morgenbrise zittern.

Das »Paris des Ostens«. In Shanghai, dem 23-Millionen-Moloch am Huangpu-Fluss, kommt man sich streckenweise vor wie in einer Orwellschen Zukunftsvision: Überall wimmelt es von Menschen, die sich in endlosen Strömen durch ein Gewirr von Straßen und Gassen schieben, der Verkehr tost Tag und Nacht. Die Bevölkerungskonzentration nimmt unvorstellbare Ausmaße an. Shanghai ist nicht nur eine der größten Städte der Welt, sondern auch die dynamischste Metropole China – eine kraftvolle Wirtschaftslokomotive, die alleine für einen überproportional großen Anteil an den Steuereinnahmen der Volksrepublik aufkommt und deren Wirtschaftskraft weit ins Innere Chinas ausstrahlt. Gerade diese Dynamik, diese rastlose Energie machen den Reiz dieses Ortes aus: Shanghai ist keine Großstadt, in der man ein paar Sehenswürdigkeiten abhakt, die ganze Stadt ist ein einziges, aufregendes Erlebnis: Die Enge der quirligen Altstadtgassen, in denen aus jedem Fenster bunte Wäsche flattert, steht in schroffem Gegensatz zu der eleganten Atmosphäre der mondänen Kaufhäuser und Luxushotels. Moderne Museen, gepflegte Einkaufsboulevards und Tempelanlagen, wie der berühmte »Jadebuddha-Tempel« oder der »Longhua-Tempel« im Süden der Stadt ziehen die Besucher in ihren Bann.
In den wilden 1920er und 1930er Jahren war Shanghai Tummelplatz für Spieler und Abenteurer, Glücksritter und verkrachte Existenzen. Die Kolonialmächte gingen in so genannten ausländischen Konzessionen ihren Geschäften nach, Prostitution, Korruption und Rauschgiftsucht waren an der Tagesordnung, Gangsterbanden kontrollierten Tausende Spielkasinos, Opiumhöhlen und Bordelle. Reiche, wie etwa die legendäre Soong-Familie, schwelgten in unglaublichem Luxus und Prunk, die vielen Armen hausten in total

verdreckten, überbevölkerten Slums und mussten für Hungerlöhne bis zum Umfallen arbeiten. Ab 1938 bot Shanghai Tausenden jüdischen Exilanten aus Europa Schutz. Als 1949 die chinesischen Kommunisten die Macht übernahmen, wurde es zur ultralinken Vorzeigestadt und Hochburg der berüchtigten Viererbande. Diese Epoche, die erst einige Jahrzehnte zurückliegt, scheint psychologisch seit mehr als tausend Jahren vorbei zu sein: Shanghai wandelt sich wieder mit Volldampf zu einer mondänen Stadt – es herrscht Kapitalismus pur. Die Parteikader, die nach wie vor die Macht in Händen halten, haben ihre Mao-Jacken ausgezogen und kassieren jetzt in Nadelstreifen ab. Manager machen »Big Business«, während die Arbeiter für lächerlich wenig Geld schuften.

Stadt des Fortschritts. Eine relativ große Bevölkerungsschicht verdient in ausländischen Joint-Ventures gutes Geld und kann sich einen gewissen Luxus leisten. Entsprechend selbstbewusst geben sich die Bewohner, die nicht ohne Stolz betonen, dass ihre Metropole die fortschrittlichste und weltoffenste Stadt der Volksrepublik China sei. So wurde etwa die Nanjing Lu, Shanghais Prachtstraße, 1999 von französischen Städteplanern umgestaltet und präsentiert sich mit einem geschmackvollen Design aus Stahl, Glas und rotem Granit. Unzählige bunte Neonreklametafeln verwandeln den eleganten Boulevard des Nachts in ein blinkendes Lichtermeer. Auch der Bund – die Uferpromenade mit ihrer berühmten, denkmalgeschützten historischen Hochhausfront und das Wahrzeichen Shanghais – lädt mit Blumenrabatten und Sitzbänken zum Verweilen ein. Gegenüber, auf der anderen Seite des Huangpu-Flusses, erstreckt sich die Wirtschaftssonderzone Pudong. Wo noch vor einigen Jahren Reisfelder und ein paar schäbige, heruntergekommene Schuppen zu sehen waren, hat sich eine eindrucksvolle Skyline entwickelt, mit dem alles überragenden 468 Meter hohen Oriental Pearl TV Tower als Blickfang.

Am Ufer des Westsees von Hangzhou schaukeln die Boote in der Abendbrise. (oben)
Auf den Straßenmärkten gibt es Köstliches wie etwa saftige Melonen. (unten)

Gut zu wissen

Hinweise: Eine reizvolle Perspektive auf den Bund und die Wolkenkratzer von Pudong bietet eine Bootsfahrt auf dem Huangpu-Fluss in Shanghai.
www.meet-in-shanghai.net,
http://english.shantou.gov.cn,
http://english.xm.gov.cn,
http://english.hangzhou.gov.cn

Von Shanghai nach Peking

 1455 Kilometer

Yi Yuan, der Garten der Harmonie, oder Liu Yuan, der Garten des Verweilens – schon die Namen der historischen Gartenanlagen in der reizenden Stadt Suzhou laden zu einem Streifzug ein. In Qufu, der Geburtsstadt des Philosophen Konfuzius, liegt die geistige Mitte der chinesischen Zivilisation, während sich in der früheren Kaiserstadt Peking die politische Macht des riesigen Reiches konzentriert.

Wie ein steinerner Schlangenleib windet sich die Große Chinesische Mauer über die grünen Berge von Badaling. (oben)

Im Sun-Yat-sen-Mausoleum in Nanjing liegt Chinas erster Präsident begraben. (unten)

Scheu wie kleine grüne Kobolde huschen ein paar zwitschernde Brillenvögel durch die kunstvoll geschnittenen Azaleenhecken. Die ersten Sonnenstrahlen lassen die Seerosen der künstlichen Teiche wie diamantenbesetzte Schmetterlingsflügel aufleuchten, die Luft ist erfüllt vom würzig süßen Duft der Chrysanthemenblüten – am Morgen, bevor der tägliche Touristenansturm beginnt, zeigen sich die berühmten Gartenanlagen von Suzhou von ihrer schönsten Seite.

Nur rund 90 Minuten Fahrt auf der G2 trennen das »Venedig des Ostens«, wie sich Suzhou gerne nennt, vom gut 100 Kilometer entfernten Shanghai. Die über 2500 Jahre alte Großstadt im Südosten der Provinz Jiangsu entwickelte sich im Lauf ihrer langen Geschichte zu einem Zentrum der Seidenverarbeitung. Ihr Wohlstand schlug sich in der Gestaltung schöner Gartenanlagen nieder, die so wohlklingende Namen wie »Garten des Meisters der Fischernetze« (Wangshi Yuan) oder »Garten des Pavillons der azurblauen Wellen« (Canglang Ting) tragen. Die größte Anlage, der rund 40 000 Quadratmeter große »Garten des bescheidenen Beamten« (Zhuozheng Yuan) lässt mit ihren großen künstlichen Teichen, originellen Zickzackbrücken und zahlreichen Pavillons den Besucher leicht an der Bescheidenheit des Ministers Wang Xian-

cheng zweifeln, der den prachtvollen Garten im 16. Jahrhundert anlegen ließ. Die malerische Altstadt Suzhous mit ihren zahlreichen Kanälen, buckeligen Steinbrücken und winzigen, eng aneinandergerückten Häuschen wurde leider zu einem guten Teil vom Wirtschaftsboom wegmodernisiert – die Entwicklung lässt sich besonders gut von der Spitze der Nordtempel-Pagode (Beisi Ta) nachvollziehen.

Am Kaiserkanal. Nur knapp 50 Kilometer nördlich von Suzhou ist die ostchinesische Industriestadt Wuxi ein beliebter Ausgangspunkt für einen Abstecher an den Tai-See, der zu den größten Süßwasserseen Chinas gehört.

Wuxi, das heute mehr als 1,4 Millionen Einwohner zählt, hieß vor über 2000 Jahren einmal Youxi, was »Es gibt Zinn« bedeutet. Diese Zinnvorkommen erschöpften sich jedoch bereits im Altertum, und so benannten die pragmatischen Chinesen die Stadt kurzerhand in Wuxi um, was »Kein Zinn« bedeutet.

Der berühmte Kaiserkanal, der mitten durch »Kein Zinn« fließt, ist mit rund 1800 Kilometern einer der längsten Kanäle der Welt. Begonnen wurde mit seinem Bau schon vor über 2000 Jahren, um den Norden mit den Reiskammern des Südens zu verbinden. Mit den Jahrhunderten versandete der nördliche Abschnitt der Wasserstraße. Heute tuckern die schwer beladenen Schuten und Frachter nur noch zwischen Hangzhou, Suzhou und Wuxi auf dem von zahlreichen Industrie- und Gewerbeanlagen gesäumten Kanal.

Die südliche Kaiserstadt. Die Geschichte der Stadt Nanjing – von Wuxi knapp 2,5 Fahrtstunden auf der G42 entfernt – ist untrennbar mit der erstaunlichen Karriere Zhu Yuanzhangs verbunden, einem Mann, der es schaffte, vom einfachen Bauern zum Kaiser von China aufzusteigen. Mitte des 14. Jahrhunderts trat er der Geheimgesellschaft der »Roten Turbane« bei, die sich den Sturz der mongolischen Yuan-Dynastie zum Ziel gesetzt hatte. Dank seiner brillanten Fähigkeiten rückte er rasch zur Spitze auf und konnte die Mongolen stürzen. Im Jahr 1368 ließ er sich unter dem Namen Hongwu zum Kaiser krönen und begründete die Ming-Dynastie (1368–1644), zu seiner Hauptstadt wählte er Nanjing.
Ab 1928, zur Zeit der Republik, fungierte Nanjing unter Chiang Kai-shek erneut als Hauptstadt, bis seine Guomindang-Regierung 1937 vor den Japanern nach Chongqing ausweichen musste. Nanjing fiel im Dezember 1937 und wurde zum Schauplatz eines der größten Kriegsverbrechen:

Im so genannten Massaker von Nanjing wurden schätzungsweise rund 300 000 Menschen von der japanischen Armee getötet. Dieses Kriegsereignis belastet noch heute die Beziehungen zwischen Japan und China. In der Fünf-Millionen-Metropole, die einen relativ hohen Lebensstandard hat, tragen schattige, platanengesäumte Alleen und breite Boulevards zu einem angenehmen Aufenthalt bei. Als Pflichtübung aller chinesischen Besucher gilt ein Ausflug zum Sun-Yat-sen-Mausoleum. Das riesige Monument zu Ehren des Gründers der chinesischen Republik steht auf Zijin Shan und ist mit seinen leuchtend blauen Ziegeln weithin sichtbar.

Geburtsort des Konfuzius. Rund 500 Kilometer nördlich von Nanjing stehen die prächtigen Tempel des Städtchens Qufu im Herzen der Provinz Shandong ganz im Zeichen des Konfuzius. Meister Kong oder Kong Zi, wie ihn die Chinesen nennen, erblickte hier im Jahr 551 v. Chr. während der Zeit der »Frühlings- und Herbstperiode« (722–481 v. Chr.) das Licht der Welt. Der von ihm begründete Konfuzianismus ist eigentlich keine Religion, sondern ein weltlicher Verhaltenskodex sowohl für das Individuum als auch für den Staat. Seine

An einen Mississippidampfer erinnert das Marmorschiff der Kaiserinwitwe Cixi im Park des Sommerpalastes. (oben) Harmonie und Ruhe strahlt der edle Garten des Meisters der Fischernetze in Suzhou aus. (unten) In sanftem Schwung folgt die Uferpromenade Bund in Shanghai dem Verlauf der Küste. (links)

Im Park des Sommerpalastes.
(oben)

Viele teedurstige Gäste
werden in Tianjin erwartet.
(Mitte)

Köstlich duftet es auf Pekings
Straßenmärkten. (unten)

Löwen bewachen die Hallen
der Verbotenen Stadt, die
streng an einer Achse aufge-
reiht sind. (rechts)

hohen moralischen Ansprüche, klar defi-
nierten Werte und sein striktes Hierarchie-
denken – der Herrscher steht über dem
Untertan, der Vater über dem Sohn und so
fort – bilden seit über 2500 Jahren das sta-
bilisierende, jedoch starre Korsett der chinesischen Zivilisation. Konfuzius lebte
bescheiden; erst als seine Lehre während
der Han-Dynastie (206 v. Chr.–220 n.
Chr.) zur Staatsdoktrin erhoben wurde,
gelangte die heute noch in Qufu ansässige
Kong-Familie zu Privilegien und Titeln.
Nördlich von Qufu liegt die Großstadt
Tai'an mit ihrem weitläufigen »Tempel
des Berggottes« (Dai Miao). Sie eignet
sich als Ausgangspunkt für eine Besteigung des 1545 Meter hohen heiligen Berges Tai Shan, auf den einige der Kaiser
pilgerten, um sich das »Mandat des Him-
mels«, ihre Legitimation, zu sichern. Das
unterhalb eines Berggipfels errichtete
»Tempelkloster der Prinzessin der azurblauen Wolke« war früher einer der einsamsten Orte Ostchinas. Seitdem auf den
Tai Shan eine Seilbahn fährt, hat sich dies
gründlich geändert.

Spuren der Kolonialzeit. Die »regierungs-
unmittelbare Stadt« Tianjin zählt heute
über zwölf Millionen Einwohner und
erstreckt sich auf rund 12 000 Quadratkilometern, ist jedoch eine typische Kolonialstadt. 1858 wurde die chinesische Regierung von England und Frankreich
gezwungen, den Vertrag von Tianjin zu
unterzeichnen, um die Stadt ausländischen
Handelsinteressen zu öffnen. Nicht nur
England und Frankreich, sondern auch
Deutschland, Italien, Österreich-Ungarn,
Belgien und Japan richteten Konzessions-
gebiete in Tianjin ein. Noch heute kann
man architektonische Relikte aus dieser
Zeit im Stadtbild finden, etwa eine Anfang
des 20. Jahrhunderts erbaute katholische
Kirche, die Lao Xikai. Das älteste Gebäude
ist der am Kaiserkanal gelegene Palast der
Himmelgöttin, dessen Wurzeln bis ins
14. Jahrhundert zurückreichen.

Faszinierende Hauptstadt. Knapp 500 Kilometer auf der G3 Richtung Norden sind es
nun noch bis Peking. Was der unspektaku-
lären Industriestadt Tianjin an touristischen Sehenswürdigkeiten fehlt, besitzt
Chinas Hauptstadt im Überfluss: Paläste
und Pagoden, Museen, Tempel und Klöster
wetteifern um die Gunst der Besucher. In
der näheren Umgebung Pekings, dessen

chinesischer Name Beijing auch international zunehmend verwendet wird, locken prachtvolle Grabanlagen der Ming- und Qing-Kaiser sowie spektakuläre Teilstücke der Großen Mauer.

Mongolen und Kaiser. Dschingis Khan, der Mongolenführer, eroberte Peking, das damals Yanjing hieß, bereits im Jahr 1215. Die Soldaten des Khans, die so genannten mongolischen Horden, waren für ihre Grausamkeit bekannt, denn sie pflegten Städte, die sich nicht sofort freiwillig ergaben, zu zerstören und deren Einwohner abzuschlachten. Der Mongolen-Khan ließ das fast völlig zerstörte Yanjing neu aufbauen, benannte es in Dadu um und ging daran, Persien und Europa zu erobern. Jahrzehnte später erklärte sein Enkel und Nachfolger, Kublai Khan, Dadu zur Hauptstadt, die er in Khanbaliq, Stadt des Khans, umtaufte. Er proklamierte sich zum Kaiser von China, gründete die Yuan-Dynastie (1271–1368) und unterwarf bis 1279 Chinas Süden.
Pekings unvergleichliche Verbotene Stadt und der kreisrunde Himmelstempel gehen auf den Ming-Kaiser Yongle zurück, einem der brillantesten Kaiser Chinas. Er ließ ab 1406 nicht nur seinen zukünftigen Palast, sondern viele weitere Gebäude, Tempel und Pagoden errichten und verlegte 1421 seinen Regierungssitz von Nanjing, der »Südlichen Hauptstadt«, in die »Nördliche Hauptstadt« Beijing.

Macht und Massen. Das heutige Peking hat sich längst zu einer ausufernden Riesenstadt entwickelt. Rund zwölf Millionen Menschen leben im Ballungsraum, mehr als 21 Millionen im Verwaltungsgebiet der Metropole. Wo noch vor ein, zwei Jahrzehnten Myriaden von bimmelnden Fahrradfahrern das Bild bestimmten, tost heute ein Strom von Autos, Lastwagen und Omnibussen. Die Schadstoffbelastung der Luft ist immens.
»Dicke Luft« herrscht gelegentlich auch auf dem von mächtigen Monumentalbauten gesäumten Tian'an-Men-Platz im Zentrum, des mit über 800 Meter Länge und 400 Meter Breite größten Platzes der Welt. Die chinesische Führung weiß aus Erfahrung, dass sich selbst die kleinste Demonstration an diesem symbolträchtigen Platz schnell zur Staatskrise auswachsen kann, wie etwa im Jahr 1989. Andererseits nutzen Chinas Machthaber den Platz gerne für Massenaufmärsche, wie Mao Zedong zur Zeit der Kulturrevolution oder Jiang Zemin am 1. Oktober 1999 anlässlich der 50-Jahr-Feier der Gründung der Volksrepublik China, als der Platz unter der größten Militärparade erzitterte, die je auf ihm abgehalten wurde. Hier manifestiert sich die Geschichte des modernen China: Die Museen der Chinesischen Revolution und der Geschichte und die riesige Halle des Volkes säumen das Denkmal der Volkshelden. Dahinter beginnt die Warteschlange zum Mao-Mausoleum im Süden; im Norden des Platzes, der erst 1958 seine Riesendimensionen erhielt, liegt das Tor des Himmlischen Friedens (Tian'an Men), der ehemalige Haupteingang zur Kaiserstadt.
Nach dem kräftezehrenden Rundgang durch den Palast lädt der Nord-See-Park (Beihai Gong Yuan), Chinas ältester und weitläufigster kaiserlicher Garten, mit seinen Inseln, Tempeln und Hallen sowie die Weiße Pagode (Baita) zu einem Streifzug ein. Seine heutige Gestalt erhielt der von einer roten Mauer umgebene Park im 18. Jahrhundert unter Kaiser Qianlong. Einen eindrucksvollen Rundblick über Pekings Zentrum und die Kaiserstadt ermöglicht der Kohlehügel (Mei Shan), von dem aus man beobachten kann, wie fremdartig sich die Verbotene Stadt vom Einheitsgrau der Hochhäuser und Wohnblöcke abhebt. Kaiserstadt und großes Dorf, Hort der Geschichte und moderne Großstadt – Peking stand immer schon im Spannungsfeld der Macht.
Von der riesigen Metropole führt der Weg Richtung Südwesten in das rund 11 Kilometer entfernte rund 1150 Kilometer entfernte Xi'an, dem Beginn der nächsten Etappe.

Dem Potala in Lhasa wurde der Putuozongsheng-Tempel von Chengde nachempfunden. (oben) Von der neunstöckigen Nordtempel-Pagode ist Suzhous Altstadt gut zu überblicken. (unten)

Gut zu wissen

Hinweise: In Peking ist der Verkehr schlicht mörderisch. Hier heißt es, das Auto so schnell wie möglich stehenzulassen und auf öffentliche Verkehrsmittel umzusteigen. **http://**visitsz.com, www.cityofnanjing.com, http://tjtour.cn, http://german.visitbeijing.com.cn, www.china-tourism.de

Von Xi'an nach Ürümqi

 3010 Kilometer

Beschwerlich und voller Gefahren war der einzige Weg, der jahrhundertelang Karawanen durch Gebirge, Schluchten und Wüsten von China bis ans Mittelmeer führte – die Seidenstraße, benannt nach den kostbaren, nur im Reich der Mitte hergestellten Stoffen. Von der Kaiserstadt Xi'an ging sie aus, und hier schuf sich ein Kaiser sein Reich fürs Jenseits mit einer gigantischen Terrakotta-Armee.

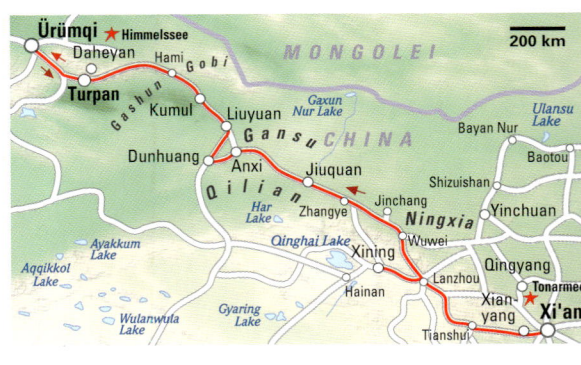

Inmitten riesiger Sanddünen liegt der Mondsichel-See bei Dunhuang. (oben)
Ausflug zum Mingsha Shan, dem »Klingenden Sandberg« (unten)

Seit jeher war Xi'an, als Chang'an Hauptstadt der Westlichen Han-Dynastie (206 v. Chr.–8 n. Chr.), der östliche Start- und Endpunkt der Seidenstraße. In der Tang-Zeit (618–907) war Xi'an mit weit mehr als einer Million Einwohnern eine der größten Metropolen der Welt. Die heutige Vier-Millionen-Stadt ist von einer Stadtmauer aus der Ming-Zeit (1368–1644) umgeben, sehenswert sind unter anderem das quirlige muslimische Viertel und die Kleine und die Große Wildganspagode. Die Hauptattraktion liegt jedoch etwa 30 Kilometer nordöstlich: die Terrakotta-Armee des Kaisers Qin Shi Huangdi. Der »Tiger von Qin« vereinigte China 221 v. Chr. zum ersten Mal zu einem Gesamtstaat. Mit seiner Terrakotta-Armee schuf er sich die erstaunlichste Grabbeigabe der Menschheit.

Auf der alten Seidenstraße. Von Chang'an, wie Xi'an vor über 2000 Jahren hieß, begann früher eine Reise entlang der alten Seidenstraße beim eindrucksvollen Westtor (Ximen). Statt mit einer Kamelkarawane startet man heute mit dem Auto auf der G30 auf die Fahrt durch zerfurchte, lehmbraune Lösslandschaft bis zum ersten Stopp in Tianshui mit den berühmten buddhistischen Maijishan-Grotten. Über Lanzhou, das hauptsächlich für Abstecher zu den Grotten von Bingling Si oder nach Xining von Interesse ist, geht

die Reise über den schmalen Gebirgszug Lenglong Ling (Gebirge des kalten Drachen) weiter nach Wuwei mitten im Hexi-Korridor zwischen der Tengger-Wüste im Norden und dem 5000 Meter hohen Qilian-Gebirge im Süden. In der Anlage des daoistischen »Tempels des Donnergottes« (Leizu Miao) entdeckte man in den 1960er Jahren ein Han-Grab mit dem »Fliegenden Pferd von Gansu«, eine etwa 25 Zentimeter große Bronzeskulptur. Durch eine steppenartige, tamariskenbewachsene Halbwüste, die von den kahlen Vorbergen des Qilian Shan gesäumt wird, geht es weiter, bis sich kurz vor Zhangye das Landschaftsbild ändert: Staubig grüne Pappelreihen umrahmen die Getreidefelder und Obstplantagen der Zhangye-Oase. Marco Polo berichtet über diese Stadt, die er als »Canpiciou« bezeichnet, dass es dort viele »heidnische« Klöster und Abteien mit einer unvorstellbar großen Anzahl an Götterbildern gebe sowie drei christliche Kirchen, die, so vermutet man, wohl von Nestorianern, einer christlichen Sekte, erbaut worden waren. Den »Großen-Buddha-Tempel« (Dafo Si) mit der riesigen liegenden Buddha-Figur aus der Zeit der Westlichen Xia (1032–1227) erwähnte er allerdings nicht. Rund um den Tempel wurde ein Straßenzug im traditionellen Stil wieder aufgebaut, mit Läden und gemütlichen Restaurants.

Am Pass von Jiayuguan, fast 1500 Kilometer westlich von Xi'an, endet die Chinesische Mauer in einer gewaltigen Wüstenfestung. Trotzig markieren wuchtige Wachtürme und Tore die ehemalige westliche Grenze des chinesischen Reiches, während am Horizont die über 5000 Meter hohen, schneebedeckten Gipfel des Qilian Shan mit dem kobaltblauen Himmel verschmelzen.

Kunstgalerie in der Wüste. Über Yumen führt der rund 370 Kilometer lange Weg durch eine karge, graue Wüstenlandschaft, die an einigen Stellen so flach ist wie eine Tischtennisplatte, nach Dunhuang. Die berühmten Mogao-Grotten von Dunhuang gelten als die mit am besten erhaltenen buddhistischen Höhlen Chinas. Sie entstanden ab dem 4. Jahrhundert n. Chr., als der Legende nach der Mönch Lezun die erste Höhle in den weichen Sandstein des Mingsha-Berges grub, in einem Zeitraum von etwa tausend Jahren. Die knapp 500 Höhlen zieren tausende Skulpturen und Wandmalereien mit Motiven aus der buddhistischen Mythologie. Ein Besuchermagnet ist der »Klingende Sandberg« (Mingsha Shan) mit dem »Mondsichelsee« (Yueya Quan).

Durch die Wüste. Ab Dunhuang umgingen die Karawanen früher die berüchtigte Taklamakan-Wüste entweder nördlich oder südlich. Bei diesem interkontinentalen – oder globalen – Handel benötigte ein auf einem Kamelrücken befestigter Seidenballen von China bis ans Mittelmeer mehr als drei Jahre. Heute fährt man auf der Nordroute durch die sonnendurchglühte, schwarzgraue Einöde der Gashun Gobi in die Großstadt Hami. Von der Oasenstadt sind es noch 600 Kilometer nach Ürümqi, der Hauptstadt des Uigurischen Autonomen Gebietes Xinjiang.

Neben den turkstämmigen muslimischen Uiguren leben in Xinjiang weitere Minoritäten, unter anderem Kasachen und Kirgisen. Im Zentrum sieht Ürümqi mit seinen Wolkenkratzern jedoch inzwischen wie eine x-beliebige chinesische Großstadt aus. Abgesehen von der zweisprachigen Beschilderung erinnert nur noch wenig an die Uiguren. Im Sommer zeigt sich Ürümqi erstaunlich grün. Gepflegte Parks spenden angenehme Kühle und Schatten, Springbrunnen plätschern, Blumenrabatten setzen Farbpunkte. Hier kann man ausspannen, bevor man nach Turpan zurückfährt, wo die nächste Etappe beginnt.

Das Leben der Kasachen am Himmelssee ist einfach: Gewohnt wird in den traditionellen Yurten. (oben)
Der »Neunstöckige Turm« der Mogao-Grotten von Dunhuang hütet die größte Buddhafigur Mogaos. (unten)
Jedes der 7000 Gesichter sieht anders aus. (links)

Gut zu wissen

Hinweise: Ein beliebter Abstecher führt in Ürümqi zum »Himmelssee« (Tian Chi). An dem grünen Gletschersee im Himmelgebirge (Tian Shan) kann man in kasachischen Jurten übernachten. www.china-tourismus.de, www.gansu.gov.cn, www.amazingxinjiang.com

Von Turpan durch das Tarim-Becken nach Kaxgar

 1395 Kilometer

Menschenfeindliche Wüsten mit glühend heißen Temperaturen in der Turpan-Senke, fruchtbare Oasen, in denen es Gemüse, Melonen und Trauben im Überfluss gibt, und ein See wie eine Fata Morgana mitten im öden Sand – in den islamisch geprägten Städten und Dörfern an der westlichen Seidenstraße warten landschaftliche und kulturelle Überraschungen in einer fremden Welt.

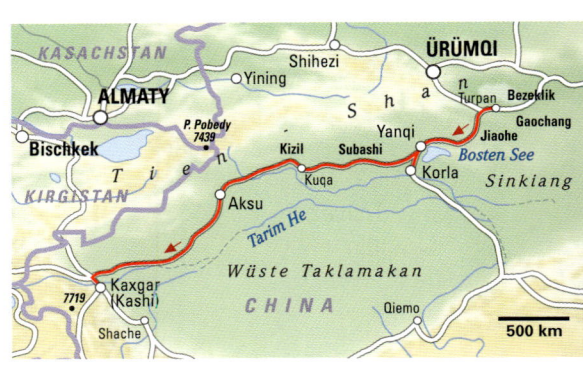

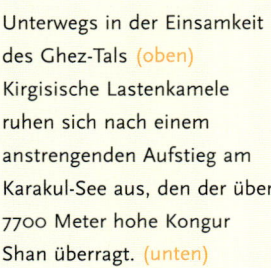

Unterwegs in der Einsamkeit des Ghez-Tals (oben) Kirgisische Lastenkamele ruhen sich nach einem anstrengenden Aufstieg am Karakul-See aus, den der über 7700 Meter hohe Kongur Shan überragt. (unten)

Turpan oder Turfan war vor über 2000 Jahren ein berühmter Rast- und Handelsplatz im Uigurischen Autonomen Gebiet Xinjiang. Die Stadt liegt in der Turpan-Senke, einem rund 50 000 Quadratkilometer großen Wüstengebiet mit Oasen im Nordwesten der Gashun Gobi. Die Region gehört zu den tiefsten Punkten der Erde und stellt im Sommer regelmäßig Hitzerekorde auf: bis zu 50 Grad Celsius im Schatten! So glühend heiß sich die Sommermonate präsentieren, so bitter kalt wird es im Winter: Wochenlang Temperaturen von minus 30 Grad Celsius sind keine Seltenheit in Xinjiang. Obwohl die jährliche Niederschlagsmenge nur zehn Millimeter beträgt, gedeihen in der Oase Baumwolle, Gemüse und Obst, darunter dicke, saftige Honigmelonen und die berühmten süßen Turpan-Trauben. Diese Gaben der Natur werden durch das ausgeklügelte Bewässerungssystem »Karez« ermöglicht, das von den Uiguren schon vor 2000 Jahren angelegt wurde. Durch diese zusammengerechnet fast 3000 Kilometer langen ober- und unterirdischen Kanäle wird das Schmelzwasser des nahen »Himmelsgebirges« (Tian Shan) in die Oase geleitet.

Moscheen und Minarette. In Turpan gibt es eine Menge zu entdecken: Die Emin-Moschee mit ihrem frei stehenden, wuchtigen Minarett lehnt sich an die afghanische Bauweise an und unterscheidet sich von den für Xinjiang typischen bunt bemalten Moscheen der Uiguren. Etwa zehn Kilometer westlich war die Ruinenstadt Jiaohe vor über 2000 Jahren die Hauptstadt des Königreichs Che Shi. Am ehemaligen Haupttempel haben sich sogar einige stark verwitterte Buddha-Skulpturen erhalten. Zu den Tausend-Buddha-Höhlen von Bezeklik etwa 40 Kilometer nordöstlich führt eine Autobahn durch die Wüste. Der Name Bezeklik bedeutet »schön geschmückt« und bezieht sich auf die vielen – heute allerdings teilweise entfernten – Malereien an den Wänden der etwa sechzig noch erhaltenen Höhlen, in denen seit dem 5. Jahrhundert Mönche studierten und meditierten. Auf der Weiterfahrt taucht am Horizont bald die berühmte Kette der »Flammenden Berge« auf, deren zerfurchte Oberfläche wirklich wie eine zu Stein erstarrte Feuersbrunst aussieht. Dieses Gebirge kennt in China jedes Kind, denn Wu Chengs (um 1500–1582) Erzählung »Pilgerreise in den Westen«, die von den Abenteuern des buddhistischen Mönchs Tripitaka (Xuan Zang) auf seinem Weg nach Indien berichtet, ist in China so populär wie bei uns Grimms Märchen.

Die Fahrt von Turpan in die moderne Ortschaft Korla führt über das Wüstenstädtchen Toksun ins Qoltag-Gebirge, eine öde, Bergwildnis, in der kein Baum und kein

Strauch wächst. Über die beiden Wüstendörfer Uxxaktal und Hoxud gelangt man nach Yanqi, wo ein Seitenweg zur Ortschaft Bohu am Rand des Boston-Sees abzweigt. Nach rund zwölf Kilometern kräuseln sich die Wellen des riesigen Sees bis zum Horizont, Boote schaukeln am Ufer, Seeschwalben und Reiher schweben durch die Lüfte, während die Einheimischen Fische fangen – welch ein Kontrast zur hitzeglühenden Mondlandschaft, die man noch vor wenigen Minuten durchquert hat!

Im Tarim-Becken. Die 300 Kilometer von Korla nach Kuqa überwindet man auf der recht gut ausgebauten, meist schnurgeraden Straße, die parallel zu den Vorbergen des Khalik-Tau-Gebirges verläuft. Kuqas traditionelles muslimisches Viertel rund um die eindrucksvolle Große Moschee liegt außerhalb der chinesischen Neustadt, ist aber gut zu Fuß oder mit einem der zahlreichen Eselskarren zu erreichen, die gegen einen kleinen Obolus gerne Passagiere mitnehmen. Die kleine Stadt am Nordrand der Taklamakan eignet sich gut als Ausgangsbasis für Abstecher in die umliegende Wüstenlandschaft und in die Ausläufer des Khalik-Tau-Gebirges, etwa zur in einem Gebirgstal gelegenen Ruinen-

stadt Subashi oder zu den Tausend-Buddha-Höhlen von Kizil, Kizilgaha oder Kumtura. Allerdings führen diese immerhin 100 bis 200 Kilometer weiten Wüstentrips über holprige Pisten und durch ausgetrocknete Flussbetten – für Mensch und Fahrzeug durchaus anstrengende Strecken.

Auf dem Weg nach Kaxgar. Von Kuqa führt eine gut befahrbare Straße 725 Kilometer am Nordrand der Wüste Taklamakan entlang über die hauptsächlich von Chinesen bewohnte Stadt Aksu nach Kaxgar – eine Strecke, die man in etwa 16 bis 20 Stunden zurücklegen kann, wenn nicht einer der vielen Nebenflüsse des Tarim die Straße weggeschwemmt hat. Das kommt im Sommer häufig vor, wenn die Eis- und Schneekappen im Hochgebirge schmelzen. Dann findet sich dort, wo tags zuvor noch eine schöne, asphaltierte Straße verlief, ein metertiefer Wildwasserstrom. Oft kommt es zu stunden-, wenn nicht tagelangen Verzögerungen, bis die örtlichen Behörden ein paar hundert Männer zusammengetrommelt haben, die klatschnass und fleißig wie die Ameisen die Wassermassen eindämmen. Nach der Wüstenfahrt wird der Endpunkt der Etappe erreicht: die Oasenstadt Kaxgar an der Seidenstraße.

Sehenswert ist das islamische Grabmal des Abakh Hoja in Kaxgar. (oben)
Für Mahmud Kashgari, einen großen uigurischen Gelehrten des 11. Jahrhunderts, wurde bei Kaxgar eine Grabanlage erbaut. (unten)
Farbenfroh: Stadtbus in Rawalpindi (links)

Gut zu wissen

Hinweise: Nicht verpassen sollte man in Turpan den Basar, an dem auch Marktstände frische Lebensmittel anbieten. **www.**amazingxinjiang.com, www.china-tourism.de

Auf der Seidenstraße von China nach Europa

 8750 Kilometer

Seidenstraße – beim bloßen Namen dieses berühmtesten und längsten Fernhandelswegs der Geschichte spürt man den Trott der Kamele, heißen Wüstenwind und die Aromen in den Basaren. Der motorisierte Reisende von heute kommt überwiegend auf gut ausgebauten Straßen voran. Trotzdem erlebt man auf der Route noch immer eine gute Portion Abenteuer und Exotik.

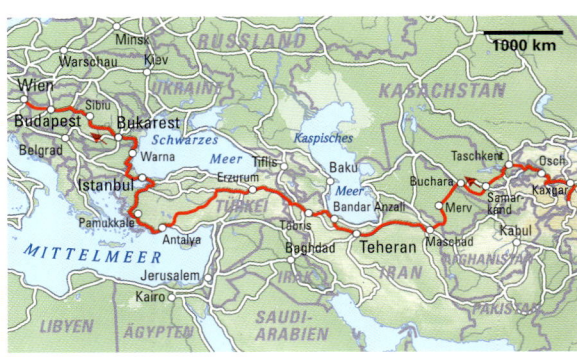

Messerschleifer am großen Basar von Kaxgar: Ein Helfer muss fleißig die Achse drehen. (oben)
Traditionelle Metallwaren in Kaxgar: Hier werden sie noch von Hand gefertigt. (unten)

Diesseits und jenseits des Pamir: In der Oasenstadt Kaxgar im Uigurischen Autonomen Gebiet Xinjiang hat man die lange Wüstenstrecke durch das Tarimbecken hinter sich. Der alte Knotenpunkt der Seidenstraße ist mit rund 340 000 Einwohnern heute eine Großstadt. Ihre kulturelle Identität prägen turksprachige Uiguren, vor allem in der Altstadt, durch die der Duft von Melonen und frischem Backwerk zieht und in der fleißig gefeilt, gesägt und gehämmert wird. Noch mehr bietet der große Basar ein Fest für die Sinne. Berühmt ist der sonntägliche Viehmarkt am nordöstlichen Stadtrand. Dort in der Nähe steht auch das Abakh-Hodscha-Mausoleum, ein mit grün glasierten Kacheln bedeckter, kuppelgekrönter Bau. Unbedingt lohnt ein Abstecher ins Pamir-Gebirge, um den Musztag Ata zu bewundern, einen der schönsten Schneeberge des Globus. Dort zelten oft kirgisische Beduinen.
Die Straße zum kirgisischen Grenzort Irkeshtam ist auf chinesischer Seite bestens ausgebaut. Jenseits der Grenze wird es abenteuerlicher. Die unbefestigten Pisten führen durch das Transalai-Gebirge, das zum Pamir zählt. Hier ist die Heimat des Schneeleoparden. Im Städtchen Sarytash kann man in einem Jurtenhotel übernachten. Danach geht es in Serpentinen hinab in ein sich scheinbar endlos erstreckendes Tal bis nach Osh.

In Kirgistans zweitgrößter, islamisch geprägter Stadt wohnen Kirgisen, Usbeken und Russen. Den großen Freiluftbasar sollte man ebenso wenig versäumen wie einen Rundgang auf dem 1110 Meter Suleiman-Berg (»Salomonthron«), einem Nationalheiligtum, mitten in der Stadt.

Klangvolle Namen. Das fruchtbare Fergana-Tal, an dessen Ostende Osh liegt, gehört heute größtenteils zu Usbekistan. Klangvolle Ortsnamen reihen sich zu kurzen Etappen: Andishan – Fargona – Kokand. Es gibt Seidenverarbeitung zu sehen, Interessierte können in Margilan eine Fabrik besichtigen und den ganzen Prozess vom Haspeln bis zum Weben verfolgen. In Kokand versetzt der Palast des Khudayar Khan mit seiner überreichen Wand- und Deckenornamentik in Erstaunen.
Über das Alatau-Gebirge führt die Fernstraße A373 nach Taschkent, Usbekistans Hauptstadt. Die 2,2-Millionen-Stadt wurde im Zentrum rund um das schicke, moderne Parlamentsgebäude repräsentativ angelegt. Abseits der großen Straßenachsen blieb noch eine labyrinthische Altstadt erhalten. Zum besseren Verständnis der zentralasiatischen Kultur verhilft das nationale Kunstmuseum; eine stilvolle Villa beherbergt das Museum für angewandte Kunst. Der Chorsu-Basar ist der größte und originellste der Stadt – sehr lohnend!

Im Reich des Timur Lenk. In ebenem Gelände geht es durch Baumwollfelder nach Samarkand. Die Stadt war nicht nur ein Handelszentrum an der Seidenstraße, sondern auch Hauptstadt des berühmt-berüchtigten Timur Lenk, auch bekannt als Tamerlan (1336–1405). Den blutrünstigen Eroberer haben die Usbeken zum Nationalhelden gemacht. Das heutige Samarkand ist ziemlich groß und von geraden, breiten Straßen durchschnitten; die traditionellen Wohnhäuser haben grün beschattete Atrien. Einige großartige Bauwerke zählen zum UNESCO-Weltkulturerbe, allen voran das historisch-architektonische Zentrum und der Registan-Platz, den zwei Medresen (Koranschulen) und eine Moschee umstehen – prächtige, reich geschmückte Bauwerke aus dem 15. bis 17 Jahrhundert. Der prunkvollste Einzelbau ist das Gur Emir, das Mausoleum des Timur Lenk. Die blau-goldene Ornamentik des Kuppelinneren überwältigt mit ihrer Raffinesse, ihren Farben und Formen. In der Stadt ragt eine menschenleere Hochfläche auf, auf der sich die Ausgrabungsstätte des antiken Afrasiab erstreckt. Am Rand liegen Friedhöfe und stehen alte Mausoleen sowie das historische Museum, in dem unter anderem Wandmalereien aus Afrasiab gezeigt werden.

Durch ein steiniges Gebirge führt die Route Richtung Süden zum 80 Kilometer entfernten Sharisabz. Dort begegnet man erneut Timur Lenk: in Form einer Monumentalfigur, vor der gerne Hochzeitsgesellschaften posieren. Sie steht in einer parkartigen Anlage mit den imposanten Ruinen des Ak-Sarai, des einstigen Sommerpalasts des Herrschers. Das historische Zentrum der kleinen Stadt mit weiteren Mausoleen und Moscheen gehört zum UNESCO-Weltkulturerbe.

Zeitreise in die Vergangenheit. Die nächsten 270 Kilometer Landstraße führen durch eine topfebene Landschaft. Buchara aber ist umso spannender: Die Altstadt scheint von der Moderne noch kaum berührt zu sein. Wunderbar sind die alten und traditionellen Waren, imposant die Heiligtümer, vor allem am Registan-Platz mit der großen Moschee und dem kunstvoll gemauerten Kalon-Minarett. Nirgends sonst spürt man eine so dichte, traditionelle Seidenstraßenatmosphäre.
Von Buchara führt die Route zur turkmenischen Grenze. Über Kilometer stauen sich davor die Lastwagen. Jenseits davon überquert man auf einer Schwimmbrücke den Amu Darya, der vor über 2300 Jahren

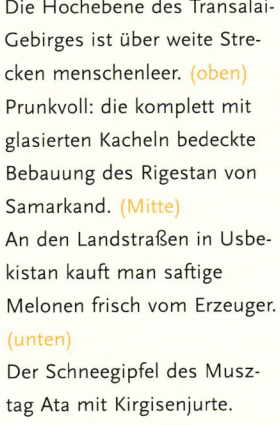

Die Hochebene des Transalai-Gebirges ist über weite Strecken menschenleer. (oben)
Prunkvoll: die komplett mit glasierten Kacheln bedeckte Bebauung des Rigestan von Samarkand. (Mitte)
An den Landstraßen in Usbekistan kauft man saftige Melonen frisch vom Erzeuger. (unten)
Der Schneegipfel des Musztag Ata mit Kirgisenjurte. Getrockneter Yakdung dient als Brennmaterial. (links)

als Oxus in die Annalen Alexanders des
Großen einging: Der Eroberer musste
ihn damals (weiter flussauf) mit Flößen
kreuzen.

Die nun folgende Wüste Kara-Kum
(»Schwarzsand«) ist mit ihren ewigen
Dünen und spärlichem Bewuchs von seltener Eintönigkeit. Kaum zu glauben, dass
am Ziel der Etappe die Ruinen einer Stadt
warten, die über eine Million Einwohner
hatte, ehe sie im Jahr 1221 von den Mongolen hingeschlachtet wurden. Die Rede ist
von Merv, einst neben Kaxgar und Dunhuang eines der drei größten Drehkreuze
der Seidenstraße. Die Ruinen liegen 30
Kilometer nordöstlich der modernen
Nachfolgestadt Mary und gehören zum
UNESCO-Weltkulturerbe.

Durch den Nordost-Iran. Das nächste Etappenziel ist Meschhed, mit 2,7 Millionen Einwohnern die zweitgrößte Stadt des Iran
und durch den Imam-Reza-Schrein eines
der größten iranischen Pilgerziele. Die
grandiose, von goldenen Kuppeln und
Minaretten überkrönte, ornamentverliebte
Anlage schlägt jeden Besucher in ihren
Bann. Die Stadt ist ein Standort der Autoindustrie, ist aber bekannter für ihre
Handwerkstraditionen, vor allem für ihre
Teppiche. Die ganze Fülle des Angebots

zeigt der 700 Meter lange Basar Imam
Reza gleich südlich des Schreingeländes.
Westwärts führt eine Autobahn durch die
leicht gebirgige und – wenn auch jahreszeitabhängig – vorwiegend kahle Landschaft. Über die für ihre Türkise berühmte
Stadt Neyschabur gelangt man nach Shahrud, einem geeigneten Etappenziel vor
allem für Naturliebhaber. Rund 40 Kilometer nördlich der Stadt beginnt an der
Straße nach Shirinabad im Elburs-Gebirge
die Zone der Nebelwälder mit ihrer artenreichen Vegetation; die Nebel bilden sich
gewöhnlich am späten Nachmittag. Südlich von Shahrud dagegen erstreckt sich
die große Salzwüste. So finden sich hier
größte landschaftliche wie klimatische
Kontraste auf engem Raum.

Von Teheran zur Türkei. Entlang dem
Elburs-Gebirge führt die Route westwärts
nach Teheran. Irans Hauptstadt ist eine
riesige Metropole mit zwölf Millionen Einwohnern und voller Widersprüche. Stets
lohnend ist der Blick vom Fernsehturm,
dem 435 Meter hohen Milad Tower,
ebenso wie ein Gang durch die großen
Museen: für (internationale) zeitgenössische Kunst, für Teppiche, Glas und Keramik. Ein absolutes Highlight ist das Nationalmuseum, das die kulturhistorischen

Alt und neu in Istanbul: die
erste der großen Brücken
über den Bosporus, davor
eine Moschee. (oben)
Istanbul: Der Ägyptische
Basar überwältigt mit seiner
exotischen Vielfalt an Düften
und Farben. (unten)
Abenddämmerung am
Donauufer von Budapest. Der
Glanz der k.u.k.-Monarchie ist
hier noch spürbar. (rechts)

Schätze aus islamischer und vorislamischer Zeit präsentiert. Zum UNESCO-Welterbe zählt der Golestan-Palast aus dem 18./19. Jahrhundert.

Das nächste Ziel ist Qazvin, wo die großartig restaurierte Sa'd-al-Saltaneh-Karawanserei zu würdigen ist, ein Meisterwerk der Ziegelbaukunst. Weiter geht es über Khalkhal.

Die Zwei-Millionen-Stadt Täbris ist das große, geschichtsträchtige kulturelle Zentrum in Nordwestiran. Allerdings haben wiederholt schwere Erdbeben die historische Bausubstanz zum großen Teil zerstört. Die Hauptattraktion ist der größte überdachte Basar der Welt, der sehr gepflegte Komplex ist eine UNESCO-Welterbestätte. Direkt neben dem Basar stehen weiter westlich die innerstädtische Moschee und die Medrese. Weiter geht es über die Fernstraße 32.

Oft sieht man ihn schon vorm Grenzort Bazargan: den schneebedeckten Berg Ararat, an dem der Bibel zufolge Noah mit seiner Arche anlandete. Der 5137 Meter hohe Vulkan mit seinem 3896 Meter hohen Nachbarn, dem Kleinen Ararat, ist der höchste Gipfel der Türkei und ein Nationalsymbol der Armenier, zu deren Territorium er einst gehörte.

Durch Anatolien ans Mittelmeer. Auf einer autobahnähnlichen, vierspurigen Straße kommt man nun auf der von Ackerbau geprägten Hochebene rasch voran. Die größte Stadt Erzurum ist durch die nahen Wintersportmöglichkeiten bekannt, hat neben seiner kleinen Altstadt aber auch architektonische Attraktionen zu bieten: eine Burg und die »Doppelminarett-Medrese« aus dem 13. Jahrhundert.

Die Türkei ist lang, fast 1600 Kilometer erstreckt sie sich von Ost nach West. Das relativ zentral gelegene Kappadokien ist für seine Höhlendörfer berühmt. Die Behausungen wurden aus dem leicht bearbeitbaren weichen Tuffstein herausgehauen und entstanden wahrscheinlich schon vor mehr als 2000 Jahren. Westlich von Kayseri zeigt sich Göreme spektakulär mit seinen auffälligen Tuffsteinkegeln und in den Stein gegrabenen, teils farbenprächtig ausgemalten Kirchen im so genannten Kirchental. Die UNESCO-Welterbestätte kann als Freilichtmuseum besichtigt werden.

Über Konya und durch das Taurusgebirge führt die Route ans Mittelmeer, das bei Side erreicht wird. Hier steht man vor imposanten Ruinen der griechisch-römischen Antike, von denen im Raum Antalya in Termessos und Phaselis noch mehr zu bestaunen sind: Tempel, Theater, Tore, Thermen, Aquädukte, Nekropolen. Besonders schöne Stücke präsentiert das Museum in Antalya.

Auf nach Europa! Von Antalya nach Istanbul sind es mindestens zwei Tagesetappen – die erste sollte auf jeden Fall nach Pamukkale führen. Die weißen Kalksinterterrassen mit Fernblick bieten ein einzigartiges Erlebnis, das durch die antiken Ruinen des direkt oberhalb gelegenen Hierapolis noch verstärkt wird.

Auf der schnellsten Route über Kütahya berührt man kaum größere Orte, ehe am Ende einer langen Etappe auf der großen Brücke von 1973 der Bosporus überquert und das Zentrum von Istanbul erreicht wird. Auch wenn der Hauptteil der türkischen Metropole zu Europa gehört, ist die ansonsten moderne und sehr internationale Stadt von orientalischer Atmosphäre geprägt. Dafür sorgen schon die Blaue Moschee, die Hagia Sophia, der Topkapı-Palast und viele Attraktionen mehr.

Der nun folgende europäische »Rest« der Reise führt nordwärts in das bulgarische Varna, wo ein Badetag am Schwarzen Meer lockt. Von dort fährt man über Russe in die rumänische Hauptstadt Bukarest, weiter durch die Karpaten nach Hermannstadt (Sibiu) und schließlich über Budapest nach Wien; beide Hauptstädte wahren mit ihren prächtigen Kaffeehäusern ein Stück Orientkultur. Wenn schließlich die deutsche Grenze überquert wird, hat sich der Tachostand ab Kaxgar um rund 8800 Kilometer erhöht!

Goldstickerei in Buchara. In der schönen usbekischen Handelsstadt leben alte Handwerkskünste fort. (oben) Das Römische Reich schenkte der türkischen Mittelmeerküste unter anderem die Tempelruinen von Side. (unten)

Gut zu wissen

Hinweise: Die »Seidenstraße« ist so vielleicht mittelfristig Vergangenheit – China plant die alte Handelsroute auszubauen und zu modernisieren.
http://german.mofcom.gov.cn/article/zt_Seidentrasse/

Ulla Ackermann
war nach ihrer Ausbildung in Rom, München und Afrika zehn Jahre lang als Korrespondentin für verschiedene europäische Tageszeitungen und Fernsehanstalten in Kenia. Seit ihrer Rückkehr nach Deutschland ist sie freie Journalistin bei deutschen sowie internationalen Tageszeitungen und Magazinen.

Michael Allhoff
hat als Korrespondent für renommierte Tageszeitungen sowie Magazine Reportagen in 120 Ländern weltweit recherchiert und publiziert. Derzeit ist er als Redaktionsleiter der Costa Blanca Nachrichten (CBN) in Valencia, Spanien, tätig.

Klaus Bötig
ist Reisejournalist und lebt in Bremen. Er schreibt seit 25 Jahren am liebsten über die europäische Inselwelt und Europas Küsten. Seine Schwerpunkte sind Griechenland und Norddeutschland – zwei Regionen voller Gegensätze und auch mit manchen Gemeinsamkeiten.

Oliver Bolch
absolvierte die Meisterklasse für Fotografie in Wien, ist seit 1993 als freier Reisefotograf tätig und veröffentlicht in Buch- und Zeitschriftenverlagen. Als Langzeitreisender blickt er auch hinter die Kulissen. Sein Diavortrag »Traumstraßen Australien« gewann beim Dia-Festival El Mundo 2003 den Preis für die »Beste Fotografie«.

Massimo Borchi
ist Mitglied der Agentur Atlantide und studierte Architektur. Er fotografiert für internationale Reisemagazine und veröffentlichte zahlreiche Bildbände.

Michael Boyny
ist freischaffender Fotograf mit den Schwerpunkten Reise und Food und hat mehrere Auszeichnungen für seine Bücher erhalten. Seine Arbeit führt ihn auf alle Kontinente, seine Fotos erscheinen bei Verlagen und Magazinen im In- und Ausland. Reisebildbände führten ihn quer durch Australien, Afrika und Deutschland. Er lebt in München.

Manfred Braunger
Seit vielen Jahren hat der Buchautor und Fotojournalist das Reisen zum Beruf gemacht. Zu seinen Lieblingszielen gehören nach wie vor die USA, die er regelmäßig besucht.

Markus Dlouhy
studierte Fotodesign. Er veröffentlicht seit 1994 als Fotograf in Magazinen und Bildbänden.

Hartmut Fiebig
verbrachte ein Drittel seines Lebens in Afrika. Aufgewachsen ist der Afrika- und Orientspezialist in Ägypten, Arabisch und Kisuaheli spricht er fließend. Seit seinem Studienabschluss dreht er Dokumentarfilme, ist als Foto- und Reisejournalist für verschiedene Tageszeitungen und Magazine tätig und arbeitet als freier Buchautor.

Jörg Axel Fischer
ist seit 1977 als freier Presse- und Reisefotograf tätig. Bis heute wurden seine Bilder in zahlreichen Ausstellungen im In- und Ausland gezeigt.

Nicola Förg
Die Allgäuerin ist Krimiautorin und Reisejournalistin für Buchverlage, Zeitschriften und Tageszeitungen, vor allem im Bereich Bergsport und Reiten.

Bruni Gebauer
studierte Sport und Geographie in Bonn und Bochum und unterrichtete als Lehrerin am Gymnasium. Seit 1986 ist sie als Radio- und Fernsehredakteurin tätig.

Klaus Hart
studierte Journalistik, ging 1986 zwölf Jahre als freier Korrespondent für Medien der Schweiz, Österreichs und Deutschlands nach Brasilien und arbeitete u.a. für die Neue Zürcher Zeitung, die ARD und Amnesty International. Er veröffentlichte Reisebücher und -führer sowie Brasilienreportagen.

Thomas Härtrich
ist seit 1981 freier Fotograf in Leipzig und war bis 2012 Mitinhaber der Fotografen-Agentur »transit«. Seine Hauptarbeitsgebiete sind Reportage- und Reisefotografie für Magazine und Verlage. Skandinavien, besonders Norwegen ist seine große Leidenschaft. Seit gut 20 Jahren ist er regelmäßig im Hohen Norden unterwegs.

Christian Heeb
Der Schweizer Fotograf gilt als einer der erfolgreichsten Reisefotografen weltweit. Er ist Bildautor von über 200 Bildbänden und unzähligen Kalendern. Seine Bilder werden weltweit durch über 30 Agenturen vertrieben und erscheinen in großen Magazinen.

Joachim Hellmuth
studierte Kunstgeschichte, Germanistik und Philosophie. Er ist Fotograf mehrerer Bildbände und Verlagsmitarbeiter im Bruckmann Verlag. Er lebt bei München.

Peter Hirth
1960 in Stade geboren, studierte Fotodesign an der FH für Gestaltung in Hamburg. Er arbeitet als freier Bildjournalist und Fotodesigner und ist Mitinhaber der Fotografen-Agentur »transit«.

Eugen E. Hüsler
hat bisher über 100 Reiseführer, Wander- und Klettersteigführer sowie Bildbände veröffentlicht, davon über 50 Titel bei Bruckmann. Seit vier Jahrzehnten ist er unterwegs in den Alpen, gerne auch abseits der Renommierziele. Seit 1983 lebt er in Oberbayern.

Stefan Huy
ist ausgebildeter Verlagsbuchhändler, absolvierte 1977 ein Zeitungsvolontariat und arbeitet seit 1980 als Redakteur. Zunächst für das Radio, nun ausschließlich für das Fernsehen. Mittlerweile konzentriert er sich in seiner Berichterstattung auf den Südpazifik und hat zahlreiche Reisebücher veröffentlicht. Er lebt in Deutschland und Neuseeland.

Margit Kohl
arbeitete 19 Jahre lang als Redakteurin für die Süddeutsche Zeitung, wo sie lange Zeit das Reiseressort leitete. Im Anschluss war sie als stellvertretende Chefredakteurin des ADAC Reisemagazins tätig. Sie hat mehrere Bildbände publiziert und arbeitet heute als freie Journalistin und Autorin.

Iris Kürschner
ist freie Fotografin und Journalistin mit den Schwerpunkten Outdoor-, Bergwelt- und Reisefotografie. Ihr Interesse gilt vor allen Dingen dem Alpenraum und dem Himalaya, wo sie bereits zahlreiche Reisen unternommen hat. Seit mehreren Jahren veröffentlicht sie regelmäßig Reportagen.

Georg Kürzinger
geboren in Oberaudorf, arbeitet seit 1989 als freier Fotojournalist. Er ist Bildautor zahlreicher Bildbände zu deutschen und internationalen Themen. Einen Namen machte er sich mit diversen Fotoreportagen für Agenturen und Ausstellungen sowie für Magazine und Zeitschriften. Er lebt in München.

Kay Maeritz
ist Diplom-Designer, Fotograf und Buchautor. Der Asienspezialist mit den Schwerpunkten Himalaja, Indien und Südostasien gehört zu den bekanntesten deutschen Vortragsreferenten und berichtet über seine Reisen in Multivisionsvorträgen im deutschsprachigen Raum.

Olaf Meinhardt
durchquerte 1996 Russland erstmals auf einer Fahrradweltreise. Seitdem bereist er als Fotograf immer wieder zahlreiche Länder mit dem Rad und per Boot, mit Wanderschuhen oder dem Wohnmobil. Er publiziert in renommierten Zeitschriften und Magazinen.

Hans Günther Meurer
lebt als freier Reisejournalist bei Hamburg und arbeitet für Buch- und Zeitschriftenverlage sowie für Radiosender. Im Bruckmann Verlag erschienen von ihm bereits mehrere Bücher über Skandinavien. Doch er liebt nicht nur den Norden, sondern auch Frankreich und die Region um den Gardasee.

Thomas Migge
ist Politologe und Historiker. Er arbeitet unter anderem für den Deutschlandfunk und schreibt für Zeitschriften und Magazine. Er ist Autor zahlreicher Bildbände und kennt Venetien, die Toskana, das Friaul und Rom wie

seine Westentasche. Er lebt seit über fünfzehn Jahren als Auslandskorrespondent in Rom.

Axel M. Mosler
ist freier Fotodesigner und veröffentlicht regelmäßig in renommierten Zeitschriften- und Buchverlagen. Ausgedehnte Fotoreisen führen ihn immer wieder nach Schottland, Norwegen, Kanada, Griechenland und durch Deutschland. Im Bruckmann Verlag sind von ihm zahlreiche Bildbände erschienen. Axel M. Mosler ist Mitglied der Fotografenagentur VISUM und lebt in Dortmund.

Kai Ulrich Müller
studierte in Berlin Architektur. Er arbeitet seit 1984 regelmäßig in China und spricht fließend chinesisch. Er ist Bild- und Textautor zahlreicher Bände und freier Mitarbeiter bei Verlagen im In- und Ausland.

Jochen Müssig
studierte Kommunikationswissenschaften und Germanistik und war als Chefredakteur für diverse touristische Magazine verantwortlich. Er schreibt für die Süddeutsche Zeitung, die FAZ sowie zahlreiche weitere Zeitungen und Magazine im In- und Ausland.

Michael Neumann-Adrian
ist Historiker und Publizist mit zahlreichen Veröffentlichungen über Reiseländer Europas und Asiens. Nach Jahren in der Chefredaktion der Zeitschrift »Westermanns Monatshefte« schreibt er seit Beginn der 1980er-Jahre über Länder und Reisen, Kultur und Natur. Er lebt mit seiner Frau und Autorenkollegin am Starnberger See.

Sieglinde Oehrlein
studierte Übersetzungswissenschaft, Germanistik und Romanistik in Heidelberg. Nach der Promotion widmete sie sich als freie Journalistin vor allem kulturellen Themen aus der spanischsprachigen Welt. Sie lebt zur Zeit in Buenos Aires.

Gerald Penzl
ist promovierter Kybernetiker. Er lernte Lateinamerika durch viele Reisen kennen und schrieb Reise-, Kultur- und Sozialberichte über südamerikanische Länder für Buchverlage, Magazine und Zeitungen.

Ingolf Pompe
ist nach einer Grafikdesign-Ausbildung an der Kunstakademie Stuttgart und dem Fotografiestudium am Plymouth College of Art and Design in England als freier Fotograf tätig. Er veröffentlichte zahlreiche Reportagen und Bildbände. Er ist Mitglied der Agentur LOOK in München und lebt in Stuttgart.

Karl-Heinz Raach
arbeitet seit 1984 als freier Fotojournalist. Neben Reportagen in Zeitschriften und Reisemagazinen fotografierte er inzwischen über 80 Bildbände und zahlreiche Fotokalender. Im Eigenverlag veröffentlicht er zudem Druckerzeugnisse von seinem Wohnort Freiburg und dem Schwarzwald.

Barbara Rusch
studierte in ihrer Heimatstadt München Ethnologie, Kommunikationswissenschaften und Psychologie. Nach längeren Studienaufenthalten in Italien und Ostafrika arbeitet sie seit 1990 als freie Autorin und Über- setzerin sowie als technische Redakteurin. In Büchern, Zeitschriften, Lexika und Ausstellungskatalogen publiziert sie über Kultur- und Wissenschaftsgeschichte, Pädagogik und Psychologie sowie ferne (und nicht ganz so ferne) Länder.

Jörn Sackermann
arbeitet seit 1984 als Fotograf und ist Bildautor mehrerer Reisebildbände. Er wohnt in Köln.

Axel Schenk
geboren in Goslar, ist Kunsthistoriker, Lektor und Fotograf. Eine Weile war er bei Westermann in Braunschweig und Ringier/Bucher in Luzern, ab 1981 dann Verlagsleiter des C.J. Bucher Verlags in München. Seit 1999 ist er selbstständig mit dem BUCH UND BILD Verlagsservice.

Hans-Wilm Schütte
ist Sinologe und freiberuflicher Buchautor. Seine Reiseführer über China sind in Deutschland Bestseller und wurden auch in weitere europäische Sprachen übersetzt. Schütte lebt in Hamburg.

Andreas Srenk
war mehrere Jahre Redakteur der Tageszeitung »Die Welt« in Bonn. Seit vielen Jahren ist er als freier Journalist für zahlreiche Magazine tätig.

Hubert Stadler
(1954–2005) war selbständiger Fotograf mit den Schwerpunkten Südamerika und Nordeuropa. Er veröffentlichte zahlreiche Bildbände und Reiseberichte in nationalen und internationalen Magazinen und war Mitglied der Fotografenagentur Corbis.

Martin Thomas
studierte Fotodesign an der Fachhochschule Dortmund. Er ist Bildautor zahlreicher Publikationen in renommierten Zeitschriften-, Reisebuch- und Bildbandverlagen.

Reinhard Tiburzy
ist promovierter Naturwissenschaftler und freiberuflicher Reise- und Bildjournalist mit den Schwerpunkten USA und Beneluxländer.

Reinhard Ulbrich
gebürtiger Berliner, ist Reisebuchautor, Satiriker und Romancier. Er veröffentlichte Reportagen in »Merian«, »Abenteuer und Reisen« und vielen anderen Zeitschriften. Er ist Autor und Mitautor mehrerer Titel im Verlag C.J. Bucher und arbeitet als Redakteur eines Magazins in Berlin.

Rainer Waterkamp
ist Politologe und Reiseautor. Seit vielen Jahren bereist er das außereuropäische Ausland. Reiseführer und Bildbände erschienen von ihm über Äthiopien, Kenia, Australien, Peru und Bolivien, Südafrika und Mali. Im Bruckmann Verlag erschienen von ihm zuletzt »Highlights Peru« sowie mehrere Beiträge in Sammelbänden, z.B. in »Entdecke die Welt«. Er lebt in Bonn.

Bettina Winterfeld
war sechs Jahre Redakteurin bei der FAZ. Darüber hinaus arbeitete sie für zahlreichen Reisezeitschriften mit und publizierte Reisebücher. Sie lebt als freie Journalistin in München.

Ernst Wrba
studierte Foto-Design und ist seit 1983 als freier Fotograf in Frankfurt im Bereich Werbung, Industrie, Architektur und Tourismus tätig. Sein Bildarchiv ist spezialisiert auf Reisethemen. Er veröffentlichte zahlreiche Reiseführer und Kalender sowie über 50 Bildbände. Seit 2005 lebt er in Wiesbaden.

Mit seinen kleinen Neben-
straßen eignet sich Italien
hervorragend für eine Entdeckungsreise mit dem Auto.
(oben)

Küstenlinie der Marlborough
Sounds in Neuseeland
(unten)

90 Prozent der Wassermengen der Niagara-Fälle stürzen über die Horseshoe Falls. (oben)
Steilküste auf der Halbinsel Digby Neck in der Bay of Fundy, Kanada (unten)
Durch die österreichischen Alpen (links)

In Islands weiter Landschaft finden sich oft nur wenige Autos. (oben)
Fast 750 Kilometer misst die buchtenreiche Küstenlinie von Stewart Island. (unten)
Die Transfogarascher Hochstraße in Rumänien bei Nacht (rechts)

Im australischen Outback sind die Straßen oft staubig. (oben)
Sonnenuntergang an der Küste Neuseelands (unten)

Route 1: Axel M. Mosler, außer 17 o./Mi. Jörg Axel Fischer, 17 u., Shutterstock (Bildagentur Zoonar GmbH)
Route 2: Jörn Sackermann, außer 18 u. Axel M. Mosler
Route 3: Markus Dlouhy, außer 20 u./21 r.o./r.Mi. Ernst Wrba, 21 l.u. Shutterstock (50u15pec7a7or), 22 l.Mi./l.u. Blumeninsel Mainau GmbH, Fotoarchiv
Route 4: Michael Boyny, außer 24 u. Gregor M. Schmid, 25 r.Mi. Georg Kürzinger
Route 5: Georg Kürzinger, außer 26 o. Michael Boyny
Route 6: Jörg Axel Fischer, außer 30 o. Axel M. Mosler, 31 u./32 l.Mi. Georg Kürzinger, 32 l.o./33 o. Agentur Transit/Peter Hirth, 32 l.u./r.u. Ernst Wrba
Route 7: Axel M. Mosler, außer 34 (2) Jörg Axel Fischer
Route 8: Georg Kürzinger, außer 39 r.o. Fotoarchiv Essen, 39 l.u. Axel M. Mosler
Route 9: Georg Kürzinger, außer 40 o. Shutterstock (Anna Jedynak), 42 l.o./r.u. Agentur Transit/Thomas Härtrich
Route 10: Georg Kürzinger, außer 44 (2)/47 o. Axel M. Mosler, 45 Mi./46 l.u. Jörg Modrow, 46 r.u. Shutterstock (Iakov Kalinin), 48 Mi. Shutterstock (IM_photo), 48 u. Shutterstock (Anibal Trejo)
Route 11: Hubert Stadler, außer 50 (2) Manfred Küchler
Route 12: Georg Kürzinger, außer 53 r.u. Shutterstock (Alexander Tolstykh), 55 u. Fritz Dessler
Route 13: Hubert Stadler
Routen 14–16: Ingolf Pompe, außer 64 u. Shutterstock (Shanna Hyatt)
Route 17: Martin Thomas, außer 76 r.u./77 (2) Ernst Wrba
Route 18: Ernst Wrba
Route 19: Martin Thomas
Route 20: Ernst Wrba
Routen 21–24: Karl-Heinz Raach, außer 96 (2) Gerhard P. Müller, 98 l.u./100 o. Atlantide, 98 r.u. Joachim Holz, 99 o. Hubert Stadler, 102 l.Mi. IFA-Bilderteam
Route 25: Martin Thomas, außer 104 o./105 (4) Ernst Wrba
Route 26: Alex Schenk, außer 109 r.o. ASA Fotoagentur
Route 27: Iris Kürschner, außer 113 r.u/l.u./114 l.u./115 o. Christian Heeb
Route 28: Oliver Bolch, außer 117 l.u. Christian Heeb
Route 29: Axel Schenk, außer 119 l.u. Joachim Hellmuth
Route 30: 120 o./121 r.o. Vera Plückthun, 120 u./121 l.u. Max Galli, 121 r.Mi. Axel M. Mosler, 121 r.u. Rainer Hackenberg
Route 31: Massimo Borchi, außer 122 o./123 r.u./124 l.Mi./127 r.u. Guido Cozzi/Atlantide, 122 u. IFA-Bilderteam, 123 r.Mi. Joachim Hellmuth, 124 l.u./125 o. Stefano Amantini/Atlantide, 126 l.u. Hubert Stadler
Route 32: Joachim Hellmuth, außer 129 r.o. Stefano Amenti/Atlantide
Route 33: Joachim Hellmuth
Routen 34–36: Axel M. Mosler, außer 138 u. G.P. Müller
Route 37: Michael Boyny
Routen 38–40: Oliver Bolch, außer 148 o. C. J. Bucher Verlag, 150 o./151 l.u./155 r.o./r.u. Dominique Wirz, 150 u. Georg Kürzinger, 152 l.o. Gabriele Staebler
Route 41: Michael Boyny
Routen 42–43: Peter Hirth, außer 160 l.Mi. Roland Irek
Routen 44–45: Thomas Härtrich, außer 164 o. Archiv C. J. Bucher Verlag, 165 r.Mi./166 l.o./169 r.Mi./l.u. Diana Härtrich
Routen 46–47: Hubert Stadler, außer 179 r.u. Roland E. Jung, 180 r.u. laif
Route 48: Olaf Meinhardt, außer 183 l.u. Martin Wendler
Route 49: Rainer Waterkamp

Route 50: Shutterstock: 192 o. (Marisa Estivill), 192 u. (Mikadun), 193 r.o. (Fotos593), r.Mi. (onairda), l.u. (Christian Vinces)
Route 51: Ingolf Pompe, außer 194 o./197 o. laif, 195 r.u./196 l.o./196 r.u. Hans-Joachim Arndt, 195 l.u./197 u. Atlantide
Routen 52–53: Christian Heeb, außer 198 (2) Massimo Borchi/Atlantide, 200 l.o./r.u. Massimo Borchi/Atlantide
Routen 54–55: Joachim Hellmuth
Route 56: Axel Schenck, außer 218 u./219 l.u./220 l.o. Peter Hirth
Route 57: Christian Heeb
Routen 58–60: Oliver Bolch, außer 230 o. Sammy Minkoff
Route 61: Hubert Stadler, außer Shutterstock: 232 o. (holbox), 232 u. (Kiev. Victor), 233 l.u. (Alice Nerr), 233 r.o. (rmnoa357), 234 r. (Richard Cavalleri)
Route 62: Peter Hirth, außer 237 r.o./238 l.u. Christian Heeb, 239 u. Axel Schenck
Routen 63–67: Martin Thomas, außer 247 l.u./251 u./258 o./260 o. Axel M. Mosler; 242 o./243 r.u./246 l.(2)/250 l.Mi./254 r.u. Holger Leue
Route 68: Martin Thomas
Routen 69–71: Oliver Bolch, außer 272 (2), 273 l.u. Joachim Hellmuth; 274 l.o./l.u. Michael Boyny
Route 72: Martin Thomas
Route 73: Kai Ulrich Müller
Routen 74–75: Kay Maeritz
Routen 76–79: Kai Ulrich Müller
Route 80: Hans-Wilm Schütte

Weitere Bilder:
S. 1: Shutterstock (Pawel Kazmierczak), 2/3: Shutterstock (Ingus Kruklitis), 4 o. Iris Kürschner, 4 u. Shutterstock (Ioan Panaite), 4 r. Karl-Heinz Raach; 5 l. Bildagentur LOOK, 5 o./u. Oliver Bolch, 6 l.o. Olaf Meinhardt, 6 l.u. Axel Schenck, 6 r. Shutterstock (SNEHIT), 7 l. Holger Leue, 7 r.o. Shutterstock (Hung Chung Chih), 7 u. Kai-Ulrich Müller, 10 (3) Carl-Axel Söderström, 11 l. Shutterstock (ollirg), 11 o. Shutterstock (Anastasios71), 11 u. Shutterstock (bikeriderlondon), 12 l.o. Shutterstock (Rob Bayer), 12 l.u. Karl-Ulrich Müller, 12 r.o. Shutterstock (Aneese), 12 r.u. Shutterstock (Sean Xu), 13 Karl-Ulrich Müller, 14/15 Massimo Borchi, 140/141 Georg Kürzinger, 174/175 Shutterstock (Diego Mariottini), 240/241 Martin Thomas, 280/281 Kai-Ulrich Müller, 308/309 Shutterstock (Nick Fox), 312 o. Stefano mantini/Atlantide, 312 u. Martin Thomas, 313 l.u. Shutterstock (ABC Photo), 313 r.(2) Oliver Bolch, 314 l.o. Shutterstock (Nattapoom V.), 314 l.u. Martin Thomas, 314 r.u. Shutterstock (Iona Panaite), 315 o. Shutterstock (SherSS), 315 u. Martin Thomas, 316/317 Axel Schenck

Umschlag:
Vorderseite oben: Bildagentur LOOK (Franz Marc Frei), unten: Shutterstock (ronnybas)
Rückseite: l.o.: Shutterstock (javarman), r.o.: Shutterstock (Pung), l.u.: Shutterstock (totajla), r.u.: Shutterstock (Anastasios71)

Vorwort: Barbara Rusch
Routen 1–7: Michael Neumann-Adrian
Routen 8–13: Hans Günther Meurer
Route 14: Bettina Winterfeld
Routen 15–16: Reinhard Ulbrich
Routen 17–20: Hans Günther Meurer
Route 21: Sieglinde Oehrlein
Route 22: Sieglinde Oehrlein (mit Elementen von Bettina Winterfeld)
Route 23: Bettina Winterfeld
Route 24: Sieglinde Oehrlein
Route 25: Hans Günther Meurer
Routen 26–29: Eugen E. Hüsler
Routen 30–33: Thomas Migge
Routen 34–36: Klaus Bötig
Route 37: Michael Boyny
Routen 38–40: Hartmut Fiebig
Route 41: Michael Boyny

Routen 42–45: Ulla Ackermann
Routen 46–49: Michael Allhoff, Klaus Hart, Gerald Penzl, Rainer Waterkamp
Route 50: Michael Allhoff/Reinhard Tiburzy
Route 51: Gerald Penzl
Routen 52–53: Michael Allhoff
Routen 54–57: Manfred Braunger
Routen 58–59: Nicola Förg
Route 60: Andreas Srenk
Routen 61–62: Manfred Braunger
Routen 63–67: Bruni Gebauer, Stefan Huy
Routen 68–70: Margit Kohl
Routen 71–72: Jochen Müssig
Routen 73–74: Kai Ulrich Müller
Route 75: Kay Maeritz
Routen 76–79: Kai Ulrich Müller
Route 80: Hans-Wilm Schütte

Ebenfalls erhältlich ...

ISBN 978-3-7654-6120-0

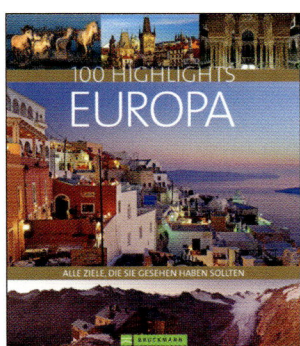

ISBN 978-3-7343-0146-9

ISBN 978-3-7343-2391-1

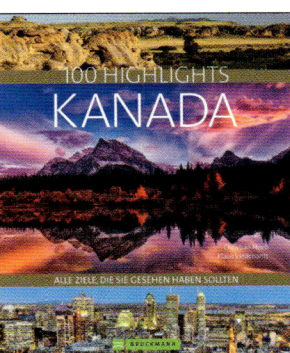

ISBN 978-3-7654-8780-4

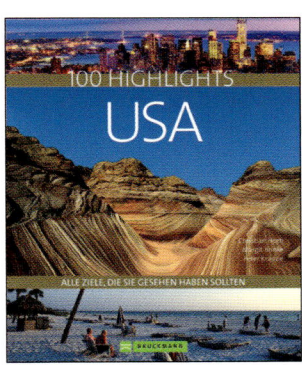

ISBN 978-3-7654-8227-4

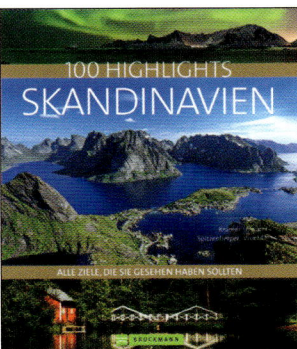

ISBN 978-3-7343-0652-5

BRUCKMANN

www.bruckmann.de

Verantwortlich: Marianne Huber
Redaktion: Barbara Rusch
Satz und Layout: VerlagsService Gaby Herbrecht
Umschlaggestaltung: Ulrike Huber, Frank Duffek
Repro: LudwigMedia, Zell am See
Kartografie: Kartographie Huber, Heike Block
Herstellung: Bettina Schippel
Printed in Italy by Printer Trento

Sind Sie mit diesem Titel zufrieden? Dann würden wir uns über Ihre Weiterempfehlung freuen.
Erzählen Sie es im Freundeskreis, berichten Sie Ihrem Buchhändler, oder bewerten Sie bei Onlinekauf.
Und wenn Sie Kritik, Korrekturen, Aktualisierungen haben, freuen wir uns über Ihre Nachricht an Bruckmann Verlag, Postfach 40 02 09, D-80702 München oder per E-Mail an lektorat@verlagshaus.de.

Unser komplettes Programm finden Sie unter 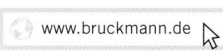 www.bruckmann.de

Umschlagvorderseite:
Oben: Oldtimer auf einer Landstraße bei Montalcino, Toskana; Unten: Straße durch das Monument Valley, USA.
Umschlagrückseite: l.o.: Ein Jeep fährt auf Safari durch die Savanne; r.o.: Die Golden Gate Bridge während der Rushhour; l.u.: Straßenschild in Australien; r.u.: Der Seljalandsfoss-Wasserfall in Island.
Seite 1: Klassischer Jeep im UNESCO-Welterbe »Calanches de Piana« auf Korsika.
Seite 2/3: Sonnenuntergang nahe des Vulkans auf der Insel Maui.
Seite 14/15: Bei Monticchiello sieht die Toskana so aus, wie man sie sich vorstellt: sanfte Hügel mit zypressengesäumten Serpentinenstraßen.
Seite 140/141: Riesen unter sich: Elefanten vor dem Kilimandscharo im Amboseli National Park.
Seite 174/175: Von den Aussichtspunkten rund um Moab fällt der Blick auf die Felswildnis des Canyonland National Park.
Seite 240/241: Hoch oben im Northland schmiegt sich das Örtchen Mangonui in die Doubtless Bay.
Seite 280/281: Das mächtige, fast 6000 Meter hohe Bergmassiv des Jadedrachen-Schneebergs trennt die chinesische Provinz Yunnan vom Norden Myanmars.
S. 308/309: Sonnenuntergang hinter den Quiraing Bergen auf der Insel Skye in Schottland
S. 316/317: Naturerlebnis im Yellowstone National Park: der Grand Canyon of the Yellowstone River mit den Lower Falls

Alle Angaben dieses Werkes wurden von den Autoren sorgfältig recherchiert und auf den neuesten Stand gebracht sowie vom Verlag geprüft. Für die Richtigkeit der Angaben kann jedoch keine Haftung übernommen werden.

Die Deutsche Nationalbibliothek verzeichnet diese Publikation in der Deutschen Nationalbibliografie; detaillierte bibliografische Daten sind im Internet über http://dnb.d-nb.de abrufbar.

© 2017 Bruckmann Verlag GmbH, München
ISBN 978-3-7343-0641-9